Kohlhammer

Die Herausgeber

Klaus Seifried studierte in Frankfurt am Main und in Berlin. Er ist Lehrer, Diplom-Psychologe und Psychologischer Psychotherapeut. Er arbeitete zwölf Jahre als Lehrer an Gesamtschulen und 26 Jahre als Schulpsychologe in Berlin, 2003–2016 als Leiter des Schulpsychologischen und inklusionspädagogischen Beratungszentrums Tempelhof-Schöneberg. 2001–2004 baute er das Team Gewaltprävention und Krisenintervention in Berlin auf und leitete es. Seit September 2016 ist er pensioniert und arbeitet freiberuflich in der Fortbildung für Lehrkräfte und Schulleitungen, als Coach und Supervisor. Er ist stellvertretender Vorsitzender der Sektion Schulpsychologie im Berufsverband Deutscher Psychologinnen und Psychologen.

Stefan Drewes, Dipl.-Psychologe, studierte in Bonn, Kiel und Trier Pädagogik und Psychologie. Er war 11 Jahre als Schulpsychologe und über 16 Jahre als Leiter des Zentrums für Schulpsychologie in Düsseldorf tätig. Rund 10 Jahre hatte er den Vorsitz der Sektion Schulpsychologie im Berufsverband Deutscher Psychologinnen und Psychologen (BDP) inne. Er wirkte an der Entwicklung eines bundesweiten Berufsprofiles Schulpsychologie mit und leitete mehrere Bundeskongresse für Schulpsychologie. Seit 2017 ist er Leiter des LVR-Zentrums für Medien und Bildung in Düsseldorf sowie der Medienberatung NRW und Bildungspartner NRW.

Professor Dr. Marcus Hasselhorn leitet die Arbeitseinheit »Bildung und Entwicklung« am DIPF | Leibniz-Institut für Bildungsforschung und Bildungsinformation in Frankfurt am Main. Zu seinen Forschungsschwerpunkten gehören die Prävention, Entstehung, Diagnose und Behandlung von Lernstörungen, vielfältige Bildungsfragen im ersten Lebensjahrzehnt, die pädagogisch-psychologische Diagnostik sowie die Entwicklung und das Lernen von Kindern mit erhöhtem Risiko für Bildungsmisserfolg.

Klaus Seifried
Stefan Drewes
Marcus Hasselhorn (Hrsg.)

Handbuch Schulpsychologie

Psychologie für die Schule

3., überarbeitete Auflage

Verlag W. Kohlhammer

Pharmakologische Daten, d. h. u. a. Angaben von Medikamenten, ihren Dosierungen und Applikationen, verändern sich fortlaufend durch klinische Erfahrung, pharmakologische Forschung und Änderung von Produktionsverfahren. Verlag und Autoren haben große Sorgfalt darauf gelegt, dass alle in diesem Buch gemachten Angaben dem derzeitigen Wissensstand entsprechen. Da jedoch die Medizin als Wissenschaft ständig im Fluss ist, da menschliche Irrtümer und Druckfehler nie völlig auszuschließen sind, können Verlag und Autoren hierfür jedoch keine Gewähr und Haftung übernehmen. Jeder Benutzer ist daher dringend angehalten, die gemachten Angaben, insbesondere in Hinsicht auf Arzneimittelnamen, enthaltene Wirkstoffe, spezifische Anwendungsbereiche und Dosierungen anhand des Medikamentenbeipackzettels und der entsprechenden Fachinformationen zu überprüfen und in eigener Verantwortung im Bereich der Patientenversorgung zu handeln. Aufgrund der Auswahl häufig angewendeter Arzneimittel besteht kein Anspruch auf Vollständigkeit.

3. Auflage 2021

Gesamtherstellung: W. Kohlhammer GmbH, Stuttgart

Print:
ISBN 978-3-17-039786-6

E-Book-Formate:
pdf: ISBN 978-3-17-039787-3
epub: ISBN 978-3-17-039788-0

Inhalt

Teil III Fokus Lehrkräfte und System Schule

Anhang

Vorwort der Herausgeber

Das »Handbuch Schulpsychologie – Psychologie für die Schule« erschien erstmals 2007. Es stieß auf ein reges Interesse und so erschien 2016 die völlig neu konzipierte zweite Auflage. Mit diesem Band legen wir Ihnen nun die dritte, überarbeitete, aktualisierte und ergänzte Auflage vor. Bei der Überarbeitung der Beiträge wurden aktuelle Entwicklungen der jüngsten Zeit berücksichtigt. Dazu gehören die aktuellen Versorgungszahlen, die stärkere öffentliche Wahrnehmung der Schulpsychologie, die Zunahme der diagnostischen Aufgaben der Schulpsychologie als Folge der Inklusion in den Schulen sowie die Folgen der Covid-19-Pandemie. Letzteres hat einen Bedeutungsschub der digitalen Medien in der Gestaltung von Unterricht und anderen schulischen Aufgabenfeldern ausgelöst, weshalb dieses Thema in einem eigenen neuen Beitrag des Bandes thematisiert wird.

Das Handbuch Schulpsychologie stellt die wissenschaftlichen Grundlagen und die praktischen Herausforderungen der Schulpsychologie in ihren wichtigsten Handlungsfeldern für Interessierte aus Wissenschaft, Praxis und Studium dar. Wir stellen Erkenntnisse und Erfahrungen aus der schulpsychologischen Praxis und aktuelle Forschungsbefunde vor und erhoffen uns davon Anstöße zu einer stärkeren Zusammenarbeit und Verknüpfung von Praxis und Forschung. Wir freuen uns, dafür viele ausgewiesene Fachleute aus Wissenschaft und Praxis als Autorinnen und Autoren gewonnen zu haben und danken allen Beitragenden ganz herzlich für ihre Mitarbeit.

Die Kapitel des Handbuches haben wir in drei Teile untergliedert:

In den Kapiteln des *ersten Teils* werden die Grundlagen der Schulpsychologie behandelt. Dazu gehören die Geschichte der Schulpsychologie, das wissenschaftliche Selbstverständnis der Schulpsychologinnen und Schulpsychologen, die Aufgaben und Organisationsformen der Schulpsychologie sowie Rechtsfragen und die Qualitätssicherung. Im *zweiten Teil* stehen die Lernvoraussetzungen und Bedingungen der Schülerinnen und Schüler im Fokus. Im *dritten Teil* schließlich werden die Lehrkräfte sowie das System Schule in den Blick genommen.

Das Arbeitsfeld der Schulpsychologie ist sehr vielfältig und differenziert. Zu vielen, wenn auch nicht zu jedem Thema der Schulpsychologie finden Sie in diesem Handbuch Ausführungen. Wir hoffen und wünschen uns, dass dieses Handbuch viele Anregungen für die schulpsychologische Praxis und viele Anstöße für wissenschaftliche Diskurse und Forschungsansätze liefert.

Klaus Seifried, Stefan Drewes, Marcus Hasselhorn
Berlin, Düsseldorf, Frankfurt im Juni 2021

Teil I Grundlagen

1 Geschichte der Schulpsychologie in Deutschland

Stefan Drewes und Anja Niebuhr

1.1 Einleitung

Die Entwicklung der Schulpsychologie in Deutschland ist eine Erfolgsgeschichte: Sie hat sich über viele Entwicklungsschritte und durchaus auch geprägt von dem Ringen um ein klares Profil und dem Bemühen um einen angemessenen Ausbau zu einem etablierten, breit aufgestellten Fachbereich der Psychologie in Deutschland entwickelt. Die Schaffung eines Masterstudiengangs Schulpsychologie an der Universität Tübingen sowie die Gründung von Kompetenzzentren Schulpsychologie wie an der Universität Frankfurt neben den bayerischen Studiengängen für Lehrkräfte in Bamberg, Eichstädt und München bilden diese Entwicklung auch auf der wissenschaftlichen Ebene ab und zeigen, dass die Schulpsychologie in Deutschland ein zwar kleiner aber doch fest verankerter und fachlich breit aufgestellter Bereich der Psychologie ist.

Gleichzeitig spiegelt sich in der Ausrichtung der Schulpsychologie in den einzelnen Bundesländern die Heterogenität der föderalistischen Struktur wider. Die Organisation schulpsychologischer Unterstützungsangebote ist in den Ländern ebenso vielfältig wie die Aufstellung der Schulen (▸ Kap. I-4).

Schulpsychologie in Deutschland ist eng mit der Entwicklung der Pädagogischen Psychologie und den Reformbemühungen in den Schulen der jeweiligen Zeitströmungen verknüpft. Die Entwicklungen bedingen und befruchten sich gegenseitig. Im Laufe des Ausbaus der Schulpsychologie in Deutschland sind mehrere Phasen festzustellen, die zwischen Wachstumsboom und massivem Stellenabbau mit mangelnder Ausstattung wechseln.

Viele wiederkehrende Fragestellungen um die Ausrichtung der Schulpsychologie in Deutschland sind bereits in den ersten Anfängen der Schulpsychologie angelegt. Heutige Diskussionen lassen sich vor dem Hintergrund der historischen Entstehung der Schulpsychologie besser verstehen.

1.2 Geburtsstunde

Mit der zunehmenden Festigung der Psychologie als Wissenschaft gegen Ende des 19. Jahrhunderts und der verstärkten Aufmerksamkeit auf förderliche sowie hinderliche Faktoren in der Entwicklung von Kindern und Jugendlichen entstand Anfang des 20. Jahrhunderts eine auf die Schule ausgerichtete Psychologie, die spätere Schulpsychologie. Aurin (1997) beschreibt vier Voraussetzungen, die den Einzug der Psychologie in die Schule begünstigten:

- Die Entwicklung von Verfahren zur Feststellung der menschlichen Intelligenz
- Erste Ansätze zu einer experimentellen Pädagogik und Didaktik
- Die Entwicklung einer Kinder-, Jugend- und Entwicklungspsychologie bis hin zu einer Pädagogischen Psychologie
- Reformen im Schulwesen mit einem Bemühen um eine individualisierte Förderung schwachbegabter, wie sie zu dieser Zeit genannt wurden, und besonders gut begabter Kinder

Als fünfte Linie sei auch die schrittweise Entwicklung des Sonderschulwesens genannt. Die Ende des 19. Jahrhunderts entstehenden Hilfsschulen für Kinder mit einer geistigen Behinderung und die ab den 1920er Jahren entstehenden Sonderschulen für Schülerinnen und Schüler mit Lernschwächen erforderten Verfahren zur Erfassung der Intelligenz sowie schulischer Leistungen und der Zuweisung zur passenden Schulform.

Die Geburtsstunde der internationalen Schulpsychologie kann auf das Jahr 1913 datiert werden. In diesem Jahr trat Cyrill Burt die erste Planstelle eines Schulpsychologen in London an (Keller, 2013). Burt war mit groß angelegten Intelligenzuntersuchungen, einer sonderpädagogischen Zuweisungsdiagnostik sowie mit Konzepten der Prävention von Lern-, Verhaltens- und Kriminalitätsproblemen beschäftigt. Bereits 1915 wurde im US-Bundesstaat Connecticut der erste amerikanische schulpsychologische Dienst unter der Leitung von Arnold Gesell eingerichtet, 1920 waren 200 schulpsychologische Stellen in den USA zu verzeichnen, 1940 bereits 500 (Keller, 2013).

In Deutschland forderte William Stern 1911 auf dem ersten Kongress für Jugendbildung und Jugendkunde in Dresden schulpsychologische Stellen. In Mannheim bemühte sich der damalige Schulrat Sickinger in den folgenden Jahren darum, unterschiedlich begabte und leistungsfähige Kinder zu fördern und Formen der Unterrichtsdifferenzierung einzuführen. Seine von ihm angestrebte Schule kann als ein Vorläufer der Gesamtschule gelten (Keller, 1997). Um diese Ideen umsetzen zu können, wurde mit Hans Lämmermann der erste deutsche Schulpsychologe 1922 in Mannheim angestellt. Wissenschaftlich ausgerichtet bildete er Lehrkräfte in Psychodiagnostik aus und führte Schullaufbahnberatungen auf der Basis von Intelligenztestuntersuchungen durch. Lämmermann entwickelte Testreihen zur Auswahl von Jugendlichen für die höhere Volksschule sowie für lernschwache Schülerinnen und Schüler, die sog. Hilfsschulen oder Förderklassen besuchen sollten.

In den Folgejahren wurde es ruhiger um die Schulpsychologie in Deutschland. Es sind keine weiteren Initiativen bekannt, bis zur Zeit des Nationalsozialismus schulische Reformen zurückgenommen und die Psychologie als Wissenschaft in Deutschland der nationalsozialistischen Doktrin unterworfen wurde und darüber hinaus weitgehend zum Erliegen kam.

1.3 Aufbau

In der Nachkriegszeit ab 1945 wuchs die Erkenntnis, dass die schulische Entwicklung von Kindern und Jugendlichen durch intensive Unterstützung beeinflusst und verbessert werden kann. In Hamburg baute Hans Kirchhoff 1948 eine erste pädagogisch-psychologische Einrichtung zunächst unter dem Namen »Schülerkontrolle«, später »Schülerhilfe« auf. Ziel war es, gegen das Schulschwänzen vorzugehen, psychische Hintergründe bei Schulproblemen zu verstehen und Kinder und Jugendliche in ihrer Schullaufbahn zu unterstützen. Später ging dies als »Hamburger Modell« in die Geschichte der Schulpsychologie ein.

Auch die UNESCO diskutierte im Rahmen der Tagung »Psychologie im Dienst der Schule« 1954 über die Implementierung der Schulpsychologie in Europa und empfahl bereits zu diesem Zeitpunkt eine Versorgungsquote von einer schulpsychologischen Stelle auf 6000 Kinder (Aurin, 1997).

Verschiedene Städte gründeten erste schulpsychologische Dienste mit den Schwerpunkten Einzelfallhilfe und Schullaufbahnberatung: Hamburg 1948, Stuttgart 1950, Berlin und Hannover 1957, Köln 1958, Düsseldorf 1959 waren die ersten Einrichtungen. In Köln und Düsseldorf entstanden erstmals rein kommunale schulpsychologische Dienste in Trägerschaft der jeweiligen Städte, während in Berlin die Initiative von jungen Lehrkräften mit einem Diplom in Psychologie ausging und die doppelte Qualifikation über lange Jahre als Voraussetzung zur Tätigkeit als Schulpsychologin oder Schulpsychologe gesehen wurde (Seelig, 1997). In die Zeit des Wiederaufbaus und der Gründung neuer Schulen in den 1960er Jahren fiel auch der weitere Aufbau von schulpsychologischen Diensten, häufig als individuelles Unterstützungsangebot für Eltern und ihre Kinder. Auch die ländlichen Gebiete wurden einbezogen. Bei der Gründung von Gesamtschulen wurden schulpsychologische Stellen mitgeplant. Die Kritik am bestehenden Schulsystem, die Bildungsreformen in den Bundesländern, die Entwicklung der wissenschaftlichen Pädagogischen Psychologie und der Bildungsforschung prägten die 1960er und 1970er Jahre.

Eine eigene Entwicklung nahm die Schulpsychologie in Hessen. Hier wurden 1953 schulpsychologische Beratungsdienste mit einem verstärkten Auftrag zu Forschungsvorhaben und Systemberatung gegründet (Aurin, 1997). Schnell wurde dieses »Hessische Modell« als ein systembezogenes Angebot dem »Hamburger Modell« gegenübergestellt. Dieses Spannungsfeld der zwei Ansätze sollte die Schulpsychologie noch Jahrzehnte beschäftigen.

Während 1965 noch rund 100 schulpsychologische Fachkräfte gezählt wurden, waren es 10 Jahre später in Westdeutschland bereits rund 450. In diese Zeit fielen auch verschiedene Empfehlungen, konzeptionelle Überlegungen und Stellungnahmen, so z. B. im noch heute oft zitierten Beschluss der Kultusministerkonferenz von 1973 und der Empfehlungen der Bund-Länder-Kommission (BLK) zur »Beratung im Bildungswesen« vom gleichen Jahr. Diese empfahlen den Ausbau eines flächendeckenden Beratungssystems und eine Versorgungsquote von schulpsychologischen Fachkräften zur Schüleranzahl von 1:5 000 und 1:1 000 für Beratungslehrkräfte bis 1980 (Aurin, 1997). Die regelmäßig aktualisierten Erhebungen der Sektion Schulpsychologie im BDP zur Versorgungsquote der Schulpsychologie in Deutschland führten jedoch lange nur eine Quote von 1:12 000 bis 1:9 000 auf (BDP Sektion Schulpsychologie, 2020). Auffällig sind dabei seit Beginn der Erhebungen die durchgängig starken Unterschiede in den Bundesländern, die bis heute nicht egalisiert sind (BDP Sektion Schulpsychologie, 2020; ▶ Kap. I-4).

In Bayern wurde die Entwicklung wie in Berlin von einigen Lehrkräften mit zusätzlichem Psychologiestudium angestoßen (Staatsinstitut, 2007). Im Jahr 1952 wurde die erste Stelle in München, eine weitere 1955 in Nürnberg gegründet. Zu Beginn der 1970er Jahre kamen weitere staatliche Schulberatungsstellen zur Bildungsberatung in allen Bezirken Bayerns hinzu. Die Umsetzung der Empfehlung der BLK führte in Bayern bereits 1978 zu einem neuen Staatsexamen in Psychologie im Rahmen des Lehramtsstudiums. Diese Konzeption ist noch heute gültig: Schulpsychologie ist dort in der Regel in das Schulsystem integriert, Lehrkräfte mit entsprechender Qualifikation sind in der Schule stundenweise schulpsychologisch tätig.

Damals wie heute waren die Entwicklungen der Schulpsychologie in Deutschland jedoch abgehängt von internationalen Entwicklungen. Während Mitte der 1970er Jahre in Westdeutschland rund 450 Schulpsychologen gezählt wurden, waren es weltweit bereits 40 000 (Keller, 2013). Bis in die heutige Zeit sollte sich diese Diskrepanz in der Entwicklung nicht mehr verändern. Noch 2010 war der personelle Ausbau der Schulpsychologie in Deutschland im europäischen Vergleich weit abgeschlagen hinter Dänemark, Spanien oder Kroatien (BDP Sektion Schulpsychologie, 2010; ▸ Kap. I-8).

1.4 Schulpsychologie in der ehemaligen DDR

Die Schulpsychologie in der ehemaligen DDR nahm wie die Psychologie insgesamt eine sehr zögerliche Entwicklung. Die Skepsis gegenüber psychologischen Konzepten, insbesondere den psychoanalytischen Ansätzen, war groß. Erst ab 1973 wurden überhaupt Psychologinnen und Psychologen im Bildungswesen der DDR tätig, zunächst in sogenannten »Pädagogischen Kreiskabinetten« (PKK) (Möley, 1997, 2007). Ihre Aufgabe war die Fortbildung von Lehrkräften in pädagogisch-psychologischen Kompetenzen. Die Skepsis und die Kontrolle der Tätigkeiten durch vorgesetzte Stellen blieben jedoch bestehen. Ende der 1970er Jahre wurden die Tätigkeiten immer weiter eingeschränkt und die Inhalte der Fortbildungen vorgegeben. Konzepte der Psychoanalyse oder Tiefenpsychologie wurden abgelehnt und nicht gelehrt. Erst der Internationale Kongress für Psychologie 1980 in Leipzig führte zu einer größeren Akzeptanz der Psychologie und einer Erhöhung der Anzahl der psychologischen Stellen im Schulsystem. Insbesondere in der Früherkennung und Frühförderung von Teilleistungs- und Lernschwierigkeiten bereits in Kindergärten wurden hier bedeutsame und noch heute genutzte Ansätze entwickelt, Gesprächs- und Verhaltenstrainings für Lehrkräfte durchgeführt oder Verfahren und Förderklassen im Bereich Lese- und Rechtschreibschwäche entwickelt.

Nach der Wende näherten sich die Entwicklungen in der Schulpsychologie in West- und Ostdeutschland weiter an. Der erste Bundeskongress für Schulpsychologie in den neuen Bundesländern, 1994 in Rostock, führte zu einem Zusammenwachsen und einer gemeinsamen Weiterentwicklung.

1.5 Stagnation

Ab Mitte der 1980er Jahre setzte eine erhebliche Verlangsamung in der Entwicklung der Schulpsychologie ein. Die Überschuldung der öffentlichen Haushalte der Länder und Kommunen führte schrittweise zur Nichtbesetzung bisheriger Stellen. Die Schulpsychologie als freiwillige Leistung, die in den meisten Bundesländern nicht gesetzlich verankert ist, wurde zum Spielfeld von Sparbemühungen.

Gleichzeitig wurden die Beratungsanliegen komplexer, der psychosoziale Hintergrund der zu betreuenden Familien vielfältiger und der ausschließliche Fokus auf schulische Probleme erwies sich in der Einzelfallberatung als zu eng. Schulpsychologisch Tätige erlebten ihre Arbeit zunehmend als unbefriedigend: zu wenig Stellen, zu viele komplexe Beratungsfälle und zu wenig Einflussmöglichkeiten. Hinzu kam die gemeinsame Alterung von Teams als Folge des Verzichts auf Einstellung von neuen Kräften. Schulpsychologie hatte sich sehr stark als angewandte Psychologie platziert und den Anschluss an die wissenschaftliche Psychologie, z. B. im Bereich der Pädagogischen Psychologie verloren. Viele Universitätsinstitute zeigten ein geringes Interesse an schulpsychologischen Curricula.

In dieser Zeit kamen viele psychologische Tätigkeitsfelder mit der aufstrebenden Familientherapie und der systemischen Sichtweise in Kontakt. Auch die Schulpsychologie ließ sich von den neuen Ideen in ihrer Beratungsarbeit inspirieren und entwickelte einen erweiterten Blick auf das System Schule. Hatten sich viele bisher entweder den Konzepten der Verhaltens- und Gesprächstherapie oder tiefenpsychologischen Ansätzen verpflichtet, fand nun eine gemeinsame Erweiterung des Denkens und der Arbeit statt. Der Sinn reiner Einzelfallberatung oder testpsychologischer Verfahren wurde in Frage gestellt und das Einwirken auf das System Schule als alleiniger effektiver Ansatz diskutiert. Die Entfernung zur wissenschaftlichen Psychologie nahm weiter zu.

Im Jahr 1978 erschien das Buch *Der entzauberte Magier: Zur paradoxen Situation des Schulpsychologen* von Maria Selvini-Palazzoli und der Mailänder Schule. Es legte die Grundlage für eine sich wandelnde Schulpsychologie. Die alleinige Bearbeitung von pathologischen Problemen einzelner Lernender wurde als sinnlos gesehen und auf die Pathologie des Systems, die auf den Einzelnen wirkt, hingewiesen. Das übliche Ursache-Wirkungs-Denken wurde hinterfragt, Verhalten erschien durch direkte Interventionen nicht lenkbar. Eine alleinige Beratung von Mädchen und Jungen ohne den Einbezug aller beteiligten Personen und Systeme, Familien, Lehrkräften und Schulen wurde als wenig effektiv angesehen.

1.6 Der Paradigmenwechsel und seine Auswirkungen

Diese Entwicklungen in der psychologischen Beratung und Psychotherapie begünstigten die seit 1985 intern geführten Diskussionen um eine Veränderung des Aufgabenprofils. Im Jahr 1988 wurde durch den damaligen Vorsitzenden der Sektion Schulpsychologie im BDP, Helmut Heyse, der Paradigmenwechsel in der Schulpsychologie proklamiert (Heyse, 1989). Heyse stellte fest, dass Schulen mehr psychologische Kompetenzen benötigen. Er forderte eine Abkehr von einer individualisierten Beratung sowie eine neue Ausrichtung der Schulpsychologie auf die Beratung von Schulen als System. Organisationsstrukturen und Arbeitsbedingungen der Schulen müssten analysiert werden. Die Veränderung der Einzelfallarbeit um einen familientherapeutischen Blickwinkel reichte seiner Meinung nach nicht aus. Heyse entwickelte vielfältige Initiativen in diese Richtung und widmete sich insbesondere dem Thema Lehrergesundheit.

Die Resonanz war gewaltig. Angebote zur Supervision von Lehrkräften wurden entwickelt, Beratungslehrkräfte (mit-)ausgebildet und die psychologische Schulentwicklung als Arbeitsfeld erschlossen. Während jedoch einige den Paradigmenwechsel als lange überfällig und die Beratung von Schulen als das einzige Aufgabenfeld für die Schulpsychologie definierten, waren andere zwar über die Erweiterung des Aufgabenfeldes erfreut, sahen jedoch weiterhin auch die Notwendigkeit der Einzelfallberatung. Die Diskussion um die Ausrichtung der Schulpsychologie war eröffnet. Der Deutsche Städtetag NRW definierte in verschiedenen Stellungnahmen beide Säulen als sich gegenseitig bedingend: Nur durch die Erfahrungen in der Einzelfallhilfe können sich auch systembezogene Ansätze entwickeln, sie befruchten sich gegenseitig (Städtetag Nordrhein-Westfalen & Landkreistag Nordrhein-Westfalen, 2002). Dennoch wurde in einigen Bundesländern die schülerzentrierte Schulpsychologie zurückgefahren und rein systemisch ausgerichtet ausgebaut. So setzte der Paradigmenwechsel neue Impulse frei, legte aber auch den Grundstein für eine rund 20-jährige Zerreißprobe und Diskussion um die »richtige« Schulpsychologie.

Bei den Diensten in kommunaler Trägerschaft führte der Paradigmenwechsel zu heftigen Spannungen und Stellenstreichungen, da die Beratung von landesbediensteten Lehrkräften nicht als Aufgabe der Kommune angesehen wurde. So setzte in den 1990er Jahren eine weitere Sparrunde ein: Stellen der öffentlichen Hand wurden gekürzt, ganze Dienste in Frage gestellt und das Angebot weiter abgebaut. Preiswertere Lösungen wurden gesucht, Ressourcen von Lehrkräften sollten entwickelt werden, Beratungslehrkräfte an Schulen wurden ausgebildet, erste Fachkräfte der Schulsozialarbeit eingestellt. Es entstand Konkurrenz zu anderen Unterstützungssystemen für Schulen. Die Schulsozialarbeit konnte niedrigschwellige Bedarfe bedienen, während die Schulpsychologie eine Veränderung der Rahmenbedingungen des Systems Schule forderte.

1.7 Konsolidierung

Der Amoklauf an der Gutenberg-Schule in Erfurt im Jahr 2002 erschütterte das Schulsystem und veränderte auch die Schulpsychologie in Deutschland nachhaltig. Die Öffentlichkeit forderte psychologische Kompetenzen in Schulen zur primären, sekundären und tertiären Prävention von Gewalt und Amokläufen in Schulen. Die Politik war aufgrund der katastrophalen Versorgungszahl in der Schulpsychologie zum Handeln aufgefordert.

In Angeboten zur Unterstützung des Systems Schule, Nachsorgegesprächen mit Schülergruppen und auch individuellen Interventionen verschmolzen die unterschiedlichen Ansätze der Schulpsychologie. Systemberatung ohne individuelle psychologische Angebote wurde unmöglich. Die Schulpsychologie bewies sich als Partnerin von Schulen in Krisen sowie als kompetente psychologische Ressource zur Krisenbewältigung und Nachsorge. In den Jahren nach Erfurt entwickelten sich in allen Bundesländern Konzepte zur schulpsychologischen Krisenprävention und -intervention. Mehrere Bundesländer erhöhten die Anzahl schulpsychologischer Stellen zum Teil erheblich. In Baden-Württemberg wurde die Zahl der schulpsychologischen Fachkräfte in wenigen Jahren um das Vierfache gesteigert, in NRW wurden 75 neue Stellen geschaffen.

Die bayerische Schulpsychologie reagierte als Erste auf die Entwicklung. Fortbildungen und Tagungen zum Umgang mit Krisen in Schulen wurden durchgeführt, und 2002 das »Kriseninterventions- und -bewältigungsteam bayerischer Schulpsychologen (KIBBS)« gegründet. Andere Bundesländer folgten und bauten unter ihren jeweiligen organisatorischen Bedingungen ein schulpsychologisches Krisenmanagement auf. Nach einer bundesweiten Tagung mit Ministeriumsvertretern im Jahr 2009 veröffentlichte die Sektion Schulpsychologie im BDP 2010 Richtlinien zur Qualifizierung in schulpsychologischer Krisenintervention.

Schulpsychologische Kompetenzen konnten bei den alltäglichen Krisen in Schulen, aber auch bei den tatsächlich nachfolgenden Amokläufen in Schulen unter Beweis gestellt werden. Krisen im Schulalltag führten aufgrund der schnellen medialen Verbreitung sowie der Ängste vor einem weiteren Amoklauf zu einer hohen Dynamik in den Schulen. Die Schulpsychologie fand dadurch einen weiteren Zugang zur Beratung von Schulen (vgl. Drewes & Seifried, 2013; ► Kap. III-9).

Die Umsetzung der UN-Behindertenrechtskonvention aus dem Jahr 2006 wurde nach der Ratifizierung durch die Bundesregierung ab 2009 zu einer neuen thematischen Herausforderung für die Schulpsychologie (Seifried & Drewes, 2013). Der Ruf nach einer Bündelung von außerschulischen Beratungssystemen wurde als notwendige Unterstützung bei der Umsetzung der Inklusion laut.

Die 2000er Jahren waren parallel zu diesen Entwicklungen davon geprägt, die unterschiedlichen Auffassungen über die Ausrichtung der Schulpsychologie zusammenzuführen und zu einem gemeinsamen Berufsprofil zu entwickeln. Es ist u. a. das Verdienst der Aachener Schulpsychologin Inge Loisch, die bereits seit 2003 unermüdlich die unterschiedlichen Gruppierungen und Landesverbände zu Diskussionen anregte und die Entstehung eines gemeinsamen Berufsprofils koordinierte. Im Jahr 2006 gelang es dann erstmals, ein bundesweites Berufsprofil der Schulpsychologie in Deutschland zu veröffentlichen. Mittlerweile liegt das Berufsprofil Schulpsychologie in der 4. Auflage vor (BDP Sektion Schulpsychologie, 2018).

Die verstärkte Kooperation führte teilweise zu neuen Organisationsformen. In NRW wurden in einigen Kommunen Erziehungs- und Familienberatungsstellen mit Schulpsychologischen Beratungsstellen zusammengelegt, in Bremen entstand ein Regionales Beratungs- und Unterstützungszentrum (ReBUZ), in Hamburg das Regionale Bildungs- und Beratungszentrum (ReBBZ), in denen schulpsychologische, pädagogische, sonder- und sozialpädagogische neben weiteren Fachkompetenzen eingesetzt wurden. Das Thema der multiprofessionellen Aufstellung schulunterstützender Einrichtungen ist seitdem ein zentraler Punkt in der Schärfung und Weiterentwicklung des schulpsychologischen Berufsprofils. So sind beispielsweise in NRW 2019 Lehrkräfte an die schulpsychologischen Beratungsstellen abgeordnet worden, um im gewaltpräventiven Aufgabenbereich eine zusätzliche Ressource zur Beratung des Systems Schule bezüglich Extremismusprävention zu bilden (Ministerium für Schule und Bildung NRW, 2019).

Die Bologna-Reform Ende der 1990er-Jahre mit der Einführung von Bachelor- und immer differenzierteren Masterstudiengängen in Psychologie machte die Festlegung auf eine Grundqualifikation für die Schulpsychologie erforderlich. In allen Bundesländern mit Ausnahme von Bayern wird als Qualifikation ein Vollstudium in Psychologie mit einem Diplom oder Masterabschluss gefordert. An der Universität Tübingen entstand

2012 ein konsekutiver Studiengang mit Master Schulpsychologie. 2017 entstand als Gemeinschaftsprojekt der Universität Tübingen, der Goethe-Universität Frankfurt und dem hessischen Kultusministerium ein Kompetenzzentrum Schulpsychologie.

Die enge Kooperation mit anderen Berufsgruppen, der Wissenschaft und der Politik, aber auch die stetige Schärfung des Berufsprofils sind so zu zentralen Elementen der Fortschreibung der Geschichte der Schulpsychologie in Deutschland geworden.

1.8 Vernetzung und Kooperationen

Nachdem Ende der 1990er Jahre noch Kürzungen und Stellenstreichungen die Schulpsychologie beherrschten, ist die Schulpsychologie seit den 2000er Jahre geprägt von Aufbruch und dem Streben nach Vernetzung.

Vor Ort wird die Schulpsychologie immer stärker in Konzepte der Jugendhilfe, der Polizei, der Sonderpädagogik und medizinischer Einrichtungen wie der Kinder- und Jugendpsychiatrie eingebunden. Kooperationsverbünde entstehen und schulpsychologische Kompetenzen werden auch auf landespolitischer Ebene bei der Umsetzung der Inklusion in Schulen, Gewaltprävention und Kriseninterventionen, Maßnahmen zum Kinderschutz in Schulen, gegen Rassismus oder gegen Schulverweigerung angefragt (▶ Teil III – Fokus Lehrkräfte und System Schule).

Inzwischen ist die Schulpsychologie als Profession, die alle an Schule beteiligten Personen und das System Schule als Ganzes unterstützt, fest verankert. Wenige Felder der psychologischen Arbeit sind so breit aufgestellt wie die Schulpsychologie: Neben einzelfallbezogener Beratungsarbeit mit Kindern, Jugendlichen und Erwachsenen – oft mit therapeutischen Anteilen – finden sich Elemente der Erwachsenenbildung durch vielfältige Fortbildungsangebote, Supervision und Coaching, aber auch arbeits- und organisationspsychologische Anteile bei Team- und Schulentwicklungsprozessen im Aufgabenfeld. Krisenintervention und Gewaltprävention sind weitere Schwerpunkte. Die Begleitung von Schulen und allen daran beteiligten Personen in ihren aktuellen Themen und Herausforderungen aus schulpsychologischem Blickwinkel ist zu einem zentralen Baustein des Selbstverständnisses schulpsychologischer Arbeit geworden.

1.9 Ausblick

Außergewöhnliche Ereignisse sowie immer schnellere gesellschaftliche Veränderungen mit Auswirkungen auf das Leben und Lernen in der Schule erfordern laufend flexiblere und schnellere Antworten der Schulpsychologie in der Einzelfall- sowie in der Systemberatung. Dies führt zu einem Spannungsverhältnis zwischen wissenschaftlich evaluiertem psychologischen Handeln und der flexiblen Übertragung psychologischer Kompetenzen auf aktuelle gesellschaftliche Entwicklungen.

So stellten Anfang 2020 die enormen Anforderungen an neue Unterrichtsformen mit Präsenz-, Distanz- und hybriden Lernformen durch die Corona-Pandemie sowie die folgende dynamische Digitalisierung von Schule und Unterricht alle Beteiligten vor ganz neue Aufgaben. Auch die Familien standen durch Distanzlernen im häuslichen Umfeld vor einer ganz neuen Situation. Oft selbst im Homeoffice tätig und mit eigenen Belastungen konfrontiert, mussten die Schulpsychologischen Beratungseinrichtungen sich als Unterstützung für Schulen und Familien bewähren und neue Beratungsformen entwickeln.

Zwar war die Schulpsychologie bis dahin geübt, auf schulische Krisenereignisse zu reagieren und Schulen konkrete Maßnahmen zur Stabilisierung anzubieten. Neu war jedoch die eigene Betroffenheit durch die Pandemie sowie das Herunterfahren der bestehenden Organisationsformen.

Solche Ereignisse und auch der deutliche Generationswechsel bei den Schulpsychologinnen und Schulpsychologen in den letzten Jahren werden immer wieder zu neuen Entwicklungen und Impulsen in der Schulpsychologie führen. Jedoch hat sich die Schulpsychologie als abwechslungsreiches Arbeitsfeld und unverzichtbares Unterstützungssystem für Schulen etabliert.

Literatur

Aurin, K. (1997). Zur Geschichte der »Schulpsychologie« in der Bundesrepublik Deutschland – Entwicklungen und Neuorientierungen. In BDP Sektion Schulpsychologie (Hrsg.), *75 Jahre Schulpsychologie in Deutschland* (S. 24–34). Bonn: Deutscher Psychologen Verlag.

BDP Sektion Schulpsychologie 2010. *Versorgung mit Schulpsychologen in den Bundesländern – Zahlen zum Schuljahr 2010/2011*. Zugriff am 10.05.2021 unter www.bdp-schulpsychologie.de/backstage2/sps/documentpool/2010/2010_versorgungszahlen_schulpsychologie.pdf

BDP Sektion Schulpsychologie (2018). *Schulpsychologie in Deutschland. Berufsprofil.* Berlin: BDP. Zugriff am 10.05.2021 unter www.bdp-schulpsychologie.de/aktuell/2018/180914_berufsprofil.pdf

BDP Sektion Schulpsychologie (2020). *Versorgung mit Schulpsychologen in den Bundesländern 2020.* Zugriff am 10.05.2021 unter /www.bdp-schulpsychologie.de/aktuell/2021/210110_versorgungszahlen.pdf

Drewes, S. & Seifried, K. (2013). Inklusion in der Schule. In BDP (Hrsg.), *Bericht des BDP 2013. Inklusion – Integration – Partizipation* (S. 56–66). Berlin: Berufsverband Deutscher Psychologinnen und Psychologen e. V. (BDP).

Drewes, S. & Seifried, K. (Hrsg.). (2013). *Krisen im Schulalltag.* Stuttgart: Kohlhammer.

Heyse, H. (1989). Paradigmenwechsel in der Schulpsychologie. *Report Psychologie, 14*, 34–37.

Heyse, H. (2001). Selbstverständnis der Schulpsychologie. In H.-G. Häring & W. Kowalczyk (Hrsg.), *Schulpsychologie konkret* (S. 55–58). Neuwied: Luchterhand.

Keller, G. (1997). Die deutsche Schulpsychologie wird 75 Jahre alt. In BDP Sektion Schulpsychologie (Hrsg.), *75 Jahre Schulpsychologie in Deutschland* (S. 11–16). Bonn: Deutscher Psychologen Verlag.

Keller, G. (2013). 100 Jahre Schulpsychologie. *Report Psychologie, 38*, 297–300.

Lämmermann, H. (1997). Von der Tätigkeit des Schul-Psychologen. In BDP Sektion Schulpsychologie (Hrsg.), *75 Jahre Schulpsychologie in Deutschland* (S. 7–10). Bonn: Deutscher Psychologen Verlag.

Möley, S. (1997). Schulpsychologie in der ehemaligen DDR. In BDP Sektion Schulpsychologie (Hrsg.), *75 Jahre Schulpsychologie in Deutschland* (S. 41–46). Bonn: Deutscher Psychologen Verlag.

Möley, S. (2007). Geschichte der Schulpsychologie in Deutschland. In T. Fleischer, N. Grewe, B. Jötten, K. Seifried & B. Sieland (Hrsg.), *Handbuch Schulpsychologie* (1. Aufl.) (S. 17–26). Stuttgart: Kohlhammer.

Seelig, G. F. (1997). Schulpsychologischer Dienst in Berlin – Vierzig Jahre, aus denen man lernen kann. In BDP Sektion Schulpsychologie (Hrsg.), *75 Jahre Schulpsychologie in Deutschland* (S. 50–58). Bonn: Deutscher Psychologen Verlag.

Selvini-Palazzoli, M. (Hrsg.). (1978). *Der entzauberte Magier. Zur paradoxen Situation des Schulpsychologen.* Stuttgart: Klett-Cotta.
Staatsinstitut (Hrsg.). (2007). *Schulpsychologie in Bayern. Haltungen und Konzepte.* München: Staatsinstitut für Schulqualität und Bildungsforschung.
Städtetag Nordrhein-Westfalen & Landkreistag Nordrhein-Westfalen. (2002). *Kommunale Schulpsychologie in NW.* Köln: Städtetag NRW.

2 Wissenschaftliches Selbstverständnis schulpsychologischen Handelns

Marcus Hasselhorn, Stefan Drewes und Klaus Seifried

2.1 Einleitung

Schulpsychologie ist »angewandte Psychologie für die Schule« (BDP, 2018, S. 3) und basiert als solche auf den Erkenntnissen der akademischen Psychologie. Sie bedient sich der Theorien, Befunde und Methodologie der gesamten Psychologie. Insbesondere die Klinische Psychologie, die Pädagogische Psychologie und die Entwicklungspsychologie spielen als zentrale Bezugsdisziplinen eine große Rolle. Zudem greift sie auf die Theorien, Befunde und Werkzeuge der psychologischen Diagnostik, Sozialpsychologie, Arbeits- und Organisationspsychologie und anderer psychologischer Teildisziplinen zurück.

Wissenschaftliche Forschungsergebnisse bilden die Handlungsgrundlage praktisch arbeitender Schulpsychologinnen und Schulpsychologen. Wie aber gelingt es, dass wissenschaftliche Forschungsergebnisse angemessen und erfolgreich in der Praxis genutzt werden? Hierfür müssen mehrere Voraussetzungen erfüllt sein. So muss entsprechend relevante Forschung vorliegen, die systematisch aufbereitet und hinreichend verständlich verfügbar gemacht worden ist. Auch müssen praktisch tätige Schulpsychologen und Schulpsychologinnen diese wissenschaftlichen Befunde kritisch reflektieren und hinsichtlich ihrer Anwendbarkeit und Nützlichkeit bewerten. Um das angemessen und erfolgreich zu leisten, bedarf es solider Kenntnisse forschungsmethodologischer Grundlagen ebenso wie der Befähigung zur kritischen Reflexion wissenschaftlicher Forschungsbefunde. Psychologische Forschung ist dann besonders nützlich, wenn sie zielgerichtet auf die Fragestellungen und Handlungsbedarfe der Schulpsychologie ausgerichtet ist, oder wenn sie schulpsychologische Beratungs- und Interventionsinstrumente evaluiert. Die Einrichtung schulpsychologischer Kompetenzzentren an den Universitäten in Tübingen und Frankfurt lassen vermuten, dass zukünftig vermehrt für die Schulpsychologie nützliche psychologische Forschung stattfindet.

Obwohl schon jetzt viele nützliche Theorien und Befunde in der wissenschaftlichen Psychologie vorliegen und die praktisch tätigen Schulpsychologinnen und Schulpsychologen über hinreichende forschungsmethodologische Kenntnisse verfügen und zur kritischen Reflexion wissenschaftlicher Forschungsbefunde befähigt sind, stehen sie in der Praxis immer wieder neu vor der Herausforderung, dass die Probleme, zu deren Lösung sie beitragen sollen, oftmals diffus, widersprüchlich, komplex und zumindest uneindeutig sind. Die Folge ist, dass das alltägliche schulpsychologische Handeln immer wieder unter großer Unsicherheit erfolgt und subjektiv als Theorie-Praxis-Dilemma wahrgenommen wird. Diese Unsicherheit ist ein inhärenter Bestandteil des beruflichen Handlungsspektrums in der Schulpsychologie, da die schulpsychologische Expertise immer dann angefragt wird, wenn im Bereich des Erlebens und Verhaltens von Schülern und Schülerinnen oder aber in der Interaktion zwischen diesen und Lehrkräften Probleme auftreten, die sich nicht durch pädagogisch bewährte Maßnahmen haben lösen lassen und bei denen die beteiligten Schulverantwortlichen unter Handlungsdruck (oftmals auch unter Leidensdruck) stehen. Expertinnen und Experten der Schulpsychologie werden dann bei Krisen und Problemlagen einbezogen, wenn Standardlösungen nicht erfolgreich waren und bei den Verantwortlichen in der Schule große Unsicherheit herrscht.

Ein solcher Dauerzustand ist ein objektiver Belastungsfaktor für die Ausübung des Berufs einer Schulpsychologin bzw. eines Schulpsychologen, und damit ist das Risiko erhöht, sich permanent gestresst und überfordert zu fühlen. So verwundert es auch nicht, dass in verschiedenen Befragungen von praktisch tätigen Psychologinnen und Psychologen in den letzten Jahren auf das Theorie-Praxis-Dilemma hingewiesen und zum Ausdruck gebracht wurde, dass man weite Teile der Studieninhalte nicht für den beruflichen Alltag gebrauchen könne (z. B. Schneider & Roebers, 2000; Frensch, 2013; Hasselhorn, 2009). Oftmals führt das zu Debatten, ob überhaupt ein Vollstudium in Psychologie die bestmögliche Grundausbildung für eine eigenverantwortliche Tätigkeit in der Schulpsychologie sei. Wir sind der Überzeugung, dass eine solide psychologische Vollausbildung notwendige Voraussetzung ist, um die psychologische Expertise zu sichern, die maximal erfolgreiche Lösungen bei Problemen in der Schule und rund um das Thema Schule zu finden verspricht. Dazu wird ein wissenschaftliches Selbstverständnis schulpsychologischen Handelns skizziert, das seine Grundlage in den Theorien und Befunden der wissenschaftlichen Psychologie hat, die von Schulpsychologinnen und Schulpsychologen durch ihr im Studium geschultes Vermögen zum hypothetisch-deduktiven Denken reflektiert und für die Suche und Entwicklung von Problemlösungen im schulpsychologischen Alltag genutzt werden (können). Allerdings sollte der breit qualifizierende Masterabschluss in Psychologie ergänzt werden durch spezielle Weiterbildungen, die gezielt auf das Arbeitsfeld der Schulpsychologie vorbereiten.[1]

2.2 Grundlage: Theorien und Befunde der wissenschaftlichen Psychologie

Vor mehr als 100 Jahren hat der große Hamburger Psychologe William Stern den Terminus »Angewandte Psychologie« als Sammelbegriff für die praktische Anwendung psychologischer Erkenntnisse eingeführt (▸ Kap. I-1). Der gleiche William Stern war es auch, der im

1 An den Universitäten Basel und Zürich gibt es solche Weiterbildungsgänge. Die Deutsche Psychologenakademie in Berlin bietet ein Curriculum Schulpsychologie an.

Rahmen eines Jugendkongresses 1911 die Einsetzung von Schulpsychologen forderte – eine Forderung, die in den Reihen der Schulverantwortlichen und der Lehrerschaft noch jahrelang auf heftigen Widerstand stieß. In der Forschung hat William Stern 1911 mit seinem Buch *Differenzielle Psychologie* die Teildisziplin der Differenziellen und Persönlichkeitspsychologie begründet. Lange Zeit kannte die Forschungsdisziplin Psychologie daraufhin nur den Unterschied zwischen einer Allgemeinen Psychologie und einer Differenziellen Psychologie. Während erstere sich mit der Beschreibung und der für alle Menschen geltenden Erklärung des Verhaltens und Erlebens beschäftigte, war letztere an der Beschreibung und Erklärung systematischer interindividueller Unterschiede zwischen Menschen interessiert. Heute ist das Spektrum der auch für die Schulpsychologie relevanten Teildisziplinen der Psychologie ungleich breiter. Neben der Allgemeinen Psychologie der Wahrnehmung, des Lernens, des Denkens, der Motivation, der Emotionen und des Handelns spielen gerade für das Handlungsfeld der Schulpsychologie auch die Entwicklungspsychologie und die Sozialpsychologie eine große Rolle. Hinzu kommt die anwendungsorientierte Subdisziplin der Diagnostik, die Instrumente zur Verfügung stellt, um die interindividuellen Unterschiede zwischen Menschen in ihrem Erleben und Verhalten objektiv, reliabel und valide erfassen zu können. Aber auch die Anwendungsdisziplinen der Klinischen Psychologie, der Arbeits- und Organisationspsychologie und insbesondere der Pädagogischen Psychologie haben viele Theorien, Konzepte und Ansätze erarbeitet, die zur Grundlegung schulpsychologischen Handelns gut geeignet sind.

In allen diesen Teildisziplinen werden Phänomene des menschlichen Erlebens und Verhaltens beschrieben und mit Hilfe von Theorien zu erklären versucht. Der wissenschaftliche Wert einer psychologischen Theorie bemisst sich daher über deren *Erklärungswert*. Dieser wiederum hängt ab von der Kohärenz und Eindeutigkeit der in der Theorie formulierten Zusammenhänge sowie vom Grad der empirischen Bewährung von Vorhersagen, die man aus der Theorie ableiten kann. Um Letzteres beurteilen zu können, ist eine gründliche methodische Ausbildung zu den Forschungsgrundlagen der Psychologie (▶ Kap. I-3) erforderlich.

Aus der Perspektive der angewandten Psychologie ist ein hoher Erklärungswert allerdings nur die notwendige Bedingung dafür, dass die entsprechende Theorie eine geeignete Grundlage für professionell erfolgreiches Handeln ist. Hinzu kommt als zweites Kriterium die *Nützlichkeit* der Theorie. Erklärungsstarke psychologische Theorien unterscheiden sich im Grad ihrer Nützlichkeit für praktisches Handeln. So können beispielsweise zwei bewährte und erklärungskräftige Theorien über die Mechanismen, die bei Teilleistungsstörungen verantwortlich sind, für die Diagnostik und/oder die Intervention bei einer vorliegenden Lese-Rechtschreib- oder Rechenschwäche unterschiedlich nützlich sein, weil aus der einen Theorie unmittelbar diagnostische Herangehensweisen oder Fördermaßnahmen ableitbar sind und aus der anderen nicht.

Aufgrund ihres Studiums sollten Schulpsychologinnen und Schulpsychologen einen guten Überblick über zentrale Theorien der oben genannten Teildisziplinen der Psychologie haben. Außerdem sollten sie gelernt haben, wo und wie sie sich über den jeweils aktuellen Stand der Theoriebildung und ihres empirischen Bewährungsgrades informieren können – denn niemand kann alle für schulpsychologisches Handeln relevanten Theorien der Psychologie verfügbar haben. Schwerpunktsetzungen, gerade zum Berufseinstieg, sind daher sinnvoll.

2.3 Herausforderung: Handeln unter Unsicherheit bei hohem Handlungsdruck

Aufgrund der Kompliziertheit und der daraus folgenden nur sehr bedingten Vorhersagbarkeit menschlichen Verhaltens und Erlebens gibt es für jedes als problemhaft wahrgenommene Verhalten oder Phänomen eine Vielzahl von Erklärungsmöglichkeiten. Daraus folgt zwangsläufig eine Unsicherheit der Verhaltenserklärung und -vorhersage, die auch das schulpsychologische Handeln in der Regel zu einem Handeln unter Unsicherheit macht.

Man mag das für eine zu pessimistische Sichtweise des Leistungsstandes psychologischer Erklärungen menschlichen Verhaltens und Erlebens halten und einwenden, dass es viele klare Verhaltensmuster gibt, bei denen zwar eine grundsätzliche Unsicherheit besteht, wie und ob sie ablaufen, aber wenig Unsicherheit besteht, über welche Maßnahmen man die entstehenden Probleme in den Griff bekommt. Das ist richtig, und in jedem Jahr werden neue erklärungskräftige und bisweilen auch nützliche psychologische Theorien publiziert. Allerdings muss man sich vor Augen halten, dass im schulpsychologischen Alltag vor allem die mit großer Unsicherheit verbundenen Problemlagen zu lösen sind: Die Expertinnen und Experten schulpsychologischer Dienste werden in der Regel dann angefordert, wenn ein hoher Grad an Unsicherheit im Problemfall und ein hoher Leidensdruck bei den Betroffenen oder Beteiligten vorliegt.

Wie in vielen anderen Berufen, in denen Verantwortung für andere Menschen zu tragen ist, ist das Alltagsgeschäft von Schulpsychologinnen und Schulpsychologen geprägt von Unsicherheit bei gleichzeitig hohem Handlungsdruck. Beispielsweise wird der Schulpsychologe bzw. die Schulpsychologin herbeigerufen, weil ein Konflikt zwischen Eltern und Lehrer sich verhärtet hat, oder weil ein Schüler oder eine Schülerin trotz allgemein guter Schulleistungen unter massiven Leistungsängsten leidet. In beiden Fällen erfolgt der Einbezug erst nach einer Weile, wenn die Lehrkraft oder die Schulleitung »am Ende ihres Lateins« sind, der Konflikt sich manifestiert hat und erhöhter Handlungs- bzw. Lösungsdruck besteht. Wie schön wäre es nun, wenn die Schulpsychologin oder der Schulpsychologe ihren Theoriekoffer oder ihr Rezeptbuch öffnen könnte und die genau auf die Situation passende Erklärung herausziehen könnte, aus der eindeutig hervorgeht, welche Bedingungskonstellationen das jeweils vorliegende Problem verursacht haben und mit welchen Maßnahmen man es aus der Welt schaffen kann. Nicht selten erhoffen sich diejenigen, die die schulpsychologische Hilfe angefordert haben, genau dieses: eine Art »Reparaturwerkstatt«.

Aber – wie bereits im Vorwort des klassischen Werkes von Miller, Galanter und Pribram (1960) ausgeführt – ist das menschliche Erleben und Verhalten »really complicated«, so dass psychologisch begründetes Handeln nach Rezeptbuch nur selten möglich ist. Zu verschieden sind die möglichen Gründe oder Auslöser etwa von Leistungs- oder Prüfungsängsten. Sie können inner- und außerschulisch unterschiedlichen Gesetzmäßigkeiten folgen. Unterschiedliche diagnostische Vorgehensweisen könnten je nach der tatsächlich vorliegenden psychischen Konstellation weniger oder besser geeignet sein. Möglicherweise bedarf es mehrerer unterschiedlicher diagnostischer Vorgehensweisen (z. B. Testverfahren, Familiengespräch, Unterrichtsbeobachtung), bevor sich ein erfolgversprechender Lösungsweg abzeichnet. So umfasst das Spektrum der professionellen Kompetenzen im Feld der Schulpsychologie auch ein überdurchschnittliches Ausmaß an Ambiguitätstoleranz, also der Fähigkeit, Unsicherheit über einen längeren Zeitraum auszuhalten. Für manchen Berufsanfänger und manche Berufsanfängerin ist das eine besondere Herausforderung.

In den meisten Fällen kann also die Hoffnung auf schnelles, rezeptartiges Lösen der dem Schulpsychologen bzw. der Schulpsychologin angetragenen Probleme in der Realität nicht erfüllt werden – selbst dann nicht, wenn die einbezogene schulpsychologische Fachkraft ausgesprochen kompetent ist, sich hervorragend in den Theorien, diagnostischen Verfahren und Interventionsstrategien bei sozialen Konflikten oder bei den beispielhaft angesprochenen Leistungsängsten auskennt. Dies hat viele Gründe. Ein wesentlicher Grund dürfte in der Natur der Komplexität und Variabilität menschlichen Erlebens und Verhaltens liegen und der daraus folgenden Bedingtheit und probabilistisch eingeschränkten Sicherheit der Gesetzmäßigkeiten, die für psychologische Theorien konstitutiv sind. Diese sind nämlich in der Regel konditional bzw. basieren auf überzufälligen Wahrscheinlichkeiten, so dass ihre angemessene Nutzung konditionales Denken voraussetzt.

Konditionales Denken basiert auf der formallogischen Nutzung von Informationen und ist somit eine Form des deduktiven Schlussfolgerns auf der Basis der Regeln des »Modus ponens« und des »Modus tollens«. Unter Modus ponens versteht man das logische Ableiten einer schlussfolgernden Aussage »B« aus wenigstens zwei Prämissen der Art »Wenn A, dann B« und »A«. Wenn also die Prämissen gelten: »Wenn es regnet, wird die Straße nass« und »Es regnet«, dann folgt logisch daraus: »Die Straße wird nass«. Beim Modus tollens handelt es sich um die logische Schlussfigur der Art, dass aus den Prämissen »Wenn A, dann B« und »nicht B« gefolgert wird, dass auch »nicht A« gilt. Um im Beispiel zu bleiben: Bei Gültigkeit der Prämissen »Wenn es regnet, wird die Straße nass« und »Die Straße ist nicht nass« kann in der Logik des Modus tollens gefolgert werden: »Es regnet nicht«.

Seit den Arbeiten von Wason (1966) ist bekannt, dass auch Erwachsene typischerweise große Schwierigkeiten mit der Lösung abstrakter Probleme der Art »Wenn A, dann B« haben. In seiner bekannten »Selection Task« zeigte er beispielsweise seinen Versuchspersonen vier Karten, auf denen jeweils ein Symbol abgebildet war; auf einer »A«, auf einer »B«, auf einer »4« und auf der vierten »7«. Er sagte den Versuchspersonen, dass alle Karten auf der einen Seite einen Buchstaben und auf der anderen Seite eine Zahl abgedruckt hätten. Sie sollten nun so viele Karten wie nötig umdrehen, um zu prüfen, ob die Aussage stimme: »wenn ein Konsonant auf einer Karte zu sehen ist, dann steht auf der Rückseite eine gerade Zahl«. Nur wenige Versuchsteilnehmer erzielten dabei die richtige Lösung, nämlich dass es ausreicht, die Karten mit dem »A« und mit der »7« umzudrehen. Wenn auf der Rückseite von »A« nämlich keine gerade Zahl steht, ist die Regel verletzt; wenn auf der Rückseite von »7« ein Konsonant steht, ist die Regel ebenfalls verletzt. Offensichtlich tun sich viele Menschen schwer, die formale Logik, die ihnen abstrakt trivial erscheint, in Alltagssituationen effizient zu nutzen. Von Schulpsychologinnen und Schulpsychologen erwartet man aber genau das: Sie sollen in komplexen Situationen mit schwer durchschaubaren Konstellationen von Zusammenhängen möglichst sparsam und effizient diagnostizieren und wirkungsvolle Lösungsansätze unterbreiten.

2.4 Umsetzung: Hypothetisch-deduktives Denken

Was sind konditionale Probleme, die im schulpsychologischen Alltag eine Rolle spielen können? Es handelt sich dabei um bedingungsabhängige Ausnahmen von vertrauten Gesetzmäßigkeiten der Art »Wenn A, dann B«. So hat sich etwa in der Psychologie die von Pädagogen und Pädagoginnen seit Generationen verinnerlichte Gesetzmäßigkeit: »Wenn ich lobe, erhöht das die Motivation des Schülers« empirisch gut bewährt. Dennoch gibt es Bedingungen, unter denen durch Lob eine Demotivierung des Schülers oder der Schülerin ausgelöst wird, weil der oder die solcherart Gelobte das Lob als indirekten Hinweis darauf interpretiert, dass die Lehrkraft ihn für weniger fähig als die Mitschüler hält. Das ist beispielsweise mit hoher Wahrscheinlichkeit der Fall, wenn die Lehrkraft sagt: »Für einen Schüler mit Förderbedarf hast du das wirklich gut gelöst!« (vgl. Rheinberg & Vollmeyer, 2010). Im Bereich des schulischen Lernens kennen wir viele gute Theorien und Erklärungsansätze, für die solche konditionalen Gültigkeiten nachgewiesen sind, die die Ableitung eindeutiger Vorhersagen aus den Theorien im Einzelfall erschweren (Hasselhorn & Gold, 2017).

Cheng und Holyoak (1985) haben zeigen können, dass viele Menschen Schwierigkeiten haben, konditionale Probleme im Alltag zu lösen. Stattdessen greifen sie auf pragmatische Regeln zurück. Ein solches Regelsystem ist beispielsweise der soziale Kontrakt. Dieses System enthält Regeln in der Form von »Wenn-dann-Beziehungen« (»Wenn A, dann musst du B tun«). Im Beispiel des Lobens könnte eine solche pragmatische Regel lauten: »Wenn die von einem Schüler gelöste Aufgabe gemessen an seinen bisherigen Leistungen eher leicht ist, dann verzichte auf eine ausdrückliche lobende Bemerkung«. Die Nutzung solcher Regeln in der eigenen beruflichen Domäne ist ein Bestandteil entsprechender Expertise. Erfahrene Lehrkräfte agieren in ihrem Lehrverhalten nach vielen solchen pragmatischen Regeln und tun dies auch erfolgreich.

Was aber ist, wenn man mit einem Problem konfrontiert wird, bei dem die pragmatischen Regeln versagen? In diesen Fällen ist es erforderlich zu erkennen, dass die pragmatischen Regeln nur verkürzte Faustformeln der realen komplexen hypothetischen Bedingtheit eines Phänomens darstellen. So stellt sich beispielsweise heraus, dass ein Schüler auch beim erfolgreichen Bewältigen einer schweren Aufgabe sich nicht durch das Lob des Lehrers motivieren lässt, ja immer mehr Anzeichen von Demotivierung zeigt. Dies widerspricht der pragmatischen Regel. Es entsteht Unsicherheit auf Seiten der Lehrkraft und es wird – wenn entsprechender Leidensdruck hinzukommt – vielleicht der Schulpsychologe oder die Schulpsychologin einbezogen. Dieser nutzt nun zur Lösung des Problems hypothetisch-deduktives Denken, indem er sich ein Bild vom konkreten Phänomen macht und dann unter Rückgriff auf alle ihm bekannten Erklärungsansätze für das Entstehen der beobachtbaren Symptome von Demotivierung eine Sammlung möglicher Ursachen und Erklärungen erstellt und systematisch Bedingungen der Überprüfungen herstellt, welche dieser potenziellen Auslöser im konkreten Falle die belastenden Phänomene ausgelöst haben könnten.

Lässt sich diese Art hypothetisch-deduktiven Denkens erlernen? Lehman, Lempert und Nisbett (1988) konnten zeigen, dass das Psychologiestudium nicht nur die Fähigkeit zur angemessenen Nutzung konditionalen hypothetisch-deduktiven Schlussfolgerns bei der Lösung komplexer Alltagsprobleme verbessert, sondern dies sogar in einem weitaus deutlicheren Maß als etwa bei Juristen oder auch Naturwissenschaftlern. In einer weiteren Studie der Autoren ergaben sich allerdings Hinweise darauf, dass diese Effekte noch nicht durch ein Bachelorstudium in Psychologie erreicht werden, sondern offensichtlich nur durch ein Vollzeitstudium (früher: Diplom; heute: konsekutives Bachelor- und Masterstudium). Nach Abschluss des amerikanischen »Undergraduate«-Studiums (entspricht dem Bachelor) zeigte sich nämlich noch kein belastbarer Zuwachs auf die praktisch nutzbaren Denkfähigkeiten (Lehman & Nisbett, 1990). Es ergaben sich allerdings empirische Hinweise darauf, dass neben der Dauer des Studiums die absolvierten Statistik- und Methodenveranstaltungen für das Ausmaß des positiven Denkschulungseffektes des Psychologiestudiums entscheidend sind (Fong & Nisbett, 1991).

2.5 Ausblick

Wie in vielen anderen Berufen auch, qualifiziert das Studium nur teilweise für die Anforderungen des Berufes als Schulpsychologin oder Schulpsychologe. Es bedarf in der Regel einer zusätzlichen Ausbildung in Systemberatung, Therapieverfahren oder Supervision. Auch gilt, dass mit den Jahren der Berufspraxis Erfahrungswissen und auch Expertise im nicht der hypothetisch-deduktiven Logik folgendem Reflektieren entstehen, die für erfolgreiches Handeln im schulpsychologischen Alltag unerlässlich sind. Gemeint sind hier eher induktive Denkansätze, die insbesondere dann, wenn der hypothetisch-deduktive Ansatz nicht zu einer befriedigenden Problemlösung führt, zum pragmatischen Erproben von zwar theoretisch nicht gut herleitbaren, aber in anderen Kontexten bereits erfolgreich erprobten Problemlösungen befähigt.

Das schrittweise wissenschaftlich fundierte Vorgehen, das die Grundlage professionellen schulpsychologischen Alltagshandelns darstellt, beherrschen in der Regel allerdings bereits Berufsanfängerinnen und -anfänger. Ihr Psychologiestudium befähigt sie beispielsweise zur Hierarchisierung der Hypothesen für die Gründe des Leistungsversagens eines ihnen vorgestellten Schülers. Ebenso haben sie das schrittweise Überprüfen der alternativen Erklärungen (Hypothesen) im Rahmen einer Diagnostik und Ableitung von Handlungsempfehlungen gelernt. Umfangreiche Berufserfahrung kann dann dazu führen, dass nicht zutreffende oder nicht lösungsdienliche Hypothesen schneller verworfen oder anders priorisiert werden. Es bleibt aber ein wissenschaftlich begründeter Prozess, der mit mehr Berufserfahrung schneller abläuft, aber nicht durch intuitive Einschätzungen ersetzt werden sollte. Entscheidend für eine erfolgreiche schulpsychologische Arbeit ist der Transfer zwischen Erfahrungswissen und theoretischen Erklärungsmodellen. Dieser Transfer sollte durch Fallbesprechungen im Team und ein Mentoring während einer Einarbeitungsphase begleitet werden. Geht es um die Problemlage eines Kindes hat sich beispielsweise ein systemischer Blick bewährt, um den Kontext der Lebensbedingungen in der Familie und der Lernbedingungen in der Schule zu diagnostizieren und entsprechende lösungsorientierte Empfehlungen abzuleiten.

Literatur

BDP Sektion Schulpsychologie (2018). *Schulpsychologie in Deutschland. Berufsprofil.* Berlin: BDP. Zugriff am 23.05.2021 unter https://www.bdp-schulpsychologie.de/aktuell/2018/180914_berufsprofil.pdf

Cheng, P. W. & Holyoak, K. J. (1985). Pragmatic reasoning schemas. *Cognitive Psychology, 17,* 391–416.

Fong, G. T. & Nisbett, R. E. (1991). Immediate and delayed transfer of training effects in statistical reasoning. *Journal of Experimental Psychology: General, 120,* 34–45.

Frensch, P. A. (2013). Zur Lage der Psychologie als Fach, Wissenschaft und Beruf. Erste Entwicklungstendenzen nach Einführung der Bologna-Reformen. *Psychologische Rundschau, 64,* 1–15.

Hasselhorn, M. (2009). Zur Lage der Psychologie als Fach, Beruf und Wissenschaft. *Psychologische Rundschau, 60,* 1–7.

Hasselhorn, M. & Gold, A. (2017). *Pädagogische Psychologie: Erfolgreiches Lernen und Lehren* (4. Aufl.). Stuttgart: Kohlhammer.

Lehman, D. R., Lempert, R. O. & Nisbett, R. E. (1988). Effects of graduate training on reasoning. Formal discipline and thinking about everyday-life events. *American Psychologist, 43,* 431–442.

Lehman, D. R. & Nisbett, R. E. (1990). A longitudinal study of effects of undergraduate training on reasoning. *Developmental Psychology, 26,* 952–960.

Miller, G. A., Galanter, E. & Pribram, K. H. (1966). *Plans and the structure of behavior.* New York: Holt.

Rheinberg, F. & Vollmeyer, R. (2010). Paradoxe Effekte von Lob und Tadel. In D. H. Rost (Hrsg.), *Handwörterbuch Pädagogische Psychologie* (4. Aufl., S. 635–641). Weinheim: Beltz.

Schneider, W. & Roebers, C. (2000). Die Pädagogische Psychologie und ihre Kinder. *Psychologie in Erziehung und Unterricht, 47,* 2–9.

Wason, P. C. (1966). Reasoning. In B. M. Foss (Ed.), *New horizons in psychology* (pp. 135–151). Harmondsworth, England: Penguin.

3 Forschungsgrundlagen der Schulpsychologie

Christiane Loßnitzer, Tomasz Moschko, Caterina Gawrilow, Johanna Schmid und Marcus Hasselhorn

3.1 Einleitung

Schulpsychologie ist einerseits »angewandte Psychologie für die Schule« (BDP Sektion Schulpsychologie, 2015, S. 3), andererseits eine – wenn auch junge, eigenständige – wissenschaftliche Disziplin, die sich der Forschungsdesigns und -methoden der gesamten Psychologie bedient. Insbesondere die Klinische Psychologie, die Pädagogische Psychologie und die Entwicklungspsychologie spielen als zentrale Bezugsdisziplinen eine große Rolle. Zudem dienen die Inhalte der Psychologischen Diagnostik und Testtheorie, Sozialpsychologie, Arbeits- und Organisationspsychologie und Medienpsychologie als Bezugsrahmen.

Wissenschaftliche Forschungsergebnisse bilden die Handlungsgrundlage praktisch-arbeitender Schulpsychologinnen und Schulpsychologen. Trotzdem ist die Dissemination wissenschaftlicher Forschungsergebnisse keine Garantie für einen gelingenden Wissenschafts-Praxis-Transfer. Dieser setzt einerseits voraus, dass entsprechend relevante Forschung vorliegt und hinreichend verständlich zur Verfügung gestellt wird. Andererseits sind wissenschaftliche Befunde kritisch zu reflektieren und hinsichtlich ihrer Anwendbarkeit zu bewerten. Hierzu bedarf es einer soliden Kenntnis der Forschungsgrundlagen. In diesem Kapitel werden daher typische Fragen schulpsychologischer Forschung, zentrale Forschungsdesigns und -methoden sowie Kriterien zur kritischen Reflexion wissenschaftlicher Forschungsbefunde thematisiert.

3.2 Angewandte Forschung im Kontext Schule

Schulpsychologie schließt »Forschung und Praxis des Tätigkeitsfeldes von Schulpsychologen« (Dollase, 2020, S. 1377) ein. Der BDP (2015) zählt zu den Aufgaben der Schulpsychologie (a) die Unterstützung und Beratung von Einzelnen und von Gruppen (z. B. Schüler und Schülerinnen, Eltern, Lehrkräfte, Lehrerkollegien), (b) die Unterstützung bei

Fragen, die sich aus dem Lehren und Lernen in der Schule ergeben (z. B. Lern-, Entwicklungs- und Verhaltensprobleme von Schülern und Schülerinnen) sowie (c) die Unterstützung der Information und Beratung der Öffentlichkeit und Politik im schulischen Kontext z. B. zu Fragen der schulischen Erziehung, Bildung und Schulentwicklung.

3.2.1 Forschungsfragen

Das Handlungs- und das Forschungsfeld der Schulpsychologie beziehen sich auf verschiedene Ebenen: die individuelle Ebene, die Klassen- und Schulebene und schließlich die Systemebene. Auf der *individuellen Ebene* gilt das Forschungsinteresse den Besonderheiten des Erlebens und Verhaltens Einzelner (Schüler und Schülerinnen, Eltern, Lehrkräfte etc.). Hier werden z. B. Fragen behandelt wie: Unterscheiden sich Kinder mit ADHS von Kindern ohne ADHS hinsichtlich grundlegender exekutiver Funktionen? Zeigen sich Schwankungen exekutiver Funktionen bei Kindern mit ADHS, wenn diese wiederholt exekutive Funktionsaufgaben lösen?

Die Forschung zur Beantwortung solcher Fragestellungen folgt den Gesetzmäßigkeiten der psychologischen Grundlagenforschung. Am Ende des Forschungsprozesses stehen praktische Implikationen und konkrete Handlungsalternativen, die sich dann z. B. in der schülerzentrierten Beratung (▸ Teil II – Fokus Schülerinnen und Schüler) niederschlagen können.

Klassen-, Schul- und Systemebene. Auch wenn einzelne Schüler und Schülerinnen oder Lehrer und Lehrerinnen in den Blick genommen werden, spielen verschiedene Beziehungskontexte eine entscheidende Rolle. Das System Schule besteht aus verschiedenen Akteuren mit vielfältigen Beziehungen untereinander (▸ Teil III – Fokus Lehrkräfte und System Schule). Nicht zuletzt deshalb gehört Vernetzung zu den zentralen schulpsychologischen Aufgaben (▸ Kap. I-5). Im System Schule finden sich einerseits Gruppen, wie Schüler und Schülerinnen in Klassen oder Lehrkräfte an Schulen. Typische Forschungsfragen beziehen sich etwa auf Faktoren gelingenden Unterrichts und deren Wirkmechanismen (▸ Kap. III-2). Auch Interventions- und Präventionsforschung im Kontext Schule (▸ Kap. II-11) ist hier einzuordnen.

Schließlich lässt sich das Bildungssystem als Ganzes betrachten. Dabei können beispielsweise Fragen von Interesse sein wie: Unterscheidet sich das Leistungsniveau von Schülerinnen und Schülern in verschiedenen Bundesländern? Lassen sich Effekte bildungspolitischer Reformen auf die Leistung der Schülerinnen und Schüler nachweisen? Solche Fragen werden häufig mit breitangelegten Large-Scale-Assessment-Studien adressiert. Sie stehen nicht primär im Zentrum schulpsychologischer Forschung, sondern des angrenzenden Forschungsbereichs der Empirischen Bildungsforschung. Nichtsdestotrotz können entsprechende Ergebnisse wegen ihrer bildungspolitischen Implikationen große Relevanz für die Schulpsychologie haben, zumal diese mit Veränderungen für die Schüler- und Lehrerschaft einher gehen können, die dann Eingang in den schulpsychologischen Forschungs- und Beratungsprozess finden.

3.2.2 Forschungsdesigns und -methoden

Zur Untersuchung von Fragestellungen auf der Individual- und/oder der Systemebene stehen verschiedene Forschungsdesigns und statistische Analysemethoden zur Verfügung. Besonders wichtig für die kritische Reflexion von Forschungsergebnissen ist der Design-Aspekt, da das Studiendesign ausschlaggebend für Umsetzung und Praxistransfer wissenschaftlicher Befunde ist. Ist das Design nicht adäquat gewählt, kann keine noch so differenzierte Methode der Datenauswertung zur Beantwortung der Forschungsfrage dienen. Rubin (2008b, S. 808) nennt das: »design trumps analysis« (dt.: »das Design einer Studie übertrumpft die Datenanalyse«). Das Forschungsdesign einer wissenschaftlichen Untersuchung ist also notwendige, aber keinesfalls hinreichende Bedingung eines gelingenden Forschungsprozesses.

Neben Aspekten der Datenauswertung sollte die Planung schulpsychologischer Forschungsdesigns in theoretischen Überlegungen verankert sein (theory-driven research), um neben der Wirksamkeit der Intervention auch die zugrundeliegenden Veränderungsprozesse und Wirkmechanismen evaluieren zu können (Mercer et al., 2014). Zudem sollte das Forschungsdesign sinnvoll an vorhandene Forschungsergebnisse anknüpfen. Verschiedene Forschungsdesigns lassen sich hinsichtlich der Manipulierbarkeit der Intervention, der Anzahl der Erhebungszeitpunkte, der Anzahl untersuchter Individuen sowie dem Aggregationsniveau wissenschaftlicher Befundlagen differenzieren.

Experimentelle Designs

Explizit oder implizit zielt eine Vielzahl wissenschaftlicher Forschungsvorhaben auf die Analyse von Ursache-Wirkungs-Zusammenhängen, d. h. kausale Zusammenhänge zwischen einer verursachenden, unabhängigen Variablen (UV) und einer abhängigen Variable (AV), die potentiell durch die UV beeinflusst wird.

Beispiel: Evaluation einer neuen Mobbing-Intervention

Ein Team von Schulpsychologen und -psychologinnen hat eine neue Intervention speziell für von Mobbing betroffene Personen in der Schule entwickelt, die nun empirisch auf ihre Wirksamkeit geprüft werden soll. Ziel des Programms ist es, die Schüler und Schülerinnen bei der Bewältigung erlebter Mobbing-Vorfälle durch eine Stärkung des Selbstwirksamkeitsempfindens zu unterstützen. Dazu können sich die Probanden und Probandinnen einer von zwei Gruppen zuordnen, von der nur die erste Gruppe an der Intervention teilnimmt. Im Anschluss wird die wahrgenommene Selbstwirksamkeit der Probanden mittels eines standardisierten Testinstrumentes in beiden Gruppen erfasst. Das Schulpsychologen-Team will zeigen, dass die Probanden nach Teilnahme an dem Interventionsprogramm ihre wahrgenommene Selbstwirksamkeit höher einschätzen als die Probanden der Gruppe, die diese Intervention nicht durchlaufen hat. Die unabhängige Variable (UV) kann also zwei Werte annehmen, die jeweils die Teilnahme vs. Nicht-Teilnahme an der Mobbing-Intervention anzeigen. Die abhängige Variable (AV) ist die wahrgenommene Selbstwirksamkeit der Probanden und Probandinnen.

Das klassische Design für die Prüfung kausaler Zusammenhänge ist das experimentelle Design. Hier werden mindestens zwei Stufen der UV systematisch variiert bzw. manipuliert, um anschließend den Einfluss auf eine AV beobachten zu können. Ein weiteres Merkmal des klassischen Experiments ist die Kontrolle bzw. Konstanthaltung von Störvariablen (Kovariaten oder konfundierende Variablen), die als Ursache für potentielle Veränderungen bzw. Unterschiede in der AV in Frage kommen. In unserem Beispiel (► Beispiel) könnte es sein, dass einige der von Mobbingvorfällen betroffenen Schüler zusätzliche psychotherapeutische Unterstützung eingeholt haben. Ein positiveres Abschneiden der Interventionsgruppe ist dann nicht mehr eindeutig auf die Mobbingintervention zurückzuführen, sondern kann auch Folge der psychotherapeutischen Maßnahmen sein. Die Kontrolle konfundierender Einflüsse wird durch das Prinzip der Randomisierung gewährleistet. Randomisierung bedeutet, dass die Personen (z. B. Schüler, Lehrkräfte, Eltern) zufällig einer der Untersuchungsbedingungen zugewiesen werden.

Bei gelungener Randomisierung haben potentielle Störvariablen keinen verzerrenden, konfundierenden Einfluss auf die Werte der AV. Somit wird gewährleistet, dass systematische Unterschiede hinsichtlich der AV lediglich auf die Variation der UV und nicht auf andere, bereits vor der Intervention bestehende Unterschiede zwischen den Gruppen zurückgeführt werden können (interne Validität, s. u.). Das randomisierte experimentelle Design gilt daher auch als »Goldstandard« (vgl. Rubin, 2008a), wenn es um die Analyse kausaler Wirkzusammenhänge geht. Studien mit diesem Design werden auch als randomisierte kontrollierte Studien (RCT; engl.: randomized controlled trial) bezeichnet.

Quasi-experimentelle Designs

Die randomisierte Zuweisung von Personen zu Untersuchungsbedingungen ist oft nicht möglich. Organisatorische, pragmatische oder ethische Gründe können eine zufällige Zuweisung unmöglich machen. In unserem Beispiel wäre es allein aus ethischen Gründen nicht vertretbar, die von Mobbing betroffene Personen in die Kontrollgruppenbedingung ohne Intervention zu schicken. Für solche Fälle stehen quasi-experimentelle Forschungsdesigns zur Verfügung (Campbell & Stanley, 1963), bei denen auch die Intervention bzw. das Treatment manipulierbar und der AV zeitlich vorgeordnet ist. Im Gegensatz zum echten Experiment findet jedoch keine randomisierte, zufällige Zuweisung der Versuchspersonen statt (Shadish, Cook & Campbell, 2002). Dürfen z. B. die Probanden selbst entscheiden, an welcher der beiden Untersuchungsbedingungen sie teilnehmen, liegt eine Selbstselektion vor. Hier ist der Einfluss von Störvariablen nicht mehr auszuschließen. Kommen vorrangig hoch-motivierte Mobbing-Opfer in die Intervention, die bereits weitere Unterstützungsmaßnahmen nutzen, ist ein positiver Effekt der Intervention nicht eindeutig der schulischen Intervention anzurechnen (selection bias). In solchen Fällen ist die interne Validität (► Abschnitt 3.2.4) der Studie gering.

Im Kontext quasi-experimenteller Designs unterscheiden Shadish et al. (2002) verschiedene Subdesigns, von denen die folgende exemplarische Auswahl für schulpsychologische Forschung besonders relevant ist:

Quasi-experimentelle Designs ohne Kontrollgruppe. Ein Versuchsplan, der sich durch seine einfache Durchführbarkeit auszeichnet, ist das Ein-Gruppen-Posttest-Design (One-Shot Case Study). Hier wird lediglich eine Untersuchungsgruppe zu einem Messzeitpunkt, d. h. nachdem eine Intervention in dieser Gruppe stattgefunden hat, untersucht. Der Nachteil dieses Designs liegt in der geringen internen Validität, denn die Werte auf der erhobenen AV können durch das Treatment beeinflusst sein, jedoch auch durch eine unbekannte Anzahl anderer Faktoren.

Quasi-experimentelle Designs mit Kontrollgruppe. Eine mögliche Erweiterung der One-Shot Case Study ist das Posttest-Design mit nicht-äquivalenten Gruppen, bei dem die Datenerhebung wiederum nur zu einem Messzeitpunkt stattfindet. Ein solches Design liegt im Beispiel vor. Zusätzlich zu der Interventionsgruppe wird hier eine weitere Gruppe betrachtet, die keine Intervention erhält und somit als Referenz- bzw. Kontrollgruppe fungiert. Die Zuweisung der Personen zu den Gruppen erfolgt jedoch nicht per Zufall. Folglich kann die Vergleichbarkeit oder Äquivalenz der beiden Gruppen nicht vorausgesetzt werden. Der Nachteil liegt somit in der potenziell mangelnden Vergleichbarkeit der Gruppen, denn Selektionseffekte können nicht ausgeschlossen werden. Unterschiede zwischen beiden Gruppen könnten bereits vor der Intervention vorgelegen haben.

Quasi-experimentelle Designs mit mehreren Messzeitpunkten. Hier werden die interessierenden Variablen zu mindestens zwei Messzeitpunkten an ein und derselben Stichprobe erhoben. Bei unserem Beispiel könnte das Design entsprechend erweitert werden, indem in beiden Gruppen vor und nach der Intervention die Selbstwirksamkeit erfasst wird (sog. Prätest-Posttest-Kontrollgruppen-Design). Der Vorteil eines solchen Designs liegt darin, dass potentielle Niveauunterschiede zwischen den beiden Gruppen vor der Intervention bei der Datenauswertung kontrolliert werden können. Zusätzliche Erweiterungen durch die Realisierung weiterer Messzeitpunkte sind möglich.

Zeitreihendesigns bzw. intensive Längsschnittdesigns sind von den anderen Designs abzugrenzen. Hierbei wird eine Folge von Messungen einer (oder mehrerer) AV an einer größeren Anzahl aufeinanderfolgender Messungen durchgeführt. Shadish et al. (2002, S. 174) empfehlen eine Datenerhebung zu 100 Messzeitpunkten für die korrekte Identifikation der entsprechenden Modellparameter im Rahmen von Zeitreihenanalysen und betonen die Bedeutung des Zeitreihendesigns als eines der effektivsten quasi-experimentellen Versuchspläne. Diese sind besonders gut geeignet um auch die funktionale Form von Veränderungs- bzw. Entwicklungsverläufen abzubilden. Es gibt verschiedene Spielarten von Zeitreihenplänen, z. B. einfache ohne Kontrollgruppe vs. mehrfache Zeitreihenpläne, die zusätzlich eine oder mehrere Kontrollgruppen beinhalten. Intensive Längsschnittdesigns lassen sich beispielsweise im Rahmen eines sog. Ambulanten Assessments umsetzten, wobei der Fokus auf einer Datenerhebung in möglichst natürlichen Kontexten, beispielsweise dem Schulalltag, liegt (Bugl, Schmid & Gawrilow, 2015).

Einzelfalldesigns

In Studien mit *Einzelfalldesign* wird das individuelle Verhalten und Erleben einer Person über die Zeit beobachtet. Ziel ist es, die erfassten individuellen Datenreihen hinsichtlich der zeitlichen Struktur und ggf. im Hinblick auf potentielle Interventionseffekte zu analysieren (Schmidt, 2010). Dieser Designtyp eignet sich besonders gut, um individuelle Verläufe, Entwicklungen oder Veränderungen abzubilden. Einzelfalluntersuchungen, die als Fallstudien, Single-Subject Designs oder Single-Case-Designs (Kazdin, 1982) bezeichnet werden, werden bei Fragestellungen angewendet, die sich auf das einzelne Individuum beziehen.

Sehr bekannt ist die Fallstudie von Ebbinghaus aus dem 19. Jahrhundert, mit der er an sich selbst das Lernen und Erinnern von Silben untersuchte und die in zahlreichen Studien replizierten Behaltens- und Vergessenskurven ableitete. Einzelfalldesigns eignen sich insbesondere zur Hypothesengenerierung, wenn es noch keinerlei empirische Befunde oder theoretische Annahmen zu einer Fragestellung gibt. Wichtig im Hinblick auf dieses Design ist schließlich, dass Einzelfälle nicht unbedingt individuelle Personen sein müssen, sondern auch Gruppen von Personen oder Institutionen können als Einzelfall fungieren. Letztere Design-Varianten sind bei Fragestellungen angezeigt, die sich auf die Gruppen als Ganzes beziehen (Petermann, 1996).

Weitere Designs

Beim *natürlichen Experiment* (Meyer, 1995) werden mindestens zwei Treatment-Bedingungen hinsichtlich der Wirkung auf eine AV untersucht. Im Gegensatz zum (quasi-)experimentellen Design unterliegt die Variation der UV hierbei jedoch nicht der Kontrolle des Versuchsleiters. Im Vergleich zum Experiment müssen jedoch stärkere Annahmen erfüllt sein, die sich beispielsweise auf die Vergleichbarkeit der untersuchten Gruppen beziehen. Die interne Validität (► Abschnitt 3.2.4) ist in solchen Untersuchungen entsprechend oft stärker eingeschränkt als in experimentellen Studien.

Davon abzugrenzen sind *nicht-experimentelle Designs*, die als korrelative Versuchspläne oder passive Beobachtungsstudien bezeichnet werden (vgl. Shadish et al., 2002). Diese weisen keine der strukturellen Eigenschaften (quasi-)experimenteller Studien auf: keine zeitliche Ordnung der Variablen, keine Manipulation der UV und keine randomisierte Zuweisung der Probanden. Wird in einer Studie ohne Intervention die wahrgenommene Selbstwirksamkeit und die depressive Symptomatik von Schülerinnen und Schülern zu einem Messzeitpunkt erfasst, so handelt es sich um eine korrelative Studie, in der lediglich der statistische Zusammenhang zwischen den beiden Merkmalen beurteilt werden kann, nicht jedoch das kausale Wirkgefüge. Bisweilen können korrelative Studien wichtige hypothesengenerierende Informationen liefern.

Metaanalysen und narrative Reviews

Häufig gibt es zu einer konkreten Forschungsfrage diverse (quasi-)experimentelle Quer- und/oder Längsschnittstudien, sodass nicht nur ein empirischer Befund, sondern sehr viele, auf den ersten Blick auch widersprüchliche Einzelergebnisse vorliegen. Dann besteht die Aufgabe der Forschung darin, diese unterschiedlichen Befunde gemeinsam zu bewerten, um weitere Forschungsdesiderate sowie mögliche Handlungskonsequenzen ableiten zu können. Hier lassen sich zwei Vorgehensweisen unterscheiden: die Metaanalyse und das narrative Review.

Bei einer *Metaanalyse* (Glass, 1976) werden mehrere empirische Einzelbefunde zu einem gemeinsamen inhaltlichen Themengebiet miteinander verglichen und systematisch zusammengefasst. Die Untersuchungseinheiten einer Metaanalyse bilden die einzelnen empirischen Studien (sog. Primärstudien), deren Ergebnisse statistisch analysiert und aggregiert werden. Auch in einem *narrativen Review* wird die Forschungsliteratur zu einem konkreten Thema gesammelt und zusammengefasst, jedoch nicht mit statistischen Verfahren, sondern in qualitativ beschreibender Art (vgl. Cook, Mulrow & Haynes, 1997). Zudem sind Metaanalysen von narrativen Reviews insofern abgrenzbar, als sie sich durch im Vorhinein exakt definierte Kriterien zur Auswahl der Primärstudien auf Ebene statistischer Indikatoren und einer systematischen Dokumentation des Prozesses der Ergebnisaggregation auszeichnen. Im Vergleich zu narrativen Reviews sind Metaanalysen daher durch eine größere Objektivität charakterisiert. Das Ziel einer Metanalyse besteht zudem nicht nur in der Aggregation der Ergebnisse zu einem statistischen Kennwert, sondern in der Quantifizierung der Unterschiedlichkeit bzw. Heterogenität der Befunde aus den Primärstudien. Hierbei können zusätzlich Drittvariablen identifiziert werden, die diese Variabilität der Befunde erklären können (sog. Moderatorvariablen).

Die Bedeutung metaanalytischer Techniken nimmt nicht zuletzt vor dem Hintergrund eines enormen Zuwachses empirisch-wissenschaftlicher Studien zu bestimmten Untersuchungsbereichen und der damit verbundenen Wissensexplosion zu. Die Technik der Metaanalyse ist jedoch nicht in jedem Fall sinnvoll. Sie eignet sich beispielsweise nicht, wenn lediglich eine sehr kleine Anzahl empirisch-quantitativer Primärstudien vorliegt, die zudem heterogen hinsichtlich der methodischen Qualität und/oder hinsichtlich der Operationalisierung der interessierenden Konstrukte sind. Auch zur Darstellung der historischen Entwicklung eines konkreten Forschungsfeldes ist die Metaanalyse weniger geeignet. Hierfür ist ein klassisches narratives Literaturreview die Methode der Wahl.

Bei der Anwendung metaanalytischer Techniken ist auch zu berücksichtigen, dass psychologische Forschung in den letzten Jahren zunehmend wegen der geringen Replizierbarkeit einiger Befunde in die Kritik geraten ist. In deutlich mehr als 90 % der publizierten psychologischen Studien werden die postulierten Effekte tatsächlich empirisch nachgewiesen (Yong, 2012). Das spricht für einen systematischen Selektionseffekt: Studien, bei denen keine signifikanten Effekte gefunden werden, werden oftmals nicht veröffentlicht (publication bias), so dass in der Literatur mit einer überrepräsentativ hohen Zahl positiver Befunden zu rechnen ist. Dies erklärt unter anderem auch, wieso ein substanzieller Anteil empirischer Forschungsbefunde in der Psychologie nicht repliziert, d. h. in wiederholenden Untersuchungen nicht erneut nachgewiesen, werden kann (Open Science Collaboration, 2015). Bei Metaanalysen wird daher die tatsächliche Größe eines Effekts mit hoher Wahrscheinlichkeit überschätzt. Lösungsansätze für diese sogenannte Replikationskrise werden unter anderem in einer größeren methodischen Transparenz der Forschungsprozesse (z. B. durch die Präregistrierung von Studien), sowie der Auseinandersetzung mit der statistischen Validität (► Abschnitt 3.2.4) der Untersuchungsergebnisse gesehen (Simmons et al., 2011).

3.2.3 Das Setting schulpsychologischer Forschung: Labor vs. Feld

Die naturwissenschaftliche Tradition psychologischer Forschung liegt in der Durchführung von Laborexperimenten, die nach wie vor wesentlicher Bestandteil psychologischer Grundlagenforschung sind. Laborexperimente zeichnen sich dadurch aus, dass die Datenerhebung in einem standardisierten Rahmen erfolgt. Mit Ausnahme der expliziten Manipulation einer oder mehrerer unabhängiger Variablen sind die Versuchsbedingungen für alle Versuchsteilnehmenden gleich, so dass der Einfluss situationsbedingter Störvariablen gering gehalten wird. Das hat wesentliche Vorteile, denn nur so kann präzise der Einfluss einzelner Variablen auf ein bestimmtes Verhaltens- oder Erlebensmuster untersucht werden. Das Laborsetting hat allerdings wenig mit dem zu tun, was Menschen in ihrem Alltag erleben. Dadurch sind Laborergebnisse nur bedingt auf das »wahre Leben« übertragbar (vgl. Paluck & Cialdini, 2014).

Besonders in einer anwendungsorientierten Teildisziplin wie der Schulpsychologie stellt dies eine erhebliche Einschränkung dar. Daher sollten Laborergebnisse im Rahmen von Felduntersuchungen überprüft werden. Findet man also beispielsweise im Laborsetting heraus, dass ein bestimmtes Selbstregulationstraining Schülerinnen und Schülern dabei hilft, konzentrierter an ihren Schulaufgaben zu arbeiten, bleibt offen, ob dieser Trainingseffekt auch noch in einem natürlichen Setting wie einem Klassenzimmer mit 25 weiteren Kindern Bestand hat.

Die Überprüfung von Laborergebnissen im Feld bildet so einen wichtigen Baustein im Sinne eines »full-cycle«-Vorgehens psychologischer Forschung (vgl. Mortensen & Cialdini, 2010). Hierzu gehört auch, dass bereits bei der Festlegung der Untersuchungsgegenstände enger Kontakt zum Feld gesucht wird, um abzuschätzen, welchen Effekten Akteure im Feld überhaupt ausgesetzt sind. Enger Kontakt zu Akteuren im Feld kann darüber hinaus auch die erfolgreiche Implementation von Felduntersuchungen erleichtern.

3.2.4 Gütekriterien

Bei der Rezeption wissenschaftlicher Forschungsergebnisse müssen wissenschaftliche Beiträge kritisch reflektiert und beurteilt werden. Zu den Kriterien für eine solche kritische Reflexion gehören die klassischen Gütekriterien Objektivität, Reliabilität und Validität von Erhebungen oder Testverfahren. Die *Objektivität* eines Testverfahrens zeigt an, inwiefern das Messergebnis unabhängig von der untersuchenden Person ist, wohingegen *Reliabilität* die Messgenauigkeit eines Messinstrumentes bzw. Testverfahrens bezeichnet. Schließlich gibt die *Validität* Auskunft darüber, ob der Test tatsächlich das Merkmal misst, was er zu messen vorgibt, d. h. ob die durch die Messung erzeugten Daten auch das zu messende Konstrukt repräsentieren. Neben diesen sog. Hauptgütekriterien können auch Nebengütekriterien – wie Testfairness, Ökonomie und andere – von Bedeutung sein (vgl. Hasselhorn & Gold, 2017, Kap. 7.4).

Auch Forschungsdesigns mit ihren Auswertungsstrategien lassen sich hinsichtlich des Gütekriteriums der Validität beurteilen. Campbell und Stanley (1963) unterscheiden insgesamt vier Validitätsarten.

Interne Validität

Die interne Validität betrifft die kausale Interpretierbarkeit eines Zusammenhangs zwischen einer Einflussgröße (UV, z. B. ein bestimmtes Treatment) und der jeweils interessierenden AV, also den inhaltlichen Kern der Forschungsfragen. Kann z. B. ein beobachteter Unterschied zwischen den Interventionsgruppen ausschließlich auf das Treatment oder auch auf andere Faktoren zurückgeführt werden? Lässt sich die Variation in der AV auf die Variation der UV zurückführen? Ist nur die UV und nicht sonstige Störfaktoren für die Variation der AV verantwortlich?

Generell lässt sich in Laboruntersuchungen eher eine hohe interne Validität sicherstellen als in Felduntersuchungen. Tabelle 3.1 gibt Beispiele für Gefährdungen der internen Validität (▶ Tab. 3.1).

Tab. 3.1: Beispiele für Gefährdungen der internen Validität (nach Shadish et al., 2002, S. 55)

Gefährdungen	Erläuterung
(1) Unklare zeitliche Ordnung	Unklarheit darüber, welches Merkmal als erstes auftrat, kann zu Verwechslung führen, welche Variable Ursache und welche Wirkung ist.
(2) Selektionseffekte	Systematische Unterschiede von Merkmalen der Teilnehmer zwischen den Untersuchungsbedingungen (bspw. Interventionsgruppen) können den beobachteten Effekt hervorbringen.
(3) Reifungsprozesse	Natürlich über die Zeit auftretende Veränderungen können mit Interventionseffekten verwechselt werden.
(4) Externe zeitliche Einflüsse	Ereignisse, die zeitgleich mit der Intervention auftreten, können dem beobachteten Effekt zugrunde liegen.
(5) Testübung	Die Vorlage/Bearbeitung eines Tests kann die Leistung bei wiederholter Vorlage/Bearbeitung des gleichen Tests beeinflussen und mit Interventionseffekten verwechselt werden.

Externe Validität

Die externe Validität betrifft die Verallgemeinerbarkeit gefundener Ursache-Wirkungszusammenhänge über Variation von Personen, Situationen, Operationalisierungen der Treatments oder Messoperationen der UV. Die externe Validität adressiert daher die Frage, ob sich das Ergebnis der durchgeführten Studie auf weitere Personen, Situationen und Zeiten generalisieren lässt. Die externe Validität ist in Laboruntersuchungen gegebenenfalls eingeschränkt und kann durch ergänzende Felduntersuchungen gesichert werden. Beispiele für Gefährdungen der externen Validität finden sich in Tabelle 3.2 (▶ Tab. 3.2).

Konstruktvalidität

Die Konstruktvalidität bezieht sich darauf, ob ein Erhebungsverfahren geeignet ist, das

Tab. 3.2: Beispiele für Gefährdungen der externen Validität (nach Shadish et al., 2002, S. 55)

Gefährdungen	Erläuterung
(1) Interaktion zwischen Kausalbeziehung und Personen	Ein Effekt, der in einer Untersuchung von bestimmten Personen gefunden wurde, hätte sich nicht gezeigt, wenn andere Personen untersucht worden wären.
(2) Interaktion zwischen Kausalbeziehung und Treatment-Umsetzungen	Ein Effekt, der bei einer bestimmten Umsetzung des Treatments gezeigt wurde, bestätigt sich nicht bei anderen Umsetzungen des Treatments, oder wenn nur ein Teil des Treatments verwendet wird.
(3) Interaktion zwischen Kausalbeziehung und Settings	Ein Effekt, der in einem Setting (z. B. in einer bestimmten Schule) gefunden wurde, bestätigt sich in anderen Settings nicht.

interessierende Merkmal zu erfassen. Repräsentieren die konkreten Realisierungen von UV und AV tatsächlich die theoretisch zugrundeliegenden Variablen? Die Konstruktvalidität bezeichnet also die Validität von Schlüssen von der konkreten Umsetzung in einer Studie auf theoretische Konzepte (higher-order concepts). Grundsätzlich werden zwei Bestandteile der Konstruktvalidität unterschieden: die konvergente und die diskriminante Validität. Die *konvergente Validität* bezeichnet das Ausmaß, in dem das gewählte Messverfahren das misst, was ein bereits etabliertes Messverfahren zum interessierenden Konstrukt erfasst. Die *diskriminante Validität* gibt an, wie gut sich die Messung mit dem gewählten Erhebungsverfahren von anderen Konstrukten (z. B. ADHS-Symptomatik und oppositionellem Trotzverhalten) unterscheidet. Konstruktvalidität betrifft neben der Erfassung der UV und AV gleichfalls Personen und Setting der Untersuchung. Tabelle 3.3 gibt Beispiele für mögliche Gefährdungen der Konstruktvalidität (► Tab. 3.3).

Tab. 3.3: Beispiele für Gefährdungen der Konstruktvalidität (nach Shadish et al., 2002, S. 73)

Gefährdungen	Erläuterung
(1) Unzureichende Explikation des Konstrukts	Unzureichende Konstruktexplikation kann zu unzutreffenden Schlussfolgerungen über die Beziehung zwischen »Operation« und Konstrukt führen.
(2) »Mono-Method Bias«	Sofern alle Operationalisierungen auf einer Methode beruhen (z. B. Selbstbericht), ist die Methode an sich Teil des untersuchten Konstrukts.
(3) Untersucher-Erwartungen	Der Untersucher kann das Verhalten der Probanden durch (explizite oder implizite) Vermittlung von Erwartungen über gewünschtes Verhalten beeinflussen.
(4) Demoralisierung	Probanden, die nicht das gewünschte Treatment erhalten, können so verärgert oder demoralisiert sein, dass sie ein negativeres (Antwort-)Verhalten als üblich zeigen.

Statistische Validität

Üblicherweise werden Forschungsbefunde durch inferenzstatistische Methoden abgesichert. Die vierte Validitätsart bezeichnet somit die statistische Validität, also die Frage: Erlauben die eingesetzten inferenzstatistischen Verfahren die vorgenommenen Schlussfolgerungen? Problematisch dabei ist, dass die statistische Signifikanz eines inferenzstatistischen Tests stark von der Stichprobengröße abhängt. Einerseits kann es aufgrund einer zu kleinen Stichprobengröße dazu kommen, dass vorhandene Effekte keine statistische Signifikanz erreichen und damit dann unentdeckt bleiben. In diesem Zusammenhang ist eine vorhergehende Berechnung der Teststärke (power) der eingesetzten statistischen Verfahren unabdingbar (Cohen, 1992). Andererseits werden bei ausreichend großen Stichproben auch sehr kleine Effekte signifikant. Aus diesem Grund sollte neben der statistischen stets auch die praktische Signifikanz eines inferenzstatistisch abgesicherten Effektes beurteilt werden (Merrel, Ervin & Gimpel-Peacock, 2012). Was ist damit gemeint? Die praktische Signifikanz ist definiert als die praktische Bedeutsamkeit des Effekts einer Intervention. Es kann beispielsweise sein, dass ein neues ADHS-Interventionsprogramm zwar einen statistisch signifikanten Effekt auf die ADHS-Symptomatik hat, die betroffenen Kinder jedoch nach wie vor deutliche Symptome der Unaufmerksamkeit, Impulsivität und Hyperaktivität zeigen, die ihre schulische Leistungsfähigkeit stark beeinträchtigen. Bei der Beurteilung der praktischen Signifikanz können Effektstärken hilfreich sein, die das Ausmaß des Effekts zu quantifizieren suchen.

3.3 Conclusio

Evidenzbasierung ist zu einem Schlagwort in nahezu jeder bildungspolitischen Debatte avanciert. Dies betrifft auch den Entscheidungs- und Wirkraum schulpsychologischen Forschens und Handelns. Das Wissen über grundlegende Konzepte empirischer Forschung und die Fähigkeit zur kritischen Auseinandersetzung mit Forschungsergebnissen ist Voraussetzung für einen gelingenden Wissenschafts-Praxis-Transfer. Ein Psychologie-Vollstudium führt zur hinreichenden Expertise in Forschungsmethoden. Dazu gehört auch die Einschätzung praktischer Implikationen wissenschaftlicher Befunde. Schulpsychologisches Handeln sollte dem Modell datenorientierter Problemlösung folgen, das die Ableitung von Forschungshypothesen aus der Theorie ebenso umfasst, wie den Entwurf entsprechender Studiendesigns, deren Umsetzung, Auswertung und schließlich deren Interpretation und das Ableiten von Konsequenzen.

Literatur

BDP Sektion Schulpsychologie (Hrsg.). (2015). *Schulpsychologie in Deutschland. Berufsprofil.* Berlin: BDP. Zugriff am 10.05.2021 unter www.bdp-schulpsychologie.de/backstage2/sps/documentpool/2015/berufsprofil.pdf

Bugl, P., Schmid, J. & Gawrilow, C. (2015). Ambulantes Assessment in der Schule: Den schulischen Alltag erfahrbar machen. *Lernen und Lernstörungen, 4(4)*, 261–268.

Campbell, D. T. & Stanley, J. C. (1963). Experimental and quasi-experimental designs for research on teaching. In N. L. Gage (Ed.), *Handbook of research on teaching* (pp. 171–246). Chicago, IL: Rand McNally.

Cohen, J. (1992). Statistical Power Analysis. *Current Directions in Psychological Science, 1(3)*, 98–101.

Cook, D. J., Mulrow, C. D. & Haynes, R. B. (1997). Systematic reviews: Synthesis of best evidence for clinical decisions. *Annals of Internal Medicine, 126(5)*, 376–380.

Dollase, R. (2020). Schulpsychologie. In M. A. Wirtz (Hrsg.), *Dorsch – Lexikon der Psychologie* (19. Aufl., S. 1377). Bern: Huber.

Fisher, R. A. (1925/1946). *Statistical methods for research workers* (10th ed.). Edinburgh: Oliver & Boyd.

Glass, G. V. (1976). Primary, secondary, and meta-analysis of research. *Educational Researcher, 5 (10)*, 3–8.

Hasselhorn, M. & Gold, A. (2017). *Pädagogische Psychologie: Erfolgreiches Lernen und Lehren* (4. Aufl.). Stuttgart: Kohlhammer.

Kazdin, A. E. (1982). *Single-case research designs.* New York: Oxford University Press.

Mercer, S.H., Idler A.M. & Barftfai, J.M. (2014). Theory-driven evaluation in school psychology intervention research: 2007-2012. *School Psychology Review, 43(2)*, 119–131.

Merrel, K. W., Ervin, R. A. & Gimpel-Peacock, G. (2012). *School psychology for the 21st century: Foundations and practices.* New York: Guilford Press.

Meyer, B. D. (1995). Natural and quasi-experiments in economics. *Journal of Business & Economic Statistics, 13(2)*, 151–161.

Mortensen, C. R. & Cialdini, R. B. (2010). Full-cycle social psychology for theory and application. *Social and Personality Psychology Compass, 4 (1)*, 53–63.

Open Science Collaboration (2015). Estimating the reproducibility of psychological science. *Science, 349*, aac4716.

Paluck, E. L. & Cialdini, R. B. (2014). Field research methods. In H. T. Reis & C. M. Judd (Eds.), *Handbook of Research Methods in Social and Personality Psychology* (pp. 81–99). Cambridge University Press.

Petermann, R. (1996). *Einzelfallanalysen.* München: Oldenbourg.

Rubin, D. B. (2008a). Comment: The design and analysis of gold standard randomized experiments. *Journal of the American Statistical Association, 103(484)*, 1350–1353.

Rubin, D. B. (2008b). For objective causal inference, design trumps analysis. *The Annals of Applied Statistics, 2(3)*, 808–840.

Schmidt, M. (2010). Einzelfallpläne. In H. Holling & B. Schmitz (Hrsg.), *Handbuch Statistik, Methoden und Evaluation* (S. 63–70). Göttingen: Hogrefe.

Simmons, J. P., Nelson, L. D. & Simonsohn, U. (2011). False-positive psychology: Undisclosed flexibility in data collection analysis allows presenting anything as significant. *Psychological Science, 22(1)*, 1359–1366.

Shadish, W. R., Cook, T. D. & Campbell, D. T. (2002). *Experimental and quasi-experimental designs for generalized causal inference.* Boston, MA: Houghton Mifflin.

Yong, E. (2012). Bad copy. *Nature, 485*, 298–300.

4 Aufgaben und Organisationsformen der Schulpsychologie in Deutschland

Stefan Drewes und Klaus Seifried

4.1 Einleitung

Die Schulpsychologie in Deutschland zeigt in ihren Aufgaben, Arbeitsweisen und Organisationsformen ein sehr heterogenes Bild. Die Einrichtung Schulpsychologischer Dienste oder Beratungsstellen erfolgt in der Regel durch die Bundesländer oder Kommunen. Seltener werden Schulpsychologinnen und Schulpsychologen durch den jeweiligen Schulträger für den Einsatz direkt an einer Schule angestellt. Schulpsychologie ist somit in Deutschland größtenteils eine Aufgabe in öffentlicher Trägerschaft, jedoch nicht immer gesetzlich geregelt. Häufiger sind Regelungen durch Erlasse oder Aufgabenbeschreibungen, die jeweils unterschiedliche Schwerpunkte setzen. Nur in 13 Bundesländern findet die Schulpsychologie Erwähnung in den Schulgesetzen.

Dies ist umso erstaunlicher, da in Deutschland mehr als 2 000 Schulpsychologinnen und Schulpsychologen auf mehr als1 700 Stellen im kommunalen oder Landesdienst tätig sind (BDP Sektion Schulpsychologie, 2020).

Die keineswegs einheitlichen Organisationsformen, Schwerpunkte und konkreten Aufgabenbereiche der Schulpsychologischen Einrichtungen und Dienste haben sich aufgrund der häufig fehlenden gesetzlichen Grundlagen in den Bundesländern unterschiedlich entwickelt (► Kap. I-1). Die Kultusministerkonferenz (KMK) hat zuletzt 1973 eine grundlegende Empfehlung zur Ausstattung Schulpsychologischer Beratungsstellen gegeben, neuere offizielle Empfehlungen existieren nicht.

Schulpsychologie wird grundsätzlich als Disziplin der angewandten Psychologie im Arbeitsfeld Schule verstanden. Trotz des Fehlens bundeseinheitlicher gesetzlicher Regelungen hat die Fachdisziplin selbst ein Selbstverständnis und eine allgemein gültige Aufgabenbeschreibung entwickelt, vor allem durch verschiedene Initiativen der Berufsverbände. Dennoch kommt es immer wieder zu Diskussionen, welche Aufgaben der Schulpsychologie zukommen und welche Organisationsform für die Schulpsychologie fachlich sinnvoll ist.

4.2 Begriffsbestimmung Schulpsychologie

In der wissenschaftlichen deutschsprachigen Literatur sind kaum Definitionen des Arbeitsfeldes Schulpsychologie zu finden. Die Sektion Schulpsychologie im Berufsverband Deutscher Psychologinnen und Psychologen (BDP) definiert gemeinsam mit den Landesverbänden für Schulpsychologie in ihrem Berufsprofil »Schulpsychologie in Deutschland«: seit 2006 die gemeinsame Grundlage der Schulpsychologinnen und Schulpsychologen in Deutschland hinsichtlich Aufgaben, Arbeitsprinzipien und Qualifikationen von Schulpsychologinnen und Schulpsychologen. In der dritten Auflage heißt es (BDP Sektion Schulpsychologie, 2014a):

> »Die Schulpsychologie ist der psychologische Fachdienst der Schule und unterstützt Schülerinnen und Schüler, ihre Eltern, Lehrende, Schulleitungen, Schulaufsicht, Schulverwaltung und gesetzgebende Gremien.« (S. 3)

Ziel ist es,

> »Schulen und Eltern in ihrem Bildungs- und Erziehungsauftrag zu beraten und Schülerinnen und Schüler zu unterstützen, sich in ihrer Persönlichkeit zu entwickeln sowie einen adäquaten Schulabschluss und eine altersgerechte Teilhabe am gesellschaftlichen Leben zu erreichen.« (ebd.)

In der Schweiz wurden 2014 neue Richtlinien für die Gestaltung der Schulpsychologie veröffentlicht (Interkantonale Vereinigung, 2014). Dort wird Schulpsychologie mit einem besonderen Schwerpunkt auf der Entwicklung von Kindern und Jugendlichen definiert als

> »eine international anerkannte Fachrichtung der Psychologie, welche sich mit Entwicklung, Lernen, Erziehung und Schule beschäftigt. Die schulpsychologische Arbeit dient der psychischen, intellektuellen und sozialen Entfaltung der Kinder und Jugendlichen sowie der Unterstützung der Schule in ihrem Bildungs- und Erziehungsauftrag.« (Interkantonale Vereinigung, 2014, S. 1)

Diese offenen Definitionen lassen die Frage zu, ob die Schulpsychologie als eine eigene Fachdisziplin oder als »Psychologie im Anwendungsfeld Schule« zu verstehen ist. Grundsätzlich ist festzuhalten, dass die Tätigkeit im Berufsfeld Schulpsychologie auf einer wissenschaftlichen Ausbildung mit einem Diplom- oder Masterabschluss in Psychologie bzw. in Bayern mit einem Staatsexamen in Schulpsychologie basiert.

4.3 Aufgaben und Arbeitsweisen

Drei Aufgabenbereiche prägen die schulpsychologischen Tätigkeiten in Deutschland und werden in unterschiedlicher Ausprägung umgesetzt:

1. Individuelle Beratung, oft auch schülerzentrierte Beratung genannt, die den einzelnen Schülerinnen und Schülern mithilfe schulpsychologischer Diagnostik, Beratung und Intervention in seiner Schullaufbahn und der schulischen Lern- und Lebenssituation unterstützt sowie Eltern und Lehrkräfte dazu berät
2. Systembezogene Angebote und Maßnahmen für Klassen, Lehrkräfte, Kollegien, Schulen und Institutionen, oft auch Systemberatung genannt, die z. B. Coaching und Supervision, Fortbildungen und Angebote zur Lehrergesundheit beinhalten sowie psychologische Prozessbegleitung bei der Implementation von schulorganisatorischen Maßnahmen oder pädagogischen Programmen
3. Mitarbeit in Projektgruppen und Gremien im Bildungsbereich, die Vernetzung und Kooperation mit anderen Berufsgruppen, die Umsetzung von schulpsychologischen Forschungsprojekten und die Evaluation von schulpsychologischen Maßnahmen

4.3.1 Individuelle oder schülerzentrierte Beratung

Die individuelle oder schülerzentrierte Beratung nimmt zunächst die Lernsituation, die Lernmöglichkeiten und das soziale Umfeld einzelner Schülerinnen und Schüler in den Blick. Ziel ist es, eine erfolgreiche Lernlaufbahn und eine angemessene Persönlichkeitsentwicklung zu ermöglichen. Die Schule soll dadurch bei ihrem Bildungs- und Erziehungsauftrag unterstützt werden. Schulschwierigkeiten sollen frühzeitig erkannt und Interventionen eingeleitet werden.

Themen der schulpsychologischen Diagnostik, Beratung und Intervention können mit Bezug zum schulischen Lernen und Umfeld sein:

- Allgemeine Lernschwächen und Entwicklungsrückstände
- Lernmotivation und Lernverhalten
- Konzentration und Aufmerksamkeit
- Erhaltung oder Wiederherstellung der psychischen und physischen Gesundheit
- Erlernen des Lesens, Schreibens und Rechnens, insbesondere bei Lese- und Rechtschreibschwäche oder Rechenschwäche
- Besondere Begabungen bis hin zur Hochbegabung
- Soziale Integration und Sozialverhalten
- Allgemeine Ängste, Leistungsängste
- Schuldistanz und Schulvermeidung
- Psychische Krisen und Erkrankungen
- Schwierige psychosoziale Lebenssituationen der Familie, familiäre Belastungen und Krisen, Kinderschutz
- Wahl einer Schulform und Schullaufbahn
- Klassen-, Schulwechsel und Schulübergang
- Förderplanung bei sonderpädagogischem Förderbedarf

4.3.2 Schulbezogene Beratung und Systemberatung

Die schulbezogene Beratung und Systemberatung der Schulpsychologie richtet ihre Angebote auf die Unterstützung von Lehrkräften in ihrem beruflichen Handeln sowie auf Schulen zur Unterstützung von Organisations- und Teamentwicklungsprozessen. Dies beinhaltet Angebote zu Fragen der persönlichen Arbeits- und Belastungssituation von Lehrkräften, Angebote zur Supervision, zum Coaching oder zur Teamentwicklung von Teilkollegien oder ganzer Kollegien sowie Fortbildungen für Lehrkräfte zu schulpsychologischen Themen.

Themen können beispielsweise sein:

- Beziehungsaufbau und -gestaltung zu Schülerinnen und Schülern
- Umsetzung von Maßnahmen der individuellen Förderung und Inklusion
- Umgang mit eigenen oder von außen herangetragenen Leistungserwartungen
- Bewältigung von Konfliktsituationen und Kommunikationsproblemen
- Beratungs- und Erziehungsbedarf in der Schülerschaft
- Bewältigung von schwierigen Unterrichtssituationen
- Klassenregeln und Klassenführung
- Prävention und Bewältigung von Krisenereignissen in der Schule
- Berufszufriedenheit und Work-Life-Balance
- Stressbewältigung, Erhalt und Wiederherstellung der Gesundheit
- Führungsaufgaben der Schulleitung
- Folgen von schulorganisatorischen Maßnahmen wie Schulauflösungen oder -fusionen
- Beratung von Schulen in Stadtteilen mit einem hohen Anteil von Familien mit psychosozialen Belastungen
- Umsetzung von Maßnahmen der Schulentwicklung und Qualitätssicherung

Schulentwicklung wird in der Schulpsychologie unter organisationspsychologischen Aspekten als Veränderung von Einstellungen und Haltungen, Einführung einer Führungs- und Kommunikationskultur sowie Maßnahmen zur Teamentwicklung verstanden. Weitere Ziele sind die Förderung eines entwicklungsfördernden Schulklimas sowie der Aufbau der Arbeitszufriedenheit aller an einer Schule tätigen Personen.

4.3.3 Mitarbeit in Gremien und Projektgruppen, Forschung und Evaluation

Durch die Kenntnisse des Schulsystems, des Veränderungsmanagements und der Evaluation von Präventions- und Interventionsmaßnahmen sind Schulpsychologinnen und Schulpsychologen unverzichtbar bei der Entwicklung und Umsetzung von neuen Projekten, Interventionsprogrammen und schulorganisatorischen Maßnahmen. Dadurch ist die Schulpsychologie in Gremien auf allen Ebenen des Schul- und Bildungssystems vertreten, wie beispielsweise bei der Implementation und Evaluation von Maßnahmen zur Lehrergesundheit oder zur Schulentwicklung. So hat sich z. B. in Niedersachsen aus der Schulpsychologie heraus ein eigener Zweig der Arbeitspsychologie für Schulen zur Implementierung von Maßnahmen zur Gesunderhaltung von Lehrkräften entwickelt.

Neben solchen Programmen hat sich die Umsetzung der Inklusion in Schulen in den letzten Jahren zu einem bedeutsamen Thema auch für die Schulpsychologie entwickelt. Die Schulpsychologie ist dazu auf allen Ebenen bei der Einzelfallberatung, der Unterstützung der Lehrkräfte, der Schulentwicklung sowie an Qualitätszirkeln oder Steuerungsgruppen beteiligt (BDP Sektion Schulpsychologie, 2014b; ► Kap. III-1).

Die Durchführung von Forschungsprojekten und die Evaluation von Präventions- und Interventionsmaßnahmen stellt eine Verknüpfung von Wissenschaft und Praxis dar und ermöglicht die Sicherung der wissenschaftlichen Basis der schulpsychologischen Tätigkeit. Die wissenschaftliche Ausrichtung der Schulpsychologie begründet neben anderen Qualifikationen die besondere Kompetenz der Schulpsychologie gegenüber anderen Berufsgruppen in den Schulen.

4.4 Arbeitsprinzipien und Rollenverständnis

Die grundlegenden Arbeitsprinzipien der Schulpsychologie in Deutschland beinhalten die Freiwilligkeit, den freien Zugang, die Kostenfreiheit, die Schweigepflicht sowie die Unabhängigkeit und Neutralität. Der Begriff der Neutralität wird dabei zunehmend durch den Begriff einer Allparteilichkeit ersetzt, um deutlich zu machen, dass die Schulpsychologie im Beratungsprozess eine aktive Rolle übernimmt und sich nicht auf eine Neutralität zurückzieht (vgl. BDP Sektion Schulpsychologie, 2014a).

Die Freiwilligkeit der Inanspruchnahme schulpsychologischer Angebote beinhaltet auch, dass die Schulpsychologie zumeist nicht in die Hierarchie der Schul- und Bildungsverwaltung eingebunden ist. Der freie Zugang bedeutet, dass die Zielgruppen Eltern, Schülerinnen und Schüler, Lehrkräfte oder pädagogische Fachkräfte in Schulen einen direkten Zugang zur schulpsychologischen Beratung nutzen können und keine Zustimmung schulischer Gremien oder Personen benötigen. Schulpsychologinnen und Schulpsychologen sind in der Regel auch nicht an Berichten oder Gutachten über Lehrkräfte beteiligt. Die Einbindung in gutachterliche Aufgaben oder Stellungnahmen im Rahmen von schulorganisatorischen Maßnahmen wird von vielen schulpsychologischen Einrichtungen abgelehnt, da dadurch Ratsuchende davon abgehalten werden könnten, vertrauensvoll eine schulpsychologische Beratung in Anspruch zu nehmen.

In einigen Bundesländern sind schulpsychologische Gutachten zur Veranlassung von inner- oder außerschulischen Fördermaßnahmen wie Lerntherapien nach SGB VIII möglich.

4.5 Organisationsformen schulpsychologischer Einrichtungen

Schulpsychologische Beratungsstellen in Deutschland sind in den Bundesländern unterschiedlich organisiert. Folgende Organisationsformen sind in Deutschland zu finden:

- Beratungsstellen oder Beratungszentren außerhalb einer Schule in eigenen Räumen in Trägerschaft einer Kommune, eines Kreises oder Bezirkes eines Bundeslandes mit Zuständigkeit für die jeweiligen Schulen und zwei bis 20 Schulpsychologinnen oder Schulpsychologen in Teil- oder Vollzeittätigkeit, teilweise mit speziellen Aufgaben
- Beratungseinrichtungen außerhalb einer Schule in gemeinsamer Organisation mit Erziehungs- oder Familienberatung bzw. anderen Beratungsdiensten
- Multidisziplinäre Beratungszentren, häufig mit dem Schwerpunkt Inklusion, teilweise auch mit schulersetzenden Förderangeboten, gemeinsam mit Fachkräften der Sonderpädagogik, Sozialarbeit oder Sozialpädagogik, Lerntherapie, Lehrkräften der allgemeinen Schulen, u. a.
- Einzelpersonen in einer Schule mit mindestens einer Schulpsychologin oder einem Schulpsychologen in Teilzeit oder Vollzeit an der Schule
- Beratungs- und Fortbildungsreferate in einem Schulamt oder einer Bezirksregierung

- Lehrkräfte an Schulen, mit einer Stundenermäßigung für ihre Tätigkeit als Beratungslehrkraft oder Fachkraft der Schulpsychologie
- Einzelpersonen mit Koordinations- und Leitungsaufgaben in einer Bezirksregierung oder dem Schul- bzw. Kultusministerium

Aus den jeweiligen Organisationsformen ergeben sich Folgerungen für die Aufgaben, das Selbstverständnis und die Wahrnehmung des Angebotes in Schulen und der Öffentlichkeit. Je größer die Nähe der Einrichtung zur Schule, desto mehr können die Schulpsychologin oder der Schulpsychologe direkt in der Schule intervenieren, sind aber bereits selbst ein Teil des Systems Schule und werden als solches wahrgenommen. Je weiter entfernt das Angebot von der Schule in einer externen Beratungseinrichtung organisiert ist, desto unabhängiger und vertraulicher können Angebote für alle Zielgruppen umgesetzt werden. Möglicherweise ist die Akzeptanz in der Schule dafür geringer. Sinnvoll erscheint es, Kombinationen von Angeboten in der Schule mit solchen außerhalb der Schule zu organisieren.

4.6 Qualifikationen von Schulpsychologinnen und Schulpsychologen

Die Voraussetzung für die Tätigkeit als Schulpsychologin oder Schulpsychologe ist in allen Bundesländern außer in Bayern ein Diplom- oder Masterabschluss in Psychologie. In Bayern ist ein Studiengang Psychologie mit schulpsychologischem Schwerpunkt an den Universitäten Bamberg, Eichstätt und München (LMU) eingerichtet und wird mit dem Staatsexamen in Schulpsychologie sowie einem Unterrichtsfach abgeschlossen. Das Staatsexamen mit dem Schwerpunkt Schulpsychologie in Bayern entspricht nicht einem Diplom- oder Masterabschluss in Psychologie und ermöglicht somit nur die Tätigkeit im bayerischen Schuldienst als Lehrkraft. Bayern geht damit als einziges Bundesland einen eigenen Weg in der Schulpsychologie.

An den Universitäten Tübingen und Frankfurt wurden Kompetenzzentren Schulpsychologie aufgebaut, die eine Verzahnung von psychologischer Forschung und schulpsychologischer Praxis ermöglichen. Die Universität Tübingen bietet einen Masterstudiengang Schulpsychologie an. Weitere Berufsabschlüsse im pädagogischen oder psychotherapeutischen Bereich sind hilfreich, jedoch seit einigen Jahren nicht mehr Bedingung für die Einstellung. Auch die zusätzliche Ausbildung als Lehrkraft ist in keinem Bundesland mehr Bedingung für die Einstellung, abgesehen von dem bayerischen Modell. Fachkräfte der Schulpsychologie verfügen generell über Erfahrungen und Kompetenzen in den Bereichen Pädagogische Psychologie, Entwicklungspsychologie, Klinische Psychologie, Psychopathologie, Psychotherapie, Supervision und Coaching sowie Systemberatung und Organisationspsychologie.

Das Berufsprofil Schulpsychologie (BDP Sektion Schulpsychologie, 2014a) betont neben diesen Qualifikationen das Wissen über das Schul- und Bildungssystem des jeweiligen Bundeslandes sowie die regionalen psychosozialen Infrastrukturen und die Kenntnisse der Unterrichtsdidaktik, Klassenführung und Schulentwicklung.

Für die Tätigkeit als Schulpsychologin oder Schulpsychologe sind eine Approbation als Psychologischer Psychotherapeut oder Kinder- und Jugendlichenpsychotherapeut sowie eine Genehmigung zur Ausübung heilkundlicher Tätigkeiten nicht erforderlich. Die Sektion Schulpsychologie im BDP begründet dies wie folgt:

»(...) im Mittelpunkt steht somit die Feststellung und Förderung gesundheits- und entwicklungsfördernder Aspekte sowie die Lösung sozialer Konflikte bei den am Schulleben beteiligten Personen und der Institution Schule. Schulpsychologische Beratung kann auch die Früherkennung von Fehlentwicklungen und Störungen sowie die Vermittlung in entsprechende Behandlungen beinhalten, hat dies aber grundsätzlich nicht zum Ziel. Insbesondere ist es auch nicht das Ziel schulpsychologischer Beratung, psychische Erkrankungen zu behandeln und somit heilkundlich tätig zu sein.« (Drewes, 2008)

4.7 Berufsethische Grundsätze und Selbstverständnis

Schulpsychologinnen und Schulpsychologen fördern Ratsuchende bei der Entwicklung ihrer Kompetenzen und eigenen Ressourcen (BDP Sektion Schulpsychologie, 2014a). Sie verstehen sich als allparteilich und beachten die Perspektive aller Beteiligten. Im Berufsalltag kann dies zu Rollenkonflikten führen, wenn im Rahmen einer individuellen Beratung die Interessen des Kindes mit denen der Lehrkraft und Klasse oder umgekehrt in Übereinstimmung gebracht werden müssen.

Schulpsychologisches Handeln ist die Anwendung wissenschaftlicher Psychologie in der Schule. Schulpsychologinnen und Schulpsychologen richten ihr professionelles Handeln am Stand der Wissenschaft aus und verpflichten sich damit zu regelmäßiger Fort- und Weiterbildung. Die Schulpsychologie erhebt den Anspruch, die Schul- und Bildungspolitik kritisch zu begleiten und durch psychologische Expertise weiterzuentwickeln.

4.8 Ausstattung und Rahmenbedingungen

Die Sicherstellung der Arbeitsgrundlagen und Prinzipien schulpsychologischer Tätigkeiten setzt bestimmte Rahmenbedingungen und Ausstattungen voraus. Für Dienste und Beratungseinrichtungen außerhalb der Schulen hat der Arbeitskreis der Leiterinnen und Leiter Schulpsychologischer Dienste beim Städtetag Nordrhein-Westfalen 2012 Empfehlungen veröffentlicht (AK Kommunale Schulpsychologie, 2012). Neben einem Büro- und Beratungsraum für vertrauliche Gespräche sind Gruppenräume für Fortbildungen, Supervisions- oder Schülergruppen je nach Ausrichtung und Angeboten der Einrichtung erforderlich. Daneben sind eine Testothek auf dem aktuellen wissenschaftlichen Stand, ein Sekretariat zur Erreichbarkeit und zur Aufnahme der Ratsuchenden sowie technische Voraussetzungen für Online-Beratungen erforderlich.

Die leichte und niedrigschwellige Erreichbarkeit insbesondere in Krisenfällen ist eine weitere Voraussetzung für die Akzeptanz und den Erfolg schulpsychologischer Beratung.

Die Tätigkeit in einer Schule erfordert ebenfalls entsprechende Rahmenbedingungen: die Bereitstellung eines Beratungsraumes und die Unterstützung durch das Schulsekretariat. Die Praxiserfahrungen zeigen, dass Schulpsychologinnen und Schulpsychologen in Schulen auf eine Mindestausstattung drängen sollten. Das Fehlen dieser Ausstattung zeigt oft auch die fehlende Bereitschaft und Offenheit der Schule zur Zusammenarbeit mit der Schulpsychologie und ist in der Auftragsklärung zu thematisieren.

Häufige Konfliktfelder sind die vertrauliche Aktenführung und Dokumentation sowie die Vertraulichkeit und Schweigepflicht (► Kap. I-7), wenn beispielsweise die Schulleitung als vorgesetzte Stelle einen direkten Bericht oder eine Aufnahme der gewonnenen Informationen in die Schülerakte erwartet. Bei der Tätigkeit in einer Schule ist es von besonderer Bedeutung, sicherzustellen, dass schulpsychologische Akten und Unterlagen verschlossen aufbewahrt werden können.

4.9 Schulpsychologie in Schulgesetzen und Erlassen

Im Rahmen des föderalen Bildungssystems sind für die Schulpsychologie die Schul- und Kultusministerien der Bundesländer zuständig. Die Rahmenbedingungen und gesetzlichen Grundlagen für Schulpsychologinnen und Schulpsychologen in den Bundesländern sind höchst unterschiedlich. Aufgaben und Arbeitsweisen sind zumeist in Erlassen geregelt, in einigen Bundesländern ist die Schulpsychologie in den Schulgesetzen erwähnt. Zumeist ist diesen Erlassen oder Schulgesetzen jedoch deutlich anzumerken, dass aus den gesetzlichen Regelungen keine Ableitungen über die Ausstattung und Anzahl der Stellen möglich sein sollen, um Folgekosten zu vermeiden. In manchen Bundesländern wird die Schulpsychologie im Schulgesetz nicht erwähnt.

Beispielhaft werden im Folgenden einige gesetzliche Rahmenbedingungen dargestellt. Dies macht deutlich, wie unterschiedlich diese in den verschiedenen Bundesländern jeweils ausgestaltet sind.

In *Baden-Württemberg* ist die Schulpsychologie im Schulgesetz (SchG) vom 01.08.1983, § 19 Bildungsberatung, erwähnt. Weitere Ausführungen sind in den Richtlinien für die Bildungsberatung vom 01.01.2001 zu finden. Schulpsychologinnen und Schulpsychologen verfügen über einen Diplom- oder Masterabschluss in Psychologie. Ihre Aufgaben sind die Unterstützung der Schülerinnen und Schüler, die Unterstützung der Lehrkräfte bei pädagogisch-psychologischen Fragestellungen, die Entwicklung von geeigneten Beratungs- und Untersuchungsmethoden, die Krisennachsorge sowie die Beratung zu Fragen des zweiten Bildungsweges. Auf Weisung des Ministeriums ist auch die Beteiligung an Schulversuchen möglich. Im März 2019 wurde eine neue Organisationsstruktur implementiert. Die Schulpsychologischen Beratungsstellen wurden in sechs Regionalstellen integriert. Die Steuerung und Aufsicht liegt jetzt bei der Zentrale des Zentrums für Schulqualität und Lehrerbildung (ZSL). Ebenfalls zentral erfolgt die evidenzbasierte Konzeption neuer Beratungs- und Unterstützungsangebote.

In *Bayern* sind die Schulpsychologinnen und Schulpsychologen zumeist sowohl als Lehrkraft als auch als Schulpsychologe an der gleichen Schule tätig. Daneben existieren auch einige wenige externe Schulpsychologische Beratungsstellen in den Bezirken, in denen Schulpsychologinnen und Schulpsychologen schulformbezogen tätig sind. Das bayerische System ist geregelt im Bayerischen Gesetz über das Erziehungs- und Unterrichtswesen (BayEUG), Art. 78 Abs. 3 (Staatsinstitut für Schulqualität und Bildungsforschung, 2007). Das System der Schulpsychologen bildet gemeinsam mit einem System von Beratungslehrkräften ein Beratungsnetzwerk. Einige Schulpsychologinnen und Schulpsychologen verfügen über einen Diplom- oder Masterabschluss in Psychologie, der größere Teil über ein Staatsexamen in Psychologie mit schulpsychologischem Schwerpunkt und einem Unterrichtsfach.

In *Berlin* dienen die »Schulpsychologischen und inklusionspädagogischen Beratungs- und Unterstützungszentren (SIBUZ) der Unterstützung und Beratung von Schülerinnen und Schülern, Eltern und dem gesamten Schulpersonal in allen Fragen rund um die Umsetzung des schulischen Erziehungs- und Bildungsauftrags unter besonderer Berücksichtigung der inklusiven Schulentwicklung.« (Senatsverwaltung für Bildung, Jugend und Familie, 2019). Die gesetzlichen Grundlagen sind in § 107 des Schulgesetzes Berlin vom 26.01.2004 definiert. Danach ist die Schulpsychologie eine »der Schulaufsichtsbehörde eingegliederte fachpsychologische Einrichtung für die Unterstützung der Schulen bei der Erfüllung ihres Bildungs- und Erziehungsauftrages«. In jedem der zwölf Bezirke ist ein Beratungszentrum (SIBUZ) eingerichtet. Ein SIBUZ umfasst zwei Abteilungen, die Abteilung Schulpsychologie und die Abteilung Inklusionspädagogik, in der Sonderpädagoginnen und Sonderpädagogen arbeiten.

In *Brandenburg* ist die Schulpsychologische Beratung dem schulfachlichen Bereich der vier staatlichen Schulämter zugeordnet. Schulpsychologinnen und Schulpsychologen sind in allen Landkreisen des Landes in Schulpsychologischen Beratungsstellen tätig. Es gibt dabei eine enge Kooperation mit der Sonderpädagogischen Förder- und Beratungsstelle und anderen regionalen psychosozialen Diensten, Beratungsstellen und Ämtern in der jeweiligen Region. Im Aufgabenbereich der Schulpsychologinnen und Schulpsychologen liegt gemäß Brandenburgischem Schulgesetz § 133 die »präventive und die auf akute Probleme bezogene Beratung von Schülerinnen und Schülern, Lehrkräften, Eltern sowie von Schulen«. Aufgaben, Organisation und Arbeitsweise der Schulpsychologischen Beratung werden durch die Verwaltungsvorschrift VVpsyBer vom 19.09.2014 weitergehend geregelt und präzisiert.

In *Bremen* ist die Schulpsychologie mit anderen Berufsgruppen wie Sonderpädagoginnen und Beratungslehrkräften Teil der Regionalen Beratungs- und Unterstützungszentren (ReBUZ). Die Organisation unterliegt den Stadtgemeinden. Eine Erwähnung ist im Bremischen Schulverwaltungsgesetz (BremSchVwG) in der Fassung vom 23.06.2009 zu finden. Im Zuge der Umsetzung der Inklusion wurde das bisherige »Zentrum für schülerbezogene Beratung« in vier neu geschaffene ReBUZ in der Stadtgemeinde Bremen und in ein ReBUZ in Bremerhaven überführt, die auch schul- und unterrichtsersetzende Maßnahmen durchführen. Die Einrichtung, die Aufgaben und die Berufsgruppen werden in der »Ersten Verordnung für Unterstützende Pädagogik« vom 01.08.2013 geregelt. Berufsspezifisch als psychologische Tätigkeit werden darin psychologische Beratung und Diagnostik benannt. Ansonsten werden mit Ausnahme der sonderpädagogischen Feststellungsverfahren Aufgabenbeschreibungen der ReBUZ nicht berufsspezifisch benannt. Die Ausführungen beziehen sich vielmehr auf alle Berufsgruppen und differenzieren nicht. Seit der Überführung in die ReBUZ-Einrichtungen liegt der Schwerpunkt schulpsychologischer Tätigkeit in der Einzelfallberatung in den verschiedensten thematischen Feldern. Der Einsatz bei Gewaltvorkommnissen und Krisen in Schulen ist nicht explizit an psychologische Fachkräfte geknüpft, allerdings an eine einschlägige Fortbildung.

In *Hamburg* ist die Schulpsychologie im Hamburgischen Schulgesetz (HmbSG), vom 16. April 1997, §§ 34 und 35 verankert. Die Schulpsychologinnen und Schulpsychologen arbeiten größtenteils in den Beratungsabteilungen der 13 Regionalen Bildungs- und

Beratungszentren (ReBBZ). Aufgabe der ReBBZ ist die Unterstützung der allgemeinen Schulen mit einem umfassenden, qualifizierten Beratungs- und Unterstützungsangebot. Darüber hinaus bieten die ReBBZ mit den Bildungsabteilungen ein schulisches Angebot für Schülerinnen und Schüler mit sonderpädagogischem Förderbedarf in den Bereichen emotionale und soziale Entwicklung, Lernen und Sprache. Die Schülerinnen und Schüler werden dort auf Wunsch der Sorgeberechtigten dauerhaft oder auch temporär unterrichtet und gefördert. Die Bildungsabteilungen haben den Status einer Förderschule. Die Fachaufsicht über die Schulpsychologie wird von einer Psychologin in der Schulbehörde ausgeübt.

In *Hessen* werden die Schulpsychologinnen und Schulpsychologen als Personal der Schulaufsicht definiert. In § 94 Abs. 4 des Hessischen Schulgesetzes in der Fassung der Bekanntmachung vom 30. Juni 2017 (GVBl. S. 150), zuletzt geändert durch das Gesetz vom 29. September 2020 (GVBl. S. 706) heißt es: »Den Schulaufsichtsbehörden gehören Schulpsychologinnen und Schulpsychologen an. Ihre Tätigkeit umfasst insbesondere die präventive und systembezogene Beratung und die psychologische Beratung von Schulen, Lehrerinnen und Lehrern, Eltern und Schülerinnen und Schülern.« In verschiedenen Verordnungen wird die jeweilige Beteiligung oder Einbeziehung von Schulpsychologinnen und Schulpsychologen erwähnt.

In *Mecklenburg-Vorpommern* regelt das Schulgesetz M-V in § 95 die Organisation und Arbeit der Schulpsychologie. Den Schulämtern wird jeweils ein Zentraler Fachbereich für Diagnostik und Schulpsychologie zugeordnet. Die Mitarbeitenden stehen im Dienste des Landes. Durch Rechtsverordnung wurde geregelt: »Der Zentrale Fachbereich für Diagnostik und Schulpsychologie (ZDS) gliedert sich in die Fachbereiche Schulpsychologie und Diagnostik (Sonderpädagogik). Aufgabe des ZDS ist die Beratung und Unterstützung in psychologischen und diagnostischen Zusammenhängen, damit Schulen ihren Bildungs- und Erziehungsauftrag bestmöglich erfüllen können.«

Die Schulpsychologie in *Niedersachsen* ist nach § 120 des Niedersächsischen Schulgesetzes (NSchG) Teil der staatlichen Schulbehörden. Aktuell sind dies die Regionalen Landesämter für Schule und Bildung (RLSB). Dort heißt es: »Die Schulbehörden haben die Entwicklung des Schulwesens zu planen, zu gestalten und die Schulen und Schulträger zu beraten. Sie nehmen die Aufgaben der schulpsychologischen Beratung wahr.« Die Schulpsychologie ist für alle Themen, die im Kontext des »Lernort Schule« stehen, von den beteiligten Schülerinnen und Schülern, Eltern und Lehrkräften ansprechbar. Hier finden sich die traditionellen Angebote der Schulpsychologie wieder. Ziel ist die Unterstützung der Schulgemeinschaft bei der pädagogischen Umsetzung des Bildungsauftrages. Die Unterstützung durch Krisen- und Notfallteams wird ebenfalls durch die Schulpsychologie geleistet.

In *Nordrhein-Westfalen* existiert seit dem Ausbau der Schulpsychologie in diesem Bundesland in den Jahren 2007 bis 2009 in jeder kreisfreien Stadt und jedem Kreis eine Schulpsychologische Beratungseinrichtung, in der sowohl kommunale als auch landesbedienstete Schulpsychologinnen und Schulpsychologen gemeinsam tätig sind. In einem Einsatzmanagement zwischen Land und Kommune werden die Aufgaben und Schwerpunktsetzungen vor Ort gemeinsam festgelegt. Der Aufgabenerlass vom 08.01.2007 führt die Aufgaben der Schulpsychologie auf, jedoch wird im Schulgesetz die Schulpsychologie nur am Rande erwähnt. Die Aufgaben beinhalten die Unterstützung der Schulen sowie der pädagogischen Fachkräfte bei ihrem Bildungs- und Erziehungsauftrag sowie der Schülerinnen und Schüler und deren Eltern bei Schulproblemen und Erziehungsfragen.

Der Schulpsychologische Dienst in *Rheinland-Pfalz* ist im Pädagogischen Landesinstitut als eigene Abteilung organisiert. Es bestehen 14 Schulpsychologische Beratungsstellen mit einer regionalen Zuständigkeit im Land. Als Arbeitsfelder werden die Individualberatung, die Schulberatung, die Prävention und Konfliktberatung sowie die Förderung der allgemeinen Berufsfähigkeit benannt (Pädagogisches Landesinstitut o. J.).

Im *Saarland* ist die Schulpsychologie in kommunalen Schulpsychologischen Diensten organisiert. Die rechtliche Grundlage findet sich in der Verordnung über den Schulpsychologischen Dienst (07.08.2008) sowie im Schulordnungsgesetz (SchoG) vom 21.08.1996, § 20a. Darin ist festgehalten, dass die Dienste als staatliche Aufgabe von den Landkreisen eingerichtet werden, aber der Fachaufsicht der Schulaufsichtsbehörde (Ministerium) unterstehen. Ihre Aufgabe besteht darin, »durch Diagnose und auf die Schule bezogene Therapie, insbesondere durch Beratung, Förderung und in Einzelfällen auch durch weiterführende Betreuung Schülerinnen und Schüler, Erziehungsberechtigte und Lehrkräfte bei der Vermeidung und Überwindung von besonderen Schulschwierigkeiten zu unterstützen«. Zu den weiteren Aufgaben der Schulpsychologischen Dienste gehört der Einbezug bei der Klärung von Sachverhalten im Zusammenhang mit Kindeswohlgefährdung, die Krisenintervention an Schulen sowie die Diagnostik im Bereich Hochbegabung bzw. Lese-Rechtschreibstörung.

In *Sachsen* ist die Schulpsychologie seit 1991 im Schulgesetz, § 17a, verankert. Es besteht eine Verwaltungsvorschrift vom 01.10. 1999, in der die primären Aufgaben geregelt sind. Diese bestehen in der Unterstützung der Lehrkräfte, Schulleitungen, Eltern, Schülerinnen und Schüler zur Bewältigung von Lern- und Leistungsproblemen. Die Schulpsychologinnen und Schulpsychologen sind als Landesbedienstete an fünf Landesämtern für Schule und Bildung in eigenen Bereichen tätig. Die fachliche Aufsicht obliegt dem Ministerium für Kultus.

In *Sachsen-Anhalt* ist die Schulpsychologie dem Landesschulamt und insofern direkt dem Ministerium für Bildung unterstellt. Seit Oktober 2013 bildet die Schulpsychologie in der Abteilung 2 ein eigenes Referat. Im Schulgesetz des Landes Sachsen-Anhalt (SchulG LSA) ist in der ab dem 01.08.2018 geltenden Fassung unter § 83 Abs. 1 Nr. 8 zu lesen: »Die Schulaufsicht (…) umfasst den schulpsychologischen Dienst (…).«

Der RdErl. des MK vom 07.07.2004 (Organisation und Aufgaben schulpsychologischer Beratung) definiert personenbezogene Beratung, Mitwirkung bei Entscheidungen der Schulbehörde und Zusammenarbeit innerhalb der Schulabteilung, sowie Beratung der Schule als System und Information und Fortbildung zu schulpsychologisch relevanten Themen als Aufgabenbereiche.

In *Schleswig-Holstein* ist die Schulpsychologie im Schulgesetz (SchulG) vom 24.01.2007, geändert am 01.07.2020, erwähnt. Anstellungsträger der Schulpsychologinnen und Schulpsychologen ist das Land, die Träger der Beratungsstellen sind jedoch die Kommunen. Ein Konzept zu den Aufgaben und Strukturen aus dem Jahr 2017 ist auf der Website des Landes veröffentlicht.

In *Thüringen* ist die Schulpsychologie im § 53 Abs. 3 des Thüringer Schulgesetzes (ThürSchulG) in der Fassung vom 31.01.2013 erwähnt. Schulpsychologische Dienste sind bei den staatlichen Schulämtern eingerichtet. Sie haben sowohl schülerzentrierte als auch schulzentrierte Aufgaben. Weitere Aufgaben werden in der Anlage 1 vom 05.05.2013 ausgeführt. Dort wird insbesondere eine systemische Ausrichtung betont und über die üblichen Aufgaben hinaus die Beratung der Schulen bei Fragen des Kinderschutzes, die psychologische Diagnostik bei der Feststellung des sonderpädagogischen Förderbedarfes, die Mitwirkung beim betrieblichen Eingliederungsmanagement von Lehrkräften sowie die Drogenprävention und Suchtberatung aufgeführt. Weitere Informationen sind auf der Webseite des Ministeriums für Jugend, Bildung und Sport zu finden.

4.10 Versorgung mit Schulpsychologie in den Bundesländern

Die Sektion Schulpsychologie im Berufsverband Deutscher Psychologinnen und Psychologen erhebt alle zwei Jahre die aktuelle Anzahl der Schulpsychologinnen und Schulpsychologen in den Bundesländern (▸ Abb. 4.1; ▸ Abb. 4.2).

Vergleicht man die Versorgungszahlen aus dem Jahr 2020 mit denen aus 2018, so wird deutlich, dass es in Deutschland in nur zwei Jahren einen Anstieg von 1 518 auf 1 704 Stellen oder um 12 % gab (BDP Sektion Schulpsychologie, 2020). Schauen wir noch weiter zurück, so gab es in den letzten zehn Jahren eine Zunahme von Schulpsychologiestellen in Deutschland um 38 %. 2020 ist im Durchschnitt in Deutschland eine schulpsychologische Fachkraft für 6 302 Schülerinnen und Schüler zuständig, 2018 lag die Zahl noch bei 7 258, vor zehn Jahren bei 9 169. Dies zeigt eine deutliche Verbesserung in den letzten zehn Jahren – allerdings auf niedrigem Niveau.

Diese Entwicklung belegt die Notwendigkeit schulpsychologischer Kompetenzen und Angebote in den Schulen. Im Vergleich zu anderen europäischen Ländern ist diese Versorgung immer noch nicht ausreichend. In der Schweiz wird beispielsweise eine Ausstattung von 1:1 500 angestrebt (Richtlinien zur Gestaltung der Schulpsychologie in der Schweiz, 2014).

Beim Vergleich der schulpsychologischen Versorgung in den einzelnen Bundesländern sind deutliche Unterschiede festzustellen. Während 2020 in Bayern eine schulpsychologische Fachkraft (Vollzeitäquivalent) für durchschnittlich 3 730 Schülerinnen und Schüler zuständig ist, sind es in Niedersachsen trotz Verbesserungen immer noch 13 018, in Sachsen-Anhalt 10 460 und in Brandenburg 9 376 Schülerinnen und Schüler. Das Bundesland Sachsen konnte sich im Vergleich zu 2018 von 1:14 139 auf 1:8 812 verbessern, indem die Anzahl der Fachkräfte um 23 Stellen oder 72 % aufgestockt wurde.

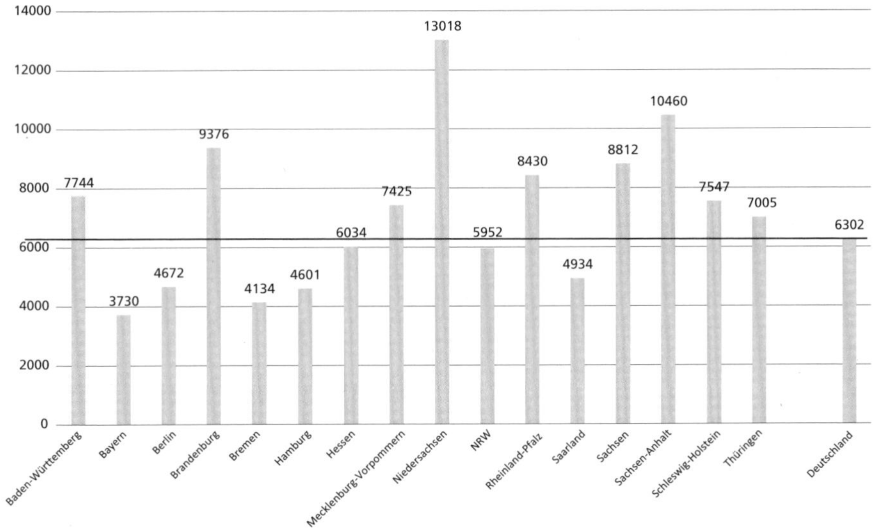

Abb. 4.1: Schülerinnen und Schüler pro Schulpsychologin oder Schulpsychologen 2020 (Datengrundlage: Aktuelle Befragung der Kultusministerien der Länder, Statistisches Bundesamt. Stand November 2020; BDP Sektion Schulpsychologie, 2020)

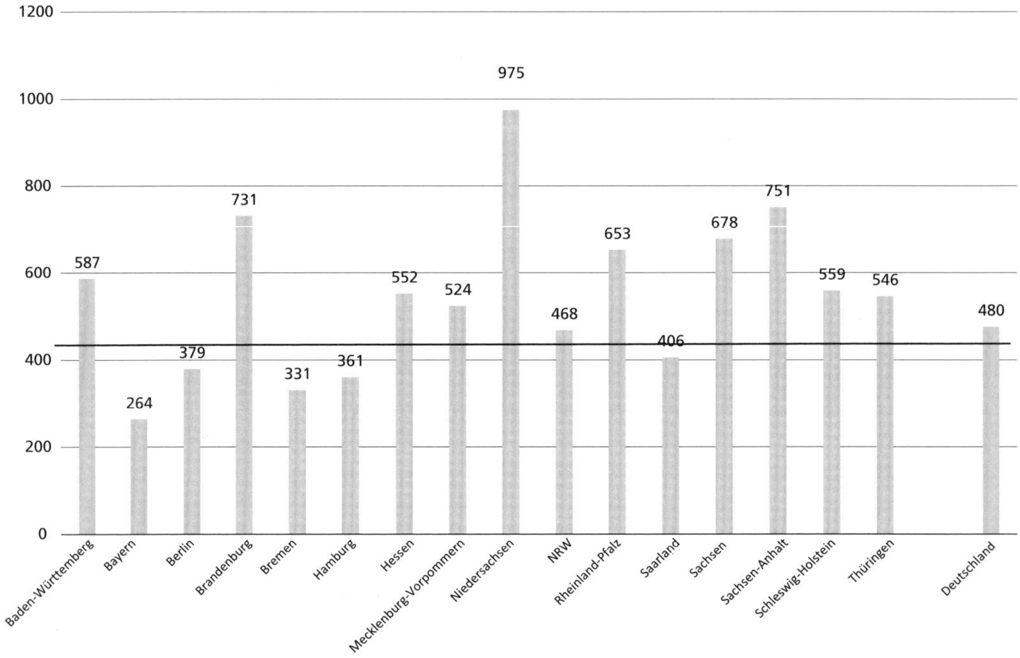

Abb. 4.2: Lehrkräfte pro Schulpsychologin oder Schulpsychologen 2020 (Datengrundlage: Aktuelle Befragung der Kultusministerien der Länder, Statistisches Bundesamt. Stand November 2020; BDP Sektion Schulpsychologie, 2020)

4.11 Fazit

Die Schulpsychologie in Deutschland bietet ein heterogenes Bild. Zwar hat sich auf der Basis eines gemeinsamen Berufsprofils der Sektion Schulpsychologie im BDP ein grundlegendes Verständnis der Aufgaben und Arbeitsprinzipien entwickelt, jedoch sind die personelle Ausstattung, die Organisationsformen und die Arbeitsaufträge sehr unterschiedlich.

Die meisten Bundesländer haben in den letzten Jahren im Rahmen der Einrichtung neuer Stellen die Aufgaben ausführlicher definiert und Bezüge zu wissenschaftlichen Erkenntnissen hergestellt. So sind in Tübingen und Frankfurt Kompetenzzentren entstanden, an anderen Stellen wurde die Schulpsychologie in Qualitätssicherungskonzepte einbezogen. In vielen Bundesländern wurde die Schulpsychologie durch Erwähnungen in den Schulgesetzen oder durch Verfügungen, Erlasse oder Qualitätssicherungskonzepte konzeptionell deutlich gestärkt.

Auch haben sich die Darstellungen der Aufgaben und Angebote der jeweiligen Schulpsychologie in den Ländern auf Webseiten deutlich verbessert und Interessierte finden leichter den Weg zu schulpsychologischer Beratung und Unterstützung.

Der deutlich wahrnehmbare Anstieg der Anzahl von Schulpsychologinnen und Schulpsychologen in Deutschland sowie der Ausbau der Kooperationen in multiprofessionellen Einrichtungen wird die Schulpsychologie in Deutschland weiter stärken. Für die Zukunft bleibt es jedoch unverzichtbar, die Schulpsychologie als wissenschaftlich fundierte Disziplin weiter zu etablieren und Standards für eine einheitliche Versorgung mit Schulpsychologinnen und Schulpsychologen in Deutschland zu entwickeln.

Literatur

AK Kommunale Schulpsychologie beim Städtetag NRW (2012). *Empfehlungen zur Ausstattung Schulpsychologischer Beratungsstellen.* Zugriff am 10.05.2021 unter https://www.schulpsychologie.de/wws/bin/1685834-2042954-4-empfehlungen_ak__ausstattung_schulpsych_dienste.pdf

BDP Sektion Schulpsychologie (2014a). *Schulpsychologie in Deutschland. Berufsprofil.* Berlin: BDP. Zugriff am 06.01.2021 unter https://bdp-schulpsychologie.de/aktuell/2018/180914_berufsprofil.pdf

BDP Sektion Schulpsychologie (2014b). *Schulpsychologie in Deutschland. Berufsprofil – Fokus Inklusion in der Schule.* Berlin: Berufsverband Deutscher Psychologinnen und Psychologen e. V. (BDP). Zugriff am 10.05.2021 unter https://bdp-schulpsychologie.de/aktuell/2018/180912_inklusion.pdf

BDP Sektion Schulpsychologie (2020). *Versorgung mit Schulpsychologen in den Bundesländern 2020.* Zugriff am 10.05.2021 unter https://www.bdp-schulpsychologie.de/aktuell/2021/210110_versorgungszahlen.pdf

Drewes, S. (2008). *Stellungnahme zum Approbationsvorbehalt in der Schulpsychologie.* Berlin: Berufsverband Deutscher Psychologinnen und Psychologen (BDP). Zugriff am 10.05.2021 unter https://bdp-schulpsychologie.de/aktuell/2008/80616_taetigkeitsfelder.php

Interkantonale Vereinigung der Leiterinnen und Leiter der Schulpsychologischen Dienste (IVL-SPD) (2014). *Richtlinien zur Gestaltung der Schulpsychologie in der Schweiz.* Zugriff am 10.05.2021 unter http://www.schulpsychologie.ch/wordpress/wp-content/uploads/2011/01/IVL-Richtlinien-zur-Schulpsychologie.pdf

Pädagogisches Landesinstitut Rheinland-Pfalz (o. J.): Schulpsychologinnen und Schulpsychologen. Zugriff am 23.06.2021 unter https://schulpsychologie.bildung-rp.de/fileadmin/user_upload/schulpsychologie.bildung-rp.de/2019-Schulpsychologen2.pdf

Senatsverwaltung für Bildung, Jugend und Familie (2019). Qualitäts- und Handlungsrahmen der SIBUZ. Schulpsychologische und Inklusionspädagogische Beratungs- und Unterstützungszentren (SIBUZ). Berlin. Zugriff am 23.06.2021 unter https://www.berlin.de/sen/bildung/unterstuetzung/beratungszentren-sibuz/sibuz_handreichung.pdf

Staatsinstitut für Schulqualität und Bildungsforschung (Hrsg.). (2007). *Schulpsychologie in Bayern. Haltungen und Konzepte.* München. Zugriff am 23.06.2021 unter https://www.km.bayern.de/download/20448_Schulpsychologie-in-Bayern.pdf

Städtetag Nordrhein-Westfalen & Landkreistag Nordrhein-Westfalen (2002). *Kommunale Schulpsychologie in NRW.* Köln: Städtetag NRW.

5 Beratung in der Schule – Kooperation und Vernetzung

Klaus Seifried

5.1 Beratung in der Schule

Beratung ist in der Schule allgegenwärtig. Jede Lehrkraft berät Schülerinnen und Schüler, Eltern oder Kolleginnen und Kollegen, besonders in der Funktion als Klassenlehrkraft. Oft sind dies schlichte Fragen zu den Hausaufgaben, zur Vorbereitung einer Klassenarbeit oder vor Beginn einer Klassenfahrt. Die Entscheidung für die richtige Oberschule erfordert schon längere Gespräche, vor allem wenn die Eltern ihr Kind über- oder unterfordern. Für die regelmäßige Beratung der Schülerinnen und Schüler in ihrer Lernentwicklung fehlt oft die Zeit (Grewe, 2015).

Lehrerinnen und Lehrer sind häufig mit Konflikten zwischen Schülerinnen und Schülern oder mit deren persönlichen Problemen konfrontiert und sind dann Ansprechpartner und Vertrauensperson für persönliche Krisen, Liebeskummer oder Elternkonflikte. Beratung ist eine Hauptaufgabe des Berufs (Gudjons, 2015).

Schulleitungen sind als Beraterinnen und Berater in Konflikten und Entscheidungsprozessen gefragt. Schülerinnen und Schüler, die den Unterricht stören, werden zur Schulleitung geschickt, Eltern beschweren sich über Noten und über Lehrkräfte. Pädagogische Entscheidungen müssen mit Lehrkräften und Eltern vorbereitet werden.

Diese alltäglichen Beratungsaufgaben erfordern ein professionelles Beratungs- und Unterstützungssystem der Schule, das oft fehlt oder nur ansatzweise entwickelt ist. Eine Schule braucht Beratungslehrkräfte für Lese-Rechtschreibschwäche, Rechenschwäche, für Drogenprophylaxe, für Mediation und Streitschlichtung, Schulsozialarbeiter, Sonderpädagoginnen zur Diagnostik und Förderplanung *und* Schulpsychologen. In Deutschland ist schulische Beratung oder *School Counseling* im Vergleich zu anderen Industrienationen nur rudimentär entwickelt (► Kap. I-8).

Beratung durch Lehrkräfte und die Schulleitung kann als Information und Entscheidungshilfe für Schülerinnen, Schüler und ihre Eltern angeboten werden. In dieser Form hat Beratung meist eine *direktive Form*:

- Beratung als Information bei Schüler- und Elterngesprächen, auf Elternabenden oder in Form von Elternbriefen, z. B. über schulorganisatorische Fragen, Klassenfahrten o. Ä.
- Beratung als Tipps zu Hausaufgaben, Klausuren, Aufführungen o. Ä.

Eine andere Form der Beratung wird bei der Bewältigung von Problemen und Konflikten von Schülerinnen und Schülern, Eltern oder Lehrkräften erwartet. In dieser Form sollte die Beratung *nicht-direktiv*, einfühlsam und lösungsorientiert stattfinden:

- Beratung als Entscheidungshilfe bei Fragen zur Schullaufbahn, einer Klassenwiederholung oder dem Übergang in weiterführende Schulen
- Beratung bei Lern- und Verhaltensproblemen
- Inklusionsberatung bei der sonderpädagogischen Förderplanung
- Beratung zur Schlichtung von Konflikten

5.2 Professionalisierung von Beratung in der Schule

Beratung ist in der Schule allgegenwärtig – und dennoch wenig professionalisiert (Schnebel 2017). Professionelle Beratung benötigt ein Konzept sowie zeitliche und räumliche Ressourcen:

- Feste Sprechzeiten der Lehrer, Erzieherinnen und Schulleitungen für Schülerinnen, Schüler und ihre Eltern. Dies erfordert Präsenzzeiten in der Schule über die Unterrichtsverpflichtung hinaus.
- Ein Beratungszimmer, das eine Atmosphäre für ruhige und vertrauensvolle Gespräche bietet. Beratung sollte nicht »nebenbei«, auf dem Flur, in den Pausen, als »Zusatzaufgabe« der Lehrerinnen und Lehrer stattfinden.
- Die Ausbildung in Beratungstechniken und Gesprächsführung sollte ein fester Bestandteil der Fortbildung für Lehrerinnen, Erzieher und Schulleiter sein.
- Beratung sollte eine präventive und verbindliche Form im Sinne einer regelmäßigen Lernentwicklungsberatung aller Schülerinnen und Schüler haben. Beratung setzt in der Regel aber erst dann ein, wenn Leistungsprobleme oder Verhaltenskonflikte im Unterricht entstehen.
- Schulische Maßnahmen, inklusionspädagogische Förderplanung, Jugendhilfemaßnahmen und medizinische oder therapeutische Hilfen sind im Sinne eines Fallmanagements aufeinander abzustimmen. Hierzu ist es wichtig, in Beratungsgesprächen mit den Eltern eine Erziehungspartnerschaft herzustellen und den Kindern die Maßnahmen gemeinsam zu vermitteln.

Ebenso ist eine bessere Kooperation und Vernetzung von externen Beratungsdiensten wie Schulpsychologie, Sonderpädagogik und Erziehungsberatung anzustreben. Beispiele für die Integration von Schulpsychologie und Erziehungsberatung finden sich in Großbritannien, der Schweiz und allen skandinavischen Ländern, aber auch in Leverkusen und Köln.

5.3 Lösungsorientierte Beratung

Schulpsychologische Beratung ist meist eine Kurzzeitberatung. Längerfristige Beratungen sind dann notwendig, wenn ein Kind oder eine Familie über Jahre hinweg Unterstützung benötigt.

In der Kurzzeitberatung hat sich der lösungsorientierte Ansatz bewährt (Bamberger 2015; Lindemann 2020). Wenn in schulischen Konferenzen über Kinder und Jugendliche mit Lern- oder Verhaltensproblemen gesprochen wird, stehen meist die Lerndefizite, Konflikte, Verhaltensauffälligkeiten und Diagnosen im Vordergrund. Aufgabe der Schulpsychologin kann es hier sein, diesen Defizitblick auf die Stärken und Kompetenzen des Kindes und die Ressourcen im sozialen Umfeld zu lenken. Denn hier liegt der Schlüssel für Verhaltensänderungen. Gerade in konflikthaften Gesprächen zwischen Kindern, ihren Eltern und den Lehrkräften ist es wichtig, im Beratungsgespräch Vertrauen aufzubauen, die Problemanalyse zu beschränken und den Blick auf Lösungswege zu lenken. Schulpsychologen als neutrale Berater können Lösungswege aufzeigen, positives Denken provozieren und durch die Absprache von realistischen Zielen positive Handlungserfolge ermöglichen.

Häufig werden in der Schule diese oder ähnliche Fragen gestellt: »Warum störst du den Unterricht?«, »Warum hast du dich mit xy geprügelt?« Die Antworten sind meist Schuldzuschreibungen an andere (»Weil der xy …«), Rechtfertigungen oder Bagatellisierungen (»War doch nur Spaß«). Hingegen führen lösungsorientierte Fragen zu Lösungen: »Was kannst du tun, um im Unterricht besser mitzuarbeiten?«, »Was kannst du tun, um dich mit XY besser zu verstehen?« usf.

Steve de Shazer und Dolan (2020), Begründer der lösungsorientierten Beratung, haben folgende Leitsätze formuliert:

- Kleine Schritte können zu großen Veränderungen führen.
- Das was funktioniert, sollte man häufiger tun.
- Wenn etwas nicht funktioniert, sollte man etwas anderes probieren.
- Kein Problem besteht ohne Unterlass. Es gibt immer Ausnahmen.
- Die Sprache der Lösung ist eine andere als die, die zur Problembeschreibung notwendig ist.
- Die Zukunft kann ich gestalten, die Vergangenheit nicht.

Diese schlichten, einfachen Leitsätze können Beratungsgespräche in der Schule einfacher und erfolgreicher machen. Lösungsorientiertes Denken und der Blick auf Stärken und Ressourcen kann die Lösung von Konflikten erleichtern und die Vertrauensbeziehungen zwischen Lehrkräften, Schülerinnen, Schülern und ihren Eltern stärken.

5.4 Aufbau schulinterner Kompetenzteams für Beratung

Bevor eine Schülerin oder ein Schüler mit Lern- oder Verhaltensproblemen an externe Helfer delegiert wird, sollten innerschulische Beratungskompetenzen genutzt und aktiviert werden. Jede Schule braucht ein schulinternes Netzwerk und ein Kompetenzteam für Beratung.

Gerade an großen Schulen kann eine Ist-Analyse sinnvoll sein, um zu klären, welche Beratungsangebote bereits bestehen und erfolgreich sind, und welche Mitarbeiterinnen und Mitarbeiter der Schule welche Kompetenzen haben:

- Gibt es an der Schule eine Lehrerin, die Expertin für Lese-Rechtschreibschwäche, Rechenschwäche oder Drogenprophylaxe ist?
- Gibt es an der Schule einen ausgebildeten Mediator, einen Experten für Streitschlichtung?
- Gibt es Kompetenzen von Lehrkräften, die noch nicht ausreichend für die Schule genutzt werden?
- Gibt es Sonderpädagoginnen und Schulsozialarbeiter?
- Arbeiten diese Beratungsexpertinnen und -experten zusammen?
- Gibt es eine Sprechstunde des Schulpsychologen?

Kompetenzteams sollten regelmäßig tagen und im Rahmen einer kollegialen Fallberatung die Förderung von einzelnen Schülern und Schülerinnen und schwierigen Klassen besprechen aber auch strukturelle Fragen der Schulentwicklung bearbeiten. Braucht die Schule Unterstützungsangebote wie z. B. eine Schulstation oder temporäre Lerngruppen?

Kompetenzteams können die Arbeit der Klassenlehrkräfte und der Schulleitung unterstützen und diese entlasten. Sie können »Erste Hilfe« in Krisensituationen leisten. Sie stellen Kontakte zu externen Beratungsdiensten her und koordinieren z. B. die Anmeldungen zur Sprechstunde des Schulpsychologen.

5.5 Kooperationen mit außerschulischen Beratungsdiensten

Zusätzlich zu schulinternen Kompetenzteams benötigt eine Schule außerschulische Beratungsangebote, die durch klare Kooperationsabsprachen und Kooperationsverträge gesichert sind:

- Sprechstunden von Schulpsychologinnen
- Sprechstunden der Sonderpädagogischen Inklusionsberater
- Kooperation mit der Lehrerfortbildung und Schulentwicklungsberatung
- Sprechstunden und Infoabende der Erziehungsberatung
- Sprechstunden des Sozialpädagogischen Dienstes des Jugendamtes
- Kooperation mit den Präventionsbeauftragten der Polizei

Je nach Schulart und Standort werden diese Helferinnen und Helfer verschieden sein. Die Schule öffnet sich der Gesellschaft und aktiviert dadurch außerschulische Helfersysteme, die Lehrkräfte und Schulleitung entlasten (► Abb. 5.1).

Die schulpsychologische Beratung umfasst drei Bereiche: Die schülerzentrierte Beratung, die Beratung des Systems Schule sowie Kooperation und Vernetzung. Die Aufgaben und Organisationsformen der Schulpsychologie werden in Kapitel I-4 ausführlich dargestellt und an dieser Stelle nicht weiter beschrieben.

In den folgenden Abschnitten sollen die Aufgaben und Angebote wichtiger Kooperationspartner der Schule vorgestellt werden (► Abb. 5.2).

5.5.1 Sonderpädagogik und Inklusionspädagogik

Als sonderpädagogische Förderschwerpunkte sind *Hören*, *Sehen*, *Körperliche und motorische Entwicklung*, *Sprache*, *Geistige Entwicklung*,

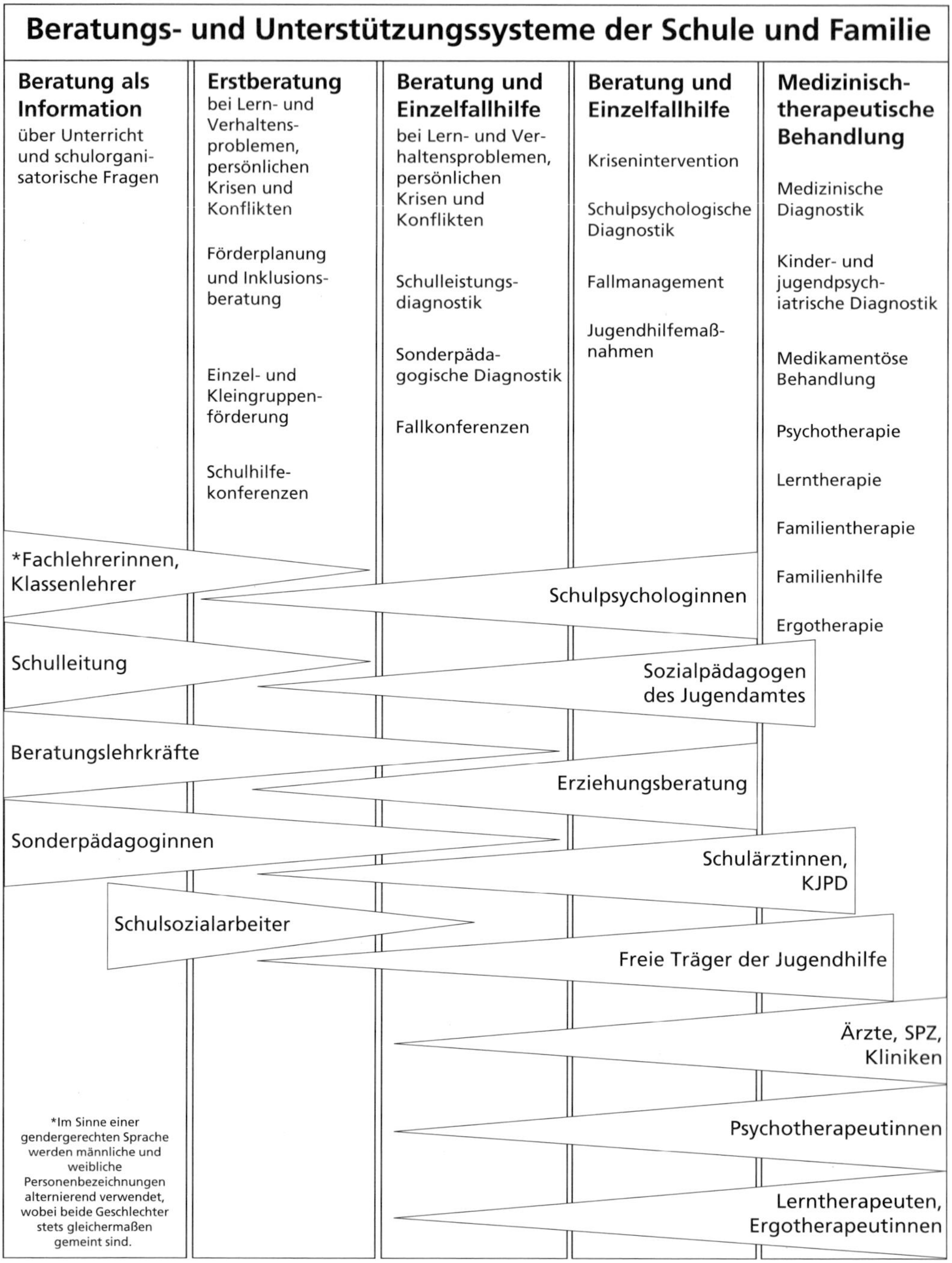

Abb. 5.1: Beratungs- und Unterstützungssysteme für die Schule

Abb. 5.2: Kooperationspartner der Schule

Lernen, *Emotionale und soziale Entwicklung*, *Autismus* und *Kranke Schüler* anerkannt (KMK, 1996–2000). Zwischen der Schulpsychologie und der Sonderpädagogik gibt es traditionell Überschneidungen in den Förderschwerpunkten Lernen sowie Emotionale und soziale Entwicklung. Die Grenzen zwischen einer Beeinträchtigung im Lernen und einem gravierenden Schulversagen sind oft fließend und nur im Einzelfall zu klären. Die Grenzen zwischen dem Förderbedarf Emotionale und soziale Entwicklung und Verhaltensauffälligkeiten sind oft noch schwieriger zu bestimmen (► Kap. II-9).

Psychische Erkrankungen sind außer Autismus nicht als sonderpädagogischer Förderschwerpunkt anerkannt, stellen aber einen wesentlichen Arbeitsbereich schulpsychologischer Beratung dar (► Kap. II-10).

Sonderpädagoginnen beraten Lehrkräfte und Eltern in Fragen der Förderplanung und des Umgangs mit schwierigen Schülerinnen und Schülern. Hier gibt es methodische Überschneidungen mit der Schulpsychologie in der Testdiagnostik, Förderplanung und Beratung.

Daher ist eine enge Zusammenarbeit zwischen Sonderpädagogen und Schulpsychologinnen notwendig. Dies betrifft die gegenseitige Information und Anerkennung von bereits durchgeführter Diagnostik sowie regelmäßige Fallbesprechungen. Doppelberatung und Doppeldiagnostik können so vermieden werden. Wünschenswert wären schulische Beratungszentren, in denen verschiedene Professionen kooperativ zusammenarbeiten. Für ratsuchende Eltern und Lehrkräfte gibt es dann nur noch eine Anlaufstelle. Beispiele für gemeinsame Beratungszentren von Schulpsychologie und Sonderpädagogik sind in Bremen, Hamburg und Berlin zu finden.

5.5.2 Kinder- und Jugendpsychiatrischer Dienst[1]

Die Aufgaben von öffentlich beschäftigten Kinder- und Jugendpsychiatern werden durch Ländergesetze geregelt. Die multiprofessionellen Kinder- und Jugendpsychiatrischen Dienste (KJPD) der Gesundheitsämter haben eine »subsidiäre und sozialkompensatorische Aufgabe« in Ergänzung zur Versorgung durch niedergelassene Kinder- und Jugendpsychiaterinnen oder Kliniken nach dem SGB V. Im Kinder- und Jugendpsychiatrischen Dienst arbeiten Fachärztinnen, Sozialpädagogen und Psychologinnen in multiprofessionellen Teams.

Die Hauptarbeitsfelder des KJPD sind:

- Kinder- und jugendpsychiatrische, psychotherapeutische, psychologische und sozialpädagogische Diagnostik und Beratung
- Psychiatrische Kriseninterventionen, Abklärung klinischer Behandlungsbedürftigkeit bei akuter Selbst- und Fremdgefährdung sowie Einleitung von Hilfen, um eine stationäre Unterbringung zu vermeiden und eine (Wieder-)Eingliederung im gewohnten Lebensumfeld sicherzustellen
- Vermittlung und fachliche Begleitung von notwendigen medizinischen, pädagogischen, psychotherapeutischen und familienunterstützenden Hilfen in Absprache mit den verschiedenen Leistungsträgern
- Gutachterliche Stellungnahmen im Rahmen von Hilfen zur Erziehung und der Eingliederungshilfe (§ 35a Abs. 1a SGB VIII) im Auftrag der zuständigen Leistungsträger
- Fallbezogene fachliche Beratung von Fachkräften und Bezugspersonen im psychosozialen Umfeld (Schule, Kita, Einrichtungen, Ämter)

1 Dieser Abschnitt entstand in Zusammenarbeit mit Dr. Ursula Mohn-Kästle, der ehemaligen Leiterin des Kinder- und Jugendpsychiatrischen Dienstes Tempelhof-Schöneberg in Berlin.

5.5.3 Sozialpädiatrische Zentren (SPZ)[2]

In Deutschland gibt es fast 160 Sozialpädiatrische Zentren (SPZ). Das sind ambulante Einrichtungen mit multiprofessionellen Teams. In einem SPZ arbeiten:

- (Kinder-)Ärztinnen,
- Psychologinnen und Psychotherapeuten,
- Ergotherapeutinnen,
- Logopäden,
- Physiotherapeutinnen,
- Sozialarbeiter und
- Kinderkrankenpfleger, Arzthelferinnen und Sekretäre

Je nach Schwerpunkt eines SPZ werden diese Berufsgruppen durch weitere ergänzt.

SPZ sind nach § 119 SGB V zugelassene Einrichtungen für Kinder, »die wegen der Art, Schwere oder Dauer ihrer Krankheit oder einer drohenden Krankheit nicht von geeigneten Ärzten (…) behandelt werden können.« Das sind vor allem Kinder und Jugendliche, die aufgrund chronischer und schwerer Erkrankungen (Behinderungen) eine umfassende Betreuung durch mehrere der oben genannten Berufsgruppen benötigen.

In den SPZ gibt es einen engeren Austausch der verschiedenen Disziplinen innerhalb der Einrichtung aber auch eine gute Kooperation nach außen, z. B. in der Zusammenarbeit mit Kindergärten, Schulen, Fachdiensten und Ämtern. Hilfen, die im SPZ selbst nicht möglich sind, werden initiiert.

Im SPZ findet bei jedem Kind eine mehrdimensionale Diagnostik statt. Diese umfasst die folgenden Bereiche:

- Entwicklung und Intelligenz

2 Der Text wurde von Dr. med. Ute Mendes erarbeitet, der Leiterin des SPZ im Vivantes-Klinikum Berlin-Friedrichshain.

- Körperlich-neurologische Befunde
- Psychische Befunde
- Die Erfassung sozialer und Umweltfaktoren
- Die Abklärung der Ätiologie (d. h. der Ursache eines Problems)
- Wesentliche Aspekte der Teilhabe(-einschränkungen)

Einen besonderen Stellenwert nimmt die Erfassung der Teilhabe ein. Aus den Teilhabeeinschränkungen nach ICF-CY (Internationale Klassifikation der Funktionsfähigkeit, Behinderung und Gesundheit bei Kindern und Jugendlichen) und den Teilhabepräferenzen von Patient, Patientin und Familien entwickeln die Mitarbeiterinnen und Mitarbeiter des SPZ gemeinsam mit allen Beteiligten einen Handlungsplan mit dem Ziel, es dem betroffenen Kind oder Jugendlichen zu ermöglichen, so umfassend wie möglich und an allen wichtigen Bereichen des sozialen Lebens teilzuhaben. Wichtig dabei sind die Erfassung und Beachtung von persönlichen Stärken und Ressourcen.

Betreut werden können Kinder im SPZ so lange wie nötig, längstens bis zur Volljährigkeit. Für die Behandlung in einem SPZ braucht ein Kind oder Jugendlicher in jedem Quartal die Überweisung einer Kinderarztpraxis, die damit die Notwendigkeit einer SPZ-Betreuung bescheinigt.

5.5.4 Erziehungs- und Familienberatung[3]

Die Aufgaben der Erziehungs- und Familienberatungsstellen (EFB) sind im SGB VIII geregelt. Dies betrifft insbesondere den § 28, aber auch §§ 8a, 16–18, 27, 33–36 sowie § 156 FamFG. Die Beratungsstellen sind meist kommunale Einrichtungen, die durch Beratungsangebote freier Träger ergänzt werden. Psychologinnen und Sozialpädagogen mit unterschiedlichen therapeutischen Zusatzqualifikationen arbeiten in multiprofessionellen Teams zusammen. Die Erziehungs- und Familienberatung ist eine kostenfreie Beratung für Kinder, Jugendliche, Eltern, Pflegeltern und andere Bezugspersonen der Kinder. Die Beratung unterliegt der Schweigepflicht.

In Abgrenzung zur Schulpsychologie sind die Arbeitsschwerpunkte der EFB:

- Prävention (Elternabende, Gruppen, Onlineberatung)
- Beratung in Erziehungsfragen
- Ehe-, Konflikt- und Trennungsberatung
- Beratung bei Personensorge und Umgangsrecht
- Fachdienstliche Beratung des Regionalen Sozialpädagogischen Dienstes (RSD) bei der Jugendhilfeplanung
- Krisen- und Notfallberatung bei Kinderschutz
- Psychodiagnostik
- Fachdienstliche Stellungnahmen für Jugendhilfemaßnahmen
- Angeordnete Beratungen bei Gerichtsverfahren, die das Sorge- oder Umgangsrecht betreffen
- Vernetzung mit anderen regionalen Einrichtungen, die im Bereich der Familienhilfe arbeiten

Ziel der Arbeit der Erziehungs- und Familienberatung (EFB) ist eine angemessene Erziehung und Förderung der kindlichen Entwicklung hin zu einer eigenverantwortlichen und gemeinschaftsfähigen Persönlichkeit im Sinne des § 1 SGB VIII.

Das Spektrum von Erziehungs- und Familienberatung reicht von einfachen Erziehungsfragen über Erziehungsschwierigkeiten aufgrund von eingeschränkter Erziehungskompetenz oder psychischen Belastungen der Eltern bis hin zu gravierenden psychosozialen Entwicklungsauffälligkeiten und psychischen Störungen der Kinder und Jugendlichen.

3 Dieser Abschnitt entstand in Zusammenarbeit mit Marco Heinrichsdorff, dem Leiter der Erziehungs- und Familienberatungsstelle Tempelhof-Schöneberg in Berlin.

Darüber hinaus sind familiäre Krisen sowie Trennung, Scheidung und Umgang häufig Gegenstand von Erziehungs- und Familienberatung.

Beratungen finden oft in den Räumen der Erziehungs- und Familienberatung statt. Es ist aber auch möglich, diese per Telefon oder Online per Video oder in Form einer Mail- oder Chatberatung durchzuführen. Für die Onlineberatungen beteiligen sich Erziehungsberatungen teilweise auch an überregionalen Onlineberatungsangeboten, wie z. B. der Bundeskonferenz der Erziehungsberatung (bke). In Einzelfällen gibt es auch die Möglichkeit zu Haus- oder Kitabesuchen, um einen besseren Eindruck von der Problematik im Alltag zu bekommen.

Manchmal kann einer Familie schon mit einem einzelnen Gespräch geholfen werden, teilweise findet aber eine Unterstützung auch über ein Jahr oder länger statt.

Erziehungs- und Familienberatung fokussiert primär auf die familiären Beziehungssysteme des jungen Menschen im Kontext seiner jeweiligen Lebenssituation. Ebenso können aber auch andere soziale Bereiche wie Freundeskreis, Schule oder Ausbildung Themen sein. Je nach Problemstellung werden entweder nur einzelne Familienmitglieder oder auch das gesamte Familiensystem in die Beratung miteinbezogen. Da sich in der Regel familial erworbenes dysfunktionales Erleben und Verhalten auch in anderen Lebensbereichen symptomatisch niederschlägt, ist die Zusammenarbeit mit weiteren Bezugspersonen in den vom Kind oder Jugendlichen besuchten Einrichtungen, z. B. Lehrpersonen, Erzieherinnen und Erzieher etc., unabdingbar.

5.5.5 Jugendhilfe[4]

In Deutschland sind Schule und Jugendhilfe institutionell getrennt. Großbritannien oder auch die skandinavischen Länder kennen diese Trennung nicht. Jugendhilfe ist dort in die sog. Community school integriert. Allerdings verbinden Schule und Jugendhilfe heute ein gemeinsames Bildungsverständnis in Deutschland. Die Jugendhilfe wirkt überwiegend im Bereich des informellen Lernens. Die Schule trägt die Verantwortung für die formale Bildung, öffnet sich aber immer weiter für soziale Aufgaben. Die Schule hat einen Bildungs- und Erziehungsauftrag, Lernen ist jedoch nicht nur mehr Wissensvermittlung, sondern auch Aneignungskompetenz und soziale Teilhabe. Die Übergänge Kita–Schule und Schule–Beruf werden gemeinsam verantwortet. Das Ziel einer eigenverantwortlichen und gemeinschaftsfähigen Persönlichkeit vereint die Jugendhilfe mit der Schule.

Nur selten sind Lern- oder Verhaltensprobleme von Kindern und Jugendlichen von familiären oder schulischen Problemen und Konflikten zu trennen, mitunter bedingen sie sich gegenseitig. Daher ist eine enge Kooperation von Jugendhilfe und Schule notwendig. Die Zusammenarbeit zwischen Schule und Jugendhilfe wird in den Schulgesetzen der Bundesländer, von der Kultusministerkonferenz (KMK, 2004) und im Kinder- und Jugendhilfegesetz (KJHG) gefordert, aber in der Praxis sehr unterschiedlich vollzogen. In vielen Bundesländern sind für Schule und Jugendhilfe noch verschiedene Ministerien, in den Gemeinden verschiedene Dezernate zuständig. Positive Beispiele für eine enge Kooperation von Jugendhilfe und Schule finden sich inzwischen jedoch in vielen Städten und Gemeinden. Kommunen arbeiten sozialräumlich und versuchen so, auf lokaler, lebensweltorientierter Ebene gemeinsam mit den örtlichen Schulen den Lebensraum bildungsfreundlich und inklusiv zu gestalten.

Hilfen zur Erziehung

Das Kinder- und Jugendhilfegesetz (KJHG) unterscheidet folgende Hilfen in familiären

4 Dieser Abschnitt entstand in Zusammenarbeit mit Rainer Schwarz, dem Leiter des Jugendamtes Tempelhof-Schöneberg in Berlin.

Belastungs-, Not- oder Krisensituationen (§ 27–35):

- **Ambulante, familienunterstützende Hilfen**
  - Soziale Gruppenangebote
  - Erziehungshilfe (Erziehungsbeistand, Betreuungshilfe und Einzelbetreuung)
  - Familienhilfe
  - Ambulante Psychotherapie
- **Teilstationäre, familienergänzende Hilfen**
  - Tagesgruppen
- **Stationäre, familienersetzende Hilfen**
  - Unterbringung in einer Pflegefamilie
  - Stationäre Heimunterbringung und betreute Wohnformen (Einzelwohnen, Wohngemeinschaften)
  - Therapeutische und Wohnformen für besondere Problemlagen
  - Mutter-Vater-Kind-Einrichtungen

Dieser Katalog ist nicht abgeschlossen (§ 27 SGB VIII). So werden in wachsendem Maße flexible Hilfen angeboten, die in Umfang und Form nach den jeweiligen erzieherischen Bedarfen ausgestaltet sind. Hinzu kommen Hilfen, die für junge Menschen mit einer seelischen Beeinträchtigung (oder die bedroht sind, eine solche zu erleiden) nach den Vorgaben des SGB IX geleistet werden (Rehabilitationsleistungen).

- **Indikationen**
  - Steht ein »familiärer oder sozialer Erziehungsmangel« im Vordergrund, so kommen Hilfen zur Erziehung nach § 27 KJHG in Betracht. Ein schulpsychologisches Gutachten mit Diagnose und Empfehlung ist hilfreich. Antragsteller sind die Eltern.
  - Besteht oder droht eine »seelische Behinderung«, so sind Eingliederungshilfen nach § 35a KJHG indiziert, um eine Teilhabeeinschränkung zu verhindern. In diesem Fall bedarf es in einigen Bundesländern neben dem psychologischen Gutachten einer ärztlichen Stellungnahme, um eine Erkrankung im Sinne der Gesetzlichen Krankenversicherung (SGB V) und damit eine Kassenleistung auszuschließen. Anspruchsberechtigt ist in diesem Falle das Kind.

Eine Abgrenzung dieser beiden Indikationen ist in der Praxis schwierig und sollte in Absprache mit dem zuständigen Jugendamt erfolgen (Wiesner & Wapler, 2011; Lempp & Rauschenbach, 2005). Dieses sollte dann ein formales Hilfeplanverfahren (gem. § 36 SGB VIII) mit den Personensorgeberechtigten unter Beteiligung der Schulpsychologie durchführen.

- **Die Aufgabe der Schulpsychologie ist es,**
  - zu entscheiden, ob eine psychiatrische Erkrankung und Behandlung notwendig ist, und das Kind zum KJPD, zu entsprechenden Ärzten, Kliniken oder niedergelassenen Psychotherapeutinnen zu schicken;
  - mögliche Jugendhilfeangebote zu kennen und in Kooperation mit dem zuständigen Jugendamt die Eltern, ihre Kinder, Lehrkräfte, Schulleitungen und Schulaufsicht fallbezogen darüber zu informieren;
  - mit dem Jugendamt einen möglichen Jugendhilfebedarf zu prüfen, sich an der Hilfeplanung zu beteiligen und so die psychosoziale Versorgung für Schülerinnen und Schüler mit Lern- oder Verhaltensstörungen zu verbessern.

Die folgende Abbildung 5.3 zeigt am Beispiel einer ambulanten Psychotherapie die Überschneidung der Indikationen nach Erkrankung, Behinderung und Erziehungsbedarf sowie die verschiedenen Leistungsträger (Krankenversicherung, Kinder- und Jugendhilfegesetz, SGB VIII, IX und XII; ▶ Abb. 5.3).

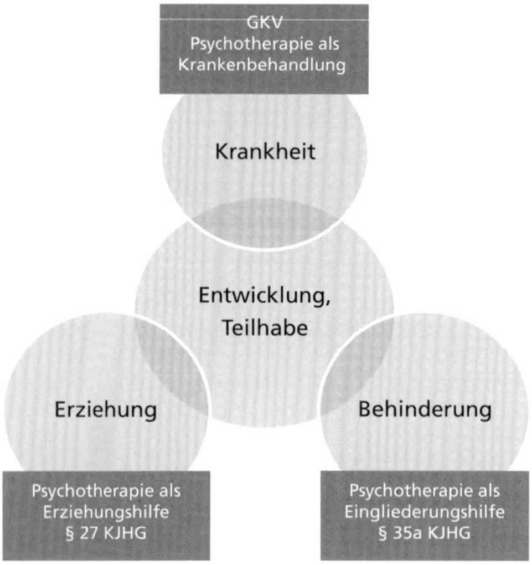

Abb. 5.3: Psychotherapie durch verschiedene Leistungsträger

Kinderschutz

Aufgabe des Jugendamtes ist auch der Schutz der Kinder vor Gefahren für ihr Wohl und für eine uneingeschränkte Entwicklung ihrer Persönlichkeit. Die Schule ist häufig der Ort, an dem Anhaltspunkte für eine Kindeswohlgefährdung sichtbar werden. Schulverweigerung, Schuldistanz, Entwicklungsverzögerungen oder Verhaltensauffälligkeiten können Hinweise auf eine Gefährdung sein. Das Jugendamt berät in Fragen des Kinderschutzes und hat als die hier zuständige Fachbehörde weitgehende Interventionsbefugnis (Staatliches Wächteramt).

Diagnostik und Hilfeplanung

Die Planung von Hilfen zur Erziehung nach dem KJHG liegt in den Händen des allgemeinen Sozialpädagogischen Dienstes des Jugendamtes, das auch die Finanzierung übernimmt. Die Sorgeberechtigten, die Eltern oder die jungen Erwachsenen stellen bei der zuständigen Sozialarbeiterin oder dem Sozialarbeiter einen Antrag. Unter Einbeziehung aller Beteiligten wird eine Hilfeplanung nach § 36 SGB VIII erarbeitet. Im Hilfeplan erfolgt eine formale Bedarfsfeststellung, die die Notwendigkeit und Eignung der Hilfen begründet. Die geplanten Hilfen sollen in den Lebenszusammenhang des Kindes (Familie, Schule, Hort) integriert werden. Entsprechende Entwicklungsziele und Handlungsschritte werden formuliert. Eine Grundvoraussetzung ist hierbei, zu klären, welchen Mitwirkungswillen die Familie ihrerseits zeigt und welchen Beitrag die Eltern und Kinder selbst leisten können. Zu oft noch werden gut gemeinte Hilfeangebote lediglich »konsumiert«, ohne dass Strukturveränderungen in der Familie oder der Schule stattfinden. Sind psychologische Diagnostik und Gutachten erforderlich, so werden vom Sozialpädagogischen Dienst die Fachdienste (Schulpsychologie, Erziehungsberatung, Kinder- und Jugendpsychiatrischer Dienst) beauftragt, entsprechende fachgutachterliche Stellungnahmen zu erstellen. Die Schulpsychologie wird bei Lern- und Leistungsstörungen und bei Verhaltensstörungen beauftragt. In einigen Bundesländern können Schulpsychologinnen und Schulpsychologen aufgrund personeller Unterbesetzung diese Aufgaben nicht übernehmen und überlassen diese z. B. der Erziehungsberatung. Doch geben sie damit ein originäres Arbeitsfeld der Schulpsychologie als psychologischem Fachdienst auf.

5.6 Schulhilfekonferenzen – Schulpsychologinnen und Schulpsychologen als Moderatoren

Es macht wenig Sinn, einem Kind morgens in der Schule Förderunterricht zu geben, ohne zu berücksichtigen, ob am Nachmittag eine ausreichende Betreuung und Unterstützung z. B. bei den Hausaufgaben besteht. Es macht wenig Sinn, ein Kind am Nachmittag durch einen Familienhelfer betreuen zu lassen, ohne zu überlegen, ob das Kind nicht auch am Vormittag in der Schule eine Unterstützung braucht. Hier gilt es, in Schulhilfekonferenzen klare Absprachen im Sinne eines Fallmanagements zwischen allen Helferinnen und Helfern, sowie mit den Eltern und dem Kind zu treffen, um die personellen Zuständigkeiten und Betreuungsangebote (Schule, Freizeit, Familie) in ein Gesamtkonzept zu integrieren (► Abb. 5.4).

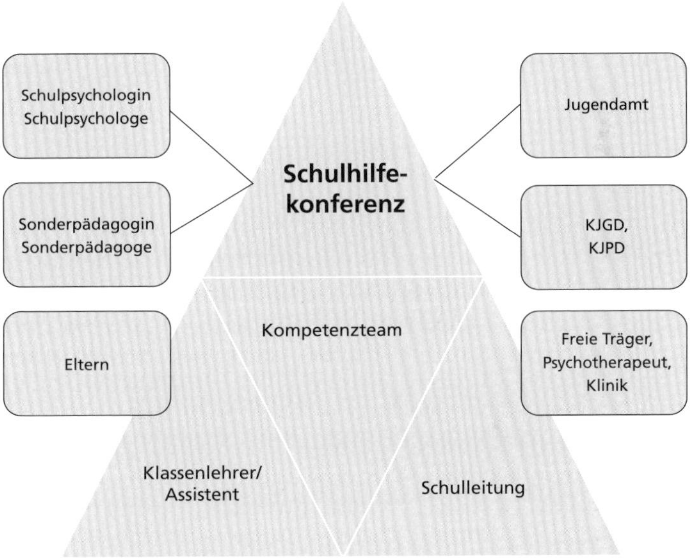

Abb. 5.4: Schulhilfekonferenzen

Max, 9 Jahre

Max besucht eine 3. Klasse. Er erhält aufgrund von auffälligem Verhalten in der Grundschule sonderpädagogische Förderung im Bereich Emotionale und soziale Entwicklung. Aus der Sicht des Schulpsychologen benötigt Max aber zusätzlich eine ambulante Psychotherapie.

Unter Vorsitz des Schulleiters findet eine Schulhilfekonferenz statt, in der Eltern, Klassenlehrerin, Schulpsychologe, Sonderpädagogin und die Sozialarbeiterin des Jugendamtes über die Förderung von Max gemeinsam beraten. Der Schulpsychologe begründet in einem Gutachten die Notwendigkeit der Psychotherapie. Das Jugendamt übernimmt auf Antrag der Eltern nach § 27 oder 35a KJHG die Kosten für die Psychotherapie in einer Psychologischen Praxis.

Schulpsychologinnen und Schulpsychologen können helfen, Schule und Jugendhilfe besser zu verzahnen, die knappen Ressourcen effektiver einzusetzen und im Interesse der Klientinnen und Klienten ein Nebeneinander von Beratung und Jugendhilfe zu vermeiden. Sie verfügen über die professionelle Distanz, um aus einer neutralen und unabhängigen Position heraus, die Kooperation zwischen Schule und Jugendamt zu moderieren und zu koordinieren. Schulpsychologinnen und Schulpsychologen können die Schule über Angebote der Jugendhilfe informieren und die Schule für Jugendhilfemaßnahmen öffnen. Andrerseits können Schulpsychologen und -psychologinnen der Jugendhilfe einen Zugang zur Schule und ein Verständnis der Möglichkeiten und Grenzen von Unterricht und Erziehung in der Schule vermitteln. Schulintern können Schulpsychologinnen und Schulpsychologen Helferkonferenzen moderieren, in denen sich Klassenlehrer, Sonderpädagoginnen, Familienhelfer oder Psychotherapeutinnen und Eltern über gemeinsame Maßnahmen und Ziele verständigen.

Schulextern können Schulpsychologinnen und Schulpsychologen gemeinsam mit dem Jugendamt und den Eltern Betreuungsangebote in den verschiedenen Lebenswelten eines Kindes aufeinander abstimmen. Eine enge Kooperation zwischen Schulpsychologie, Kinder- und Jugendpsychiatrischem Dienst und Jugendamt (Erziehungsberatung und Sozialpädagogischem Dienst) ermöglicht die Abstimmung und Verzahnung der Hilfesysteme. Die Anzahl der Beraterinnen und Berater für eine Familie kann so auf ein Minimum reduziert werden.

Boris, 10 Jahre

Boris wirkt sehr zurückgezogen. Er hat kaum Kontakt zu Mitschülern, zeigt starke Ängste und ein massives Schulversagen. Er verweigert zunehmend den Schulbesuch. Die Mutter ist sehr ehrgeizig und möchte, dass ihre Söhne später »bessere« Berufe erlernen als ihr Mann, der Bauarbeiter ist. Boris' großer Bruder besucht bereits das Gymnasium und ist dort ein guter Schüler. Boris wird von seiner Mutter durch eine massive Erwartungshaltung unter Druck gesetzt und durch stundenlanges Üben zu Hause überfordert. Nach einigen Beratungsgesprächen im Schulpsychologischen Beratungszentrum willigt die Mutter ein, sich vorübergehend um schulische Dinge nicht mehr zu kümmern. Boris erhält auf Antrag der Mutter vom Jugendamt einen Betreuungshelfer nach § 30 KJHG, der an drei Nachmittagen mit Boris spielt, die Spielplätze der Umgebung erkundet und auch Hausaufgaben betreut. Die Mutter und Boris fühlen sich entlastet und können schrittweise wieder eine positivere Beziehung aufbauen. Ein drohendes Schulversagen und eine manifeste psychische Störung konnten bei Boris verhindert werden. Die Schulpsychologin setzt die Beratungsgespräche mit der Familie fort und führt regelmäßige Fallbesprechungen mit dem Betreuungshelfer.

Sabrina, 16 Jahre

Sabrina war in der Grundschule eine gute Schülerin. Sie erhielt eine Gymnasialempfehlung. Doch in der 8. Klasse beginnt sie, erst stunden-, dann tageweise zu schwänzen. Ihre Leistungen werden schlechter. Sie wird nicht versetzt und wechselt die Schule. Die Eltern von Sabrina trennen sich. Sabrina und ihre ältere Schwester leben anfangs bei der Mutter, die jedoch nach der Trennung zunehmend Alkohol trinkt. Sabrina ist weitgehend sich selbst überlassen. Nach einem Konflikt mit einer Mitschülerin (Prügelei) geht sie schließlich nicht mehr zur Schule, jetzt schon seit eineinhalb Jahren.

In Beratungsgesprächen mit Sabrina und ihrer Schwester wird schnell deutlich, dass die Mädchen ein Zusammenleben mit ihrer Mutter nicht mehr wollen. Sie sind viel unterwegs, wohnen »mal hier, mal dort« und schlafen bis mittags.

In einer Schulhilfekonferenz wird den Mädchen von der Sozialarbeiterin des Jugendamtes »betreutes Einzelwohnen« angeboten.

Vom Berufsberater, der auch an der Konferenz teilnimmt, erhält Sabrina einen Platz in einer berufsvorbereitenden Maßnahme des Arbeitsamtes (Agentur für Arbeit). Hier kann sie den Schulabschluss nachholen.

Sabrina befindet sich im zehnten Schulbesuchsjahr und ist noch schulpflichtig. Daher erhält sie vom Schulrat eine zweckgebundene Befreiung von der Schulpflicht.

Der Schulpsychologe leitete diese Maßnahmen ein und koordinierte die Zusammenarbeit der verschiedenen Personen.

5.7 Lerntherapien als Jugendhilfemaßnahme

Obwohl das KJHG ein Bundesgesetz ist, sind uns in den verschiedenen Bundesländern und Gemeinden sehr unterschiedliche Interpretationen der juristischen und finanziellen Möglichkeiten von »Hilfen zur Erziehung« nach dem KJHG bekannt. Jedes Bundesland erlässt eigene Ausführungsvorschriften. So werden z. B. in einigen Bundesländern von den Jugendämtern Lerntherapien bei Lese-Rechtschreib-Schwäche oder Rechenschwäche finanziert, während sie andernorts abgelehnt werden.

Karin, 10 Jahre

Karin besucht die 4. Klasse einer Grundschule und hat große Rechtschreibschwierigkeiten. Die Mutter erzählt, dass es eigentlich in allen Fächern Probleme gibt, weil Karin in letzter Zeit schriftliche Arbeiten zunehmend verweigere.

Die Schule war von Anfang an ein Problem. Karin wiederholte die 1. Klasse in der flexiblen Schulanfangsphase und hatte trotz Förderunterricht nur mäßige Lernerfolge. Sie hat große Schwierigkeiten bei Diktaten. Die Mutter versucht, durch tägliches Üben Karin zu helfen. Dabei gibt es viele Konflikte. Karin wirkt traurig. Sie erzählt, dass sie am liebsten nicht mehr zur Schule gehen wolle.

Da alle schulischen Fördermöglichkeiten ausgeschöpft sind und ein generelles Schulversagen droht, empfiehlt die Schulpsychologin eine ambulante Lerntherapie. Die Eltern stellen Karin in einem Institut für Lerntherapie vor, dass den Kosten- und Behandlungsplan für eine LRS-Therapie erstellt. Die Schulpsychologin schickt diesen Kosten- und Behandlungsplan gemeinsam mit ihrem Gutachten an das Jugendamt, das auf Antrag der Eltern die Finanzierung der Lerntherapie nach § 35a KJHG übernimmt. Voraussetzung ist, dass eine seelische Behinderung droht und hierdurch die soziale Teilhabe eingeschränkt ist. Die Schulpsychologin führt begleitende Beratungsgespräche mit den Eltern und der Klassenlehrerin und empfiehlt, als Nachteilsausgleich die Benotung von schriftlichen Leistungen auszusetzen.

5.8 Kooperationsprojekte zwischen Schule und Jugendhilfe

Um die Kooperation zwischen Schule und Jugendhilfe zu entwickeln und die Ressourcen zu bündeln, sind regelmäßige Konferenzen mit der Leitung des Jugendamtes, der Erziehungsberatung, des Kinder- und Jugendpsychiatrischen Dienstes, mit der Schulaufsicht und der Schulpsychologie notwendig, um grundsätzliche Ziele, Verfahrensweisen und Kostenschätzungen der Kooperation zwischen Schule und Jugendhilfe zu besprechen und zu entwickeln. So können gemeinsam finanzierte Tagesgruppen und Schulersatzprojekte aufgebaut werden, die Schulen entlasten und eine Stabilisierung von Kindern und Jugendlichen ermöglichen. Positive Beispiele finden sich in vielen Bundesländern und Gemeinden.

Kevin, 9 Jahre

Kevin bekommt bei Konflikten mit Mitschülern, bei Kritik und Einschränkungen durch die Klassenlehrerin massive Wutanfälle und tobt. Er ist in die Klasse nicht mehr zu integrieren und wird deshalb vorübergehend vom Unterricht suspendiert. Auch vom Hortbesuch wird Kevin ausgeschlossen. In Absprache zwischen Schulpsychologie, Schulaufsicht und Jugendamt besucht Kevin daraufhin ein Tagesgruppenprojekt.

Die Tagesgruppe Feuerwache (https://www.tannenhof.de/kinderhilfe/tagesgruppen-feuerwache/, Zugriff am 11.05.2021) ist ein Schulersatzprojekt, das als sozialpädagogisches Gruppenangebot eines freien Trägers in Kooperation mit zwei Grundschulen organisiert und durch das Jugendamt und Lehrerstunden der Schulaufsicht finanziert wird. In Kleingruppen werden hier Kinder für maximal zwei Jahre pädagogisch-psychologisch betreut, bis sie wieder eine Regelschule besuchen können. Die Betreuung ist ganztags und schließt eine intensive Elternarbeit mit ein.

In der Tagesgruppe arbeiten Sonderpädagogen, Erzieherinnen und eine Therapeutin. Für die Aufnahme sind sonderpädagogischer Förderbedarf im Bereich Emotionale und soziale Entwicklung und ein schulpsychologisches Gutachten erforderlich.

5.9 Fazit: Ein Beratungszentrum statt vieler Institutionen und Helfer

Häufig besprechen Eltern »ihr Problem« mit dem Klassenlehrer, dann mit der Sonderpädagogin, dann mit dem Schulpsychologen, dann mit der Sozialarbeiterin im Jugendamt, dann mit dem Psychologen der Erziehungsberatung oder einer niedergelassenen Psychotherapeutin ….

Notwendig sind regionale Beratungszentren, in denen Schulpsychologie, Sonderpädagogische Förderzentren, Kinder- und Jugendpsychiatrischer Dienst, Erziehungsberatung und der Sozialpädagogische Dienst des Jugendamtes zusammenarbeiten. Ratsuchende haben dann nur noch eine Anlaufstelle. Die Kooperation der Helfer wird vereinfacht und Doppelberatungen werden vermieden. Gut funktionierende Beispiele hierfür gibt es im In- und Ausland. Von großer Bedeutung ist dabei, dass in Kooperationsverträgen Aufgaben und Kompetenzen der beteiligten Institutionen klar definiert und abgegrenzt werden.

Literatur

Bamberger, G. (2015). *Lösungsorientierte Beratung: Praxishandbuch*. Weinheim: Beltz

Behörde für Schule und Berufsbildung Hamburg (2014). *Regionale Bildungs- und Beratungszentren (ReBBZ)*. Zugriff am 11.05.2021 unter www.hamburg.de/rebbz

Beschluss der Kultusministerkonferenz und der Jugendministerkonferenz der Länder (2004). *Zusammenarbeit von Schule und Jugendhilfe zur »Stärkung und Weiterentwicklung des Gesamtzusammenhangs von Bildung, Erziehung und Betreuung«*. Zugriff am 11.05.2021 unter https://www.kmk.org/fileadmin/veroeffentlichungen_beschluesse/2004/2004_06_04_Zusammenarbeit_Schule_Jugendhilfe.pdf

Grewe, N. (2015). *Praxishandbuch Beratung in der Schule*. Köln: Carl-Link.

Gudjons, H. (2006). *Neue Unterrichtskultur – veränderte Lehrerrolle*. Bad Heilbrunn: Klinkhardt.

Henschel, A., Krüger, R. & Schmitt, W. (Hrsg.) (2008). *Jugendhilfe und Schule. Handbuch für eine gelingende Kooperation*. Verlag für Sozialwissenschaften.

KMK (2020). *Empfehlungen der Kultusministerkonferenz und der Jugend- und Familienministerkonferenz »Entwicklung und Ausbau einer kooperativen Ganztagsbildung in der Sekundarstufe I«*. Zugriff am 11.05.2021 unter https://www.ganztagsschulen.org/de/40141.php

Lempp, R. & Rauschenbach, T. (2005). *Die seelische Behinderung bei Kindern und Jugendlichen als Aufgabe der Jugendhilfe: Paragraph 35 a SGB VIII* (5. Aufl.). Stuttgart: Boorberg.

Lindemann, H. (2020). *Systemisch-lösungsorientierte Gesprächsführung in Beratung, Coaching, Supervision und Therapie: Ein Lehr-, Lern- und Arbeitsbuch für Ausbildung und Praxis*. Göttingen: Vandenhoeck & Ruprecht.

Marburger, H. (Hrsg.). (2019). *SGB VIII – Kinder- und Jugendhilfe* (13. Aufl.). Regensburg: Walhalla.

Schnebel, S. (2017). *Professionell beraten: Beratungskompetenz in der Schule*. Weinheim: Beltz.

Schmitz, L. (2020). *Gut beraten in der Schule: Ein Praxisbuch*. Dortmund: Verlag modernes lernen.

Senatorin für Bildung und Wissenschaft Bremen (Hrsg.). (o. J.). *Schulen im Reformprozess. Gründung und Aufbau regionaler Beratungs- und Unterstützungszentren. Konzept ReBUZ*. Zugriff am 18.05.2021 unter https://www.begabungslotse.de/sites/default/files/specials_subpage/downloads/Konzept_ReBUZ_Bremen.pdf

Sekretariat der ständigen Konferenz der Kultusminister der Länder (Hrsg.). (1994–2021). *Empfehlungen zu den Förderschwerpunkt Hören, Sehen, körperlich-motorische Entwicklung, Geistige Entwicklung, Sprache, Lernen, Emotionale-soziale Entwicklung, Autismus*. Zugriff am 18.05.2021 unter https://www.kmk.org/dokumentation-statistik/beschluesse-und-veroeffentlichungen/bildung-schule/allgemeine-bildung.html#c1315

Senatsverwaltung für Bildung, Wissenschaft und Forschung (Hrsg.). (2008). *Kooperation von Schule und Jugendhilfe zum Umgang mit Schülerinnen und Schülern mit Schwierigkeiten in der emotionalen und sozialen Entwicklung*. Berlin. Zugriff am 11.05.2021 unter https://www.berlin.de/sen/bjf/suche.php?q=Kooperation+Schule+Jugend

Senatsverwaltung für Bildung, Jugend und Familie Berlin (Hrsg.). (2019). Qualitäts- und Handlungsrahmen der SIBUZ. *Schulpsychologische und Inklusionspädagogische Beratungs- und Unterstützungszentren (SIBUZ)*. Zugriff am 18.05.2021 unter https://www.berlin.de/sen/bildung/unterstuetzung/beratungszentren-sibuz/

Senatsverwaltung für Bildung, Familie und Jugend (2019). *Kooperationsvereinbarung zum Einsatz einer Koordinierungsstelle zur Umsetzung und Fortschreibung des bezirklichen Rahmenkonzeptes zur Kooperation von Schule und Jugendhilfe*. Zugriff am 11.05.2021 unter https://www.berlin.de/sen/bjf/suche.php?q=Kooperation+Schule+Jugend

Shazer, S. & Dolan, Y. (2020). *Mehr als ein Wunder: Lösungsfokussierte Kurztherapie heute*. Heidelberg: Carl Auer.

SGB – Sozialgesetzbuch mit Sozialgerichtsgesetz. Bücher I–XII. (49. Aufl., 2020). München: C. H. Beck.

Senatsverwaltung für Gesundheit/Senatsverwaltung für Bildung (Hrsg.). (2003). *Kooperation von Kinder- und Jugendpsychiatrie, Jugendhilfe und Schule*. Berlin.

Wiesner, R. & Wapler, F. (Hrsg). (2021). *SGB VIII: Kinder- und Jugendhilfe*. München: C. H. Beck.

6 Qualitätssicherung und Qualitätsentwicklung in der Schulpsychologie

Alexa von Hagen, Bettina Müller und Stephan Jeck

6.1 Grundlagen der Qualitätssicherung

»Den Fokus auf Qualität zu legen, ermöglicht es sicherzustellen, dass limitierte Ressourcen effizient und wirksam eingesetzt werden. Ohne Qualität kann es kein Vertrauen in die Effektivität des Systems geben« (WHO, 2003, S.viii).

Durch Maßnahmen der Qualitätssicherung sollen Arbeitsstrukturen, -prozesse und in der Folge die Leistungen und Ergebnisse von Organisationen kontinuierlich angepasst und weiterentwickelt werden (Donabedian, 2002). Dies trifft auch auf das Tätigkeitsfeld der Schulpsychologie zu, in dem kontinuierliche Qualitätssicherung und -weiterentwicklung der Beratungstätigkeit dazu dienen, bestmögliche Ergebnisse in der Unterstützung von Schülerinnen und Schülern, Eltern, Lehrkräften, Schulleitungen und anderen schulrelevanten Personen zu erzielen (BDP, 2014). Wissenschaftliche Erkenntnisse über die Wirksamkeit bestimmter Methoden, Beratungsansätze und Verfahren aus verschiedenen Bereichen der Psychologie spielen dabei eine zentrale Rolle, da sie als Handlungsgrundlage der praktischen Arbeit von Schulpsychologinnen und Schulpsychologen verstanden werden (BDP, 2014; Kratochwill & Shernoff, 2004).

Obwohl der Qualität von schulpsychologischen Beratungsprozessen damit eine wichtige Rolle zukommt, wird die Thematik nur sehr begrenzt in der schulpsychologischen Fachliteratur diskutiert. Daher sei im Folgenden der Blick in verwandte Berufsbranchen wie das Gesundheits- und Bildungswesen gerichtet, um zunächst ein Verständnis über grundlegende Begriffe, Dimensionen und Modelle der Qualitätssicherung zu erreichen.

6.1.1 Begrifflichkeiten der Qualitätssicherung

Legt man die ISO 9000 ff. zugrunde, meint Qualität immer das, was den Anforderungen entspricht. Qualitätssicherung bezeichnet aus Sicht der Weltgesundheitsorganisation »Aktivitäten, die darauf abzielen, die Qualität der Leistungen in einem abgegrenzten Bereich oder Sektor sicherzustellen« (WHO, 2003, S. 59). Ergänzend hierzu schlagen Gaebel et al.

(2015) den Begriff *Qualitätsmanagement* als übergeordnete Kategorie vor, die sowohl die Qualitätssicherung einschließt als auch den Aspekt der Planung durch die Festlegung von Qualitätsstandards anspricht. Darüber hinaus gehört die Qualitätsmessung in Verbindung mit dem Begriff der Evaluation ebenfalls zum Qualitätsmanagement und dient als Basis der Qualitätsentwicklung. Abbildung 6.1 veranschaulicht die Relation dieser Begriffe zueinander (► Abb. 6.1). Übertragen auf beratungspsychologische Tätigkeiten muss sich die zu sichernde Qualität auf »das zweckmäßige Erreichen einer Übereinstimmung mit den vorher festgelegten Zielen« beziehen (Nußbeck, 2010, S. 136).

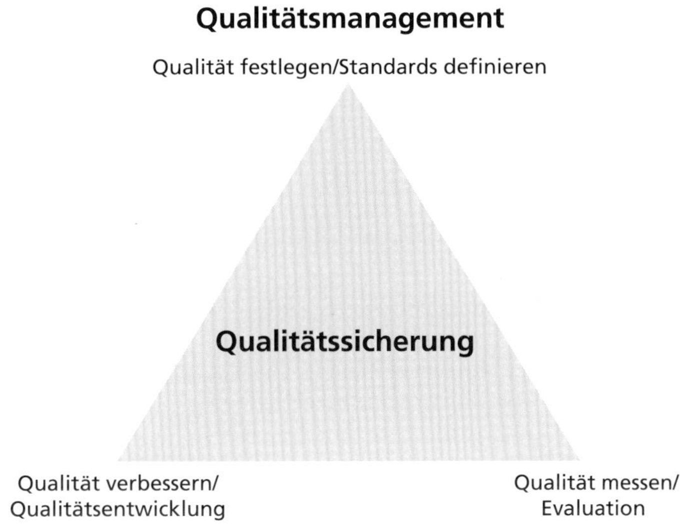

Abb. 6.1: Begrifflichkeiten der Qualitätssicherung

6.1.2 Dimensionen der Qualität

Qualitätssicherung lässt sich grundsätzlich als ein multidimensionales Konstrukt beschreiben, das verschiedene Bereiche einer Organisation umfasst (Hensen, 2019). So schlagen Dagger, Sweeney und Johnson (2007) basierend auf den Daten einer quantitativen und qualitativen Befragung von Leistungsnutzerinnen und -nutzern verschiedener gesundheitlicher Pflegedienste vier primäre Qualitätsdimensionen vor:

- **Interpersonelle Qualität:** Einstellung, Verhalten, Kommunikation und Verhältnis zwischen Leistungsanbietenden und -nutzenden
- **Fachliche Qualität:** fachliche Kompetenz, Wissen und Qualifikationen der Leistungsanbietenden und Ergebnisse, die durch die Leistung erreicht werden
- **Umfeldbedingte Qualität:** Atmosphäre und physisches Umfeld, in dem die Leistung erbracht wird
- **Administrative Qualität:** zeitnahe Ausführung der Leistung, Koordination mit anderen Leistungsanbietenden, zusätzliche Unterstützung

Diese Dimensionen tragen zu einer übergeordneten Leistungsqualität bei, die der subjektiven Wahrnehmung der Leistungsnutzerinnen und -nutzer entspricht. Diese ist wiederum mit der Leistungszufriedenheit und den darauffolgenden Intentionen der Nutzerinnen und Nutzer assoziiert, ihr Gesundheitsverhalten zu verändern (Dagger et al., 2007).

6.1.3 Modelle der Qualitätssicherung

Eines der meistzitierten und angewandten Modelle der Qualitätssicherung im Gesundheits- und Bildungsbereich wurde in den 1960er Jahren zum ersten Mal von Donabedian vorgeschlagen (Donabedian, 2002). Dieses Modell enthält drei zentrale Analyseeinheiten der Qualitätssicherung: (a) Strukturen, (b) Prozesse und (c) Ergebnisse. *Strukturen* beziehen sich auf die stabilen Elemente der Organisation sowie auf die Infrastruktur, die ihr zugrunde liegt. Sie repräsentieren die Voraussetzungen, die für das optimale Erbringen der Leistungen nötig sind. Dazu gehören personenbezogene Voraussetzungen (z. B. Anzahl der Mitarbeiter und ihre Qualifikation), materielle Ressourcen (z. B. räumliche Ausstattung) und organisatorische Aspekte (z. B. interinstitutionelle Anbindung; Hensen, 2019). Die zweite Analyseeinheit der *Prozesse*, die in einer Organisation stattfinden, schließt alle Aktivitäten ein, die für das Erbringen der Leistungen notwendig sind, einschließlich Teil- und Unterstützungsaktivitäten. Damit sollen primär die Dauer und Abfolge von Prozessen optimiert werden (z. B. Wartezeiten reduzieren) sowie das Einhalten übergeordneter Richtlinien und Vorgaben sichergestellt werden (z. B. fachspezifische Leitlinien; Hensen, 2019). Die letzte Analyseeinheit bezieht sich auf die *Ergebnisse*, die die Organisation durch ihre Leistungen erreicht, etwa bestimmte Merkmale, Einstellungen, Haltungen oder Verhaltensweisen von Klientinnen und Klienten zu verändern oder zu stabilisieren (z. B. Ressourcen aktivieren oder Verhaltensprobleme verringern).

Seit der ersten Formulierung dieses Modells sind zahlreiche Adaptierungen und Anwendungen dieses Ansatzes vorgeschlagen worden, wie z. B. das Modell zu Evaluation und Qualitätssicherung im Bildungswesen von Ditton (2018; vgl. die vereinfachte Darstellung in ▸ Abb. 6.2).

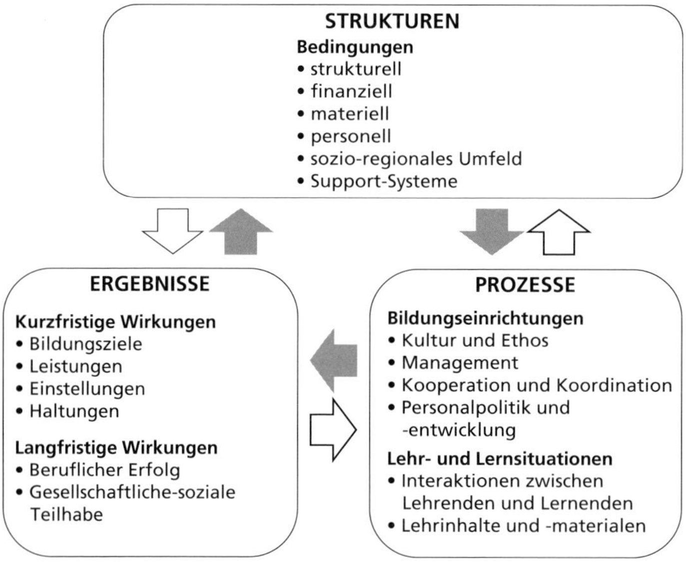

Abb. 6.2: Modell zu Evaluation und Qualitätssicherung im Bildungswesen in Anlehnung an Ditton (2018, S. 759)

Neben den drei o. g. Analyseebenen bezieht das *CIPP-Modell* von Stufflebeam (1972) noch die weitere Ebene des Kontexts mit ein (Akronym aus dem Englischen **C**ontext, **I**nput, **P**rocess, **P**roduct). Im Bildungsbereich beschreibt der Kontext z. B. die Ziele, Aufträge,

Geschichte und den kulturellen Hintergrund einer Schule. Als daran orientiertes Beispiel für einen Praxisleitfaden zur Sicherung der Qualität von Schulen sei der Hessische Referenzrahmen Schulqualität (2011) genannt.

6.1.4 Evaluation als Mittel der Qualitätssicherung

Einer der wichtigsten Aspekte der Qualitätssicherung ist die Messung von Qualität (► Abb. 6.1), auf die meist mit dem Begriff Evaluation im Sinne der »Überprüfung des erreichten Zustandes, des Erfolgs oder Fortschritts« (Ditton, 2018, S. 758) Bezug genommen wird. Die Ergebnisse einer Evaluation dienen somit im Rahmen der Qualitätssicherung als Entscheidungsgrundlage zu konkreten problem- oder lösungsbezogenen Fragestellungen.

Ditton (2018) unterscheidet formative (prozessbegleitende) vs. summative (ergebnisbezogene) Evaluationen, die mit dem Modell von Donabedian in Verbindung gebracht werden können. So kann die Evaluation von pädagogisch-psychologischen Maßnahmen wie einem Anti-Bullying-Interventionsprogramm sowohl prozessbegleitend durch Befragungen der Schülerinnen und Schüler zur Attraktivität des Interventionsmaterials als auch ergebnisbezogen nach Abschluss der Intervention (z. B. durch Erfassung der Einstellungsänderungen von Schülerinnen und Schülern) durchgeführt werden (vgl. Köller, 2020).

In diesem Zusammenhang kann neben intern und extern durchgeführten auch zwischen subjektiven (z. B. Selbstwahrnehmung des Erfolgs durch Beratene) und objektiven Evaluationsarten unterschieden werden (z. B. externe Beobachtung von Leistungsergebnissen oder Messung durch fachspezifische Instrumente; Hensen, 2019). Eine häufige und oft auch die einzige Evaluationsmethode ist die subjektive Erfassung der Zufriedenheit der Adressatinnen und Adressaten z. B. mit einer Beratungsleistung, die sogenannte »consumer satisfaction« (Stallard, 1996).

6.2 Besonderheiten bei der Bestimmung der Qualität schulpsychologischer Arbeit

Eine Besonderheit der schulpsychologischen Tätigkeit ist ihre Vielfältigkeit. So unterstützen Schulpsychologinnen und Schulpsychologen heterogene Zielgruppen wie Schülerinnen und Schüler, Lehrkräfte, Eltern, Schulleitungen und andere schulrelevante Personen (BDP, 2014). Basierend auf Ansätzen der Beratungspsychologie (vgl. Schubert, Rohr & Zwicker-Pelzer, 2019; Warschburger, 2009, Kap. 2 & 3) gehören dabei sowohl direkte Leistungen wie Diagnostik und Beratungsgespräche mit Schülerinnen und Schülern als auch indirekte Leistungen wie Supervision und kollegiale Fallberatung von Lehrkräften oder Elternberatung zum Aufgabenfeld der Schulpsychologie. Dazu werden Methoden der Einzelfall- oder Systemberatung angewendet. Die inhaltlichen Themenfelder umfassen kognitive und behaviorale Aspekte (z. B. Intelligenzdiagnostik) ebenso wie sozio-emotionale (z. B. Gewaltprävention) und organisationsbezogene Faktoren (z. B. Entwicklung zur inklusiven Schule) (vgl. BDP, 2014).

Diese Multidimensionalität stellt eine komplexe Herausforderung für die Messung der Qualität schulpsychologischer Arbeit dar, denn die vorhandenen Strukturen, erforderlichen Prozesse und erzielten Ergebnisse der jeweiligen Leistungen unterscheiden sich teilweise in großem Maße. Dies bedeutet, dass für verschiedene Arbeitsbereiche differenzierte Qualitätsstandards und Evaluationsansätze erforderlich sind.

Obwohl noch wenige Beiträge in der internationalen Fachliteratur explizit auf das Thema Qualitätssicherung und -entwicklung in der Schulpsychologie eingehen (Anthun, 1999), gibt es einige wertvolle Ansatzpunkte, die der praktischen Arbeit zur Orientierung dienen können. Ein Beispiel ist die Übersichtsarbeit von Cline (1994), die drei Ansätze zur Qualitätssicherung schulpsychologischer Leistungen vorstellt (► Abschnitt 6.2.1, ► Abschnitt 6.2.2, ► Abschnitt 6.2.3): (1) Umfassende Dokumentation schulpsychologischer Arbeit, (2) Befragung der adressierten Personen und (3) Messung der Effekte und Wirkungen schulpsychologischer Leistungen.

6.2.1 Umfassende Dokumentation der schulpsychologischen Arbeit

Mit dem Ziel, die Qualität der *strukturellen Voraussetzungen* schulpsychologischer Arbeit sicherzustellen, plädiert Cline (1994) für die Einführung von Dokumentationssystemen im Sinne von Datenbanken o. Ä., mit denen die gesamte schulpsychologische Tätigkeit erfasst wird: die erbrachten Leistungen und die eingesetzten Ressourcen. Veränderungen und inhaltliche Schwerpunkte können so über längere Zeiträume abgebildet werden.

In Deutschland wurde dieser Ansatz im Jahr 2011 in einer bundesweiten Referententagung zum Thema »Qualitätsmanagement in der deutschen Schulpsychologie« diskutiert. Eine Umfrage im Vorfeld ergab, dass in neun von 16 Bundesländern Schulpsychologinnen und Schulpsychologen ihre Arbeit in Form von Jahresstatistiken, Jahresberichten oder Anmeldestatistiken dokumentieren, während in einigen Bundesländern keine standardisierte Dokumentation erfolgt. Deshalb wurden Mindeststandards für die statistische Erfassung und Evaluation schulpsychologischer Arbeit diskutiert und abgestimmt (► Kasten) Allerdings haben diese nur Empfehlungscharakter und sind nicht bindend. Der Aufforderungscharakter findet sich allerdings im Berufsprofil Schulpsychologie des Berufsverbandes Deutscher Psychologinnen und Psychologen (BDP, 2014) wieder und wird von den länderspezifischen schulpsychologischen Vereinigungen und Verbänden mitgetragen.

Mindeststandards für die statistische Erfassung und Evaluation schulpsychologischer Arbeit (Jeck & Seifried, 2011)

1. Im Rahmen der schulpsychologischen Tätigkeit werden die erbrachten Beratungsleistungen schriftlich dokumentiert und quantitativ in einer jährlichen Statistik erfasst.
2. Die Jahresstatistik wird pro Beratungsstelle/Organisationseinheit nach Beratungen für Schülerinnen und Schüler, Lehrkräfte, Schulleitungen und Schulen differenziert.
3. Alle Beratungen werden anonymisiert unter Berücksichtigung der Datenschutzbestimmungen ausgewertet.
4. Die Jahresstatistik dient der internen Steuerung und Selbstevaluation sowie der Transparenz schulpsychologischer Arbeit gegenüber der Schulverwaltung, Politik und Öffentlichkeit.
5. Indikatoren für die Qualität der schulpsychologischen Arbeit sind die nach erfolgter Auftragsklärung festgestellte Beratungszufriedenheit der Eltern, Schülerinnen und Schüler, Lehrerinnen und Lehrer sowie Schulleitungen.
6. Es ist ein mittelfristiges Ziel, neben der quantitativen Datenerfassung auch ein Qualitätsmanagement für Beratungsprozesse einzuführen.

Unter Berücksichtigung datenschutzrechtlicher Vorgaben sind EDV-gestützte Datenbanksysteme in diesem Zusammenhang die aktuell vermutlich effizienteste Lösung mit dem größten Nutzen, da sehr umfassende Statistiken auf Ebene des Bundeslandes oder für einzelne Beratungsstellen relativ schnell zusammengestellt und ausgewertet werden können. So kann auch der alltägliche administrative Aufwand durch einen einfachen Zugriff auf Fallinformationen und die automatisierte Erstellung von Schriftstücken vermindert werden.

Kritisch anzumerken ist, dass derartige quantifizierte Angaben über Bedarfe, Anlässe und Fallzahlen in der Schulpsychologie nicht alle Aspekte der Qualität einer Leistung abbilden. Das Gelingen schulpsychologischer Beratung ist von zahlreichen Faktoren auf Seiten der Ratsuchenden und der Beratenden abhängig, die z. B. über objektivierbare strukturelle Faktoren wie die Dauer des Kontakts hinausgehen (weiterführend Warschburger, 2009, Kap. 3). Grundsätzlich ist außerdem zu beachten, dass bei allen Erhebungen Datenschutzrichtlinien eingehalten und Schweigepflichtserklärungen nicht gebrochen werden.

6.2.2 Befragung der Adressatinnen und Adressaten schulpsychologischer Leistungen

Als weiterer Ansatz, um die *Qualität der Prozesse* der schulpsychologischen Arbeit zu sichern, empfiehlt Cline (1994) die Befragung der jeweiligen Adressaten der Leistungen. So dienen experimentelle längs- und querschnittliche Befragungen von Ratsuchenden wie Lehrkräften oder Schulleitungen (z. B. Anthun,1999), Schülerinnen und Schülern oder Eltern (z. B. Rahill, 2018) dazu, Informationen zur Zufriedenheit mit schulpsychologischen Angeboten zu gewinnen.

In Deutschland sind leider noch keine eigens für die Schulpsychologie wissenschaftlich entwickelte und über die Testzentrale abrufbare vergleichbare Instrumente wie z. B. die Fragebögen in den Studien von Anthun (1999) und Rahill (2018) verfügbar. Daher müssen diese ggf. selbst entwickelt oder es muss auf Instrumente aus anderen Bereichen zurückgegriffen werden (z. B. Bonner Fragebogen für Therapie und Beratung, BFTB, Fuchs et al., 2003). Die Erhebung einer allgemeinen Zufriedenheit am Ende einer schulpsychologischen Beratung kann zur Verifizierung des individuellen oder teambezogenen Vorgehens dienen. Es kann aber auch prozessorientierte formative Einsatzmöglichkeiten geben, die den Beratungsprozess in enger Kopplung mit dem eigenverantwortlichen Handeln des Adressaten und dessen Reflexion zum Ziel haben.

6.2.3 Messung der Effekte und Wirkungen schulpsychologischer Leistungen

Zuletzt beschreibt Cline (1994) die Messung der *Effekte und Wirkungen* schulpsychologischer Leistungen als eine der zentralen Maßnahmen der Qualitätssicherung. Hierzu existieren zahlreiche Beiträge aus verschiedenen Bereichen der Psychologie, in denen die Wirksamkeit einer Vielfalt von schulpsychologisch relevanten Methoden und Ansätzen wie etwa pädagogisch-psychologischen Interventionsprogrammen oder problemlösungsorientierten Beratungsleitfäden empirisch evaluiert wurde und die als eine erste Grundlage zur Orientierung einer evidenzbasierten schulpsychologischen Arbeit dienen können (vgl. Köller, 2020).

Ein systematisches Review von Müller, von Hagen, Vannini und Büttner (2021) ergab jedoch, dass sich nur wenige dieser Beiträge auf den spezifischen Kontext der schulpsychologischen Arbeit beziehen. Für das Review wurden die Publikationen in acht wissenschaftlichen Zeitschriften im Bereich der schulpsychologischen Forschung im Zeitraum von 1998 bis 2018 systematisch gesichtet. Es zeigte sich, dass nur 19 von 5 050 Artikeln – das entspricht 0,38 % aller im Untersuchungszeitraum publizierten Arbeiten – explizit auf die Messung von Effekten schulpsychologischer Leistungen eingegangen sind. Die Instrumente, die zur Evaluation der Effekte eingesetzt wurden, bezogen sich hauptsächlich auf Bewertungsskalen, z. B. zur Zufriedenheit von Schülerinnen und Schülern oder Eltern mit schulpsychologischen Leistungen oder zur Selbsteinschätzung von Schulpsychologinnen und Schulpsychologen über die Effektivität der erbrachten Leistung. Erstaunlich ist, dass nur eine der empirischen Studien standarisierte Befragungsinstrumente benutzt hat, während der Rest eigene Instrumente entwickelt hat, deren psychometrische Güte unbekannt ist.

Die Ergebnisse des Reviews unterstreichen, wie begrenzt die Quantität und Qualität des Forschungsstands zur Messung von Effekten der schulpsychologischen Arbeit ist und verdeutlichen, wie dringend zukünftige Forschung im spezifischen Kontext der Schulpsychologie nötig ist. Zweifelsohne kann die Schulpsychologie auf die weitgefasstere Forschungsgrundlage verschiedener Bereiche der Psychologie zurückgreifen (z. B. Pädagogische Psychologie, Klinische Psychologie). Jedoch ist die Entwicklung einer eigenen empirischen Grundlage eine wichtige Voraussetzung, um evidenzbasierte schulpsychologische Arbeit zu ermöglichen und damit zur Qualitätssicherung beizutragen. Dollase (2010) verweist in einem Gutachten zur Lage der Schulpsychologie in Deutschland auf »schwerwiegende Defizite in der bundesrepublikanischen Evaluationsforschung« (S. 40) im schulpsychologischen Bereich. Wenn die Evidenzbasierung ähnlich wie in der Medizin auch in der Schulpsychologie auf einen breiten Konsens stoßen und gelebt werden soll, dann sind kontinuierliche gemeinsame Anstrengungen innerhalb der deutschsprachigen Schulpsychologie und pädagogisch-psychologischen Forschung notwendig (weiterführend Kratchowill & Shernoff, 2004). Kratchowill und Shernoff (2004, S. 37) schlagen hierzu fünf Prioritätensetzungen für die Förderung der evidenzbasierten Praxis in der Schulpsychologie vor (► Kasten).

Prioritäten zur Förderung der evidenzbasierten Praxis in der Schulpsychologie (in Anlehnung an Kratchowill und Shernoff, 2003)

1. Praxis-Forschungs-Netzwerke innerhalb der Schulpsychologie aufbauen.
2. Methoden der evidenzbasierten Praxis fördern und erweitern, die die Bedingungen der praktischen Arbeit miteinbeziehen.
3. Leitlinien entwickeln, die Schulpsychologinnen und Schulpsychologen zum Einsatz und zur Evaluation von evidenzbasierten Vorgehensweisen einsetzen können.
4. Fortbildungsmöglichkeiten für Schulpsychologinnen und Schulpsychologen, Wissenschaftlerinnen und Wissenschaftler sowie Referentinnen und Referenten in schulpsychologischen Ausbildungen konzipieren.
5. Partnerschaften mit anderen Berufsgruppen fördern, die auch eine evidenzbasierte Praxis anstreben.

6.3 Sicherung und Entwicklung der fachlichen Qualität schulpsychologischer Arbeit

Vor dem Hintergrund der großen thematischen Bandbreite und den bildungspolitischen Veränderungen, denen die Schulpsychologie als Teil der Bildungsverwaltung unterliegt, spielen zusätzlich zu den drei o. g. Ansätzen zur Qualitätssicherung die kontinuierliche Entwicklung und Sicherung der Fachkompetenzen von Schulpsychologinnen und Schulpsychologen eine zentrale Rolle (Farrell et al., 2014). In Bezug auf Donabedians Modell (▸ Abschnitt 6.1.3) bedeutet dies, strukturelle Voraussetzungen für die Qualitätssicherung personenbezogener Ressourcen zu sichern. Dieser Aspekt wird im Berufsprofil als »Qualitätsstandard schulpsychologischer Arbeit« aufgegriffen und spezifisch für die Bereiche der Ausbildung, Berufseinstiegsphase, kontinuierlichen Fortbildung und Supervision beschrieben (BDP, 2014). Im Folgenden werden internationale und nationale Beispiele zur Umsetzung vorgestellt.

6.3.1 Ausbildung und Berufseinstiegsphase

Die International School Psychology Association (ISPA, 2016) hat Qualitätsstandards zur Akkreditierung von schulpsychologischen Ausbildungsprogrammen entwickelt, die im Kasten weiter unten dargestellt sind. Institutionen, die Schulpsychologinnen und Schulpsychologen ausbilden oder in der Berufseinstiegsphase begleiten, können sich für die Entwicklung ihrer Angebote an diesen Standards orientieren und sich mit ihrem Studienplan bei der ISPA bewerben, um eine internationale Akkreditierung zu beantragen und somit zur Internationalisierung der Qualitätssicherung schulpsychologischer Arbeit beizutragen.

Qualitätsstandards zur Akkreditierung von schulpsychologischen Ausbildungsprogrammen (ISPA, 2016)

Ziel 1 – Grundwissen in Psychologie und Erziehung
1.1 Kognition und Lernen
1.2 Sozio-emotionale Entwicklung
1.3 Individuelle Unterschiede

Ziel 2 – Professionelles Wissen und Fähigkeiten im Bereich der Diagnostik und Intervention
2.1 Evidenzbasierte Entscheidungsfindung und Rechenschaftslegung
2.2 Prävention, Förderung der psychischen Gesundheit und Krisenintervention
2.3 Schul- und Systemorganisation, Entwicklung und Umsetzung von Richtlinien

Ziel 3 – Transnationale/Multikulturelle Schulpsychologie
3.1 Nationale und internationale Rollen und Funktionen von Schulpsychologinnen und Schulpsychologen
3.2 Zusammenarbeit mit Schülerinnen, Schülern und Familien aus kulturell diversen Gemeinschaften

Ziel 4 – Professionelle Praxis in der Schulpsychologie
4.1 Legale Basis von Erziehungsrichtlinien und Vorgehensweisen
4.2 Ethische Aspekte der professionellen Praxis
4.3 Berichterstellung

Ziel 5 – Interpersonelle Fähigkeiten
5.1 Selbstwahrnehmung und Reflexivität
5.2 Gesprächsführung
5.3 Beratung

Ziel 6 – Forschungsmethoden
6.1 Forschungsdesigns und Umsetzung
6.2 Analyse und Interpretation von Forschungsergebnissen

In Deutschland steht zurzeit, ungeachtet des ersten Masterstudienganges Schulpsychologie an der Universität Tübingen, am Beginn einer schulpsychologischen Beratungstätigkeit in der Regel ein grundständiges Psychologiestudium ohne spezifische schulpsychologische Ausrichtung. Ausgehend von dieser Eingangsvoraussetzung muss es das Ziel der einstellenden Behörde sein, die ausgewählten Bewerberinnen und Bewerber schnell und effektiv an ihr neues Tätigkeitsfeld heranzuführen und kontinuierlich fortzubilden. Erstes Merkmal einer Qualitätssicherung wäre in diesem Fall die Gewährleistung einer systematischen Einarbeitung, z. B. durch wechselseitige Hospitation und Begleitung erfahrener Kolleginnen oder Kollegen, Erfahrungsaustausch und Fallberatung im schulpsychologischen Team sowie durch das Studium der wesentlichen fachlichen, verwaltungsorganisatorischen und rechtlichen Grundlagen. Ein wichtiger Beitrag hierzu ist z. B. das standardisierte und bundesweit angebotene *Curriculum Schulpsychologie* der Deutschen Psychologen Akademie (https://www.psychologenakademie.de/seminar/curriculum-schulpsychologie-3/).

6.3.2 Fortbildung und Wissenschafts-Praxis-Transfer

Mit zunehmender Berufserfahrung sammeln Schulpsychologinnen und Schulpsychologen Wissen und praktische Fertigkeiten, um grundlegende Qualitätsstandards bezüglich ihrer Beratungstätigkeit zu erfüllen. Die Multidimensionalität der schulpsychologischen Arbeit sowie neue gesellschaftliche Herausforderungen (z. B. Online-Beratung während der Covid-19-Pandemie) erfordern im Sinne einer evidenzbasierten Praxis eine kontinuierliche Fortbildung zu unterschiedlichen Themen- und Kompetenzbereichen, durch die fachliche Expertise und aktuelles Wissen über den Stand der psychologischen Wissenschaft vermittelt wird (Kratchowill & Shernoff, 2004).

Erste Ansätze in diese Richtung wurden in Deutschland in den letzten Jahren durch die Etablierung von schulpsychologischen Kompetenzzentren in Baden-Württemberg und Hessen initiiert, in denen wissenschaftliche Expertise und schulpsychologische Praxis miteinander verknüpft wurden. Durch die Koordination und Evaluation schulpsychologischer Beratungs- und Interventionsangebote und die Konzeption und Umsetzung von Fortbildungen unter Einbezug von Wissenschaftlerinnen und Wissenschaftlern sollen diese zur Qualitätssicherung und kontinuierlichen Weiterentwicklung der Schulpsychologie beitragen, den Transfer zwischen Wissenschaft und Praxis und in der Folge evidenzbasiertes schulpsychologisches Arbeiten kontinuierlich vorantreiben (www.kompetenzzentrum-schulpsychologie-bw.de, www.kompetenzzentrum-schulpsychologie-hessen.de).

6.3.3 Supervision

Regelmäßige Einzel- oder Gruppensupervisionen mit externer Begleitung und kollegiale Fallberatungen bzw. Intervisionen sind weitere Bausteine, um die fachliche Kompetenz von Schulpsychologinnen und Schulpsychologen zu stärken und zu unterstützen, dass Qualitätsstandards psychologischer Beratung eingehalten werden können (Newman, Simon & Swerdlik, 2019). Basierend auf Beiträgen zur Beratungspsychologie von Schubert et al. (2019) zielt Supervision darauf ab »angeleitete Reflexion und Erfahrungslernen die Fachlichkeit und Persönlichkeit der Supervisanden und die Weiterentwicklung von Teams und Personal zu fördern, die Bewältigung von Schwierigkeiten im Arbeitsalltag sowie die Kooperations- und Koordinationsfähigkeit von Arbeitsteams oder Organisationseinheiten zu unterstützen und eine Verbesserung von beruflichem Handeln und dessen Effektivität zu bewirken« (S. 245).

Hierzu empfiehlt sich ein Blick in die systematische Übersichtsarbeit von Newman et al. (2019), in der die Fachliteratur zum Thema Supervision in der Schulpsychologie von 2000 bis 2017 zusammengefasst wurde. Das Review liefert eine detaillierte Analyse von 37 wissenschaftlichen Publikationen (21 empirische Studien und 16 konzeptionelle Vorschläge), die wertvolle Implikationen für die Umsetzung von Supervisionsangeboten in der Schulpsychologie beinhalten, wie etwa die Notwendigkeit auch Fortbildungsprogramme für Supervisorinnen und Supervisoren anzubieten, um die Qualität der Supervision zu sichern. Weiterhin wird vorgeschlagen, dass Befragungen zur Zufriedenheit der teilnehmenden Schulpsychologinnen und Schulpsychologen mit der angebotenen Supervision, ähnlich wie es zuvor für die Klientinnen und Klienten beschrieben wurde (▸ Abschnitt 6.2.2), zur Qualitätssicherung beitragen können. Zusammenfassend empfehlen Newman et al. (2019) die Förderung von Kooperationen zwischen Universitäten und Akteuren aus der schulpsychologischen Praxis, um Training, Praxis und Forschung zum Thema schulpsychologische Supervision zu vereinen. Auch das Kompetenzzentrum Schulpsychologie Hessen hat mittlerweile einen ersten Orientierungsleitfaden zur Supervision in der Schulpsychologie vorgestellt (Sedlak & Bachmann, 2020).

6.4 Aktuelle Entwicklungen zur Qualitätsorientierung in der Schulpsychologie: Zusammenfassung und Ausblick

Die Einführung eines umfassenden Qualitätsmanagementkonzeptes in der Schulpsychologie stellt weiterhin eine komplexe Herausforderung dar, die auch eine an Kosten und Nutzen orientierte institutionelle Verankerung erfordert (vgl. Temme & Jeck, 2007). Dennoch hat die deutsche Schulpsychologie in den letzten Jahren auf verschiedenen Ebenen erfreuliche Entwicklungen vorzuzeigen.

Zum Beispiel veröffentlichte 2013 die Senatsverwaltung in Berlin einen Handlungsrahmens für den Schulpsychologischen Dienst, der anhand des Modells der European Foundation for Quality Management (EFQM) entwickelt wurde. U. a. auf Basis dieser Grundlage kam es zu einer institutionellen Weiterentwicklung, die ihren vorläufigen Abschluss im Qualitäts- und Handlungsrahmen der schulpsychologischen und inklusionspädagogischen Beratungs- und Unterstützungszentren (SIBUZ) von 2019 gefunden hat. Qualitätsentwicklung im Sinne einer lernenden Organisation, interne und externe Evaluation sind ein Teil der Gesamtkonzeption. Darüber hinaus stellt die multiprofessionelle Unterstützung von Schulen eine dauerhafte Herausforderung für die Qualitätsentwicklung in der Schulpsychologie dar.

Weitere Bundesländer haben zugunsten der Qualitätssicherung Standards für die schulpsychologische Tätigkeit definiert (z. B. Schleswig-Holstein 2017, Hessen 2017) und erheben systematisch Anzahl und Art der Beratungsfälle oder planen dies zu tun. Das Pädagogische Landesinstitut Rheinland-Pfalz beispielsweise veröffentlichte in seinem Jahresbericht 2019 differenzierte Statistiken mit Zahlen ab 2017 zur schulpsychologischen Einzelfall-, Schul- und Krisenberatung. Neben den o. g. Kompetenzzentren der Schulpsychologie in Hessen und Baden-Württemberg (▶ Abschnitt 6.3) wurden weitere Unterstützungsstrukturen geschaffen wie die Landesstelle Schulpsychologie und schulpsychologisches Krisenmanagement in Nordrhein-Westfalen.

Zusätzlich zu den o. g. strukturellen Entwicklungen, trägt auch die evaluative Grundhaltung jeder einzelnen Schulpsychologin und jedes einzelnen Schulpsychologen zur kontinuierlichen Qualitätsorientierung der schulpsychologischen Arbeit bei (Atria, Reimann & Spiel, 2006). Ausgehend von der berufsethischen Selbstverpflichtung, professionell nach dem aktuellen Stand der psychologischen Wissenschaft zu handeln, bedarf es in der alltäglichen Arbeit notwendiger Freiräume, um dies gewährleisten zu können. Neben Fortbildung und Supervision sollten Schulpsychologinnen und Schulpsychologen noch mehr als bisher systematisch die Qualität der eigenen Beratungsarbeit hinterfragen, dokumentieren und für den fachlichen und wissenschaftlichen Diskurs zur Verfügung stellen. Wie Warschburger (2009) betont, »gibt es viele gute Gründe für den Praktiker seine praktische Arbeit ständig zu evaluieren. Es hilft ihm, seine Behandlung zu verbessern, klinisch bedeutsame wissenschaftliche Erkenntnisse zu sammeln und seiner ethischen Verantwortung gegenüber dem Klienten und der Gesellschaft gerecht zu werden« (S. 50).

Ein weiterer Anhaltspunkt kann in diesem Sinne der konstruktive Austausch mit verwandten Beratungsbranchen und Qualitätsinitiativen sein. Ein Beispiel hierfür ist das Projekt »Wir EB 2.0«, dass die »Erarbeitung einer dauerhaften, wirkungsorientierten Qualitätsentwicklung der Beratungsprozesse in den Hilfen zur Erziehung« anstrebt (www.wireb.de). Schon durch die erste Version dieses Projekts, an der bundesweit knapp 150 Beratungsstellen beteiligt waren, wurden insbesondere positive Veränderungen bei den Grundbefähigungen junger Menschen durch Erziehungs- und Familienberatung erreicht (Arnold, 2020).

Zusammengenommen beschreibt Qualitätssicherung innerhalb der schulpsychologischen Arbeit sowohl das Überprüfen des Erreichens vorab festgelegter Ziele und Standards innerhalb eines jeden Beratungsprozesses als auch die kontinuierliche Dokumentation und Reflexion der Beratungstätigkeiten im Rahmen von Fort- und Weiterbildungen zur Sicherung fachlicher Kompetenzen basierend auf aktuellen wissenschaftlichen Erkenntnissen. In Anlehnung an Donabedians Modell (▶ Abschnitt 6.1.3) kann an zahlreichen strukturellen, prozessualen und ergebnisorientierten Aspekten angesetzt werden, um auf individueller, Team- oder Systemebene zur kontinuierlichen Optimierung und Weiterentwicklung schulpsychologischer Angebote beizutragen. Dies setzt jedoch eine klare und trennscharfe Definition der zu erfassenden Strukturen, Prozesse und Ergebnisse voraus – eine Mammutaufgabe im heterogenen Beratungsfeld der Schulpsychologie, die zu bewältigen allein bereits einem Qualitätssicherungsprozess gleichkommt. In diesem Sinne ist die Evidenzbasierung in kontinuierlicher Zusammenarbeit aus Forschung und Praxis unabdingbar, um Standards und Leitlinien entwickeln zu können.

Literatur

Anthun, R. (1999). Quality and improvement potential in school psychology services. *School Psychology International, 20*(2), 163–175.

Arnold, J. (2020). Fortführung der bundesweiten Evaluation »Wir.EB« bestätigt hohe Wirksamkeit der Erziehungs- und Familienberatung, insbesondere im Bereich Resilienzförderung. *Zeitschrift für Kindschaftsrecht und Jugendhilfe ZKJ, 2*, 53–56.

Atria, M., Reimann, R. & Spiel, C. (2006). Qualitätssicherung durch Evaluation. Die Bedeutung von Zielexplikation und evaluativer Haltung. In C. Steinebach (Hrsg.), *Handbuch Psychologische Beratung* (S. 574–586). Stuttgart: Klett-Cotta.

BDP Sektion Schulpsychologie (Hrsg.). (2014). *Schulpsychologie in Deutschland. Berufsprofil.* Berlin: BDP. Zugriff am 11.05.2021 unter www.bdp-schulpsychologie.de/aktuell/2018/180914_berufsprofil.pdf

Cline, T. (1994). Quality assurance in an educational psychology service: What can we learn from earlier experience in service evaluation? *School Psychology International, 15*(3), 209–234.

Dagger, T. S., Sweeney, J. C. & Johnson, L. W. (2007). A hierarchical model of health service quality: Scale development and investigation of an integrated model. *Journal of Service Research, 10*(2), 123–142.

Ditton, H. (2018). Evaluation und Qualitätssicherung im Bildungsbereich. In R. Tippelt & B. Schmidt-Hertha (Hrsg.), *Handbuch Bildungsforschung* (S. 757–777). Wiesbaden: Springer Fachmedien.

Dollase, R. (2010). *Situation der Schulpsychologie in Deutschland und Niedersachsen im internationalen Vergleich.* Gutachten im Auftrag der Max-Träger-Stiftung.

Donabedian, A. (2002). *An introduction to quality assurance in health care.* Oxford: Oxford University Press, Incorporated.

Farrell, P., McFarland, M., Gonzalez, R., Hass, M. & Stiles, D. A. (2014). The role of international accreditation in promoting academic and professional preparation in school psychology. *International Journal of School & Educational Psychology, 2*(3), 205–213.

Fuchs, T., Sidiropoulou, E., Vennen, D. & Fisseni, H. J. (2003). *Bonner Fragebogen für Therapie und Beratung (BFTB).* Göttingen: Hogrefe.

Gaebel, W., Großimlinghaus, I., Heun, R., Janssen, B., Johnson, B., Kurimaz, T. et al. (2015). European Psychiatric Association (EPA) guidance on quality assurance in mental healthcare. *European Psychiatry, 30*(3), 360–387.

Hensen, P. (2019). *Qualitätsmanagement im Gesundheitswesen: Grundlagen für Studium und Praxis* (2. Aufl.). Cham: Springer.

International School Psychology Association (2016). *The accreditation of professional training programs in school psychology. Part 1. The International School Psychology Associations's training standards.* Zugriff am 11.05.2021 unter www.ispaweb.org/wp-content/uploads/2020/05/Microsoft-Word-STANDARDS-January-2020-cx.-1.pdf

International Organizational for Standardization (1992). *ISO 9000: International standards for quality management.* Genève, Switzerland: International Organization for Standardization.

Jeck, S. & Seifried, K. (2011). *Mindeststandards für die statistische Erfassung und Evaluation schulpsychologischer Arbeit.* Wiesbaden: Unveröffentlichte Dokumentation zur Referententagung der Sektion Schulpsychologie und des Hessischen Kultusministeriums vom 19.09.2011.

Köller, O. (2020). Evaluation pädagogisch-psychologischer Maßnahmen. In E. Wild & J. Möller (Hrsg.), *Pädagogische Psychologie* (3. Aufl., S. 335–348). Springer.

Kratochwill, T. R. & Shernoff, E. S. (2003). Evidence-based practice: Promoting evidence-based interventions in school psychology. *School Psychology Quarterly, 18*(4), 389–408.

Müller, B., von Hagen, A., Vannini, N., & Büttner, G. (2021). Measurement of the Effects of School Psychological Services: A Scoping Review. *Frontiers in psychology, 12*, 606228.

Newman, D. S., Simon, D. J. & Swerdlik, M. E. (2019). What we know and do not know about supervision in school psychology: A systematic mapping and review of the literature between 2000 and 2017. *Psychology in the Schools, 56*(3), 306–334.

Nußbeck, S. (2010). *Einführung in die Beratungspsychologie.* München: Ernst Reinhardt.

Rahill, S. A. (2018). Parent and teacher satisfaction with school-based psychological reports. *Psychology in the Schools, 55*(6), 693–706.

Schubert, F.-C., Rohr, D. & Zwicker-Pelzer, R. (2019). *Beratung: Grundlagen – Konzepte – Anwendungsfelder*. Wiesbaden: Springer Fachmedien.

Sedlak, A. & Bachmann, G. (2020). *Supervisionskonzept für die hessischen Schulpsychologinnen und Schulpsychologen*. Frankfurt: Kompetenzzentrum Schulpsychologie Hessen.

Stallard, P. (1996). The role and use of consumer satisfaction surveys in mental health services. *Journal of Mental Health, 5*(4), 333–348.

Stufflebeam, D. L. (1972). Evaluation als Entscheidungshilfe. In C. Wulf (Hrsg.), *Evaluation. Beschreibung und Bewertung von Unterricht, Curricula und Schulversuchen* (S. 113–145). München: R. Piper & Co. Verlag.

Temme, K. & Jeck, S. (2007). Qualitätsmanagement in der Schule. In T. Fleischer, N. Grewe, B. Jötten, K. Seifried & B. Sieland (Hrsg.), *Handbuch Schulpsychologie. Psychologie für die Schule* (S. 427–437). Stuttgart: Kohlhammer.

Warschburger, P. (Hrsg.). (2009). *Beratungspsychologie*. Heidelberg: Springer.

WHO (World Health Organisation) (2003). Quality improvement for mental health. In *Mental Health Policy and Service Guidance Package.* Geneva: WHO.

7 Rechtsfragen der Schulpsychologie

Jan Frederichs

7.1 Rechtliche Grundlagen und Aufgaben

Die Aufgaben der Schulpsychologinnen und Schulpsychologen sind in den Bundesländern nur teilweise und meist nur grob gesetzlich geregelt. Eher lassen sich die Aufgaben aus untergesetzlichen Regelungen entnehmen, z. B. Ministerialerlassen. Beispielsweise sei der Ministerialerlass des nordrhein-westfälischen Schulministeriums vom 08.01.2007 genannt. Bisweilen werden die Aufgaben erst auf niedrigerer Ebene, ggf. sogar nur in einrichtungsinternen Beschreibungen konkretisiert. Zu denen muss dann geklärt werden, inwieweit sie verbindlich sind, denn solche Aufgabenbeschreibungen können auch im Entwurfsstadium stecken geblieben sein und kursieren später dann als vermeintlicher Maßstab.

Im Allgemeinen bieten Schulpsychologinnen und Schulpsychologen ihre Dienstleistungen an, so dass das Angebot erst angenommen werden muss. Angeboten werden die schulpsychologischen Dienstleistungen an Schülerinnen und Schüler, Eltern, Lehrende und Schulen. Der Angebotscharakter hat rechtlich erhebliche Relevanz, wenn es um die Rechtfertigung eventueller Grundrechtseingriffe geht, denn die Inanspruchnahme des Angebots ist in aller Regel auch die Einwilligung in eventuelle Grundrechtseingriffe.

Es kann insbesondere um die durch Art. 2 GG (Grundgesetz) geschützte allgemeine Handlungsfreiheit des Klientels gehen, seien es Lehrende als Erwachsene, seien es Schülerinnen und Schüler als Minderjährige. Und es kann bei minderjährigen Klientinnen und Klienten um einen Eingriff in das sog. Elternrecht gem. Art. 6 Abs. 2 GG gehen.

Natürlich ist nicht jedes schulpsychologische Angebot gleich ein Grundrechtseingriff. Z. B. kann eine »Erstberatung« zunächst nur der Information über das schulpsychologische Angebot und dem Aufbau der Vertrauensbeziehung dienen. Sobald aber die schulpsychologische Dienstleistung intime Daten betrifft und interventiv wirkt, ist von einem Eingriff in die Privatsphäre der Betroffenen auszugehen. Für einen solchen Grundrechtseingriff bedarf es einer Rechtfertigung in Form der Einwilligung.

Außerdem ist grundsätzlich auch die Privatsphäre des Elternhauses bzw. der Eltern durch Art. 2 GG geschützt, weswegen grundsätzlich die Ausforschung der familiären Verhältnisse unzulässig ist.

Weiterhin ist das Elternrecht aus Art. 6 Abs. 2 GG zu beachten, mit der Folge, dass grundsätzlich Erziehungsmaßnahmen der Eltern zu respektieren sind. Das führt dann zu einer Konfliktsituation, wenn Minderjährige eine schulpsychologische Dienstleistung in Anspruch nehmen wollen, die Zustimmung der Eltern aber fehlt oder (noch) unbekannt ist und Minderjährige die Einbeziehung der Eltern verweigern. Hier liegt eine verfassungsrechtliche Interessenkollision vor, die im Sinne »praktischer Konkordanz« zum Ausgleich gebracht werden muss. Dieser Ausgleich geschieht manchmal schon in der Aufgabenbeschreibung psychologischer Dienste, in dem dort die Zustimmung der Eltern ausdrücklich vorgesehen ist: Dann ist abstrakt bereits entschieden, dass das Selbstbestimmungsrecht des Minderjährigen zurückzustehen hat. Fehlt eine Regelung, ist zwischen dem Elternrecht und dem Selbstbestimmungsrecht abzuwägen. Dabei kommt es auf die Einsichts- und Urteilsfähigkeit der minderjährigen Person an, auf die Schwere und Reichweite der Angelegenheit und auf die Eingriffstiefe in das Elternrecht, wobei prinzipiell dessen Gewicht mit zunehmendem Alter der minderjährigen Person abnimmt. Geht aus der Abwägung das Selbstbestimmungsrecht der minderjährigen Person als überwiegend hervor, haben ggf. die Eltern den mittelbaren Eingriff in ihre Privatsphäre hinzunehmen, wenn die Schulpsychologin bzw. der Schulpsychologe Familieninterna erfährt.

Das Aufgabenspektrum in der Schulpsychologie hat sich allerdings häufig erweitert. Neben konzeptioneller Arbeit, Vorträgen usw., bei denen nebensächlich ist, ob sie nur angeboten werden, weil mit ihnen typischerweise keine Grundrechtseingriffe einhergehen, seien die Gefahreneinschätzungen in Notlagen erwähnt. Diese Aufgaben der Gefahreneinschätzung verlassen häufig zwangsläufig den Angebotscharakter. In solchen Notfallsituationen erfolgt ggf. ein Eingriff ohne die z. B. ansonsten erforderliche Einwilligung der Eltern. Deshalb ist gerade dafür eine eher ausführliche und verbindliche Aufgabenbeschreibung sinnvoll bzw. nötig, die sich möglichst nachvollziehbar auf eine gesetzliche Ermächtigung zurückführen lässt.

Aber auch außerhalb von Notfällen kann sich die Rechtfertigung eines Eingriffs ergeben, ohne dass es zwingend einer Einwilligung bedarf: Wenn z. B. eine Schule oder Lehrende eine Schulpsychologin oder einen Schulpsychologen in die eigene Maßnahme einer erzieherischen Einwirkung einbindet, kann deren Handeln und Einwirken z. B. auf den Klassenverband auch ohne Einwilligung der Eltern gerechtfertigt sein, weil es der Gewährleistung einer geordneten Unterrichts- und Erziehungsarbeit oder dem Schutz der Mitschülerinnen und Mitschüler, Lehrenden oder anderer beteiligter Personen oder Sachen in verhältnismäßiger Weise dient.

Zwar gibt es inzwischen auch in schulpsychologischen Beratungsstellen Schulpsychologinnen und Schulpsychologen, die approbiert sind. Das ändert jedoch nichts daran, dass Psychotherapie grundsätzlich keine schulpsychologische Aufgabe ist, weshalb die Landespsychotherapeutenkammern auch dann nicht für Schulpsychologinnen und Schulpsychologen zuständig sind, wenn diese approbiert sind.

Es geht bei schulpsychologischen Dienstleistungen um das informationelle Selbstbestimmungsrecht, wenn Daten bzw. Geheimnisse Betroffener an Dritte weitergegeben werden, seien es Eltern, Lehrende, die Schule oder das Jugendamt. Solche Weitergaben sind (erneute) Grundrechtseingriffe. Vor diesem Grundrechtseingriff sind die Betroffenen grundsätzlich geschützt durch das Datenschutzrecht, bei Schulpsychologinnen und Schulpsychologen aber insbesondere durch die sogar strafbewehrte Schweigepflicht gem. § 203 Strafgesetzbuch (StGB); entweder die betroffene Person willigt ein oder es liegt eine Befugnis oder Pflicht zur Weitergabe vor.

7.2 Schweigepflicht und Datenschutz

7.2.1 Unterschiede und Gemeinsamkeiten

Datenschutz und berufliche Schweigepflicht ziehen am selben Strang, sind aber trotz Überscheidungen in ihren Schutzbereichen durchaus nicht identisch. § 1 Abs. 2 Satz 3 BDSG legt fest, dass die Schweigepflicht gem. § 203 StGB dem Datenschutzrecht vorgeht, und es ist anzunehmen, dass dies als allgemeiner Grundsatz auch in der Anwendung der Landesdatenschutzgesetze gilt. Das gilt jedoch nur in Verbotsrichtung: Scheint eine Datenübermittlung nach Datenschutzrecht erlaubt zu sein, so entfällt deswegen nicht die Strafbarkeit wegen Schweigepflichtsverletzung, d. h. die Geheimnisoffenbarung bleibt trotz (vermeintlicher) datenschutzrechtlicher Übermittlungsbefugnis unter Strafandrohung verboten. Umgekehrt kann eine Geheimnisoffenbarung zwar straflos sein, lässt aber ggf. nicht eine datenschutzrechtliche Unzulässigkeit entfallen. Es gilt also der jeweils engere Maßstab. Es sind stets Schweigepflicht und Datenschutz für sich zu prüfen. Ein weiterer Unterschied liegt darin, dass der Datenschutz zwar auch jede mitarbeitende Person betrifft, in der behördeninternen Kommunikation aber eher transparent ist, während Schulpsychologinnen und Schulpsychologen Schweigepflichtsverletzung in persona kraft Berufszugehörigkeit unmittelbar Strafe droht. Folglich hat diese Berufsgruppe insbesondere die Schweigepflicht gem. § 203 StGB im Blick.

7.2.2 Datenschutzrechtliche Anforderungen an die Schulpsychologie

Für Schulpsychologinnen und Schulpsychologen gelten grundsätzlich die Bestimmungen aus den Landesdatenschutzgesetzen. Sofern handschriftliche Aufzeichnungen gemacht werden, gelten auch für diese die Landesdatenschutzgesetze. Dabei ergeben sich jedoch in Hinblick auf die Schulpsychologie keine spezifischen Anforderungen. D. h. es ergeben sich datenschutzrechtlich kaum abweichende Anforderungen wie für alle anderen in öffentlichen (Schul-)Einrichtungen Tätigen. Vielmehr ist es die berufsbezogene Schweigepflicht, aus der sich ein im Vergleich zu Tätigen in anderen öffentlichen Einrichtungen strengerer Maßstab insbesondere in Bezug auf Zugriffsmöglichkeiten Dritter auf den Computer bzw. auf gespeicherte Daten ergibt.

7.2.3 Schweigepflicht

Begriff und Rechtsquellen

Die Pflicht der Schulpsychologinnen und Schulpsychologen, Inhalte der Dienstleistung vertraulich zu behandeln, ergibt sich gleich aus mehreren Quellen. Die schärfste Regelung ist das Strafrecht, und deswegen steht der Geheimnisschutz gem. § 203 StGB auch stets im Fokus. Freilich gilt die Strafvorschrift auch für das Amtsgeheimnis, so dass diese Berufsgruppe gleich zweifach von Strafe bedroht ist. Allerdings ist im Alltag folgender Unterschied gravierend: Das Berufsgeheimnis gilt grundsätzlich auch innerbehördlich, das Amtsgeheimnis nicht. Die Vertraulichkeit ergibt sich aber auch standardmäßig aus dem öffentlichrechtlichen Verhältnis zu den Inanspruchnehmenden, und teilweise ist das in den Schulgesetzen der Länder auch nochmals ausdrücklich geregelt. Sie ergibt sich nachrangig bei berufsverbandlich organisierten Berufsangehörigen ggf. auch aus Ethischen Richtlinien des Verbandes, denn dies ist eine vertragliche Bindung.

Tatbestandsmerkmale des § 203 StGB

Als Psychologe erfahrene Geheimnisse

»Wer unbefugt ein fremdes Geheimnis, namentlich ein zum persönlichen Lebensbereich gehörendes Geheimnis oder ein Betriebs- oder Geschäftsgeheimnis, offenbart, das ihm als Berufspsychologen mit staatlich anerkannter wissenschaftlicher Abschlußprüfung anvertraut worden oder sonst bekanntgeworden ist, wird mit Freiheitsstrafe bis zu einem Jahr oder mit Geldstrafe bestraft. Ebenso wird bestraft, wer unbefugt ein fremdes Geheimnis, namentlich ein zum persönlichen Lebensbereich gehörendes Geheimnis oder ein Betriebs- oder Geschäftsgeheimnis, offenbart, das ihm als Amtsträger oder als für den öffentlichen Dienst besonders Verpflichteten anvertraut worden oder sonst bekanntgeworden ist.« (§ 203 StGB) Geschützt werden mit der Vorschrift nicht die Berufsangehörigen in ihrer Berufsausübung oder die Amtstragenden mit ihrer Amtswaltung, sondern das informationelle Selbstbestimmungsrecht der Inanspruchnehmenden.

Schulpsychologinnen und Schulpsychologen werden als »Berufspsychologen« erfasst. Sie werden zudem meist auch als Amtstragende erfasst.

Geheimnisse sind Informationen, die nur einem begrenzten Personenkreis bekannt sind und an denen ein objektives Geheimhaltungsinteresse besteht. Im Zweifel sind aber alle Informationen, die im Rahmen des auf Vertrauen aufbauenden Sonderverhältnisses zur inanspruchnehmenden Person anvertraut oder bekannt geworden sind, erfasst. Als Psychologin oder Psychologe tritt man nicht nur gegenüber den Schülerinnen und Schülern auf, sondern je nach Kontext auch gegenüber Eltern oder Lehrenden. Ggf. unterliegt man (konfligierend) gegenüber mehreren Personen jeweils der Schweigepflicht. Arbeitsvorgänge, die eher Verwaltungscharakter haben und somit nicht im Rahmen eines besonderen Vertrauensverhältnisses laufen, begründen insoweit nicht die strafbewehrte berufsbezogene Schweigepflicht – aber gegebenenfalls die als Amtsträgerin oder Amtsträger. Ebenso wenig besteht eine auf Vertrauen aufbauende Sonderbeziehung z. B. als Dozierende in Fortbildungen oder Kursen, wenn nicht doch dort zur Veranschaulichung Sachverhalte vertraulich behandelt werden.Ggf. ist zur Vermeidung von Unsicherheiten eine Klarstellung ratsam, ob die berufliche Schweigepflicht gilt oder nicht, d. h. die § 203 StGB-begründende Vertraulichkeit wird nicht einer bisweilen erst ex post stattfindenden Beurteilung überlassen, sondern ex ante bewusst vereinbart – oder explizit ausgeschlossen.

Mitwirkende und Offenbarungsbefugnisse/-pflichten

Mitwirkende

Grundsätzlich ist im Ansatz die Schweigepflicht gegenüber jedem (!) Dritten zu wahren. Es ist ratsam, diesen Ausgangspunkt immer wieder zu berücksichtigen. Im Alltag kommt aber der Frage nach den Ausnahmen erhebliche Bedeutung zu.

Insbesondere ist es keine strafbewehrte Offenbarung, also von der Strafbarkeit ausgenommen, wenn Mitwirkende informiert werden oder informiert sind. Die Mitwirkenden sind »berufsmäßig tätige Gehilfen oder zur Vorbereitung auf den Beruf tätige Personen«. Das sind vor allem Sekretariatsmitwirkende. Seit der Novellierung des § 203 StGB sind auch »sonstige Mitwirkende« hinzugekommen. Das sind Personen, die an der Tätigkeit von Berufsgeheimnistragenden mitwirken, ohne bei ihnen tätig – sprich angestellt – zu sein; dann allerdings ist die Offenbarung auf die Geheimnisse oder Teile davon beschränkt, die für diese Mitwirkung erforderlich sind. Die Konstruktion der sonstigen Mitwirkenden ist bei freiberuflich tätigen Berufsgeheimnistragenden noch plausibel. Zu nennen ist das klassische Beispiel, dass zur Rettung eines defekten Datenträgers eine externe EDV-Firma beauftragt wird, die sodann als solche »sonstige Mitwirkende« allerdings auf die Verschwiegenheit verpflichtet werden muss!

Für Berufsgeheimnistragende, die ihren Beruf wie die Schulpsychologinnen und Schulpsychologen angestellt ausüben, ist die Frage, wer im Sinne des § 203 StGB eine (sonstige) mitwirkende Person ist, schon weniger offensichtlich, zumal wenn verwaltungsintern keine Einigkeit darüber besteht. Da es um eine berufsbezogene Fragestellung geht, sollte konsequenterweise über die Frage, ob und wer als sonstige mitwirkende Person Berufsgeheimnisse oder Teile davon erfahren darf, nicht vom Dienstherrn, sondern primär von den Berufsangehörigen jeweils selbst entschieden werden können. Es ist gleichwohl anzunehmen, dass diese Sichtweise in einer Verwaltung, die u. a. beim Digitalisierungsprozess und einhergehender Zentralisierungsbestrebungen mit der Funktionsfähigkeit argumentiert, auf Einwände stößt. Im Lichte der Strafandrohung für die eigene Person sind die schweigepflichtigen Berufsangehörigen zwangsläufig Sachwaltende des informationellen Selbstbestimmungsrechts der betroffenen Bürgerinnen und Bürger. Ob und wie zum Zwecke der Funktionsfähigkeit digitalisierter Verwaltung in diese Bürgerrechte eingegriffen werden darf, muss zwar formal die Verwaltung insgesamt gewährleisten, faktisch fällt aber verwaltungsintern diesen Berufsangehörigen die Rolle zu, den besonders hohen Schutz von psychologischen Daten anzumahnen und soweit möglich durchzusetzen.

Vor diesem Hintergrund ist nur das mitwirkende Sekretariatspersonal relativ unproblematisch. Aber schon bei den Vertretungen ist es ratsam, solche Vertretungsregelungen den Betroffenen im Vorhinein transparent zu machen. Noch mehr sind fachlich nicht qualifizierte Vorgesetzte nicht als »Mitwirkende« zu verstehen; sie wirken an der Funktionsfähigkeit der Verwaltung mit, aber nicht an der beruflichen Tätigkeit. Freilich ist zu erwarten, dass diese Sichtweise in Behörden ihre Kritik findet; an dieser Stelle zeigt sich die Besonderheit, dass der Staat eine Dienstleistung anbietet, die sogar die behördenintern geltende Vertraulichkeit impliziert, was im Verwaltungswesen allerdings sehr ungewöhnlich ist und zu Verständnisschwierigkeiten führt. Als »sonstige Mitwirkende« könnten fachfremde Vorgesetzte u. U. zu verstehen sein, allerdings mit der Folge, dass für ihre fachfremde Aufsicht die Kenntnisnahme der Geheimnisse nicht nachvollziehbar erforderlich ist, wie es die Strafvorschrift vorsieht, so dass sie diese Aufgabe mit anonymisierten Daten erfüllen können und deswegen auch müssen (ob allein die Aufwände der Anonymisierung, die hier anspruchsvoll werden können, weil Vorgesetzte recht leicht den Rückschluss von anonymisierten Daten auf konkrete Betroffene führen können, eine Offenbarung rechtfertigen, ist eher zweifelhaft; dem könnte organisatorisch vorgebeugt werden). (Zur Fachaufsicht siehe zudem ▶ Abschnitt 7.5.)

Allgemeine Anforderungen an Befugnisnormen
Ergibt sich das Entfallen der Strafandrohung nicht bereits daraus, dass kein Offenbaren im Sinne der Vorschrift vorliegt, kann es sich allerdings auch daraus ergeben, dass für die Offenbarung eine Befugnis oder sogar eine Pflicht vorliegt. Die Offenbarung ist entweder befugt, weil der Klient darin eingewilligt hat (s. u.) oder weil die Schulpsychologin oder der Schulpsychologe zur Offenbarung auch ohne oder sogar gegen den Willen der betroffenen Person berechtigt oder sogar verpflichtet ist.

An Befugnisnormen ist mindestens das Bestimmtheitsgebot anzulegen. Das Gebot der Amtshilfe ist z. B. zu allgemein, um darin ein Gebot, Geheimnisse zu offenbaren, zu sehen. Es muss also schon der Informationsfluss Gegenstand der Regelung sein. Andererseits muss sich nicht zwingend ergeben, dass der Gesetzgeber bewusst die strafbewehrte berufsbezogene Schweigepflicht einschränken wollte. Insofern erweist es sich bisweilen als nicht ganz einfach, eine Befugnisnorm zu bestimmen, wie z. B. bei der Teilnahme an einem runden Tisch im Rahmen der Hilfeplanerstellung (§ 36 SGB VIII).

Das Thema verlagert sich durch verfassungskonforme Auslegung: Die einschränkende Befugnisnorm muss im Lichte des eingeschränkten Grundrechts der betroffenen Person auf informationelle Selbstbestimmung verhältnismäßig sein. In der Anwendung kann sich also ergeben, dass entweder die Norm generell keine Befugnisnorm sein kann, weil jede Offenbarung in Hinblick auf den Zweck des Informationsflusses unverhältnismäßig wäre, oder aber es ergibt sich im Einzelfall, dass einzelne Daten offenbart werden können, andere aber nicht.

Kinderschutzgesetz
Das Bundeskinderschutzgesetz bzw. dessen erster Artikel, das KKG/Gesetz zur Kooperation und Information im Kinderschutz (sowie einige Kinderschutzgesetze der Bundesländer) sieht in § 4 Informationsflüsse vor und zwar konkret für Berufspsychologinnen und Berufspsychologen, somit auch für Schulpsychologinnen und Schulpsychologen. Gem. § 4 Abs. 1 KKG (Stand Januar 2021) soll bei gewichtigen Anhaltspunkten für eine Kindeswohlgefährdung mit den Erziehungsberechtigten und dem Kind oder Jugendlichen die Situation erörtert werden. Da es um Geheimnisse der minderjährigen Person geht und grundsätzlich für die Schulpsychologinnen und Schulpsychologen die Schweigepflicht auch gegenüber den Erziehungsberechtigten gilt, ist § 4 KKG eine Befugnisnorm, die die Strafbarkeit dieser Offenbarung gegenüber den Erziehungsberechtigten (insoweit) entfallen lässt. Auf Grundlage dieser Vorschrift ist also die Geheimnisoffenbarung an die Erziehungsberechtigten (notfalls) auch gegen den Willen des Kindes straffrei möglich, als Soll-Vorschrift darf nur ausnahmsweise davon abgewichen werden.

Weiterhin sieht § 4 Abs. 2 KKG vor, dass zur Gefährdungseinschätzung eine insoweit erfahrene Fachkraft konsultiert werden kann. Allerdings ist dabei ausdrücklich die Pseudonymisierung der Daten verlangt, so dass § 4 Abs. 2 KKG keine Befugnisnorm ist. Wer als Schulpsychologe oder Schulpsychologin Namen nennt oder auf andere Weise den Sachverhalt zuordenbar macht, dem droht die Strafbarkeit gem. § 203 StGB.

Wiederum § 4 Abs. 3 KKG befugt zur Offenbarung der Geheimnisse an das Jugendamt, wenn das Vorgehen nach Abs. 1 erfolglos ist und die Schulpsychologin bzw. der Schulpsychologe ein Tätigwerden des Jugendamtes für erforderlich hält, um eine Gefährdung des Wohls eines Kindes oder eines Jugendlichen abzuwenden.

Es handelt sich allerdings um eine Offenbarungsbefugnis. Eine Offenbarungspflicht wird mit § 4 Abs. 3 KKG nicht statuiert. Ob und ggf. inwieweit der Befugnis nicht doch auch eine Pflicht zu Grunde liegt (insbesondere bei einer Notlage eine Handlungspflicht im Umkehrschluss aus § 323c StGB »unterlassene Hilfeleistung«), wird diskutiert. Allerdings können, z. B. auch die Bundesländer eine spezifische Pflichtenregelung schaffen.

Zeugenpflicht und Zeugnisverweigerungsrecht
Die Zeugenpflicht aus den Prozessordnungen befugt zum Offenbaren, so dass die Schweigepflicht entfällt. Kann allerdings ein berufsbezogenes Zeugnisverweigerungsrecht geltend gemacht werden, dann verlangt die Schweigepflicht dessen Geltendmachung. Das gilt gem. § 383 Abs. 1 Nr. 6 der Zivilprozessordnung (ZPO). Das Zeugnisverweigerungsrecht besteht gemäß § 29 Abs. 2 Familiengerichtsgesetz (FamFG) auch in Familiengerichtsverfahren.

Hingegen haben Schulpsychologinnen und Schulpsychologen vor Strafgerichten kein Zeugnisverweigerungsrecht. Das gilt grundsätzlich auch für solche, die approbiert sind, weil sie in der Schulpsychologie diesen Beruf nicht ausüben bzw. keine krankheitswertigen psychischen Störungen mit Psychotherapie behandeln. Wenn allerdings Schulpsychologinnen und Schulpsychologen unter der Berufsbezeichnung »Psychotherapeut« schulpsychologisch tätig werden, muss nach hier vertretener Auffassung die Klientin bzw. der Klient trotzdem im Vertrauen auf die höhere Verschwiegenheitsreichweite geschützt werden, so dass unter diesem Umstand z. B. eine Schulpsychologin als Psychotherapeutin ein strafprozessuales Zeugnisverweigerungsrecht hat und davon wegen der strafbewehrten Schweigepflicht Gebrauch machen muss.

Sonstige Befugnisnormen
Wer von bestimmten (schweren) geplanten Straftaten erfährt (§ 138 StGB), muss diese offenbaren, sonst macht man sich strafbar. Ebenso ist man nicht zum Schweigen verpflichtet, wenn man sich damit einer unterlassenen Hilfeleistung strafbar macht.

Ansonsten muss die Befugnis nicht zwingend in Form eines Gesetzes geregelt sein, denn gemäß Art. 2 Abs. 2 GG darf in das Grundrecht auf informationelle Selbstbestimmung »auf Grund« eines Gesetzes eingegriffen werden. Das können also Gesetze sein, aber auch untergesetzliche Regelungen, wie Verwaltungsakte oder behördeninterne Erlasse oder Anweisungen. Allerdings müssen diese auf einer gesetzlichen Ermächtigung beruhen, die hinreichend bestimmt den Grundrechtseingriff umfasst. Nicht ausreichend sind gesetzliche Ermächtigungsvorschriften, die nur ganz allgemein zu Vorschriften »für die Durchführung des Gesetzes« ermächtigen. Solche Ermächtigungen sind zu unbestimmt, wenn sich nicht zusätzlich an anderer Stelle aus dem Gesetz der beabsichtigte Informationsfluss ableiten lässt.

Bisweilen gibt es gesetzliche Offenbarungsbefugnisse speziell für Schulpsychologinnen und Schulpsychologen, wie § 21 Abs. 5 Satz 1 des Schulgesetzes Rheinland-Pfalz (SchulG RLP): »Soweit es für die Erfüllung der Aufgaben, die den Schulen, den Schulbehörden und den Schulpsychologinnen und Schulpsychologen durch Rechtsvorschrift zugewiesen sind, erforderlich und mit den schutzwürdigen Belangen der Betroffenen vereinbar ist, dürfen die bei der Beratung erhobenen personenbezogenen Daten übermittelt werden.«

Schweigepflichtsentbindung

Freiwillig
Die geschützte Person kann in die Offenbarung ihrer Geheimnisse einwilligen. Idealerweise tut sie dies freiwillig auf Basis einer umfassenden Aufklärung darüber, welche Daten zu welchem Zweck mit welchen Vor- und Nachteilen an wen genau offenbart werden. Erst dann ist die Freiwilligkeit zweifelsfrei. Dieses Ideal lässt sich im Alltag kaum erreichen. Bisweilen weiß die schweigepflichtige Person selbst nicht im Einzelnen, an wen genau die Offenbarung erfolgt, oder kennt nicht alle Zwecke, die damit verfolgt werden. Ganz zu schweigen von Vor- und Nachteilen der Offenbarung, die bisweilen nur mit fachanwaltlicher Beratung zu erfassen sind. Dennoch ist nach diesem Ziel zu streben: Soweit angemessen und möglich, muss die geschützte Person für die Schweigepflichtsentbindung informiert sein. Dies muss zur Gänze allerdings weder zwingend die Schulpsychologin bzw. der Schulpsychologe höchstpersönlich tun, noch müssen alle Eventualitäten und Begleitumstände mitgeteilt werden; es darf gelegentlich unterstellt werden, dass der Geschützte informiert ist. Es genügt, wenn die betroffene Person im Großen und Ganzen weiß, wie, wo und durch wen ihre Daten verarbeitet bzw. ihre Geheimnisse bekannt werden.

Konkludent
Wenn keine schriftliche Schweigepflichtsentbindung vorgeschrieben ist, ist die Einwilligung sogar durch schlüssiges Verhalten (konkludent) möglich. Die Rechtsprechung geht bisweilen sogar noch einen Schritt weiter: Der geschützten Person wird das Wissen und das Bewusstsein unterstellt, bestimmte Informationsflüsse als selbstverständlich bzw. alltäglich zu kennen und sie schlicht »sozial adäquat« in Kauf zu nehmen, wenn sie sich einer Schulpsychologin bzw. einem Schulpsychologen anvertraut (allerdings ist dies noch nicht in Bezug auf diesen Beruf geurteilt worden).

Sich auf konkludente Schweigepflichtsentbindungen zu berufen, sollte vorsichtig gehandhabt und im konkreten Sachverhalt stets hinterfragt werden. So mag sich durchaus ergeben, dass eine Rückmeldung aus der schulpsychologischen Beratung einer Schülerin oder eines Schülers an die »überweisende« Beratungslehrende von einer konkludenten Einwilligung gedeckt ist. Schon leise Zweifel sollten aber Anlass geben, dies nur mit einer ausdrücklichen Schweigepflichtsentbindung zu tun.

Zu bedenken ist, dass hier das Datenschutzrecht weiter reicht. Geht es nicht nur um die Offenbarung eines Geheimnisses, sondern zugleich datenschutzrechtlich um die Übermittlung gespeicherter Daten, dann ist gemäß Landesdatenschutzgesetz (LDSG) die Einwilligung schriftlich einzuholen.

Wer willigt ein: Minderjährige oder Eltern?
Geht es um Geheimnisse einer minderjährigen Person und bedarf es für deren Offenbarung der Einwilligung, so ist grundsätzlich primär deren Entscheidung relevant. Stets optimal und erstrebenswert ist die gemeinsame Entscheidung der jugendlichen Person und ihrer Erziehungsberechtigten. In einigen Bundesländern ist dies sogar für die Schulpsychologie als allgemeine Regel festgelegt. Bei Regelungen auf Landesebene – sei es gesetzlich, sei es untergesetzlich – ist immer ratsam zu hinterfragen, ob die Regelung eher das Verhältnis Staat-Bürger oder eher das Verhältnis Eltern-Kind betrifft; in der erstgenannten Alternative kann eine abstrakte Vorentscheidung nicht angenommen werden.

Ansonsten gilt die Regel, wenn der minderjährigen Person die natürliche Einsichts- und Urteilsfähigkeit für die Entscheidung über die Einwilligung fehlt (unverbindliche Faustformel: bis zum Alter von 14 Jahren), dann üben die Erziehungsberechtigten ihr Recht aus Art. 6 Abs. 2 GG, wonach diese eine Einschätzungsprärogative haben, aus und entscheiden über die Einwilligung, ggf. auch gegen den Willen der minderjährigen Person. Aber es kommt im Einzelfall nicht nur abstrakt auf die Reife bzw. das Alter an, sondern auch auf die Tragweite des Geheimnisses und dessen Offenbarung, so dass sich je nach Sachlage mal ergeben kann, dass die minderjährige Person allein entscheidet und mal trotz fortgeschrittenen Alters die Erziehungsberechtigten ggf. auch gegen den Willen der minderjährigen Person entscheiden.

Kommt es auf die Einwilligung der Erziehungsberechtigten an und sind sich diese nicht einig, fehlt es an einer ausreichenden Einwilligung, weil die Erziehungsberechtigten ihr Sorgerecht grundsätzlich gemeinsam ausüben müssen. Ein Elternteil kann die Zustimmung des anderen Elternteils ggf. gerichtlich durchsetzen. Bei Kindeswohlgefährdung kann – insbesondere unter Beteiligung des Jugendamts – die Einwilligung eines oder sogar beider Erziehungsberechtigen gerichtlich durchgesetzt werden, was notfalls auch sehr kurzfristig geschehen kann.

Einwilligung eines Elternteils
Grundsätzlich müssen beide Erziehungsberechtigten einwilligen bzw. zustimmen. Ob es ein oder zwei Erziehungsberechtigte gibt, ist grundsätzlich zu prüfen, ergibt sich allerdings nicht selten bereits aus den Akten und braucht in der Regel nicht erneut hinterfragt zu werden, wenn keine Anhaltspunkte für eine Änderung ersichtlich sind. Ausnahmsweise kann das Sorgerecht aufgefächert und unterschiedlich auf zwei Erziehungsberechtigte verteilt sein; dann ist gezielt zu eruieren, wer der beiden Erziehungsberechtigten für die schulischen Angelegenheiten zuständig ist.

Im Regelfall von zwei erziehungsberechtigten Elternteilen spricht »in Angelegenheiten des täglichen Lebens« ein Elternteil auch für den anderen. Nur bei Angelegenheiten »von erheblicher Bedeutung« müssen beide Erziehungsberechtigten jeweils handeln bzw. zustimmen (also ohne dass einer den anderen vertreten kann). Für schulpsychologische Dienstleistungen lässt sich das nicht pauschal zuordnen, allerdings dürften sie eher den Angelegenheiten des täglichen Lebens zuzuordnen sein, so dass die Zustimmung eines Elternteils ausreicht.

Bei gemeinsamem Sorgerecht trotz Getrenntlebens oder Scheidung entscheidet in Angelegenheiten des täglichen Lebens derjenige Elternteil, bei dem das Kind seinen gewöhnlichen Aufenthalt hat, bei Angelegenheiten von erheblicher Bedeutung hingegen beide gemeinsam.

Allein Sorgeberechtigte entscheiden sowohl in Angelegenheiten des täglichen Lebens, als auch in solchen von erheblicher Bedeutung allein. Allerdings kann in Angelegenheiten des täglichen Lebens der nicht sorgeberechtigte Elternteil allein entscheiden, soweit sich das Kind rechtmäßig bei ihm aufhält.

7.3 Rechtfertigender Notstand, § 34 StGB

Die Schweigepflicht darf zum Schutz eines höherrangigen Rechtsguts gebrochen werden, wenn für dieses eine gegenwärtige Gefahr besteht und kein milderes Mittel zu deren Abwendung möglich ist. Allerdings ist das Schutzgut der Schweigepflicht, nämlich die Vertraulichkeit intimer Daten aus der Schulberatung durchaus von erheblichem Gewicht. Geht es z. B. um die Aufklärung vergangener Straftaten, dann ist das Schutzgut des Interesses der Allgemeinheit an der Aufklärung von Straftaten eher selten höherwertig als das Schutzgut der Schweigepflicht. Hingegen ist z. B. die ungestörte sexuelle Entwicklung von Kindern häufig das schwerwiegendere Schutzgut gegenüber dem Schutzgut der Schweigepflicht.

Früher hat die Einschätzung und insbesondere die Frage nach der Gegenwärtigkeit der Gefahr Probleme bereitet. Seit § 4 KKG (s. u.) die Information des Jugendamts ermöglicht, richtet sich die Offenbarung ohne Einwilligung eher nach dieser Vorschrift. Relevant werden kann der rechtfertigende Notstand allerdings insbesondere bei akuter Suizidalität.

7.4 Dokumentation

Für die Schulpsychologinnen und Schulpsychologen bestehen in aller Regel keine Dokumentationspflichten, die über die allgemeinen Dokumentationspflichten im öffentlichen Dienst hinausgehen. Traditionell fertigen Schulpsychologen Sitzungsmitschriften an, die bisweilen recht ausführlich sein können. Der Umfang der Dokumentation ist wie auch anderen psychologischen Tätigkeitsfeldern nicht näher vorgegeben, sondern richtet sich nach der Zweckverfolgung, also danach, zu welchem Zweck und inwieweit Beratungsinhalte schriftlich fixiert werden müssen (Optimierung der eigenen Arbeit, Rechenschaft gegenüber der Klientin bzw. dem Klienten oder – im Rahmen des schweigepflichtsrechtlich Zulässigen – Information weiterer Beteiligter). Schulpsychologinnen und Schulpsychologen haben hierbei einen gewissen Beurteilungsraum. Geht es z. B. nur darum, ob und inwieweit man sich etwas notiert, um sich in der nächsten Sitzung daran erinnern zu können, kann der dafür nötige Umfang der Dokumentation subjektiv unterschiedlich ausfallen.

Bisweilen werden Sitzungsmitschriften noch handschriftlich gefertigt. Die Schweigepflicht und das Verwaltungsrecht gebieten, diese Aufzeichnungen so aufzubewahren, dass die Kenntnisnahme unbefugter Dritter möglichst ausgeschlossen ist. Wer außer der Schulpsychologin bzw. dem Schulpsychologen selbst in diese Sitzungsmitschriften Einsicht nehmen darf bzw. Zugriff nehmen darf, richtet sich danach, ob diese Person Mitwirkende ist (s. o.) oder ob eine ausdrückliche oder ausnahmsweise konkludente Schweigepflichtsentbindung oder eine gesetzlich geregelte Befugnis vorliegt (s. o.). Demnach ergibt sich in der Praxis, dass die Sitzungsmitschriften entweder im Zimmer des Schulpsychologen, mindestens aber einrichtungsintern verwahrt werden.

Vielfach dürfte aber zusätzlich die Anforderung bestehen, die schulpsychologischen Tätigkeiten im Computer bzw. auf elektronischen Medien zu dokumentieren, wobei dann handschriftliche Sitzungsmitschriften wohl in der Regel zusammengefasst werden. In der Bestrebung, die digitale Verwaltung über technisch zentralisierte Strukturen laufen zu lassen, steigert sich die Aufgabe, den behördeninternen Datenschutz für Berufsgeheimnisse durch ein transparentes, eng geregeltes Zugriffsrechtemanagement abzusichern.

An elektronische Akten bzw. deren Datenschutz sind insofern hohe Anforderungen zu stellen, als es einerseits typischerweise um hochsensible Daten der Klientinnen und Klienten geht und andererseits typischerweise in Einrichtungen die Datenverarbeitung vernetzt ist, ohne dass der Datenzugriff dritter Personen für die aus ihrer beruflichen Schweigepflicht heraus persönlich verantwortlichen Schulpsychologinnen und Schulpsychologen transparent ist. Es gehört daher zu den üblichen Problemen von Psychologinnen und Psychologen in Einrichtungen, sich bei EDV-Beauftragten und Vorgesetzten als Bedenkenträger unbeliebt zu machen, weil ein scheinbar übertriebener Datenschutz verlangt und vergewissert wird.

Angesichts der Strafandrohung, die die Schulpsychologinnen und Schulpsychologen primär persönlich trifft (Vorgesetzte und Behördenleitung kann allerdings auch die Strafandrohung der Anstiftung treffen, wenn sie Schulpsychologinnen und Schulpsychologen zur Offenbarung drängen), müssen sie sich absichern, dass trotz EDV-technischer Vernetzung die Kenntnisnahme durch Unbefugte möglichst ausgeschlossen ist. Wo dies nicht technisch zweifelsfrei feststeht, sind Mittel der Anonymisierung, Pseudonymisierung, bzw. der am besten nicht nur Transport- sondern Ende-zu-Ende-Verschlüsselung zu wählen und die technischen Voraussetzungen dafür seitens der Verwaltung zu schaffen.

Gleichwohl »gehören« alle Unterlagen bzw. Datenträger der Beratungsstelle bzw. der Behörde Wer aus dem schulpsychologischen Dienst ausscheidet, darf grundsätzlich keine Daten mitnehmen, auch nicht die Sitzungsmitschriften. Den hohen Schutz dieser Daten und Unterlagen auf dem Niveau des Berufsgeheimnisschutzes zu gewährleisten, bleibt Aufgabe der Behörde. Solange Unterlagen oder Daten aufbewahrt oder gespeichert bleiben müssen, ist impliziert, dass darauf zugegriffen werden können muss (denn zu diesem Zwecke werden sie aufbewahrt). Deshalb müssen bei Ausscheiden aus dem Dienst Schlüssel und Passwörter herausgegeben werden, und darin liegt keine Schweigepflichtsverletzung. Es ist sodann Aufgabe der Behörde – und liegt nicht mehr in der Verantwortung der ausscheidenden Person – dafür Sorge zu tragen, dass der Zweck der Schweigepflicht fortwirkt und ggf. die Befugnis für den Datenzugriff besteht, primär durch Einholung der Einwilligung des Betroffenen oder weil eine Befugnisnorm greift (s. o.).

Jenseits (in der Schulpsychologie eher seltener vorkommender) spezifischer Aufbewahrungsfristen durch oder aufgrund eines Gesetzes gilt datenschutzrechtlich und verwaltungsrechtlich das Gebot, Daten und Unterlagen nur solange aufzubewahren, wie es zur Aufgaben- und Zweckverfolgung nötig ist. Optimalerweise wird dies bei jeder Akte, bzw. bei jeder Klientin und jedem Klienten einzeln bewertet: Z. B. müssen die Akten über einen

Schüler, der ins Ausland zieht, vernichtet und die Daten gelöscht werden, weil sie nicht mehr benötigt werden.

Wenn in der Praxis aus Praktikabilitätsgründen im Rahmen der Organisationshoheit einer Einrichtung pauschale Regeln vorgegeben werden, wie z. B. Akten immer drei Jahre aufzubewahren, dann ist das zumindest bedenklich. Akten bzw. Daten, deren Aufbewahrung und Speicherung ganz offensichtlich überflüssig ist, müssen trotz einer solchen Aufbewahrungsfrist gelöscht und vernichtet werden.

7.5 Fachaufsicht

Die Fachaufsicht ist Teil des staatlichen Organisationsrechts und zeichnet sich durch die Weisungsbefugnis und im Unterschied zur Dienstaufsicht durch das Recht aus, in der Sache nach Zweckmäßigkeitsgesichtspunkten Aufsicht auszuüben.

Die Grenze der Fachaufsicht liegt jedoch dort, wo die Befolgung einer fachaufsichtlichen Weisung eine strafbare Handlung zur Folge hätte. Wenn also die Weisungsbefolgung gegen die Schweigepflicht verstieße, ist die Weisung unzulässig und die Verweigerung wäre der Schulpsychologin bzw. dem Schulpsychologen arbeits- und dienstrechtlich nicht vorwerfbar. Allerdings ist man verpflichtet, seine Verweigerung der Weisungsbefolgung zu plausibilisieren – soweit das im Rahmen der Schweigepflicht möglich ist.

Ein typisches Problem ist das Aufeinandertreffen der auch behördenintern geltenden Schweigepflicht einerseits und der Erwartung andererseits, dass für die Aufsicht im Sinne der Funktionsfähigkeit der Verwaltung die Kenntnisnahme von Beratungsinhalten durch Aufsichtsführende unabdingbar sei. Da die berufsbezogene Schweigepflicht sogar unter Strafe steht, kann das allgemeine Interesse an Aufsicht als Teil einer funktionsfähigen Verwaltung ohne hinreichend bestimmte Regelung durch oder aufgrund eines Gesetzes keine automatische Vorrangstellung haben: Die berufsbezogene Schweigepflicht gilt grundsätzlich auch gegenüber Vorgesetzten. Wie oben dargestellt, sind fachfremde Aufsichtführende auch nicht als »Mitwirkende« zu verstehen.

Allerdings ist zu prüfen, ob die betroffene Person konkludent eingewilligt hat. Denn in aller Regel weiß die betroffene Person, dass sie ein behördliches Beratungsangebot in Anspruch nimmt. Soweit also zwecks optimaler Beratung der betroffenen Person behördeninterne Informationsflüsse als üblich erkennbar sind, kann von einer konkludenten Einwilligung ausgegangen werden. Soweit die behördeninterne Fachaufsicht funktional der Optimierung des Beratungsangebots dient, erscheint das Vorliegen einer konkludenten Einwilligung durchaus vertretbar.

Zweifel sind aber angebracht, wenn Fachaufsicht von Fachfremden durchgeführt wird. Die betroffene Person ist nur an einem optimalen Angebot interessiert, und nur insoweit kann ihr eine konkludente Einwilligung in die dafür nötigen Informationsflüsse unterstellt werden. Dass sie allein aus Gründen der Funktionsfähigkeit der Verwaltung mit einer potentiellen Verschlechterung des Beratungsangebots in Folge der Fachaufsicht durch Fachfremde und mithin der Kenntnisnahme ihrer Daten durch eine fachfremde Fachaufsicht einverstanden ist, kann ihr nicht ohne Weiteres unterstellt werden.

Die Kenntnisnahme von Beratungsinhalten durch eine fachfremde Fachaufsicht kann also nach hier vertretener Auffassung meistens nur anonymisiert erfolgen. Oder es bedarf einer ausdrücklichen Einwilligung, die allerdings nicht zur Beratungsbedingung gemacht werden kann, weil sonst ein öffentlich-rechtliches Angebot ohne ausreichende Grundlage durch eine sachfremde Bedingung eingeschränkt werden würde.

Literatur

Avenarius, H. (2019). *Schulrecht* (9. Aufl.). Köln: Carl Link Verlag.

Böhm, T. (2017). *Grundkurs Schulrecht* (2. Aufl.). Köln: Carl Link Verlag.

Drewes, S. & Frederichs, J. (2011). Rechtliche Aspekte für Schulpsychologen – Zustimmung von Eltern zu schulpsychologischen Tätigkeiten zwingend? *report psychologie, 36*, 80–81.

Frederichs, J. (2018). Schulpsychologische Beratung zwischen Vertraulichkeit und Gefahrenabwehr. *Praxis Schulpsychologie 15*.

Frederichs, J. (2019). Dürfen Schulpsychologinnen und Schulpsychologen diagnostizieren? *Praxis Schulpsychologie 17*.

Schönke, A. & Schröder, H. (2019). *Strafgesetzbuch Kommentar* (30. Aufl.). München: C. H. Beck.

Zilkens, M. (2019). *Datenschutz in der Kommunalverwaltung* (5. Aufl.). Berlin: Erich Schmidt.

8 Schulpsychologie international

Jürg Forster

8.1 Verbreitung der Schulpsychologie

Psychologische Angebote in den Schulen und für die Schulen gibt es schon seit über hundert Jahren. Der erste Psychologe, der von einer Schulbehörde für die Arbeit mit Schülerinnen und Schülern angestellt wurde, war Dr. Cyril Burt (Fagan, 2017). Er nahm im Januar 1913 seine vorwiegend psychodiagnostische Tätigkeit in der Schulverwaltung des *County Council of London* auf (Arnold, 2013). Sowohl in Europa als auch in Nordamerika entstanden bis zum Zweiten Weltkrieg in verschiedenen Städten ähnliche Angebote. Sie waren oft interdisziplinär ausgerichtet, so etwa die *Child Guidance Clinics* im angelsächsischen oder Erziehungsberatungsstellen im deutschen Sprachraum. Einen Studiengang in *School Psychology* bot die New York University ab 1929 an. Zu einer Verbreitung der Schulpsychologie auf mehreren Kontinenten kam es allerdings erst ab den 1950er-Jahren (vgl. NASP, 2018; Forster, 2019a). Die weltweit sehr vielfältigen Ausbildungsgänge sowie die Berufsbezeichnungen, Tätigkeitsfelder und Organisationsformen schulpsychologischer Praxis zu überblicken, erwies sich von Anfang an als größere Herausforderung.

1980 wurde in Stockholm die *International School Psychology Association (ISPA)* gegründet, die seither mit Konferenzen und Publikationen wesentlich zum Austausch zwischen Fachleuten des Berufsfeldes auf der ganzen Welt und zu ihrer Fortbildung beigetragen hat. ISPA stellt sich auf den Standpunkt, dass der Begriff *school psychology*, der in den USA verwendet wird, mit dem in Europa gebräuchlicheren *educational psychology* deckungsgleich ist. Der Verband anerkennt, dass sich schulpsychologische Dienstleistungen am jeweiligen Schulsystem des Landes und an den lokalen Gegebenheiten auszurichten haben. Wichtig ist, dass das Wohlbefinden und die psychische Gesundheit von Lernenden und ihren Bezugspersonen gefördert und die Kinderrechte respektiert werden. ISPA unterhält als Nicht-Regierungs-Organisation eine offizielle Partnerschaft mit der UNESCO, der Organisation der Vereinten Nationen für Bildung, Wissenschaft und Kultur.

Einen guten Überblick über die internationale Verbreitung der Schulpsychologie gab erstmals ein Handbuch (Jimerson, Oakland & Farrell, 2007), in welchem Autorinnen und Autoren aus 43 Ländern die Situation in ihrem Land schilderten. Dabei gingen sie auf Ausbildungsmöglichkeiten und Funktionen, auf den Status des Berufs und auf weitere relevante Themen ein. Zahlen zur Verbreitung beruhten auf Grund der unbefriedigenden Datenlage allerdings meist auf Schätzungen, was leider bis heute so geblieben ist. Eine Studie, welche das Vorhandensein schulpsychologischer Ausbildungen und Angebote weltweit untersuchte (Jimerson et al., 2008), kam zum Schluss, dass es in 83 der 192 Mitgliedstaaten der UNO Hinweise auf Schulpsychologie gab. In 29 Staaten war die Berufstätigkeit rechtlich geregelt. In 39 Ländern gab es schulpsychologische Berufsverbände und in 56 Ländern universitäre Ausbildungen, die auf den Beruf vorbereiteten. Im vergangenen Jahrzehnt sind keine Untersuchungen zur selben Fragestellung bekannt geworden. Auf Grund von Artikeln, die in Journals wie *School Psychology International* oder *International Journal of School & Educational Psychology* erschienen sind, sowie von Beiträgen, die an internationalen Schulpsychologie-Konferenzen präsentiert wurden, kann aber angenommen werden, dass die Verbreitung der Schulpsychologie seit 2008 leicht zugenommen hat. Die Regionen, in denen Schulen von psychologischer Unterstützung profitieren können, befinden sich auch heute noch zum größten Teil in Nordamerika, Ozeanien und Europa, wobei in Asien nach der Jahrtausendwende eine bemerkenswerte Entwicklung in Gang gekommen ist. Neben hochindustrialisierten Regionen und Ländern wie Singapur, Hongkong, Taiwan, Südkorea und Japan gibt es auch in Schwellenländern zunehmend psychologische Angebote in den Schulen. Tragischerweise waren es Tsunamis mit hohen Opferzahlen, die in Indien (Dezember 2004) und in Japan (März 2011) die Schulbehörden zu der Einsicht brachten, dass sie zur Linderung der Not junger Menschen auch psychologische Beratungsangebote einrichten mussten (Mukhopadhyay, 2005; Ishikuma, 2018). Aus europäischer Sicht erinnert dies an den bedeutenden Ausbau der Schulpsychologie in Baden-Württemberg nach dem Amoklauf an einer Schule in Winnenden im März 2009 (Landtag von Baden-Württemberg, 2011).

8.2 Schulpsychologie-Standards der EFPA

Die *European Federation of Psychologists' Associations EFPA* ist ein Dachverband von 37 psychologischen Landesverbänden, die insgesamt über 300 000 Einzelmitglieder vertreten. Im Jahr 2010 verfasste die EFPA ein Positionspapier, in welchem sie die Aufgaben der *psychologists in the educational system* näher umschreibt. Die Vielfalt der Berufsbezeichnungen ist groß. Auch unterscheiden sich die Organisationsformen der schulpsychologischen Angebote und die rechtlichen Regelungen des Berufsfeldes von Land zu Land und oft von Region zu Region stark. Fachliche Differenzen spielen hingegen eine kleinere Rolle. So fiel es der EFPA nicht schwer zu formulieren, was die Kompetenzen psychologischer Fachleute sind und welche Aufgaben sie in Schulen übernehmen können. Diese umfassen laut EFPA (2010) Prävention, Evaluation und Intervention auf der Ebene der Lernenden, der Ebene der Schulen und der Ebene der Gesellschaft. – Mit dem *European Certificate in Psychology (EuroPsy)* setzt sich die EFPA zum Ziel, die Mobilität von Psychologinnen und Psychologen innerhalb Europas zu erleichtern. Für die Fachbereiche der Psychotherapie sowie der Arbeits- und Organisationspsychologie hat sie Spezialisierungs-Zertifikate entwickelt, die auf dem EuroPsy-Zertifikat aufbauen und der europaweiten Qualitätssicherung dienen (EuroPsy, 2017). Im Bereich der Schulpsychologie gibt es noch keinen europäischen Spezialisierungs-Standard. In diesem Berufsfeld sind die Hürden für die internationale Mobilität besonders hoch, denn eine kompetente psychologische Tätigkeit in einem Schulsystem erfordert eine sehr gute Beherrschung der Landessprache, vertiefte Kenntnisse des nationalen und regionalen Schulwesens, des geltenden Rechts, sowie natürlich eine fundierte Ausbildung, hohe Fachkenntnisse und eine persönliche Eignung für den Beruf.

Im Jahr 2014 publizierte die EFPA ein Positionspapier zum Thema *Schulpsychologie und inklusive Bildung* (EFPA, 2014). Darin kritisiert sie, dass die Rolle von Psychologinnen und Psychologen in Schulen bisher vorwiegend darin bestand, Auffälligkeiten von Schulkindern zu diagnostizieren. Damit habe sich die Schulpsychologie in den Dienst von Schulsystemen gestellt, denen die Verschiedenheit von Lernenden Mühe bereite. Zu oft seien Kinder und Jugendliche, die Schwierigkeiten hatten oder machten, aus ihrer schulischen Gemeinschaft ausgeschlossen worden. Da schulpsychologische Fachleute dem Kindeswohl und den Kinderrechten verpflichtet sind, begrüßt die EFPA mit ihrem Positionspapier den Paradigmenwechsel von der Separation zur Integration und Inklusion von Kindern und Jugendlichen mit Entwicklungs- oder Verhaltensauffälligkeiten. Mit ihren Dienstleistungen können Psychologinnen und Psychologen viel zum Gelingen von inklusiven Schulungsformen beitragen.

8.3 Zur Situation der Schulpsychologie in einzelnen Ländern

Die folgenden Abschnitte schildern Aspekte, die aus Sicht des Autors die Schulpsychologie in den jeweiligen Ländern kennzeichnen. Wer sich vertiefter mit der Situation in einem Land befassen möchte, kann über *https://www.ispaweb.org/resources/* Kontaktdaten von nationalen Schulpsychologie-Verbänden finden.

In **Frankreich** sind schulpsychologische Fachleute auf der Primar- und Sekundarstufe tätig. Sie arbeiten in einer Schule oder in multidisziplinären Förderzentren: den *Réseaux d'Aides Spécialisées aux Élèves en Difficulté (RASED)*. Ihre wichtigste Funktion besteht darin, schulische Schwierigkeiten von Lernenden zusammen mit deren Lehrkräften und Eltern zu beurteilen und Lösungen aufzuzeigen. Kriseninterventionen gehören zu ihren Aufgaben, und auf Sekundarstufe die Berufs- und Studienberatung. Diese bieten sie in den *Centres d'Information et d'Orientation* an. Wer in öffentlichen Schulen schulpsychologisch arbeiten möchte, wird staatlich rekrutiert und erhält bei fester Anstellung einen Beamtenstatus. Über Jahrzehnte waren die *psychologues de l'Éducation nationale* an staatlichen Schulen als Lehrkräfte angestellt und mussten als solche ausgebildet sein, zusätzlich zum Psychologiestudium. Seit September 2017 anerkennt nun der Staat die Schulpsychologie als eigenständiges Berufsfeld und regelt sie gesetzlich (EDUSCOL, 2020). Während im Jahr 2020 in öffentlichen Primarschulen rund 1 800 Kinder von einer Schulpsychologin zu betreuen waren, waren es auf der Sekundarstufe (*collèges* und *lycées*) im Mittel 1 500 Jugendliche (Le Mézec, 2021).

In **Italien** müssen Psychologinnen und Psychologen nach einem fünfjährigen Psychologie-Studium und einem Jahr supervidierter Praxis ein Staatsexamen bestehen, um ihren Beruf ausüben zu können (Matteucci & Farrell, 2018). Die regionale Standesorganisation, die sie danach aufnimmt, unterscheidet nicht nach Spezialisierungen. Auch in der nationalen Psychologen-Kammer *Consiglio Nazionale Ordine Psicologi – CNOP* haben die einzelnen Fachrichtungen keine eigene Sektion. Die Schulpsychologie ist laut Matteucci (2018) in Italien noch wenig etabliert. Dies hat unter anderem damit zu tun, dass seit über 40 Jahren die lokalen Gesundheitsdienste ASL (*Aziende Sanitarie Locali*) für alle Untersuchungen bei Kindern und Jugendlichen mit Behinderungen oder Schulschwierigkeiten zuständig sind. Die ASL sind ärztlich geleitete Zentren, in denen auch psychologische Fachleute tätig sind. In Italien ist das Schulsystem seit den 1970er-Jahren inklusiv. Eltern von Kindern mit besonderem schulischem Förderbedarf übergeben der Schulleitung einen Bericht der ASL, auf dessen Grundlage das Kind Fördermaßnahmen in seiner Klasse erhält. Es steht den Schulleitungen frei, psychologische Praxen, freiberuflich tätige Fachleute oder Psychologinnen und Psychologen der ASL mit Beratungen oder Klasseninterventionen zu beauftragen, nur steht dafür kein Budget zur Verfügung. Die Autonomie der einzelnen Schulen ist groß und es fehlt die Kontinuität, um Kinder und Jugendliche während ihrer ganzen schulischen Laufbahn psychologisch betreuen zu können.

In den **Niederlanden** sind die Schulen gesetzlich verpflichtet, Lernende mit besonderen pädagogischen Bedürfnissen frühzeitig zu erkennen und angemessen zu fördern. Regionale Verbände (*Samenwerkingsverbanden passend onderwijs*) sowie Sonderschulen stellen pädagogische und psychologische Fachleute an, um dies sicherzustellen (Bakker, 2021). Dies tun auch zahlreiche öffentliche Beratungszentren, Regel- und Privatschulen. Schulpsychologische Aufgaben umfassen Prävention, Evaluation und Beratung auf individueller wie auch auf Systemebene. Die Schulpsychologie ist in den Niederlanden gesetzlich noch nicht geregelt, und Zahlen zur Versorgungsdichte fehlen. Wer in diesem Bereich tätig ist, verfügt über einen Mastertitel in Psychologie oder (Sonder-)Pädagogik. Eine zweijährige berufsbegleitende Post-Master-Ausbildung in Schulpsychologie wird in Amsterdam und Nijmegen angeboten, ist aber keine Bedingung für eine Anstellung. – In den Niederlanden stößt in schulpsychologischen Kreisen ein Ansatz auf großes Interesse, der sich *Handlungsorientierte Diagnostik* nennt (Pameijer, 2017). Diagnostische Untersuchungen machen laut Pameijer nur Sinn, wenn sie zu hilfreichen Interventionen führen. Wer nach diesem Ansatz arbeitet, fragt Kinder im Erstgespräch jeweils, was sie lernen oder welche Verhaltensweisen sie verändern möchten. Die Intervention besteht dann darin, zusammen mit Eltern, Lehrkräften und anderen Fachleuten dem Kind zu helfen, seine Ziele zu erreichen. Dieser lösungsorientierte Ansatz erübrigt oft das Diagnostizieren von Störungen und Beeinträchtigungen. Gemeinsam versuchen alle Beteiligten, den jungen Menschen in seiner weiteren Entwicklung zu unterstützen.

In **Schweden** können Psychologinnen und Psychologen nach einem fünfjährigen Studium mit Masterabschluss und einem Jahr supervidierter Praxis eine Lizenz zur Berufsausübung erlangen, die sowohl für die freiberufliche Tätigkeit als auch für Anstellungen in Praxen und Institutionen erforderlich ist. Die Universitäten bieten nur in sehr beschränktem Ausmaß Kurse an, die auf die psychologische Tätigkeit in Schulen vorbereiten (Schad, 2014). Psychodiagnostische Untersuchungen haben an schwedischen Schulen eine lange Tradition, denn ab 1946 waren sie bis in die 1970er-Jahre im Rahmen von Schulreifetests vorgeschrieben für alle sechsjährigen Kinder (Landqvist & Schad, 2021). Nach Aufhebung dieses Obligatoriums blieb die Diagnostik im Zusammenhang mit Fördermaßnahmen ein Schwerpunkt der schulpsychologischen Tätigkeit. Im Jahr 2010 ergab eine Umfrage des Schwedischen Psychologieverbands, dass in den 221 Kommunen, die an der Studie teilnahmen, auf jede Schulpsychologiestelle 1 591 Lernende kamen (Schad, 2014). Auf Grund des Schulgesetzes von 2010 wurden Schulgesundheitsdienste eingerichtet, die seither allen Schülerinnen und Schülern des Landes ab Vorschule bis Sekundarstufe II zur Verfügung stehen. Die Dienste sind besetzt mit je einer Fachperson aus Medizin, Psychologie, Krankenpflege und Sozialarbeit. Auch sonderpädagogische Unterstützung muss bei Bedarf angeboten werden. Die Teams der Schulgesundheitsdienste sind in den Schulen für Prävention, Beratung und Interventionen zuständig, wobei die Aufgaben der einzelnen Fachleute nicht näher bestimmt sind.

In der **Schweiz** darf psychologisch tätig sein, wer über einen Hochschulabschluss in Psychologie auf Masterstufe verfügt. Wer zusätzlich eine Ausbildung als Lehrkraft, einen Fachtitel der *Föderation der Schweizer Psychologinnen und Psychologen (FSP)* oder eine postgraduale Weiterbildung vorweisen kann, hat in schulpsychologischen Bewerbungsverfahren Vorteile. Die Universitäten Basel und Zürich bieten solche Weiterbildungen an. Zu den Aufgaben der schulpsychologischen Dienste zählen neben Diagnostik und Beratung auch Präventionsprojekte und in einzelnen Diensten Psychotherapien. Angaben zur Schülerzahl pro Stelle sind kaum erhältlich, und wo es sie gibt, sind sie wegen der uneinheitlichen Zuständigkeiten und Aufgaben schwer zu interpretieren. So gehören etwa im Kanton Zürich diagnostische Untersuchungen bei Sonderschul-Zuweisungen zu den Hauptfunktionen der schulpsychologischen Fachleute, während diese andernorts vor allem beraterisch oder therapeutisch tätig sind. Im Jahr 2020 kamen in Zürich 1 100 Volksschülerinnen und -schüler auf eine volle Stelle Schulpsychologie. Diagnosen spielen bei der Indikation von schulischen Maßnahmen eine untergeordnete Rolle, weil Kinder und Jugendliche unabhängig von Diagnosen Anspruch auf einen Unterricht haben, der ihren pädagogischen Bedürfnissen Rechnung trägt (Forster, 2016). Trotz der großen Vielfalt der Dienste hat die Schulpsychologie in weiten Teilen des Landes ihren festen Platz gefunden (vgl. SPILK, 2019). Psychologische Fachleute sind einem strengen Berufsgeheimnis unterstellt. Bei Anmeldungen, die über die Schule erfolgen, darf diese aber über schulisch relevante Untersuchungsergebnisse informiert werden. Dabei ist die Privatsphäre der Ratsuchenden zu schützen (Forster, 2019b).

An den Universitäten in **Spanien** ist Psychologie das beliebteste Studienfach. Im Jahr 2015 waren 15 000 Studierende im ersten Semester Psychologie eingeschrieben (León, 2017). Großes Interesse besteht vor allem an Ausbildungen im klinischen Bereich. Die Fachrichtungen *psicología educativa* bzw. *psicología de la educación*, welche für die psychologische Tätigkeit an Schulen vorbereiten, verzeichnen hingegen einen deutlich schwächeren Zulauf. Dies führt León, der die spanischen Psychologieverbände *COP* (*Colegios Oficiales de Psicólogos*) im *EFPA Standing Committee Psychologists in Education* vertritt, auf das unklare Berufsprofil der Schulpsychologie in Spanien und auf die unübersichtliche Vielfalt von Berufsbezeichnungen zurück. In Spanien gibt es an Pädagogischen Hochschulen pädagogisch-psychologische Weiterbildungsangebote für Lehrkräfte, die mit ihrem Diplom dieselben Aufgaben an den Schulen des Landes übernehmen dürfen wie ihre Kolleginnen und Kollegen mit fundierter psychologischer Ausbildung. Diese Aufgaben umfassen neben Diagnostik und Beratung auch Berufs- und Studienberatung, weshalb in Spanien die Berufsbezeichnungen *orientador*, *consultor educativo* oder *psicopedagogo* geläufig sind. – Ein politisch breit abgestützter Gesetzesvorschlag, der den Schulen des Landes ein qualifiziertes psychologisches Angebot zur Verfügung stellen wollte, scheiterte im Jahr 2010 an der Uneinigkeit der verschiedenen Ausbildungsinstitute (León, 2017). Nun existiert zwar in beschränktem Maß ein psychologisches Angebot an Spaniens Schulen, in dem aktuell geltenden Gesetz *LOMCE* (*Ley orgánica para la mejora de la calidad educativa*) wird es aber mit keinem Wort erwähnt.

Im **Vereinigten Königreich** wird die Schulpsychologie (*educational psychology*) durch den *Health and Care Professions Council HCPC* reguliert. Dieses staatliche Organ akkreditiert die

Ausbildungsgänge und erteilt Berufsausübungslizenzen, die alle zwei Jahre zu erneuern sind. Wer in öffentlicher Anstellung oder privat psychologisch tätig sein will, braucht eine solche Lizenz und muss sich an detaillierte Leistungs- und Fortbildungsstandards sowie an ethische Richtlinien halten (HCPC, 2021). Die Schulpsychologie ist in den verschiedenen Landesteilen unterschiedlich geregelt. Die folgenden Ausführungen beschränken sich auf die Situation in **England**. 13 Universitäten bieten dort dreijährige Ausbildungen in Schulpsychologie an, die zum Doktorat führen. Die Promotion ist für Berufseinsteiger und -einsteigerinnen seit 2009 obligatorisch. Wer für einen der rund 200 Studienplätze kandidiert, die jährlich frei werden, muss einen Bachelor in Psychologie und ein Jahr Berufspraxis mit Kindern oder Jugendlichen ausweisen. Das Studium inklusive zwei Jahre Praxis in einem schulpsychologischen Dienst ist für alle, die weitere zwei Jahre im Staatsdienst tätig bleiben, öffentlich finanziert (AEP, 2021). Schulpsychologische Dienste sind lokalen Behörden unterstellt, die den Auftrag haben sicherzustellen, dass den gesundheitlichen, schulischen und sozialen Bedürfnissen von jungen Menschen bis zum 25. Lebensjahr Rechnung getragen wird. So ist eine enge interdisziplinäre Zusammenarbeit mit Fachleuten des Gesundheitswesens und der Fürsorge die Regel. Schulpsychologische Dienste haben in England Rekrutierungsprobleme. Im Jahr 2017 kamen auf jede beim HCPC als *educational psychologist* registrierte Fachperson 3 500 junge Menschen im Alter von 5–19 Jahren (DfE, 2019, S. 28). Da viele dieser Fachpersonen teilzeitlich oder außerhalb der öffentlichen Dienste tätig waren, war die schulpsychologische Versorgungsdichte wesentlich prekärer als 1:3 500. Seit dem Jahr 2010 sind die Budgets der lokalen Behörden so knapp bemessen, dass diese nun *traded services* anbieten: Ihre psychologischen Mitarbeitenden (über 80 % sind weiblich) erbringen kostenpflichtige Leistungen für private und öffentliche Auftraggeber. Schulen, Firmen und Institutionen kaufen diagnostische Untersuchungen, Beratungen, Supervisionen, Therapien, Moderationen und Forschungsprojekte bei den lokalen Behörden oder auch bei privat praktizierenden *educational psychologists* ein. Ethische Fragen stellen sich, wenn die Interessen der zahlenden Auftraggeber sich nicht mit jenen der betroffenen Kinder und Familien decken. Deshalb ist ein Teil des Angebots öffentlicher Stellen immer auch für kostenlose Dienstleistungen reserviert. Oberstes Ziel bleibt, die Entwicklungschancen junger Menschen zu verbessern und diesen eine Stimme zu geben.

In den **Vereinigten Staaten von Amerika** können Hochschulen ihren Absolventinnen und Absolventen Titel wie den *education specialist* oder den *specialist in psychology* nach einem *graduate level*-Studium von drei Jahren verleihen, in dem ein Jahr supervidierte Praxis enthalten ist (NASP, 2020). Dieser *specialist level* ist eine Voraussetzung für die schulpsychologische Berufsausübung, zusätzlich muss eine Lizenz des jeweiligen Bundesstaates erworben werden (APA, 2004). Ein ernstes Problem liegt im Umstand, dass man sich in den USA nur *psychologist* nennen darf, wenn man über eine Promotion verfügt. Die meisten *school psychologists* sind nicht promoviert und aus diesem Grunde keine *psychologists*. Das schadet dem Ansehen der Schulpsychologie und bedeutet für Fachleute ohne Doktorat, dass sie kaum eine Möglichkeit haben, in ein anderes psychologisches Berufsfeld zu wechseln. – In den USA wird *School Psychology* an über 260 Colleges und Universitäten gelehrt (NASP, 2021). Es wird nirgendwo auf der Welt so intensiv über schulpsychologisch relevante Fragestellungen geforscht und publiziert wie an US-amerikanischen Universitäten. Förderprogramme, die an den Schulen des Landes zur Anwendung kommen, müssen ebenso wie diagnostische Verfahren und psychologische Interventionsmethoden nachweislich wirksam sein. Dies hat eine Vielzahl von Evaluationsprojekten zur Folge. Die Präsentation der Ergebnisse von Testuntersuchungen bei schulischen Standortgesprächen, an welchen der

Förderbedarf von Lernenden festgehalten wird (*Individualized Education Program/IEP*; vgl. Forster, 2019a), ist eine wichtige Aufgabe. In den Augen von Lehrkräften und Eltern ist der schulpsychologische Beruf eng mit dem Durchführen und Auswerten von Intelligenztests verbunden, und diese Sichtweise zu korrigieren fällt nicht leicht. Beratungen und Interventionen gehören natürlich heute genauso zu den schulpsychologischen Kompetenzen wie die Testpsychologie. Bei Verhaltensproblemen, Gewaltvorfällen oder drohendem Schulabbruch kommen allerdings meist *school social workers* oder *school counselors* zum Einsatz. Die Attraktivität der Schulpsychologie als Beruf leidet in den USA darunter, dass Eltern gelegentlich den Rechtsweg beschreiten, wenn sie mit den Ergebnissen einer psychologischen Untersuchung nicht zufrieden sind. Die Prozessrisiken sind hoch, und so sehen sich schulpsychologische Fachleute genötigt eine Berufshaftpflichtversicherung abzuschließen.

8.4 Lernen aus internationalen Erfahrungen

Um die Schulpsychologie in einem Land fest zu etablieren, braucht es ein Berufsbild, das der Öffentlichkeit klar kommuniziert werden kann. Bei der Erarbeitung eines solchen ist der internationale Vergleich immer eine willkommene Hilfe. Rechtsnormen, welche die Aufgaben der Schulpsychologie festhalten und Titel schützen, sind wichtig. Unverzichtbar ist die Reglementierung einer qualifizierten psychologischen Ausbildung, die für die Berufsausübung erforderlich ist. Zusätzlich braucht es einen Berufsverband, der seine Mitglieder unterstützt, der wissenschaftliche und praxisrelevante Publikationen herausgibt, Fortbildungen anbietet und im Internet präsent ist. Dort sollten neben fachlichen, rechtlichen und organisatorischen Informationen auch verbindliche ethische Richtlinien publiziert sein.

Für jede psychologische Tätigkeit ist das Vertrauen der Ratsuchenden eine Grundvoraussetzung. Nur wenn Schulpsychologinnen und -psychologen ihre fachliche Unabhängigkeit wahren können, werden Eltern und die Öffentlichkeit sie als Expertinnen und Experten sehen, die dem Wohl der Lernenden verpflichtet sind. Sie sollten nicht Personen oder Behörden unterstellt sein, welche über die Umsetzung von Maßnahmen entscheiden, die sie empfehlen. Idealerweise arbeiten sie in einem psychologisch geleiteten Team, in dem sie sich fachlich austauschen können. Dass die Anstellungsbedingungen ihrem Auftrag und den hohen Ansprüchen, die an sie gestellt werden, entsprechen sollen, ist eine Selbstverständlichkeit.

Schulpsychologische Diagnostik und Beratungen wollen bei Kompetenzen und Entwicklungspotenzialen ansetzen. Verhaltensprobleme junger Menschen in Schule und Familie werden nicht bloß als Herausforderung verstanden, sondern vor allem als Aufforderung, soziales und emotionales Lernen zu fördern. Schulpsychologinnen und Schulpsychologen übernehmen eine wegweisende Rolle, wenn sie für Kinderrechte und für Menschen mit Beeinträchtigungen oder Auffälligkeiten einstehen. Mit ihrem Fachwissen und ihrer Kenntnis des lokalen schulischen und therapeutischen Angebots tragen sie auch bei Krisen und Konflikten gezielt zur Resilienz von Schulen und Familien bei, oft in interdisziplinärer Zusammenarbeit. – Wenn sich Psychologinnen und Psychologen auf diese Weise für eine kompetente schulpsychologische Versorgung einsetzen, werden sie auch in Zukunft für Kinder, Jugendliche und Eltern, für Schulen und Behörden eine unentbehrliche Unterstützung sein.

Literatur

AEP (Association of Educational Psychologists) (2021). *Thinking of a career in educational psychology?* Zugriff am 04.05.2021 unter https://www.aep.org.uk/training/want-to-be-an-ep

APA (American Psychological Association) (2004). *What you need to know to get licensed.* Zugriff am 04.05.2021 unter https://www.apa.org/gradpsych/2004/01/get-licensed

Arnold, C. (2013). The rise of education. In C. Arnold & J. Hardy (Eds.), *British educational psychology: the first hundred years* (pp. 12–20). London: The British Psychological Society.

Bakker, H. (2021). Persönliche Mitteilung. Dr. Helen Bakker, ISPA-Präsidentin 2007–2009, ist Hauptverantwortliche für das RINO Post-Master-Programm in Schulpsychologie (https://www.rino.nl/schoolpsycholoog-opleiding).

DfE (Department for Education) (2019). *Research on the educational psychologist workforce.* Zugriff am 04.05.2021 unter https://www.gov.uk/government/publications/educational-psychologist-workforce-research

EDUSCOL (Ministère de l'Éducation Nationale, de la Jeunesse et du Sport) (2020). *Les psychologues de l'éducation nationale.* Zugriff am 04.05.2021 unter https://eduscol.education.fr/832/les-psychologues-de-l-education-nationale

EFPA (European Federation of Psychologists' Associations) (2010). *EFPA position paper on psychologists in the educational system and their contribution to lifelong learning*. Brussels: EFPA. Zugriff am 04.05.2021 unter http://efpa.eu/professional-development/efpa-position-paper-psychologists-in-the-educational-system

EFPA (European Federation of Psychologists' Associations) (2014). *EFPA position paper on educational psychology and inclusive education, May 2014.* Zugriff am 04.05.2021 unter http://psyineducation.efpa.eu/recent-reports

EuroPsy (European Certificate in Psychology) (2017). *EuroPsy specialisation.* Zugriff am 04.05.2021 unter https://www.europsy.eu/quality-and-standards/europsy-specialisation

Fagan, T. (2017). Persönliche Mitteilung. Dr. Thomas Fagan, Professor an der Memphis University, USA, hat zur Geschichte der Schulpsychologie zahlreiche Publikationen verfasst.

Forster, J. (2016). Unterstützung in der Schule. Schulische Maßnahmen. In K. Albermann (Hrsg.), *Wenn Kinder aus der Reihe tanzen. Psychische Entwicklungsstörungen von Kindern und Jugendlichen erkennen und behandeln* (S. 363–374). Beobachter-Edition. Zofingen: Ringier Axel Springer Schweiz.

Forster, J. (2019a). Auf dem Weg zu einer lösungsorientierten Schulpsychologie. *Psychologie & Erziehung, 19*, 40–44. Schweizerische Vereinigung für Kinder- und Jugendpsychologie SKJP. Zugriff am 04.05.2021 unter https://www.skjp.ch/fileadmin/PDF_Word/PuE/P_E_1-19_Diagnostik.pdf

Forster, J. (2019b). *Empfehlungen zum Umgang mit Personendaten in Schulpsychologischen Diensten des Kantons Zürich.* Kantonalverband der Zürcher Psychologinnen und Psychologen. Zugriff am 04.05.2021 unter https://www.zuepp.ch/vskz

HCPC (Health and Care Professions Council) (2021). *Standards.* Zugriff am 21.05.2021 unter https://www.hcpc-uk.org/standards

Ishikuma, T. (2018). *School psychology in Japan: Psychoeducational services by a team of teachers, school counselor, and parents*. Hauptreferat ISPA-Konferenz 2018 in Tokyo. Zugriff am 04.05.2021 unter https://www.ispaweb.org

Jimerson, S., Oakland, T. & Farrell, P. (Eds.). (2007). *The handbook of international school psychology*. Thousand Oaks, CA: Sage.

Jimerson, S., Skokut, M., Cardenas, S., Malone, H. & Stewart K. (2008). Where in the world is school psychology? Examining evidence of school psychology around the globe. *School Psychology International, 29*(2), 131–144. Zugriff am 04.05.2021 unter https://doi.org/10.1177/0143034308090056

Landqvist, L. & Schad, E. (2021). Perceptions of work and work engagement among school psychologists in Sweden. *International Journal of School & Educational Psychology*. Zugriff am 04.05.2021 unter http://dx.doi.org/10.1080/21683603.2021.1879697

Landtag von Baden-Württemberg (2011). *Mitteilung der Landesregierung. Drucksache 14/7411.* Zugriff am 04.05.2021 unter https://www.landtag-bw.de/files/live/sites/LTBW/files/dokumente/WP14/Drucksachen/7000/14_7411_D.pdf

Le Mézec, V. (2021). Persönliche Mitteilung. Véronique Le Mézec ist President Elect der ISPA und Vizepräsidentin der Association Française des Psychologues de l'Éducation Nationale.

León, J. A. (2017). Educational psychology to debate in our country: a crossroads to any alternative solutions. *informació psicològica, 113*, 25–32.

Matteucci, M. C. (2018). Psicologi scolastici: quale formazione in Italia? *Psychologia dell'Educazione 2/2018*, 73–82.

Matteucci, M. C. & Farrell, P. (2018). School psychologists in the Italian education system.

A mixed-methods study of a district in Northern Italy. *International Journal of School & Educational Psychology, 7*(4), 240–252.
Mukhopadhyay, B. (2005). Counselling tsunami hit children: role of school psychologists. *ISPA Newsletter WGR, June 2005*, 5–6.
NASP (National Association of School Psychologists) (2018). *Necessary Use of the Title »School Psychologist«* (Position statement). Bethesda, MD: Author.
NASP (National Association of School Psychologists) (2020). *Who are school psychologists* (Position statement). Bethesda, MD: Author.
NASP (National Association of School Psychologists) (2021). *School psychology program information.* (Position statement). Bethesda, MD: Author.
Pameijer, N. (2017). Assessment and intervention: Bridging the gap with a practice-based model. *Educational & Child Psychology, 34*(1), 66–82.
Schad, E. (2014). The preparation of school psychologists and specialists in educational psychology in Sweden. *International Journal of School & Educational Psychology, 2*, 191–197.
SPILK (Schulpsychologie Schweiz – Interkantonale Leitungskonferenz) (2019). *Verlautbarungen*. Zugriff am 04.05.2021 unter http://www.schulpsychologie.ch/ivl-spd-air-sps/offentliche-verlautbarungen

Teil II Fokus Schülerinnen und Schüler

1 Grundlagen schulpsychologischer Diagnostik

Andreas Gold, Caterina Gawrilow und Marcus Hasselhorn

1.1 Einleitung

Die Intelligenzdiagnostik und die Diagnostik schulischer Leistungen gehörten seit dem Entstehen der Schulpsychologie zu Beginn des 20. Jahrhunderts zu den zentralen Aufgabenbereichen dieser Profession. Dies änderte sich in der zweiten Hälfte der 1980er Jahre: Verbunden mit einem Wechsel des (Selbst-)Verständnisses von Schulpsychologie und ihren Aufgaben – weg von der schülerzentrierten und hin zu einer systemischen Beratung – verlor die diagnostische Expertise im Selbstbild der Schulpsychologie zunehmend an Bedeutung (▶ Kap. I-1). In der Folge entwickelte sich eine Diskrepanz in der Selbst- und Fremdzuschreibung diagnostischer Expertise. Denn die Erwartung der Schuladministration blieb im Allgemeinen bestehen: dass nämlich eine sorgfältige psychologische Diagnostik individueller Leistungen und Leistungsvoraussetzungen selbstverständlicher Bestandteil der Tätigkeit und der professionellen Kompetenzen von schulpsychologischen Fachkräften ist.

1.2 Formen und Wege der schulpsychologischen Diagnostik

Auf der Grundlage fachlicher Kenntnisse und der bereits vorhandenen Informationen wird vor dem Hintergrund einer konkreten Fragestellung bzw. des jeweiligen Auftrags entschieden, welche diagnostischen Herangehensweisen zu wählen und welche Messinstrumente zur Bearbeitung einer Problemstellung jeweils einzusetzen sind. Besonders bedeutsam ist zweifellos die Gesprächsdiagnostik. Das heißt, dass in Gesprächen mit möglichst vielen Beteiligten, also mit den Kindern und Jugendlichen, ihren Eltern, den Lehrkräften, der Schulleitung sowie mit den Angehörigen anderer Professionen (wie etwa Sozialarbeit oder Kinder- und Jugendpsychiatrie), ein möglichst umfassendes Bild einer spezifischen Problematik erarbeitet wird. Neben der gesprächsbasierten Exploration sind vor allem die Analyse vorliegender Dokumente (Zeugnisse, Beurteilungen), die Unterrichts- und Verhaltensbeobachtung, der Einsatz von Tests und Fragebogen und die Anwendung weiterer informeller Verfahren wichtige Quellen der Informationsbeschaffung. Natürlich werden zeitliche und sonstige Ressourcen bei den notwendigen Entscheidungen und beim konkreten Vorgehen im Verlauf des diagnostischen Prozesses ebenfalls eine Rolle spielen. Je nach Bundesland gibt es darüber hinaus unterschiedlich ausdifferenzierte und voneinander abweichende Vorgaben und Empfehlungen, die bei der schulpsychologisch-diagnostischen Arbeit zu beachten sind. Besondere diagnostische Aufgaben stellen sich zudem im Zusammenhang mit Schulversuchen, wie z. B. bei den auf einer Intelligenzdiagnostik basierenden Platzierungsentscheidungen für die Hochbegabtenzüge in Baden-Württemberg. Dort sind die einzusetzenden Testverfahren und das diagnostische Vorgehen genau vorgeschrieben, um eine landesweite Vergleichbarkeit zu gewährleisten.

1.3 Zentrale Inhaltsbereiche schulpsychologischer Diagnostik

Zu diagnostischen Zwecken wird die Schulpsychologie zu Rate gezogen, wenn es Probleme in der Schule gibt, die Schülerinnen und Schüler betreffen. Das können Probleme Einzelner sein, wie es bei Verhaltensauffälligkeiten oder Lernschwierigkeiten der Fall ist, Probleme der Kinder und Jugendlichen untereinander oder Probleme auf der Beziehungsebene mit den Lehrpersonen. Von der Schulpsychologie wird erwartet, dass Lösungswege für eine Problem- oder Konfliktsituation erarbeitet und vorgeschlagen werden und dass die Umsetzung solcher Lösungswege initiiert und begleitet wird. Dies setzt voraus, dass zunächst einmal die dazu notwendigen Informationen beschafft werden. Daher umfasst die schulpsychologische Diagnostik im Wesentlichen das sorgfältige Einholen und Integrieren möglichst aller Informationen über Personen und Sachverhalte, die relevant sind oder sein könnten, um eine Problem- oder Konfliktsituation zu lösen. Umfassende und professionelle psychologisch-diagnostische Kenntnisse sind dafür eine notwendige Voraussetzung.

In der schulpsychologisch-diagnostischen Arbeit wird es Überschneidungen mit der Arbeit von förderpädagogisch qualifizierten Lehrpersonen geben, zumal diagnostische Tätigkeiten auch zu den Kernaufgabenbereichen der Sonder- bzw. Förderpädagogik gehören – man denke insbesondere an die Feststellungsverfahren sonderpädagogischen Förderbedarfs. Hier gibt es mehr oder weniger gut etablierte Abstimmungen und Aufgabenverteilungen zwischen den Disziplinen bzw. zwischen den beteiligten Personen und Institutionen, die regional sehr unterschiedlich sein können. Nicht selten scheint es allerdings auch zu disziplinären (Kompetenz-)Streitigkeiten zu kommen.

Im Folgenden werden die wichtigsten Inhaltsbereiche der schulpsychologischen Diagnostik aufgezählt, beginnend mit der Schulleistungsdiagnostik im engeren Sinn (▸ Abschnitt 1.3.1). Häufig hängen schulische Leistungsprobleme mit defizitären individuellen Lernvoraussetzungen der Schüler zusammen (▸ Abschnitt 1.3.2). Noch immer spielt die Diagnose von Lernschwächen, -störungen sowie von intellektuellen Beeinträchtigungen eine große Rolle (▸ Abschnitt 1.3.3). Die Diagnose von Verhaltensauffälligkeiten (▸ Abschnitt 1.3.4) ist ein Teilbereich schulpsychologischer Diagnostik, der in den vergangenen Jahren an Bedeutung gewonnen hat.

1.3.1 Diagnostik schulischer Leistungen

Neben der Intelligenzdiagnostik gehört seit jeher die Diagnostik schulischer Leistungen zum Aufgabenspektrum der Schulpsychologie. Vor allem in den USA schaut man auf eine lange Tradition zurück, den schulischen Lernerfolg durch standardisierte Schulleistungstests zu dokumentieren. In Deutschland liegen zwar bereits seit langem für eine Reihe schulischer Leistungsbereiche standardisierte und normierte Testverfahren vor, allerdings haben diese nie eine so dominierende Rolle gespielt wie etwa in den USA oder in anderen englischsprachigen Ländern. Erst im Zuge einer Neuorientierung des deutschen Schulsystems nach dem ersten »PISA-Schock« (Baumert et al., 2001), sind standardisierte und normierte Schulleistungstests vermehrt in den Fokus des bildungsöffentlichen und fachwissenschaftlichen Interesses geraten. Die Orientierung an Bildungsstandards und die Einführung von Jahrgangsvergleichsarbeiten in allen Kernfächern und Bundesländern waren die Folge. Zur Individualdiagnostik sind solche Leistungsmessungen allerdings nicht geeignet. In zentralen schulischen Inhaltsbereichen – insbesondere gilt dies für die Bereiche der Schriftsprache (vgl. Lenhard & Schneider, 2009; Schneider, Marx & Hasselhorn, 2008) und der Mathematik (vgl. Hasselhorn et al., 2013; Hasselhorn, Marx & Schneider, 2005) – steht jedoch mittlerweile eine breite Sammlung qualitativ hochwertiger diagnostischer Verfahren für die Schulleistungserfassung und -beurteilung zur Verfügung.

1.3.2 Diagnostik individueller Lernvoraussetzungen

Als wichtige individuelle Voraussetzungen erfolgreichen Lernens gelten (1) die Funktionstüchtigkeit des Arbeitsgedächtnisses und die Regulation der selektiven Aufmerksamkeit, (2) das inhaltliche Vorwissen, über das ein Lernender bereits verfügt, (3) geeignete Lernstrategien und die Fähigkeit, sie adaptiv einzusetzen, (4) die Fähigkeit zur Willens- bzw. Handlungskontrolle (Volition) und zur Regulation von Emotionen sowie (5) die Lern- und Leistungsmotivation und das Selbstkonzept eigener Fähigkeiten (Hasselhorn & Gold, 2017). Dass das inhaltliche Vorwissen bzw. die Kenntnisse im Lesen, Rechtschreiben und Rechnen über standardisierte Schulleistungstests zu erfassen sind, wurde in Abschnitt 1.3.1 bereits erwähnt. Für die anderen Funktionsbereiche ist in der vergangenen Dekade eine breite Palette von Testverfahren und anderen Instrumenten entwickelt worden. Für eine umfassende Übersicht eignen sich die Bücher der Reihe *Tests und Trends – Jahrbuch der pädagogisch-psychologischen Diagnostik*: Zur Diagnostik von Aufmerksamkeit und Konzentration etwa Band 3 der Reihe (Büttner & Schmidt-Atzert, 2004), zur Arbeitsgedächtnisdiagnostik Band 10 (Hasselhorn & Zoelch, 2012), zur Diagnostik von Motivation und Selbstkonzept sowie der Handlungskontrolle Band 17 (Gaspard, Trautwein & Hasselhorn, 2019). Auch Emotionen (z. B. Leistungs- bzw. Prüfungsängstlichkeit oder Langeweile) spielen beim schulischen Lernen eine Rolle. Sie lassen sich mithilfe von Fragebogenverfahren oder über Explorationen erfassen – in klinischen Zusammenhängen, wenn es also um internalisierende Störungsbilder (z. B. Störungen des Affekts) geht, wird es zusätzlicher Vorgehensweisen bedürfen. Das Aufspüren von Funktionsdefiziten individueller Lernvoraussetzungen spielt vor allem im Zusammenhang mit schulischen Lern- und Leistungsschwierigkeiten eine Rolle.

1.3.3 Diagnostik von Lernstörungen

Die klassische Lernstörungsdiagnostik (und auch die Diagnostik von Lernschwächen) wird zunehmend kritisch betrachtet, weil es – so lassen sich die Einwände zusammenfassen – offenbar keinen guten Grund dafür gibt, eine qualifizierte Diskrepanz zur (normalen) Intelligenz als notwendiges Bestimmungsmerkmal einer Störung des Lesens, Rechtschreibens oder Rechnens zu betrachten (Mähler, 2020). In der aktuellen Fassung des amerikanischen Klassifikationssystems DSM wird folglich zum ersten Mal auf das Diskrepanzkriterium verzichtet. Gleichwohl gehören die Diagnostik von Lernstörungen wie auch die Feststellung sonderpädagogischen Förderbedarfs im Bereich Lernen (früher: Lernbehinderung) weiterhin zu den zentralen Aufgabenfeldern schulpsychologischer Diagnostik. Denn unabhängig von schulrechtlichen, -systemischen und -organisatorischen Gegebenheiten stellt eine sorgfältige Störungsdiagnostik eine unverzichtbare Grundlage bei der Planung und Durchführung individueller Fördermaßnahmen dar (Gold, 2018; Schulte-Körne & Galuschka, 2019). Bei Petermann und Petermann (2006) findet sich eine Zusammenstellung von Testverfahren und diagnostischen Strategien zur Feststellung sonderpädagogischen Förderbedarfs für die Förderschwerpunkte der kognitiven und sprachlichen Entwicklung sowie der emotionalen und sozialen Entwicklung. Der Diagnostik von Hochbegabung widmet sich ebenfalls ein Band der bereits erwähnten Reihe *Tests und Trends* (Preckel, Schneider & Holling, 2010).

1.3.4 Diagnostik von Verhaltensauffälligkeiten

Die Diagnostik von Verhaltensauffälligkeiten ist in der Schulpsychologie ein zentrales Thema, da Störungen des Verhaltens (z. B. des Sozialverhaltens) meist auch eine Störung des Unterrichtsablaufs implizieren und somit neben den jeweils unmittelbar betroffenen Kindern die gesamte Klasse und/oder gar Schule negativ beeinflusst werden kann. Aber nicht nur aus diesem Grund ist eine frühe und effiziente Diagnostik unabdingbar, sondern auch, weil die Verhaltensstörungen häufig mit weiteren komorbiden schulischen Lern- und Leistungsstörungen einhergehen (vgl. Petermann & Petermann, 2006). In den vergangenen Jahren sind zudem das Mobbing (auch Cybermobbing) und das Bullying unter Schülerinnen und Schülern – also das missbräuchliche Ausnutzen bzw. Einsetzen sozialer Macht – zu einem wichtigen schulpsychologischen Thema und damit zu einer Anforderung an die schulpsychologische Diagnostik geworden (► Kap. II-13).

Die am häufigsten auftretende Verhaltensauffälligkeit im schulischen Kontext ist die Aufmerksamkeitsdefizit-/Hyperaktivitätsstörung – kurz ADHS (Gawrilow, 2016). Die ADHS ist gekennzeichnet durch die Kernsymptome der Unaufmerksamkeit, Hyperaktivität und Impulsivität. Vor allem hyperaktives und impulsives Verhalten kann für den Unterrichtsablauf enorm störend sein, da die betroffenen Schüler und Schülerinnen mitunter lautstark mit Gegenständen klappern, zappeln, herumlaufen und ohne abzuwarten mit Antworten auf Fragen von Lehrkräften herausplatzen (Frölich, Döpfner & Banaschewski, 2021).

Verhaltensauffälligkeiten betreffen im schulischen Kontext meist mehrere Dimensionen und Bereiche. Aus diesem Grund sollten im diagnostischen Prozess nicht nur die betroffenen Kinder und Jugendlichen selbst, sondern auch Angehörige (Eltern) und Lehrkräfte befragt werden. Zu einer sorgfältigen mehrdimensionalen Diagnostik gehört unter anderem eine Anamnese, das heißt die Ermittlung der Vorgeschichte des Kindes, um den Zeitpunkt des Auftretens der Verhaltensauffälligkeiten einzugrenzen. Bereits vorhandene Schulzeugnisse und Beurteilungen können hierbei unterstützend und hilfreich sein. Über Fragebögen, die von Eltern und Lehrkräften ausgefüllt werden, lässt sich das Ausmaß der Problematik in verschiedenen Kontexten (zu Hause, in der Schule) ermessen. Das Diagnostik-System für Psychische Störungen im Kindes- und Jugendalter DISYPS III (Döpfner & Görtz-Dorten, 2017) oder der Elternfragebogen CBCL (Child Behavior Checklist; Döpfner, Plück & Kinnen, 2014) sind Beispiele dafür. Idealerweise ergänzt eine direkte Verhaltensbeobachtung im Unterricht und in den Pausen die Befragungen. Auch während des diagnostischen Prozesses – beispielsweise während der Bearbeitung kognitiver Aufgaben – kann eine Verhaltensbeobachtung erfolgen. Jugendliche sollten zusätzlich zu der eigenen Wahrnehmung ihrer Verhaltensauffälligkeiten befragt werden. Zur Differenzialdiagnostik bzw. zur diagnostischen Abklärung eventuell vorhandener komorbider Störungen ist eine zusätzliche Diagnostik von Leistungen, Intelligenz, der Aufmerksamkeit sowie der Emotionalität indiziert. Sofern der Verdacht auf eine ADHS besteht und eine Medikation mit Methylphenidat erwogen wird, ist eine umfassende kinder- und jugendpsychiatrische Untersuchung inklusive einer neurologischen Untersuchung unabdingbar (Gawrilow, 2016).

1.4 Trends in der schulpsychologischen Diagnostik

Seit jeher hat es in schulpsychologischen Kontexten Vorbehalte gegen den Einsatz testdiagnostischer Verfahren gegeben. Zuletzt ist etwa im Zuge der Inklusionsdebatte argumentiert worden, dass ein inklusives Schulsystem auf eine klassifizierende Diagnostik im Grunde ganz verzichten könne – ja sogar verzichten solle. Wenn alle Kinder die Regelschule besuchten, sei die Notwendigkeit einer Individualdiagnostik zur Begründung einer schulorganisatorischen (äußeren) Differenzierung nämlich nicht mehr gegeben. Denn die Feststellung sonderpädagogischen Förderbedarfs durch testdiagnostische Verfahren bereitete in der Vergangenheit in aller Regel die Platzierungsentscheidung vor, in welcher Förderschule die notwendige Förderung stattfinden solle. Statt für solche Status- oder Zuschreibungsdiagnostik zur Begründung von Platzierungsentscheidungen benötige man die professionellen Kapazitäten der pädagogischen und psychologischen Fachkräfte viel dringlicher für die Planung und Durchführung der individuellen Förderung selbst. Es bedarf in der Tat erheblicher zusätzlicher Anstrengungen, um in einem inklusiven Schulsystem bestmögliche Lern- und Bildungsbedingungen für alle Schülerinnen und Schüler zu ermöglichen.

Dieser Position liegt ein verkürztes und seit langem überholtes Verständnis von Diagnostik zugrunde. Moderne schulpsychologische Diagnostik zielt stets auf die Unterstützung und Optimierung individueller Förderung und sie nimmt dabei die individuellen Lernverläufe in Relation zu den jeweiligen Lehr-Lern-Gelegenheiten in den Blick. Sie beschränkt sich nicht (mehr) nur auf die Erfassung allgemeiner Fähigkeiten und schulischer Kompetenzen, sondern nutzt differenzierte Möglichkeiten zur Feststellung der Funktionstüchtigkeit kognitiver Prozesse und Funktionen. Aber nicht nur die kognitive Funktionstüchtigkeit, sondern auch die für den Lern- und Bildungserfolg besonders wichtigen motivationalen und volitionalen Lernvoraussetzungen werden zunehmend zum Gegenstand einer professionell betriebenen schulpsychologischen Diagnostik. Im Folgenden werden neue Trends in der schulpsychologischen Diagnostik skizziert.

1.4.1 Von der platzierungsrelevanten zur förderorientierten Diagnostik

In ihren Anfängen waren die Schulpsychologie und die schulpsychologische Diagnostik eng mit den aufkommenden Möglichkeiten einer objektiven und zuverlässigen Erfassung der Intelligenz verknüpft. In einer reliablen und testökonomisch leicht handhabbaren Intelligenzdiagnostik sah man eine willkommene Gelegenheit, die »allgemeine Lernfähigkeit« einzelner wissenschaftlich fundiert erfassen zu können. In Kenntnis dieser Lernfähigkeit wurde dann beurteilt, ob das Lernvermögen eines Kindes ausreichte, um am Regelschulunterricht erfolgreich teilzunehmen oder nicht. Bei geringen Lernfähigkeiten – also bei einer Intelligenzminderung bzw. einer mentalen Retardierung – galten die intellektuellen Lernvoraussetzungen für eine Regelbeschulung als nicht erfüllt. Die Überweisung in eine Sonderschule war schulrechtlich und -organisatorisch die Folgerung. Die Anfänge schulpsychologischer Diagnostik konzentrierten sich also auf die Feststellung der individuellen Intelligenzausprägung und begründeten die Entscheidungen darüber, ob ein Kind (weiterhin) am Unterricht in der Regelschule teilnehmen sollte oder nicht. Man spricht in diesem Zusammenhang von Platzierungsentscheidung, da aufgrund der Testdiagnostik über die schulische Platzierung eines Kindes entschieden wird.

Problematisch erscheint die Platzierungsdiagnostik – also eine Diagnostik zur Legitimierung von Platzierungsentscheidungen – aus ganz unterschiedlichen Gründen. Zum einen lässt sie sich nur dann rechtfertigen, wenn es tatsächlich eine Rolle spielt, ob Kinder mit besonderem Förderbedarf in der einen oder in einer anderen Einrichtung gefördert werden. Nach derzeitigem Erkenntnisstand kommt es aber weniger darauf an, wo die Kinder gefördert werden, sondern vielmehr darauf, auf welche Weise das geschieht. Es gibt jedenfalls keine empirischen Belege dafür, dass Kinder, die ein bestimmtes Intelligenzniveau unterschreiten, in einer Sonder- bzw. Förderschule erfolgreicher unterrichtet werden könnten als in einer Regelschule. So haben Kocaj et al., (2017) anhand der IQB-Bildungstrenddaten Befunde präsentiert, die zumindest für die Kompetenzentwicklung im Lesen, Zuhören und Rechnen bei Kindern mit sonderpädagogischem Förderbedarf im Bereich des Lernens und der Sprache auf eine Überlegenheit der inklusiven Beschulungsform hinweisen. Zum anderen lassen sich pädagogische Platzierungsentscheidungen nur dann rechtfertigen, wenn die Platzierungen, um die es geht, gleichermaßen attraktiv, anerkannt und vorteilhaft für die Platzierten sind. Und wenn man nicht die Sorge haben muss, Plätze in einer Förderschule (oder in einer Regelschule) würden »aufgefüllt«, nur weil die entsprechenden Kapazitäten vor Ort vorhanden sind.

Schon seit vielen Jahren hat sich daher die Funktion der Individualdiagnostik in der Schulpsychologie verändert. In erster Linie dient sie nun der Identifikation von Unterstützungsbedarf und der Planung und Vorbereitung möglichst erfolgversprechender Fördermaßnahmen und nicht mehr der Zuweisung auf »Plätze« in Einrichtungen, die dort für die Beschulung von Kindern unterschiedlicher Lernfähigkeit vorgehalten werden. Mit dieser veränderten Zielsetzung haben sich auch die diagnostischen Ansätze und Verfahren geändert, die für die schulpsychologische Diagnostik benötigt werden. Drei Entwicklungstrends charakterisieren diese Veränderung: (1) ein Trend von der Lernstands- zur Lernverlaufsdiagnostik, (2) ein Trend von der allgemeinen Lernfähigkeits- zur Differentialdiagnostik lernrelevanter kognitiver Funktionen, und (3) ein Trend zur Diagnostik nicht-kognitiver individueller Lernvoraussetzungen, insbesondere im Bereich von Motivation und Volition.

1.4.2 Von der Lernstands- zur Lernverlaufsdiagnostik

Bereits Ende der 1960er Jahre wurde in der US-amerikanischen pädagogisch-psychologischen Forschung die Frage diskutiert, ob die statische Lernfähigkeitsdiagnostik nicht durch eine dynamische Diagnostik der Kompetenzveränderung im Verlauf von Lernprozessen abgelöst oder zumindest ergänzt werden müsste. Als Alternative oder Ergänzung zur herkömmlichen (auch als summativ bezeichneten) Statusdiagnostik ist damals der Begriff der formativen Diagnostik geprägt worden, den etwa Bloom (1969) aufgriff. Summativ wird am Ende einer Lerneinheit ein erreichter Leistungsstand diagnostiziert. Formative Messungen finden hingegen fortlaufend während einer Lerneinheit statt, so dass individuelle Leistungsentwicklungen sichtbar werden. Formative Diagnostik beinhaltet aber nicht nur die wiederholte Feststellung individueller Lernfortschritte im Laufe einer curricularen Lerneinheit. Die formative Diagnostik wirkt auch unmittelbar auf die Lehr-Lernprozesse zurück und fördert ihrerseits die individuellen Lernfortschritte. Den Lernenden hilft eine informative Rückmeldung darüber, »wo sie gerade stehen«, um ihr weiteres Lernverhalten zu optimieren bzw. zu modifizieren. Die Lehrenden profitieren davon, etwas darüber zu erfahren, wie erfolgreich ihr didaktisches Vorgehen – gemessen an den individuellen Lernfortschritten – bislang gewesen ist. Idealerweise richten sie ihr weiteres Vorgehen daran aus.

In Deutschland hat sich die formative Diagnostik erst Mitte des letzten Jahrzehnts etabliert (▶ Kap. II-3; Klauer, 2014). Mittlerweile existiert eine Reihe von entsprechenden Verfahren für den Primar- und den Sekundarschulbereich, vornehmlich für die Inhaltsbereiche des Lesens und Rechtschreibens und des Rechnens. Und es gibt Belege dafür, dass es durch die Verfügbarkeit von Lernverlaufsinformationen zu günstigeren individuellen Lernverläufen kommt (vgl. Hasselhorn, Schneider & Trautwein, 2014).

Das Konzept der Lernverlaufsdiagnostik ist vor allem in sonderpädagogischen Zusammenhängen bekannt geworden und gilt als wichtiger Bestandteil des sogenannten RTI-Ansatzes (Gold, 2015, 2018; Voß & Hartke, 2014). RTI steht für »Response to Intervention« und bezeichnet eine Routine diagnostisch-fördernden Vorgehens, bei der in einer Abfolge aufeinander bezogener Stufen geprüft wird, wie gut Kinder mit Lernschwierigkeiten a) auf »normalen Unterricht«, b) auf eine Zusatzförderung in Kleingruppen oder c) auf Zusatzmaßnahmen intensiver Einzelförderung ansprechen. Für die sogenannten »Nonresponder«, also für jene Lernenden, die auf den jeweiligen Unterricht und die jeweilige Förderung nicht ansprechen, wird folglich die Förderintensität gesteigert. Der RTI-Ansatz gilt als vielversprechende Alternative zur statusbezogenen Störungs- und Fähigkeitsdiagnostik, weil er auf die Bedeutsamkeit von pädagogischen Interventionen für die Lernentwicklung verweist, sowie explizit förder- und nicht platzierungsdiagnostisch ausgerichtet ist. Im Sammelband von Hasselhorn, Schneider und Trautwein (2014) ist eine Auswahl von Testverfahren aufgeführt, die sich in diesem Sinne verwenden lassen, darunter die in der Arbeitsgruppe von Elmar Souvignier entwickelte internetbasierte Lernverlaufsdiagnostik quop (Souvignier, Förster & Salaschek, 2014).

1.4.3 Von der allgemeinen Lernfähigkeitsdiagnostik zur Diagnostik kognitiver Funktionstüchtigkeit

Die traditionelle Intelligenzdiagnostik wird in schulpsychologischen Zusammenhängen zunehmend durch eine differentielle Diagnostik der kognitiven Funktionstüchtigkeit ersetzt bzw. ergänzt. Dieser Trend wird vor allem deutlich an den Bemühungen, diagnostische Verfahren zur differentiellen Erfassung der individuellen Funktionstüchtigkeit des Arbeitsgedächtnisses zu entwickeln. Seit mehr als drei Jahrzehnten ist bekannt, dass das Arbeitsgedächtnis mit seinen verschiedenen Teilsystemen eine zentrale Rolle bei der Informationsverarbeitung spielt. Dabei sind vor allem ein sprachlich-phonologisches und ein visuell-räumliches Teilsystem für das Lernen von Bedeutung sowie übergeordnete zentral-exekutive Kontrollmechanismen. Mittlerweile ist empirisch gut abgesichert, dass Indikatoren der individuellen Funktionstüchtigkeit des Arbeitsgedächtnisses gut zur Vorhersage kognitiver Leistungen (z. B. Lesen, Rechtschreiben, Rechnen, Denken, Problemlösen) geeignet sind. Die Leistungsfähigkeit des Arbeitsgedächtnisses markiert offensichtlich eine Art »Flaschenhals« des kognitiven Leistungspotentials (vgl. Hasselhorn & Zoelch, 2012). Mit der Arbeitsgedächtnistestbatterie für Kinder zwischen 5 und 12 Jahren (AGTB 5-12, Hasselhorn et al., 2012) gibt es mittlerweile eine standardisierte und normierte Testbatterie zur Differentialdiagnostik der Funktionstüchtigkeit des Arbeitsgedächtnisses bei Kindern. Ihre Praktikabilität und Nützlichkeit konnte in psychologischen Beratungsstellen für Kinder mit Lernschwierigkeiten wiederholt bestätigt werden.

1.4.4 Diagnostische Ausdifferenzierung motivational-volitionaler Lernvoraussetzungen

Dass für den Erfolg individuellen Lernens nicht nur die kognitive Funktionstüchtigkeit entscheidend ist, sondern auch individuelle motivationale Dispositionen und volitionale Ressourcen der Handlungskontrolle eine wichtige Rolle spielen, gehört (zu Recht) zum pädagogischen Überzeugungswissen. In der pädagogisch-psychologischen Forschung ist – wie Weinert (1990) überzeugend dargelegt hat – die Bedeutsamkeit motivationaler Dispositionen und Zustände für das Lernen nicht zuletzt aufgrund anhaltender Probleme bei ihrer methodisch angemessenen Erfassung lange unterschätzt worden. In den letzten zwanzig Jahren hat sich dies nicht nur grundlegend geändert, sondern es gibt mittlerweile eine ganze Reihe von Verfahren zur Erfassung lern- und leistungsrelevanter motivationaler und volitionaler Facetten (vgl. Gaspard, Trautwein & Hasselhorn, 2019).

Literatur

Baumert, J., Klieme, E., Neubrand, M., Prenzel, M., Schiefele, U., Schneider, W., Stanat, P., Tillman, K.-J. & Weiß, M. (Hrsg.). (2001). *PISA 2000. Basiskompetenzen von Schülerinnen und Schülern im internationalen Vergleich.* Opladen: Leske + Budrich.

Bloom, B. S. (1969). Some theoretical issues relating to educational evaluation. In R. W. Taylor (Ed.), *Educational evaluation: New roles, new means: The 68th yearbook of the National Society for the Study of Evaluation, Part II* (pp. 26–50). Chicago: University of Chicago Press.

Büttner, G. & Schmidt-Atzert, L. (Hrsg.). (2004). *Diagnostik von Konzentration und Aufmerksamkeit* (Tests und Trends, N. F. Bd. 3). Göttingen: Hogrefe.

Döpfner, M. & Görtz-Dorten, A. (2017). *Diagnostik-System für Psychische Störungen im Kindes- und Jugendalter nach ICD-10 und DSM-5 (DISYPS-III).* Göttingen: Hogrefe.

Döpfner, M., Plück, J. & Kinnen, C. (2014). *CBCL/6-18R, TRF/6-18R, YSR/11-18R. Deutsche Schulalter-Formen der Child Behavior Checklist von Thomas M. Achenbach*. Göttingen: Hogrefe.

Frölich, J., Döpfner, M. & Banaschewski, T. (2021). *ADHS in Schule und Unterricht*. Stuttgart: Kohlhammer.

Gaspard, H., Trautwein, U. & Hasselhorn, M. (Hrsg.). (2019). *Diagnostik und Förderung von Motivation und Volition* (Tests und Trends, N. F. Bd. 17). Göttingen: Hogrefe.

Gawrilow, C. (2016). *Lehrbuch ADHS*. München: ERV.

Gold, A. (2018). *Lernschwierigkeiten. Ursachen, Diagnostik, Intervention*. Stuttgart: Kohlhammer.

Gold, A. (2015). *Guter Unterricht. Was wir wirklich darüber wissen*. Göttingen: Vandenhoeck & Ruprecht.

Hasselhorn, M. & Gold, A. (2017). *Pädagogische Psychologie*. Stuttgart: Kohlhammer.

Hasselhorn, M., Heinze, A., Schneider, W. & Trautwein, U. (Hrsg.). (2013). *Diagnostik mathematischer Kompetenzen* (Tests und Trends, N. F. Bd. 11). Göttingen: Hogrefe.

Hasselhorn, M., Marx, H. & Schneider, W. (Hrsg.). (2005). *Diagnostik von Mathematikleistungen* (Tests und Trends, N. F. Bd. 4). Göttingen: Hogrefe.

Hasselhorn, M., Schneider, W. & Trautwein, U. (Hrsg.). (2014). *Lernverlaufsdiagnostik* (Tests und Trends, N. F. Bd. 12). Göttingen: Hogrefe.

Hasselhorn, M., Schumann-Hengsteler, R., Gronauer, J., Grube, D., Mähler, C., Schmid, I. et al. (2012). *Arbeitsgedächtnistestbatterie für Kinder von 5 bis 12 Jahren (AGTB 5-12)*. Göttingen: Hogrefe.

Hasselhorn, M. & Zoelch, C. (Hrsg.). (2012). *Funktionsdiagnostik des Arbeitsgedächtnisses* (Tests und Trends, N. F. Bd. 10). Göttingen: Hogrefe.

Klauer, K. J. (2014). Formative Leistungsdiagnostik: Historischer Hintergrund und Weiterentwicklungen. In M. Hasselhorn, W. Schneider & U. Trautwein (Hrsg.), *Lernverlaufsdiagnostik* (Tests und Trends, N. F. Bd. 12, S. 1–17). Göttingen: Hogrefe.

Kocaj, A., Kuhl, P., Haag, N., Kohrt, P. & Stanat, P. (2017). Schulische Kompetenzen und schulische Motivation von Kindern mit sonderpädagogischem Förderbedarf an Förderschulen und an allgemeinen Schulen. In P. Stanat et al. (Hrsg.), *IQB-Bildungstrend 2016* (S. 302–315). Münster: Waxmann.

Lenhard, W. & Schneider, W. (Hrsg.). (2009). *Diagnostik und Förderung des Leseverständnisses* (Test und Trends, N. F. Bd. 7). Göttingen: Hogrefe.

Mähler, C. (2020). Diagnostik von Lernstörungen: Zeit zum Umdenken. *Zeitschrift für Pädagogische Psychologie 0*, 1–11. Zugriff am 28.06.2021 unter https://doi.org/10.1024/1010-0652/a000291

Petermann, F. & Petermann, U. (Hrsg.). (2006). *Diagnostik sonderpädagogischen Förderbedarfs* (Tests und Trends, N. F. Bd. 5). Göttingen: Hogrefe.

Preckel, F., Schneider, W. & Holling, H. (Hrsg.). (2010). *Diagnostik von Hochbegabung* (Tests und Trends, N. F. Bd. 8). Göttingen: Hogrefe.

Schneider, W., Marx, H. & Hasselhorn, M. (Hrsg.). (2008). *Diagnostik von Rechtschreibleistungen und -kompetenz* (Tests und Trends, N. F. Bd. 6). Göttingen: Hogrefe.

Schulte-Körne, G. & Galuschka, K. (2019). *Lese-/Rechtschreibstörung (LRS)*. Göttingen: Hogrefe.

Souvignier, E., Förster, N. & Salaschek, M. (2014). Quop: ein Ansatz internetbasierter Lernverlaufsdiagnostik mit Testkonzepten für Lesen und Mathematik. In M. Hasselhorn, W. Schneider & U. Trautwein (Hrsg.), *Lernverlaufsdiagnostik* (S. 239–256). Göttingen: Hogrefe.

Voß, S. & Hartke, B. (2014). Curriculumbasierte Messverfahren (CBM) als Methode der formativen Leistungsdiagnostik im RTI-Ansatz. In M. Hasselhorn, W. Schneider & U. Trautwein (Hrsg.), *Lernverlaufsdiagnostik* (S. 83–99). Göttingen: Hogrefe.

Weinert, F. E. (1990). Theory building in the domain of motivation and learning in school. In P. Vedder (Ed.), *Fundamental studies in educational research* (pp. 91–120). Amsterdam: Swets & Zeitlinger.

2 Intelligenzdiagnostik in der Schulpsychologie

Priska Hagmann-von Arx, Letizia Gauck und Alexander Grob

2.1 Intelligenz und Intelligenzdiagnostik

Die Intelligenz wird als allgemeine geistige Kapazität verstanden, welche die Fähigkeit zum schlussfolgernden und abstrakten Denken, Planen, Problemlösen sowie Lernen umfasst. Sie beeinflusst unseren Erfolg in zahlreichen Lebensbereichen, insbesondere unsere schulische und berufliche Leistung sowie unsere psychische und physische Gesundheit (Goldstein, Princiotta & Naglieri, 2015). Entsprechend nimmt Intelligenzdiagnostik in der Schulpsychologie eine zentrale Rolle ein.

Intelligenz ist nicht direkt beobachtbar, sondern wird aus Verhaltensweisen erschlossen, die wir als intelligent bezeichnen. Intelligenztests stellen Situationen für solche Verhaltensweisen bereit, die zusammengefasst eine Schätzung für die Intelligenz (auch Intelligenzquotient, IQ) liefern. Diese wird in der Regel mit einem altersrelativierten Wert mit einem Mittelwert von 100 und einer Standardabweichung von 15 angegeben. Ausgehend von einer Normalverteilung erzielen 68 % aller Personen einen Wert im durchschnittlichen Bereich von 85 bis 115. Eine Intelligenzminderung liegt ab einem Intelligenzwert von zwei Standardabweichungen unter dem Mittelwert vor (IQ < 70), während von einer intellektuellen Hochbegabung gesprochen wird, wenn ein Intelligenzwert von mindestens zwei Standardabweichungen über dem Mittelwert (IQ ≥ 130) erreicht wird.

Der erste moderne Intelligenztest wurde von Binet und Simon (1905) im Auftrag des französischen Erziehungsministeriums mit dem Ziel entwickelt, Kinder mit Minderbegabung zu identifizieren. Heute stellt die Intelligenzdiagnostik im schulpsychologischen Bereich für viele Fragestellungen einen wesentlichen Bestandteil des diagnostischen Prozesses dar und dient als Rahmenkonzept zur Einschätzung von Minder- und Hochbegabung, zur (vor-)schulischen Förderung, zu Schullaufbahnentscheidungen, als Komponente bei der Diagnosestellung von umschriebenen und tiefgreifenden Entwicklungsstörungen und von Verhaltensstörungen. Das Ziel der Intelligenzdiagnostik liegt in der Beantwortung individueller Fragestellungen. Eine Standortbestimmung der Intelligenz lässt sich nicht lediglich aus den Intelligenztestergebnissen ableiten, sondern erfordert eine umfassende Abklärung.

Fallbeispiel aus der Praxis
Tobias, 10 Jahre 8 Monate: Beratungsanlass

Die Mutter kommt auf Ersuchen der Lehrerin in den Schulpsychologischen Dienst. Tobias störe den Unterricht, indem er Geräusche produziere (pfeifen, schmatzen etc.) und Aufforderungen nicht folge. Schulprobleme bestünden seit Eintritt ins Bildungssystem: Tobias' Kindergärtnerin habe seine schnelle Auffassungsgabe und seinen großen Wortschatz bemerkt – Tobias hatte mit neun Monaten schon begonnen, in Drei-Wort-Sätzen zu sprechen –, aber auch bemängelt, dass Tobias sich nicht in die Gruppe einfüge. Tobias sei vorzeitig in die 1. Klasse versetzt worden, habe aber sozial keinen Anschluss gefunden. Lehrpersonen und Mitschülerinnen und Mitschüler habe er so stark provoziert, dass er in die Einführungsklasse versetzt worden sei. Nun komme Tobias in die 5. Klasse und die Mutter befürchtet, dass er aufgrund mangelnder Motivation und ungenügender Leistungen in das niedrigste Niveau der weiterführenden Schule versetzt werden könnte. Die getrennt lebenden Eltern, beide Akademiker, wirken emotional belastet und mit der Situation überfordert. Tobias hat keine Geschwister.

2.2 Aktuelle Intelligenztestverfahren

Testanwenderinnen und Testanwendern stehen zahlreiche Intelligenztests zur Verfügung. Dieses Kapitel gibt Hinweise zu Auswahlkriterien und aktuellen Intelligenztests und liefert damit eine Orientierungshilfe für die Testwahl.

2.2.1 Auswahlkriterien

Intelligenztests müssen Teststandards genügen, können unterschiedlich klassifiziert werden und basieren auf verschiedenen Intelligenzmodellen.

Teststandards
Es liegen verschiedene nationale und internationale Teststandard-Kompendien vor, in welchen Leitlinien zur Entwicklung, Adaptation, Anwendung und Qualitätskriterien psychologischer Tests festgehalten sind. Als Qualitätskriterien werden insbesondere Objektivität, Reliabilität, Validität und Normierung aufgeführt. Die Einhaltung der Kriterien wird in Deutschland mit dem Testbeurteilungssystem des Diagnostik- und Testkuratoriums (2018) überprüft.

Die Objektivität eines Intelligenztests ist in der Regel durch genaue Instruktionen zur Durchführung, Auswertung und Interpretation gewährleistet. Die Reliabilität eines Intelligenzwertes muss gemäß COTAN-System (Committee On Test Affairs Netherlands; Evers et al., 2010) über .90 liegen. Im Testmanual müssen Validitätsbelege berichtet werden. Da die Validierung nach der Testpublikation fortgesetzt wird, sollen sich Testanwenderinnen und Testanwender selbständig über zusätzliche Studien informieren. Die Normierungsstichprobe muss für die Zielpopulation repräsentativ sein. Normen sollen aktuell sein. In diesem Zusammenhang wird in der Intelligenzdiagnostik der Flynn-Effekt diskutiert, der besagt, dass Intelligenztestleistungen ungefähr drei Punkte pro Jahrzehnt zunehmen. Als Ursachen werden die Modernisierung und Computerisierung sowie eine bessere Ernährung diskutiert. Obwohl Studien den Flynn-Effekt nach wie vor aufzeigen können, wird in neueren Arbeiten auch postuliert, dass dieser zu einem Ende gekommen sei (Dutton, van der Linden & Lynn, 2016).

Klassifikation

Es gibt verschiedene Möglichkeiten, Intelligenztests zu klassifizieren:

- In der Schulpsychologie werden in der Regel Papier- und Bleistiftverfahren eingesetzt, die im Vergleich zu computergestützten Verfahren auch Verhaltensbeobachtungen der Testpersonen ermöglichen.
- Die meisten Intelligenztests können nur als Einzel- und nicht als Gruppentest durchgeführt werden.
- Mehrdimensionale Intelligenztests integrieren zur Einschätzung verschiedener Teilleistungen mehrere Untertests, während in eindimensionalen Intelligenztests eine einzelne intellektuelle Fähigkeit untersucht wird.
- Es lassen sich Power- und Speedtests unterscheiden, wobei in Intelligenztests häufig eine Mischform angewendet wird, indem Aufgaben mit zunehmendem Schwierigkeitsgrad (Power) in einer bestimmten Zeit (Speed) gelöst werden müssen.
- Testpersonen müssen Antworten entweder frei generieren oder diese aus vorgegebenen Antworten auswählen (Multiple Choice).
- Schließlich lassen sich Aufgaben mit verbalem von solchen mit nonverbalem Antwortformat (d. h. Testpersonen müssen Antworten nicht verbal formulieren) unterscheiden.

Intelligenzmodelle

Damit Intelligenztestwerte vor dem Hintergrund der ihnen zugrundeliegenden theoretischen Annahmen interpretiert werden können, sind Kenntnisse über diese Modellvorstellungen notwendig. Eine der ersten Intelligenztheorien wurde von Spearman (1904) formuliert. Gemäß seiner Zwei-Faktoren-Theorie liegt allen kognitiven Leistungen ein gemeinsamer Faktor zugrunde (sog. Generalfaktor, oder auch g-Faktor). Zusätzlich geht jede Testleistung auf eine spezifische Fähigkeit (s-Faktor) zurück. Bis heute werden die meisten Intelligenztests mit dem Ziel entwickelt, die generelle Intelligenz nach Spearman einzuschätzen.

Cattell (1943) ging von zwei voneinander unabhängigen Faktoren aus: Fluide Intelligenz (Gf) umfasst als biologisch determinierte Grundintelligenz schlussfolgerndes, wissensunabhängiges Denken, während kristalline Intelligenz (Gc) sprach- und kulturgebundenes Wissen widerspiegelt. Obwohl das Modell durch Horn und Cattell (1966) um mehrere Faktoren ergänzt wurde, hielt sich die Bezeichnung als Gf-Gc-Theorie.

In der Drei-Stratum-Theorie postulierte Carroll (1993), dass die Intelligenz aus hierarchisch aufgebauten Ebenen besteht. Zuoberst, bezeichnet als Stratum III, befindet sich ein Generalfaktor der Intelligenz. Stratum II umfasst Sekundärfaktoren, die wiederum von den Primärfaktoren auf Stratum I beeinflusst werden. Die heute umfassendste Theorie integriert frühere Modelle und ist als Cattell-Horn-Carroll- bzw. CHC-Theorie bekannt (McGrew, 1997). Auf Stratum III befindet sich der g-Faktor nach Spearman, darunter folgen auf Stratum II zehn Sekundärfaktoren respektive Indizes der Intelligenz (fluide und kristalline Intelligenz, quantitatives Wissen, visuelle und auditive Verarbeitung, Kurz- und Langzeitgedächtnis, Lese-/Schreibfähigkeit, Verarbeitungsgeschwindigkeit, Entscheidungs-/Reaktionszeit) und auf Stratum I über 70 Primärfaktoren respektive Untertests wie Wortschatz oder Merkspanne. Aktuelle Intelligenztests (z. B. IDS-2, SB5, WISC-V) beziehen sich auf die CHC-Theorie.

Gegenwärtig schätzen Intelligenztests nur eine Auswahl an Sekundärfaktoren der CHC-Theorie ein. Deshalb wurde der Cross-Battery-Assessment- oder auch XBA-Ansatz entwickelt (Flanagan et al., 2013), nach welchem Testverfahren mit Untertests von anderen Verfahren ergänzt werden können, um Sekundärfaktoren abzudecken, die ein einzelnes Verfahren nicht erfasst. Kritisch anzumerken ist, dass die Übertragbarkeit der Normen aus verschiedenen Testverfahren in Frage gestellt ist, wenn nur einzelne Untertests eines Testverfahrens durchgeführt werden.

2.2.2 Aktuelle Intelligenztests mit spezifischen Einsatzmöglichkeiten

Tabelle 2.1 zeigt eine Übersicht zu ausgewählten Intelligenztests mit Hinweisen zu Empfehlungen für den spezifischen Einsatz (► Tab. 2.1).

Tobias, 10 Jahre 8 Monate: Vorgehen

Nach einem Familiengespräch und einem Telefonat mit der Lehrerin wurde Tobias mit dem CFT 20-R und dem WISC-V getestet. Im Sinne des XBA-Ansatzes wurden zusätzlich die IDS-2-Untertests zur Sozial-emotionalen Kompetenz und Motorik durchgeführt. Tobias arbeitete nach anfänglichem Zögern konzentriert und motiviert mit. Er wirkte zurückhaltend und fokussierte sich auf die Aufgaben. Fehler verunsicherten ihn, aber er gab nicht vorschnell auf.

Tab. 2.1: Ausgewählte Intelligenztestverfahren im Überblick

Test	Alter	Intelligenztheorie	Indizes	Reliabilität	Untertests	Jahr der Normierung	Dauer in min	Spezifische Stärken
CFT 20-R	8;5–19;11 und 20–64	Fluide Intelligenz nach Cattell	• Gesamt-IQ	.95	4	2011–2015	50	Kann auch als Gruppentest durchgeführt werden; Kurz- und Langversion; sprachfreie und relativ kulturfaire Intelligenzeinschätzung; minimale und maximale Testzeiten
IDS-2	5;0–20;11	CHC-Theorie	• Gesamt-IQ • Visuelle Verarbeitung • Verarbeitungsgeschwindigkeit • Auditives Kurzzeitgedächtnis • Räumlich-visuelles Kurzzeitgedächtnis • Langzeitgedächtnis • Abstraktes Denken • Verbales Denken	.98	14	2015–2017	90	Zusätzliche Profilanalyse für Exekutive Funktionen, Psychomotorik, Sozial-emotionale Kompetenz, Schulische Kompetenzen und Arbeitshaltung; Intelligenzscreening
SB5	4;0–83;11	CHC-Theorie	• Gesamt-IQ • Nonverbaler IQ • Verbaler IQ • Fluides Schlussfolgern • Wissen • Quantitatives Schlussfolgern • Visuell-räumliche Verarbeitung • Arbeitsgedächtnis	.97–99	10	2015–2017	80–120	Intelligenzeinschätzung über die Lebensspanne; Intelligenzscreening
SON-R 2–8	2;0–7;11	Fluide Intelligenz nach Cattell	• Gesamt-IQ • Handlungsskala • Denkskala	Im Mittel .91	6	2016–2017	50	Adaptive Testvorgabe; sprachfreie Intelligenzeinschätzung; Einsatz auch bei hörbehinderten Personen möglich; Empfehlung bei der Testung von Personen mit Intelligenzminderung und Sprachentwicklungsstörungen sowie fremdsprachigen Personen

Tab. 2.1: Ausgewählte Intelligenztestverfahren im Überblick – Fortsetzung

Test	Alter	Intelligenztheorie	Indizes	Reliabilität	Untertests	Jahr der Normierung	Dauer in min	Spezifische Stärken
WISC-V	6;0–16;11	CHC-Theorie	• Gesamt-IQ • Fluides Schlussfolgern • Sprachverständnis • Visuell-räumliches Denken • Arbeitsgedächtnis • Verarbeitungsgeschwindigkeit	.96	15	2016	60–90	International am häufigsten eingesetztes Testverfahren; differenzierte Intelligenzprofilanalyse

CFT 20-R = Grundintelligenztest Skala 2 (Weiß, 2019); IDS-2 = Intelligence and Development Scales für Kinder und Jugendliche (Grob & Hagmann-von Arx, 2018); SB5 = Stanford-Binet Intelligence Scales – Fifth Edition (Grob, Gygi & Hagmann-von Arx, 2019); SON-R 2–8 = Snijders Oomen Nonverbaler Intelligenztest für 2- bis 8-Jährige (Tellegen, Laros & Petermann, 2018); WISC-V = Wechsler Intelligence Scale for Children – 5. Ausgabe (Petermann, 2017).

2.3 Fallstricke bei der Testdurchführung und -interpretation

Die Intelligenzdiagnostik scheint für Fachpersonen nach entsprechender Einarbeitung relativ einfach zu sein. Bei der Anwendung von Intelligenztests müssen aber Fallstricke berücksichtigt werden.

2.3.1 Durchführungs- und Auswertungsobjektivität

Um die Objektivität sicherzustellen, ist eine Testdurchführung und -auswertung gemäß den in den Manualen erläuterten Instruktionen unabdingbar. Dennoch gibt es Einzelsituationen, in denen eine standardisierte Intelligenztestung nicht möglich ist. Beispielsweise sind bei der Testung von Probandinnen und Probanden mit geistiger Behinderung oder Autismus häufig zusätzliche Motivationshilfen, die Lenkung der Aufmerksamkeit oder die Aufteilung der Untersuchung auf mehrere Termine notwendig. Eine Abweichung von der standardisierten Testvorgabe ist im Protokollbogen zu notieren und bei der Interpretation der Testergebnisse zu berücksichtigen.

2.3.2 Berechnung eines Gesamtwertes

Weichen die Leistungen in einzelnen Untertests und Indizes stark voneinander ab, ist es fraglich, ob ein Gesamtwert, der einen Durchschnittswert widerspiegelt, die Intelligenz einer Testperson adäquat abbilden kann. Deshalb kann es bei stark heterogenen Intelligenzprofilen sinnvoll sein, auf die Berechnung eines Gesamtwertes zu verzichten und den Fokus auf die Interpretation der Testprofile zu legen.

2.3.3 Testprofile und kritische Differenzen

Mehrdimensionale Intelligenztests ermöglichen, mit einer Profilanalyse Stärken und Schwächen von Testpersonen abzuleiten. Um einzuschätzen, ob die Unterschiede zwischen den Intelligenzindizes und Untertests von Testpersonen deutlich stärker ausgeprägt sind als bei der Vergleichsgruppe, wird in Manualen in der Regel angegeben, ab welchen kritischen Differenzen Leistungen zwischen zwei Werten sich bedeutsam voneinander unterscheiden und bezogen auf die Allgemeinbevölkerung auffällig sind. Große Leistungsunterschiede zwischen einzelnen Teilleistungen können ein Kind verunsichern und in der Folge zu Verhaltensauffälligkeiten führen.

Eine Profilanalyse spielt in pädagogisch-psychologischen Anwendungsbereichen eine zentrale Rolle. Es ist jedoch kritisch anzumerken, dass Untertests im Vergleich zu einem Gesamtwert eine deutlich geringere Reliabilität aufweisen und die intellektuellen Stärken und Schwächen über die Zeit wenig stabil sind (Livingstone et al., 2003), sodass aus einer wissenschaftlichen Perspektive davon abgeraten wird, der Profilanalyse eine zu große Bedeutung zuzumessen.

2.3.4 Vertrauensintervalle und mehrfache Testungen

Behördliche Richtlinien geben oft einen bestimmten Intelligenzwert als Schwellenwert an, der unter- oder überschritten werden muss, damit eine Diagnose gestellt werden kann und Interventionen finanziert werden. Eine strikte Anwendung dieser Schwellenwerte bedeutet beispielsweise, dass eine Testperson mit einem IQ von 68 im Vergleich zu jemandem mit einem IQ von 71 als geistig behindert kategorisiert wird (sofern zusätzliche Bedingungen wie Defizite in adaptiven Fähigkeiten vorliegen), obwohl die beiden Intelligenzwerte vergleichbar sind. Da Intelligenzwerte nicht frei von Messfehlern sind, dürfen diese nicht als »wahre Werte« interpretiert werden. Vielmehr muss ein Vertrauensintervall angegeben werden, in welchem der »wahre Wert« mit einer 90- oder 95-prozentigen Wahrscheinlichkeit liegt. Zudem wird empfohlen, für eine Diagnosestellung zwei oder mehr Tests einzusetzen, wobei der »wahre Wert« mit großer Wahrscheinlichkeit in der Schnittmenge der Vertrauensintervalle liegt. Überschneiden sich die Vertrauensintervalle nicht, bzw. liegt eine kritische Differenz zwischen den beiden Testergebnissen vor, kann dies verschiedene Gründe haben, wie etwa Ermüdung oder unterschiedliche Intelligenzkonzeptionen der Verfahren mit beispielsweise anderen Aufgabenstellungen (z. B. verbal vs. figural) (Hagmann-von Arx, Lemola & Grob, 2018).

2.3.5 Intelligenztestung in den Extrembereichen

Intelligenztests setzen sich aus Aufgaben zusammen, die mehrheitlich einen mittleren Schwierigkeitsgrad aufweisen, sodass sie im durchschnittlichen Leistungsbereich besser differenzieren als im unter- und überdurchschnittlichen Bereich. Entsprechend sind Mess- und Schätzfehler in den Extrembereichen groß. Da Intelligenztests in der Regel an unauffälligen Personen normiert sind, kann es bei minderbegabten Personen zu Bodeneffekten kommen, d. h. aufgrund zu wenig leichter Aufgaben kann ein Test im unterdurchschnittlichen Bereich nicht mehr differenzieren. Bei hochbegabten Personen können Deckeneffekte auftreten: Aufgrund zu wenig schwieriger Aufgaben kann ein Test im überdurchschnittlichen Bereich nicht mehr differenzieren. Bei Boden- und Deckeneffekten stellen die Testergebnisse keine adäquate Schätzung der wahren Fähigkeiten dar (Hagmann-von Arx et al., 2018).

Tobias, 10 Jahre 8 Monate: Testergebnisse

Im CFT-20 R, 1. Testteil, erzielte Tobias mit einem IQ von 128 (95 % Vertrauensintervall (VI) = 120–136) eine Leistung im weit überdurchschnittlichen Bereich, während er im identisch aufgebauten 2. Testteil eine durchschnittliche Leistung zeigte (IQ = 112, 95 % VI = 103–121). Gemäß Manual wurde daher nur der erste Testteil als Schätzwert für das Denkvermögen herangezogen. Im WISC-IV-Index Sprachverständnis (IQ = 142, 95 % VI = 131–146) erreichte Tobias die Decke des Tests – die Aufgaben waren für ihn nicht so schwer, dass die obere Grenze seines Fähigkeitsniveaus erkennbar geworden wäre. In den Indizes Visuell-räumliche Verarbeitung (IQ = 129, 95 % VI = 118–134) und Fluides Schlussfolgern (IQ = 128, 95 % VI = 119–133) erreichte Tobias weit überdurchschnittliche Werte, während seine Leistungen im Arbeitsgedächtnis (IQ = 107, 95 % VI = 99–114) durchschnittlich und in der Verarbeitungsgeschwindigkeit (IQ = 80, 95 % VI = 74–91) unterdurchschnittlich ausfielen. Tobias' Profil war so heterogen, dass die Berechnung des Gesamtwerts als nicht sinnvoll erachtet wurde. Entsprechend wurde der Allgemeine Fähigkeitsindex (AFI) als Schätzwert seiner kognitiven Fähigkeit errechnet. Dieser liegt mit einem IQ von 141 (95 % VI = 134–144) im extrem hohen Bereich. Tobias' Testleistungen in IDS-2 Emotionen Regulieren und Sozial Kompetent Handeln lagen im unterdurchschnittlichen Bereich, während die Leistung in Emotionen Erkennen altersentsprechend ausfiel. In IDS-2 Psychomotorik zeigte Tobias eine Stärke in der Grobmotorik, eine Schwäche in der Visuomotorik und eine altersentsprechende Leistung in der Feinmotorik.

2.4 Nutzen und Grenzen der Intelligenzdiagnostik

Während der Intelligenzeinschätzung ein großer Nutzen zugesprochen wird, ist gleichzeitig auf Grenzen der Intelligenzdiagnostik hinzuweisen.

2.4.1 Vorhersage zukünftiger Schul- und Studienleistungen

Intelligenzeinschätzungen erlauben Prognosen für den schulischen und akademischen Erfolg. Intelligenz gilt als relativ stabile Persönlichkeitseigenschaft, sodass ab dem Schuleintritt Prognosen für die Grundschulzeit und ab etwa zehn Jahren längerfristige Prognosen für die Intelligenzentwicklung gestellt werden können (Rost, 2009). Es ist anzumerken, dass diese Studienergebnisse auf Gruppenebene erhoben wurden und für den Einzelfall nur bedingt zutreffen. Der Hinweis auf die Veränderbarkeit der Intelligenz ist bei der Rückmeldung von Testergebnissen zentral, da sie als unveränderlich wahrgenommene, stabile Persönlichkeitsmerkmale für die Motivation und die Leistungsentwicklung negative Folgen haben können (Dinger & Dickhäuser, 2013).

2.4.2 Intelligenz als Baustein in der Selektion und für Platzierungen

Kinder und Jugendliche verschiedener Schulformen (Hauptschule, Realschule und Gymnasium) unterscheiden sich signifikant in ihren Intelligenztestleistungen, sodass die Intelligenzeinschätzung zur Prognose der Schulform herangezogen werden kann. Kritisch anzumerken ist, dass sich die Verteilungen stark überlappen (Jäger et al., 2006). Auch für die Zuweisung in spezielle Schulen oder Klassen wie Hochbegabtenzüge stellen Intelligenztestleistungen einen zentralen Baustein dar (Preckel & Vock, 2013). Obwohl Intelligenz als bester Einzelprädiktor für schulischen Erfolg gilt, ist darauf hinzuweisen, dass mit einer durch die Intelligenz erklärten Varianz von etwa 25–50 % ein großer Teil des schulischen und akademischen Erfolgs ungeklärt bleibt. Für den Erfolg scheinen auf Seiten der Schülerinnen und Schüler weitere Faktoren wie Gewissenhaftigkeit (Dumfart & Neubauer, 2016), Motivation (Kriegbaum, Becker & Spinath, 2018) oder sozial-emotionale Kompetenzen (Gut, Reimann & Grob, 2012) wichtig zu sein.

2.4.3 Testung von Kindern und Jugendlichen mit Migrationshintergrund

Da bei Probandinnen und Probanden mit Migrationshintergrund sprachliche und kulturelle Barrieren zu Schwierigkeiten bei der Testdurchführung führen können, sind Intelligenztestleistungen basierend auf den sprachlichen und kulturellen Anforderungen eines Testverfahrens zu interpretieren. Selbst bei weitgehend sprachfreien bzw. kulturfairen Tests erreichen Personen mit Migrationshintergrund im Durchschnitt schlechtere Resultate als Gleichaltrige ohne Migrationshintergrund (Schweizer et al., 2021). Große Bedeutung haben deshalb Informationen über die Werte der anderen Kultur sowie der Einsatz weiterer Methoden, wie z. B. Portfolios/Mappen, in denen die Ergebnisse von Lernprozessen gesammelt werden (Gentry, Hu & Thomas, 2008).

2.4.4 Intelligenztests in der Prozess- und Förderdiagnostik

Intelligenztests stellen für die Diagnostik, die an der jeweiligen Fragestellung orientiert ist, nur einen Baustein dar. So ist Intelligenz zwar einer der besten Prädiktoren zukünftiger Schulleistungen, aber bei Weitem nicht der einzige. Die Intelligenzdiagnostik muss im Rahmen eines systemischen Ansatzes je nach Fragestellung mit weiteren Leistungs- und Persönlichkeitstests und vor allem mit der Exploration der Bezugspersonen ergänzt werden. Die Intelligenzeinschätzung gibt hierbei entscheidende Hinweise, welches Niveau die zu planenden Fördermaßnahmen hinsichtlich Komplexität und Tempo haben sollten.

Intelligenz wird als Produkt einer Wechselwirkung zwischen Anlagen und Umwelt verstanden, die das Individuum aktiv mitgestaltet. Aufgrund dieser Dynamik ist jede Diagnostik als Prozess aufzufassen. Entsprechend werden auf Basis der diagnostischen Ergebnisse Empfehlungen ausgesprochen, deren Durchführung begleitet und deren Wirkung evaluiert werden sollten. Ein Beispiel für ein solches Diagnose-Interventions-Modell ist der Response-to-Intervention-Ansatz (z. B. Liebers & Seifert, 2013; ► Kap. II-1).

Je konkreter die Vorschläge für die Praxis sein sollen, desto wichtiger ist es, die beteiligten Personen (Schüler und Schülerinnen, Lehrer, Eltern etc.) in den dynamischen Prozess der Diagnostik miteinzubeziehen, um eine solide Datenbasis und eine größtmögliche Akzeptanz zu erreichen. Vor diesem Hintergrund wird verständlich, dass systemisches Arbeiten in der Schulpsychologie unabdingbar ist, wenn sie erfolgreich sein will.

Thomas, 10 Jahre 8 Monate: Interpretation

Tobias' Profil weist auf ein extrem hohes Sprachverständnis und auf ein ausgeprägtes logisches Denkvermögen hin. Eine Schwäche hingegen liegt in der Verarbeitungsgeschwindigkeit, die im Vergleich zu Gleichaltrigen langsamer ist. Weiter kann Tobias Emotionen zwar gut erkennen, aber er kennt nur wenige Strategien, seine Gefühle zu regulieren. Es ist möglich, dass die großen Diskrepanzen in seinem Profil Tobias in seiner Schullaufbahn verunsichert und zu den Verhaltensauffälligkeiten und Lernschwierigkeiten beigetragen haben.

Tobias liegt mit seinen knapp genügenden Schulleistungen unter den Erwartungen aufgrund seines hohen kognitiven Potenzials. Ein solches Underachievement kann viele Ursachen haben. Interventionen umfassen u. a. die Motivation, das Selbstkonzept, die schulischen Kompetenzen (Stofflücken und/oder Unterforderung), die Visuomotorik sowie systemische Aspekte (z. B. Familiendynamik, Klassenklima, Beziehung zu Lehrpersonen).

Literatur

Binet, A. & Simon, T. (1905). Méthodes nouvelles pour le diagnostic du niveau intellectuel des anormaux. *L'Année Psychologique, 11*, 191–244.

Carroll, J. B. (1993). *Human cognitive abilities: a survey of factor-analytic studies.* Cambridge: Cambridge University Press.

Cattell, R. B. (1943). The measurement of adult intelligence. *Psychological Bulletin, 40*, 153–193.

Diagnostik- und Testkuratorium (2018). TBS-DTK. Testbeurteilungssystem des Diagnostik- und Testkuratoriums der Föderation Deutsche Psychologenvereinigungen. Revidierte Fassung vom 03. Januar 2018. *Psychologische Rundschau, 69*, 109–116.

Dinger, F. C. & Dickhäuser, O. (2013). Does implicit theory of intelligence cause achievement goals? Evidence from an experimental study. *International Journal of Educational Research, 61*, 38–47.

Dumfart, B. & Neubauer, A. C. (2016). Conscientiousness ist he most powerful noncognitive predictor of school achievement in adolescents. *Journal of Individual Differences, 37*, 8–15.

Dutton, E., van der Linden, D. & Lynn, R. (2016). The negative Flynn Effect: A systematic review. *Intelligence, 59*, 163–169.

Evers, A., Lucassen, W., Meijer, R. & Sijtsma, K. (2010). *COTAN review system for evaluating test quality*. Zugriff am 27.11.2020. Zugriff am 25.05.2021 unter www.psynip.nl/wp-content/uploads/2019/05/NIP-Brochure-Cotan-2018-correctie-1.pdf

Flanagan, D. P., Ortiz, S. O., Alfonso, V. C., Kaufman, A. S. & Kaufman, N. K. (2013). *Essentials of Cross-Battery Assessment* (3rd ed.). Hoboken, NJ: John Wiley & Sons Inc.

Gentry, M., Hu, S. & Thomas, A. T. (2008). Ethnically diverse students. In J. A. Plucker & C. M. Callahan (Eds.), *Critical issues and practices in gifted education* (pp. 195–212). Waco, TX: Prufrock Press.

Goldstein, S., Princiotta, D., & Naglieri, J. A. (Eds.). (2015). *Handbook of intelligence. Evolutionary theory, historical perspective, and current concepts*. New York, NY: Springer.

Grob, A. & Hagmann-von Arx, P. (2018). *Intelligence and Development Scales für Kinder und Jugendliche (IDS-2)*. Bern: Hogrefe.

Grob, A., Gygi, J. T. & Hagmann-von Arx, P. (2019). *Stanford Binet Intelligence Scales* (5th ed., deutsche Version). Bern: Hogrefe.

Hagmann-von Arx, P., Lemola, S. & Grob, A. (2018). Does IQ=IQ? Comparability of intelligence test scores in typically developing children. *Assessment, 25*, 691-701.

Horn, J. L. & Cattell, R. B. (1966). Refinement and test of theory of fluid and crystallized general intelligences. *Journal of Educational Psychology, 57*, 253–270.

Jäger, A. O., Holling, H., Preckel, F., Schulze, R., Vock, M., Süß, H.-M. et al. (2006). *Berliner Intelligenzstrukturtest für Jugendliche: Begabungs- und Hochbegabungsdiagnostik (BIS-HB)*. Göttingen: Hogrefe.

Kriegbaum, K., Becker, N. & Spinath, B. (2018). The relative importance of intelligence and motivation as predictors of school achievement: A meta-analysis. *Educational Research Review, 25*, 120–148.

Liebers, K. & Seifert, C. (2012). Assessmentkonzepte für die inklusive Schule – eine Bestandsaufnahme. *Zeitschrift für Inklusion Online, 3/2012*. Zugriff am 25.05.2021 unter www.inklusion-online.net/index.php/inklusion-online/article/view/44/44

Livingstone, R. B., Jennings, E., Reynolds, C. R. & Gray, R. M. (2003). Multivariate analyses of the profile stability of intelligence tests: high for IQs, low to very low for subtest analyses. *Archives of Clinical Neuropsychology, 18*, 487–507.

McGrew, K. S. (1997). Analysis of the major intelligence batteries according to a proposed comprehensive Gf-Gc framework. In D. P. Flanagan, J. L. Genshaft & P. L. Harrison (Eds.), *Contemporary intellectual assessment: Theories, tests, and issues* (pp. 151–180). New York: Guilford Press.

Petermann, F. (Hrsg.). (2017). *Wechsler Intelligence Scale for Children (WISC-V)*. Frankfurt a. M.: Pearson.

Rost, D. H. (2009). *Intelligenz: Fakten und Mythen*. Weinheim: Beltz.

Schweizer, F., Grieder, S., Bünger, A. & Grob, A. (2021). Vergleich von Intelligenztestleistungen bei monolingualen und bilingualen Kindern und Jugendlichen in den Intelligence and Development Scales–2 (IDS-2). *Diagnostica, 67*, 33–46.

Spearman, C. (1904). »General Intelligence« objectively determined and measured. *American Journal of Psychology, 15*, 201–292.

Tellegen, P. J., Laros, J. A. & Petermann, F. (2007). *SON-R 2½–7. Snijders-Oomen Non-verbaler Intelligenztest*. Göttingen: Hogrefe.

Weiss, R. H. (2019). *Grundintelligenztest Skala 2 – Revision – (CFT 20–R) mit Wortschatztest und Zahlenfolgentest – Revision (WS/ZF–R)*. Göttingen: Hogrefe.

3 Lernverlaufsdiagnostik

Elmar Souvignier, Natalie Förster, Boris Forthmann und Nina Zeuch

3.1 Ein theoretischer Rahmen für den Ansatz der Lernverlaufsdiagnostik

Lernverlaufsdiagnostik soll mithilfe wiederholter Testungen den individuellen Fortschritt, das Stagnieren oder das Abfallen von Leistungen dokumentieren, damit auf diese Prozesse kurzfristig pädagogisch reagiert werden kann. Dass nicht nur das Ausgangsniveau, sondern auch die Lernverläufe von Schülerinnen und Schülern sehr heterogen sein können, zeigte sich z. B. in einer Studie von Salaschek, Zeuch und Souvignier (2014). Insbesondere stagnierende oder geringe Lernzuwächse sind ein Hinweis für Lehrkräfte, dass eine Anpassung von Unterrichtsmethoden oder -inhalten erfolgen sollte. Die generelle Ausrichtung von Lernverlaufsdiagnostik ist demnach formativ (Schütze, Souvignier & Hasselhorn, 2018): Diagnostische Information dient dabei sowohl der Planung und Anpassung des eigenen Unterrichts als auch der Konzeption individueller Fördermaßnahmen. Es geht um eine zyklische Abfolge von Förderung und Evaluation, die eine stetige Optimierung pädagogischer Maßnahmen zum Ziel hat. Die Schulpsychologie kann Lehrkräfte darin unterstützen, Diagnostik als eine rationale Grundlage für pädagogische (Förder-)Entscheidungen zu verstehen.

Der Ansatz der Lernverlaufsdiagnostik lässt sich zwei theoretischen Rahmenkonzepten zuordnen: Zum einen ist Lernverlaufsdiagnostik ein »Werkzeug« im Kontext *formativen Assessments*. Bei diesem Ansatz geht es darum, Lehrkräften und Schülern ein Feedback zum Lernprozess zu geben, das zur Optimierung des Lehrens und Lernens genutzt wird (Black & Wiliam, 1998; Schütze et al., 2018). Zum anderen unterstreicht das Konzept des *Data-based decision-making* (Schildkamp, 2019) den handlungsleitenden Charakter von Lernverlaufsdiagnostik. Über diese theoretische Verortung hinausgehend sind zwei weitere Aspekte maßgeblich: Lernverlaufsdiagnostik ist hohen Standards psychometrischer Güte verpflichtet und im Sinne einer praktischen Nutzbarkeit muss Lernverlaufsdiagnostik sich leicht in den schulischen

Alltag implementieren lassen (vgl. Espin et al., 2012).

Für eine wiederholte Diagnostik im schulischen Kontext hat sich der Begriff der »Lernverlaufsdiagnostik« gegenüber alternativen Vorschlägen wie Lernprozessdiagnostik oder Lernfortschrittsdiagnostik durchgesetzt. Klauer (2011) wies darauf hin, dass es nicht nur Lernfortschritte, sondern auch Rückschritte gibt und dass Lernprozesse über einen längeren Zeitraum am besten als »Verläufe« zu benennen seien. Entsprechend war sein Vorschlag eine Terminologie zu wählen, die den Verlaufscharakter betont. Ein Sammelband zur »Lernverlaufsdiagnostik« (Hasselhorn, Schneider & Trautwein, 2014) greift nicht nur diesen Vorschlag zur Begriffsbildung auf, sondern stellt auch eine breite Übersicht zum Forschungsstand, zu theoretischen Grundlagen und zu vorliegenden Verfahren zusammen.

Die Grundidee einer Lernverlaufsdiagnostik kann auf unterschiedliche Weise umgesetzt werden. So können Testeigenschaften (d. h. Umfang und Inhalt), die Anzahl der Messungen bzw. die Zeitintervalle zwischen zwei aufeinanderfolgenden Tests und auch die Anzahl der zu testenden Schülerinnen und Schüler bzw. die Zielgruppe variieren. In den folgenden Abschnitten dieses Beitrags wird deutlich, dass es zu jedem dieser Aspekte Variationen zwischen den vorliegenden Verfahren gibt. Jenseits dieser Unterschiedlichkeiten erscheint es sinnvoll, zwei generelle Anforderungen an eine Lernverlaufsdiagnostik zu betonen:

1. Leistungsentwicklungen sollten über einen längeren Zeitraum anhand von Aufgaben mit gleichem Anforderungscharakter gemessen werden (vgl. Wilbert, 2014), wobei die psychometrische Güte der diagnostischen Information über Lernverläufe hoch sein muss.
2. Im Sinne der theoretischen Rahmenkonzepte des formativen Assessment und des Data-based decision-making soll Lernverlaufsdiagnostik aussagekräftige Informationen zur Planung und Anpassung individueller Fördermaßnahmen und des unterrichtlichen Angebots zur Verfügung stellen.

3.2 Unterschiedliche Konzepte zur Umsetzung des Ansatzes der Lernverlaufsdiagnostik

Seit den 1970er Jahren entwickelte Stanley Deno einen Ansatz zur Lernverlaufsdiagnostik, das *Curriculum-based measurement* (CBM; Deno, 1985), der bis heute erfolgreich eingesetzt wird (Espin et al., 2012). Er stellte fest, dass diagnostische Information zur Planung von Fördermaßnahmen nur dann nachhaltig in den Schulalltag implementiert werden kann, wenn die Messungen kurz, leicht durchzuführen, eindeutig zu interpretieren, präzise und aussagekräftig sind, also ein Maximum an Information bei minimalem Aufwand liefern. Vor dem Hintergrund dieses Katalogs an Anforderungen wurden Aufgaben identifiziert, die viele curricular verankerte Lernziele integrieren, aber dennoch schnell durchzuführen sind, und die eine hohe psychometrische Güte aufweisen. »Eine Minute lautes Lesen« oder »Zwei Minuten Kopfrechnen« erwiesen sich beispielsweise als geeignete Aufgaben, die trotz ihrer scheinbaren Einfachheit auch valide im Hinblick auf curriculare Anforderungen sind. Im sonderpädagogischen Kontext wurden solche Tests bei einzelnen Schülerinnen und Schülern in kurzen zeitlichen Abständen wiederholt. Im Vergleich mit einem Erwartungswert für den Lernverlauf resultierte so eine unmittelbare Rückmeldung, ob die aktuell eingesetzten Fördermaßnahmen erfolgreich waren oder ob sie angepasst werden sollten. Nicht zuletzt aufgrund seiner Einfachheit erfuhr der CBM-Ansatz in der schulischen Praxis weite Verbreitung (»A measure of sucess«, Espin et al., 2012). Diese kurze Schilderung von Rahmenbedingungen des CBM-Ansatzes ist ein Beispiel für *eine* Konkretisierung des Konzepts der Lernverlaufsdiagnostik. Um Variationsmöglichkeiten zu skizzieren, soll im Folgenden anhand von drei zentralen Merkmalen die Bandbreite möglicher Vorgehensweisen bei der Lernverlaufsdiagnostik angesprochen werden, bevor im Anschluss vier konkrete Konzepte zur Lernverlaufsdiagnostik vorgestellt werden.

- **Erstes Merkmal – Testinhalt**
  Beim CBM-Ansatz werden zentrale Indikatoren (Lautes Lesen; Arithmetische Fähigkeiten) herangezogen und mit zeitlicher Begrenzung als Speed-Tests durchgeführt. Differenziertere Ansätze, die z. B. zwischen Lesegeschwindigkeit und Leseverständnis unterscheiden, bieten konkretere Hinweise auf individuelle Förderbedarfe, nehmen aber auch mehr Zeit in Anspruch. Eine weitere Variante stellen direkt an curricularen Kompetenzen orientierte Tests dar, die jedoch noch umfangreicher ausfallen. Um Lernverläufe abbilden zu können ist in jedem Fall zu beachten, dass der Anforderungscharakter von Test zu Test gleich gehalten werden muss, es sich bei den Tests also um Paralleltests handelt. Dies ist beispielsweise ein wichtiger Unterschied im Vergleich zu Klassenarbeiten, deren Anforderungen sich ändern.
- **Zweites Merkmal – Testintervall**
  Im Grunde sind Intervalle zwischen täglich und jährlich denkbar, wenn Lernverläufe dokumentiert werden sollen. Beim CBM-Ansatz werden üblicherweise Intervalle von einem Tag bis zu einer Woche gewählt. Sehr kurze Intervalle sind dabei nur dann sinnvoll, wenn einerseits hoch sensitive Tests eingesetzt werden und andererseits den häufigen Messungen auch intensive Fördermaßnahmen gegenüberstehen. Entsprechend sind Testungen mit sehr kurzen Intervallen meist nur mit einzelnen Kindern realisierbar. Messungen im Abstand von zwei bis vier Wochen sind im Klassenkontext mit Hilfe computerbasierter Messungen möglich, die nicht nur eine effiziente Testdurchführung, sondern auch eine automatisierte Auswertung und Dokumentation ermöglichen. Längere Testintervalle stellen den formativen Charakter einer Lernverlaufsdiagnostik in Frage, da dann die Möglichkeiten zur zeitnahen Anpassung unterrichtlicher Maßnahmen geringer werden.
- **Drittes Merkmal – organisatorischer Rahmen**
  Lernverlaufsdiagnostik kann für einzelne Schülerinnen und Schüler oder für ganze Klassen eingesetzt werden. Der Einsatz in ganzen Klassen erscheint im Sinne des in den meisten Schulgesetzen verankerten Anspruchs auf individuelle Förderung erstrebenswert. Die Testlänge kann extrem kurz (eine Minute) oder bei enger an curricularen Inhalten orientierten Verfahren deutlich länger sein, wobei sich letztlich nur kurze Verfahren in den Unterrichtsalltag integrieren lassen. Die Durchführung kann papierbasiert oder computergestützt erfolgen, wobei computergestützte Varianten Vorteile im Hinblick auf Durchführungs-, Auswertungs- und Dokumentationsökonomie haben.

Die geschilderten Merkmalsvariationen beziehen sich sowohl auf formale als auch auf inhaltliche Aspekte. In formaler Hinsicht sticht für die schulische Praxis der Wunsch nach einfachen, kurzen und mit wenig Aufwand durchzuführenden Verfahren hervor. Die Verfahren sollten leicht interpretierbare Ergebnisse liefern, und die Auswertung und Dokumentation der Resultate sollte möglichst automatisiert erfolgen. In inhaltlicher Hinsicht sind Instrumente wünschenswert, die differenzierte Auskunft über mehrere Kompetenzbereiche geben, sodass sich aus den diagnostischen Informationen unmittelbare Anknüpfungspunkte für spezifische zielgerichtete Fördermaßnahmen ergeben. Deutlich wird, dass insbesondere der Wunsch nach ökonomisch einzusetzenden Tests und der Anspruch auf differenzierte diagnostische Information, die unmittelbar Hinweise auf Förderinhalte geben, in einem Spannungsverhältnis stehen.

Weitere Anforderungen an eine Lernverlaufsdiagnostik ergeben sich im Hinblick auf die notwendigen Voraussetzungen an die Testgüte der diagnostischen Verfahren. Diese sollen nicht nur reliabel und valide sein, also die üblichen Kriterien psychometrischer Güte erfüllen, sondern darüber hinaus vergleichbare Anforderungen stellen, also konstrukt- und schwierigkeitshomogen sein, um tatsächlich Verläufe abbilden zu können. Eine solche strenge Überprüfung der Parallelität oder Äquivalenz von Tests wurde bislang jedoch nur selten vorgenommen (vgl. Ardoin et al., 2013). Zum anderen ist eine Lernverlaufsdiagnostik nur dann möglich, wenn die eingesetzten Maße sich als sensitiv für Veränderungen erweisen. Die Geschwindigkeit beim lauten Lesen und auch die Leistungen im Kopfrechnen sind beispielsweise solche Maße, die sich über eine relativ breite Entwicklungsspanne als veränderungssensitiv erwiesen haben.

Um einen konkreten Überblick zu geben, sollen in den folgenden Absätzen nun vier Konzepte skizziert werden, die derzeit in der Lernverlaufsdiagnostik realisiert werden:

1. Testverfahren in der Tradition der CBM-Forschung

Zur Diagnose von Lesefähigkeiten liegen im deutschsprachigen Raum mit den Verfahren LDL (Lernfortschrittsdiagnostik Lesen; Walter, 2010) und VSL (Verlaufsdiagnostik sinnerfassenden Lesens; Walter, 2013) zwei Verfahren vor. Die LDL, bei der die Anzahl in einer Minute richtig gelesener Wörter eines Lesetexts ermittelt wird und für die 28 Parallelversionen von Texten vorliegen, wurde für die Grundschule und die Klassenstufen 5 bis 9 der Hauptschule normiert. Die Durchführung des Tests erfolgt jeweils im Einzelsetting, und die psychometrische Güte ist insgesamt überzeugend. Bei der VSL bearbeiten die Kinder Texte im Lückentext-Format (Maze). An der Stelle jedes siebten Wortes steht eine Lücke mit drei Auswahlwörtern, von denen nur eines richtig ist. Ermittelt wird die Zahl der in vier Minuten richtig ausgefüllten Lücken. Auch dieses Testformat hat sich als psychometrisch überzeugender Indikator für die Leseleistung erwiesen. Für die VSL liegen 20 Parallelformen sowie Normen für die Klassenstufen 2 bis 6 vor. Zur Ermittlung von Lernverläufen in Mathematik liegt das Verfahren LVD-M (Lernverlaufsdiagnostik Mathematik) für die Klassenstufen 2 bis 4 vor (Strathmann & Klauer, 2012). In Abhängigkeit von der Klassenstufe wurden hier Aufgabenpools definiert, aus denen eine Zufallsstichprobe an Aufgaben gezogen wird. Auf diese Weise werden jeweils Aufgabenblätter mit lehrzielorientierten Tests erstellt, die den Bereich des formalen Rechnens abdecken. Auch dieses Verfahren weist eine überzeugende Güte auf. Die Bearbeitungsdauer liegt mit etwa 15 Minuten etwas höher als bei den Lesetests.

2. Internetbasierte Ansätze

Für den Einsatz im schulischen Alltag ist eine selbständige Durchführung der Testverfahren durch die Schülerinnen und Schüler sowie eine automatisierte Auswertung und Dokumentation der Ergebnisse eine große Unterstützung. Eine solche Umsetzung des Konzepts der Lernverlaufsdiagnostik findet sich beispielsweise in einem System mit dem Kunstnamen »quop« (www.quop.de)

(Souvignier, 2018; Souvignier et al., 2020). Hier werden Testreihen aus jeweils acht Tests für die Inhaltsbereiche Lesen und Mathematik für die Klassenstufen 1 bis 6 zur Verfügung gestellt, die im Abstand von drei Wochen bearbeitet werden. Die Testverfahren sind so angelegt, dass sie für die jeweilige Klassenstufe relevante Kompetenzen differenziert abbilden. So wird z. B. zwischen Leseflüssigkeit und Leseverständnis bzw. mathematischen Basiskompetenzen und arithmetischen Fähigkeiten unterschieden. Die Testverfahren sollen somit eine gute Anschlussfähigkeit zur Planung von Maßnahmen der individuellen Förderung aufweisen. Die Einzeltests haben eine Dauer von 10–15 Minuten. Die psychometrische Güte, die Parallelität und die Änderungssensitivität der Testverfahren sind gut. Im Zuge der Evaluation des quop-Ansatzes zeigte sich zudem, dass die Implementation in den schulischen Alltag problemlos gelang und dass Kinder aus Klassen, deren Lehrkräfte diagnostische Verlaufsinformation aus quop erhielten, höhere Lernzuwächse erzielten (z. B. Förster, Kawohl & Souvignier, 2018; Förster & Souvignier, 2014).

3. Kompetenzorientierte Ansätze mit umfangreicheren Tests und langen Messintervallen

Auch Testverfahren, die mit deutlich längeren Zeitintervallen als einem Monat eingesetzt werden, die gleichzeitig aber umfangreicher sind und wesentlich differenziertere Angaben zum Leistungsstand machen, können in der Lernverlaufsdiagnostik eingesetzt werden. Beispiele für solche Verfahren sind das IEL-1 (Inventar zur Erfassung der Lesekompetenzen von Erstklässlern; Diehl & Hartke, 2012) oder das Lernentwicklungsmonitoring KEKS (Kompetenzerfassung in Kindergarten und Schule; May & Bennöhr, 2013). Das IEL-1 umfasst sieben Aufgabenbereiche, mit denen verschiedene Aspekte der phonologischen Bewusstheit sowie das Wort-, Satz- und Textlesen abgebildet werden. Zudem enthält es ein Eine-Minute-Lesen-Screening. Das IEL-1 ist für drei Messzeitpunkte im Verlauf des ersten Schuljahres normiert. Die Testserie KEKS erfasst Kernkompetenzen in den Bereichen Deutsch, Mathematik, Englisch und der Herkunftssprache. Das Verfahren ist auf eine Dokumentation langfristiger Lernentwicklungen ausgerichtet. Entsprechend fallen auch die Abstände zwischen zwei Testungen mit mindestens einem halben Jahr im Kontext des Ansatzes der Lernverlaufsdiagnostik vergleichsweise lang aus. Durch eine Orientierung an einem Kompetenzstufenmodell können auch über Jahrgangsstufen hinweg Entwicklungsverläufe abgebildet werden.

4. Rasch-skalierte Itempools, die eine Zuordnung des individuellen Lernstandes zu einem curricularen Niveau ermöglichen sollen

In Neuseeland wurde – orientiert am nationalen Curriculum – mit dem System »asTTle« (Assessment Tools for Teaching and Learning) eine Online-Plattform aufgebaut, die eine an curricularen Kompetenzen orientierte Rückmeldung für Schülerinnen und Schüler der Klassen 4 bis 12 erlaubt. Hier wurden Itempools für Lesen, Mathematik, Schreiben und Sprache für mehrere Ethnien (z. B. Maori) erstellt und auf der Basis der Item-Response-Theorie kalibriert (vgl. Hattie & Brown, 2007–2008). Auf diese Weise ist es generell möglich, Lernentwicklungen im Sinne von Veränderungen bezogen auf ein Kompetenzraster abzubilden. Ein Vorteil dieses Ansatzes liegt in dem engen inhaltlichen Bezug zwischen Assessment und Unterrichtsgegenstand, wohingegen der Gedanke, Lernverläufe anhand inhaltsgleicher Messungen zu begleiten, aufgegeben wurde. In der Schweiz wurde mit »Mindsteps« (Tomasik, Berger & Moser, 2018; www.mindsteps.ch) ein vergleichbares, ebenfalls jahrgangsübergreifendes System zur Dokumentation von Kompetenzen und Leistungsentwicklungen etabliert, das durch das Institut für Bildungsevaluation an der Universität Zürich angeboten wird. Mindsteps bezieht sich auf den »Lehrplan 21«, auf den sich eine große Zahl Schweizer Kantone verständigt hat. Auch im US-amerikanischen Bildungssystem wurden am nationalen Curriculum orientierte Itempools erstellt, und es konnte gezeigt werden, dass solche Aufgabensammlungen über Schuljahre hinweg den Anspruch auf Eindimensionalität einlösen können (z. B. Wang et al., 2013). In Deutschland wurde zudem kürzlich ein umfangreicher Itempool zur Erfassung der Worterkennungsfähigkeit beim Leiselesen entwickelt (Voß & Blumenthal, 2020).

3.3 Befunde zu Effekten des Ansatzes der Lernverlaufsdiagnostik

In einer Überblicksarbeit von Black und Wiliam (1998) wird formatives Assessment anhand einer Vielzahl von Forschungsarbeiten als ein pädagogisches Erfolgsmodell mit hoher Wirksamkeit herausgehoben. Eine neuere Metaanalyse von Kingston und Nash (2011) kommt ein wenig relativierend zu dem Ergebnis, dass für den Ansatz formativen Assessments eher von moderaten Effektstärken ($d = 0.25$) ausgegangen werden sollte. Bemerkenswert ist bei der Literaturrecherche von Kingston und Nash (2011), dass nur 13 von 300 Primärstudien über Kontrollgruppendesigns verfügten. Als zentraler Wirkmechanismus für formatives Assessment gilt dabei, dass Lehrkräften und Lernenden ein Feedback zur Entwicklung von Leistungen gegeben wird (Schütze et al., 2018), das eine rationale Basis für Anpassungen des Lehr- und Lernverhaltens zur Verfügung stellt.

Mit spezifischerem Bezug zu Studien zur Lernverlaufsdiagnostik werden in einer Übersichtsarbeit von Stecker, Fuchs und Fuchs (2005) ebenfalls generell positive Effekte berichtet. Die Befunde aus den dort referierten Studien weisen allerdings darauf hin, dass es zentrale Herausforderungen für Lehrkräfte bei der Interpretation von Daten gibt: So müssen graphische oder tabellarische Darstellungen von Daten über Lernverläufe adäquat gelesen, interpretiert und für Förderentscheidungen genutzt werden. Insbesondere die »Übersetzungsaufgabe«, die diagnostische Verlaufsinformation mit konkreten unterrichtlichen Handlungsmöglichkeiten in Verbindung zu bringen, erweist sich als zentrale Herausforderung (Kippers, Poortman, Schildkamp & Visscher, 2018; Zeuch, Förster & Souvignier, 2017): Zeigen Kinder zusätzliche Förderbedarf in Mathematik? Welches wäre in diesem Fall das passende Angebot? Weisen die Daten auf eine große Leistungsheterogentät in der Klasse hin und wie könnte dann Unterricht differenziert ausgestaltet werden, um allen Lernenden gerecht zu werden? Sollte einer festgestellten Stagnation der Leistungen mit Stoffwiederholungen oder veränderten Vermittlungsmethoden begegnet werden? Deutlich wird hier, dass das große Potenzial von Lernverlaufsdiagnostik nur dann voll ausgeschöpft werden kann, wenn der hohe Anspruch an Gütekriterien der Testverfahren auch für die Entscheidungen gilt, die auf Basis der diagnostischen Informationen getroffen werden (Hopster-den Otter, Wools, Eggen & Veldkamp, 2019). Connor (2019) weist mit Blick auf solche herausfordernden Entscheidungen in der Unterrichtspraxis darauf hin, dass computerbasierte Lösungen eingesetzt werden sollten, um Lehrkräfte bei der Planung und Anpassung unterrichtlicher Maßnahmen zu unterstützen.

Die Evaluation von Effekten des internetbasierten quop-Ansatzes zur Lernverlaufsdiagnostik zeigt, dass die diagnostische Information zu Lernverläufen zu höheren Lernzuwächsen führt, als wenn Lehrkräften »nur« statusdiagnostische Informationen zur Verfügung stehen (Förster et al., 2018; Souvignier et al., 2020). Allerdings lagen nur dann positive Effekte vor, wenn die Lehrkräfte Adressaten der diagnostischen Information waren. Eine Leistungsrückmeldung an die Schülerinnen und Schüler – auch verbunden mit einer auf Motivationssteigerung angelegten Zielsetzungsprozedur – führte nicht zu Leistungssteigerungen (Förster & Souvignier, 2014). Hilfreich scheinen vielmehr solche computergestützten Systeme, die den Lehrkräften explizite Empfehlungen zur Interpretation und Nutzung von diagnostischer Information zu Lernverläufen geben (Connor, 2019; Stecker et al., 2005).

3.4 Anwendungsmöglichkeiten und praktische Herausforderungen im schulischen Kontext

Das Spektrum von Adressaten diagnostischer Information zu Lernverläufen erstreckt sich von Lehrkräften über die Schülerinnen und Schüler bis hin zu den Eltern. Im Sinne eines Ansatzes im Rahmen einer formativen Diagnostik geht es zunächst darum, Lernprozesse anhand klar definierter Kriterien transparent zu machen, sodass auf der Grundlage dieser Information pädagogische Entscheidungen getroffen werden können (Schildkamp, 2019). Eltern können so anhand objektiver Daten informiert und in Fördermaßnahmen einbezogen werden. Auch mit Schülerinnen und Schülern lassen sich datenbezogene Zielgespräche führen, und die Entscheidung für spezifische Fördermaßnahmen lässt sich klar begründen, was insbesondere in motivationaler Hinsicht sehr hilfreich sein kann. Hauptadressaten der Lernverlaufsdiagnostik sind allerdings Lehrkräfte, die eine objektive Informationsbasis für eine diagnosebasierte individualisierte Förderung erhalten. Ob hieraus Maßnahmen für ganze Klassen (z. B. schwierigkeitsdifferenziertes Material; zieldifferenter Unterricht) oder individuelle Fördermaßnahmen (z. B. spezifische Förderempfehlungen; zusätzliche Förderstunden) resultieren, ist im Einzelfall zu entscheiden.

Ein konkreter Ansatz, bei dem lernverlaufsdiagnostische Information genutzt wird, ist das RTI-Konzept (Response-to-Intervention; vgl. Voß et al., 2016). Hier werden in ganzen Klassen Screenings in größeren Zeitintervallen (dreimal pro Schuljahr) durchgeführt, woraufhin bei leistungsschwächeren Kindern gezielte zusätzliche Fördermaßnahmen angesetzt werden. Diese werden dann mit einer zeitlich engmaschigeren Lernverlaufsdiagnostik begleitet. In Deutschland wurde dieser Ansatz im Rügener Inklusionsmodell umgesetzt (Voß et al., 2016). Die Umsetzung eines solchen Konzepts setzt umfangreiche Lehrerfortbildungen voraus und stellt eine aufwändige Schulentwicklungsmaßnahme dar. Gleichzeitig ist sie ein Beispiel dafür, wie eine konsequente Verzahnung von Diagnostik und individueller Förderung zu einer Professionalisierung schulischen Handelns führen kann.

Lernverlaufsdiagnostik ist ein Ansatz, bei dem mehrere zentrale psychologische Themen integriert und für die schulische Arbeit unmittelbar nutzbar werden: 1) Diagnostik, sowohl im Sinne einer objektiven Feststellung des Niveaus als auch der Veränderung; 2) Lernen in dem Sinne, dass Förderung dann ihre größtmögliche Wirksamkeit hat, wenn sie am individuellen Vorwissen ansetzt; 3)

Motivation insofern, als ein engmaschiges Feedback erfolgt und eine Orientierung an klaren Zielsetzungen möglich ist. Aus einer schulpsychologischen Perspektive ist Lernverlaufsdiagnostik – auch im Rahmen des umfassenderen Konzepts formativen Assessments – attraktiv, weil eine systematische Unterstützung des schulischen Alltags unter Rückgriff auf psychologische Konzepte erfolgen kann.

In Abschnitt 3.2 wurde bereits angesprochen, dass bei der Entscheidung für den Einsatz von Lernverlaufsdiagnostik sowohl inhaltliche als auch formale Aspekte zu beachten sind. Zuächst sollten Schulen dahingehend beraten werden, solche Testverfahren einzusetzen, die den psychometrischen Anforderungen genügen. Weil letztlich individuelle Förderentscheidungen von der Güte der Verfahren abhängen, sollten hier keine Kompromisse gemacht werden – Reliabilität und Validität der Einzelverfahren sowie Sensitivität und Parallelität über Testreihen hinweg sind notwendige Voraussetzungen. Für den Grundschulbereich lässt sich sagen, dass hier auf gute und bewährte Verfahren zurückgegriffen werden kann. Eine besondere Herausforderung liegt in der praktischen Anwendbarkeit, die wiederum eine Voraussetzung für die Akzeptanz und damit für die Implementation in den schulischen Alltag ist. Wie oben dargestellt, erleichtern hier technische Lösungen wie bei dem internetbasierten quop-System die Anwendung, da hierbei wesentliche Funktionen (Durchführung, Auswertung, Dokumentation) keine zeitlichen Ressourcen auf Seiten der Lehrkraft erfordern (Souvignier, 2018). Für die schulische Praxis sind zudem bei der Nutzung von Lernverlaufsdiagnostik wichtige Entscheidungen darüber zu treffen, auf wie viele Schülerinnen und Schüler (einzelne Kinder; ganze Klassen) sie angewandt und in welchen zeitlichen Intervallen die Tests durchgeführt werden sollen (im Sinne der Feedbackfunktion sind möglichst kurze Intervalle wünschenswert). Vier Konzepte, die sich im Hinblick auf die benannten zentralen Merkmale von Lernverlaufsdiagnostik unterscheiden und somit diese praktischen Anforderungen jeweils unterschiedlich stark adressieren, wurden in diesem Beitrag beispielhaft vorgestellt. Die Ausbildung von Lehrkräften fällt hinsichtlich diagnostischer Grundlagen und deren Anwendung oft weniger umfangreich aus, als dies wünschenswert wäre. Vor diesem Hintergrund gehört es zu den Aufgaben der Schulpsychologie, Lehrkräfte bei der Auswahl von Verfahren und bei der Interpretation diagnostischer Information zu beraten und sie im Hinblick auf die Ableitung unterrichtlicher Maßnahmen zu unterstützen (Kippers et al., 2018; Zeuch et al., 2017).

Literatur

Ardoin, S. P., Christ, T. J., Morena, L. S., Cormier, D. C. & Klingbeil, D. A. (2013). A systematic review and summarization of the recommendations and research surrounding curriculum-based measurement of oral reading fluency (CBM-R) decision rules. *Journal of School Psychology, 51*, 1–18.

Black, P. & Wiliam, D. (1998). Assessment and classroom learning. *Assessment in Education: Principles, Policy & Practice, 5*, 7–74.

Connor, C. M. (2019). Using technology and assessment to personalize instruction: Preventing reading problems. *Prevention Science, 20*(1), 89–99.

Deno, S. L. (1985). Curriculum-based measurement: The emerging alternative. *Exceptional Children, 52*, 219–232.

Diehl, K. & Hartke, B. (2012). *IEL-1. Inventar zur Erfassung der Lesekompetenzen von Erstklässlern. Ein curriculumbasiertes Verfahren zur Abbildung des Lernfortschritts.* Göttingen: Hogrefe.

Espin, C. A., McMaster, K. L., Rose, S. & Wayman, M. M. (Eds.). (2012). *A measure of success. The influence of curriculum-based measurement on education.* Minneapolis, MN: University of Minnesota Press.

Förster, N., Kawohl, E. & Souvignier, E. (2018). Short- and long-term effects of assessment-based differentiated reading instruction in general education on reading fluency and reading comprehension. *Learning and Instruction, 56*, 98–109.

Förster, N. & Souvignier, E. (2014). Learning progress assessment and goal setting: Effects on reading achievement, reading motivation and reading self-concept. *Learning and Instruction, 32*, 91–100.

Hasselhorn, M., Schneider, W. & Trautwein, U. (Hrsg.). (2014). *Lernverlaufsdiagnostik* (Tests und Trends, N. F. Bd. 12). Göttingen: Hogrefe.

Hattie, J. A. C. & Brown, G. T. L. (2007–2008). Technology for school-based assessment and assessment for learning: Development principles from New Zealand. *Journal of Educational Technology Systems, 36*, 189–201.

Hopster-den Otter, D., Wools, S., Eggen, T. J. & Veldkamp, B. P. (2019). A general framework for the validation of embedded formative assessment. *Journal of Educational Measurement, 56*(4), 715–732.

Kingston, N. & Nash, B. (2011). Formative Assessment: A meta-analysis and a call for research. *Educational Measurement: Issues and Practice, 30*, 28–37.

Kippers, W. B., Poortman, C. L., Schildkamp, K. & Visscher, A. J. (2018). Data literacy: What do educators learn and struggle with during a data use intervention? *Studies in Educational Evaluation, 56*, 21–31.

Klauer, K. J. (2011). Lernverlaufsdiagnostik – Konzept, Schwierigkeiten und Möglichkeiten. *Empirische Sonderpädagogik, 3*, 207–224.

May, P. & Bennöhr, J. (Hrsg.). (2013). *KEKS – Kompetenzerfassung in Kindergarten und Schule. Handbuch. Konzept, theoretische Grundlagen und Normierung.* Berlin: Cornelsen.

Salaschek, M., Zeuch, N. & Souvignier, E. (2014). Mathematics growth trajectories in first grade: Cumulative vs. compensatory patterns and the role of number sense. *Learning and Individual Differences, 35*, 103–112.

Schildkamp, K. (2019). Data-based decision-making for school improvement: Research insights and gaps. *Educational Research, 61*, 257–273.

Schütze, B., Souvignier, E. & Hasselhorn, M. (2018). Stichwort – Formatives Assessment. *Zeitschrift für Erziehungswissenschaft, 21*, 697–715.

Souvignier, E. (2018). Computerbasierte Lernverlaufsdiagnostik. *Lernen und Lernstörungen, 7*, 219–223.

Souvignier, E., Förster, N., Hebbecker, K. & Schütze, B. (2020). quop: An effective web-based approach to monitor student learning progress in reading and mathematics in entire classrooms. In S. Jornitz & A. Wilmers (Eds.), *International Perspectives on School Settings, Education Policy and Digital Strategies. A Transatlantic Discourse in Education Research* (pp. 291–306). Leverkusen: Budrich.

Stecker, P. M., Fuchs, L. S. & Fuchs, D. (2005). Using curriculum-based measurement to improve student achievement: Review of research. *Psychology in the Schools, 42*, 795–819.

Strathmann, A. M. & Klauer, K. J. (2012). *LVD-M 2–4. Lernverlaufsdiagnostik-Mathematik für zweite bis vierte Klassen.* Göttingen: Hogrefe.

Tomasik, M. J., Berger, S., & Moser, U. (2018). On the development of a computer-based tool for formative student assessment: Epistemological, methodological, and practical issues. *Frontiers in Psychology*, 9, 2245.

Voß, S., & Blumenthal, Y. (2020). Assessing the word recognition skills of German elementary students in silent reading—Psychometric properties of an item pool to generate curriculum-based measurements. *Education Sciences, 10*(2), 35.

Voß, S., Blumenthal, Y., Mahlau, K., Marten, K., Diehl, K., Sikora, S. et al. (2016). *Der Response-to-Intervention-Ansatz in der Praxis: Evaluationsergebnisse zum Rügener Inklusionsmodell.* Münster: Waxmann.

Walter, J. (2010). *LDL. Lernfortschrittsdiagnostik Lesen (LDL). Ein curriculumbasiertes Verfahren.* Göttingen: Hogrefe.

Walter, J. (2013). *VSL. Verlaufsdiagnostik sinnerfassenden Lesens.* Göttingen: Hogrefe.

Wang, S., McCall, M., Jiao, H. & Harris, G. (2013). Construct validity and measurement invariance of computerized adaptive testing: Application to measures of academic progress (MAP) using confirmatory factor analysis. *Journal of Educational and Developmental Psychology, 3*, 88–100.

Wilbert, J. (2014). Instrumente zur Lernverlaufsmessung: Gütekriterien und Auswertungsherausforderungen. In M. Hasselhorn, W. Schneider & U. Trautwein (Hrsg.), *Lernverlaufsdiagnostik* (Tests und Trends, N. F. Bd. 12) (S. 281–308). Göttingen: Hogrefe.

Zeuch, N., Förster, N. & Souvignier, E. (2017). Assessing teachers' competencies to read and interpret graphs from learning progress assessment. Results from tests and interviews. *Learning Disabilities Research and Practice, 32*, 61–70.

4 Verhaltensverlaufsdiagnostik durch Direct Behavior Rating

Christian Huber

4.1 Ausgangssituation

Eine der zentralen schulpsychologischen Aufgaben ist die Ableitung von schulischen und außerschulischen Interventionsmaßnahmen aus diagnostischen Befunden. Dabei gehört es schon seit je her in den schulpsychologischen Verantwortungsbereich, die Implementation dieser Maßnahmen zu begleiten, auszuwerten und, falls erforderlich, zu optimieren. In der internationalen Schulpsychologie wurde dieses Aufgabenfeld im Zuge des inklusiven Wandels nochmals in seiner Bedeutung gestärkt (National Association of School Psychologists, 2002). Insbesondere Konzepte wie Response-to-Intervention (Reschley & Bergstrom, 2009), die finnischen Student-Welfare-Teams (Laaksonen, Laitinen & Salmi, 2007) oder das kanadische Modell des System-Monitorings (Sliwka, 2010) zeigen dabei die Bedeutung eines evidenzbasierten Vorgehens innerhalb der Schulpsychologie. In den USA, Australien und Neuseeland ist diese Arbeitsweise häufig in das Response-to-Intervention-Modell (RTI) eingebunden (Huber, 2012; Johnson, Fuchs & McKnight, 2006; Reschley & Bergstrom, 2009). Hier haben Schulpsychologinnen und -psychologen die Aufgabe im Rahmen von multiprofessionellen Teams gezielte Maßnahmen mit Lehrkräften und anderen Fachkräften zu entwickeln und zu evaluieren (weiterführende Hinweise zum Thema RTI bei Brown-Chidsey und Steege, 2007; Huber, 2012; Reschley & Bergstrom, 2009; ► Kap. II-1 sowie ► Kap. II-3). Ein wesentlicher Bestandteil multiprofessioneller Teamarbeit ist die engmaschige formative Evaluation der eingeleiteten Maßnahmen. Ziel eines solchen Monitorings ist es, schnell wirksame von unwirksamen Interventionen zu trennen und somit schulpsychologische und schulische Ressourcen effektiver einsetzen zu können. Im englischen Sprachraum wird diese Vorgehensweise als »evidence based practice« oder »data based decision making« bezeichnet.

Aus diesem Grunde rückten in der Vergangenheit vermehrt prozessdiagnostische Methoden und Instrumente in den Mittelpunkt der Diskussion. Im Bereich der kognitiven Fähigkeiten hat Stanley Deno das Konzept des Curriculum-Based Measurements (CBM) geprägt (Deno, 2003). Auch im deutschen Sprachraum erscheinen mittlerweile Instrumente, die die Bereiche Lesen (Diehl

& Hartke, 2012; Souvignier et al., 2014) und Mathematik (Müller & Hartmann, 2014; Souvignier et al., 2014) abdecken (weiterführende Hinweise bei Hosp, Hosp & Howell, 2007, sowie unter www.easycbm.com oder www.dibels.org). Wechselt man den Blickwinkel vom Bereich kognitiver Fähigkeiten zum Bereich der sozialen und emotionalen Entwicklung, stellt sich die Frage, wie Entwicklungsverläufe in diesem besonders relevanten Feld engmaschig und ökonomisch evaluiert werden können?

Schmidt-Atzert (2012) unterscheidet ganz in der Tradition einschlägiger Lehrbücher der psychologischen Diagnostik zwischen der direkten systematischen Verhaltensbeobachtung und der Verhaltensbeurteilung als zwei grundsätzliche Ansätze der Verhaltensdiagnostik. Beide Formen eignen sich jedoch nur bedingt zur Erfassung von Verhaltensentwicklungen. So ist die Durchführung und Auswertung einer direkten systematischen Verhaltensbeobachtung mit einem hohen Zeitaufwand verbunden, den Schulpsychologen in der Regel nur selten im Rahmen eines Einzelfalls aufwenden können. Auf der anderen Seite sind Verhaltensbeurteilungen in der Regel vorgesehen, um Verhaltensmerkmale über einen längeren Zeitraum zusammenfassend zu beurteilen (für weiterführende Hinweise vgl. Schmidt-Atzert, 2012). Casale et al. (2019) stellen in Anlehnung an US-amerikanische Arbeiten (z. B. Chafouleas et al., 2002; Chafouleas, 2011) mit dem Direct Behavior Rating (DBR) eine alternative Technik vor, mit der Schulpsychologinnen und -psychologen ökonomisch Daten zu Verhaltensentwicklungen erheben können.

4.2 Direct Behavior Rating (DBR)

DBR ist eine Kombination aus einer direkten systematischen Verhaltensbeobachtung und einer *direkten* Verhaltensbeurteilung. Dabei bedeutet »direkt«, dass das Verhalten direkt im Anschluss an eine Beobachtungssituation beurteilt werden soll. Im Gegensatz zu einer direkten systematischen Verhaltensbeobachtung wird das Verhalten jedoch nicht ausgezählt oder mit einer Stoppuhr gemessen, sondern auf einer Ratingskala (z. B. von 0–10 oder von 0–100 %) beurteilt. In der Regel werden zur Einschätzung sogenannte Single-Item-Skalen eingesetzt, was bedeutet, dass pro Verhaltensbereich nur ein einzelnes Item beurteilt werden muss. Auf diese Weise sind Verhaltensbeurteilungen sehr ökonomisch und dauern nur wenige Sekunden. DBR kann als hochfrequente Messmethode bezeichnet werden. Es sieht vor, dass Lehrkräfte und andere Fachkräfte mehrfach täglich (z. B. nach jeder Schulstunde) ein Zielverhalten einschätzen. Auf diese Weise kommen pro Tag mehrere Verhaltensmesswerte zustande, die (z. B. pro Tag oder Woche) zu einem Durchschnittswert verrechnet werden können (Casale et al., 2019; Chafouleas, 2011). Veränderungen auf diesem Score werden beim DBR als Schätzer für die Entwicklung des Schülerverhaltens über die Zeit genutzt.

4.3 DBR in der Forschung

Die Testgüte von DBR war in der Vergangenheit Gegenstand zahlreicher Studien (Chafouleas, 2011; Huber & Rietz, 2015). Die vorliegenden Befunde zeigten dabei eine unterschiedliche Eignung für den status- und den prozessdiagnostischen Einsatz. Zusammenfassend lässt sich dabei zunächst feststellen, dass DBR keine soliden statusdiagnostischen Aussagen zulässt. So schwanken DBR-Rater sehr stark in ihren Einschätzungen bei der Beobachtung zu ein- und demselben Zielverhalten (Christ et al., 2009; Volpe & Briesch, 2012), und weichen im Hinblick auf ihr Urteil ebenfalls von professionellen Verhaltensbeobachtern ab (Volpe & Briesch, 2012). Andererseits lässt sich aus den vorliegenden Befunden eine gute Eignung für die Verlaufsdiagnostik ableiten. So zeigen verschiedene Studien, dass DBR-Rater Verhaltensänderungen zwischen zwei Beobachtungszeitpunkten vergleichbar (z. B. als positive Veränderung) zu den Einschätzungen von professionellen Verhaltensbeobachtern wahrnehmen und die Stabilität der Verhaltensurteile eines DBR-Raters über die Zeit gut ist (Huber & Rietz, 2015). Zusammenfassend lässt sich sagen, dass die Ausprägung eines Verhaltens von DBR-Ratern zwar auf unterschiedlichen Level wahrgenommen wird, die Einschätzung der längsschnittlichen Veränderung jedoch von DBR-Ratern und professionellen Ratern als vergleichbar beurteilt werden kann. Damit lassen sich aus DBR-Diagnosen zwar keine statusdiagnostischen Aussagen über die »Normalität« eines Verhaltens ableiten, jedoch spiegeln die Veränderungen der Beobachtungsdaten eine gute Schätzung der tatsächlichen Verhaltensentwicklung wider, sofern die Verhaltensbeurteilungen immer von den gleichen Personen stammen (Casale et al., 2019).

Weitere Befunde legen nahe, dass DBR-Skalen mindestens sechs Skalenpunkte haben sollten. In Forschung und Praxis haben sich 11-fach gestufte Skalen (von 0–10 oder 0–100 %) bewährt. Kriteriumsvalidität und Interrater-Reliabilität steigen bei DBR im Gegensatz zu einer direkten systematischen Beobachtung, wenn das Zielverhalten möglichst global und abstrakt formuliert ist (Christ & Boice, 2009; Volpe & Briesch, 2012) und die Anwesenheit eines Verhaltens im Gegensatz zur Abwesenheit eines Verhaltens bewertet werden soll (Chafouleas, Jaffery, Riley-Tillman, Christ & Sen, 2013). Grundsätzlich lässt sich die Entwicklung aller Verhaltensbereiche durch DBR abbilden. Eine besonders hohe Interrater-Reliabilität zeigte sich in zahlreichen Studien für die Bereiche »Teilnahme am Unterricht«, »störendes Verhalten« und »respektvolles Verhalten« (Chafouleas, 2011; Chafouleas et al., 2013; Christ et al., 2011; Riley-Tillman et al., 2009; Riley-Tillman et al., 2008). Wie alle (Verhaltens-) Messungen sind auch DBR-Ratings anfällig für zufällige Urteilsfehler. Daher scheinen DBR-Verhaltensurteile robuster und zuverlässiger zu sein, wenn mehrere Verhaltenseinschätzungen zu einem Median verrechnet werden. Je nach Studie werden zwischen fünf und 20 Messungen empfohlen, um einen stabilen und aussagekräftigen Wert für einen Messzeitpunkt zu bekommen (Casale et al., 2019; Chafouleas, 2011; Volpe & Briesch, 2012).

4.4 DBR in der schulpsychologischen Praxis

DBR kann es Schulpsychologinnen und -psychologen und allen anderen Fachpersonen ermöglichen, die Wirksamkeit von (schul-) psychologischen Beratungsprozessen und Interventionen in der Schule formativ zu evaluieren. Ziel ist dabei nicht, das Verhalten durch die eingeleiteten Maßnahmen wieder zu normalisieren, sondern eine (langfristige) Verbesserung des Verhaltens zu bewirken. Zur Implementation einer Lernverlaufsmessung in der Schule sind mindestens sechs verschiedene Entscheidungen zu fällen:

4.4.1 Wahl des zu beobachtenden Verhaltens

Grundsätzlich kann die Entwicklung jedes Verhaltens durch DBR-Messungen betrachtet werden. Die vorliegenden Studien zeigen, dass das Zielverhalten dabei möglichst global formuliert sein sollte und die Anwesenheit eines zu beobachtenden Zielverhaltens fokussieren sollte. Im Folgenden sind in Anlehnung an Chafouleas et al. (2013) exemplarisch Formulierungen von drei Beobachtungszielen zusammengestellt, für die bislang eine besonders gute Beobachtungsgüte festgestellt wurde:

- Teilnahme am Unterricht: aktive oder passive Teilnahme am Unterrichtsgeschehen (z. B. schreiben, melden, Antworten geben, über das Thema reden, der Lehrkraft zuhören, lesen, auf das Material schauen)
- Störendes Verhalten: eine Aktion, die das Unterrichtsgeschehen unterbricht (z. B. aufstehen, zappeln, reinrufen, über Dinge reden, die nicht mit dem Unterricht zu tun haben, aggressive Verhaltensweisen, mit Gegenständen spielen)
- Nicht-respektvolles Verhalten: unangemessenes, trotziges, ungehorsames oder sozial rüdes Verhalten als Reaktion auf eine Interaktion mit einer erwachsenen Person oder Klassenkameraden und -kameradinnen (z. B. Verweigerung, den Anweisungen der Lehrkraft zu folgen, unangemessene Gesten, Sprache oder soziale Interaktionen, Widerworte geben, Augenrollen)

4.4.2 Wahl der Ratingskala

Grundsätzlich scheint die Breite der verwendeten Ratingskala das Ergebnis einer Verhaltensverlaufsdiagnostik nur wenig zu beeinflussen. Chafouleas (2011) empfiehlt die Verwendung von mindestens sechs Skalenpunkten um genügend Varianz in den Messdaten zu haben. Betrachtet man die vorliegenden Studien, werden vor allem zwei verschiedene Skalenformate eingesetzt (Volpe & Briesch, 2012; Volpe & Fabiano, 2013): erstens eine relative Zeitskala, bei der der prozentuale Zeitanteil beurteilt werden soll, in der ein Zielschüler oder eine Zielschülerin ein Zielverhalten im Beobachtungszeitraum gezeigt hat (▶ Abb. 4.1a); zweitens eine qualitative Skala, bei der der Ausprägungsgrad eines Zielverhaltens im Beobachtungszeitraum eingeschätzt werden soll (▶ Abb. 4.1c).

Neben den in Abbildung 4.1 dargestellten Single-Item-Skalen (SIS) wurden von einigen Forschungsgruppen Varianten einer etwas differenzierteren Multiple-Item-Skala (MIS) verwendet, bei der ein Zielverhalten (z. B. Aggressivität) durch mehrere spezifische Verhaltensweisen (z. B. tritt, schlägt, schreit, kneift etc.) operationalisiert wird (Casale et al., 2019). Bislang liegen nur sehr wenige Befunde zu diesem Skalenformat vor, die allerdings insgesamt nahelegen, dass MI-Skalen vor allem die statusdiagnostischen Eigenschaften von DBR

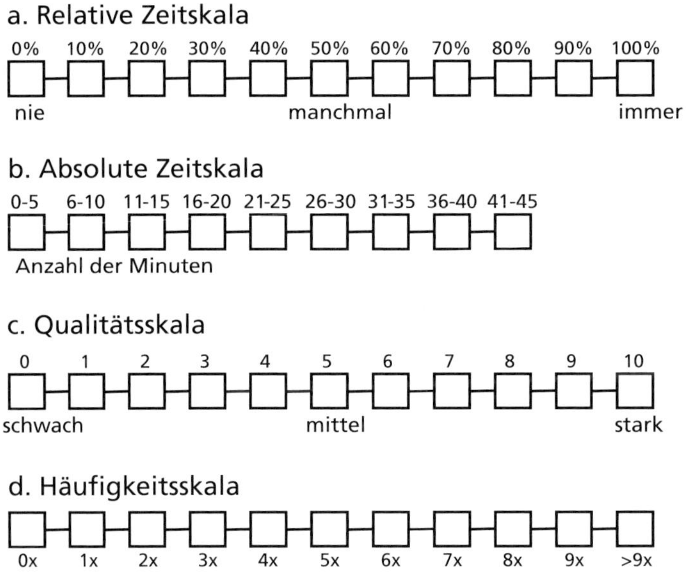

Abb. 4.1a–d:
Beispiele für Skalenformate

verbessern, nicht aber die prozessdiagnostische Güte (Volpe & Briesch, 2012).

Für schulpsychologische Fragestellungen scheinen SI-Skalen in der Regel besser geeignet zu sein als MI-Skalen. Sie sind ökonomischer und finden auf diese Weise eine höhere Akzeptanz bei den Lehrkräften. Die Wahl der eingesetzten Ratingskalen ist vor allem von dem zu beobachtenden Zielverhalten abhängig zu machen. So bieten sich Zeitskalen bei einem Zielverhalten an, dass auch in der Praxis in seiner zeitlichen Ausdehnung über die Beobachtungszeiträume schwankt (z. B. Teilnahme am Unterricht; ▶ Abb. 4.1b). Qualitative Skalen scheinen sich vor allem bei Zielverhaltensweisen anzubieten, die erfahrungsgemäß im Beobachtungszeitraum immer nur eine kurze zeitliche Ausdehnung, aber dennoch eine intensive Qualität einnehmen (z. B. Aggressivität).

Grundsätzlich sind auch andere Skalenformate denkbar, bei denen die beurteilende Person z. B. die Auftretenshäufigkeit des Zielverhaltens entweder relativ oder absolut angibt (▶ Abb. 4.1d). Bislang wurden die Beobachtungsgüteeigenschaften dieses Skalentyps allerdings in keiner Studie in Bezug auf DBR untersucht (Huber & Rietz, 2015a).

4.4.3 Planung der Verhaltensbeurteilung

Wenn im Rahmen eines schulpsychologischen Beratungsprozesses eine Verhaltensverlaufsdiagnostik eingesetzt werden soll, muss diese mit den verantwortlichen Lehrkräften geplant werden. Hierfür bietet sich zunächst die Klassenlehrkraft als Ansprechperson an. Mit ihr zusammen müssen alle weiteren teilnehmenden Lehrkräfte bestimmt werden und der Umgang mit der Skala besprochen werden. Darüber hinaus sollte festgelegt werden, wie mit außergewöhnlichen Situationen (z. B. Krankheit des Schülers bzw. der Schülerin, Unterrichtsausfall, vergessenen Beurteilungen) umgegangen werden sollte. Außerdem ist zu vereinbaren, wie und durch wen die Beurteilungspläne ausgewertet werden. In den USA gehört diese Arbeit in der Regel in den Zuständigkeitsbereich der Schulpsychologie (Reynolds & Gutkin, 1999).

Grundsätzlich funktioniert Verhaltensverlaufsdiagnostik nach der Logik eines einfachen AB-Planes bei Einzelfalluntersuchungen (Bortz & Döring, 2006). Dabei wird der

Beobachtungszeitraum in zwei Phasen unterteilt. In einer ersten A-Phase (Baseline-Phase) sollte zunächst die bisherige Ausprägung des Zielverhaltens ermittelt werden. Hier genügen in der Regel 2–3 Wochen. In dieser Zeit sollten keine besonderen Interventionen stattfinden. In der B-Phase (Interventionsphase) sollten die im Rahmen der schulpsychologischen Beratung vereinbarten Interventionen und Maßnahmen in der Schule oder der Familie eingeführt werden. Durch die kontinuierlichen Verlaufsmessungen kann der Schulpsychologe bzw. die Schulpsychologin feststellen, ob die vereinbarten Interventionen wirksam sind, oder ob sie optimiert bzw. ersetzt werden müssen.

4.4.4 Anfertigung eines Ratingplans

Die vorliegenden Studien zeigen, dass für einen stabilen Messzeitpunkt je nach Zielverhalten zwischen fünf und 20 Beurteilungsdaten zusammengefasst werden sollten (Volpe & Briesch, 2012). Um eine engmaschige Verhaltensverlaufsdiagnostik gewährleisten zu können, bietet es sich an, das Zielverhalten in jeder Unterrichtsstunde durch die Lehrkraft auf einem DBR-Plan bewerten zu lassen. Ein Beispiel für einen DBR-Wochenplan wird in Abbildung 4.2 dargestellt (► Abb. 4.2).

Name: ____________ KW: ______ Beobachtungsziel: ________________

Std.	Montag (Angaben in %) Fach	nie ◄──► immer 0 10 20 30 40 50 60 70 80 90 100	Dienstag (Angaben in %) Fach	nie ◄──► immer 0 10 20 30 40 50 60 70 80 90 100	Mittwoch (Angaben in %) Fach	nie ◄──► immer 0 10 20 30 40 50 60 70 80 90 100
1.		☹ ○ ○ ○ ○ 😐 ○ ○ ○ ○ ☺		☹ ○ ○ ○ ○ 😐 ○ ○ ○ ○ ☺		☹ ○ ○ ○ ○ 😐 ○ ○ ○ ○ ☺
2.		☹ ○ ○ ○ ○ 😐 ○ ○ ○ ○ ☺		☹ ○ ○ ○ ○ 😐 ○ ○ ○ ○ ☺		☹ ○ ○ ○ ○ 😐 ○ ○ ○ ○ ☺
3.		☹ ○ ○ ○ ○ 😐 ○ ○ ○ ○ ☺		☹ ○ ○ ○ ○ 😐 ○ ○ ○ ○ ☺		☹ ○ ○ ○ ○ 😐 ○ ○ ○ ○ ☺
4.		☹ ○ ○ ○ ○ 😐 ○ ○ ○ ○ ☺		☹ ○ ○ ○ ○ 😐 ○ ○ ○ ○ ☺		☹ ○ ○ ○ ○ 😐 ○ ○ ○ ○ ☺
5.		☹ ○ ○ ○ ○ 😐 ○ ○ ○ ○ ☺		☹ ○ ○ ○ ○ 😐 ○ ○ ○ ○ ☺		☹ ○ ○ ○ ○ 😐 ○ ○ ○ ○ ☺
6.		☹ ○ ○ ○ ○ 😐 ○ ○ ○ ○ ☺		☹ ○ ○ ○ ○ 😐 ○ ○ ○ ○ ☺		☹ ○ ○ ○ ○ 😐 ○ ○ ○ ○ ☺
7.		☹ ○ ○ ○ ○ 😐 ○ ○ ○ ○ ☺		☹ ○ ○ ○ ○ 😐 ○ ○ ○ ○ ☺		☹ ○ ○ ○ ○ 😐 ○ ○ ○ ○ ☺
8.		☹ ○ ○ ○ ○ 😐 ○ ○ ○ ○ ☺		☹ ○ ○ ○ ○ 😐 ○ ○ ○ ○ ☺		☹ ○ ○ ○ ○ 😐 ○ ○ ○ ○ ☺
9.		☹ ○ ○ ○ ○ 😐 ○ ○ ○ ○ ☺		☹ ○ ○ ○ ○ 😐 ○ ○ ○ ○ ☺		☹ ○ ○ ○ ○ 😐 ○ ○ ○ ○ ☺

Abb. 4.2: Beispiel für einen DBR-Plan

Ein DBR-Plan sollte an die Bedarfe eines Klienten oder einer Klientin angepasst werden. So sind die jeweils vereinbarten Skalenformate in den Plan zu übernehmen und ggf. ist auch die Anzahl der zu beurteilenden Schulstunden anzupassen.

4.4.5 Auswertung der Verhaltensentwicklung

Die Verhaltensentwicklung ergibt sich aus der Veränderung der DBR-Beurteilungen über die Messzeitpunkte. Als robuster Messzeitpunkt sollte in der Schulpraxis der Median aller DBR-Bewertungen einer Woche genommen werden. Dieses Maß hat verschiedene Vorteile. Zum einen wiederholen sich von Woche zu Woche die Unterrichtsfächer und mit ihnen die beurteilenden Personen. Somit wird pro Messzeitpunkt eine gewisse Stabilität der zu bewertenden Situationen sichergestellt. Zum anderen mitteln sich mit zunehmender Anzahl der Beurteilungen auch zufällige Urteilsfehler heraus. Darüber hinaus ist es im Laufe einer Woche wahrscheinlicher, die auf Grundlage von konservativen Schätzungen erforderliche Anzahl von 20 Beurteilungswerten pro Messzeitpunkt zu erzielen. Ein Messzeitpunkt entspräche damit immer dem Durchschnittswert aller in einer Woche vorgenommenen Beurteilungen. In der US-amerikanischen Schulpsychologie ist es üblich, die durch die Lehrkräfte erhobenen Beurteilungsdaten in eine einfache Tabellenkalkulationssoftware zu übertragen und mit Hilfe der Software ein einfaches Diagramm zu erstellen (siehe auch Casale et al., 2019). Abbildung 4.3 gibt ein einfaches Beispiel für eine solche Grafik wieder (▶ Abb. 4.3).

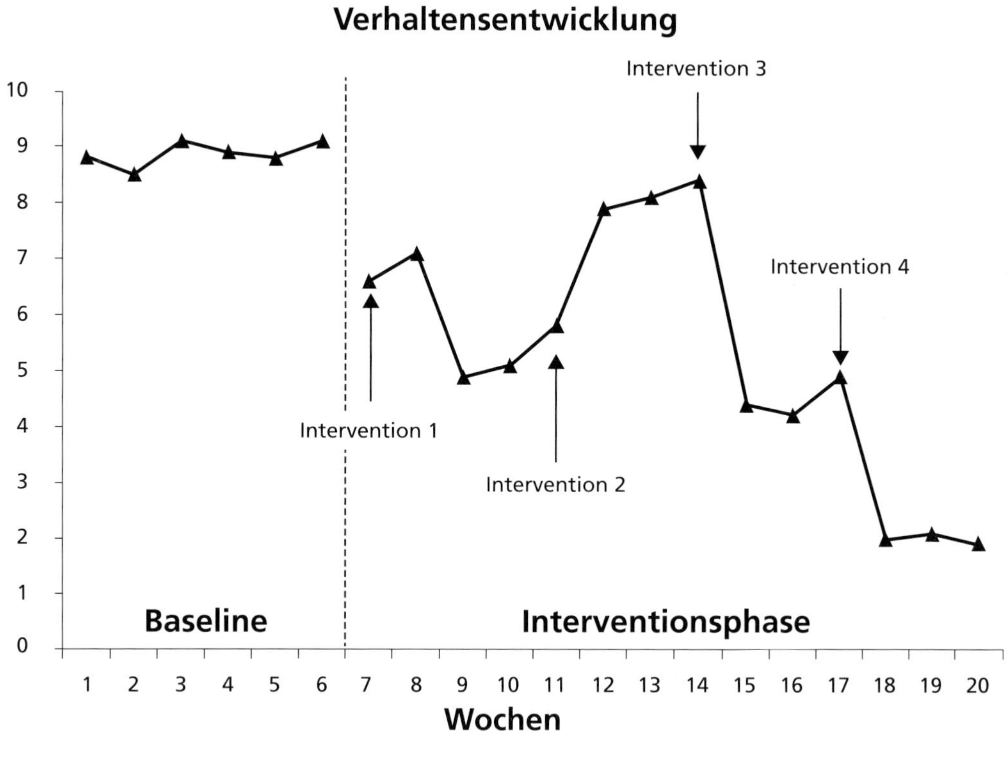

Abb. 4.3: Beispiel für eine Verhaltensverlaufsgrafik

Während Abbildung 4.3 den einfachsten Fall der Datenauswertung zeigt, sind auch andere komplexere Auswertungsverfahren denkbar. Sofern sich mehrere Lehrkräfte an der Verlaufsdiagnostik beteiligen, könnte die Betrachtung der Verhaltensentwicklung z. B. getrennt für die verschiedenen Lehrkräfte vorgenommen werden und somit neue Informationen für den Beratungsverlauf gesammelt werden. Weiterhin bieten sich eine Auswertung nach Schulfächern, nach Wochentagen oder nach Tageszeiten an, die je nach Fragestellung neue Informationen über Ursachen und Lösungsansätze zutage fördern können.

Es gibt unterschiedlich komplexe Möglichkeiten die Entwicklung von Verhaltensdaten auszuwerten. Die einfachste Möglichkeit ist die visuelle Auswertung der Daten. Dabei wird lediglich per Augenschein geprüft, ob die Entwicklung des Verhaltensverlaufs in der erhofften Weise stattfindet. Zur Auswertung der Daten ist es oft hilfreich, dass auf Grundlage der Baseline-Phase ein Zielwert festgelegt wird. In den meisten Fällen reicht dieses wenig genaue (aber in der Praxis sehr einfach umsetzbare) Maß aus. Hilfreich für die visuelle Auswertung ist es auch, die vereinbarten bzw. durchgeführten Interventionen in der Grafik abzutragen (▶ Abb. 4.3). Genauere Auswertungsmethoden von DBR-Daten für die Anwendung in der Schule werden von Casale et al. (2019) dargestellt.

4.4.6 Interpretation der Verhaltensentwicklung

Bei der Interpretation von Verlaufsdaten ist zu beachten, dass eine Rückführung einer positiven Verhaltensentwicklung auf eine Maßnahme in der Regel nicht eindeutig möglich ist. So kann es in der Praxis im Gegensatz zur kontrollierten Einzelfallforschung vorkommen, dass mehrere Interventionen gleichzeitig implementiert oder optimiert wurden, oder sich andere Bedingungen im System der Schülerin oder des Schülers ändern, die nicht durch die umgesetzten Maßnahmen beeinflusst wurden. Zum anderen wirken nicht alle Maßnahmen unmittelbar nach ihrer Implementation, sondern manchmal erst viele Wochen später.

Bei der Interpretation von DBR-Verlaufsmessungen ist davon auszugehen, dass eine Veränderung der Verhaltensentwicklung immer auf mindestens drei Ursachen zurückgeführt werden kann: a) auf schülerbezogene Ursachen, b) auf situationsbezogene Ursachen und c) auf beurteilerbezogene Ursachen. Schülerbezogene und situationsbezogene Ursachen lassen sich insbesondere auf die fehlende Standardisierung der Situationen im Beurteilungszeitraum zurückführen. So können sich Verlaufsdaten einerseits ändern, weil die beschlossenen Maßnahmen wirken und ein Schüler bzw. eine Schülerin tatsächlich sein Verhalten verändert hat (schülerbezogene Ursache). Andererseits lassen sich Veränderungen im Verhalten auch auf unterschiedliche »Schwierigkeiten« der Beobachtungssituation zurückführen (situationsbezogene Ursache). So ist es für Schülerinnen und Schüler nicht immer gleich »leicht«, im Unterricht ein erwünschtes Zielverhalten zu zeigen. Beispielsweise könnte eine Verbesserung des Verhaltens auch dadurch entstehen, dass im Unterricht ein neues Thema behandelt wird, die Lehrkraft eine neue interessante Methode eingeführt hat oder der beobachtete Schüler einen neuen Sitznachbarn bekommen hat. Die Kurve würde damit nicht den Kompetenzzuwachs einer Person abbilden, sondern die abnehmende Schwierigkeit der Beobachtungssituation oder die wachsende Kompetenz der Lehrkraft im Management der Verhaltensprobleme. Obwohl diese fehlende Trennschärfe bei der Interpretation der DBR-Informationen sicherlich einen Nachteil der Methode darstellt, ist dieses Phänomen aus einem inklusionspädagogischen Blickwinkel nur von geringer Bedeutung. So stellt gerade die Anpassung der schulischen Umwelt an die Bedürfnisse eines Schülers bzw. einer Schülerin (und damit die Reduktion der »Schwierigkeit« einer Schulsituation für ein Schulkind) das primäre Ziel inklusionspädagogischen Handelns dar (Eberwein, 1999).

Problematischer erscheint bei der Interpretation von DBR-Verlaufsmessungen die dritte (beurteilerbezogene) Ursachengruppe für die Veränderung der Messdaten. So wäre es durchaus denkbar, dass Veränderungen (oder stagnierende Beurteilungen) als Resultat selbsterfüllender Prophezeiungen zustande kommen. Die DBR-Messungen würden damit die Erwartungen und Hoffnungen der Lehrkraft unabhängig von der Verhaltensentwicklung des Schülers abbilden. Solche Urteilsfehler lassen sich bei der Auswertung und Interpretation vor allem dadurch abmildern, dass mehrere Lehrkräfte in die Verhaltensbeurteilung einbezogen werden. Insbesondere durch eine nach Lehrkräften getrennte Auswertung lassen sich diese Phänomene leicht feststellen und in der schulpsychologischen Beratung thematisieren.

4.4.7 Einbindung von Verhaltensverlaufsdiagnostik in die Schulpsychologische Beratung

In die Interpretation von DBR-Daten sollten möglichst alle beteiligten Personen einbezogen werden. Gemeinsam mit Lehrkräften, Schülerinnen und Schülern sowie Eltern können der Verhaltensverlauf diskutiert und zusätzliche Informationen für den Beratungsprozess gesammelt werden. Auf diese Weise bietet sich DBR besonders gut für systemisch-lösungsorientierte Beratungsprozesse an, da anhand der Verhaltensentwicklung gezielt Veränderungen im System des Schülers erfragt werden können. So lassen sich Fragetechniken der systemisch-lösungsorientierten Beratung (z. B. Ausnahmefragen, hypothetische Fragen, Wunderfragen, Skalenfragen) sehr gut auf Verhaltensverlaufskurven anwenden (z. B.: Was ist damals geschehen, dass X die Unterrichtsteilnahme von 20 % auf 80 % steigern konnte?). Ferner lassen sich DBR-Verhaltensverlaufsmessungen auch sehr gut in die Arbeit multiprofessioneller Unterstützungsteams integrieren. Hier stellen die Verlaufsgrafiken einen wichtigen Anhaltspunkt zur Bestimmung der Wirksamkeit von pädagogisch-psychologischen Interventionen dar. Ferner heben sie die bei Verhaltensproblemen oft nur subjektive und unsichere Wahrnehmung von Verhaltensentwicklungen auf ein objektiveres Maß. Weiterhin verbindet sich mit dem Einsatz von Techniken zur Verhaltensverlaufsdiagnostik auch die Hoffnung, dass sich durch ein professionelles Monitoring auch die Verbindlichkeit zur Umsetzung der beschlossenen Maßnahmen in der schulischen Praxis erhöht. Insgesamt kann Verhaltensverlaufsdiagnostik im Allgemeinen und DBR im Besonderen zu einem professionellen Management von Verhaltensproblemen in der Schule beitragen.

4.5 Fazit

Dieses Kapitel stellt eine zusammenfassende Einführung in die Verhaltensverlaufsdiagnostik durch Direct Behavior Rating dar. Weiterführende Ausführungen sind unter den Begriffen »Behavior Assessment« und »Direct Behavior Report Cards (DBRC)« bei Bellack und Hersen (1988) oder Reynolds und Gutkin (2006) bzw. Volpe und Fabiano (2013) nachzulesen. Abschließend sei nochmals darauf hingewiesen, dass Verhaltensverlaufsdiagnostik ein kaum systematisch untersuchtes Feld der Verhaltensdiagnostik ist. Mit DBR sollte hier ein aktueller und vielversprechender Ansatz für die schulische Praxis vorgestellt werden, für den solide Ergebnisse einer systematischen empirischen Forschung vorliegen. DBR stellt somit eine professionelle Alternative zu den in der schulischen Praxis häufig unsystematisch verwendeten »Smiley-« oder »Punkteplänen« dar, für die aufgrund einer fragwürdigen Skalierung und einer unsystematischen Auswertung nur eine geringe Aussagekraft angenommen werden kann.

Literatur

Bellack, A. S. & Hersen, M. (Hrsg.). (1988). *Behavioral assessment. A practical handbook* (Pergamon general psychology series, Bd. 65, 3rd ed.). New York: Pergamon Press.

Bortz, J. & Döring, N. (2006). *Forschungsmethoden und Evaluation. Für Human- und Sozialwissenschaftler* (4., überarbeitete Aufl.). Heidelberg: Springer.

Brown-Chidsey, R. & Steege, M. W. (2007). *Response to intervention. Principles and strategies for effective practice*. Princeton, NJ: Recording for the Blind & Dyslexic.

Casale, G., Huber, C., Hennemann, T. & Grosche, M. (2019). *Direkte Verhaltensbeurteilung in der Schule. Eine Einführung für die Praxis*. München: Reinhardt.

Chafouleas, S. M. (2011). Direct Behavior Rating: A review of the issues and research in its development. *Education & Treatment of Children, 34*(4), 575–591.

Chafouleas, S. M., Jaffery, R., Riley-Tillman, T. C., Christ, T. J. & Sen, R. (2013). The impact of target, wording, and duration on rating accuracy for Direct Behavior Rating. *Assessment for Effective Intervention, 39*(1), 39–53.

Chafouleas, S. M., Riley Tillman, T. C. & Sassu, K. A. (2002). Good, bad or in-between: How does the Daily Report Card rate? *Psychology in the Schools, 39*, 157–169.

Christ, T. J. & Boice, C. (2009). Rating scale items: A brief review of nomenclature, components, and formatting to inform the development of Direct Behavior Rating (DBR). *Assessment for Effective Intervention, 34*(4), 242–250.

Christ, T. J., Riley Tillman, T. C., Chafouleas, S. & Jaffery, R. (2011). Direct behavior rating: An evaluation of alternate definitions to assess classroom behaviors. *School Psychology Review, 40*(2), 181–199.

Christ, T. J., Riley Tillman, T. C. & Chafouleas, S. M. (2009). Foundation for the development and use of Direct Behavior Rating (DBR) to assess and evaluate student behavior. *Assessment for Effective Intervention, 34*(4), 201–213.

Deno, S. L. (2003). Developments in Curriculum-Based Measurement. *The Journal of Special Education, 37*(3), 184–192.

Diehl, K. & Hartke, B. (2012). *IEL-1. Inventar zur Erfassung der Lesekompetenz im 1. Schuljahr. Ein curriculumbasiertes Verfahren zur Abbildung des Lernfortschritts*. Göttingen: Hogrefe.

Eberwein, H. (Hrsg.). (1999). *Integrationspädagogik. Kinder mit und ohne Behinderung lernen gemeinsam. Ein Handbuch* (5. Aufl.). Weinheim: Beltz.

Hosp, M. K., Hosp, J. L. & Howell, K. W. (2007). *The ABCs of CBM. A practical guide to curriculum-based measurement*. New York: Guilford Press.

Huber, C. & Rietz, C. (2015a). Direct Behavior Rating (DBR) als Methode zur Verhaltensverlaufsdiagnostik in der Schule: Ein systematisches Review von Methodenstudien. *Empirische Sonderpädagogik, 2015*(2), 75–98.

Huber, C. & Rietz, C.(2015b). Behavior Assessment Using Direct Behavior Rating (DBR) – A Study on the Criterion Validity of DBR Single-Item-Scales. *Insights into Learning Disabilities, 12*(1), 73–90.

Huber, C. & Grosche, M. (2012). Das response-to-intervention Modell als Grundlage für einen inklusiven Paradigmenwechsel in der Sonderpädagogik. *Zeitschrift fur Heilpädagogik, 63*(8), 312–322.

Johnson, M. E., Fuchs, D. & McKnight, M. A. (2006). *Responsiveness to Intervention (RTI): How to do it*. Lawrence, KS: National Research Center on Learning Disabilities.

Laaksonen, P., Laitinen, K. & Salmi, M. (2007). School Psychology in Finland. In S. R. Jimerson, T. D. Oakland & P. T. Farrel (Eds.), *The handbook of international school psychology* (pp. 103–111). Thausend Oaks: Sage Publications.

Müller, C. M. & Hartmann, E. (2014). *Lernfortschrittsdiagnostik: Grundrechenarten. 120 Drei-Minuten-Tests für den inklusiven Mathematikunterricht – ZR 1-100*. Hamburg: Persen Verlag.

National Association of School Psychologists. (2016). *Integrated Model of Academic and Behavioral Supports* (Position statement). Bethesda, MD: Author.

Reschley, D. & Bergstrom, M. K. (2009). Response to Intervention. In T. B. Gutkin & C. R. Reynolds (Eds.), *The handbook of school psychology* (4th ed., pp. 434–460). Hoboken, NJ.: Wiley.

Reynolds, C. R. & Gutkin, T. B. (Eds.). (1999). *The handbook of school psychology* (3rd ed.). Hoboken, NJ.: Wiley.

Riley-Tillman, T. C., Chafouleas, S. M., Christ, T. J., Briesch, A. M. & LeBel, T. J. (2009). The impact of wording and behavioral specifity on accuracy of Direct Behavior Rating (DBRs). *School Psychology Quarterly, 24*, 1–12.

Riley-Tillman, T. C., Chafouleas, S. M., Sassu, K. A., Chanese, J. A. M. & Glazer, A. D. (2008). Examining the agreement of Direct Behavior Ratings and Systematic Direct Observation data for on-task and disruptive behavior. *Journal of Positive Behavior Interventions, 10*(2), 136–143.

Schmidt-Atzert, L. (Hrsg.). (2012). *Psychologische Diagnostik* (5., vollständig überarbeitete und erweiterte Aufl.). Heidelberg: Springer.

Sliwka, A. (2010). Chancengerechtigkeit und Exzellenz: Was das deutsche Schulsystem von Kanada lernen kann. In K. Hurrelmann, M. Speich & D. Deißner (Hrsg.), *Transmission 03. Herkunft und Chance. Wege zu mehr Bildungsgerechtigkeit an Deutschlands Schulen* (S. 38–58). Düsseldorf: Vodafone-Stiftung Deutschland.

Souvignier, E., Förster, N. & Salaschek, M. (2014). quop: ein Ansatz internet-basierter Lernverlaufsdiagnostik und Testkonzepte für Mathematik und Lesen. In M. Hasselhorn, W. Schneider & U. Trautwein (Hrsg.), *Lernverlaufsdiagnostik* (Tests und Trends, Bd. 12, S. 239–256). Göttingen: Hogrefe.

Volpe, R. J. & Briesch, A. M. (2012). Generalizability and dependability of single-item and multiple-item direct behavior rating scales for engagement and disruptive behavior. *School Psychology Review, 41*(3), 246–261.

Volpe, R. J. & Fabiano, G. A. (2013). *Daily behavior report cards. An evidence-based system of assessment and intervention*. New York, NY: Guilford.

Walter, J. (2008). Curriculumbasiertes Messen (CBM) als lernprozessbegleitende Diagnostik: Erste deutschsprachige Ergebnisse zur Validität, Reliabilität und Veränderungssensibilität eines robusten Indikators zur Lernfortschrittsmessung beim Lesen. *Heilpädagogische Forschung, 59*(2), 62–79.

5 Besondere Begabungen und Talententwicklung – Diagnostik, Förderung und Beratung

Christian Fischer und Christiane Fischer-Ontrup

5.1 Einleitung

Die Thematik der individuellen Begabungsförderung und nachhaltigen Talententwicklung gewinnt in den deutschsprachigen Bildungssystemen im Kontext der Diskussion um die Notwendigkeit einer individuellen Förderung nicht nur leistungsschwächerer Schülerinnen und Schüler mit speziellen Beeinträchtigungen oder aus bildungsbenachteiligten Lagen, sondern auch (potenziell) leistungsstarker Kinder und Jugendlicher zunehmend an Bedeutung (Kultusministerkonferenz & Hochschulrektorenkonferenz, 2015) Dies zeigt sich auch in den Befunden der internationalen Schulvergleichsstudien, wo in den PISA-Studien zwischen 2000 und 2015 positive Veränderungen im Lesen wie in der Mathematik vor allem in leistungsschwächeren Gruppen sichtbar werden. Die Anteile leistungsstarker Schülerinnen und Schüler, die die höchsten Kompetenzstufen erreichen, stagnieren allerdings in beiden Domänen (u. a. Reiss et al., 2016), was sich auch in einem Ungleichgewicht von Angeboten für leistungsschwächere und leistungsstärkere Kinder widerspiegelt (u. a. Wendt et al., 2013). Dies bedeutet, dass es zukünftig neben der gezielten Unterstützung von Schülerinnen und Schülern auf den unteren Kompetenzstufen auch der gezielten Förderung von talentierten Kindern auf den oberen Kompetenzstufen bedarf (u. a. Rieser et al., 2016). Begabungsförderung gewinnt auch im Rahmen eines umfassenden Verständnisses von inklusiver Bildung an Relevanz, da diese Pädagogik für besondere Bedürfnisse neben behinderten etwa auch begabte Kinder einschließt (UNESCO, 1994) und es im Sinne eines potenzialorientierten Umgangs mit Diversität gilt, auch Menschen mit Behinderungen ihre Begabungen voll zur Entfaltung bringen zu lassen.

5.2 Konzepte von besonderen Begabungen und Talententwicklung

Begabung lässt sich als individuelle Befähigung (d. h. Potenzial) für bestimmte Leistungen (d. h. Performanz) definieren. Deutlich wird hier Begabung von Leistung abgegrenzt, die den zielgerichteten Einsatz verfügbarer Begabungen und dessen Ergebnisse beschreibt. Den Zusammenhang von Begabung und Leistung betont auch iPEGE (2009, S. 16), nachdem Begabung eine Voraussetzung von Leistung darstellt, die »durch langfristige systematische Anregung, Begleitung und Förderung das Individuum in die Lage versetzt, sinnorientiert und verantwortungsvoll zu handeln und auf Gebieten, die in der jeweiligen Kultur als wertvoll erachtet werden, anspruchsvolle Tätigkeiten auszuführen«. Diese Definition grenzt die prospektive Begabungsforschung von der retrospektiven Expertiseforschung ab, die die domänenspezifische Entwicklung von Leistungsexzellenz auf dem Weg vom Novizen zum Experten fokussiert (Preckel & Vock, 2020). Hier gelten Personen als Expertinnen und Experten, wenn sie auf einem bestimmten Gebiet dauerhaft hervorragende Leistungen erbringen. Der Expertiseerwerb erfordert als erfahrungsbasierte Adaptation an die typischen Anforderungen einer Domäne zielgerichtetes Üben über einen langen Zeitraum in einer adäquaten Lernumgebung. So differenziert Ziegler (2018) Personen, die wahrscheinlich einmal Leistungsexzellenz erreichen werden (d. h. Hochbegabte) von Personen, die schon sicher Leistungsexzellenz erreicht haben (d. h. Expertinnen und Experten).

Begabungen können sich auf die Gesamtheit (im Sinne von Allgemeinbegabungen) oder auf spezielle Bereiche (im Sinne von Spezialbegabungen, z. B. musikalische, sportliche, künstlerische Begabung) des individuellen Fähigkeitspotenzials beziehen. Letztere Spezialbegabungen werden partiell auch als Talente bezeichnet, wobei damit teilweise ebenso entfaltete Begabungen (im Sinne von Kompetenzen) fokussiert werden. Begabungsformen umfassen neben intellektuellen (z. B. verbal, numerisch, räumlich) auch nicht-intellektuelle Begabungen (z. B. musisch-künstlerisch, sensomotorisch, sozial-emotional). Damit zeigt sich, dass der Begabungsbegriff meist weiter gefasst wird als der Intelligenzbegriff, der zumeist für Begabungsformen im intellektuellen Bereich (im Sinne von kognitiven Allgemeinbegabungen) verwendet wird. Im Rahmen eines erweiterten Begabungsverständnisses wird – abgegrenzt vom Intelligenzbegriff (im Sinne konvergenten Denkens) – auch der Kreativitätsbegriff (im Sinne divergenten Denkens) einbezogen, da Kreativitätsfacetten (d. h. Denkoperationen) für alle Begabungsformen (d. h. Inhaltsbereiche) relevant sein können (z. B. Dichtung, Architektur, Malerei). Ein erweitertes Intelligenzverständnis zeigt die Theorie der multiplen Intelligenzen von Gardner (2013), der acht »Intelligenzen« differenziert (linguistisch, räumlich, logisch-mathematisch, musikalisch, körperlich-kinästhetisch, interpersonal, intrapersonal, naturalistisch).

Bezogen auf die Begabungsentwicklung besteht in der Begabungsforschung mittlerweile weitestgehend Einigkeit, dass sich Begabungspotenziale durch Interaktion von Genetik und Umwelt entwickeln, womit die lange geführte Debatte um den statischen (i.S. v. angeborener Leistungsdisposition) und dynamischen (i.S.v. kulturell angeregter Potenzialentwicklung) Begabungsbegriff relativiert wird. Die Debatte um die Wechselwirkung von Ererbtem und Erworbenem wird durch die Epigenetik intensiviert, da die Aktivierung genetischer Anlagen nachhaltig durch Umwelterfahrungen positiv (z. B. durch Unterstützung) wie negativ (z. B. durch Belastung) reguliert werden kann. In den aktuellen Diskussionen wird zunehmend der zielgerichtete Lern- und Entwicklungsprozess fokussiert, da Lernen den entscheidenden Prozess bei der Transformation von hoher Begabung in exzellente Leistung darstellt. Hierbei kommt den Fähigkeitspotenzialen (»can do«) aber auch den Persönlichkeitspotenzialen (»will do«) eines Menschen große Bedeutung zu, weshalb ein derartig erweiterter Begabungsbegriff im Sinne leistungsbezogener Entwicklungspotenziale auch im Forschungsverbund der Bund-Länder-Initiative »Leistung macht Schule« (LemaS, 2018) fokussiert wird. Neben diesen individuellen Leistungspotenzialen im Sinne interner Ressourcen bedarf es adäquater Lernumwelten im Sinne externer Ressourcen, damit die Transformation von Begabung in Leistung gelingen kann (Ziegler, 2018).

Welche konkreten internen und externen Ressourcen für die Begabungsentwicklung eine Rolle spielen, zeigen Moderatorenmodelle, wie das Differenzierte Begabungs- und Talentmodell von Gagné (2021) (▸ Abb. 5.1). Hier erweisen sich Wechselwirkungen von Persönlichkeits- und Umweltfaktoren in verschiedenen Domänen zur Erklärung von Leistungsexzellenz und von Underachievement (d. h. von erwartungswidriger Minderleistung) als relevant. Im Hinblick auf die Relevanz von effektiven Lernprozessen (i.S.v. Deliberate Practice) sowie die dafür erforderlichen internen und externen Ressourcen (i.S. v. Lern- und Bildungskapital) nähern sich damit die Begabungs- und die Expertiseforschung schrittweise einander an. Dies verdeutlicht das Aktiotop-Modell der Begabung von Ziegler (2018), in welchem die zentrale Bedeutung der systematischen Begabungsförderung und Talententwicklung (im Sinne der gezielten Unterstützung von Begabten und Talentierten) fokussiert auf eine aktive Person-Umwelt-Interaktion betont wird. Auch das Integrative Talententwicklungsmodell (TAD) beschreibt die Entwicklung außergewöhnlicher Leistung in spezifischen Domänen, wobei neben Gemeinsamkeiten auch Besonderheiten in den Entwicklungsabschnitten der zunehmenden Spezialisierung in den jeweiligen Domänen (z. B. Mathematik, Musik, Kunst) sichtbar werden (Preckel et al., 2020).

Auf Grundlage vorhandener Modelle wurde das Integrative Begabungs- und Lernprozessmodell entwickelt, das verschiedene Begabungsformen von unterschiedlichen Leistungsdomänen unterscheidet (Fischer & Fischer-Ontrup, 2015). Dieses Modell wurde im Kontext des Forschungsverbunds LemaS als Orientierungsrahmen weiterentwickelt (▸ Abb. 5.2), wobei die Person und Persönlichkeit in systemischen Kontexten im Zentrum steht (Fischer, Fischer-Ontrup & Schuster, 2021). Beachtet wurde das LemaS-Verständnis (2018) von Begabung als leistungsbezogenes Entwicklungspotenzial, das sich aus der individuellen Konstellation von Fähigkeits- und Persönlichkeitspotenzialen ergibt. Auch wurde der mehrdimensionale Leistungsbegriff berücksichtigt, wobei neben person- auch die gemeinwohlorientierte Performanz im Sinne des ACCEL-Modells (Active Concerned Citizenship and Ethical Leadership) von Sternberg (2017) fokussiert wird. Zudem wird die Lernumwelt als Mehrebenensystem mit den verschiedenen Handlungsebenen des Bildungssystems betrachtet, sodass neben der Mikro- auch die Meso- und Makroebene bedeutsam sind. Ferner werden Perspektiven aus der Begabungs- und Expertiseforschung gekoppelt, wobei ein zirkulärer spiralförmiger Lern- und Entwicklungsprozess angenommen wird, zumal das jeweilige Leistungsniveau – in Wechselwirkung mit der Lernumwelt – die weitere Begabungsentfaltung beeinflussen kann.

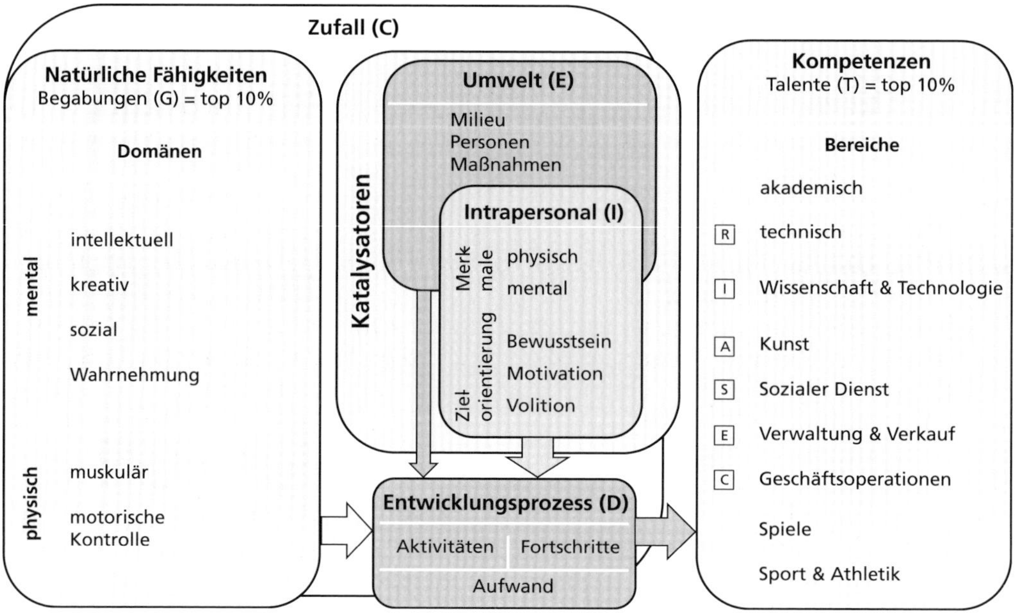

Abb. 5.1: Differenziertes Begabungs- und Talentmodell (modifiziert nach Gagné, 2021, © 2020 by Françoys Gagné. All rights reserved. The DMGT model is available under https://gagnefrancoys.wixsite.com/dmgt-mddt)

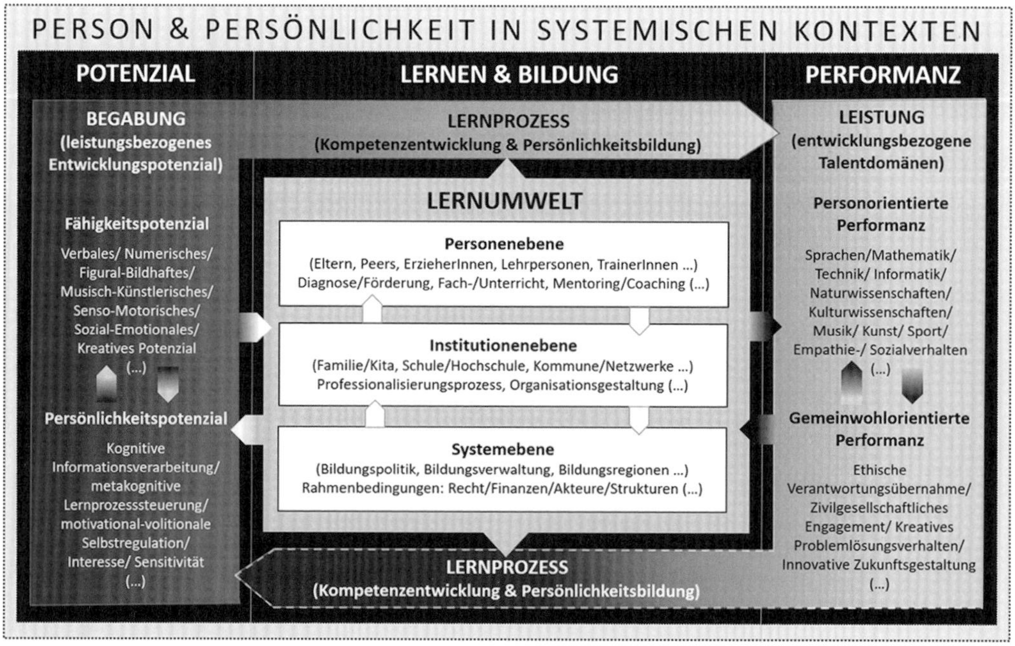

Abb. 5.2: Integratives Begabungs- & Lernprozessmodell (Fischer, Fischer-Ontrup & Schuster, 2021, S. 404)

5.3 Diagnostik von besonderen Begabungen und Talenten

Vor dem Hintergrund der jeweiligen Konzepte lässt sich eine adäquate Diagnose von besonderen Begabungen oder speziellen Talenten mit verschiedenen Identifizierungsverfahren realisieren, die teils deutlich unterschiedliche Schwerpunkte aufweisen. In diesem Kontext differenziert Ziegler (2018) verschiedene Ansätze der Begabungsdiagnostik und Talentsichtung, die mit entsprechenden Fragestellungen verbunden sind: So stellt sich bei der statusorientierten Diagnostik auf der Ebene der individuellen Fähigkeitspotenziale die Frage, ob eine Person besondere Begabungen bzw. spezielle Talente zeigt, wobei die vielfältigen intellektuellen und nicht-intellektuellen Begabungsformen fokussiert werden. Im Sinne des erweiterten Begabungsverständnisses von LemaS gilt es mit Blick auf die Transformation von Begabung in Leistung als interne Ressourcen auch leistungsförderliche Persönlichkeitspotenziale (z. B. Motivation, Volition) zu berücksichtigen. Die Identifizierung wird dabei oftmals als mehrstufiger Prozess realisiert, wobei zumindest zwischen einem vorläufigen Screening und einer vertiefenden Diagnostik differenziert wird, im Rahmen der statusorientierten Begabungsdiagnostik bzw. Talentsichtung in speziellen Domänen.

Für das vorläufige Screening werden eher nicht-standardisierte Verfahren eingesetzt (z. B. Merkmalslisten), während für die vertiefende Diagnostik eher standardisierte Verfahren (z. B. Intelligenztests) genutzt werden. Hierbei gilt es die verschiedenen Gütekriterien (d. h. Validität, Reliabilität, Objektivität) und Bezugsnormen (d. h. individuell, sozial, kriterial) zu beachten, die von den Diagnoseverfahren unterschiedlich berücksichtigt werden (Preckel & Vock, 2020). Diese Bezugsnormen erweisen sich auch bei der statusorientierten Leistungsdiagnostik zur Identifizierung von domänenspezifischer Leistungsexzellenz, aber auch von Underachievement, als relevant. Letztere erwartungswidrige Minderleistung lässt sich über eine negative Diskrepanz zwischen kognitiven Begabungen (z. B. anhand von Intelligenztests) und schulischen Leistungen (z. B. anhand von Schulnoten) identifizieren. Diese Diskrepanz kann bereichsübergreifend (generelles Underachievement) oder bereichsspezifisch (partielles Underachievement) bei Teilleistungsschwierigkeiten (z. B. LRS, Dyskalkulie) sichtbar werden, wobei dann spezielle Diagnoseverfahren (z. B. Lese-Rechtschreibtests, Rechentests) relevant sein können, die neben Fähigkeits- auch Persönlichkeitspotenziale fokussieren.

Mit Blick auf die statusorientierte Diagnostik werden als formelle Verfahren vor allem standardisierte Intelligenztests genutzt, wobei oft als Cut-off-Wert für das Vorliegen einer intellektuellen Hochbegabung ein IQ festgesetzt wird, der zwei Standardabweichungen über dem Durchschnitt liegt (d. h. IQ ≥ 130) (Preckel & Vock, 2020). Bei der IQ-Höhe gilt es jedoch, Vertrauensintervalle und IQ-Profile verbunden mit inhaltlichen Schwerpunkten (z. B. verbal, numerisch, figural) sowie die Aktualität der IQ-Tests vor dem Hintergrund des Flynn-Effekts (lineare Zunahme der Intelligenztestleistungen im letzten halben Jahrhundert) zu beachten. Neben klassischen IQ-Testverfahren werden bezogen auf den Deckeneffekt in der Begabungsdiagnostik auch spezielle Verfahren genutzt, die partiell Kreativitätsdimensionen (z. B. Jäger et al., 2006) berücksichtigen oder im Rahmen umfassenderer Testbatterien (MHBT-P/S; Heller & Perleth, 2007) eingesetzt werden. Neben sprachgebundenen Verfahren werden auch sprachfreie bzw. kulturfaire IQ-Testverfahren (z. B. CFT 20-R) genutzt, die gerade für begabte Minoritäten (z. B. Kinder mit Migrationshintergrund bzw. aus bildungsbenachteiligten Lagen) relevant sind (Stamm, 2014).

Dieser IQ-Orientierung stellt Sternberg (2017) mit Blick auf notwendige Problemlösungen im 21. Jahrhundert sein ACCEL-Modell gegenüber; dies mit erweiterten Merkmalen zur Identifizierung von Begabten (d. h. kritisches analytisches Denken, Kreativität, gesunder Menschenverstand, Weisheit und Ethik sowie Leidenschaft). Auch daher werden neben formellen zunehmend auch informelle Verfahren zur statusorientierten Diagnostik im Sinne eines Screenings eingesetzt, wobei die Gütekriterien nur eingeschränkt gelten. Dazu gehören Beobachtungshilfen in Form von Eigenschaftenlisten mit Merkmalen wie etwa große Schnelligkeit des Lernens, große Tiefe und Höhe des Verständnisses, intelligente Organisation des Wissens, hohe metakognitive Kompetenzen, hohe kreative Fähigkeiten. Solche Merkmalslisten werden oft für die Selbstnominierung und Nominierung durch Peers oder Eltern eingesetzt, wobei die Gefahr subjektiver Urteilstendenzen etwa in Form von Überschätzung (z. B. Overachiever) oder Unterschätzung (z. B. Underachiever) besteht. Ähnliches gilt für Urteile von Lehrpersonen oder Schulnoten, wobei sich Fehlurteile etwa in Form einer Gleichsetzung von Begabung und Leistung zeigen (Feger & Prado, 1998).

Über die statusorientierte Diagnostik hinaus fokussiert die prozessorientierte Diagnostik verstärkt die in den Modellen skizzierten Persönlichkeitspotenziale und Umweltressourcen, um im Sinne der diagnosebasierten Begabungsförderung und Talententwicklung die externen Lernangebote an die internen Lernausgangslagen im Sinne eines Zyklus von *Diagnose – Förderung – Evaluation* anzupassen (Fischer, Souvignier & Terhart, 2016). Ziegler (2018) differenziert hier weiter zwischen der interventionsorientierten Diagnostik, die die Gründe für Underachievement eruiert, der entwicklungsorientierten Diagnostik, die die zukünftige Leistungsentwicklung aus der bisherigen Entwicklung prognostiziert und der förderorientierten Diagnostik, die individuelle Lernpfade zur Leistungsexzellenz identifiziert. Letztere wird etwa im Rahmen des ENTER-Modells in fünf Diagnosestufen (Erkunden, Einengen, Testen, Bewerten, Nachprüfen) mit einer Kopplung von objektiven und subjektiven Verfahren umgesetzt. Hierbei gilt es im Sinne des Aktiotop-Modells systematisch das Lern- und Bildungskapital, d. h. interne und externe Ressourcen (► Tab. 5.1) zu erfassen, wozu neben der gezielten Befragung auch die systematische Beobachtung gehört.

5.4 Förderung von besonderen Begabungen und Talenten

Auf Grundlage der Diagnose spezieller Merkmale kann eine passende Förderung leistungsbezogener Entwicklungspotenziale mit unterschiedlichen Ansätzen im Sinne der diagnosebasierten individualisierten Begabungsförderung und Talententwicklung umgesetzt werden. Mit Blick auf den schulischen Kontext gilt es, eine gezielte Anpassung der Unterrichtsgestaltung an die diagnostizierten Lernvoraussetzungen der Schülerinnen und Schüler umzusetzen. Bezogen auf die erhöhte Bearbeitungsgeschwindigkeit, aber auch auf die verbesserte Bearbeitungskapazität intellektuell begabter und talentierter Schüler und Schülerinnen lassen sich als zentrale Förderansätze verschiedene Formen des beschleunigten Lernens (d. h. Akzeleration) wie auch des vertieften Lernens (d. h. Enrichment) ableiten. Dabei hängen beide Grundkonzepte der Begabungs- und Begabtenförderung eng zusammen, zumal durch Ansätze der Akzeleration letztlich Freiräume für Formen des Enrichment geschaffen werden können. Somit werden insbesondere im schulischen Rahmen häufig Kombinationen aus beiden Förderprinzipien realisiert, um den speziellen

Förderbedürfnissen von begabten und talentierten Schülerinnen und Schülern gerecht werden zu können.

Diese Dichotomie von Akzeleration und Enrichment zählt zu den dominanten Dimensionen der Begabungs- und Begabtenförderung, wobei Begabungsförderung die prinzipielle Förderung der Potenziale aller Kinder in verschiedenen Domänen anstrebt, während Begabtenförderung die Förderung einzelner, besonders begabter Kinder fokussiert (iPEGE, 2009). Zu den weiteren Dimensionen gehört die Differenzierung zwischen einem regulären und einem speziellen Curriculum. Während sich ersteres komprimieren lässt (z. B. Curriculum Compacting), ermöglicht letzteres eine Modifizierung des Lehrplans (z. B. Parallel-Curriculum) bezogen auf die (Lern-)Merkmale Begabter (Renzulli & Reis, 2014). Als zusätzliche Dimension kann zwischen separativer und integrativer bzw. inklusiver Förderung unterschieden werden. Erstere fokussiert getrenntes Lernen in homogenen Gruppen (z. B. Ability Grouping) und letztere gemeinsames Lernen in heterogenen Gruppen (z. B. innere Differenzierung), wobei sich Kopplungen von Binnendifferenzierung und Pull-out-Programmen als günstig erweisen (Fischer & Weigand, 2014). Zudem lässt sich noch zwischen den Dimensionen der Gruppen- und der Individualförderung (z. B. Privatunterricht) differenzieren.

Bei den zentralen Dimensionen der Akzeleration, des Enrichment sowie der inneren und äußeren Differenzierung werden im schulischen Kontext verschiedene Formate differenziert, wobei sich partiell Kopplungen ergeben (► Tab. 5.1). Ansätze der Akzeleration erlauben »den vorgesehenen Lehrplan oder Teile davon früher zu beginnen, zu beenden oder schneller zu passieren, als es teils üblich, teils gesetzlich vorgesehen ist«, während Enrichment solche Maßnahmen umfasst, »die die Kinder und Jugendlichen mit Zusatzstoff versorgen, den Unterrichtsstoff vertiefen und erweitern, ohne dass die Schülerinnen und Schüler schneller vorankommen« (Heinbokel, 1996, S. 110). Letzteres kann durch Verbreiterung bzw. Vertiefung des regulären Curriculums (d. h. vertikales Enrichment) oder durch Themen bzw. Fachgebiete außerhalb des regulären Curriculums (d. h. horizontales Enrichment) innerhalb und außerhalb des Unterrichts (d. h. integrativ bzw. separativ) realisiert werden. Bezogen auf die Wirksamkeit belegen Metaanalysen (Hattie, 2009) moderate Effekte bei Spezialklassen für Begabte, jedoch hohe Effekte von Akzeleration und Enrichment für Begabte, allerdings nur bei Lehrpersonen mit langjähriger Erfahrung (Wallace, 1989, zit. nach Hattie, 2009).

Mit Blick auf Kombinationen von Akzeleration und Enrichment werden zur schulischen Förderung oft selbstregulierte Lernformate bezüglich der Passung zu den (Lern-)Merkmalen Begabter empfohlen. Zur Umsetzung selbstregulierten Lernens im Rahmen einer diagnosebasierten Begabungs- und Begabtenförderung bedarf es adäquater Lernarchitekturen, die in adaptiven Formaten wie dem Schulischen Enrichment-Modell (Renzulli & Reis, 2014) gegeben sind. Das darin eingebundene Triadische Enrichment-Modell ermöglicht es, durch Schnupperangebote (Typ I) Zugänge zu individuellen Interessen zu erlangen, mit projektbezogenen Grundfertigkeiten (Typ II) Kompetenzen zum selbstregulierten Lernen zu erwerben sowie eigenständige Projekte zu realen Problemen (Typ III) alleine oder in Kleingruppen außerhalb der Stammklasse unter Einbeziehung des Umfeldes im Sinne des selbstregulierten Lernens umzusetzen.

Diese Grundprinzipien werden im Forder-Förder-Projekt (Fischer et al., 2021) systematisch mit dem Erwerb von Strategien selbstregulierten Lernens (d. h. Informationsverarbeitung, Lernprozesssteuerung, Selbstregulation) gekoppelt. Dabei werden drei Ziele fokussiert: 1) Interessen entwickeln mittels individueller Spezialthemen, 2) Begabungspotenziale herausfordern mittels eigenständiger Forschungsarbeiten, 3) Lernkompetenz fördern mittels systematischer Strategievermittlung. Hier ist die formativ diagnostische

Tab. 5.1: Fördermaßnahmen für begabte und talentierte Schülerinnen und Schüler (Bundesministerium für Bildung und Forschung, 2015, S. 92)

Innere Differenzierung im Unterricht	Klassenstufenbezogene Akzeleration	Enrichment (außerunterrichtliche Zusatzangebote)	Spezielle Klassen und Schulen
• Individualisierung und Differenzierung • Kooperative Lernformen • Selbstständige Lernformen • Projektarbeit, Formen des offenen Unterrichts	• Vorzeitige Einschulung • Schnelles Durchlaufen der Eingangsstufe in der Grundschule • Überspringen von Klassen (individuell oder in Gruppen) • Teilnahme am Unterricht in höheren Klassen in einzelnen Fächern	• Arbeitsgemeinschaften • Wahl zusätzlicher (Leistungs-)Kurse • Bundes- und landesweite Schülerwettbewerbe • Schülerakademien • Pull – Out-Programme • Kooperationen mit Universitäten und Wirtschaftsunternehmen • Schüleraustauschprogramme	• Schulen mit besonderen Profilen (z. B. sprachlich, naturwissenschaftlich) • Schulen mit Leistungs-/Hochbegabtenklassen • Spezialschulen für Hochbegabte
	Frühstudium		

Lernbegleitung von Lehrpersonen zentral, damit diese im Sinne des Scaffolding-Prinzips die Zone der proximalen Entwicklung der Lernenden fokussieren. Empirische Analysen bestätigen die hohe Wirksamkeit des Projekts bezüglich der Entwicklung von Lernkompetenzen und Schulleistungen der Schülerinnen und Schüler. Dieses adaptive Format wird derzeit im Forschungsverbund LemaS im Rahmen diagnosebasierter individualisierter Förderformate (diFF-Projekt) weiterentwickelt (▶ Abb. 5.3), wobei neben der individualisierten Unterrichtsgestaltung auch die systematische Professionalisierung von Lehrpersonen sowie die innovative Schulgestaltung fokussiert werden.

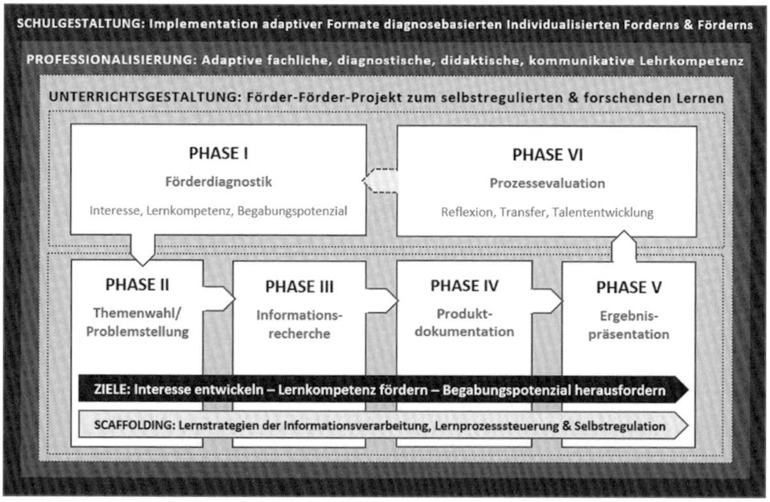

Abb. 5.3: Diagnosebasierte individualisierte Förderformate (Fischer, Fischer-Ontrup & Schuster, 2021, S. 412)

5.5 Beratung bei besonderen Begabungen und Talenten

Neben der Diagnose spezieller Merkmale sowie der passenden Förderung leistungsbezogener Entwicklungspotenziale ist die adäquate Beratung im Kontext von Begabung und Talent bedeutsam, wobei differierende Konzepte in der Praxis realisiert werden. So lässt sich Beratung allgemein definieren als ein »nach methodischen Gesichtspunkten gestalteter Problemlöseprozess, durch den die Eigenbemühungen des Ratsuchenden (...) optimiert bzw. seine Kompetenzen zur Bewältigung der anstehenden Aufgaben (...) verbessert werden.« (Häcker & Stapf, 2009, S. 127). Die spezielle Beratung besonders begabter und talentierter Kinder sowie deren Eltern und Lehrpersonen gewinnt in den letzten Jahrzehnten sowohl im schulischen als auch im außerschulischen Kontext zunehmend an Bedeutung. Hintergrund des steigenden Beratungsbedarfs sind die Lern- und Entwicklungsbedürfnisse besonders Begabter und Talentierter bezogen auf adäquate Lern- und Förderangebote zur Begabungsentfaltung und Talententwicklung, wobei nicht zuletzt der aktive Lernprozess für die Transformation von Begabung in Leistung bezüglich spezieller Entwicklungsbedingungen (z. B. Twice Exceptional, begabte Minoritäten) fokussiert wird (Fischer & Fischer-Ontrup, 2014).

Daraus resultieren spezielle Herausforderungen für die Individualberatung (z. B. von Eltern, Lehrpersonen), aber auch für die Systemberatung (z. B. Bildungsadministration, Bildungspolitik). Das Ziel jeglicher Begabtenberatung liegt nach Harder (2012, S. 3) aus individueller Sicht »in der optimalen Entfaltung der individuellen Stärken und Kompensation von Defiziten im Sinne einer ganzheitlichen Persönlichkeitsentwicklung. Gesellschaftlich betrachtet liegt das Ziel in der Förderung herausragender Leistungen, die der Entwicklung übergeordneter Systeme, wie der gesamten Gesellschaft zuträglich sind«, wobei letztere Zielsetzung die Schaffung förderlicher Umweltstrukturen erfordert. Daraus resultieren vor allem in der Individualberatung verschiedene Beratungsanlässe (z. B. Expertisierung, Underachievement), die in unterschiedlichen Beratungskonzepten und an verschiedenen Beratungsorten berücksichtigt werden (Grassinger, 2009). Neben der Individualberatung im schulischen Kontext und in schulpsychologischen Diensten werden diese Anlässe im deutschsprachigen Raum auch von speziellen universitären Beratungsstellen partiell auch zur Systemberatung aufgegriffen (Fischer et al., Fischer-Ontrup, Liebert-Cop & Vohrmann, 2017).

Im Hinblick auf die Beratung bei zentralen Problembereichen begabter Kinder gilt es zunächst spezielle Schwierigkeiten etwa im Bereich von Anforderung und Leistung (z. B. LRS, Underachievement), im zwischenmenschlichen (z. B. Aggression, Konflikte) und innerpsychischen Bereich (z. B. ADHS, Ängstlichkeit) zu eruieren. Dabei zeigen sich vielfältige negative Wechselwirkungen (z. B. schulische Unterforderung und mangelnde Lern- und Arbeitstechniken), die zu Underachievement führen können und daher systemisch-lösungsorientierte Beratungsansätze erfordern. In diesem Kontext sind auch mehrfach außergewöhnliche Kinder mit einer Kopplung von Begabungen und Beeinträchtigungen (z. B. geistig, körperlich), Lernschwierigkeiten (z. B. LRS, Rechenschwierigkeiten) oder Verhaltensauffälligkeiten (z. B. ADHS, Autismus) sowie begabte Minoritäten mit einer Kopplung von Talenten und Benachteiligungen (z. B. sozio-ökonomisch, kulturell-ethnisch) zu beachten (Fischer & Fischer-Ontrup, 2014).

Bezüglich der Beratung zum spezifischen Expertiseerwerb sind vor allem systemisch-ressourcenorientierte Beratungsansätze bedeutsam, die insbesondere exogene Ressourcen der Lernumwelt und endogene Ressourcen der Person fokussieren. Hierbei bezeichnen Harder, Ziegler und Stöger (2013) die exogenen Ressourcen, die zur Verbesserung von Bildungs- und Lernprozessen eingesetzt werden können, als Bildungskapital, die endogenen Ressourcen, die ausschließlich von der Person selbst reguliert werden können, hingegen als Lernkapital (► Tab. 5.2). Hintergrund dieser systemisch-ressourcenorientierten Perspektive ist das erwähnte »Aktiotop-Modell« von Ziegler (2005), wobei der Begriff Aktiotop das System aus einer Person und ihrer Umwelt, mit der sie handelnd interagiert, bezeichnet. Die Entwicklung von Leistungsexzellenz wird hier als Adaptionsprozess der Person an bestimmte Umwelten gedeutet, aus denen funktionale Handlungsrepertoires für bestimmte (Leistungs-)Domänen resultieren. Mit Blick auf die Erweiterung des Handlungsrepertoires der Person kann die Begabtenberatung dann adäquate Unterstützung zur Leistungsentwicklung bieten, wobei sich das Mentoring als sehr wirksam erweist (Ziegler, 2009).

Tab. 5.2: Formen des Bildungs- und Lernkapitals (Harder, Stöger & Ziegler, 2013)

Bildungskapital	
Ökonomisch:	Monetäres Kapital zur Initiierung und Aufrechterhaltung von Lernprozessen
Kulturell:	Werthaltungen, Denkmuster oder Leitbilder, die die Erreichung von Lern- und Bildungszielen begünstigen
Sozial:	Personen und soziale Institutionen, die den Erfolg von Lern- und Bildungsprozessen direkt oder indirekt beeinflussen
Infrastrukturell:	Materiell implementierte Handlungsmöglichkeiten, die Lernen und Bildung erlauben
Didaktisch:	Gesammeltes Know-how zur Gestaltung und Verbesserung von Bildungs- und Lernprozessen
Lernkapital	
Organismisch:	Physiologische und konstitutive Ressourcen einer Person
Aktional:	Grundlegendes Handlungsrepertoire einer Person
Telisch:	Antizipierbare Zielzustände einer Person, die der Befriedigung ihrer Bedürfnisse dienen
Episodisch:	Verfügbare ziel- und situationsbezogene Handlungsmuster
Attentativ:	Quantitative und qualitative Aufmerksamkeitsressourcen, die eine Person auf ihr Lernen richten kann

Neben der Individualberatung bei speziellen Beratungsanlässen gewinnt auch die Lernberatung bzw. Lernbegleitung als generelles didaktisches Prinzip etwa in Form des Mentoring und Lerncoachings zunehmend an Relevanz, wobei bestimmte Beratungskomponenten fokussiert werden, die im Sinne der formativ diagnostischen Lernbegleitung für den schulischen Unterricht etwa nach dem Scaffolding-Prinzip relevant sind. Dabei wird die Beziehungskomponente vor allem durch das Mentoring fokussiert. Demgegenüber wird die Inhaltskomponente besonders durch das Lerncoaching hervorgehoben.

Die Diagnostik- und Beratungsaufgaben werden in der Regel von den Schulpsychologischen Beratungsstellen oder von spezialisierten Einrichtungen zur Diagnostik, Förderung und Beratung etwa an Hochschulen angeboten. Dazu sind besondere Kenntnisse zur Phänomenologie, Identifizierung und Begleitung von begabten und talentierten Kindern sowie insbesondere der spezifischen (vor-)schulischen und familiären Situation erforderlich, über die Schulpsychologinnen und -psychologen etwa in Fragen der Übergangsgestaltung zwischen verschiedenen Bildungsinstitutionen (z. B. zwischen Kita und Schule) verfügen sollten. Hier gewinnt die Kooperation mit diversen schulischen und außerschulischen Bildungspartnern und -einrichtungen (z. B. Hochschulen, Elternverbände, Stiftungen) in (über-)regionalen Netzwerken zur Begabungsförderung und Talententwicklung zunehmend an Bedeutung.

5.6 Ausblick

Um auf Basis der speziellen Konzepte eine passende Diagnose, adaptive Förderung und adäquate Beratung besonders Begabter und Talentierter umsetzen zu können, sind professionelle Kompetenzen vor allem von Lehrpersonen unerlässlich. Dazu gehören fachliche Kompetenzen (zu Konzepten von Begabung und Leistung), diagnostische Kompetenzen (zur Identifizierung mit nicht-/standardisierten Verfahren), didaktische Kompetenzen, aber auch kommunikative Kompetenzen sowie Implementationskompetenzen (zur Schul- und Unterrichtsentwicklung). Dabei bildet die professionelle pädagogische Haltung (z. B. Entwicklungs- und Ressourcenorientierung) ein Fundament, das sich nicht zuletzt im Kontext von begabten Personen mit mehrfachen Differenzen oder talentierten Minoritäten als relevant erweist (Fischer, 2017). Diese Schwerpunktsetzung wird etwa in den Qualifizierungsmodulen zum »Specialist in Gifted Education« des European Council for High Ability (ECHA) umgesetzt und entspricht den Standards des International Panel of Experts in Gifted Education (iPEGE, 2009). Neben der individuellen Talententwicklung vor dem Hintergrund der internationalen Schulvergleichsstudien gewinnt dabei auch die inklusive Begabungsförderung im Kontext der UN-Konventionen an Relevanz. Diesen liegt ein umfassendes Verständnis von Diversität zugrunde, was auch bezogen auf die Lehrerbildung für eine Schule der Vielfalt bedeutsam ist (Kultusministerkonferenz & Hochschulrektorenkonferenz, 2015).

Literatur

Bundesministerium für Bildung und Forschung (BMBF) (2015). *Begabte Kinder finden und fördern. Ein Wegweiser für Eltern, Erzieherinnen und Erzieher, Lehrerinnen und Lehrer.* Berlin: Referat Übergreifende Fragen der Nachwuchsförderung, Begabtenförderung. Zugriff am 21.06.2021 unter https://web.archive.org/web/20180416080005/https://www.bmbf.de/

pub/Begabte_Kinder_finden_und_foerdern_2017.pdf
Feger, B. & Prado, T. M. (1998). *Hochbegabung. Die normalste Sache der Welt*. Darmstadt: Primus-Verlag.
Fischer, C. (2017). Kompetenter Umgang mit Diversität und Inklusion. Anforderungen an die Lehrerbildung im Kontext der Vielfalt von Begabungen, Beeinträchtigungen und Benachteiligungen. In S. Greiten, G. Geber, A. Gruhn & M. Köninger (Hrsg.), *Lehrerausbildung für Inklusion. Fragen und Konzepte zur Hochschulentwicklung* (Beiträge zur Lehrerbildung und Bildungsforschung Bd. 3, S. 77–92). Münster: Waxmann.
Fischer, C. & Fischer-Ontrup, C. (2014). Begabung, Talent und Lern- & Leistungsschwierigkeiten. In M. Stamm (Hrsg.), *Handbuch Talententwicklung. Theorien, Methoden und Praxis in Psychologie und Pädagogik* (S. 393–404). Bern: Huber.
Fischer, C. & Fischer-Ontrup, C. (2015). Vielfältig besonders. Umgang mit besonders begabten Kindern mit Lern- und Leistungsschwierigkeiten. In C. Fischer, C. Fischer-Ontrup, M. Veber & R. Buschmann (Hrsg.), *Umgang mit Vielfalt* (S. 203–216). s.l.: Waxmann Verlag.
Fischer, C., Fischer-Ontrup, C., Liebert-Cop, I. & Vohrmann, A. (2017). Beratungsstellen in der Begabungsförderung, Internationales Centrum für Begabungsforschung (ICBF). In C. Fischer, C. Fischer-Ontrup, F. Käpnick, F. J. Mönks, N. Neuber & C. Solzbacher (Hrsg.), *Beiträge aus der Begabungsförderung* (Begabungsförderung, Bd. 4, S. 295–307). Münster: Waxmann.
Fischer, C., Fischer-Ontrup, C. & Schuster, C. (2021). Lernstrategien in der Begabtenförderung. In V. Müller-Oppliger & G. Weigand (Hrsg.), *Handbuch Begabung* (S. 402–417). Weinheim: Beltz.
Fischer, C., Hillmann, D., Kaiser-Haas, M. & Konrad, M. (2021). *Strategien selbstregulierten Lernens in der individuellen Förderung. Ein Praxishandbuch zum Forder-Förder-Projekt*. Münster: Waxmann.
Fischer, C., Souvignier, E. & Terhart, E. (2016). *Heterogenität als durchgängiges Thema im Curriculum. Fachvortrag im Rahmen der Auftaktveranstaltung zur Qualitätsoffensive Lehrerbildung*. Zugriff am 21.05.2021 unter https://www.uni-muenster.de/imperia/md/content/wwu/lehre/qlb/praesentation_teilprojekt_1_curriculum_juni_2016.pdf
Fischer, C. & Weigand, G. (2014). Schule der Vielfalt: inklusive Begabungs- und Begabtenförderung. Editorial. *journal für begabtenförderung – für eine begabungsfreundliche Lernkultur*, 2, 4–7.
LemaS (Forschungsverbund Leistung macht Schule) (2018). *Der Leistungs- und Begabungsbegriff von LemaS*. Zugriff am 21.05.2021 unter www.lemas-forschung.de/themen/leistungs-und-begabungsbegriff
Gagné, F. (2021). *Differentiating Giftedness from Talent: The DMGT perspective on talent development*. New York: Routledge.
Gardner, H. (2013). *Intelligenzen. Die Vielfalt des menschlichen Geistes* (4. Aufl.). U. Spengler, Übers. Stuttgart: Klett-Cotta.
Grassinger, R. (2009). Beratung hochbegabter Kinder und Jugendlicher. In K. A. Heller & A. Ziegler (Hrsg.), *Talentförderung – Expertiseentwicklung – Leistungsexzellenz* (Bd. 4). Münster: Lit-Verlag.
Häcker, H. & Stapf, K. H. (Hrsg.). (2009). *Dorsch Psychologisches Wörterbuch* (15., überarbeitete u. erweiterte Aufl.). Bern: Huber.
Harder, B. (2012). Ein kritisches Review der traditionellen Hochbegabungsberatung. In A. Ziegler, R. Grassinger & B. Harder (Hrsg.), *Konzepte der Hochbegabtenberatung in der Praxis* (S. 1–12). Münster: Lit-Verlag.
Harder, B., Stöger, H. & Ziegler, A. (Hrsg.). (2013). Bildungs- und Lernkapital (special issue/Themenheft). *Journal für Begabtenförderung, 13*(2).
Hattie, J. (2009). *Visible learning. A synthesis of over 800 meta-analyses relating to achievement*. London: Routledge.
Heinbokel, A. (1996). *Hochbegabte. Erkennen, Probleme, Lösungswege* (Hochbegabte Bd. 2). Münster: Lit-Verlag.
Heller, K. A. & Perleth, C. (2007). *Münchener Hochbegabungstestbatterie für die Primarstufe*. Göttingen: Hogrefe.
iPEGE (International Panel of Experts for Gifted Education) (2009). *Professionelle Begabtenförderung. Empfehlungen zur Qualifikation von Fachkräften der Begabtenförderung*. Salzburg.
Jäger, A. O., Holling, H., Preckel, Schulze, Ralf, Vock, M., Süß, H.-M. & Beauducel, A. (2006). *BIS-HB. Berliner Intelligenzstrukturtest für Jugendliche: Begabungs- und Hochbegabungsdiagnostik*. Göttingen: Hogrefe.
Kultusministerkonferenz & Hochschulrektorenkonferenz. (2015). *Lehrerbildung für eine Schule der Vielfalt. Gemeinsame Empfehlung von Hochschulrektorenkonferenz und Kultusministerkonferenz (Beschluss der Kultusministerkonferenz vom 12.03.2015 / Beschluss der Hochschulrektorenkonferenz vom 18.03.2015)*. Berlin/Bonn.
Preckel, F., Golle, F., Grabner, R., Jarvin, L., Kozbelt, A., Müllensiefen, D. et al. (2020). Talent development in achievement domains: A psychological framework for within and cross-domain research. *Perspectives on Psychological Science, 15*, 691–722.
Preckel, F. & Vock, M. (2020). *Hochbegabung. Ein Lehrbuch zu Grundlagen, Diagnostik und Förder-*

möglichkeiten (2., erweiterte Aufl.). Hogrefe: Göttingen.

Reiss, K., Sälzer, C., Schiepe-Tiska, A., Klieme, E. & Köller, O. (Hrsg.). (2016). *PISA 2015. Eine Studie zwischen Kontinuität und Innovation*. Münster: Waxmann.

Renzulli, J. S. & Reis, S. M. (2014). *The schoolwide enrichment model: A how-to guide for talent development* (3. Aufl.). Waco, TX: Prufrock Press.

Rieser, S., Stahns, R., Walzebug, A. & Wendt, H. (2016). Einblicke in die Gestaltung des Mathematik- und Sachunterrichts. In H. Wendt, W. Bos, C. Selter, O. Köller, K. Schwippert & D. Kasper (Hrsg.), *TIMSS 2015. Mathematische und naturwissenschaftliche Kompetenzen von Grundschulkindern in Deutschland im internationalen Vergleich* (S. 205–224). Münster: Waxmann.

Stamm, M. (2014). Minoritäten als Begabungsreserven. In M. Stamm (Hrsg.), *Handbuch Talententwicklung. Theorien, Methoden und Praxis in Psychologie und Pädagogik* (S. 375–384). Bern: Huber.

Sternberg, R. J. (2017). ACCEL: A New Model for Identifying the Gifted. *Roeper Review, 39*(3), 152–169.

UNESCO (1994). *Die Salamanca Erklärung und der Aktionsrahmen zur Pädagogik für besondere Bedürfnisse.*

Wendt, H., Willems, A. S., Tarelli, I., Euen, B. & Bos, W. (2013). Ausreichend geförderte Talente? – Zu den deutschen Ergebnissen von leistungsstarken Viertklässlerinnen und Viertklässlern in IGLU 2011 und TIMSS 2011. In C. Fischer (Hrsg.), *Schule und Unterricht adaptiv gestalten. Fördermöglichkeiten für benachteiligte Kinder und Jugendliche* (S. 23–34). Münster: Waxmann.

Ziegler, A. (2005). The Actiotope model of giftedness. In R. J. Sternberg & J. E. Davidson (Eds.), *Conceptions of giftedness* (pp. 411–436). New York, NY: Cambridge University Press.

Ziegler, A. (2009). Mentoring: Konzeptuelle Grundlagen und Wirksamkeit. In H. Stöger, A. Ziegler & D. Schimke (Hrsg.), *Mentoring: Theoretische Hintergründe, empirische Befunde und praktische Anwendungen* (S. 7–30). Lengerich: Pabst Science Publishers.

Ziegler, A. (2018). *Hochbegabung* (3., erweiterte Aufl.). München: Ernst Reinhardt Verlag.

6 Aufmerksamkeit und Konzentrationsprobleme

Holger Domsch

6.1 Einleitung

Immer wieder berichten und klagen Lehrkräfte und Eltern von und über Kinder, die sich einfach nicht konzentrieren können. Sie träumen, lenken sich und andere ab oder sprengen den Unterricht, indem sie permanent dazwischenrufen, andere ärgern oder sogar aggressiv werden. Viele dieser Kinder erhalten die Diagnose Hyperkinetische Störung oder auch ADHS (Aufmerksamkeits-Defizit-Hyperaktivitäts-Störung).

Nach Angabe der Lehrkräfte dürften in jeder Klasse mindestens ein und durchschnittlich sogar zwei bis drei Kinder mit ausgeprägtem unaufmerksamen und impulsivem Verhalten anzutreffen sein (z. B. Ruhmland & Christiansen, 2017). Sicherlich fallen nicht alle diese Kinder unter die klinische Gruppe der Kinder mit ADHS. Epidemiologische Studien schätzen den Prozentsatz auf 3–5 % (Thomas et al., 2015). Dennoch verdeutlicht die hohe Schätzung die Relevanz des Themenbereichs sowie die Dringlichkeit der Information und Intervention in der Schule und zu Hause. Gleichzeitig muss aber auch davor gewarnt werden, die Diagnose ADHS zu schnell zu vergeben. Zu oft liegen die Gründe für die Konzentrations- und/oder Verhaltensprobleme in anderen Bereichen, ohne dass diese in der Frage nach möglichen Ursachen Berücksichtigung gefunden haben. So finden sich z. B. Konzentrationsprobleme potenziell bei einer Reihe von somatischen (z. B. Neurodermitis, Epilepsie), psychischen (z. B. Depression, Angststörung, Posttraumatische Belastungsstörung), familiären (z. B. akute Trennungsproblematik, Trauerfall) oder auch schulischen Auffälligkeiten (z. B. Teilleistungsstörung, Unter-/Überforderung, Mobbing) wieder.

6.2 Aufmerksamkeitsstörung: Die Träumer und die Impulsiven

Einige Kinder mit ADHS fallen in der Schule häufig zunächst überhaupt nicht auf. Es sind eher die stillen Träumer; sie stören den Unterricht nicht und lassen sich von daher leichter unterrichten als verhaltensauffällige Lerngruppenmitglieder. Sie zeigen ein vornehmlich unkonzentriertes Verhaltensmuster. Dennoch fordern sie die Kompetenz der Lehrkräfte immer wieder heraus, da sie:

- sehr lange brauchen, bevor sie mit der Bearbeitung einer Aufgabe beginnen;
- besonders viel Motivation/Begleitung durch die Lehrkraft benötigen;
- von außen aufgetragene Aufgaben, die längere geistige Anstrengung verlangen, oft meiden;
- zwischenzeitlich abgelenkt sind und dadurch oft nicht fertig werden;
- ihre Materialien nicht zusammenhalten können;
- einzelne Tätigkeiten/Aufgaben unstrukturiert und unorganisiert ausführen (anstatt z. B. die Aufgabenstellung richtig zu beachten und planvoll vorzugehen), und/oder
- es ihnen schwer fällt, Einzelheiten zu beachten, und/oder sie viele Flüchtigkeitsfehler machen.

Eltern oder auch Fachkräfte des Offenen Ganztags berichten besonders oft, dass die Hausaufgaben/Lernaufgaben langsam und unvollständig bearbeitet werden, die Kinder viel Unterstützung bei der Erledigung der Aufgaben einfordern und ständig angetrieben werden müssen, weiterzuarbeiten.

Kinder mit ADHS, die zudem Auffälligkeiten aus einem überaktiv/impulsiven Verhaltensmuster zeigen, sind in aller Regel ebenfalls unaufmerksam, zeichnen sich neben den oben aufgeführten Punkten aber eher durch einen impulsiven Arbeitsstil aus. Im Unterricht stören sie häufig, indem sie u. a. unaufgefordert in die Klasse rufen, aufstehen, herumlaufen und nur schwer ruhig auf dem Stuhl sitzen können. Gerade das impulsive Verhalten wird von den Lehrkräften als besonders belastend empfunden. Es ist das »Immer Wieder« im Sinne von »daily hassles«, was zu einer erhöhten Stressbelastung beim Unterricht führt. Dies ist verstärkt der Fall, wenn zu den ADHS-typischen Verhaltensweisen weitere komorbide externalisierende Auffälligkeiten auftreten.

Kinder mit ADHS haben häufiger schulische Misserfolge, wobei gerade die Aufmerksamkeitsproblematik mit einem geringeren Leistungsniveau assoziiert zu sein scheint. Sie erreichen beispielsweise geringere Schulabschlüsse als vergleichbare Peers, zeigen eine höhere Sitzenbleiberquote und ggf. komorbid weitere Lernstörungen (Arnold et al., 2020; ▸ Kap. II-7).

6.3 Ätiologie von ADHS

Trotz einer Vielzahl an unterschiedlichen Studien liegen Überlegungen zu den konkreten Ursachen der Störung lediglich als Hypothesen vor. Döpfner, Banaschewski und Sonuga-Barke (2008) fassen verschiedene Forschungsergebnisse in einem biopsychosozialen Modell zusammen. Als Hauptursache wird eine genetische Prädisposition diskutiert, wobei ungünstige psychosoziale Bedingungen wie z. B. eine negative Eltern-Kind-Interaktion die Verhaltensproblematik deutlich verstärken oder zu komorbiden Auffälligkeiten führen können. Auf Ebene der Neurobiologie sollen sich Auffälligkeiten u. a. im Neurotransmitter-Stoffwechsel widerspiegeln. Für das Verständnis von ADHS, aber auch für die Ableitung von schulischen Interventionsmaßnahmen sind daraus resultierende Auffälligkeiten im Bereich der Neuropsychologie besonders relevant. Diese betreffen vor allem Störungen in den exekutiven und motivationalen Funktionen (Sonuga-Barke, 2002). Auch wenn auf diese im Folgenden zurückgegriffen werden, muss betont werden, dass die Ergebnisse zu diesen Funktionen eher heterogen ausfallen. Entsprechend finden sich bei einigen Kindern mit ADHS Defizite in einem oder auch allen dieser Bereiche wieder, bei anderen wiederum nicht (vgl. Gawrilow, 2016).

Exekutive Funktionen lassen sich als psychische Prozesse umschreiben, die Handlungen vorausgehen oder diese begleiten und maßgeblich zu Selbststeuerungskompetenzen beitragen. Genau in diesem Bereich zeigen sich jedoch bei einigen Kindern mit ADHS Defizite: Weiß Paul die richtige Antwort, fällt es ihm schwer, seinen dominanten Handlungsimpuls zu unterdrücken (Reaktionshemmung), und somit schreit er die Antwort in die Klasse. Leonie lässt sich leicht ablenken und schweift in der Aufgabenbearbeitung immer wieder ab. Auch ihr fällt es schwer, ihren Aufmerksamkeitsfokus auf die Aufgabe zu richten und interferierende innere (Gedankenträume) und äußere (Ablenkung) Reize zu hemmen. Barkley (1998) fasst diese Defizite in den Exekutivfunktionen in seinem viel zitierten »Hybridmodell exekutiver Funktionen« zusammen. Danach führen Defizite in der Reaktionshemmung zu Problemen in den vier exekutiven Funktionen, was wiederum Auswirkungen auf konkrete psychologische Prozesse haben soll (► Abb. 6.1).

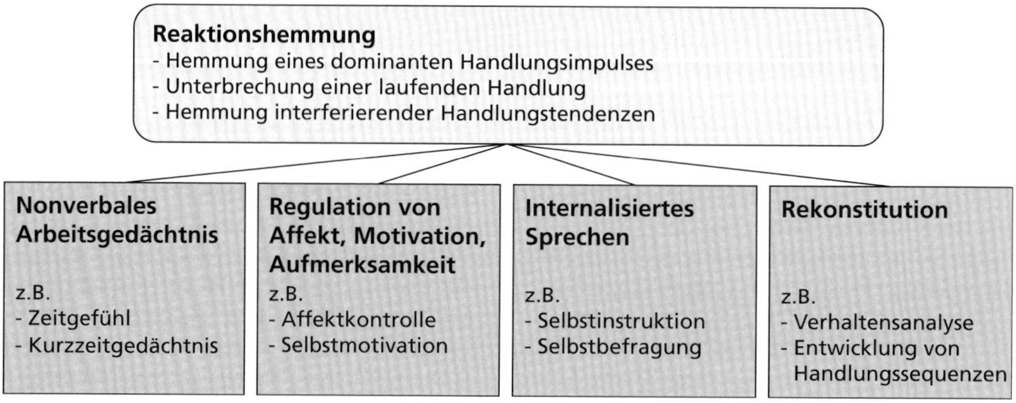

Abb. 6.1: Hybridmodell exekutiver Funktionen nach Barkley (1998, S. 136)

Eine Metaanalyse von Willcutt et al. (2005) stützt die Annahme von Auffälligkeiten in Bereichen der Exekutivfunktionen. Dennoch muss – wie oben bereits angesprochen – herausgestellt werden, dass längst nicht alle Kinder und Jugendliche mit ADHS diese Defizite aufweisen und damit keine hinreichende Ursachenerklärung gefunden ist. Sonuga-Barke (2002) führt als weitere mögliche Erklärung für das Symptombild Auffälligkeiten in motivationalen Funktionen heran. Aufgrund von Veränderungen im Neurotransmitterhaushalt soll sich bei einigen dieser Kinder und Jugendlichen eine Aversion gegen Belohnungsaufschub und somit ein motivationaler Stil, Verzögerungen zu vermeiden, herausgebildet haben.

Veranschaulichen lässt sich dies anhand eines Verzögerungsgradienten: Bekommt jemand das Versprechen, für ein besonders genaues Studium dieses Buchkapitels sein Lieblingseis direkt im Anschluss an das Lesen zu erhalten, schätzt diese Person diese Belohnung in der Regel als durchaus attraktiv ein. Wird jedoch in Aussicht gestellt, dass die Belohnung (hier Lieblingseis) mit einer deutlichen Verzögerung (z. B. erst in zwei Tagen) erfolgt, sinkt deren Attraktivität merklich ab. Bei einigen Kindern und Jugendlichen mit ADHS trifft diese Regel besonders zu: Eine sofortige Belohnung wird als sehr attraktiv eingeschätzt. Die Attraktivität sinkt jedoch mit zunehmender Belohnungslatenz deutlich stärker ab, als dies bei anderen Kindern und Jugendlichen der Fall wäre (Marx et al., 2021).

Die Mutter von Julia ist verzweifelt. Immer wieder versucht sie, ihrer Tochter zu verdeutlichen, dass sie sich nur zügig und konzentriert an die Hausaufgaben setzen müsste, dann würde sie anschließend genügend Zeit zum Spielen haben (langfristige Belohnung). Stattdessen träumt sie vor sich hin, genießt die (negative) Aufmerksamkeit ihrer Mutter, während sie auf sie einredet, und rutscht auf ihrem Stuhl hin und her (kurzfristige Belohnungen).

6.4 Diagnostik

Die Diagnostik von Aufmerksamkeits- und Konzentrationsproblemen sollte immer umfassend erfolgen. Wie bereits einleitend erwähnt, können die Symptome sehr unterschiedliche Ursachen haben. Eine somatische Abklärung ist in jedem Fall indiziert. Die Unterrichtsbeobachtung gibt oftmals bereits wichtige Hinweise zur Hypothesenbildung. Im Folgenden soll beispielhaft ein Beobachtungsverfahren dargestellt werden, welches sich in diesem Kontext bewährt hat (Domsch & Krowatschek, 2019). Erfasst wird während der Beobachtung primär das On- und Off-task-Verhalten der Zielperson sowie mindestens drei weiterer Vergleichspersonen (► Abb. 6.2). In einem festgelegten Intervall (z. B. alle zwei Minuten) wird festgehalten, ob sich die beobachteten Schülerinnen und Schüler der Aufgabenstellung zugewandt (on-task) oder abgewandt (off-task) verhalten. Diese Form der Beobachtung protokolliert sowohl das unaufmerksame Verhalten der Zielperson als auch das einer Kontrollgruppe. Dies lässt sich gut zur Veranschaulichung im Lehrer- und Elterngespräch verwenden. Das Problem der Unkonzentriertheit wird dadurch relativ nüchtern und gleichzeitig anschaulich benannt.

Die Eltern von Johanna (2. Klasse) melden sich in der Schulpsychologischen Beratungsstelle. Sie berichten, dass die Klassenlehrerin immer wieder über die Konzentrationsprobleme ihrer Tochter klage. Sie seien sich aber sehr unsicher, ob dies wirklich an Johanna liege oder ob die Lehrerin nicht einfach übertreibe und ihre Tochter nicht richtig einschätze.

Während der Unterrichtsbeobachtung werden Johanna sowie drei weitere Schülerinnen beobachtet, und alle zwei Minuten wird protokolliert, ob sie gerade on- oder off-task sind. Im

Auswertungsgespräch werden die Beobachtungen mit der Lehrerin und den Eltern gemeinsam besprochen. Während die anderen Mädchen zwischen 80 % und 100 % on-task waren, liegt dieser Wert bei Johanna gerade mal bei 65 %. Vor allem während der Stillarbeit scheint Johanna besonders abgelenkt. Auch ohne viele Worte sind Johannas Eltern betroffen, da offensichtlich ist, dass Johanna tatsächlich einen großen Teil der Zeit nicht aktiv für das Lernen verwendet. Die Diskrepanz zu den anderen Schülerinnen untermauert die Sorgen der Lehrerin. Gemeinsam wird überlegt, wie jeder Johanna unterstützen kann.

Auch bei Paul wird der Beobachtungsbogen angewendet. Anders als bei Johanna unterscheidet sich das Verhalten von Paul jedoch nicht besonders von der Kontrollstichprobe: Alle vier Jungen zeigen ein On-task-Verhalten zwischen 50 % und 70 %. Im Rückmeldegespräch mit der Lehrerin wird daran schnell deutlich, dass eine Intervention, die allein bei Paul ansetzt, nicht zielführend sein kann. Angebracht erscheinen dagegen zunächst Interventionen, die auf der Klassenebene ansetzen und somit zu einer erfolgreicheren Klassenführung beitragen.

Beobachtungsbogen						
Lehrkraft:			Unterrichtsfach:		Datum:	
	Sequenz I:		Sequenz II:		Sequenz III:	
Schüler	**On-Task**	**Off-Task**	**On-Task**	**Off-Task**	**On-Task**	**Off-Task**
Schülerverhalten						
Lehrerverhalten						

Abb. 6.2: Beobachtungsbogen

Durchaus typisch für Kinder mit ADHS sind dabei größere Schwankungen in der Konzentrationsleistung über einzelne Arbeitsphasen aber auch den Schulvormittag hinweg. Neben der Verhaltensbeobachtung im Unterricht kommt der Befragung der Eltern sowie der Lehrkraft eine besondere Bedeutung zu. Dabei muss berücksichtigt werden, dass in zahlreichen Studien immer wieder die durchaus geringe Übereinstimmung zwischen Lehrer- und Elternurteilen herausgestellt wird. Es existiert eine Reihe an Fragebogen, vor allem zur Erhebung von ADHS-spezifischen Symptomen (▶ Kap. II-1). Zudem ergeben sich auch während einer Testdiagnostik verschiedene Beobachtungspunkte, die von Interesse sein können. Neben dem Intelligenzquotient zur Differenzialdiagnostischen Abklärung ist dabei vor allem die Frage der Arbeitshaltung und -weise während der Testung im Vordergrund. Zudem existiert eine Reihe an Konzentrations- und Aufmerksamkeitstests (Domsch, 2014). Allerdings muss einschränkend darauf hingewiesen werden, dass sich eine Konzentrationsproblematik oftmals in einer Gruppensituation mit vielen Ablenkungsmöglichkeiten (z. B. Unterricht) zeigt. Dementsprechend ist immer wieder eine deutliche Diskrepanz zwischen dem Verhalten während der Testsituation (Einzelsituation mit viel individueller Aufmerksamkeit) und im Unterricht (Gruppensituation mit wenig individueller Aufmerksamkeit und vielen Ablenkungsmöglichkeiten) festzuhalten. Schließlich gilt es im Sinne der Differentialdiagnostik andere Erklärungen für das unaufmerksame Verhalten auszuschließen bzw. komorbide Auffälligkeiten festzustellen.

6.5 Fördermöglichkeiten der Konzentration und Aufmerksamkeit

Die evidenzbasierten Interventionen für Kinder mit gravierenden Aufmerksamkeitsproblemen lassen sich grob aufteilen in (1) pharmakologische und (2) psychosoziale Interventionen. Die schulbezogenen Unterstützungsmaßnahmen lassen sich dem zweiten Bereich zuordnen. Hier liegt mittlerweile eine Reihe von Methoden, Übungen und Trainings zur Förderung der Aufmerksamkeit und Konzentration vor. Diese reichen von reinen Materialsammlungen bis hin zu von Theorien abgeleiteten Therapie- und Trainingsprogrammen (Domsch & Lohaus, 2021).

6.5.1 Ansätze zur Verbesserung der Hausaufgabensituation

Spricht man über das Problem unkonzentrierter Kinder und Jugendlichen, ist immer auch die Hausaufgabensituation zu berücksichtigen. Häufig liegt die für die Hausaufgaben benötigte Zeit bei einem konzentrationsschwachen Kind weit über der seiner Mitlernenden. Dementsprechend stellt die Hausaufgabenbearbeitung vor allem für die Eltern aber auch für die (zum Teil sehr heterogen qualifizierten) Fachkräfte im Offenen Ganztag eine äußerst stressige Situation im Tagesablauf dar (z. B. Döpfner & Lehmkuhl, 1995).

Neben allgemeinen Empfehlungen zum Arbeitsplatz oder einer Tagesstruktur (mit ritualisierten Lern- bzw. Hausaufgabenzeiten sowie eingeplanten Pausen) ist ggf. auch eine Reduktion der Hausaufgabenmenge angebracht, um die täglichen Kämpfe zwischen Kind und Eltern zu reduzieren. Zeitregeln zur Hausaufgabenmenge (z. B »Macht 30 Minuten Mathe, und danach hört ihr auf!«) sollten möglichst durch feste Absprachen zur Leistungsmenge (z. B. »Diese drei Aufgaben will ich auf alle Fälle von dir sehen!«) ersetzt werden.

Neben diesen klassischen Tipps gibt es einige Trainingsprogramme, die Hausaufgabensituationen konkret berücksichtigen. Sie können Teil eines komplexeren Programms sein oder als solches schwerpunktmäßig Kompetenzen der Eltern fördern (s. Domsch & Lohaus, 2021). Ziel ist in der Regel, das Kind an ein selbstständigeres Erledigen der Hausaufgaben heranzuführen. Konkrete Handlungstipps, welche unter anderem die oben benannten Defizite in den Exekutivfunktionen berücksichtigen, zur Lernbegleitung von Kindern mit ADHS finden sich bei Born und Oehler (2019) wieder.

6.5.2 Ansätze in der Schule

DuPaul, Eckert und Vilardo (2012) untersuchten in einer Metaanalyse die Effektivität unterschiedlicher Schulinterventionen bei Kindern mit ADHS, die sich in drei Bereiche clustern lassen:

1. Akademische Interventionen (z. B. Unterrichtsstruktur, Arbeitsmaterialien, Aufgabenformulierung u. Ä.)
2. Vergabe oder Entzug von Verstärkern (Kontingenzmanagement)
3. Kognitiv-behaviorale Interventionen, die die Entwicklung von Selbstregulationsfähigkeiten bzw. Selbstmanagementkompetenzen oder auch Problemlösestrategien zum Ziel haben

Während unter den ersten beiden Interventionsbedingungen weniger störendes Verhalten gezeigt wurde, schnitten bezogen auf eine Verbesserung des Lernverhaltens und der Lernleistung alle drei Interventionen sehr gut ab. Es existiert daher schon seit längerem eine Reihe an gut untersuchten Methoden, mit denen das Lernverhalten und die Aufmerksamkeit verbessert werden können.

Es finden sich allgemeine Empfehlungen für den Unterricht wieder (z. B. Frölich, Döpfner & Banaschewski, 2014), die sich förderlich auf das Lernverhalten und die Konzentrationsleistung auswirken sollen. Einige dieser Interventionen berücksichtigen die weiter oben umschriebenen Auffälligkeiten in den Exekutivfunktionen (► Abb. 6.1). So verlangen klare Strukturen und Rituale auf längere Sicht weniger Selbststeuerungskompetenzen und kommen den Auffälligkeiten von Kindern mit ADHS besonders entgegen. Dabei können Strukturen sich auf unterschiedliche Bereiche beziehen. Im Hinblick auf die räumliche Umwelt des Kindes fördert ein übersichtliches Klassenzimmer, in dem ein deutliches Ordnungssystem existiert, die Konzentrationsleistung. Der Klassenraum sollte zugleich angenehm und übersichtlich gestaltet sein. Ein Sitzplatz in der Nähe der pädagogischen Fachkraft und entfernt von Tür und Fenster ermöglicht ein lenkendes Verhalten seitens der Lehrkraft und beugt Ablenkung vor, wobei dies nicht spezifisch für ADHS gilt (Blume et al., 2017). Für viele Kinder hat sich auch ein Einzelplatz während der Stillarbeit bewährt. Einige Lehrkräfte verwenden A3-Ringordner, die allen Kindern zur Verfügung stehen. So kann sich jedes Kind, das sich von anderen abgelenkt fühlt, einen solchen Ringordner für die Stillarbeitsphase holen und sich damit eine »Office-Box« bauen (DuPaul & Stoner, 2014).

Struktur im Unterrichtsaufbau bedeutet eine klare und durchschaubare Gliederung der Stunde. Förderlich sind Rituale wie z. B. ein Ruhezeichen zu Beginn der Stunde oder ein gewohnter Wechsel unterschiedlicher Unterrichtsphasen. Sie schaffen Transparenz und erleichtern dem unkonzentrierten Kind, sich den Anforderungen anzupassen. Eine Rhythmisierung des Unterrichts mit Aktiv- und Entspannungsphasen bringt zudem Abwechslung in die Schulstunde und passt sich der Konzentrationsspanne der Schülerinnen und Schüler an. Das Einüben von Wenn-Dann-Plänen hat sich bei Kindern mit ADHS als erfolgsversprechend erwiesen (Guderjahn et al., 2013) und kann auch auf den Unterricht bzw. die Hausaufgabensituation übertragen werden (z. B. beim Startzeichen hole ich meine Materialien raus). Besonders in Gruppenarbeitsphasen scheint die aufgabenbezogene Aufmerksamkeit bei Kindern mit ADHS erhöht zu sein.

Schließlich betrifft dies die Struktur der Aufgaben selbst: Eine kurze, aber prägnante Aufgabenstellung, die möglicherweise in einzelne Zwischenschritte zergliedert ist, wirkt sich positiv auf das Lernverhalten aus. Zudem gelingt eine Lenkung der selektiven Aufmerksamkeit durch das Hervorheben von wichtigen Aufgabenmerkmalen (Zentall, 1993), oder einzelne Aufgabenschritte der Stillarbeit können an der Tafel zusätzlich visualisiert werden. Eine ganze Reihe solcher konkreten Hinweise, die zum Teil mit Studien untermauert sind, findet sich bei DuPaul und Stoner (2014), das mittlerweile Standardwerk ist.

Ergänzt werden diese allgemeinen Hinweise für den Unterricht durch gezielte Methoden, die sich auf unkonzentrierte Kinder anwenden lassen. Gezielte Maßnahmen im Unterricht verlangen jedoch immer auch eine vorangehende Diagnostik des Kindes sowie des Unterrichtsgeschehens. In Abhängigkeit von den Ursachen unaufmerksamen Lernverhaltens ergeben sich bestimmte (zielgerichtete) Interventionen.

Positive Rückmeldungen

Als eine wirkungsvolle Methode, um allmählich ein adäquates Lernverhalten bei Konzentrationsproblemen aufzubauen, dürfte die positive Rückmeldung gelten. Sie kommt der oben beschriebenen möglichen Ursachenerklärung einer Aversion gegen Belohnungsaufschub entgegen. Sie kann in einfacher Art als soziales Lob bzw. Ermutigung (verbales Feedback, Zunicken, positives Zeichen geben) oder in Form von Token-Programmen erfolgen.

Loben bzw. Ermutigen

Effektiv ist das Lob, wenn es zeitnah nach dem erwünschten Verhalten und möglichst häufig gegeben wird. Das Kind soll dabei vom Lehrer vor allem dann ein positives Feedback erhalten, wenn es die Aufgabe konzentriert bearbeitet, es also »on-task« ist. Martens und Hiralall (1997) ließen z. B. Lehrkräfte in unregelmäßigen Zeitintervallen ihren Blick durch den Klassenraum schweifen. Die Lehrkräfte lobten dabei kurz all jene, die aufpassten oder konzentriert arbeiteten. Bereits eine solche einfache Intervention erbrachte eine signifikante Verbesserung des Lernverhaltens gerade auch der ansonsten auffälligen Schülerinnen und Schüler.

Immer wieder ist in der Schule zu beobachten, dass ein Lob eher am Ergebnis statt am konkreten Verhalten orientiert wird: »Richtig!«, »Stimmt!«, »Korrekt!« und ähnliche Rückmeldungen. Gelobt wird dementsprechend oftmals das »Produkt« und weniger das konkrete Verhalten im Sinne einer klaren und prägnanten Verhaltensrückmeldung: »Du hast schnell angefangen!«, »Gut verbessert!«, »Ruhig gemeldet, du kommst dran!«, »Du lässt dich nicht ablenken Paula, weiter so!«. Diese Form der Verhaltensrückmeldung benennt sehr viel konkreter, welches Verhalten erwünscht ist, ermutigt zu mehr und ermöglicht eine zeitnahe Rückmeldung. Vor allem wird ein positives Verhaltensmodell auch für die anderen formuliert.

Ignorieren mit positivem Modell

Pfiffner, Barkley und DuPaul (2015) empfehlen eine Methode, die im Deutschen als »Ignorieren mit positivem Modell« (z. B. Krowatschek, Domsch & Hengst, 2003) bezeichnet wird. Dabei wird unerwünschtes Lernverhalten ignoriert, gleichzeitig aber werden jene gelobt, die ruhig arbeiten und das erwünschte Verhalten zeigen. Gerade in der Grundschule wird diese Methode – häufig unbewusst – angewendet: Zu Beginn einer Unterrichtsstunde herrscht in der Regel in jeder Klasse Unruhe. Die Lehrkraft betritt den Raum und sagt: »Drei Tischgruppen hören mir schon gut zu.« Damit steigt die Wahrscheinlichkeit, dass die vierte Tischgruppe ihr Schwätzen unterbricht und ebenfalls zuhört.

Einsatz von Token-Programmen

Token-Programme sind besonders für Kinder mit ADHS geeignet, da sie dem Bedürfnis der Kinder nach fortwährender und konsequenter Rückmeldung über ihr Verhalten entgegenkommen. Token-Programme nutzen dabei Sekundärverstärker (Punkte oder Token), die das Kind sammeln kann, um diese später gegen einen Preis einzutauschen. Es hat sich bewährt, Verstärkerpläne für einzelne Kinder oder für die gesamte Klasse einzusetzen (Pfiffner, Barkley & DuPaul, 2015). Viele Studien belegen die Effizienz von Verstärkerplänen sowohl im schulischen als auch im häuslichen Kontext (Daley et al., 2015). Barber, Milich und Welsh (1996) zeigten sogar, dass bei sofortiger und dauerhafter Verstärkung die Leistungsunterschiede zwischen Kindern mit und ohne ADHS aufgehoben werden können. Dies verdeutlicht, wie wichtig eine kontingente und kleinschrittige Rückmeldung in Form von Lob oder anderen Verstärkern in der Schule ist. Es unterstützt über positive Erfolgserlebnisse den Aufbau von Selbststeuerungskompetenzen, Selbstwirksamkeit und Leistungsmotivation und trägt zudem zu einer positiveren Kind-Lehrer-Interaktion bei. Gleichzeitig wird immer wieder die Erfahrung gemacht, dass Lehrkräfte auf der einen Seite von der Effektivität der Methode überzeugt sind, aber vor dem Arbeitsaufwand zurückschrecken. Daher gilt es, den Punkteplan pragmatisch in den Schulalltag einzubauen, ohne die Beteiligten zu überfordern und damit langfristig zu frustrieren.

> Julius ist sehr langsam in der Aufgabenbearbeitung und wird oftmals nicht fertig. Häufig muss er ermahnt werden, endlich mit der Aufgabe anzufangen. Dann bittet er immer wieder um Hilfe und trödelt schließlich dennoch. Sein Klassenlehrer entscheidet, zunächst einen zügigen Start der Aufgabenbearbeitung zu trainieren. Er trifft die folgende Vereinbarung mit Julius: »Wenn ich während der Stillarbeit an deinem Tisch vorbeikomme und du bereits angefangen hast, trägst du dir einen Punkt auf deinem Punkteplan ein.« Punkte werden somit während und nicht nach dem Unterricht gegeben, wenn alle mit anderen Dingen beschäftigt sind. Zudem kann es durchaus vorkommen, dass sein Lehrer während der Stillarbeit nicht an dem Gruppentisch von Julius vorbeikommt. Dann erhält er eben keinen Punkt. Hat Julius zwanzig Punkte gesammelt, darf er ein Spiel für die gesamte Klasse aussuchen. So profitieren auch die anderen Schüler von dem Punkteplan.

Selbstmanagementstrategien

Ein primäres Ziel ist die Entwicklung von Selbstmanagementstrategien, mit deren Hilfe man sein Verhalten selbst beobachten, anleiten, notfalls korrigieren und schließlich bekräftigen kann. Patterson (1982) ließ z. B. in einem ersten Schritt Grundschulkinder in Phasen von Stillarbeit selber protokollieren, ob sie On- oder Off-task waren. Sogleich sollten sie dann an die Aufgabe zurückkehren. Diese Art der Selbstbeobachtung führte sowohl zu einer Verbesserung der Lernzeit als auch der Lernleistung. Besonders effektiv sind derartige Methoden im Grundschulalter, wenn das selbstkontrollierende Verhalten z. B. durch Kopplung an einen Punkteplan durch die Lehrkraft belohnt wird (DuPauler & Stoner, 2014). Auch Einschätzungsbögen oder Rückmeldungen durch Peers haben sich als effektiv erwiesen.

6.5.3 Rolle der Schulpsychologie

Wie eingangs erwähnt, zeigen sich Konzentrationsprobleme oftmals vor allem in der Gruppensituation und in Situationen, in denen kognitive Anstrengung über einen längeren Zeitraum von dem Kind verlangt wird. Beide Bedingungen liegen im Kontext Schule vor. Für viele Kinder und Jugendliche mit Konzentrationsproblemen stellt somit der Schulalltag eine schwierige Situation dar, und sie fordern die pädagogische Kompetenz von den Fachkräften besonders heraus. Es ist daher nicht verwunderlich, dass in den schulpsychologischen Beratungsstellen Anfragen zu den Bereichen Konzentration, Unruhe und Impulsivität an der Tagesordnung sind. Auch wenn für diese Problembereiche unterschiedliche außerschulische Therapie- und Trainingsansätze existieren (Domsch & Lohaus, 2021), ist die Schulsituation immer mitzudenken. Leider wird zu oft eine rein klinische Betrachtung des »ADHS-Kindes« fokussiert, ohne diese Perspektive vertieft mit einzubeziehen. Dementsprechend ist eine schulpsychologische Diagnostik sowohl für das Verstehen der gesamten systemischen Dynamik, vor allem aber auch zur Ableitung möglicher Interventionen von Bedeutung. Gerade der Blick auf die gesamte Klasse eröffnet oftmals vielfältige pädagogische Handlungsspielräume.

Weiterhin ist auch der Fokus auf eine gute Zusammenarbeit zwischen Eltern und Lehrern aber auch auf eine positive Lehrer-Schüler-Beziehung entscheidend. Kinder und Jugendliche mit ADHS werden von ihren Bezugspersonen oftmals als besonders anstrengend erlebt. Häufig erhalten Eltern von Seiten der Schule überwiegend negative Rückmeldungen über das Verhalten ihres Kindes in der Schule. Im gemeinsamen Gespräch mit den pädagogischen Fachkräften und den Eltern ist neben einer Psychoedukation das Hinführen zu realistischen und oftmals kleinschrittigen Lösungsansätzen entscheidend, welche alle Beteiligten in eine konstruktive Zusammenarbeit führt. Ein leider noch stark vernachlässigter Bereich ist der Offene Ganztag. Hier zeigen sich wie oben benannt, die Herausforderungen besonders in der Lernzeit bzw. Hausaufgabenbetreuung.

Metaanalysen bezüglich schulischer Interventionsansätze bei ADHS machen dabei Mut. Sie zeigen auf, dass es eine Reihe gut evaluierter und durchaus erfolgversprechender Maßnahmen gibt, die zu einer deutlichen Verhaltensveränderung führen. Dennoch bedarf es dabei einer wohlwollenden Beziehung zu den Kindern und Jugendlichen mit ADHS, einer ordentlichen Portion Humor und vor allem eines langen Atems.

Literatur

Arnold, L. E., Hodgkins, P., Kahle, J., Madhoo, M. & Kewley, G. (2020). Long-term outcomes of ADHD: academic achievement and performance. *Journal of attention disorders, 24*, 73–85.

Barber, M., Milich, R. & Welsh, R. (1996). Effects of reinforcement schedule and task difficulty on the performance of attention deficit hyperactivity disordered and control boys. *Journal of Clinical Child Psychology, 25*, 66–76.

Barkley, R. (1998). *Attention-deficit hyperactivity disorder. A handbook for diagnosis and treatment* (2nd ed.). New York: Guilford.

Blume, F., Göllner, R., Moeller, K., Dresler, T., Ehlis, A. C. & Gawrilow, C. (2019). Do students learn better when seated close to the teacher? A virtual classroom study considering individual levels of inattention and hyperactivity-impulsivity. *Learning and Instruction, 61*, 138–147.

Born, A. & Oehler, C. (2019). *Lernen mit ADHS-Kindern: Ein Praxishandbuch für Eltern, Lehrer und Therapeuten.* Stuttgart: Kohlhammer.

Daley, D., Van der Oord, S., Ferrin, M., Danckaerts, M., Doepfner, M., Cortese, S., … & European ADHD Guidelines Group. (2014). Behavioral interventions in attention-deficit/hyperactivity disorder: a meta-analysis of randomized controlled trials across multiple outcome domains. *Journal of the American Academy of Child & Adolescent Psychiatry, 53*, 835–847.

Domsch, H. (2014). Konzentration und Aufmerksamkeit. In A. Lohaus & M. Glüer (Hrsg.), *Grundlagen der Entwicklungsförderung.* Heidelberg: Springer.

Domsch, H. & Krowatschek, D. (2019). *Förderpläne – kein Problem.* Hamburg: AOL-Verlag.

Domsch, H. & Lohaus, A. (2021). Förderung der Konzentration. In A. Lohaus & H. Domsch

(Hrsg.), *Psychologische Förderprogramme für Kinder und Jugendliche.* Heidelberg: Springer.

Döpfner, M., Banaschewski, T. & Sonuga-Barke, E. J. S. (2008). Aufmerksamkeitsdefizit-/Hyperaktivitätsstörungen (ADHS). In F. Petermann (Hrsg.), *Lehrbuch der Klinischen Kinderpsychologie* (S. 257–276). Göttingen: Hogrefe.

Döpfner, M. & Lehmkuhl, G. (1995). Elterntraining bei hyperkinetischen Störungen. In H.-C. Steinhausen (Hrsg.), *Hyperkinetische Störungen im Kindes- und Jugendalter* (S. 178–208). Stuttgart: Kohlhammer.

DuPaul, G. J., Eckert, T. L. & Vilardo, B. (2012). The effects of school-based interventions for attention deficit hyperactivity disorder: A meta-analysis 1996–2010. *School psychology review, 41*, 387–412.

DuPaul, G. & Stoner, G. (2014). *ADHD in Schools.* New York: Guilford Press.

Frölich, J., Döpfner, M., & Banaschewski, T. (2014). *ADHS in Schule und Unterricht: Pädagogisch-didaktische Ansätze im Rahmen des multimodalen Behandlungskonzepts*. Stuttgart: Kohlhammer.

Gawrilow, C. (2012). *Lehrbuch ADHS.* Stuttgart: UTB.

Guderjahn, L., Gold, A., Stadler, G. & Gawrilow, C. (2013). Self-regulation strategies support children with ADHD to overcome symptom-related behavior in the classroom. *ADHD Attention Deficit and Hyperactivity Disorders, 5*, 397–407.

Krowatschek, D., Domsch, H. & Hengst, U. (2003). *ADS und ADHS, Diagnose und Training.* Dortmund: verlag modernes lernen.

Martens, B. & Hiralall, A. (1997). Scripted sequences of teacher interaction. *Behavior Modification, 21*, 308–323.

Marx, I., Hacker, T., Yu, X., Cortese, S., & Sonuga-Barke, E. (2021). ADHD and the choice of small immediate over larger delayed rewards: a comparative meta-analysis of performance on simple choice-delay and temporal discounting paradigms. *Journal of attention disorders, 25*, 171–187.

Patterson, C. (1982). Self-control and self-regulation in childhood. In T. Field et al. (Eds.), *Review of Human Development* (pp. 290–303). New York: Wiley.

Pfiffner, L., Barkley, R. & DuPaul, G.J. (2015). Treatment of ADHD in School Setting. In R. Barkley (Ed.), *Attention deficit hyperaktivity disorder. A handbook for diagnosis and treatment* (pp. 547–589). New York: Guilford.

Rogers, M. A., Wiener, J., Marton, I. & Tannock, R. (2009). Parental involvement in children's learning: comparing parents of children with and without Attention-Deficit/Hyperactivity Disorder (ADHD). *Journal of school psychology, 47*, 167–185.

Ruhmland, M. & Christiansen, H. (2017). Konzepte zu Grundlagen von ADHS und Interventionen im Unterricht bei Grundschullehrkräfte. *Psychologie in Erziehung und Unterricht, 64*, 109–122.

Sonuga-Barke, E. J. S. (2002). Psychological heterogenity in AD/HD – a dual pathway model of behaviour and cognition. *Behavioural Brain Research, 130*, 29–36.

Thomas, R., Sanders, S., Doust, J., Beller, E. & Glasziou, P. (2015). Prevalence of attention-deficit/hyperactivity disorder: A systematic review and meta-analysis. *Pediatrics, 135*, 994–1001.

Willcutt, E. G., Doyle, A. E., Nigg, J. T., Faraone, S. V. & Pennington, B. F. (2005). Validity of the executive function theory of ADHD: A meta-analytic review. *Biological Psychiatry, 57*, 1336–1346.

Zentall, S. (1993). Research on the educational implications of attention deficit hyperactivity disorder. *Exceptional Children, 60*, 143–153.

7 Lese-Rechtschreibstörung

Kirsten Schuchardt und Claudia Mähler

7.1 Erscheinungsbild und Klassifikation

Kennzeichen der Lese-Rechtschreibstörung (LRS) ist die umgrenzte Beeinträchtigung der Entwicklung der Lesefertigkeiten und damit häufig verbunden die der Rechtschreibfertigkeiten. Die Probleme im Lesen zeigen sich bereits zu Beginn der Schulzeit in Schwierigkeiten beim Aufsagen des Alphabets und durch Verwechslungen und Verzögerungen beim Benennen von Buchstaben. Betroffen sind Leseverständnis, Wiedererkennen gelesener Worte und lautes Vorlesen. Es treten Lesefehler wie Auslassen, Ersetzen, Verdrehen oder Hinzufügen von Worten oder Wortteilen auf. Besonders auffällig ist eine deutlich reduzierte Lesegeschwindigkeit. Die Rechtschreibprobleme sind charakterisiert durch Umstellung der Buchstabenreihenfolge, Auslassungen oder Einfügungen von Buchstaben im Wort, Regelfehler (z. B. Missachtung der Groß-/Kleinschreibung, Buchstabenverdoppelung oder Dehnung) und Wahrnehmungsfehler (z. B. Verwechslungen von Lauten wie d/t, b/p oder g/k). Kennzeichnend für die Rechtschreibprobleme sind weniger typische Fehler, als vielmehr eine große Fehlerzahl. Dabei zeigt sich eine Fehlerinkonstanz, d. h. ein Wort wird immer wieder unterschiedlich falsch geschrieben. Trotz intensiver Lernförderung entsprechen die Leistungen im Lesen und Schreiben nicht den Anforderungen der jeweiligen Klassenstufe. Die Probleme im Lesen und Schreiben zeigen in der Folge auch Auswirkungen auf andere Schulfächer wie z. B. beim Erlernen einer Fremdsprache oder beim Leseverstehen etwa von naturwissenschaftlichen Texten.

Nach den Kriterien der WHO (ICD-10) ist die LRS durch das Vorliegen erwartungswidriger Leistungen im Lesen und in der Rechtschreibung definiert. Auszuschließen sind Schriftsprachprobleme infolge unangemessener Beschulung, Defiziten im Hören und Sehen, einer Intelligenzminderung, neurologischer Störungen und psychiatrischer Erkrankungen. Die Leistungen sollen dabei deutlich unter dem aufgrund des Alters, der allgemeinen Intelligenz und der Beschulung zu erwartendem Niveau liegen. Als erwartungswidrig sind die Schriftsprachleistungen demnach dann anzusehen, wenn sie für die Klassenstufe als unterdurchschnittlich einzustufen sind und außerdem deutlich von der individuellen intellektuellen Leistungsfähigkeit des Kindes abweichen. Empirische Studien stellen jedoch die Bedeutsamkeit der Diskrepanz zwischen Schulleistungen und Intelligenz infrage, weshalb in anderen Klassifikationssystemen und Leitlinien (DSM-5, Falkai & Wittchen, 2015; AWMF-Leitlinien zu Lese- und Rechtschreibstörungen) auf die Diskrepanz zur Intelligenz als Kriterium verzichtet wird und ausschließlich die deutlich unterdurchschnittliche Schulleistung ausschlaggebend ist (vgl. Mähler, 2020). Schwache Schulleistungen, die im Rahmen einer Lernbehinderung auftreten, werden allerdings von den Lernstörungen unterschieden. In diesem Fall treten die schulischen Minderleistungen in verschiedenen Leistungsbereichen gleichzeitig und gemeinsam mit einem unterdurchschnittlichen Intelligenzniveau auf.

Die Kinder unterscheiden sich im Auftreten der Lese- und Rechtschreibprobleme. Die Schwierigkeiten betreffen entweder nur die Rechtschreibung, oder nur das Lesen, oder beide Bereiche. In der ICD-10 wird die Lese-Rechtschreibstörung (LRS, F81.0) von der Isolierten Rechtschreibstörung (F81.1) unterschieden. Eine isolierte Lesestörung wird nicht gesondert aufgeführt; vielmehr werden isolierte Leseprobleme unter die Lese-Rechtschreibstörung subsumiert. Treten neben den Beeinträchtigungen in der Schriftsprache zudem Probleme im Rechnen im Sinne einer Rechenstörung auf, erfolgt die Diagnose einer Kombinierten Störung schulischer Fertigkeiten (F81.3).

7.2 Prävalenz, Verlauf und Komorbidität

Insgesamt weisen rund 14 % aller Grundschulkinder schwache Leistungen im Lesen und Rechtschreiben auf (Fischbach et al., 2013). Die isolierte Rechtschreibstörung tritt bei 4 % der Kinder auf, während jeweils 2 % der Kinder eine isolierte Lesestörung bzw. die kombinierte Lese-Rechtschreibstörung aufweisen (Fischbach et al., 2013). Insgesamt zeigt sich eine Altersabhängigkeit in der Prävalenzschätzung, nach der 7–8 % der achtjährigen Kinder, 6 % der zwölfjährigen Kinder und nur noch 4 % im jungen Erwachsenenalter von einer LRS betroffen sind (Hasselhorn & Schuchardt, 2006). Das Sinken der Prävalenz im Laufe des Kindes- und Jugendalters scheint einerseits durch Spontanremissionen, aber möglicherweise auch durch Wirkungen von Fördermaßnahmen erklärbar zu sein.

Hinsichtlich der Geschlechterverteilung wird übereinstimmend ein erhöhtes Auftreten einer LRS bei Jungen gegenüber Mädchen berichtet. Interessanterweise zeigen bei Untersuchungen von Kindern, die in Beratungsstellen oder kinder- und jugendpsychiatrischen Ambulanzen vorgestellt wurden, Jungen ein etwa 3- bis 6-fach erhöhtes Risiko (z. B. Flannery et al., 2000). Werden dagegen alle Kinder im Schulkontext untersucht, fällt die Häufigkeit der LRS bei Jungen nur etwa 1,5- bis 2-mal so hoch aus wie bei Mädchen (Fischbach et al., 2013). Demnach werden Jungen sehr viel häufiger zur klinischen Diagnostik vorgestellt als Mädchen. Ein Grund hierfür ist sicherlich darin zu sehen, dass Jungen neben den Lernschwierigkeiten auch insgesamt als auffälliger eingeschätzt werden.

Längsschnittlich angelegte Studien zeigen eine zeitlich hohe Stabilität der LRS oft bis ins Erwachsenenalter. Die betroffenen Kinder verbessern sich zwar absolut in ihren Schriftsprachleistungen, bleiben aber dennoch im Vergleich zu ihren unbeeinträchtigten Mitschülerinnen und Mitschülern zurück. Dabei verbessern sich insgesamt die Leseleistungen über die Schuljahre, wobei weniger Lesefehler gemacht werden. Dennoch lesen die Kinder nach wie vor sehr langsam, insbesondere beim lauten Vorlesen. Große Probleme bleiben zudem in der Rechtschreibung bestehen (Klicpera, Schabmann & Gasteiger-Klicpera, 2006). Schätzungen zufolge sind 60–80 % der Kinder in den weiteren Schuljahren von schwachen Lese-Rechtschreibleistungen betroffen (Kohn et al., 2013).

Die Probleme beim Erwerb der Schriftsprache gehen typischerweise mit einer Reihe von sekundären Begleitproblemen einher, vor allem eine geringe Anstrengungsbereitschaft und Lernfreude, eine allgemeine Schulunlust und Schulangst, psychosomatische Beschwerden (wie Bauch- oder auch Kopfschmerzen) und ein deutlich niedrigeres akademisches Selbstkonzept (Fischbach et al., 2010). Belastungen werden auch von den Familien berichtet. Trotz intensiven häuslichen Übens bleiben die Lernerfolge meistens aus. Nicht selten entstehen eskalierende Hausaufgabensituationen. Diese Bedingungen wirken sich zusammen dann wiederum ungünstig auf den weiteren Lese-Rechtschreiblernprozess aus, so dass ein Teufelskreislauf für die betroffenen Kinder entsteht mit nachteiligen Auswirkungen auf die weitere schulische Entwicklung. Nach Kohn et al. (2013) wiederholen etwa 10 % der Kinder aufgrund ihrer schwachen Lese-Rechtschreibleistungen eine Klassenstufe, was 5-mal so hoch ist wie bei Kindern ohne Lernschwierigkeiten. Ebenso besuchen sie sehr viel seltener ein Gymnasium (25 %) als Kinder ohne LRS (70 %). Ein Grund hierfür ist sicherlich in der Generalisierung der Schriftsprachschwierigkeiten auf andere Lernbereiche und die Auswirkung der Sekundärproblematik auf die Schullaufbahn zu sehen. Aber auch über die Schulzeit hinaus schneiden sie in beruflichen Abschlüssen schwächer ab und haben mit 26 % eine 6-mal höhere Arbeitslosenquote als andere Erwachsene (Esser, Wyschkon & Schmidt, 2002).

Lese-Rechtschreibstörungen gehen zudem häufig mit weiteren Entwicklungsauffälligkeiten einher. So treten bei vielen Kindern auch Störungen in der Sprachentwicklung auf. Schätzungen zufolge entwickeln etwa 25–75 % der Kinder mit frühen Sprachauffälligkeiten im Vorschulalter in der Folge auch Schwierigkeiten im Schriftsprachbereich. Umgekehrt weist etwa jedes fünfte Kind mit LRS in der Vorgeschichte auch Beeinträchtigungen im Sprachlernen auf. Es finden sich zudem auch häufig Probleme im Erlernen des Rechnens. Etwa 2 % aller Kinder erfüllen neben der LRS auch die Kriterien für eine Rechenstörung (Fischbach et al., 2013). Aber auch sozio-emotionale und Verhaltensauffälligkeiten sind typisch für die Entwicklung dieser Kinder. Besonders häufig werden Probleme in der Konzentration und Aufmerksamkeit berichtet. Etwa jedes fünfte Kind mit LRS erfüllt auch die Kriterien für ADHS, wobei das Risiko bei Jungen im Vergleich zu Mädchen um das 4- bis 6-Fache erhöht ist (Schuchardt et al., 2015).

7.3 Ursachen

Als Ursachen der LRS wird ein multikausales Bedingungsgefüge angenommen, in dessen Zentrum eine genetisch bedingte Prädisposition für die Ausbildung kognitiver Fehlfunktionen steht. Zudem wirken sich ungünstige Umweltbedingungen, wie z. B. ein niedriger sozioökonomischer Status, ein geringes bildungsanregendes Elternhaus oder auch ein Migrationshintergrund, sowie der Lese- und Medienkonsum in der Freizeit, auf die Lese-Rechtschreibleistung aus. Da die verschiedenen Ursachen nicht bei jedem Kind gleichermaßen ausgeprägt sind, führt dies möglicherweise zu dem sehr heterogenen Störungsbild der LRS. In der Ursachenforschung wurde der Suche nach kognitiven Defiziten bislang besondere Aufmerksamkeit geschenkt. Hierbei konzentrierte sich die Forschung insbesondere auf Defizite in der phonologischen Verarbeitung und Speicherung. So ist heute unumstritten, dass es sich bei der LRS um eine phonologische Informationsverarbeitungsstörung handelt (Vellutino et al., 2004). Unter phonologischer Informationsverarbeitung wird die Nutzung von Informationen über die Lautstruktur bei der Auseinandersetzung mit gesprochener oder geschriebener Sprache verstanden. Sie lässt sich weiter in drei Faktoren aufgliedern:

1. Die *phonologische Bewusstheit* umschreibt die Sensitivität für die Lautstruktur der Sprache. Insbesondere die Fähigkeiten der Lautanalyse spielen beim Erwerb der Rechtschreibung und weniger beim Lesen eine bedeutsame Rolle (Moll, Wallner & Landerl, 2012). Kinder mit Rechtschreibschwierigkeiten zeigen bereits vor der Einschulung Auffälligkeiten in der phonologischen Bewusstheit, die meist über die weiteren Schuljahre bestehen bleiben und langfristig den Rechtschreiberwerb erschweren (Landerl & Wimmer, 2008).
2. Unter der Komponente des *phonologischen Rekodierens* beim Zugriff auf das Langzeitgedächtnis wird die Fähigkeit verstanden, visuell dargebotene Buchstaben in eine lautsprachliche Struktur zu überführen und ihre Bedeutung aus der Wissensbasis abzurufen. Während diese Fähigkeit weniger den Erwerb von Rechtschreibleistungen tangiert, fällt vor allem Kindern mit Leseschwierigkeiten der Aufbau einer Wissensbasis von Wortbildern und der Abruf von Worten aus dem Langzeitgedächtnis schwer (Moll et al., 2012). Sie brauchen sehr viel länger, um die Zuordnung von Phonemen und Graphemen zu erkennen und anschließend mit der Wissensbasis abzugleichen.
3. Das *phonetische Rekodieren* im phonologischen Arbeitsgedächtnis umfasst die kurzfristige Speicherung von klanglichen Repräsentationen, um sie weiter zu verarbeiten und ins Langzeitgedächtnis zu überführen. Kindern mit LRS fällt es schwer, einzelne erlesene Laute oder diktierte Worte im Arbeitsgedächtnis so lange aufrechtzuerhalten, bis das vollständige Wort analysiert und benannt bzw. geschrieben wurde. Beeinträchtigungen im phonologischen Arbeitsgedächtnis gehen sowohl mit Rechtschreib- als auch Leseschwierigkeiten einher, wobei sich diese in der Rechtschreibung stärker niederschlagen (Schuchardt, Mähler & Hasselhorn, 2008). Für Leseprobleme scheinen dagegen weiterführende Arbeitsgedächtniseinschränkungen mitverantwortlich zu sein. Neben der phonologischen Speicherkomponente wurden hierzu zwei weitere Teilsysteme untersucht: die modalitätsübergreifende zentrale Exekutive mit Steuerungs-, Überwachungs- und Koordinationsfunktionen und der visuell-räumliche Notizblock zur kurzfristigen Speicherung von visuellen und räumlichen Informationen. Während bei Kindern mit LRS keine visuell-räumlichen Speicherprobleme vorliegen, zeigen Kinder mit Leseproblemen, insbesondere im Leseverstehen, zentral-exekutive Beeinträchtigungen (Brandenburg et al., 2014).

7.4 Diagnostik

Grundsätzlich ist die Diagnose LRS erst im Schulalter ab Ende der ersten Klassenstufe möglich, da die Kinder zuvor mit der Schriftsprache vertraut gemacht werden und die Grundfertigkeiten erlernen müssen, bevor besondere Schwierigkeiten feststellbar sind. Bei Verdacht einer LRS sollten die Kinder zur diagnostischen Abklärung in einer Facheinrichtung (z. B. Kinder- und Jugendpsychiatrie, Schulpsychologie) vorstellig werden. Aufbauend auf einem ausführlichen diagnostischen Anamnesegespräch zur frühkindlichen Entwicklung (Sprache, kognitive Leistungsbereiche, Motorik usw.) und Familiensituation interessieren der schulische Werdegang und die Lerngeschichte. Erfragt werden Beginn und Verlauf der Lernschwierigkeiten, schulische Stärken und Ressourcen, Leistungseinbrüche, bisherige Unterstützungsmaßnahmen und die Klassensituation. Zudem werden Einschätzungen der Fach- und Klassenlehrkräfte eingeholt sowie Zeugnisse und Klassenarbeiten berücksichtigt. Hör- und Sehbeeinträchtigungen müssen durch eine augen- und ohrenärztliche Untersuchung ausgeschlossen werden. Zudem sollten Umweltbesonderheiten wie unzureichender Unterricht oder längere Fehlzeiten ausgeschlossen werden.

Die testdiagnostische Untersuchung konzentriert sich in erster Linie auf die Untersuchung der Leistungen im Lesen und Schreiben. Hierzu werden standardisierte und möglichst aktuell normierte Schulleistungstests durchgeführt. Im Einzelnen werden die Lesegeschwindigkeit (z. B. Würzburger Leise Leseprobe – WLLP-R) und die Lesegenauigkeit (z. B. Salzburger Lesetest – SLT-II), das Leseverständnis (z. B. Ein Leseverständnistest für Erst- bis Sechstklässler – ELFE II) sowie die Rechtschreibfähigkeiten (z. B. Weingartener Rechtschreibtest – WRT-Reihe; Deutscher Rechtschreibtest – DERET-Reihe; Salzburger Rechtschreibtest – SRT-II) betrachtet. Zudem wird ein ausführlicher Intelligenztest durchgeführt, um die allgemeinen Lern- und Leistungsmöglichkeiten des Kindes abzuschätzen (z. B. WISC-V, SON-R 6-40).

Zur Diagnostik wird vielerorts nach ICD-10 das sogenannte doppelte Diskrepanzkriterium herangezogen. Demnach soll erstens die individuelle Schulleistung – gemessen über einen standardisierten Schulleistungstest – eine Diskrepanz von mindestens einer Standardabweichung zu dem für die jeweilige Altersstufe zu erwartendem Leistungsniveau (T-Wert < 40) aufweisen. Zweitens wird zwischen der allgemeinen intellektuellen Leistungsfähigkeit (mit einem Mindest-IQ von 70) und den unterdurchschnittlichen schulischen Leistungen eine bedeutsame Diskrepanz gefordert. Diese zweite Diskrepanz wird aufgrund empirischer Evidenz zunehmend hinterfragt (Mähler, 2020). Im Klassifikationssystem DSM-5 (Falkai & Wittchen, 2015) sowie in den AWMF-Leitlinien zur LRS wird daher auf die Diskrepanz zur Intelligenz als Kriterium verzichtet; ausschlaggebend für die Diagnose ist damit die deutlich unterdurchschnittliche Schulleistung im Lesen und/oder Rechtschreiben (T-Wert < 35).

Um weitere Entwicklungsauffälligkeiten zu erkennen, werden zudem Testverfahren bzw. Fragebögen zur Erfassung der Rechenleistungen, des Sprachentwicklungsstandes, der Aufmerksamkeit und Konzentration, des Sozialverhaltens sowie von schul- und leistungsbezogenen Ängsten, depressiven Verstimmungen, Schulunlust und Lernmotivation eingesetzt. Erst die Zusammenstellung aller diagnostischen Ergebnisse ermöglicht eine Einschätzung und ein differenziertes Verständnis des betroffenen Kindes bzw. Jugendlichen.

7.5 Prävention und Intervention

7.5.1 Früherkennung und Prävention

Da die verschiedenen Komponenten der phonologischen Informationsverarbeitung gute Prädiktoren des Schriftspracherwerbs sind, lassen sich auch Schwierigkeiten beim Erwerb der Schriftsprache bereits vor der Einschulung vorhersehen. Bereits im Vorschulalter lässt sich mit dem LRS-Screening (Endlich et al., 2019) eine gestörte phonologische Bewusstheit als Risikofaktor ausmachen. Defizite im phonologischen Arbeitsgedächtnis sind mit der AGTB 5-12 (Hasselhorn et al., 2012) bei Kindern ab fünf Jahren feststellbar. Weisen Kinder in beiden Bereichen Probleme auf, so ist ein deutliches Risiko für den Schriftspracherwerb gegeben, da sowohl die phonologische Bewusstheit als auch das phonologische Arbeitsgedächtnis mit dem Schriftspracherwerb bedeutsam zusammenhängen (Mähler et al., 2015).

Für das Vorschulalter sind Präventionsmaßnahmen zur Vorbereitung auf den Erwerb der Schriftsprache entwickelt und in verschiedenen Studien mit Erfolg evaluiert worden (vgl. Roth & Schneider, 2002). Ein in Skandinavien entwickeltes Trainingsprogramm zur Förderung der phonologischen Bewusstheit (Lundberg et al., 1988) wurde übersetzt und adaptiert (Hören, lauschen, lernen; Küspert & Schneider, 2006) und inzwischen um ein Buchstaben-Lauttraining ergänzt (Hören, lauschen, lernen 2; Plume & Schneider, 2004), da sich die Kombination von Förderung der phonologischen Bewusstheit (Reimen, Silben isolieren, Phonemanalyse und Phonemsynthese) mit frühzeitigem Üben der Zuordnung von Lauten zu Buchstaben besonders bewährt hat (Roth & Schneider, 2002). Neuere Studien konnten zeigen, dass ein Training der phonologischen Bewusstheit mit Hören, lauschen, lernen 1 und 2 sich stärker positiv auf das Rechtschreiben als auf das Lesen auswirkt (Huemer, Pointner & Landerl, 2009).

Das vorschulische Training erleichtert den Kindern den späteren Schriftspracherwerb, und selbst bei Risikokindern konnten langfristige Effekte auf die schriftsprachlichen Kompetenzen nachgewiesen werden. Diesen sehr positiven Einschätzungen stehen allerdings auch Studien gegenüber, die keine langfristigen Effekte nachweisen konnten und v. a. deutlich machen, dass auch trotz eines Trainings der phonologischen Bewusstheit einige Kinder später eine LRS entwickeln (Blaser et al., 2010).

7.5.2 Schulische Förderung und Nachteilsausgleich

Der Erwerb der Schriftsprache ist eine wichtige Lernaufgabe aller Kinder v. a. in den ersten beiden Schuljahren, aber auch darüber hinaus. Schulische Förderung sollte im Lesen zunächst mit einem Training der Graphem-Phonem-Korrespondenzen beginnen, um das korrekte Dekodieren zu unterstützen. Anschließend stehen die Leseflüssigkeit und das Leseverständnis im Mittelpunkt (Müller et al., 2013), in der Sekundarstufe I kommt auch der strategiebasierten Leseförderung besondere Bedeutung zu (Souvignier, 2009). Beim Rechtschreiben sollte die Förderung an die verschiedenen Stufen des Erwerbs gebunden sein, also zunächst das Schreiben auf der alphabetischen und später auf der orthographischen Stufe unterstützen (Schulte-Körne, 2003). Verschiedene Studien haben zeigen können, das mit gezielten Trainings im schulischen Kontext (z. B. Peer Assisted Learning Strategie, Ennemoser, 2013) tatsächlich Teilprozesse des Lesens verbessert werden konnten, z. B. die Leseflüssigkeit. Offen bleibt allerdings, welche Wirkung solche Maßnahmen bei Kindern mit LRS entfalten.

Grundsätzlich ist in allen Bundesländern geregelt, wie Förderung von Kindern mit besonderen Problemen im Erwerb des Lesens und Schreibens stattfinden soll. Dazu gehört im ersten Schritt die genaue Beobachtung und Dokumentation der Lernfortschritte bei jedem Kind. Auftretende Schwierigkeiten im Lesen und Rechtschreiben sowie Maßnahmen zu ihrer Behebung sind Bestandteil der Dokumentation der individuellen Lernentwicklung. Soweit die Kinder nicht über die für den Lernprozess notwendigen Fähigkeiten und Fertigkeiten verfügen, müssen diese im Unterricht systematisch entwickelt werden. Der dazu erforderliche Lese- und Rechtschreibunterricht sollte am jeweiligen Lernentwicklungsstand des Kindes ansetzen und die individuelle Lerngeschwindigkeit berücksichtigen. Es kann auch notwendig sein, individuell verschiedene Lernwege zu ermöglichen. Bei festgestellten Schwierigkeiten im Lesen und Rechtschreiben ist es Aufgabe der Schule, eine besondere Förderung einzuleiten. Bei lernschwachen Kindern sollten das Selbstvertrauen in die eigene Leistung, die Lernfreude und das Selbstwertgefühl gestärkt werden, um motivationalen, emotionalen oder sozialen Problemen vorzubeugen. Bezogen auf die Schwierigkeiten beim Schriftspracherwerb sollten zunächst binnendifferenzierende Maßnahmen und erst im zweiten Schritt zusätzliche individuelle Fördermaßnahmen eingeleitet werden.

Die schulischen Erlasse regeln auch, dass Kindern mit LRS ein Nachteilsausgleich gewährt werden sollte. Allerdings unterscheiden sich die Bundesländer erheblich darin, in welchen Abschnitten der Schullaufbahn ein solcher Nachteilsausgleich zulässig ist. Für den Bereich der Grundschulen ist das einheitlich der Fall, in der Sekundarstufe I ist Nachteilsausgleich unterschiedlich lange möglich, Angaben schwanken von der 7. bis zur 10. Klasse. In einigen Bundesländern (Bremen, Hessen, Saarland) kann Nachteilsausgleich sogar bis zum Abitur gewährt werden. Worin kann der Nachteilsausgleich bestehen? Es ist zunächst an Maßnahmen zu denken, die den besonderen Schwierigkeiten dieser Kinder Rechnung tragen. Dazu gehören verlängerte Arbeitszeiten, die Nutzung von Hilfsmitteln (z. B. Wörterbüchern), das Vorlesen von schriftlichen Anweisungen und auch die Bereitstellung abweichender Aufgaben (z. B. ein Lückendiktat anstatt eines Diktats mit Fließtext). Führt dies alles nicht zu befriedigenden Lernergebnissen, so kann auch eine Abweichung von den allgemeinen Grundsätzen der Leistungsbewertung vorgenommen werden. In diesem Fall kann ein Notenschutz gewährt werden, es kann die Bewertung der Rechtschreibung in allen schriftlichen Leistungen ausgesetzt werden und den mündlichenen Leistungen des Kindes größeres Gewicht beigemessen werden. Die Versetzung ebenso wie der Wechsel auf eine weiterführende Schule darf bei sonst unauffälligen Gesamtleistungen nicht von der Leistung im Lesen und Schreiben abhängig gemacht werden. All diese Abweichungen von der regulären Leistungsbewertung werden im Zeugnis vermerkt; in Abschluss- oder Abgangszeugnissen ist dies nicht zulässig. In einigen Bundesländern entscheidet die Klassenkonferenz über diese Maßnahmen; überall jedoch ist es eine Entscheidung der beteiligten Lehrkräfte, die in enger Zusammenarbeit mit den Eltern erarbeitet und umgesetzt werden sollte.

7.5.3 Lerntherapie und Sozialrechtliche Hilfen

Bei einigen Kindern mit der Diagnose LRS wird es trotz schulischer Bemühungen nicht gelingen, die Fertigkeiten in der Schriftsprache an den Entwicklungsstand der jeweiligen Klassenstufe anzugleichen. Für diese Kinder ist eine zusätzliche außerschulische Förderung notwendig. In der Regel wird ein multimodaler Therapieansatz verfolgt. Interventionen sollten dabei zum Ziel haben, die primäre Lernstörung zu behandeln und darüber hinaus das Kind bei der psychischen Bewältigung der möglicherweise lange anhaltenden Lernstörung zu unterstützen. Auch die Eltern sollten begleitet werden, um die Gefahr sekundärer psychischer Störungen beim Kind zu reduzieren.

Für die eigentliche Behandlung der LRS werden sowohl symptomatische als auch kausale Therapieansätze vorgeschlagen (vgl. Suchodoletz, 2010). Eine umfangreiche Metaanalyse (Ise et al., 2012) zur Effektivität verschiedener Programme hat die Überlegenheit symptombezogener Programme gegenüber Funktions- oder Wahrnehmungstrainings (kausale Ansätze) belegt. Darüber hinaus konnte sie zeigen, dass die Effekte von Lerntherapien beim Schreiben größer ausfallen als beim Lesen.

Die Therapie in symptomatischen Ansätzen besteht in einer sog. funktionellen Übungsbehandlung, in der die Lautstruktur der Schriftsprache mit allen Regeln und Ausnahmen in systematischer Weise aufeinander aufbauend erarbeitet wird, wobei der individuellen Fehleranalyse eine besondere Bedeutung zukommt. Die Förderprogramme nutzen lerntheoretische Prinzipien und erarbeiten systematisch die Stufen des Schriftspracherwerbs. Ausgehend von der lautgetreuen Schreibweise (alphabetische Stufe) hin zur orthografisch korrekten Schreibweise (orthografische Stufe) wird hier vom Leichten zum Schweren und vom Häufigen zum Seltenen vorgegangen, um den Kindern schnell zu Erfolgserlebnissen zu verhelfen. Häufig werden auch Selbstinstruktionstechniken vermittelt, um die Kinder anzuleiten, ihr Lesen und Schreiben selbst zu überwachen. Es wird auch versucht, durch motorische Elemente (Silbenklatschen und Schreiten, synchrones Sprechschreiben) im Förderprogramm »Lautgetreue Rechtschreibförderung« von Reuter-Liehr (2001) oder Lautgebärden im »Kieler Lese- und Rechtschreibaufbau« von Dummer-Smoch und Hackethal (1996) eine weitere Verarbeitungsebene zu eröffnen.

Im Gegensatz zu diesen am primären Defizit des Lesens und Schreibens und an der gestörten Informationsverarbeitung ansetzenden Förderprogrammen haben sich sogenannte Trainings basaler Funktionen nicht als gleichermaßen wirksam erwiesen. Dazu gehören Versuche, die visuelle Wahrnehmung zu verbessern oder die auditive Wahrnehmung und Verarbeitung von unterschiedlichen Tönen zu trainieren. Ebenso wenig erfolgreich sind Übungen zur Blicksteuerung, kinästhetische Übungen zur Hemisphärenkoordination, körperorientierte Methoden wie z. B. die Cranio-Sacral-Therapie oder auch die Behandlung mit Substanzen oder Diäten (Suchodoletz, 2010).

Mit starkem Bezug zu den bekannten Ursachen für LRS im Bereich der phonologischen Informationsverarbeitung sind in jüngerer Zeit jedoch auch Trainingsprogramme entstanden, die zum Ziel haben, die zugrundeliegenden Verarbeitungsdefizite zu beheben bzw. gleichzeitig das Lesen und Schreiben direkt zu trainieren. Das computerbasierte adaptive Trainingsprogramm *Lautarium* (Klatte et al., 2017) kombiniert ein phonologisches Training (Phonemwahrnehmung und phonologische Bewusstheit im engeren Sinne) mit Übungen zur Buchstaben-Laut-Zuordnung und zum lautgetreuen (alphabetischen) Lesen und Schreiben. Ein anderes Beispiel ist das *Lesenlernen mit Willy Wortbär*, in dem die schnelle Worterkennung durch Übungen zur Graphem-Phonem-Zuordnung, zur Phonemwahrnehmung sowie zum schnellen Erkennen von Silben und Wörtern gefördert wird (Müller et al., 2020).

Die plausible Annahme, dass grundsätzlich ein früher Beginn einer Lerntherapie eine bessere Prognose erwarten lässt als ein späterer Beginn, ist empirisch nicht belegt (Suchodoletz, 2010). Allerdings hat sich zeigen lassen, dass die Intensität von großer Bedeutung ist, dass also eine längere Dauer (mehr als 20 Wochen) und eine größere Häufigkeit der Behandlung zu besseren Lernergebnissen führen (Ise et al., 2012). Alle Behandlungsbausteine können dazu beitragen, den Umgang mit der vorhandenen Lernstörung zu optimieren; eine »Heilung« im Sinne einer völligen Überwindung der primären Symptomatik gelingt allerdings nur selten.

Die LRS ist bis heute nicht als Erkrankung im Sinne des Sozialgesetzbuches V anerkannt. Daher werden die Kosten für eine Behandlung nicht als kassenärztliche Leistung übernommen. Wenn Sprachstörungen oder motorische Beeinträchtigungen hinzukommen wird gelegentlich die LRS im Rahmen von Logopädie oder Ergotherapie mitbehandelt, was meist nicht ausreicht, um die Schwierigkeiten zu überwinden (Schulte-Körne, 2003). Eine Möglichkeit, die Kosten für eine außerschulische Lerntherapie erstattet zu bekommen, stellt ein Antrag auf Eingliederungshilfe nach § 35a des Kinder- und Jugendhilfegesetzes (KJHG) beim Jugendamt dar. Eingliederungshilfe kann gewährt werden, wenn bedingt durch die LRS eine manifeste oder drohende seelische Behinderung vorliegt. In der Praxis bedeutet dies, dass eine Finanzierung der Behandlung paradoxerweise erst dann möglich wird, wenn die sekundären psychischen Folgen ausreichend gravierend sind. Natürlich ist dies nicht bei allen Kindern und vor allem nicht in frühen Stadien der Schriftsprachschwierigkeiten der Fall. Hier besteht eine deutliche Versorgungslücke. Eltern ist es oftmals nicht möglich, für die langfristig hohen Kosten einer Lerntherapie aufzukommen. Insgesamt zeigt die aktuelle Forschung, dass Kinder mit LRS einer langfristigen und umfangreichen Begleitung aller Beteiligten (Schule, Elternhaus, Lerntherapie) bedürfen, um ihre Schullaufbahn und berufliche Zukunft erfolgreich zu bewältigen.

Literatur

Blaser, R., Preuss, U. & Felder, W. (2010). Evaluation einer vorschulischen Förderung der phonologischen Bewusstheit und der Buchstaben-Laut-Korrespondenz. *Zeitschrift für Kinder-und Jugendpsychiatrie und Psychotherapie, 38*, 181–188.

Brandenburg, J., Klesczewski, J., Fischbach, A., Schuchardt, K., Büttner, G. & Hasselhorn, M. (2014). Working memory in children with learning disabilities in reading versus spelling: Searching for overlapping and specific cognitive factors. *Journal of Learning Disabilities, 48*(6), 622–634.

Dummer-Smoch, L. & Hackethal, R. (1996). *Handbuch zum Kieler Rechtschreibaufbau.* Kiel: Veris.

Endlich, D., Küspert, P., Lenhard, W., Marx, P. & Schneider, W. (2019). *LRS-Screening. Laute, Reime, Sprache – Würzburger Screening zur Früherkennung von Lese-Rechtschreibschwierigkeiten.* Göttingen: Hogrefe.

Esser, G., Wyschkon, A. & Schmidt, M. H. (2002). Was wird aus Achtjährigen mit einer Lese-Rechtschreibstörung? Ergebnisse im Alter von 25 Jahren. *Zeitschrift für Klinische Psychologie und Psychotherapie, 31*, 235–242.

Fischbach, A., Schuchardt, K., Brandenburg, J., Klesczewski, J., Balke-Melcher, C., Schmidt, C., Büttner, G., Grube, D., Mähler, C. & Hasselhorn, M. (2013). Prävalenz von Lernschwächen und Lernstörungen: Zur Bedeutung der Diagnosekriterien. *Lernen und Lernstörungen, 2*, 65–76.

Fischbach, A., Schuchardt, K., Mähler, C. & Hasselhorn, M. (2010). Zeigen Kinder mit schulischen Minderleistungen sozio-emotionale Auffälligkeiten? *Zeitschrift für Entwicklungspsychologie und Pädagogische Psychologie, 42*, 201–210.

Falkai, P. & Wittchen, H.-U. (Hrsg.) (2015). *Diagnostisches und Statistisches Manual Psychischer Störungen: DSM-5.* Göttingen: Hogrefe.

Flannery, K., Liederman, J., Daly, L. & Schultz, J. (2000). Male prevalence for reading disability is found in a large sample of Black and White children free from ascertainment bias. *Journal of the International Neuropsychological Society, 6*, 433–442.

Hasselhorn, M. & Schuchardt, K. (2006). Lernstörungen. Eine kritische Skizze zur Epidemiologie. *Kindheit und Entwicklung, 15*, 208–215.

Hasselhorn, M., Schumann-Hengsteler, R., Gronauer, J., Grube, D., Mähler, C., Schmid, I., Seitz-Stein, K. & Zoelch, C. (2012). *Arbeitsgedächtnistestbatterie für Kinder von 5 bis 12 Jahren (AGTB 5-12).* Göttingen: Hogrefe.

Huemer, S., Pointner, A. & Landerl, K. (2009). *Evidenzbasierte LRS-Förderung. Bericht über die wissenschaftlich überprüfte Wirksamkeit von Programmen und Komponenten, die in der LSR-Förderung zum Einsatz kommen.* Im Auftrag des Bundesministerium für Unterricht, Kunst und Kultur. Zugriff am 04.07.2021 unter https://www.schulpsychologie.at/fileadmin/user_upload/190731_Broschu__re_Evidenzbasierte_LRS-Fo__rderung_A4-BF.pdf

Ise, E., Engel, R. & Schulte-Körne, G. (2012). Was hilft bei der Lese-Rechtschreibstörung? Ergebnisse einer Metaanalyse zur Wirksamkeit deutschsprachiger Förderansätze. *Kindheit und Entwicklung, 21*, 122–136.

Klatte, M., Steinbrink, C., Bergström, K., & Lachmann, T. (2017). *Lautarium: Ein computerbasiertes Trainingsprogramm für Grundschulkinder mit Lese-Rechtschreibschwierigkeiten.* Göttingen: Hogrefe.

Klicpera, C., Schabmann, A. & Gasteiger-Klicpera, B. (2006). Die mittelfristige Entwicklung von Schülern mit Teilleistungsschwierigkeiten im Bereich der Lese- und Rechtschreibschwierigkeiten. *Kindheit und Entwicklung, 15*, 216–227.

Kohn, J., Wyschkon, A., Ballaschk, K., Ihle, G. & Esser, G. (2013). Verlauf von Umschriebenen Entwicklungsstörungen: Eine 30-Monats-follow-up-Studie. *Lernen und Lernstörungen, 2*, 77–89.

Küspert, P. & Schneider, W. (2006). *Hören, lauschen, lernen – Sprachspiele für Vorschulkinder* (5. Aufl.). Göttingen: Vandenhoeck & Ruprecht.

Landerl, K. & Wimmer, H. (2008). Development of Word Reading Fluency and Spelling in a Consistent Orthography: An 8-Year Follow-Up. *Journal of Educational Psychology, 100*, 150–161.

Lundberg, I., Frost, J. & Petersen, O. P. (1988). Effects of an extensive program for stimulating phonological awareness in preschool children. *Reading Research Quarterly, 23*, 263–284.

Mähler, C. (2020). Diagnostik von Lernstörungen: Zeit zum Umdenken. *Zeitschrift für Pädagogische Psychologie* (Online Vorveröffentlichung). Zugriff am 26.05.2021 unter https://doi.org/10.1024/1010-0652/a000291

Mähler, C., Piekny, J., Goldammer, A. v., Balke-Melcher, C., Schuchardt, K. & Grube, D. (2015). Kognitive Kompetenzen als Prädiktoren für Schulleistungen im Grundschulalter. In P. Cloos, K. Koch & C. Mähler (Hrsg.), *Entwicklung und Förderung in der frühen Kindheit. Interdisziplinäre Perspektiven* (S. 60–77). Weinheim: Juventa.

Moll, K., Wallner, R. & Landerl, K. (2012). Kognitive Korrelate der Lese-, Leserechtschreib- und der Rechtschreibstörung. *Lernen und Lernstörungen, 1*, 7–19.

Müller, B., Richter, T. & Otterbein-Gutsche, G. (2020). *Lesen mit Willy Wortbär: Ein silbenbasiertes Training zur Förderung der Worterkennung beim Lesen.* Göttingen: Hogrefe.

Müller, B., Križan, A., Hecht, T., Richter, T. & Ennemoser, M. (2013). Leseflüssigkeit im Grundschulalter: Entwicklungsverlauf und Effekte systematischer Leseförderung. *Lernen und Lernstörungen, 2*, 131–146.

Plume, E. & Schneider, W. (2004). *Hören, lauschen, lernen 2: Sprachspiele mit Buchstaben und Lauten für Kindern im Vorschulalter.* Göttingen: Vandenhoeck & Ruprecht.

Reuter-Liehr, C. (2001). *Lautgetreue Lese-Rechtschreibförderung. Band 1. Eine Einführung in das strategiegeleitete Lernen zum Training von Phonemstufen auf der Basis des rhythmischen Syllabierens.* Bochum: Winkler.

Roth, E. & Schneider, W. (2002). Langzeiteffekte einer vorschulischen Förderung der phonologischen Bewusstheit und der Buchstabenkenntnis auf die spätere Schriftsprachkompetenz. *Zeitschrift für Pädagogische Psychologie, 16*, 99–107.

Schuchardt, K., Fischbach, A., Balke-Melcher, C. & Mähler, C. (2015). Die Komorbidität von Lernstörungen und -schwächen mit ADHS im Grundschulalter. *Zeitschrift für Kinder- und Jugendpsychiatrie und Psychotherapie, 43*, 185–193.

Schuchardt, K., Mähler, C. & Hasselhorn, M. (2008). Working memory deficits in children with specific learning disorders. *Journal of Learning Disabilities, 41*, 514–523.

Schulte-Körne, G. & Remschmidt, H. (2003). Legasthenie – Symptomatik, Diagnostik, Ursachen, Verlauf und Behandlung. *Deutsches Ärzteblatt, 100*, 396–406.

Souvignier, E. (2009). Effektivität von Interventionen zur Verbesserung des Leseverständnisses. In W. Lenhard & W. Schneider (Hrsg.), *Diagnostik und Förderung des Leseverständnisses* (S. 185–206). Göttingen: Hogrefe.

Suchodoletz, W.v. (2010). Konzepte in der LRS-Therapie. *Zeitschrift für Kinder- und Jugendpsychiatrie und Psychotherapie, 38*, 329–339.

Vellutino, F. R., Fletcher, J. M., Snowling, M. J. & Scanlon, D. M. (2004). Specific reading disability (dyslexia): What have we learned in the past four decades, *Journal of Child Psychology and Psychiatry, 45*, 2–40.

8 Rechenschwäche und Dyskalkulie

Dietmar Grube und Gabi Ricken

8.1 Begriffe und Konzepte

Den Begriffen »Rechenschwäche« und »Dyskalkulie« liegen keine allgemein akzeptierten Definitionen zugrunde (vgl. Kaufmann et al., 2013; Schneider, Küspert & Krajewski, 2016). Sie werden bei niedrig ausgeprägten Rechenleistungen verwendet, ebenso wie die Begriffe Rechenschwierigkeiten und Rechenstörung. Die vier Bezeichnungen werden bisweilen synonym und insbesondere in Publikationen manchmal differenzierend gebraucht. Die unterschiedlichen Konzepte, die hinter den Bezeichnungen stehen, werden durch Merkmale konstituiert, die auch in die Kriterien zur Auswahl von Probanden für empirische Untersuchungen einfließen (z. B. relevante Teilbereiche des Rechnens bzw. der Mathematik, Ausmaß der Beeinträchtigung/Minderleistung, Annahmen über die Verursachung). Prävalenzraten hängen von diesen Kriterien ab.

Der Begriff Rechenschwierigkeiten wird z. B. bevorzugt genutzt, wenn Kinder mit niedrigen Leistungen in Mathematik oder Schwierigkeiten in mathematischen Fähigkeiten identifiziert werden. Der Grad der Beeinträchtigung wird in Studien unterschiedlich festgelegt (Beispiel: ein Drittel der Viertklässler werden mit Rechenschwierigkeit interpretiert und mit den anderen zwei Dritteln verglichen). Die Ursachen der niedrigen Rechen-/Mathematikleistung können sehr unterschiedlich sein. Der Begriff Rechenschwäche bezieht sich i. d. R. auf eine Untergruppe der Personen mit Rechenschwierigkeiten, bei denen das Vorliegen zeitlich relativ stabiler Verarbeitungsdefizite angenommen wird.

Mit dem Begriff Dyskalkulie werden i. d. R. früh angelegte Entwicklungsstörungen bezeichnet, die beträchtlich und mit weiteren Beeinträchtigungen verbunden sind. Butterworth (2005) sieht die zentralen Probleme in der Durchführung einfacher Rechenprozesse und der Nutzung basaler arithmetischer Fakten (Abruf von gespeicherten Ergebnissen einfacher, häufig auftretender Aufgaben) und führt dies auf ein mangelndes Verständnis basaler numerischer Konzepte zurück. Butterworth, Varma und Laurillard (2011) betrachten sie als »coherent syndrome that reflects a single core deficit« (S. 1049). Dieses Defizit betrifft die Repräsentation von Numerositäten (Anzahlen der Elemente von Mengen), die als grundlegend für die Entwicklung des Rechnens gilt (Dehaene, 1992). Ebenso wird von einer wenig effizienten Zahlverarbeitung ausgegangen (Haberstroh & Schulte-Körne, 2019). Alternativ wird die Bezeichnung Dyskalkulie allerdings auch im weiteren Sinn benutzt; häufig werden bereichsunspezifische Mechanismen der kognitiven Verarbeitung als Verursachungsfaktoren eingeschlossen (Landerl, Vogel & Kaufmann, 2017; Kaufmann et al., 2013).

Der Begriff Rechenstörung wird für medizinische (außerschulische) Diagnosen genutzt und in Bezug auf die Bezeichnung »specific disorder of arithmetical skills« aus dem ICD-10 (WHO, 1992, 2014) übernommen. Gemäß ICD-10 gibt es mehrere Regeln; u. a. wird die Diagnose nur gestellt, wenn die Rechenleistung im Niveau deutlich niedriger ist als die Intelligenz (»Intelligenzdiskrepanzkriterium«). Die Forschung hat sich mittlerweile von diesem Diskrepanzkriterium verabschiedet. Fehlendes spezifisches Wissen über Mengen und Zahlen relativiert den Einfluss der Intelligenz bei der Entstehung von Störungen. Somit wird weniger Wert auf die Kontrolle der Diskrepanz zwischen Rechenleistung und Intelligenz gelegt (u. a. Busch, Schmidt & Grube, 2015). Entsprechend wurde der Begriff und die Diagnose Rechenstörung in jüngerer Zeit angepasst (DSM-5, 2014; AWMF, 2018). So schreibt die Deutsche Gesellschaft für Kinder- und Jugendpsychiatrie, Psychosomatik und Psychotherapie e. V. (DGKJP): »Die Verwendung des Intelligenzdiskrepanzkriteriums wird nicht empfohlen« (AWMF, 2018, S. 6). Zentral wird hier auf der Grundlage der Forschung empfohlen, dass man als Minderleistung zur Mathematik die »Basiskompetenzen, Grundrechenarten und/oder Textaufgaben« (vor dem Hintergrund falscher Antworten und übermäßigem Zeitaufwand) übernimmt und die Diagnose nicht abhängig vom Intelligenzwert gestellt wird (AWMF, 2018, S. 6). Zu der ab 2022 geltenden ICD-11 (nach ICD-10) wurde für die Rechenstörung die Nutzung des Intelligenzdiskrepanzkriteriums noch nicht verabschiedet.

Den basisnumerischen Kompetenzen wird allerdings eine immense Bedeutung beigemessen, vor allem dann, wenn bereits Besonderheiten im Vorschulalter untersucht werden (Hirsch et al., 2018). Längsschnittstudien belegen einen Zusammenhang zwischen weniger gut entwickelten numerischen Basiskompetenzen und mathematischen Kompetenzen im Grundschulalter. So persistieren bei einem erheblichen Anteil von Kindern Rechenstörungen im Verlauf von der zweiten zur fünften Klassenstufe (Schulz et al., 2018).

Es wird angenommen, dass sich diese Kompetenzen bei einigen Kindern nicht ohne spezifische Unterstützung entwickeln. Eher ist von einem Bestehenbleiben mit erheblichen Auswirkungen auf alle anderen Lebensbereiche auszugehen (Grube et al., 2015). Insofern sollten Interventionen bereits in den Phasen erfolgen, in denen sich die Schwierigkeiten in ihrer Entwicklung andeuten. Aufgrund der Komplexität der Problematik wird sowohl für die Diagnostik als auch für die Förderung ein interdisziplinäres Vorgehen vorgeschlagen auf der Basis theoretisch begründeter und evaluierter Ansätze (AWMF, 2018).

8.2 Erscheinungsbilder

Kinder mit Schwierigkeiten im Erwerb mathematischer Kompetenzen fallen in der Grundschule insbesondere dadurch auf, dass sie nicht ohne Hilfsmittel rechnen können, viel Zeit benötigen und Zwischenschritte beim Rechnen vergessen. Sie erkennen nicht, was die Aufgabe »6 + 5« mit der Aufgabe »6 + 6« zu tun hat, und erschließen sich die Zehnerbündelung nicht. Ergebnisse von einfachen Aufgaben sind nicht aus dem Gedächtnis abrufbar. Textaufgaben werden schlechter bewältigt. Lösungen werden zählend ermittelt, unterschiedliche Lösungen bei gleichen Aufgaben führen nicht zu Konflikten. Reflexionen über Aufgaben und Lösungsstrategien sind kaum möglich; Gemeinsamkeiten, Unterschiede und Beziehungen zwischen Aufgaben (z. B. Umkehraufgaben) werden nicht erkannt. Diesbezüglich unterscheiden sie sich signifikant von Kindern ohne Rechenstörungen (AWMF, 2018). Diese Merkmale sind Beispiele für Probleme bei der numerischen Verarbeitung und im Aufbau arithmetischen Wissens.

Fischer, Roesch und Moeller (2017) benennen als mathematische Kernkompetenzen: Mengen vergleichen und Unterschiede (bei kleinen und großen Mengen) erkennen, Zahlwortreihen beherrschen und zu Objekten zuordnen, Mengen als Zusammenfassung einzelner Elemente verstehen (Kardinales Verständnis), Beziehungen zwischen Mengen erkennen, Zahlraumvorstellungen z. B. als Zahlenstrahl, Rechnen, Stellenwertverständnis und letztlich auch Zahlsymbole lesen und schreiben.

Kinder mit Rechenstörungen bewältigen Aufgaben, die genau diese Kernkompetenzen erfordern, signifikant schlechter als andere Kinder. Neben diesen Beeinträchtigungen im Aufbau basaler Zahlrepräsentationen werden der Abruf von Fakten (Ergebnisse einfacher Additions-, Subtraktions- und Multiplikationsaufgaben im kleinen Zahlenraum), zählende Rechenstrategie sowie der größere zeitliche Aufwand beschrieben (Butterworth, 2005; Gaidoschik, 2017; Landerl, Vogel & Kaufmann, 2017; Schneider et al., 2016). Allerdings sind die »Muster« der spezifischen Fähigkeiten, Fertigkeiten und Schwächen des Rechnens nicht einheitlich, sodass Subgruppen schwierig zu bestimmen sind (Landerl et al., 2017).

Bei einer ganzen Reihe von Kindern werden die Entwicklungsprobleme erst nach der zweiten Klasse festgestellt, da richtige Ergebnisse bei Additionsaufgaben durch ein formales Auswendiglernen oder Zählen bis 20 die Probleme »verdecken« können.

8.3 Ursachen von Rechenschwäche

Die Rechenstörungen zugrundeliegenden kognitiven Bedingungen werden intensiv untersucht. Häufig werden spezifische Verarbeitungsmodule (automatische Systeme) postuliert, die dem Rechnen zugrunde liegen und es schnell und effizient gestalten (Rakoczy & Haun, 2018). Zwillingsstudien sowie Studien zur Häufigkeit von Rechenschwierigkeiten von Familienmitgliedern deuten auf genetische Prädispositionen hin, die offenbar über Lernprozesse nicht vollständig zu kompensieren sind (Landerl et al., 2017).

Neurowissenschaftler haben Merkmale in bestimmten Hirnregionen identifiziert, die während des Rechnens bevorzugt aktiv sind und deren Aktivität bei Kindern mit Rechenschwierigkeiten weniger deutlich ausgeprägt ist (Dehaene, 1992; Landerl et al., 2017; Schneider et al., 2016). Dieser Zusammenhang schließt auch hirnphysiologische Aktivierungen in Folge von Lernprozessen ein (Kucian & von Aster, 2013).

Aus entwicklungsorientierter Perspektive stellt sich die Dyskalkulie häufig als ein Verharren auf bestimmten Entwicklungsniveaus dar – bevorzugt auf dem Niveau, auf dem Mengen lediglich durch die Strategie (Zuordnung eines Zahlwortes zu einem Objekt) bestimmt werden (Fritz et al., 2017; Landerl et al., 2017). Gerster (2009) bezeichnet diesen Entwicklungsstand als »einseitige Zahlvorstellungen«. Zahlen sind ausschließlich Positionen in einer Zahlwortreihe. Die »Fünf« ist z. B. die fünfte Kugel. Dass die einzelnen Elemente eine Menge mit einer spezifischen Mächtigkeit (Kardinalität) bilden, wird noch nicht verstanden. Ohne dieses Verständnis können Mengen nur addiert werden, indem die Summe mit 1 beginnend ausgezählt wird: erster Summand (Menge), zweiter Summand (Menge) und erneut die Gesamtmenge. Die drei Mengen haben aus Sicht der Kinder keinen Bezug zu einander. Fehlt die Einsicht in die Kardinalität, wird sich das Teile-Ganze-Verständnis (Zahlen als Zusammensetzungen aus Zahlen) nicht entwickeln. Mengen können nicht unterschiedlich aufgeteilt werden (fünf in vier und eins, oder zwei und drei). Rechenschwache Kinder erwerben ohne gezielte Unterstützung keine Einsicht in die flexible »Gliederbarkeit von Quantitäten« (Gerster, 2009, S. 267). Ebenso entwickeln die Kinder keine nicht-zählenden Rechenverfahren. Dies wirkt sich weiter einschränkend auf den Aufbau von Faktenwissen aus (wie das kleine Einmaleins; Jordan et al., 2006).

Mit zunehmendem Alter entwickeln sich allgemeine, bereichsübergreifende kognitive Strukturen, die die Wahrnehmungs- und Verarbeitungsprodukte aufnehmen, speichern und in übergeordnete Repräsentationsformen übernehmen. Zu den bereichsübergreifenden Aspekten der Informationsverarbeitung zählen Vorwissen, Aufmerksamkeit, Arbeitsgedächtnis, Strategien, Motivation, Emotionen und Selbstkonzept. Das komplexe Zusammenspiel dieser Faktoren untereinander und in ihrer Verflechtung mit genetischen Prädispositionen und Umweltbedingungen ermöglicht das Verständnis mathematischer Inhalte und liefert Erklärungsansätze für die Entstehung von Rechenschwierigkeiten. In jüngerer Zeit hat sich gezeigt, dass Beeinträchtigungen im Erwerb mathematischer Kompetenzen mit Aufmerksamkeitsdefizit-/Hyperaktivitätsstörung, Beeinträchtigungen im Schriftspracherwerb, im Spracherwerb und im Arbeitsgedächtnis sowie mit sozialen, emotionalen und Verhaltensproblemen einhergehen (Schneider et al., 2016).

Entscheidend für das Verständnis von Rechenschwächen sind die weit vor der Schulzeit einsetzenden Entwicklungsschritte: In einem kumulativen Prozess wird immer mehr Wissen aufgebaut, das den aktuellen Problemlösungen zugrunde liegt. Kinder erlernen Zahlworte, arabische Zahlensymbole und die Mengenbedeutung der Zahlen. Diese drei Faktoren werden im Triple-Code-Modell nach Dehaene (1992) als Module betrachtet, die untereinander schnelle Verbindung benötigen und v. a. für den Aufbau mathematischen Wissens erforderlich sind. Zahlworte, Zählhandlungen sowie das Verstehen von Mengen und Mengenverhältnissen differenzieren sich fortwährend aus. Im Detail werden Zahlwortreihen gelernt, Zahlworte Objekten zugeordnet, die Zusammensetzungen von Mengen aus einzelnen Objekten erkannt. Wissen über Mengen differenziert sich: Mengen können zu unterschiedlichen Teilgruppen zusammengefasst (Teil-Teil-Ganzes-Konzept) und gebündelt werden (Stellenwertproblem); gleichmächtige Bündel sind die Basis für Multiplikation und Division. In verschiedenen Modellen werden entwicklungsrelevante Abfolgen solcher basalen mathematischen Fertigkeiten beschrieben. Die Modelle unterscheiden sich in der Differenzierung und im betrachteten Bereich. Bewährt hat sich dabei die Vorstellung von Meilensteinen im Entwicklungsverlauf (Fritz et al., 2017; Landerl et al., 2017).

Ob dieser Entwicklungsverlauf erfolgreich ist, hängt von einer Reihe von Faktoren ab, die im Folgenden kurz angerissen werden:

- Das deklarative Wissen über Prozeduren (z. B. schriftliches Subtrahieren) ist eine wichtige Grundlage des Rechnens. Übung führt über die Automatisierung der Prozesse zu prozeduralem Wissen, das die

Durchführung ohne große Anstrengung erlaubt, etwa bei häufig vorkommenden einfachen Aufgaben über die Einspeicherung der zugehörigen Ergebnisse (basales arithmetisches Faktenwissen). Über welche Prozesse Kinder Rechenaufgaben lösen, fällt interindividuell und intraindividuell unterschiedlich aus. Die Ergebnisse können z. B. durch aufwändige Verarbeitung (z. B. Zählstrategien) oder aber durch Abruf des arithmetischen Faktenwissens generiert werden.

- Für die bewusste Informationsverarbeitung wird das Arbeitsgedächtnis benötigt. Das Arbeitsgedächtnis ist verantwortlich für das temporäre Speichern (Bewussthalten) und für das weitere Verarbeiten von Informationen. Beim Rechnen sind vor allem das visuell-räumliche Arbeitsgedächtnis und die exekutiven Funktionen relevant (AWMF, 2018). Bei der Durchführung von Rechenoperationen ermöglichen diese Instanzen, dass Informationen gespeichert und kontrolliert werden. Zum Beispiel muss das Arbeitsgedächtnis beim Kopfrechnen die Aufgabe übernehmen, gleichzeitig arithmetische Prozeduren durchzuführen und Zwischenergebnisse festzuhalten. Die Kapazität des Arbeitsgedächtnisses ist jedoch eng umgrenzt. Kann das Arbeitsgedächtnis nicht alles übernehmen, so wird keine oder eine fehlerhafte Lösung produziert.
- Die Verfügbarkeit von Faktenwissen führt zu einer schnelleren Verarbeitung und zu einer Entlastung des Arbeitsgedächtnisses, sodass seine Kapazität bei der Lösung komplexerer Aufgaben nicht so leicht überlastet und die Fehlerwahrscheinlichkeit reduziert wird (Weberschock & Grube, 2006). Faktenwissen kann so auch das Verständnis neuer Rechenoperationen, die Entdeckung von Strategien und die metakognitive Regulation erleichtern. Der Einsatz von Strategien, die eine Abkürzung eines Lösungswegs erlauben, spart Zeit und Prozesse und reduziert ggf. auch die Fehlerwahrscheinlichkeit. Ohne Metakognition (Planung, Überwachung, Bewertung) würden seltener erfolgreiche Strategien angewendet werden.
- Selbstverständlich spielen auch emotionale und motivationale Aspekte eine Rolle für die Entwicklung von Rechenfertigkeiten. Z. B. formen Erfahrungen mit Rechenaufgaben und Rückmeldungen aus der Umwelt das spezifische Fähigkeitsselbstkonzept (»Mathe kann ich nicht«) und wirken sich auf die Motivation aus (»Das fange ich erst gar nicht an«). Erfahrungen aus der Umwelt können auch Mathematikangst produzieren, die sich wiederum auf die Mathematikleistung auswirken kann (vgl. Butterworth, 2005).

Bei einigen Kindern kann eine defizitäre Funktion basisnumerischer Module als zentrale Verursachungsbedingung angenommen werden (Dyskalkulie im engen Sinn), bei anderen Kindern können allgemeine kognitive Funktionen (z. B. einzelne Komponenten des Arbeitsgedächtnisses oder die Regulation der Aufmerksamkeit) oder z. B. motivationale Bedingungen verantwortlich sein.

Betrachtet man eine spezifisch ausgewählte Gruppe, z. B. nur Kinder mit Rechenschwierigkeiten, deren Intelligenz und/oder deren Lese- und Rechtschreibleistungen auf dem gleichen (etwas höheren) Niveau liegen wie die der Kontrollgruppe (vgl. Rechenstörung nach ICD-10), so finden sich häufig andere Defizite als für eine heterogenere Gruppe mit Rechenschwierigkeiten. In einer Studie von Schuchardt, Maehler und Hasselhorn (2008) zeigten sich bei Kindern mit Rechenstörung nach ICD-10 unter statistischer Kontrolle der Intelligenz und der Rechtschreibleistung erniedrigte Werte zur visuell-räumlichen, nicht jedoch zur phonologischen und zentral-exekutiven Komponente des Arbeitsgedächtnisses, während in anderen Arbeiten zu Rechenschwäche umfassendere Schwächen im Arbeitsgedächtnis identifiziert wurden.

Schließlich entscheidet auch die Qualität des Unterrichtsangebots in erheblichem Maße über den Erfolg des Erwerbs des Rechnens. Insbesondere der sensible Umgang mit Materialien ist hier von Bedeutung. Wenn diese zur Lösungsfindung und nicht zum Entwickeln von Einsichten verwendet werden, erschweren sie den Übergang vom zählenden zum nicht-zählenden Rechnen (Gaidoschik, 2017).

8.4 Diagnostik von Rechenleistungen

Für die Identifikation von Rechenschwierigkeiten konzentriert man sich auf die Beurteilung der Kernbereiche mathematischer Kompetenzen. Entsprechend der relevanten Zusammenhänge sind des Weiteren die Arbeitsgedächtnisleistungen (zentrale Exekutive und räumlicher Notizblock) zu prüfen. Um Barrieren nicht zu übersehen, die die Entwicklung der mathematischen Kompetenzen beeinträchtigen, sind Unterrichtsprozesse in die Untersuchung einzubeziehen.

Die unmittelbare Analyse der Rechenleistungen erfolgt in drei Arbeitsschritten: Zuerst ist zu prüfen, ob eine Entwicklungsauffälligkeit vorliegt bzw. wie stark diese ausgeprägt ist. Walter (2020) schlägt dafür den Einsatz von Screeningverfahren vor, denen sich im zweiten Schritt eine differenzierte Analyse der vorhandenen Kompetenzen anschließt. Drittens muss die Wirkung von Fördermaßnahmen in Form einer Lernverlaufsdiagnostik, d. h. prozessbegleitend beobachtet und bewertet werden.

Der erste Schritt erfolgt auf der Basis quantitativer Ausprägungen. Dafür werden die Werte, die ein Kind in einem Mathematik-Test erreicht, mit Normwerten verglichen. Eine deutliche Abweichung vom Durchschnittsbereich (1,5 Standardabweichungen/*SD*) der jeweiligen Altersgruppe oder Klassenstufe weist eine Beeinträchtigung im Erwerb mathematischer Kompetenzen aus. Eine geringere Diskrepanz (1 *SD*) gilt als Hinweis auf eine Lernproblematik, dem weiter nachzugehen ist (AWMF, 2018). Dies gilt auch dann, wenn die Diskrepanzen aufgrund der Messfehler der Tests nicht eindeutig in diesem Bereich liegen.

Für die Feststellung der Ausprägung haben sich zwei Arten von Tests etabliert: Mit *curriculumsorientierten* Tests werden die Kompetenzen anhand der geltenden Rahmenlehrpläne der Bundesländer überprüft. Dafür stehen die Tests der DEMAT-Reihe zur Verfügung. Diese Tests setzen allerdings voraus, dass das Kind nach dem Curriculum unterrichtet wurde. Ist dies nicht in vollem Umfang gegeben, sind Verfahren zu bevorzugen, die *Basiskompetenzen* prüfen, wie sie unter 8.2 beschrieben wurden. Die Verwendung dieser Basiskompetenzen ermöglicht eine Identifikation von Entwicklungsrisiken im Vorschul- und frühen Grundschulalter.

Die Untertests werden in zwei Varianten strukturiert: Einerseits sind Anforderungen als unabhängig voneinander zu betrachten. Damit sind im Sinne einer differenzierten Analyse Stärken und Schwächen eines Kindes sichtbar zu machen (Profile). Verfahren wie CODY-M 2-4 (Kuhn et al., 2017) und der MBK 1+ (Ennemoser, Krajewski & Sinner, 2017) sind z. B. dafür geeignet.

Andererseits liegen auch Verfahren mit einem entwicklungstheoretischen Bezugsrahmen vor. Für diese ist es auf der Basis der Item-Response-Theorie gelungen, Aufgaben als eindimensionale Folgen zu ordnen und anhand von Lösungswahrscheinlichkeiten Skalen zu bilden (Reiss et al., 2012). Die erreichten Rohwerte eines Kindes erlauben dann eine Platzierung des Kindes auf der Skala. Damit lassen sich Annahmen dazu formulieren, was Kinder schon gelernt haben, was sie gerade und was sie zukünftig lernen (Entwicklungsniveau). Beispiele für Tests mit diesem Aufbau sind die Basis-Math Reihe (z. B. Basis-Math-G 3+; Moser Opitz et al., 2019) sowie die MARKO-Testreihe (z. B. MARKO D1; Fritz et al., 2017).

An die qualitativen Beschreibungen von Entwicklungsniveaus sowie von Profilen schließen sich im nächsten Schritte *Feinanalysen* an. Systematische Aufgabenvariationen und Fehleranalysen sind Zugänge, um Denkprozesse und Strategien im Dialog Kindern transparent zu machen (Gerster, 2009; Götze, Selter & Zannetin, 2019). Insbesondere sind ein wiederholtes Zählen von 1 an, um 1 abweichende Ergebnisse, keine Nutzung von Gruppierungen bei der Mengenerfassung, lange Bearbeitungszeiten und unterschiedliche Ergebnisse bei gleichen Aufgaben die Basis für Arbeitshypothesen, welches Wissen, welche Strategien oder eben welche Fehlkonzepte ein Kind entwickelt hat.

Im dritten Schritt sind Lernprozesse zu beobachten, die durch Interventionen ausgelöst werden. Dafür wurde der sogenannte CBM-Ansatz (curriculum based measurement) entwickelt: Dafür werden für den Lernprozess relevante, repräsentative Anforderungen wie Mengenvergleiche und Zahlzerlegungen zu einem Pool zusammengestellt. Anhand der Lösungen bei zufällig aus einem solchen Aufgabenpool gezogenen Aufgaben werden Verläufe sichtbar und Wirkungen von Fördermaßnahmen bewertbar (Voß, Sikora & Hartke 2017).

8.5 Förderung von Rechenfertigkeiten

Um Kumulationen von Defiziten und weitergehenden Auswirkungen entgegenzuwirken, muss eine Förderung von Kindern mit Schwierigkeiten im Erwerb mathematischer Kompetenzen frühzeitig beginnen. Empirisch lässt sich zeigen, dass die Förderung des Umgangs mit Mengen und Zahlen im Vorschul- und frühen Grundschulalter möglich ist und sich positiv auf die weitere Entwicklung auswirkt (Ennemoser, Sinner & Krajewski, 2015; Schneider et al., 2016).

Werden Rechenschwierigkeiten erst bei älteren Kindern erkannt, muss die Förderung ebenso bei basalen Fähigkeiten und am Aufbau arithmetischen Faktenwissens ansetzen (Schneider et al., 2016). Nur durch Unterricht oder Nachhilfeunterricht zu aktuellen Lerninhalten werden grundlegende Defizite nicht reduziert (Butterworth et al., 2011).

Unterdessen sind Programme zur Förderung von Rechenleistungen und zur Prävention und Intervention bei Rechenschwäche/Dyskalkulie verfügbar, die sich in der Zusammenstellung der Anforderungen unterscheiden und positive Effekte nachweisen (Schneider et al., 2016). Ihre Wirksamkeit ist von verschiedenen Faktoren abhängig. Einzelförderung im Umfang von je 45 Minuten scheint effizienter zu sein als Förderung in Gruppen (Ise et al., 2012; Schneider et al., 2016; AWMF, 2018).

Übereinstimmend mit der Annahme eines spezifischen Defizits bezüglich der Repräsentation der Anzahl von Objekten (Numerosität nach Butterworth et al., 2011) erscheint die Empfehlung der Nutzung visueller Veranschaulichungsmittel, die eine Gliederung von Mengen erlauben, sinnvoll (Gerster, 2009). Neben dem Verständnis von Inhalten (nach konstruktivistischen Ansätzen) darf die Konsolidierung von Prozeduren durch Übung nicht vernachlässigt werden. Bei der Arbeit mit den Kindern sind ebenso emotionale und motivationale Aspekte zu berücksichtigen (z. B. Mathematikangst, Selbstkonzept, Erfolgsorientierung). Auch dies gelingt möglicherweise am besten im individuellen Kontakt. Eine interdisziplinär angelegte und von kompetenten Fachkräften (spezifisch für die Rechenstörung, z. B. Lerntherapeuten und -therapeutinnen) umgesetzte Förderung erhöht die Wahrscheinlichkeit nachhaltiger Effekte (AWMF, 2018).

Die Wirkungen der Fördermaßnahmen sind lernverlaufsbegleitend zu beobachten (▶ Kap. II-3), Erfolge explizit für Kinder sichtbar zu machen und gegebenenfalls sind Ansatzpunkte oder Anforderungsformate zu modifizieren. Feedback- und Reflexionsprozessen kommt eine wichtige Rolle zu.

Literatur

American Psychiatric Association (2014). *Diagnostic and statistical manual of mental disorders – DSM-5®* (5th ed.). Washington: APA.

AWMF (Arbeitsgemeinschaft der Wissenschaftlichen Medizinischen Fachgesellschaften) (2018). *Langfassung der Leitlinie »Diagnostik und Behandlung der Rechenstörung«.* AWMF-Register-Nr. 028/046. Zugriff am 26.05.2021 unter www.awmf.org/uploads/tx_szleitlinien/028-046l_S3_Rechenst%C3%B6rung-2018-03_1.pdf

Busch, J., Schmidt, C. & Grube, D. (2015). Arithmetic fact retrieval: Are there differences between children with developmental dyscalculia and those with mathematical difficulties? *Zeitschrift für Psychologie, 223*, 110–119.

Butterworth, B. (2005). Developmental dyscalculia. In J. I. D. Campbell (Ed.), *Handbook of Mathematical Cognition* (pp. 455–467). Hove: Psychology Press.

Butterworth, B., Varma, S. & Laurillard, D. (2011) Dyscalculia: From brain to education. *Science, 332*, 1049–1053.

Dehaene, S. (1992). Varieties of numerical abilities. *Cognition, 44*, 1–42.

Ennemoser, M., Krajewski, K., & Sinner, D. (2017). *Test mathematischer Basiskompetenzen ab Schuleintritt (MBK 1+).* Göttingen: Hogrefe.

Ennemoser, M., Sinner, D. & Krajewski, K. (2015). Kurz- und mittelfristige Effekte einer entwicklungsorientierten Mathematikförderung bei Erstklässlern mit drohender Rechenschwäche. *Lernen und Lernstörung, 4*, 43–59.

Fischer, U., Roesch, S. & Moeller, K. (2017). Diagnostik und Förderung bei Rechenschwäche: Messen wir, was wir fördern wollen? *Lernen und Lernstörungen, 6*, 25–38.

Fritz, A., Ehlert, A., Ricken, G. & Balzer, L. (2017). *Mathematik- und Rechenkonzepte bei Kindern der erste Klassenstufe – Diagnose (MARKO-D1).* Göttingen: Hogrefe.

Gaidoschik, M. (2017). Zur Rolle des Unterrichts bei der Verfestigung des zählenden Rechnens. In A. Fritz-Stratmann, G. Ricken & S. Schmidt (Hrsg.), *Handbuch Rechenschwäche* (3., überarbeitete Aufl., S. 111–125). Weinheim: Beltz.

Gerster, H.D. (2009). Schwierigkeiten bei de Entwicklung arithmetischer Konzepte im Zahlenraum bis 100. In A. Fritz, G. Ricken & S. Schmidt (Hrsg.), *Handbuch Rechenschwäche. Lernwege, Schwierigkeiten und Hilfen* (2. Aufl., S. 269–285). Weinheim: Beltz.

Götze, D., Selter, C., & Zannetin, E. (2019). *Das KIRA Buch: Kinder rechnen anders. Verstehen und Fördern im Mathematikunterricht.* Seelze: Kallmeyer.

Grube, D., Schuchardt, K., Balke-Melcher, C., von Goldammer, A., Piekny, J. & Mähler, C. (2015). Entwicklung numerischer Kompetenz im Kindergartenalter: Verläufe, interindividuelle Unterschiede und Einflüsse von Arbeitsgedächtnis und häuslicher Umwelt. In P. Cloos, K. Koch & C. Mähler (Hrsg.), *Entwicklung und Förderung in der frühen Kindheit. Interdisziplinäre Perspektiven* (S. 78–99). Weinheim: Juventa.

Haberstroh, S. & Schulte-Körne, G. (2019). Diagnostik und Behandlung der Rechenstörung. *Deutsches Ärzteblatt, 116*, 124–131.

Hirsch, S., Lambert, K., Coppens, K. & Moeller, K. (2018). Basic numerical competences in large-scale assessment data: Structure and long-term relevance. *Journal of Experimental Child Psychology, 167*, 32–48.

Ise, E., Dolle, K., Pixner, S. & Schulte-Körne, G. (2012). Effektive Förderung rechenschwacher Kinder: Eine Metaanalyse. *Kindheit und Entwicklung, 21*, 181–192.

Jordan, N. C., Kaplan, D., Nabors Oláh, L. & Locuniak, M. (2006). Number sense growth in kindergarten: A longitudinal investigation of children at risk for mathematics difficulties. *Child Development, 24*, 153–175.

Kaufmann, L., Mazzocco, M.M., Dowker, A., von Aster, M., Göbel, S. M., Grabner, R. H. et al. (2013). Dyscalculia from a developmental and differential perspective. *Frontiers in Psychology, 4*, 516.

Kucian, K. & von Aster, M. (2013). Dem Gehirn beim Rechnen zuschauen: Ergebnisse der zerebralen Bildgebung. In M. von Aster & J. H. Lorenz (Hrsg.), *Rechenstörungen bei Kindern* (S. 59–77). Göttingen: Vandenhoeck & Ruprecht.

Kuhn, J.-T., Schwenk, C., Raddatz, J., Dobel, C. & Holling, H. (2017). *CODY-Mathetest: Mathematiktest für die 2.–4. Klasse (CODY-M 2-4)*. Düsseldorf: Kaasa health.

Landerl, K., Vogel, S. & Kaufmann, L. (2017). *Dyskalkulie – Modelle, Diagnostik, Intervention* (3., überarbeitete und erweiterte Aufl.). München: Reinhardt/UTB.

Moser Opitz, E., Stöckli, M., Grob, U. Nührenbörger, M. & Reusser, L. (2019). *BASIS-MATH-G 3+. Gruppentest zur Basisdiagnostik Mathematik für das vierte Quartal der 3. Klasse und das erste Quartal der 4. Klasse*. Bern: Hogrefe.

Rakoczy, H. & Haun, D. (2018). Vor- und nichtsprachliche Kognition. In W. Schneider & U. Lindenberger (Hrsg.), *Entwicklungspsychologie* (8. Aufl., S. 347–372). Weinheim: Beltz.

Reiss, K., Roppelt, A., Haag, N., Pant, H. A. & Köller, O. (2012). Kompetenzstufenmodelle im Fach Mathematik. In P. Stanat, H. A. Pant, K. Böhme & D. Richter (Hrsg.), *Kompetenzen von Schülerinnen und Schülern am Ende der vierten Jahrgangsstufe in den Fächern Deutsch und Mathematik: Ergebnisse des IQB-Ländervergleichs 2011* (S. 72–84). Münster: Waxmann.

Schneider, W., Küspert, P. & Krajewski, K. (2016). *Die Entwicklung mathematischer Kompetenzen* (2., aktualisierte und erweiterte Aufl.). Paderborn: Schöningh.

Schuchardt, K., Maehler, C. & Hasselhorn, M. (2008). Working memory deficits in children with specific learning disorders. *Journal of Learning Disabilities, 41*, 514–523.

Schulz, F., Wyschkon, A., Gallit, F. S., Poltz, N., Moraske, S., Kucian, K. et al. (2018). Rechenprobleme von Grundschulkindern: Persistenz und Schulerfolg nach fünf Jahren. *Lernen und Lernstörungen, 7*, 67–80.

Voß, S., Sikora, S. & Hartke, B. (2017). Lernverlaufsdiagnostik als zentrales Element der Prävention von Rechenschwierigkeiten. In A. Fritz-Stratmann, G. Ricken & S. Schmidt (Hrsg.), *Handbuch Rechenschwäche* (3., überarbeitete Aufl., S. 339–355). Weinheim: Beltz.

Walter, J. (2020). Ein Screening-Verfahren zur Prognose von Rechenschwierigkeiten in der Grundschule. *Zeitschrift für Heilpädagogik, 71*, 238–253.

Weberschock, U. & Grube, D. (2006). Zur Spezifität von Einflüssen der Arbeitsgedächtniskapazität und des arithmetischen Faktenwissens auf Rechenleistungen von Viertklässlern. *Psychologie in Erziehung und Unterricht, 53*, 291–302.

WHO (Weltgesundheitsorganisation) (2014). *Internationale Klassifikation psychischer Störungen: ICD-10 Kapitel V (F) Klinisch-diagnostische Leitlinien* (9. Aufl.). Bern: Huber.

WHO (World Health Organization) (1992). *The ICD-10 Classification of Mental and Behavioural Disorders – Clinical descriptions and diagnostic guidelines.* Geneva: WHO.

WHO (World Health Organization) (2018). *International statistical classification of diseases and related health problems (11th Revision)*. Zugriff am 26.05.2021 unter https://icd.who.int/browse11/l-m/en

II Fokus Schülerinnen und Schüler

9 Schülerinnen und Schüler mit (sonderpädagogischen) Förderbedarfen in der Schule

Ulrike Becker

9.1 Auf dem Weg zur inklusiven Schule?

Die sonderpädagogische Förderung zielt auf die Unterstützung von Schülerinnen und Schülern mit Behinderungen oder mit Beeinträchtigungen im Lernen, in der Sprache oder im Verhalten, die bezogen auf ihre Teilhabeeinschränkung mit einer Behinderung vergleichbar sind. Die Kultusministerkonferenz (KMK) unterscheidet 1994 in ihren Empfehlungen zur sonderpädagogischen Förderung zwischen acht Förderschwerpunkten: Hören, Sehen, Körperliche und motorische Entwicklung, Sprache, Geistige Entwicklung, Lernen, Emotionale und soziale Entwicklung sowie den Unterricht kranker Schülerinnen und Schüler. In der Bildungsstatistik findet sich darüber hinaus eine Rubrik »Förderschwerpunkt übergreifend bzw. ohne Zuordnung« (Drave et al., 2000). In der Bildungsstatistik 2012 wird erstmalig eine Kategorie LSE (Lernen, Emotionale und soziale Entwicklung sowie Sprache) verwendet.

Mit der Hinterlegung der Ratifizierungsurkunden am 24.02.2009 bei den Vereinten Nationen wurde das Ratifizierungsverfahren der UN-Behindertenrechtskonvention für Deutschland mit Wirkung zum 26.03.2009 beschlossen. Die Normen der Behindertenrechtskonvention sind damit geltendes Bundesrecht geworden. Bereits im Vorfeld zur Ratifizierung in der Bundesrepublik wie auch in den anderen Mitgliedsstaaten, die die Konvention gegengezeichnet haben, ist inklusive Bildung national und vor allem international zum wichtigsten Thema wissenschaftlicher Publikationen und Fachtagungen im Bereich der Sonderschulpädagogik und bildungspolitischer Diskurse avanciert. Mit der Frage nach Inklusion geht ein sehr altes bildungspolitisches Thema einher (Köpcke-Duttler, 2008), dem die Behindertenrechtskonvention auf internationaler und nationaler Ebene neue Impulse gibt (Prengel, 2013). Bereits mit der Erklärung von Salamanca wurde die inklusive Bildung und der freie Zugang für Schülerinnen und Schüler mit Behinderungen zur allgemeinen Schule gefordert (UNESCO, 1994).

Trotz aller Bemühungen um inklusive Bildung ist das Ergebnis der Bildungsstatistik der Kultusministerkonferenz 2012 und der zuletzt erstellten Bildungsstatistik 2018 (KMK, 2020) ernüchternd: 2003 liegt die Förderschulbesuchsquote bei 4,8 % und 2012 4,75 % (KMK, 2012,7). Im Jahr 2018 ist nach zehn Jahren UN-Behindertenrechtskonvention die Förderschulbesuchsquote auf 4,2 % gesunken (KMK, 2020, XVII). Im Bundesdurchschnitt ist die Quote der Schülerinnen und Schüler mit einem sonderpädagogischen Förderbedarf von 6,0 % auf 7,4 % gestiegen (KMK, 2020, XVI) (► Abb. 9.1).

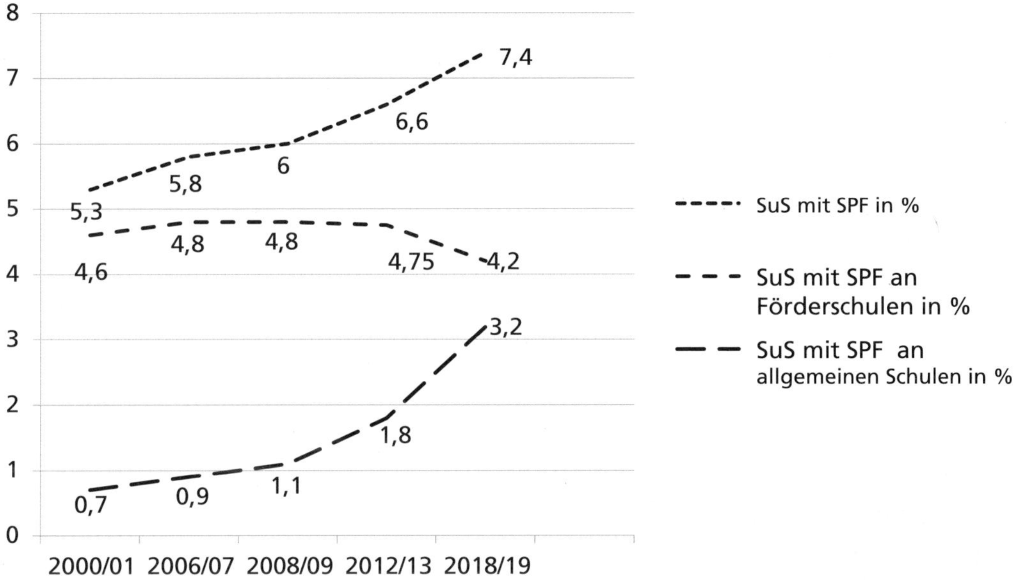

Abb. 9.1: Schülerinnen und Schüler mit Sonderpädagogischem Förderbedarf in Deutschland 2009–2019 in Prozent (Quelle: KMK 2012 und 2020)

Im Schuljahr 2000/2001 hatten 479 940 Schülerinnen und Schüler einen sonderpädagogischen Förderbedarf; davon besuchten 420 587 eine Förderschule. Im Schuljahr 2017/2018 wurde bei 556 317 Schülerinnen und Schülern ein sonderpädagogischer Förderbedarf festgestellt; davon besuchten 320 992 eine Förderschule (Autorengruppe Bildungsberichterstattung, 2014, 178; KMK 2012, 2016, 2020 XVIII).

Anlässlich zehn Jahre UN-Behindertenrechtskonvention resümiert die UNESCO-Kommission für Deutschland:

> »2009 trat in Deutschland die UN-Behindertenrechtskonvention in Kraft. Zehn Jahre später zeigt sich, dass die Bundesrepublik ihrem Ziel, alle Schülerinnen und Schüler mit und ohne Behinderung gemeinsam zu unterrichten, nur in kleinen Schritten näherkommt. Während einige Bundesländer bei der inklusiven Bildung vorangehen, bleiben andere hinter den Erwartungen zurück. Im Bundesschnitt lernt die Mehrheit der Kinder und Jugendlichen mit sonderpädagogischem Förderbedarf noch immer separiert, statt den Unterricht an allgemeinen Schulen zu besuchen.« (UNESCO-Kommission, 2019)

> »Der Rückblick auf die hier vorgestellten Befunde der bildungsstatistischen Analyse zeigt

> sehr deutlich: Einerseits gibt es eine Reihe von Ländern, die sich seit dem Beitritt Deutschlands zur UN-Konvention über die Rechte von Menschen mit Behinderungen von dem in dieser Konvention vorgezeichneten Ziel weiter entfernt haben, andererseits haben sich einzelne Länder diesem Ziel sehr weit angenähert. Für Deutschland insgesamt lässt sich feststellen, dass das Land beim Abbau des ›exklusiven‹ Unterrichtens in Förderschulen nur langsam voranschreitet. Dies kommt auch darin zum Ausdruck, dass nach wie vor jährlich etwa 25 700 Kinder und Jugendliche aus allgemeinen Schulen auf Förderschulen wechseln.« (Hollenbach-Biele & Klemm, 2019, 15)

Das Deutsche Institut für Menschenrechte hat das Monitoring über die Umsetzung der UN-Behindertenrechtskonvention übernommen. Aichele kommt zu ähnlichen Ergebnissen wie die UNESCO-Kommission sowie die Studie der Bertelsmann Stiftung. Anlässlich zehn Jahre UN-Behindertenrechtskonvention fordert Aichele einen länderübergreifenden Pakt für Inklusion, um das Menschrecht für Schülerinnen und Schüler mit Behinderungen in Deutschland endlich Realität werden zu lassen (Aichele, 2019).

Unabhängig von dieser Ernüchterung aufgrund der nur gering gesunkenen Förderschulquote im Bundesdurchschnitt sind Verschiebungen zwischen Förderschwerpunkten zu beobachten, die von hoher praktischer Relevanz für Schulpsychologinnen und -psychologen sowie Sonderpädagoginnen und -pädagogen in der Unterstützung, Beratung sowie Diagnostik sind:

- Die größte Gruppe der Schülerinnen und Schüler mit Förderbedarf stellt nach wie vor diejenige mit dem *Förderbedarf Lernen*. Die Zahl der Schülerinnen und Schüler an Förderschulen sank von 228 912 im Jahr 2003 auf 85 200 im Jahr 2018. In allgemeinen Schulen stieg die Anzahl im gleichen Zeitraum von 29 637 auf 107 400 Schülerinnen und Schüler (▸ Abschnitt 9.2).

  Die Anzahl der Schülerinnen und Schüler an Förderschulen mit dem Schwerpunkt *Geistige Entwicklung* nahm von 70 286 im Jahr 2003 (KMK, 2008), auf 74 188 im Jahr 2012 (KMK, 2012) und 81 519 im Jahr 2018 (KMK, 2020, XVIII) deutlich zu. Im Jahr 2003 besuchten 1 998 Schülerinnen und Schüler mit diesem Förderbedarf eine allgemeine Schule; im Jahr 2013 waren es 6 327 und im Jahr 2018 12 673.
- Die Zahl der Schülerinnen und Schüler, die eine *Förderschule für Erziehungshilfe* besuchen, erhöhte sich von 30 523 im Jahr 2003 auf 41 400 im Jahr 2018 (▸ Abschnitt 9.2). Im gleichen Zeitraum verdreifachte sich fast die Anzahl dieser Schülerinnen und Schüler an allgemeinen Schulen und erhöhte sich weiter auf 54 300 im Schuljahr 2017/2018 (2003: 12 071; 2012: 33 193).
- Beim *Förderschwerpunkt Sprache* reduzierte sich die Anzahl der Förderschülerinnen und -schüler, während die Anzahl der Schülerinnen und Schülern an allgemeinen Schulen deutlich stieg: Im Jahr 2003 besuchten 9 760 Schülerinnen und Schüler eine allgemeine Schule. Im Jahr 2012 waren es 20 308 und im Jahr 2018 27 649 Schülerinnen und Schüler in der allgemeinen Schule.
- Kinder und Jugendliche mit *Beeinträchtigungen in der körperlichen Entwicklung* besuchen zunehmend eine allgemeine Schule. Im Jahr 2003 waren es 4 391, im Jahr 2013 9 812 und im Jahr 2018 13 795 Schülerinnen und Schüler. Gleichzeitig erhöhte sich die Gesamtzahl der Kinder mit diesem Förderschwerpunkt von 34 449 im Jahr 2013 auf 37 661 Schülerinnen und Schüler (KMK, 2020).
- Es gibt zunehmend Kinder mit *Förderbedarf Geistige Entwicklung* in allen Schulformen der allgemeinen Schulen. So besuchten im Jahr 2012 231 und im Jahr 2018 381 Kinder oder Jugendliche ein Gymnasium (KMK, 2012, 2020). Dies stellt die Lehrkräfte vor besondere Herausforderungen.

Die Bildungsstatistik lässt vermuten, dass die bildungspolitischen Entwicklungen in den einzelnen Bundesländern durch folgende Entwicklungen ausgelöst wurden:

- Da verstärkt Lernstandsdiagnostik und individuelle Förderung in Schulen praktiziert wird, ist bei Pädagogen und Pädagoginnen sowie bei Eltern eine höhere Sensibilisierung für Förderbedarfe entstanden und es wird, mit dem Ziel, Schülerinnen und Schüler besser fördern zu wollen, bei mehr Kindern sonderpädagogischer Förderbedarf festgestellt.
- Die Reduktion der Schülerinnen und Schüler in Lernbehindertenschulen erfolgt auf Kosten der Zuordnung zu anderen Förderschwerpunkten wie Geistige Entwicklung, Sprache oder Emotionale Entwicklung. Dabei wird häufig vernachlässigt, dass der Förderbedarf Geistige Entwicklung nicht nur eine Unterstützung für Schülerinnen und Schüler darstellt, sondern eine massive Einschränkung der schulischen und beruflichen Teilhabe bedeutet. Die Feststellung dieses Förderbedarfs schließt die Betroffenen auch bei positiver Entwicklung in der Sekundarstufe von der Absolvierung von Schulabschlüssen an der allgemeinen Schule aus und hat somit eine Etikettierungs- und Stigmatisierungsfunktion. Deshalb sollte dieser Förderbedarf nur festgestellt werden, wenn die schulische Teilhabe ausschließlich mit diesem Förderbedarf möglich ist.

Der Förderschwerpunkt Lernen weist mit 192 600 Schülerinnen und Schülern im Schuljahr 2017/18 die meisten Schülerinnen und Schüler auf. Es folgen die Förderschwerpunkte Emotionale und soziale Entwicklung, Geistige Entwicklung und Sprache. Im Folgenden gehe ich auf die Förderschwerpunkte Lernen sowie Emotionale und soziale Entwicklung ein, da diese die meisten Schnittstellen mit der Schulpsychologie aufweisen und in der Beratung und Unterstützung von Schulen eine große Bedeutung haben.

9.2 Entwicklungen im Förderschwerpunkt Lernen

Im Jahr 2018 haben 34,6 % aller Schülerinnen und Schüler mit sonderpädagogischem Förderbedarf den Förderschwerpunkt Lernen. Seit den 1970er Jahren wird dargestellt, dass sich in diesem Förderschwerpunkt vorrangig Kinder und Jugendliche aus schwierigen Lebenslagen und nichtdeutscher Herkunft wiederfinden. Die Korrelation zwischen dem Förderbedarf Lernen und Armut ist höher als in allen anderen Förderschwerpunkten. Die Studien von Wocken (1997) u. a. und insbesondere die Langzeitstudie von Haeberlin (Eckhart, Haeberlin et al., 2012) zeigen auf, dass bei einer Langzeituntersuchung von zwei Vergleichsgruppen in allgemeinen Schulen und in Förderschulen diejenigen Kinder und Jugendliche mit sonderpädagogischem Förderbedarf in allgemeinen Schulen nicht nur bessere Schulleistungen und Schulabschlüsse erreichen, sondern auch in der beruflichen Ausbildung wie im Erwerbsleben bis ins Erwachsenenalter hinein deutlich besser am gesellschaftlichen Leben teilhaben (Eckhart, Haeberlin et al., 2012).

Im schulischen Alltag sind diese Schülerinnen und Schüler nur schwer von Kindern und Jugendlichen mit Lernstörungen zu unterscheiden (KMK, 2019). Der Förderbedarf Lernen wird im Allgemeinen festgestellt, wenn ein allgemeiner mindestens zweijähriger Schulleistungsrückstand besteht. Der Schulleistungsrückstand muss zumindest in den Kernfächern Deutsch und

Mathematik vorliegen. Die Feststellung des Förderbedarfs liegt in der Hand der Schulaufsicht. In Ausführungsvorschriften der Länder sind die Verfahren festgelegt. Mit der Umsetzung der UN-Behindertenrechtskonvention soll auf die Feststellung des Förderbedarfs verzichtet werden. Unabhängig von der Frage, ob der Förderbedarf festgestellt wird, benötigen Kinder und Jugendliche mit Beeinträchtigungen im Lernen Unterstützung. Für das Gelingen von inklusivem Unterricht ist es wichtig,

- auf der Grundlage eines im Team erstellten Förderplanes (Mutzeck, 2002) differenziert zu unterrichten,
- im Grundschulalter handlungspraktische Angebote im Unterricht zu machen,
- im Jugendalter handlungspraktische Lernangebote als Teil des dualen Lernens anzubieten (dies ist insbesondere in Schülerfirmen möglich),
- den Selbstwert der Kinder und Jugendlichen zu fördern,
- die Entwicklung ihrer Sozialkompetenz zu unterstützen,
- ihre Medienkompetenz zu stärken (z. B. hinsichtlich der Nutzung von Internet, des Umgangs mit Taschenrechnern, des Erkennens von Fake News usw.) und
- sie frühzeitig in die Berufs- und Arbeitswelt zu integrieren.

9.3 Entwicklungen im Förderschwerpunkt Emotionale und soziale Entwicklung

In der Bundesrepublik Deutschland wurden 2008 15,7 % und 2018 23,1 % der Schülerinnen und Schüler mit dem Förderbedarf Emotionale und soziale Entwicklung in allgemeinbildenden Schulen unterrichtet (KMK, 2018). Dies erscheint zunächst als großer Erfolg. Betrachtet man jedoch die Schülerzahlen beim Förderschwerpunkt Emotionale und soziale Entwicklung, so macht man folgende erschreckende Beobachtung: Die Bildungsstatistik zeigt auf, dass die Anzahl der betroffenen Schülerinnen und Schüler von 58 762 im Jahr 2009 auf 95 765 im Jahr 2018 gestiegen ist (KMK, 2020; Becker, 2013; Stein, 2011).

Mit den Bemühungen um gemeinsamen Unterricht oder inklusive Bildung sind zwei Entwicklungen zu beobachten: Es stieg die Zahl der Schüler an Förderschulen für Erziehungshilfe von 25 702 im Jahr 2000 auf 41 400 im Jahr 2018. Zeitgleich wuchs die Anzahl der Schülerinnen und Schüler im gemeinsamen Unterricht von 9 200 auf 54 326 (Becker, 2013; Stein, 2011). Im Jahr 2018 besuchen 0,56 % der Schülerinnen oder Schüler eines Jahrgangs eine Schule oder Klasse für den Förderschwerpunkt Emotionale und soziale Entwicklung. Die Zunahme des sonderpädagogischen Förderbedarfs mit dem Schwerpunkt Emotionale und soziale Entwicklung trifft sich mit den neuen Ergebnissen des Kinder- und Jugendreports 2019 der DAK (Greiner, Batram & Witte, 2019; ▶ Kap. II-10).

Entlang der Studien von Bennett (Bennett, zit. in. Becker, 2008) sind Schülerinnen und Schüler mit Beeinträchtigungen im Lernen sowie im Sozialverhalten mit fremdgefährdendem Verhalten am meisten gefährdet, vom Setting des inklusiven Unterrichts ausgeschlossen zu werden. Schülerinnen und Schüler, die von Lehrkräften als »schwierig« erlebt werden, stellen die größte Herausforderung für die inklusive Schule dar. Viele Lehrkräfte fühlen sich angesichts herausfordernder Verhaltensweisen von Schülerinnen und Schülern überfordert oder sogar bedroht. Dies liegt vor allem darin begründet, dass

Prozesse der intrapersonellen Anerkennung durch frühkindliche Bindungsstörungen oder traumatische Erfahrungen so erschwert sind, dass sie in der Schule durch unbewusste Übertragungen und Projektionen Ablehnung anstelle von Anerkennung erzeugen (Becker, 2008; Prengel, 2013). Am Beispiel von Schülerinnen und Schülern mit Beeinträchtigungen im Sozialverhalten soll nun verdeutlicht werden, wie sonderpädagogische Unterstützung gestaltet werden kann, sodass Anerkennung und kooperative Lernsituationen im Klassenverband entstehen können: Die Formen sonderpädagogischer Unterstützung bei Beeinträchtigungen im Lernen und im Sozialverhalten liegen entlang der Studien von Reiser und Werning (2001) in der Unterstützung der Bezugspersonen, der Schaffung milieusensibler Settings, der Schaffung kooperativer Lernsituationen sowie der Einrichtung außerschulischer Hilfen. Die zentralen Voraussetzungen für inklusive Bildung stellen auch bei Schülerinnen und Schülern mit Beeinträchtigungen im Verhalten die Akzeptanz, Anerkennung und Kooperation der in einer Klasse tätigen Pädagoginnen und Pädagogen dar. Vor dem Hintergrund dieser Kooperation kann mit einer Pädagogik der Vielfalt unter Einbeziehung sonderpädagogischer Erkenntnisse die Schaffung kooperativer Lernsituationen im Unterricht mit heterogenen Gruppen so gelingen, dass Verschiedenheit nicht als Defizit, sondern als Ressource in einer Lerngruppe wahrgenommen wird. Dies stellt die Grundlage dafür dar, dass inklusive Bildung gelingen und Verschiedenheit nicht zur Ursache von Selektionsprozessen werden muss.

9.4 Voraussetzungen für inklusive Bildung bei Beeinträchtigungen im Lernen oder in der emotionalen und sozialen Entwicklung

Nach wie vor besteht ein großer Entwicklungs- und Forschungsbedarf, wenn die Anforderungen der Behindertenrechtskonvention im föderalen deutschen System umgesetzt werden sollen. Die Voraussetzungen für eine Schule für »alle« stellen Veränderungen auf der institutionellen Ebene, auf der Ebene der Beziehungen, auf der didaktischen Ebene sowie auf der Ebene von sonderpädagogischer Unterstützung dar.

9.4.1 Institutionelle Ebene

Bereits die bekannten Arbeiten von Foucault verweisen auf den Zusammenhang zwischen Institution und Pädagogik, wenn er in seinen pädagogischen Schriften von dem Schuldispositiv spricht (Foucault, 1978). Im Sinne Foucaults erfordert demnach die Umsetzung der inklusiven Bildung allem voran eine Schule, die als Teil des Schuldispositifs die organisatorischen und strukturellen Voraussetzungen dafür bietet. Beispiele hierfür sind: Die Einführung der FLEX in Brandenburg, die SAPH in Berlin, oder die verlässliche Grundausstattung in einigen Bundesländern wie in Berlin. Letztere impliziert die Ausstattung mit Förderstunden bei Beeinträchtigungen im Lernen, in der Sprache oder der emotionalen Entwicklung nach einem Sozialindikator anstelle von einer schülerbezogenen Stundenzuweisung bei Feststellung eines sonderpädagogischen Förderbedarfs. Hierzu gehört auch die innerschulische und außerschulische Verankerung der Unterstützungssysteme, die bereits in den Stadtstaaten und einigen Bundesländern zu finden sind: In Hamburg wurden die Regionalen Bildungs- und Beratungszentren etabliert (ReBBZ), in Bremen die innerschulischen Zentren für unterstützende Pädagogik (ZUP) sowie die außerschulischen regionalen Beratungs- und Unterstützungszentren (ReBUZ). Berlin ist dem Bremer Beispiel gefolgt und hat 13 schulpsychologische und inklusionpädagogische Unterstützungszentren aufgebaut (▶ Kap. I-5). Nicht zuletzt stellt die Barrierefreiheit eine wichtige Voraussetzung für die inklusive Bildung dar.

9.4.2 Beziehungsebene

Prengel (2013) betont in ihren Forschungen die Wichtigkeit einer Anerkennungskultur in der Schule. Wertschätzung und Anerkennung sind wesentliche Voraussetzungen für das Lernen und Lehren in der Schule. Kinder spüren, ob die Lehrkräfte miteinander kooperieren und ein Vertrauensverhältnis zu ihren Eltern haben. Gerade Kinder und Jugendliche mit Verhaltensauffälligkeiten benötigen aufgrund ihrer traumatischen Erfahrungen und Bindungsstörungen wertschätzende und haltgebende Beziehungen in der Schule.

Ramseger (2004) stellt in seiner Untersuchung der verlässlichen Halbtagsgrundschulen in Berlin fest, dass nur in 12 % der Zusammenarbeit zwischen Lehrkräften und Erzieherinnen sowie Erziehern echte Kooperation stattfindet. Ansonsten prägen Delegation, Konkurrenz und Einzelkämpfertum die Kontakte zwischen den Pädagoginnen und Pädagogen. Aber erst wenn Schülerinnen und Schüler Kooperation und Anerkennung bei den Erwachsenen erleben, werden sie selbst lernen können, im Umgang mit ihren Mitschülerinnen und Mitschülern Anerkennung im Sinne Bubers (1960) zu praktizieren. Die Zusammenarbeit zwischen Pädagogen bzw. Pädagoginnen und Eltern ist meist durch Vorurteile, Vermeidung sowie das Erteilen von Anweisungen geprägt. Inklusion kann aber nur durch eine Erziehungspartnerschaft zwischen Eltern und Pädagogen sowie Pädagoginnen gelingen.

9.4.3 Didaktische Ebene

Eine Didaktik des inklusiven Unterrichts bringt entscheidende Änderungen mit sich: Individualisierung und Differenzierung, Lernberatung, Förderdiagnostik und -planung, Feedbackkultur sowie die Unterstützung bei speziellen Problemlagen (Katzenbach, 2005). In der Umsetzung didaktischer Strategien inklusiver Bildung kann auf die didaktischen Ansätze der Integrationspädagogik zurückgegriffen werden. Sie werden bereits in den integrativen Modell- und Reformschulen seit Jahrzehnten praktiziert.

Ein weiteres Konzept ist die Didaktik offener Unterrichtsformen. Dazu schreibt der Hamburger Integrationsforscher Hans Wocken: »Das Theorem des gemeinsamen Gegenstandes ist aufzuheben in einer Theorie gemeinsamer Lernsituationen« (Wocken, 1997). Die Didaktik offener Unterrichtsformen, die von Integrationsforschern aus einer Pädagogik der Vielfalt abgeleitet und von der Reformpädagogik übernommen worden ist, ist durch »Individualisierung und Differenzierung unter besonderer Berücksichtigung der Gemeinsamkeit aller Kinder gekennzeichnet« (Prengel, 2006).

9.4.4 Beratung und Unterstützung

In inklusiven Schulen übernehmen Sonderpädagoginnen und Sonderpädagogen neben ihrer Unterrichtstätigkeit beratungs- und förderdiagnostische Aufgaben sowie die Förderplanung (Mutzeck, 2002).

In der Umsetzung didaktischer Strategien können Sonderpädagoginnen und Sonderpädagogen in Kooperation mit Lehrkräften aller Schulformen kooperative Lernsituationen schaffen, sowie Individualisierung und Differenzierung ermöglichen. Das auf die einzelnen Förderschwerpunkte bezogene sonderpädagogische Fachwissen kann durch die professionellen Sonderpädagoginnen und -pädagogen innerhalb der Regelschule den Lehrkräften sowie anderen pädagogischen Fachkräften zur Verfügung gestellt werden. Kooperatives Lernen bedeutet ein »Miteinander der Verschiedenen« in einer heterogenen Klasse. Dies wird nur möglich, wenn bewährte Formen der sonderpädagogischen Unterstützung einen zentralen Stellenwert einnehmen und in der Kooperation mit allen pädagogischen Professionen bei der Planung von Unterricht und Förderung sowie bei der Lernberatung von Schülerinnen und Schülern ihren Niederschlag finden.

Mit der inklusiven Bildung gewinnt die Professionalisierung von Beratung, Unterricht und Unterstützung durch sonderpädagogische und schulpsychologische Fachkompetenz besonderes Gewicht (▶ Kap. I-5). Die Umsetzung inklusiver Bildung im Unterricht kann nur mit einem Ausbau sonderpädagogischer Kompetenzen gelingen. Dies betrifft insbesondere die Bereiche Beratung und Kooperation, Didaktik der Vielfalt, Förderdiagnostik, Förderplanung und Unterstützung.

Für das Gelingen inklusiver Bildung müssen Sonderpädagoginnen, Schulpsychologen sowie andere Experten und Expertinnen zusammenwirken, damit Schülerinnen und Schüler mit Beeinträchtigungen in der allgemeinen Schule verbleiben können. An die Stelle von: »Wo ist der beste Förderort?« muss die Frage treten: »Wie kann der Unterricht der allgemeinen Schule so gestaltet werden, dass *alle* Schülerinnen und Schüler teilhaben können?«

9.5 Wie kann inklusive Bildung bei Beeinträchtigungen in der emotionalen und sozialen Entwicklung gelingen? Das Projekt »Übergang«

»Projekt Übergang« (Becker, 2008, 2018) ist ein Förderansatz für Schülerinnen und Schüler mit erheblichen Beeinträchtigungen im Verhalten, der seit 1997 umgesetzt wird. Hier werden die genannten fünf Lernzugänge spezifiziert und realisiert. Heute arbeiten Schulen in Berlin, Hamburg, Bremen und Brandenburg erfolgreich mit diesem Unterstützungsangebot, um Schülerinnen und Schüler mit schweren Beeinträchtigungen im Verhalten inklusiv zu unterstützen.

> »Beim Projekt ›Übergang‹ handelt es sich um einen Förderansatz, der nicht die Inhalte, sondern das Setting der Förderung sowie die darin wirksamen Beziehungen in den Mittelpunkt stellt. Innerhalb solch eines Settings werden positive Aspekte der Lehrer/innen-Kind-Beziehung so wirksam, dass schulisches Lernen wieder möglich wird und sich Verhaltensstörungen erheblich reduzieren. In zwanzig Jahren Erfahrung mit dem Projekt »Übergang« haben sich fünf Organisationsstrukturen herausgebildet und in inklusiven Schulen bewährt.« (Becker, 2019, S. 10)

Das Projekt »Übergang« kann in jeder Schule für die Jahrgangsstufen 1–8 umgesetzt werden. Eine Gruppe setzt sich aus vier Kindern zusammen.

Die fünf Organisationsstrukturen des Projekts »Übergang«

1. Unterricht in der Stammklasse
2. Temporäre Lerngruppe
3. Beratung der Lehrkräfte der Stammklasse
4. Elternberatung
5. Kooperation zwischen Schule und Jugendhilfe

Unterricht in der Stammklasse: Die Schülerinnen und Schüler, die im Projekt »Übergang« gefördert werden, bleiben in ihrer Stammklasse. Die Sonderpädagogin oder der Sonderpädagoge bereitet gemeinsam mit den Lehrkräften den Unterricht vor. Sie führen auch den Unterricht gemeinsam durch.

Temporäre Lerngruppen: Kinder mit Förderbedarf verlassen ihre Stammklasse, um viermal wöchentlich für 90 Minuten, möglichst in der 3. und 4. Stunde, in einer klassenübergreifenden temporären Lerngruppe mit vier weiteren Kindern gefördert zu werden. Die temporäre Lerngrupe wird von einer Lehrkraft für Sonderpädagogik geleitet. Der Raum ist nach einem speziellen Raumkonzept gestaltet (Becker 2019).

In der temporären Lerngruppe arbeiten die Kinder an eigenen Themen und an Aufgaben aus dem Wochenplan ihrer Stammklasse. Sie präsentieren die Ergebnisse in der Großgruppe. Einzelne Schülerinnen und Schüler aus der Stammklasse können als Gäste am Unterricht der temporären Lerngruppe teilnehmen (Becker 2019).

Beratung der Pädagogen der Stammklasse: Wöchentlich findet ein Beratungsgespräch mit den Lehrkräften der Stammklasse statt. Die für das Projekt »Übergang« zuständige Lehrkraft für Sonderpädagogik führt diese Gespräche. Dabei werden vor allem die Erfolge der Lehrkräfte thematisiert. Es wird lösungsorientiert gearbeitet (Becker 2019). Die Beratung kann auch von Schulpsychologinnen und -psychologen übernommen werden.

Elternberatung: Kinder oder Jugendliche, die Lehrkräfte als störend erleben, haben oft Eltern, die aufgrund ihrer eigenen Biografie ihrem elterlichen Erziehungsauftrag nicht angemessen nachkommen können. In einem Beratungsprozess mit regelmäßigen Gesprächen werden sie in der Wahrnehmung ihrer Elternrolle gestärkt. Der Dialog zwischen Lehrkräften und Eltern wirkt sich meistens positiv auf das Verhalten der Kinder im Unterricht aus. Sobald das Kind die vertrauensvolle Kooperation zwischen Lehrkräften und Eltern spürt, reduzieren sich Verhaltensstörungen im Unterricht. Erstaunlicherweise tritt diese Wirkung oft unabhängig vom Gesprächsthema zwischen Eltern und Lehrkräften ein. »Offenbar geht es vor allem darum, dass das Kind das vertrauensvolle Zusammenwirken zwischen Eltern und Lehrkräften wahrnimmt.« (Becker, 2019, S. 12)

Kooperation zwischen Schule und Jugendhilfe: Viele Kinder mit Beeinträchtigungen im Sozialverhalten haben einen Bedarf an Unterstützung durch die Jugendhilfe. Diese Hilfen zur Erziehung können in Form einer Familienhilfe, eines Betreuungshelfers für das Kind, einer sozialpädagogischen Gruppe oder einer Tagesgruppe stattfinden. Die außerschulischen und schulischen Helfer eines Kindes treffen sich zu regelmäßigen Fallbesprechungen und zur gemeinsamen Hilfe- und Förderplanung. Diese enge Kooperation hat eine pädagogisch-therapeutische Wirkung und führt zur Reduktion von Verhaltensstörungen im Schulalltag (Becker, 2016, 2019).

Zum Projekt »Übergang« wurden im Zeitraum 2006–2016 drei Studien durchgeführt. Diese Evaluation zeigt, dass sich durch die fünf Organisationsstrukturen das schulische Wohlbefinden für Kinder, Lehrkräfte und Eltern so verbessert, dass inklusive Bildung auch bei schweren Beeinträchtigungen im Verhalten gelingt. Für die an den empirischen Untersuchungen beteiligten Schulen konnte festgestellt werden, dass alle im Projekt »Übergang« geförderten Kinder in ihrer Stammklasse verbleiben konnten. Die Lehrkräfte berichten, dass fremd- und selbstgefährdendes Verhalten der Kinder, aggressive Formen der Konfliktlösung und eine nicht altersgerechte Kontaktaufnahme zu Erwachsenen reduziert und sozial erwünschtes Verhalten entwickelt werden konnte.

Die Forschungsergebnisse zeigen, dass die pädagogischen Erfolge auf das Zusammenspiel von Beziehungsarbeit zwischen Schule und Eltern, auf die Kooperation zwischen Schule und Jugendhilfe sowie auf die Fallberatungen im Pädagogenteam zurück zu führen sind (Becker, 2008, 2014, 2019).

9.6 Fazit

Inklusive Bildung stellt an Pädagoginnen und Pädagogen hohe Anforderungen. Für ihren pädagogischen Alltag benötigen sie ausreichende personelle und räumliche Ressourcen, Fortbildungen, regelmäßige Fallberatung oder Supervision sowie Unterstützung durch Lehrkräfte für Sonderpädagogik sowie durch Schulpsychologinnen und -psychologen.

Literatur

Aichele, V. (2019). 10 Jahre UN-Behindertenrechtskonvention in Deutschland: Stand der Umsetzung und Ansatzpunkte für die Teilhabe- und Bildungsforschung in der kommenden Dekade. *Gemeinsam leben, 3*, 132–140.

Autorengruppe Bildungsberichterstattung (Hrsg.), (2014). Bildung in Deutschland 2014. Bielefeld: Bertelsmann,

Becker, U. (2008). *Lernzugänge.* Wiesbaden: VS Verlag für Sozialwissenschaften.

Becker, U. (2013). Beeinträchtigungen im Sozialverhalten. Eine Herausforderung für die inklusive Pädagogik. *Vierteljahresschrift für Heilpädagogik und ihre Nachbarwissenschaften, 82(3)*, 227–241.

Becker, U. (2014). Inclusive Education – Supporting Children with Behavioural Problems and Their Reference Persons in Lower Primary School. *Journal of Special Education and Rehabilitation, 15*, 1–2, 24–42.

Becker, U. (2016). Integrieren statt abschieben – schwierige Schüler erfolgreich in der inklusiven Schule unterrichten. In *Auf dem Weg zur inklusiven Schule, Praxisbegleiter für die Schulleitung.* Stuttgart. Raabe Nachschlagen – Finden, 15, 1, 1–16.

Becker, U. (2019). Jakob gehört jetzt dazu! *SCHULE inklusiv, 2/2019*, 10–14.

Buber, M. (1981/1960). *Reden über Erziehung.* Heidelberg.

Deutsche EURYDICE-Informationsstelle des Bundes beim Bundesministerium für Bildung und Forschung (2013). *Pädagogische Förderung und Beratung.* KMK/Bonn.

Drave, W., Rumpler, F. & Wachtel, P. (Hrsg.). (2000). *Empfehlungen zur sonderpädagogischen Förderung.* Würzburg: Edition Bentheim.

Eckhart, M., Haeberlin, U., Sahli Lozano, C. & Blanc, P. (2012). *Langzeitwirkungen der schulischen Integration. Eine empirische Studie zur Bedeutung von Integrationserfahrungen in der Schulzeit für die soziale und berufliche Situation im jungen Erwachsenenalter.* Bern/Stuttgart/Wien: Haupt.

Foucault, M. (1978): *Dispositive der Macht.* Berlin.

Greiner, W., Batram, M. & Witte, J. (2019). *DAK Kinder- und Jugendreport 2019.* Heidelberg: medhochzwei.

Hinz, A. (2014). Inklusion als »Nordstern« und Perspektiven für den Alltag. In S. Peters & U. Widmer-Rockstroh (Hrsg.), *Beiträge zur Reform der Grundschule* (S. 18–31). Frankfurt a. M.: Grundschulverband.

Hollenbach-Biele, N. & Klemm, K. (2019). *Inklusive Bildung zwischen Licht und Schatten*. Bertelsmann-Stiftung.

Katzenbach, D. (2005). Braucht die Inklusionspädagogik sonderpädagogische Kompetenz? In U. Geiling & A. Hinz (Hrsg.), *Integrationspädagogik im Diskurs* (S. 86–89). Bad Heilbrunn: Klinkhardt.

KMK – Kultusministerkonferenz (2008). *Sonderpädagogische Förderung in Schulen. Statistische Veröffentlichung der KMK.* Zugriff am 28.12.20 unter www.kmk.org/dokumentation-statistik/statistik/schulstatistik/sonderpaedagogische-foerderung-an-schulen.html

KMK – Kultusministerkonferenz (2012). *Sonderpädagogische Förderung in Schulen 2001 bis 2010. Statistische Veröffentlichung der KMK. Dokument Nr. 202.* Zugriff am 28.12.20 unter www.kmk.org/fileadmin/pdf/Statistik/Dokumentationen/Dokumentation_SoPaeFoe_2012.pdf

KMK – Kultusministerkonferenz (2016). *Datensammlung Sonderpädagogische Förderung in allgemeinen Schulen ohne Förderschulen 2015/2016.* Zugriff am 28.12.2020 unter www.kmk.org/dokumentation-statistik/statistik/schulstatistik/sonderpaedagogische-foerderung-an-schulen.html

KMK – Kultusministerkonferenz (2019). *Empfehlungen zur schulischen Bildung, Beratung und Unterstützung von Kindern und Jugendlichen im sonderpädagogischen Schwerpunkt LERNEN. Beschluss der Kultusministerkonferenz vom 14.03.2019.* Zugriff am 28.12.2020 unter www.kmk.org/fileadmin/Dateien/veroeffentlichungen_beschluesse/2019/2019_03_14-FS-Lernen.pdf

KMK – Kultusministerkonferenz (2020). *Sonderpädagogische Förderung in Schulen von 2009 bis 2018. Statistische Veröffentlichungen der KMK. Dokumentation Nr. 223.* Zugriff am 28.12.2020 unter www.kmk.org/dokumentation-statistik/statistik/schulstatistik/sonderpaedagogische-foerderung-an-schulen.html

Köpcke-Duttler, A. (2008). Menschenrecht auf integrative und inklusive Bildung. In Mittendrin e. V. (Hrsg.), *Warum macht Integration schlau?* (S. 21 ff.). Köln: Mittendrin e. V.

Mutzeck, W. (2002). *Kooperative Beratung.* Weinheim: Beltz.

Prengel, A. (2006). *Pädagogik der Vielfalt* (3. Aufl.). Wiesbaden: VS Verlag für Sozialwissenschaften.

Prengel, A. (2013). *Pädagogische Beziehungen zwischen Anerkennung, Verletzung und Ambivalenz.* Opladen/Farmington Hills: Barbara Budrich.

Ramseger, J. & Dreier, A. & Kucharz, D. & Sörensen, B. (2004). *Grundschulen entwickeln sich: Ergebnisse des Berliner Schulversuchs Verlässige Halbtagsgrundschule.* Münster: Waxmann.

Reiser, H. & Werning, R. (2001). Changing Roles of Special Education Teachers in Germany. In M. Ainscow & P. Mittler (Eds.), *Including the Excluded. Proceedings of the 5th Special Education Congress*, University of Manchester.

Stein, R. (2011). *Grundwissen Verhaltensstörungen.* Baltmannsweiler: Schneider.

UN (2008). *Gesetz zu dem Übereinkommen der Vereinten Nationen vom 13.12.2006 über die Rechte von Menschen mit Behinderungen.* Zugriff am 2.12.2020 unter www.un.org/depts/german/gv-61/band1/ar61106.pdf

UNESCO (1994). *Die Salamanca Erklärung und der Aktionsrahmen zur Pädagogik für besondere Bedürfnisse.*

UNESCO (2019). *Gemeinsame Pressemitteilung der Deutschen UNESCO-Kommission und der Aktion Mensch: Kleine Schritte auf dem Weg zur Inklusion.* 2. Dezember 2019.

Wocken, H. (1997). Schulleistungen in heterogenen Lerngruppen. In H. Eberwein (Hrsg.), *Handbuch Integrationspädagogik* (4. Aufl., S. 315–320). Weinheim: Beltz.

10 Kinder und Jugendliche mit psychischen Erkrankungen – eine Aufgabe der inklusiven Schule

Klaus Seifried

10.1 Definition – Was ist eine psychische Störung?

Eine psychische Störung ist eine langandauernde, krankhafte Beeinträchtigung der Wahrnehmung, des Denkens, Fühlens, Verhaltens bzw. der Erlebnisverarbeitung oder der sozialen Beziehungen. Es gehört zum Wesen dieser Störungen, dass die Kinder und Jugendlichen sie nicht oder nur zum Teil steuern können, ihre Selbstregulationskompetenz also eingeschränkt ist. Störungen sind immer auf das soziale Umfeld bezogen, da das Umfeld definiert, was Normalität ist. Im klinischen Sinne spricht man von einer psychischen Erkrankung, wenn die Symptome länger als sechs Monate andauern. Für Steinhausen (2019) liegt »eine psychische Störung bei Kindern und Jugendlichen vor, wenn das Verhalten und/oder Erleben bei Berücksichtigung des Entwicklungsalters abnorm ist und/oder zu einer Beeinträchtigung führt.« (S. 21–22) Er benennt hierfür neun Kriterien der »Abnormität« und vier Kriterien der »Beeinträchtigung« (Steinhausen, 2019).

Als Grundlage zur Diagnostik dient die Internationale Klassifikation psychischer Störungen (ICD-10: »International Statistical Classification of Diseases and Related Health Problems«) der WHO. In Deutschland werden psychische Erkrankungen im Kindes- und Jugendalter zusätzlich nach dem multiaxialen Klassifikationsschema definiert, das eine Erweiterung der ICD-10 darstellt und sechs Achsen umfasst (Remschmidt & Schmidt, 2017):

- Die erste Achse umfasst das klinisch-psychiatrische Syndrom,
- die zweite bezieht sich auf die umschriebenen Entwicklungsrückstände,
- die dritte auf das Intelligenzniveau,
- die vierte auf die körperliche Symptomatik,
- die fünfte auf abnorme assoziierte psychosoziale Umstände und
- die sechste auf das Niveau der sozialen Anpassung.

10.2 Definition – Was ist eine Verhaltensstörung?

In der Schule werden Kinder und Jugendliche vor allem aufgrund ihres Verhaltens auffällig. Verhaltensstörungen sind Auffälligkeiten im Verhalten mit und ohne klinischen Krankheitswert. Die Sonderpädagogik stellt bei schweren Verhaltensauffälligkeiten den Förderbedarf »Emotionale und soziale Entwicklung« fest. Konflikte und störendes Verhalten sind durch die subjektive Lehrer-Schüler-Beziehung geprägt. Inwieweit gelingt es der Lehrkraft, im schulischen Setting, einem auffälligen Kind oder Jugendlichen emotionalen Halt zu geben, Grenzen zu setzen, Provokationen auszuhalten und trotzdem Akzeptanz und Wertschätzung zu geben? Eine schwierige pädagogische Aufgabe, die viele Lehrkräfte an ihre emotionalen und pädagogischen Grenzen bringt.

Eine Verhaltensstörung im weitesten Sinne liegt vor, wenn das Verhalten einer Schülerin oder eines Schülers von einer Lehrkraft oder einer anderen pädagogischen Fachkraft als Störung und Belastung des Unterrichts empfunden wird. Es geht dabei um Abweichungen von Regeln und Erwartungen:

- Aufmerksamkeitsstörung
- Störung des Sozialverhaltens
- Aggressivität
- Ausgeprägtes Trotzverhalten
- Soziale Unsicherheit und sozialer Rückzug
- Ausgeprägte Ängste oder Phobien (Angststörungen)
- Entwicklungsverzögerungen

Häufig werden Schülerinnen und Schüler dann als »schwierig« oder »unbeschulbar« bezeichnet, wenn sie den Unterricht stören, wenn sie sich provozierend und aggressiv verhalten. Stille, zurückgezogene und ängstliche Kinder und Jugendliche werden häufig übersehen. Die Bezeichnung »unbeschulbar« wird in Lehrerzimmern oft gebraucht, wenn alle pädagogischen Maßnahmen zur Integration erfolglos waren, bzw. von den Eltern oder dem Schüler, der Schülerin abgelehnt werden. Diese Kinder und Jugendlichen erscheinen »unbeschulbar«, weil die Rahmenbedingungen in der Schule oder der Familie nicht ihrem Unterstützungsbedarf entsprechen.

Die folgende Übersicht versucht, klinische Diagnosen nach ICD-10 mit den sonderpädagogischen Förderschwerpunkten zu vergleichen (► Abb. 10.1).

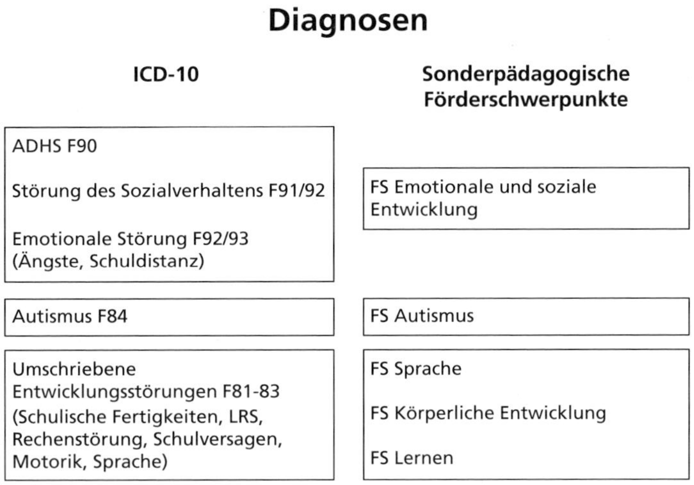

Abb. 10.1: Vergleich klinischer Diagnosen nach ICD-10 und sonderpädagogischer Förderschwerpunkte

10.3 Häufigkeit psychischer Erkrankungen bei Kindern und Jugendlichen

Die umfassendste »Studie zur Gesundheit von Kindern und Jugendlichen in Deutschland« wurde vom Robert Koch-Institut erstellt. In verschiedenen Erhebungsphasen wurden bis zu 15 000 Kinder und Jugendliche erfasst. Die KiGGS-Studie ist sowohl eine Längs- als auch eine Querschnittsstudie.

Die KiGGS-Studie ist repräsentativ für Deutschland. Sie umfasst Flächenstaaten und die Situation in Großstädten. Ein Modul der KIGGS-Studie, die »Befragung zum seelischen Wohlbefinden und Verhalten« (Bella-Studie), analysiert explizit die psychische Gesundheit von Kindern und Jugendlichen. Im Rahmen dieses Moduls wurden die Eltern von 3- bis 17-Jährigen anhand des SDQ (Strengths and Difficulties Questionnaire) befragt. Dabei wurden vier Indikatoren für psychische Auffälligkeiten festgelegt:

- Emotionale Probleme
- Probleme mit Gleichaltrigen
- Verhaltensprobleme
- Hyperaktivität

Die Ergebnisse geben Auskunft über psychische Auffälligkeiten bei Kindern und Jugendlichen, sind aber keine klinischen Diagnosen. In der ersten Erhebung (2003–2006) zeigten 17,4 % Verhaltensauffälligkeiten. Davon waren 18,3 % emotionale Probleme, 29,9 % Verhaltensauffälligkeiten, 17,9 % Hyperaktivitätsprobleme und 21,2 % Probleme im Umgang mit Gleichaltrigen (Robert Koch-Institut, o. J.). In der zweiten Erhebung (2009–2012) stieg dieser Prozentsatz auf 20 % der 3- bis 17-Jährigen an. Jungen waren mit 23 % deutlich stärker betroffen als Mädchen (17 %) (Hölling et al., 2014). Die dritte Erhebung (2017–2018) ergab mit 17 % einen leichten Rückgang der Kinder und Jugendlichen mit psychischen Auffälligkeiten (Klipker et al., 2018).

Die häufigsten psychischen Erkrankungen bei Jungen und Mädchen

Die Kassenärztliche Bundesvereinigung (KBV) hat 2016 die Diagnosen aller behandelten Kinder und Jugendlichen mit psychischen Erkrankungen in Deutschland ausgewertet (N = 429 760) (► Tab. 10.1; ► Tab. 10.2).

Tab. 10.1: Die häufigsten psychischen Erkrankungen bei Jungen im Jahr 2016 (Quelle: Kassenärztliche Bundesvereinigung (KBV), zitiert nach Fegert, Kölch & Krüger, 2017, S. 34)

Kategorie (ICD-3-Steller)	ICD-Text	% Anteil männnlicher Patienten an allen männlichen Patienten bei KJPP
F90	Hyperkinetische Störungen	47,7 %
F93	Emotionale Störungen des Kindesalters	17,1 %
F43	Reaktionen auf schwere Belastungen und Anpassungsstörungen	15,5 %
F81	Umschriebene Entwicklungsstörungen schulischer Fertigkeiten	15,4 %
F98	Andere Verhaltens- und emotionale Störungen mit Beginn in der Kindheit und Jugend	10,5 %
F80	Umschriebene Entwicklungsstörungen des Sprechens und der Sprache	7,9 %
F82	Umschriebene Entwicklungsstörung der motorischen Funktionen	7,5 %
F83	Kombinierte umschriebene Entwicklungsstörungen	6,0 %
F92	Kombinierte Störung des Sozialverhaltens und der Emotionen	6,0 %
F91	Störungen des Sozialverhaltens	5,3 %

Tab. 10.2: Die häufigsten Erkrankungen bei Mädchen im Jahr 2016 (Quelle: Kassenärztliche Bundesvereinigung (KBV), zitiert nach Fegert, Kölch & Krüger, 2017, S. 34)

Kategorie (ICD-3-Steller)	ICD-Text	% Anteil weiblicher Patientinnen an allen weiblichen Patientinnen bei KJPP
F90	Hyperkinetische Störungen	23,3 %
F43	Reaktionen auf schwere Belastungen und Anpassungsstörungen	22,7 %
F93	Emotionale Störungen des Kindesalters	20,4 %
F81	Umschriebene Entwicklungsstörungen schulischer Fertigkeiten	13,4 %

Tab. 10.2: Die häufigsten Erkrankungen bei Mädchen im Jahr 2016 (Quelle: Kassenärztliche Bundesvereinigung (KBV), zitiert nach Fegert, Kölch & Krüger, 2017, S. 34) – Fortsetzung

Kategorie (ICD-3-Steller)	ICD-Text	% Anteil weiblicher Patientinnen an allen weiblichen Patientinnen bei KJPP
F32	Depressive Episode	9,8 %
F98	Andere Verhaltens- und emotionale Störungen mit Beginn in der Kindheit und Jugend	8,5 %
F80	Umschriebene Entwicklungsstörungen des Sprechens und der Sprache	4,8 %
F92	Kombinierte Störung des Sozialverhaltens und der Emotionen	4,4 %
F41	Andere Angststörungen	4,0 %
F83	Kombinierte umschriebene Entwicklungsstörungen	3,8 %

Es zeigt sich, dass Hyperkinetische Störungen (ADHS) der häufigste Behandlungsanlass sind und bei Jungen doppelt so häufig diagnostiziert werden, wie bei Mädchen. Motorische Unruhe, Konzentrations- und Aufmerksamkeitsprobleme stellen in der Schule einen wesentlichen Störfaktor beim Unterrichten und Lernen dar. Die KiGGS-Studie stellt hierzu fest, dass ADHS bei 6–8 % der Jungen und bei rund 2 % der Mädchen zu beobachten ist (Göbel et al., 2018).

Die BELLA-Teilauswertung ergab, dass nach Aussage der Eltern 11 % der Kinder und Jugendlichen klinisch bedeutsame Symptome für Depressionen, 11 % für Angst und 12 % für Störungen des Sozialverhaltens zeigten. In der Selbsteinschätzung der Kinder und Jugendlichen wurden deutlich höhere Werte bei depressiven Symptomen (16 %) und Angst (15 %) ermittelt. Mit zunehmendem Alter nimmt die Selbstregulierungsfähigkeit der Kinder zu, wodurch die Werte für ADHS und Störungen des Sozialverhaltens zurückgehen, internalisierende Symptome aber zunehmen (Klasen et al., 2016). Im Alter von 9–11 Jahren ist auffälliges Verhalten am häufigsten zu beobachten. Rund die Hälfte der Kinder werden mit zunehmendem Alter unauffällig, aber 12 % der unauffälligen werden auffällig (Baumgarten et al., 2018).

Psychische Störungen bei Kindern und Jugendlichen entwickeln und verstärken sich häufig an kritischen Entwicklungsschritten: Der Einschulung, dem Wechsel auf eine weiterführende Schule oder der beginnenden Pubertät.

10.4 Steigt die Häufigkeit psychischer Erkrankungen im Kinder- und Jugendalter?

Eine Metaanalyse empirischer Studien seit den 1950er Jahren zeigt, dass die Häufigkeit psychischer Erkrankungen bei Kindern und Jugendlichen je nach der Fragestellung der

Studie zwischen 10 % und 30 % schwankt. Der Mittelwert liegt bei rund 18 % und ist mit den Ergebnissen der KiGGS-Studie weitgehend deckungsgleich (Barkmann & Schultze-Markwort, 2007).

Eine Arbeitsgruppe um Steinhausen ermittelte durch die Metanalyse von 21 internationalen Studien eine Prävalenz von 22 %, andere Metaanalysen kommen zu einer weltweiten Prävalenz von 13,4 % in 27 Ländern. Steinhausen weist darauf hin, dass bei Fragebogenerhebungen in Großbritannien, den USA, den Niederlanden und in Finnland in den letzten 25 Jahren »keine Hinweise auf eine bedeutsame Zunahme von Verhaltensauffälligkeiten« zu beobachten sind (Steinhausen, 2019, S. 32–33). Die Ursachen für die massive Zunahme von Autismus-Spektrum-Störungen in den letzten Jahren sind unklar und u. U. auf Methodeneffekte zurückzuführen (Steinhausen, 2019).

Allerdings stieg die Zahl der Kinder und Jugendlichen, die stationär in kinder- und jugendpsychiatrischen Kliniken behandelt wurden, von 1991–2013 um 27 %, die Zahl der ambulant behandelten sogar um 43 % und damit doppelt so stark, wie die Behandlungsquote der Erwachsenen. Allein im Zeitraum von 2009–2014 nahm die Zahl der niedergelassenen Kinder- und Jugendpsychiater um 31 % zu (Fegert, 2017, S. 38 ff).

Dennoch stellte die Bella-Studie fest, dass nur 21 % der psychisch auffälligen Kinder und Jugendlichen therapeutisch oder psychiatrisch behandelt wurden (Klasen et al., 2017). Hier besteht noch immer ein großer Nachholbedarf.

Anderseits sind viele Verhaltensauffälligkeiten von Kindern und Jugendlichen primär pädagogische Aufgaben der Familien und der Schulen. Familien und Schulen brauchen flankierende Beratung und ein deutlich verbessertes Unterstützungssystem. Pädagogische Prävention und Interventionen können Kinder stabilisieren und eine Manifestierung und Chronifizierung von psychischen Störungen vermeiden helfen.

10.5 Familiäre Risikofaktoren

Vor allem das Zusammenleben in der Familie, die Lebensbedingungen und die Interaktionsprozesse können auffälliges Verhalten erzeugen, verstärken und psychische Krisen und Erkrankungen bei Kindern und Jugendlichen auslösen oder verursachen.

Kinder brauchen in der Familie emotionalen Halt, Wertschätzung und Orientierung. Wenn emotionale Zuwendung fehlt oder das Erziehungsverhalten der Eltern sehr wechselhaft ist, führt dies zu emotionalen Belastungen und Verunsicherungen – im Extremfall zu Bindungsstörungen.

Fehlen Grenzen in der Erziehung, wird es Kindern schwerfallen, sich in der Schule an Gruppennormen und Regeln zu halten. Teilweise sind Symptome von motorischer Unruhe, Aufmerksamkeits- und Konzentrationsstörungen auch auf regellose Erziehung zurückzuführen. Extensiver Medienkonsum ist eine weitere Ursache für das Ansteigen der ADHS-Symptomatik.

Ist die Erziehung sehr streng und autoritär, so haben Kinder nur wenig Entwicklungsmöglichkeiten; sie passen sich dem Druck an, entlasten sich aber häufig durch aggressives Verhalten in der Schule und leben die erfahrenen Frustrationen, Kränkungen und Vorbilder aggressiv aus.

Auch übermäßige Ängstlichkeit und Kontrollzwang eines Elternteils kann die Entwicklung eines Kindes deutlich einschränken und belasten. Zu hoher Erwartungs- und Leistungsdruck, der vor allem bei bildungsnahen

Eltern zu beobachten ist, können ein Kind emotional stark unter Druck setzen und – trotz guter oder durchschnittlicher Leistungen in der Schule – manifeste Versagens-, Leistungs- und Prüfungsängste auslösen (► Kap. II-12).

Eltern, die chronisch krank, stark behindert oder suchtkrank sind, können häufig ihre Kinder nicht ausreichend materiell und emotional versorgen. Die Kinder übernehmen dann Pflege- und Versorgungsaufgaben für ihre Eltern. Diese Parentifizierung kann Kinder frühzeitig in eine Erwachsenenrolle drängen, wichtige kindgerechte Entwicklungsschritte verhindern und sie emotional überfordern.

Ein zentraler Risikofaktor schließlich ist der sozioökonomische Status der Familie. Der Bildungsstand, der Berufsstatus und das Einkommen der Eltern dienen als Indikator. Kinder, die in engen Wohnverhältnissen aufwachsen oder wenig Anregung durch bildungsferne Eltern erhalten, haben ein doppelt so hohes Risiko, psychisch zu erkranken. In armen Familien wurden psychische Auffälligkeiten bei 31 % der Kinder beobachtet, in Familien mit einem hohen sozioökonomischen Status nur bei 16 % (Ravens-Sieberer et al., 2007; Lampert et al., 2014). Betrachtet man die Geschlechtsunterschiede, so entwickeln hier 37 % der Jungen Auffälligkeiten und 21 % der Mädchen (Hölling et al., 2014).

Die häufigsten Risikofaktoren für eine psychische Erkrankung im Kinder- und Jugendalter sind (Steinhausen, 2019; Wille, 2012):

- Chronische oder psychische Erkrankungen eines Elternteils
- Armut
- Alleinerziehende Eltern
- Geringe soziale Unterstützung im ersten Lebensjahr
- Eine frühe, unerwünschte Schwangerschaft der Mutter
- Familienkonflikte und Trennung der Eltern
- Stieffamilien

Wenn man berücksichtigt, dass die Scheidungsquote in Deutschland zwischen 40–50 % schwankt, dann wird deutlich, dass jährlich rund 140 000 Kinder und Jugendliche durch die Trennungskonflikte ihrer Eltern emotional stark belastet werden.

10.6 Schule als Risikofaktor

Häufig werden psychische Erkrankungen von Kindern und Jugendlichen erst in der Schule bemerkt, weil diese Schülerinnen und Schüler mit den Leistungs- und Verhaltensanforderungen ihrer Altersgruppe konfrontiert werden und deutliche Abweichungen sichtbar sind.

Der Unterricht und das soziale Miteinander in der Schule können einen Risikofaktor darstellen und psychische Störungen auslösen oder verstärken, wenn Kinder und Jugendliche mit *Lernschwierigkeiten*, wie z. B. Lese-Rechtschreibschwäche, Rechenschwäche, Konzentrationsproblemen oder einem Förderbedarf Lernen, über längere Zeiträume überfordert werden und diese Lernschwierigkeiten nicht erkannt oder ihnen keine ausreichende Förderung angeboten wird. Demotivierung, Selbstzweifel, ein geringer Selbstwert, manifeste Leistungs- und Prüfungsängste, depressive Episoden, psychosomatische Beschwerden und Schuldistanz können die Folge sein.

Rund 40 % der Schülerinnen und Schüler erleben häufig *Stress in der Schule*, der zu psychosomatischen Beschwerden führen kann. 50 % leiden unter Erschöpfung und Müdigkeit, 29 % unter Schlafstörungen, 20 % unter Kopfschmerzen und 18 % unter Rückenschmerzen. Mädchen erleben diese Stresssymptome deutlich häufiger als Jungen (DAK, 2018). Gerade leistungsstarke Schülerinnen und Schüler sind häufig einem besonderen Erwartungsdruck ihrer Eltern oder ihrer Lehrkräfte ausgesetzt, den sie verinnerlichen. Dieser *Erwartungs- und Leistungsdruck* kann Leistungs- und Versagensängste bis hin zu manifesten Prüfungsängsten erzeugen.

Auch die *Anpassung an Verhaltensregeln* in der Gruppe kann Kinder überfordern, wenn sie in der Herkunftsfamilie nicht gelernt haben, ihre Bedürfnisse und Impulse zu steuern, mit Frustrationen umzugehen oder schlicht abzuwarten und nicht im Mittelpunkt zu stehen.

Psychische Störungen können in der Schule auch durch *soziale Konflikte* mit Lehrkräften oder Mitschülern bzw. Mitschülerinnen ausgelöst oder verstärkt werden, wenn diese über einen längeren Zeitraum bestehen, wie bei Ausgrenzung und Mobbing. Sozialer Rückzug, soziale Kontaktängste, psychosomatische Beschwerden, Schuldistanz bis hin zu einer ausgeprägten Sozialphobie oder Suizidgedanken können die Folge sein.

Temporäre Krisen, die durch Familienkonflikte, die Trennung der Eltern, eine schwere Erkrankung oder den Tod eines Elternteils, die Pubertät oder durch Drogenkonsum ausgelöst werden, können durch schulische Sanktionen verschärft und chronifiziert werden. Wenn die haltgebenden Strukturen in der Familie in Frage gestellt werden oder zerbrechen, wenn durch Kiffen, Amphetamine, Alkoholexzesse o.Ä. Jugendliche in persönliche Krisen geraten, dann ist die Schule besonders gefordert, mit externer Beratung und Unterstützung pädagogisch sensible Angebote zu machen, die die Schülerinnen und Schüler unterstützen und ihnen helfen, die Lebenssituation zumindest in der Schule zu stabilisieren. Schulische Sanktionen, Schulverweise o.Ä. hingegen verstärken die Krise und können ein Abdriften in extensiven Substanzmissbrauch, Schuldistanz, Kriminalität u.v.a. auslösen.

10.7 Schule als Resilienzfaktor

Die Schule kann auch *der* stabilisierende Faktor im Leben von Kindern und Jugendlichen sein. Die sozialen Kontakte zu Lehrkräften, Erzieherinnen und Erziehern, Mitschülerinnen und Mitschülern bilden einen wichtigen Resilienzfaktor bei Risikogruppen.

Kinder von suchtkranken oder psychisch erkrankten Eltern finden oft in der Schule ein Gegenmodell zu den Lebensbedingungen und Interaktionserfahrungen in ihrer Familie. Kinder aus armen oder bildungsfernen Familien können in der Schule Lernmotivation entwickeln, sich Lernerfolge verschaffen und damit einen sozialen Aufstieg ermöglichen. Schließlich bietet die Schule Kindern und Jugendlichen mit Traumatisierungen durch Gewalterfahrungen oder Missbrauch in der Herkunftsfamilie sowie durch Fluchterfahrungen eine Alltagsstruktur, die ihnen Sicherheit und sozialen Halt geben kann.

Je weniger die Herkunftsfamilie haltgebende Beziehungen bietet, umso wichtiger wird die kompensatorische Funktion der Schule. Die Schulschließungen, während der Coronapandemie hatten zur Folge, dass vielen Kindern und Jugendlichen die stabilisierende Alltagsstruktur der Schule fehlte (Seifried, 2020). »Die Copsy-Studie zeigt, dass die Herausforderungen der Pandemie Lebensqualität und psychisches Wohlbefinden von Kindern und Jugendlichen verringern sowie das Risiko für psychische Auffälligkeiten erhöhen« (Ravens-Sieberer et al., 2020, S. 829).

Kinder und Jugendliche aus Risikofamilien können durch die Schule Selbständigkeit entwickeln und sich von krankmachenden Interaktionsmustern partiell lösen. Voraussetzung hierfür ist ein gutes Klassen- und Schulklima und eine positive Beziehung zu den Lehrkräften, die Anerkennung und Wertschätzung ermöglicht. Diese positiven, stützenden Beziehungen in der Schule und entsprechende Lernerfolge sind die wesentlichen Resilienzfaktoren.

10.8 Prävention von psychischen Erkrankungen in der Schule

Wenn rund 18 % der Schülerinnen und Schüler psychische Auffälligkeiten zeigen, brauchen die Schulen pädagogische Konzepte, um diese Kinder und Jugendlichen zu stabilisieren:

- Lerntherapeutische Angebote, die in den schulischen Tagesablauf integriert sind, können Kinder mit Lese-Rechtschreibschwäche, Rechenschwäche, Aufmerksamkeitsproblemen oder anderen Lernschwierigkeiten auffangen und die Entwicklung einer Sekundärsymptomatik verhindern (Huck & Schulz, 2017; ► Kap. II-7, ► Kap. II-8).
- Temporäre Lerngruppen für Schülerinnen und Schüler mit Verhaltensproblemen können ihnen helfen, ihr Verhalten zu reflektieren, erwünschtes Verhalten zu üben, Lernerfolge zu sammeln und positive soziale Beziehungen zu Mitschülerinnen und Mitschülern und Lehrkräften aufzubauen (► Kap. II-9).
- Regelmäßige Fallbesprechungen und Supervisionsgruppen durch Schulpsychologinnen und -psychologen helfen Lehrkräften und Erzieherinnen und Erziehern, die Ursachen für das Problemverhalten der Schülerinnen und Schüler zu verstehen, Übertragungs- und Gegenübertragungsprozesse zu reflektieren und gelassener mit Konflikten und Provokationen umzugehen. Gleichzeitig gilt es, die Autorität der pädagogischen Bezugspersonen zu stärken, wodurch sie Schülerinnen und Schülern mehr Halt und Orientierung geben und Grenzen setzen können.
- Bevor Sonderpädagoginnen und -pädagogen und Schulpsychologinnen und -psychologen eine kinder- und jugendpsychiatrische Diagnostik und Behandlung empfehlen, sollten sie überlegen, welche schulischen Unterstützungsangebote für diese Schülerinnen und Schüler möglich sind.

10.9 Die Förderung von Kindern und Jugendlichen mit psychischen Erkrankungen in der Schule

Kinder und Jugendliche mit psychischen Erkrankungen benötigen in der Familie und in der Schule das, was eigentlich alle benötigen:

- Stabile Beziehungen
- Akzeptanz und Wertschätzung
- Halt und Orientierung

- Erfolge
- Ziele und Perspektiven

Wenn die Familienbeziehungen labil oder konfliktbehaftet sind, ist auf die Beziehungsgestaltung in der Schule besonders zu achten. Dies ist an Grundschulen leichter möglich als in der Sekundarstufe mit vielen verschiedenen Fachlehrkräften. Für die Anfangszeit sollte daher eine feste Bezugsperson, eine Person des Vertrauens, bestimmt werden. Dies kann der Klassenlehrer, eine Fachlehrerin oder ein Schulsozialarbeiter sein.

Über psychisch erkrankte Schülerinnen und Schüler gibt es keine Statistik der Kultusministerkonferenz. Drei sonderpädagogische Förderschwerpunkte betreffen teilweise diese Schülerinnen und Schüler (▶ Kap. II-9):

- Der Förderbedarf »Emotionale und soziale Entwicklung« zielt auf Kinder und Jugendliche mit Auffälligkeiten im Verhalten und umfasst 1,3 % aller Schülerinnen und Schüler. Seit dem Jahr 2000 hat sich die Zahl der Schülerinnen und Schüler mit diesem Förderbedarf auf 95 000 mehr als verdoppelt (+174 %), obwohl die Schülerzahlen um 16 % sanken (KMK, 2020).
- Der Förderbedarf »Autismus« wird nur in wenigen Bundesländern statistisch erfasst. In Hamburg und Berlin z. B. stieg die Zahl der Schülerinnen und Schüler in den letzten 15 Jahren um das 16-fache.
- Der Förderbedarf »Chronische Erkrankungen« bietet für psychisch erkrankte Kinder und Jugendliche wichtige Fördermöglichkeiten, hat mit 0,1 % aller Schülerinnen und Schüler aber nur eine geringe quantitative Bedeutung.

Die dramatisch gestiegenen Zahlen von Kindern und Jugendlichen mit den Förderbedarfen »Emotionale und soziale Entwicklung« sowie »Autismus« zeigen, in welchem Ausmaß Schulen mit auffälligem Verhalten konfrontiert sind. Diese Zunahme von auffälligem Verhalten steht im Widerspruch zu der Aussage, dass im klinischen Sinne psychische Erkrankungen in den letzten Jahrzehnten *nicht* zugenommen haben (Barkmann & Schultze-Markwort, 2007; Steinhausen, 2019). Zu vermuten ist, dass diese Entwicklung vor allem auf Konflikte und Erziehungsprobleme in den Familien und in den Schulen zurückzuführen ist. Verhaltensauffälligkeiten sollten nicht mit einer psychischen Erkrankung gleichgesetzt und psychiatrisiert werden.

Fassen wir die drei sonderpädagogischen Förderschwerpunkte zusammen, die teilweise psychisch erkrankten Schülerinnen und Schülern eine zusätzliche Unterstützung ermöglichen, so sind das nach KMK-Statistik 1,4 % aller Schülerinnen und Schüler (KMK, 2020). Psychisch auffällig sind aber rund 18–20 %, im klinischen Sinne behandlungsbedürftig 6 %. Hier zeigt sich eine massive Unterversorgung psychisch erkrankter Kinder und Jugendlicher in der Schule.

Gezielte schulische Angebote für psychisch erkrankte Kinder und Jugendliche gibt es nur in den Klinikschulen während der stationären Behandlung. Nach der Entlassung ist es Aufgabe der Herkunftsschule, ein pädagogisches Konzept für die Wiedereingliederung und Stabilisierung der Schülerinnen und Schüler zu entwickeln. Eine Absprache über einen notwendigen Nachteilsausgleich und die therapeutischen und pädagogischen Ziele zwischen der Klinik und der Schule sind hier besonders wichtig.

10.10 Aufgaben der Schulpsychologie

Hier beginnt die Aufgabe der Schulpsychologie. Es ist wichtig, regelmäßige Fallkonferenzen mit der zuständigen kinder- und jugendpsychiatrischen Versorgungsklinik bereits vor der Entlassung durchzuführen, um den Stand der Behandlung, zentrale Therapieziele und ärztlich-therapeutische Empfehlungen zur Nachsorge und Wiedereingliederung zu kennen. Schulpsychologinnen und Schulpsychologen können so ein Bindeglied, eine Schnittstelle zwischen der Kinder- und Jugendpsychiatrie und der Schule sein. Nicht alle therapeutischen Empfehlungen im Arztbrief sind realistisch und im Alltag der Schule umzusetzen. Andrerseits haben Schulpsychologinnen und Schulpsychologen die Möglichkeit, den Arztbrief für Eltern und Lehrkräfte in pädagogisches Handeln und notwendige Maßnahmen zum Nachteilsausgleich zu »übersetzen«.

Die Fallkonferenzen sollten in enger Kooperation zwischen der zuständigen Schulpsychologie und der kinder- und jugendpsychiatrischen Klinik organisiert werden. Hierbei ist eine Vertrauensbasis zwischen Eltern und Schule notwendig, damit die Klinik von der Schweigepflicht entbunden werden kann und ein gegenseitiger Informationsaustausch zwischen Eltern, Schule, behandelnden Ärzten und Therapeuten möglich wird.

Ohne solch ein Fallmanagement durch die Schulpsychologie kann ein »Drehtüreffekt« entstehen, d. h. die Kinder und Jugendlichen scheitern nach kurzer Zeit an den unveränderten familiären oder schulischen Bedingungen, die Symptomatik verstärkt sich wieder und eine erneute Einweisung in die Klinik wird notwendig.

10.11 Wie kann die Inklusion von Schülerinnen und Schülern mit psychischen Erkrankungen gelingen?

In den letzten Jahren wurde viel über Inklusion gesprochen. Dabei richtete sich der Blick vor allem auf Schülerinnen und Schüler mit sonderpädagogischem Förderbedarf. Dieser Anteil liegt im Bundesdurchschnitt bei rund 7 %. Die KiGGS-Studie hatte gezeigt, dass der Anteil von Schülerinnen und Schülern mit psychischen Auffälligkeiten bei rund 18 %, der Anteil derjenigen, die eine ambulante oder stationäre Behandlung benötigen, bei 6 % liegt. Damit haben psychische Erkrankungen in der Schule eine mindestens ebenso große Bedeutung wie die sonderpädagogischen Förderbedarfe insgesamt. Die Schulen brauchen daher pädagogische Konzepte für die Stabilisierung und Wiedereingliederung dieser Schülerinnen und Schüler.

Ein erster Schritt könnten Kooperationsverträge zwischen der Schulaufsicht, dem Jugendamt, der Schulpsychologie und der Kinder- und jugendpsychiatrischen Versorgungsklinik sein. Regelmäßige Konsultationen, Fortbildungen und Fallkonferenzen können diese Kooperationen mit Leben erfüllen.

Schulpsychologinnen und -psychologen oder Ambulanzlehrkräfte sollten ein verbindliches Fallmanagement übernehmen, um Kinder und Jugendliche, die stationär in einer Klinik behandelt wurden, wieder in die Schule zu integrieren. Dabei muss man drei verschiedene Zielgruppen unterscheiden, die verschiedene Unterstützungsmaßnahmen in der Schule benötigen:

- Schülerinnen und Schüler, die in der Schule verbleiben. Eine ambulante psychotherapeutische oder kinder- und jugendpsychiatrische Behandlung findet begleitend statt.
- Schülerinnen und Schüler, die nach einer stationären Behandlung in der Kinder- und Jugendpsychiatrie in die Regelschule reintegriert werden sollen. Nachteilsausgleich muss geprüft werden.
- Schülerinnen und Schüler, die nach einer stationären Behandlung nicht sofort oder nicht mehr in die Regelschule reintegriert werden können. Die Stabilisierung im Einzelunterricht oder in einer Kleingruppe für einige Monate oder dauerhaft in einem Schulersatzprojekt, in einer therapeutischen Jugendhilfemaßnahme o.Ä. ist erforderlich.

Allen gemeinsam ist, dass ein fachbereichsübergreifender, komplexer Hilfebedarf besteht und abgestimmte Hilfen von verschiedenen Professionen (Schule, Sonderpädagogik, Schulpsychologie, Jugendhilfe, Psychotherapie, Medizin, Kinder- und Jugendpsychiatrie) erforderlich sind. Ein Fallmanagement ist notwendig, um bereits vor der Entlassung aus der Klinik notwendige Unterstützungsmaßnahmen abzustimmen und einzuleiten.

Das Schaubild zeigt, welche Maßnahmen für eine erfolgreiche Betreuung und Unterstützung von psychisch erkrankten Kindern und Jugendlichen in der Schule notwendig sind (▶ Abb. 10.2):

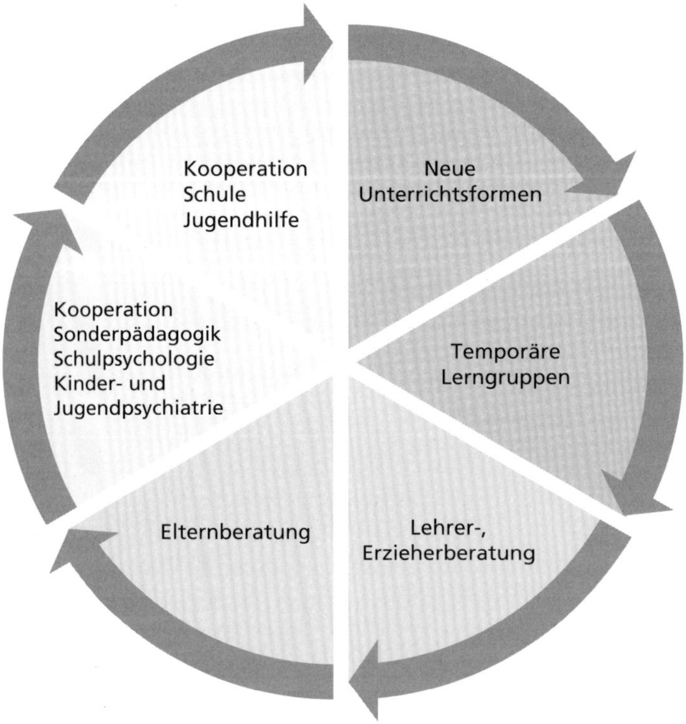

Abb. 10.2: Maßnahmen für eine erfolgreiche Betreuung und Unterstützung von psychisch erkrankten Kindern und Jugendlichen in der Schule

- Flexible, auf den individuellen Bedarf abgestimmte, temporäre Unterrichtsangebote vom Einzel- bis zum Kleingruppenunterricht ermöglichen eine schrittweise Stabilisierung und Reintegration. Die Schulleitung benötigt hierfür den Zugriff auf das Stundenkontingent für Hausunterricht.
- Eine intensive Beratung und Fallsupervision der Lehrkräfte, Erzieherinnen und Sozialpädagogen durch die Schulpsychologie ist ebenso notwendig wie eine intensive Elternberatung.
- Dies ist jedoch nur möglich, wenn die Schule eng mit der Schulpsychologie, der Sonderpädagogik, Kliniken, behandelnden Ärzten und Therapeutinnen, dem Sozialpädiatrischen Zentrum oder der Jugendhilfe kooperiert.

10.12 Nachteilsausgleich und Förderpläne

Analog zur sonderpädagogischen Förderplanung benötigen psychisch erkrankte Schülerinnen und Schüler einen Nachteilsausgleich und eine abgestimmte pädagogische Förderung, um schrittweise ihre Teilhabe zu verbessern. Die Kultusministerkonferenz hatte bereits 1998 entsprechende »Empfehlungen zum Förderschwerpunkt Unterricht kranker Schülerinnen und Schüler« verabschiedet (KMK, 1998). Hier wird zwischen »besonderem pädagogischem Förderbedarf« bei langandauernden oder wiederkehrenden Erkrankungen und »Sonderpädagogischem Förderbedarf« unterschieden, wenn Kinder und Jugendliche mit der Erkrankung leben lernen müssen. Viele Bundesländer haben in den letzten Jahren zum Förderbedarf »Chronische Erkrankungen« Handlungsanweisungen erarbeitet, die es ermöglichen, psychisch erkrankten Schülerinnen und Schülern einen entsprechenden Nachteilsausgleich zu gewähren.[1] Folgender Nachteilsausgleich ist möglich:

- Reduzierte Hausaufgaben und besondere Arbeitsmittel
- Schriftliche Arbeiten statt mündlicher Mitarbeit
- Gewichtungsänderung von schriftlicher und mündlicher Mitarbeit
- Reduktion der Aufgabenmenge bei Arbeiten
- Individuelle Zeitverlängerung
- Selbstbestimmte Pausen, Bewegungs- und Ruhepausen
- Befreiung von einzelnen Fächern
- Verzicht auf Nachschreiben
- Versetzung auf Probe
- Verlängerte Schulzeit
- Persönliche Unterrichtsbegleitung

Diese Maßnahmen sollten individuell auf das jeweilige Krankheitsbild abgestimmt und in einem Förderplan festgeschrieben werden. Sie dienen dem Ziel einer schrittweisen Reintegration in den Regelunterricht oder der Inklusion bei einer dauerhaften psychischen Erkrankung. Die Vergleichbarkeit von Leis-

1 Handreichung Nachteilsausgleich, Hamburg (2013); Nachteilsausgleich für chronisch kranke Schülerinnen und Schüler, Brandenburg (2014); Nachteilsausgleich bei Krankheit, Berlin (2015); Chronische Erkrankungen bei Kindern und Jugendlichen, Baden-Württemberg (2016); Individuelle Unterstützung, Nachteilsausgleich, Notenschutz, Bayern (2017); Nachteilsausgleich richtig anwenden, Sachsen-Anhalt (2017).

tungen und die Regelungen von Prüfungsordnungen (Mittlerer Schulabschluss, Abitur) müssen aber gewährleistet werden.

Wichtig ist, dass alle Lehrkräfte, die die Schülerin, den Schüler unterrichten, diesen Nachteilsausgleich mittragen.

Eine aktuelle fachärztliche oder psychotherapeutische Diagnose mit entsprechender Empfehlung muss vorliegen. Die Schulaufsicht entscheidet über den Nachteilsausgleich. Der Schulpsychologie kommt hierbei die wichtige Rolle zu, Lehrkräfte und Schulleitungen über die Möglichkeiten eines Nachteilsausgleichs zu informieren, zu beraten und so die Inklusion von psychisch erkrankten Schülerinnen und Schülern zu unterstützen.

10.13 Kleinklassen mit Tagesgruppenplätzen

Für Kinder und Jugendliche, die nach einem stationären Aufenthalt in der Klinik eine weitere Stabilisierung, eine »Rehamaßnahme« benötigen, können in Kooperation mit dem Jugendamt Hilfen zur Erziehung vereinbart werden, um schulübergreifend Kleinklassen mit Tagesgruppenplätzen einzurichten.

In kleinen Gruppen mit max. sechs Schülerinnen und Schülern wird durch Lehrkräfte Unterricht erteilt, der individuell auf den Leistungsstand und die Belastungsfähigkeit der Schülerinnen und Schüler abgestimmt ist. Ergänzend werden sie durch Erzieherinnen, Sozialpädagogen und Psychologinnen betreut. Zentrale Ziele sind die Alltags-, Gruppen- und Belastungsfähigkeit schrittweise zu steigern. Durch regelmäßige Elterngespräche wird auch das Familiensystem in die Beratung einbezogen. Ziel ist die Reintegration in die Regelschule nach max. einem Jahr. Die Rückführung wird von pädagogischen Fachkräften vorbereitet und begleitet. Positive Beispiele sind Rückenwind, Berlin (https://www.jugendwohnen-berlin.de/teilstationaere-hilfen/rueckenwind-kleinklassen-mit-tagesgruppenplaetzen/) und das ReBBZ, Hamburg-Bergedorf (https://rebbz-bergedorf.hamburg.de) (vgl. auch Senatsverwaltung für Bildung, Jugend und Familie, 2016).

10.14 Fazit

Die Anzahl von Schülerinnen und Schülern mit auffälligem Verhalten in der Schule stieg in den letzten Jahren massiv an. Entsprechend nahmen auch die kinder- und jugendpsychiatrischen Behandlungen zu. Dennoch ist festzustellen, dass der Anteil von psychisch erkrankten Kindern und Jugendlichen in den letzten Jahrzehnten nicht anstieg. Dies belegen auch internationale Vergleichsstudien.

Die Inklusion von Schülerinnen und Schülern mit psychischen Erkrankungen stellt große Anforderungen an die Schulen und erfordert ein multiprofessionelles Fallmanagement zwischen den Fachdiensten, die Abstimmung von pädagogischen und therapeutischen Maßnahmen sowie die Unterstützung und Beratung der Schulen durch die Schulpsychologie. Eine enge Zusammenarbeit zwischen Schule, Jugendhilfe und Kinder- und Jugendpsychiatrie ist hierbei notwendig. In Schulhilfekonferenzen sollten notwendige Maßnahmen zum Nachteilsausgleich abgestimmt und in Förderplänen dokumentiert werden. Bei Bedarf brauchen die Schulen Ressourcen, um temporäre Kleingruppen oder Einzelunterricht anbieten zu können. Auch der Einsatz von Schulhelferinnen/Schulassistenten ist erforderlich.

Literatur

Barkmann, C. & Schultze-Markwort, M. (2007). Psychische Störungen im Kindes- und Jugendalter. Epidemiologie und Diagnostik. *Monatszeitschrift für Kinderheilkunde, 155*, 906–914.

Baumgarten, F. et al. (2018). Der Verlauf psychischer Auffälligkeiten bei Kindern und Jugendlichen – Ergebnisse der KiGGS-Kohorte. *Journal of Health Monitoring, 3*(1), 60–64.

DAK – Deutsche Angestellten Krankenkasse (2018). *Ergebnisse des DAK-Präventionsradars 2017*. Zugriff am 21.05.2021 unter https://www.profiling-institut.de/dak-praeventionsradar-2017/

Dilling, H. et al. (2015). *Internationale Klassifikation psychischer Störungen: ICD–10 Kapitel V (F) – Klinisch–diagnostische Leitlinien*. Hogrefe.

Erhardt, M. et al. (2007). Der Kinder- und Jugendgesundheitssurvey (KiGGS): Risiken und Ressourcen für die psychische Entwicklung von Kindern und Jugendlichen. *Bundesgesundheitsblatt, 50*, 800–809.

Fegert, J., Kölch, M. & Krüger, U. (2017). *Versorgung psychisch kranker Kinder und Jugendlicher in Deutschland – Bestandsaufnahme und Bedarfsanalyse. Projektbericht*. Zugriff am 21.05.2021 unter www.apk-ev.de/fileadmin/downloads/Fegert_11_04_2018.pdf

Göbel, K. et al. (2018). ADHS bei Kindern und Jugendlichen in Deutschland – Querschnittergebnisse aus KiGGS Welle 2 und Trends. *Journal of Health Monitoring, 3*(3), 46–52.

Goodman, R. (1997). The Strengths and Difficulties Questionnaire: a research note. *J Child Psychol Psychiatry, 38*(5), 581–586.

Hölling, H. et al. (2012). Die KiGGS-Studie – Bundesweit repräsentative Längs- und Querschnittstudie zur Gesundheit von Kindern und Jugendlichen im Rahmen des Gesundheitsmonitorings am Robert Koch-Institut. *Bundesgesundheitsblatt, 55*, 836–842.

Hölling, H. et al. (2014). Psychische Auffälligkeiten und psychosoziale Beeinträchtigungen bei Kindern und Jugendlichen im Alter von 3 bis 17 Jahren in Deutschland. *Bundesgesundheitsblatt, 57*, 807–819.

Huck, L. & Schulz, A. (Hrsg.) (2017). *Lerntherapie und inklusive Schule*. Dudenverlag.

Klasen, F. et al. (2016). Verlauf psychischer Auffälligkeiten von Kindern und Jugendlichen. Ergebnisse der BELLA-Studie. *Kindheit und Entwicklung, 25*(1), 10–20.

Klasen, F. et al. (2017). Psychische Auffälligkeiten von Kindern und Jugendlichen in Deutschland. Ergebnisse der BELLA-Studie. *Monatsschrift Kinderheilkunde, 165*, 402–407.

Klipker, K. et al. (2018). Psychische Auffälligkeiten bei Kindern und Jugendlichen in Deutschland – Querschnittsergebnisse aus KIGGS Welle 2 und Trends. *Journal of Health Monitoring, 3*(3), 37–44.

KMK (Kultusministerkonferenz) (1998). *Empfehlungen zum Unterricht kranker Schülerinnen und Schüler*. Zugriff am 24.06.2021 unter www.kmk.org/fileadmin/Dateien/pdf/PresseUndAktuelles/Beschluesse_Veroeffentlichungen/allg_Schulwesen/kranke.pdf

KMK (Kultusministerkonferenz) (2020). *Sonderpädagogische Förderung an Schulen 2009-2018*. Zugriff am 24.06.2021 unter www.kmk.org/dokumentation-statistik/statistik/schulstatistik/sonderpaedagogische-foerderung-an-schulen.html

Lampert, T. et al. (2014). Messung des sozioökonomischen Status in der KiGGS-Studie. Erste Folgebefragung (KiGGS Welle 1). *Bundesgesundheitsblatt, 57*, 762–770.

Petermann, F. (2005). Zur Epidemiologie psychischer Störungen im Kindes- und Jugendalter. Eine Bestandsaufnahme. *Kindheit und Entwicklung, 14*(1), 48–57.

Petermann, U., Petermann, F., Schmidt, M. H. & Stephani, U. (2016). Psychische Gesundheit. Ergebnisse der BELLA-Kohortenstudie. *Kindheit und Entwicklung. Zeitschrift für Klinische Kinderpsychologie, 25*(1, Themenheft).

Ravens-Sieberer, U., Wille, N., Bettge, S. & Erhart, M. (2007). Psychische Gesundheit von Kindern und Jugendlichen in Deutschland. Ergebnisse der BELLA-Studie im Kinder- und Jugendgesundheitssurvey (KiGGS). *Bundesgesundheitsblatt – Gesundheitsforschung – Gesundheitsschutz, 50*(5–6), 871–878.

Ravens-Sieberer, U. et al. (2020). Psychische Gesundheit und Lebensqualität von Kindern und Jugendlichen während der COVID-19-Pandemie – Ergebnisse der COPSY-Studie. *Deutsches Ärzteblatt, 117*(48), 828–829.

Remschmidt, H. & Schmidt, M. (2017). *Multiaxiales Klassifikationsschema für psychische Störungen des Kindes- und Jugendalters nach ICD-10.* Göttingen: Hogrefe.

Robert Koch-Institut (o. J.). *KiGGs – Studie zur Gesundheit von Kindern und Jugendlichen in Deutschland.* Zugriff am 25.05.2021 unter www.kiggs-studie.de/deutsch/home.html

Seifried, K. (2015). Auf dem Weg zur inklusiven Schule – Nachteilsausgleich für Schülerinnen und Schüler mit psychischen Erkrankungen. *Praxis Schulpsychologie, 4/2015.* Deutscher Psychologenverlag.

Seifried, K. (2017). Inklusion – Schülerinnen und Schüler mit psychischen Erkrankungen. *Schulleitung heute, 12*/2017. Wolters-Kluwer Verlag.

Seifried, K. (2019). Kinder und Jugendliche mit psychischen Erkrankungen. Eine Aufgabe der inklusiven Schule. *Schule inklusiv, 2/2019*, 33–34.

Seifried, K. (2020). Corona und die Folgen. *Praxis Schulpsychologie, 25.* Deutscher Psychologenverlag.

Senatsverwaltung für Bildung, Jugend und Familie, Berlin (2016). *Ergebnispapier Schülerinnen und Schüler mit Förderbedarf in der emotionalen und sozialen Entwicklung und mit psychosozialem Entwicklungsbedarf in der inklusiven Schule.* Zugriff am 25.05.2021 unter www.berlin.de/sen/bildung/schule/foerderung/sonderpaedagogische-foerderung/

Steinhausen, H.-C. (2019). *Psychische Störungen bei Kindern und Jugendlichen* (9. Aufl.). Amsterdam: Elsevier.

Wille, N. (2012). *Die Epidemiologie psychischer Auffälligkeiten bei Jugendlichen im Ländervergleich: Implikationen für eine europäische Präventionsstrategie.* Dissertation FU Berlin.

World Health Organization (Hrsg). (2017). *ICF-CY. Internationale Klassifikation der Funktionsfähigkeit, Behinderung und Gesundheit bei Kindern und Jugendlichen.* Göttingen: Hogrefe.

11 Psychologische Interventionsprogramme in der Schule

Gerhard Büttner

11.1 Einführung

Zu den schulpsychologischen Aufgaben zählt die Förderung von Schülerinnen und Schülern sowohl im Lern- und Leistungsbereich als auch im sozial-emotionalen Bereich. In den folgenden Abschnitten werden theoretisch fundierte Förderprogramme für den kognitiven und den sozial-emotionalen Bereich vorgestellt, die aus dem deutschen Sprachraum stammen und für den schulischen Gebrauch unmittelbar zugänglich und empirisch evaluiert sind. Aus Platzgründen wird nur eine Auswahl an Förderprogrammen berücksichtigt.

11.2 Förderung kognitiver Fähigkeiten

Interventionsansätze im Lern- und Leistungsbereich lassen sich nach dem Grad ihrer Domänenspezifität unterscheiden. Domänen*übergreifende* Ansätze haben zum Ziel, kognitive Kompetenzen zu trainieren, die in verschiedenen schulischen Bereichen leistungsförderlich wirksam werden. In diese Rubrik fallen Intelligenz und Arbeitsgedächtnis. Domänen*spezifische* Ansätze zielen demgegenüber darauf ab, Kompetenzen in einem umschriebenen schulischen Leistungsbereich zu fördern. Einschlägige Trainingsprogramme liegen für den Schriftsprachbereich und den mathematischen Bereich vor.

11.2.1 Domänenübergreifende Interventionsprogramme

Förderung der Intelligenz

Als eine wesentliche Grundlage fluider Intelligenz wird das *induktive Denken* angesehen. Unter induktivem Denken wird die Fähigkeit verstanden, auf der Basis von Einzelfällen allgemeine Regelhaftigkeiten und Gesetzmäßigkeiten zu erkennen. Induktives Denken ist auch für schulische Bereiche (z. B. Sprachen, Mathematik, Naturwissenschaften) von Bedeutung. Zur Förderung des induktiven Denkens wurde von Klauer bereits Ende der 1980er/Anfang der 1990er Jahre ein Trainingsansatz entwickelt, der für den Primar- und den Sekundarbereich geeignet ist. Das Training kann als kompensatorische Maßnahme bei Kindern und Jugendlichen mit intellektuellen und allgemeinen Lernbeeinträchtigungen und als Enrichment-Programm bei normal- und hochbegabten Kindern eingesetzt werden.

Die Aufgabenstellungen des Denktrainings erfordern ein systematisches Vergleichen und Analysieren von Objekten unter der Fragestellung, ob sie Gemeinsamkeiten und Unterschiede aufweisen. Bei den drei Aufgabenklassen *Generalisierung*, *Diskrimination* und *Kreuzklassifikation* steht der Vergleich von Merkmalen im Vordergrund, während die drei Aufgabenklassen *Beziehungserfassung*, *Beziehungsunterscheidung* und *Systembildung* den Vergleich von Relationen erfordern.

Zum Denktraining von Klauer sind mehr als hundert Evaluationsstudien (mit mehr als 4 600 Kindern) bekannt. Die Befunde einer Meta-Analyse zeigen, dass der durchschnittliche Trainingsgewinn 9 IQ-Punkte betrug. Die Trainingseffekte erwiesen sich auch nach einem Zeitraum von fünf Monaten als nachhaltig und stabil. Darüber hinaus ließ sich ein positiver Transfer auf schulische Leistungen nachweisen (Klauer, 2014).

Für das Grundschulalter wurde eine Adaptation des Denktrainings als Computerspiel entwickelt (*Denkspiele mit Elfe und Mathis*; Lenhard, Lenhard & Klauer, 2020). Das Programm umfasst 20 Trainingseinheiten und kann in Kleingruppen mit bis zu fünf Kindern durchgeführt werden. Die Wirksamkeit des Programms wurde in zwei Studien bei Grundschulkindern mit und ohne sonderpädagogischen Förderbedarf nachgewiesen. Unmittelbar nach Trainingsende waren mittlere bis große Trainingsgewinne zu verzeichnen. Von dem Training profitierten in beiden Studien insbesondere leistungsschwächere Kinder. Befunde zu Langzeit- und zu Transfereffekten der computerbasierten Denkspiele liegen bisher nicht vor.

Tiedemann et al. (2008) entwickelten für den regulären Unterricht eine Variante des Denktrainings, die in dritten und vierten Klassen Grundschule im Klassenverband eingesetzt werden kann. In der adaptierten Version ist das Spektrum der Aufgabenklassen reduziert. Aufgaben zur *Systembildung* sind nicht enthalten. Die unterrichtsintegrierte Förderung des induktiven Denkens wurde in einer fünfwöchigen Evaluationsstudie überprüft. Unmittelbar nach Ende der Fördermaßnahme ließ sich ein kleiner Effekt (Effektstärke $d = .30$) auf trainingsnahe Intelligenzaufgaben nachweisen. Studien zu weiten Transfer- und längerfristigen Trainingseffekten sind bisher nicht durchgeführt worden.

Förderung des Arbeitsgedächtnisses

Das Arbeitsgedächtnis dient der temporären Speicherung und simultanen Verarbeitung von Information (z. B. beim Lesen oder beim Rechnen). Im weithin anerkannten Arbeitsgedächtnismodell von Baddeley (2007) wird eine übergeordnete Steuerungsinstanz (Zentrale Exekutive) von zwei Subsystemen unterschieden, die zur Verarbeitung von verbaler Information (Phonologische Schleife) und visuell-räumlicher Information (Visuellräumlicher Notizblock) dienen. Das Arbeitsgedächtnis weist vielfältige Beziehungen zu Störungen schulischer Fertigkeiten im Lesen, Rechtschreiben und Rechnen auf.

Unter der Bezeichnung *BrainTwister2* wurde eine Sammlung kognitiver Trainingsaufgaben veröffentlicht, in die auch ein computerbasiertes Training des Arbeitsgedächtnisses eingebunden ist (Studer et al., 2010). Die Aufgabenstellungen zum Arbeitsgedächtnis trainieren bevorzugt die Zentrale Exekutive und den Visuell-räumlichen Notizblock. Die Aufgaben eignen sich für Kinder ab sieben/acht Jahren. In Abhängigkeit vom Alter werden Übungszeiten von zwei mal sechs Minuten bis zu 20 Minuten pro Tag empfohlen. Nachhaltige Effekte werden erst bei einer Trainingsdauer von mindestens drei Wochen erwartet.

In einer Evaluationsstudie wurde bei Dritt- und Viertklässlern unmittelbar nach der Intervention in Aufgaben zur Zentralen Exekutive starke spezifische Trainingseffekte gefunden. Darüber hinaus verbesserten sich Leistungen im Lesen (sowohl von Wörtern als auch von einer kurzen Geschichte) signifikant (Transfereffekte). Langfristige Effekte wurden nicht erfasst. In einer Studie mit Kindern im Grundschulalter, die extrem frühgeboren waren, wurden sowohl unmittelbar nach Ende der Intervention als auch nach einem halben Jahr trainingsnahe Verbesserungen im Arbeitsgedächtnis nachgewiesen. Transfereffekte konnten nicht gefunden werden.

11.2.2 Domänenspezifische Interventionsprogramme

Förderung von Lese- und Rechtschreibfertigkeiten

Im Bereich *Lesen und Rechtschreiben* liegt eine größere Anzahl von Förderprogrammen vor, die mit der Zielsetzung entwickelt worden sind, Lese-Rechtschreibschwierigkeiten entgegenzuwirken. Einen Überblick über aktuelle evidenzbasierte Programme geben Huemer et al., (2019). Die vorhandenen Programme unterscheiden sich in ihren Zielsetzungen. Sie richten sich entweder auf die Prävention von Lese-Rechtschreibschwierigkeiten, auf die Verbesserung der Leseleistung, auf die Verbesserung der Rechtschreibleistung oder auf die Verbesserung der Lese- *und* Rechtschreibleistung.

Prävention. Präventionsprogramme konzentrieren sich insbesondere auf die Förderung von phonologischer Bewusstheit, die als eine bedeutsame Vorläuferfertigkeit von Lese-Rechtschreibleistungen gilt. Unter phonologischer Bewusstheit wird die Fähigkeit verstanden, lautliche Einheiten gesprochener Sprache (Laute in Silben oder Silben in Wörtern) zu erkennen und zu manipulieren.

Das Programm *Leichter lesen und schreiben lernen mit der Hexe Susi* (Forster & Martschinke, 2019) knüpft an das Diagnoseprogramm *Rundgang durch Hörhausen* (Frank, Kirschhock & Martschinke, 2019) an, das der Erfassung phonologischer Bewusstheit dient, und kann bei Schulanfängern mit der ganzen Klasse im Deutschunterricht oder in Einzelarbeit zur individuellen Förderung von Risikokindern eingesetzt werden. Die Durchführung dauert 16 Wochen. Das Programm zielt darauf ab, die Sensitivität für einzelne Laute (Phoneme) und für Silben zu erhöhen und die Zuordnung von Phonemen zu Graphemen (Buchstaben oder Buchstabengruppen, die in der Schriftsprache ein Phonem repräsentieren) zu trainieren. Das Förderprogramm hat sich als bereichsspezifisch wirksam erwiesen. Kurzfristig profitierten insbesondere Kinder mit schwachen Ausgangsleistungen in phonologischer Bewusstheit von dem Training. Längerfristig gesehen (zum Ende der 2. Klasse) wirkte sich das Training unabhängig von den Ausgangsleistungen positiv auf Lesegeschwindigkeit und Leseverständnis aus.

Leseleistung. Förderprogramme, die auf die Verbesserung der Leseleistung abzielen, können darauf ausgerichtet sein, die Leseflüssigkeit, die Lesegenauigkeit und/oder das Leseverständnis zu fördern. Im Grundschulbereich liegt der Schwerpunkt einer Förderung eher auf Leseflüssigkeit und Lesegenauigkeit. Für ältere Kinder und für Jugendliche wurden Programme entwickelt, die auf die Verbesserung des Leseverständnisses abzielen.

Auf der Basis des Grundwortschatzes von Sechs- bis Zwölfjährigen wurde das Trainingsprogramm *Lesen lernen mit Willy Wortbär* (Müller, Richter & Otterbein-Gutsche, 2020) entwickelt. Es hat zum Ziel, bei Schülerinnen und Schülern mit schwachen Leseleistungen aus zweiten, dritten und vierten Klassen Grundschule die *Leseflüssigkeit* zu fördern, indem mit Hilfe von silbenbasierten Übungen systematisch das automatisierte Erkennen von Wortsilben trainiert wird. Das Übungsmaterial setzt sich aus den 500 häufigsten Schreibsilben des kindlichen deutschen Grundwortschatzes zusammen. Durch das wiederholte Lesen dieser Silben in unterschiedlichen Kombinationen soll die Fähigkeit trainiert werden, in Wortgebilden Silben automatisiert erkennen zu können und damit die Lesegeschwindigkeit und Lesegenauigkeit zu steigern. Das Training liegt in zwei Versionen (für die zweite und für die letzten beiden Grundschulklassen) vor. Beide Versionen sind so konzipiert, dass die Übungen in Kleingruppen von vier bis sechs Kindern stattfinden. In Evaluationsstudien profitierten von dem Training insbesondere leseschwache Zweitklässlerinnen und Zweitklässler, bei denen sich Geschwindigkeit und Genauigkeit der Wortleseprozesse bedeutsam verbesserten.

Das computerbasierte Programm *conText* (Lenhard et al., 2020) richtet sich an Schülerinnen und Schüler aus der Sekundarstufe I und II und hat zum Ziel, *Leseverständnis* zu verbessern. *conText* enthält aus drei Themenbereichen 20 Sachtexte verschiedener Schwierigkeitsgrade, die schriftlich am Computer zusammengefasst werden sollen. Die Zusammenfassungen werden automatisch analysiert und danach erfolgen unmittelbar Rückmeldungen über Redundanzen oder über unzureichend aufgegriffene Aspekte des Ursprungstextes. Auf der Grundlage der Rückmeldungen kann ein erneuter Versuch zur Zusammenfassung des Textes unternommen werden. Das zyklische Vorgehen soll gewährleisten, dass eine intensive Auseinandersetzung mit den Texten stattfindet. In einer Evaluationsstudie mit Schülerinnen und Schülern der 6. Klasse Hauptschule konnte ein mittlerer Trainingseffekt im Leseverständnis nachgewiesen werden. Darüber hinaus hatte das Training Auswirkungen auf das Lesestrategiewissen und die Leseflüssigkeit.

Rechtschreibleistung. Auf die Steigerung der Rechtschreibkompetenz von Viert- bis Achtklässlern ist das computerbasierte Programm *MORPHEUS* (Kargl & Purgstaller, 2010) ausgerichtet. Es setzt voraus, dass die Phonem-Graphem-Zuordnung beherrscht wird. Auf der Grundlage eines empirisch erhobenen Grundwortschatzes werden die wichtigsten Wortstämme der deutschen Sprache und zusätzlich orthographische Regeln (z. B. Doppelkonsonanten, Dehnungs-h) trainiert. Das Programm ist für den Förder- und für den Regelunterricht geeignet. Es wird ergänzt durch die Testbatterie *MORPHEUS-TB* (Kargl, 2021), mit deren Hilfe Rechtschreibkompetenzen und morphematische Bewusstheit erfasst werden können und die darüber hinaus eine Analyse von Fehlerkategorien ermöglicht. Durch die Kombination von MORPHEUS-TB und MORPHEUS kann die Förderung von Rechtschreibkompetenzen zielgenau auf individuelle Problembereiche ausgerichtet werden. In Evaluationsstudien führte MORPHEUS bei unauffälligen und bei rechtschreibschwachen Probandinnen und Probanden zu einer Verbesserung von Rechtschreibleistungen und der morphematischen Bewusstheit. Trainingseffekte waren nach einem Monat noch in reduzierter Form nachweisbar.

Lese- und Rechtschreibleistung. Das computerbasierte Trainingsprogramm *Lautarium* (Klatte et al., 2017) ist darauf ausgerichtet, bei Grundschulkindern mit Problemen im Schriftspracherwerb Basisfertigkeiten des Lesens und Rechtschreibens zu fördern. Das Programm umfasst die Übungsbereiche *Phonemwahrnehmung*, *Phonologische Bewusstheit*, *Phonem-Graphem-Zuordnung*, *Lesen und Schreiben lautgetreuer Wörter* und *Schnelle Worterkennung*. Lautarium ist adaptiv gestaltet und die Übungen erfolgen in Abhängigkeit vom aktuellen Leistungsstand des Kindes. Das Training kann im schulischen Kontext sowohl im Klassenverband als auch in Förderstunden eingesetzt werden. In mehreren Evaluationsstudien, die in Regel- und in speziellen Förderklassen für Kinder mit Lese-Rechtschreibstörung durchgeführt wurden, zeigten sich sowohl kurz- als auch längerfristige Effekte insbesondere auf phonologische Bewusstheit und auf Rechtschreibfertigkeiten.

Förderung von Rechenfertigkeiten

Im Vergleich zum Bereich Lesen und Rechtschreiben sind im Bereich *Rechnen* Programme zur Prävention und Intervention in geringerer Anzahl entwickelt worden.

Prävention. Präventionsprogramme zielen darauf ab, Vorläuferfertigkeiten zu trainieren, die den Erwerb von Rechenkompetenzen erleichtern. Das Programm *Mengen, zählen, Zahlen* (*MZZ*; Krajewski, Nieding & Schneider, 2013) basiert auf einem entwicklungspsychologischen Modell des Erwerbs numerischer Kompetenzen. In drei Schwerpunkten (Größenrepräsentation von Zahlen, Größenordnung von Zahlen, Teil-Ganzes-Beziehungen und Differenzen zwischen Zahlen) wird im Zahlenraum von 1 bis 10 das Verständnis von Zahlen gefördert. Das Programm kann zu Beginn des Grundschulalters eingesetzt werden. MZZ hat sich als Training außerhalb des Unterrichts bei Kindern, die vom Schulbesuch zurückgestellt waren, bei rechenschwachen Erstklässlern und bei Kindern mit intellektuellen Beeinträchtigungen als wirksam erwiesen. Bei Risikokindern war MZZ auch als unterrichtsintegrierte Maßnahme im Anfangsunterricht wirksam, allerdings waren längerfristige Effekte nicht nachweisbar.

Intervention. MARKO-T (Gerlach, Fritz & Leutner, 2013) ist ein adaptives Einzeltraining für rechenschwache und entwicklungsverzögerte Kinder im Alter von fünf bis acht Jahren. Orientiert an einem fünfstufigen Entwicklungsmodell mathematischer Kompetenzen sind die 57 Einheiten des Trainings darauf ausgerichtet, aufeinander aufbauende mathematische Konzepte (Zählzahl, ordinaler Zahlenstrahl, Kardinalität und Zerlegbarkeit, Enthaltensein und Klasseninklusion, Relationalität) zu vermitteln. Anknüpfend an eine Eingangsdiagnostik mit dem Mathematik-Test *MARKO-D1+* (Fritz et al., 2017) wird das Training an das vorhandene Kompetenzniveau des Kindes adaptiert. Bei Kindern mit intellektueller Beeinträchtigung (Borderline-Intelligenz) ließen sich kurz- und längerfristige Effekte des Trainings nachweisen.

Mit den computerbasierten Programmen *Rechenspiele mit Elfe und Mathis I* und *II* (Lenhard & Lenhard, 2010; Lenhard, Lenhard & Lingel, 2010) liegen zwei Förderprogramme vor, die an Bildungsstandards orientiert sind und von der 1. bis zur 5. Klasse als Anreicherung und Ergänzung des regulären Unterrichts eingesetzt werden können, um auf spielerische Weise mathematische Unterrichtsinhalte vertieft einzuüben. Training I (1. bis 3. Klasse) deckt die Bereiche Mengen, Zahlen, Sachaufgaben, Bilder (räumliches Vorstellungsvermögen) und Rechnen ab. Training II (3. bis 5. Klasse) bezieht sich auf die Bereiche Geometrie, Rechnen und Sachaufgaben. Die Rechenspiele können vom Kind weitgehend selbstständig durchgeführt werden. In einer Evaluationsstudie wurde über einen Zeitraum von zehn Wochen wöchentlich eine Mathematikstunde durch eine Trainingssitzung mit den Rechenspielen I bzw. II ersetzt. Das Training führte im Vergleich zu regulärem Mathematikunterricht unmittelbar nach Trainingsende zu einem signifikant größeren Lernfortschritt mit mittleren Effektstärken. Längerfristige Effekte wurden nicht erfasst.

11.2.3 Digitalisierte Fördermaßnahmen

Bei den kognitiven Förderprogrammen zeichnet sich ein Trend zu einer verstärkten Digitalisierung ab. Aus den vorangegangenen Ausführungen ist deutlich geworden, dass im letzten Jahrzehnt einige Programme computerbasiert entwickelt worden sind und am PC oder am Laptop dargeboten und bearbeitet werden. Die Digitalisierung hat den Vorteil, dass die Programminhalte in spielerische Kontexte (z. B. Abenteuergeschichten) eingebunden und animiert präsentiert werden können. Die Förderprogramme werden zu *Serious Games*, die für Kinder und Jugendliche attraktiv sind und damit die Motivation fördern, Aufgabenstellungen auch dann bis zum Ende durchzuarbeiten, wenn sie aufgrund vorhandener Lernschwierigkeiten nicht leicht fallen.

Eine neuere Entwicklung hat dazu geführt, dass das Internet einbezogen wird. Förderprogramme stehen hier als kostenpflichtige Apps zur Verfügung, die onlinebasiert bearbeitet werden. Beispiele hierfür sind *Meister Cody – Namagi* (https://www.meistercody.com/produkte/namagi-legasthenie/) und *Orthograph* (https://dybuster.de/de/orthograph/) zur Förderung von Lese- und Rechtschreibleistungen sowie *Meister Cody – Talasia* (https://www.meistercody.com/en/page/test-and-training/) und *Calcularis* (https://dybuster.de/de/calcularis/) zur Förderung von Rechenleistungen. Die onlinebasierten Programme erlauben eine stärkere Individualisierung der Intervention und eine kontinuierliche Lernverlaufskontrolle. Darüber hinaus wird die Flexibilität erhöht, weil Trainingssitzungen sowohl in der Schule als auch zu Hause stattfinden und bei Unterbrechungen am jeweils anderen Lernort zu Ende gebracht werden können. Ein kritischer Punkt ist hier, dass sowohl die Schule als auch die Familie über die erforderliche digitale Ausstattung verfügen müssen.

11.3 Förderung sozial-emotionalen Verhaltens

Neuere Ansätze zur Förderung sozial-emotionalen Verhaltens sind zumeist kognitiv-behavioral orientiert und darauf ausgerichtet, sowohl den Erwerb von sozialen Verhaltensfertigkeiten (z. B. sozial-verträgliches Äußern von Bedürfnissen) als auch von kognitiven Kompetenzen (z. B. adäquate Wahrnehmung und Interpretation sozialer Situationen) zu fördern. Die Ansätze lassen sich danach differenzieren, ob sie externalisierende Verhaltensweisen (z. B. Aggression und Gewalt, oppositionelles Trotzverhalten, Aufmerksamkeitsdefizit/Hyperaktivität) oder internalisierende Problembereiche (z. B. soziale Unsicherheit, Ängste, Schüchternheit) thematisieren.

11.3.1 Prävention und Abbau von Aggression

Ansätze zur Prävention und zum Abbau von Aggression und Gewalt sind in der Regel darauf ausgerichtet, die Empathie zu steigern, die Sensibilität für Konfliktsituationen zu erhöhen, die Regulation von Gefühlen zu fördern und soziale Problemlösefähigkeiten zu verbessern. Eine Übersicht über aktuelle Ansätze gegen Gewalt an Schulen geben Günther (2020) sowie Schubarth (2020).

Anknüpfend an ein integriertes Modell sozialer Informationsverarbeitung, das sowohl emotionale als auch kognitive Prozesse berücksichtigt, haben Hillenbrand et al. (2018) das Programm *Lubo aus dem All – 1. und 2. Klasse* mit dem Ziel entwickelt, bei Grundschulkindern sozial-kognitive Informationsverarbeitung und korrespondierende emotionale Prozesse zu fördern, um Verhaltensstörungen und Gewalt an Schulen vorzubeugen. Förderbereiche sind Emotionsregulationsfähigkeit, soziale Problemlösestrategien sowie ein angemessenes Handlungsrepertoire für alterstypische Problemsituationen. Die 31 Einheiten des Programms werden mit der gesamten Klasse zweimal wöchentlich über einen Zeitraum von vier Monaten hinweg durchgeführt. Bei Kindern mit erhöhten sozial-emotionalen Risiken hatte das Training positive Effekte auf das Wissen über geeignete soziale Problemlösestrategien und (aus der Sicht der Kinder) auf das Auftreten von problematischen Verhaltensweisen wie z. B. aggressives Verhalten oder Störung des Unterrichts.

Das Programm *Faustlos* (Cierpka & Schick, 2014) geht auf das amerikanische Programm *Second Step* zurück. Es wurde am Heidelberger Präventionszentrum u. a. für das Grundschulalter adaptiert und beinhaltet eine intensive Auseinandersetzung mit den Themenbereichen Empathiefähigkeit (Gefühle anderer erkennen, Perspektiven anderer übernehmen), Impulskontrolle (Problemlösung) und Umgang mit Ärger und Wut (Stressreduktion, Selbstinstruktion, Beruhigungstechniken). Das angestrebte Verhaltensrepertoire wird unterrichtsintegriert mit Hilfe von Gruppendiskussionen erarbeitet, anhand von Videosequenzen illustriert und per Rollenspiel geübt. Faustlos ist für eine mehrjährige Durchführungszeit konzipiert. Die Version für das Grundschulalter dauert von der 1. bis zur 3. Klasse. In Wirksamkeitsstudien haben sich Effekte auf der emotionalen Ebene (Reduktion von Ängstlichkeit) und auf der Verhaltensebene (Rückgang aggressiven Verhaltens) gezeigt. Darüber hinaus war ein signifikanter Anstieg in der Empathiefähigkeit zu verzeichnen. Daten über längerfristige Effekte von Faustlos liegen bisher nicht vor.

Das *Friedensstifter-Training* (Gasteiger-Klicpera & Klein, 2016) basiert auf der Theorie des Sozialen Lernens und der Theorie der Sozialen Informationsverarbeitung und zielt darauf ab, soziale und emotionale Kompetenzen zu erweitern, indem Handlungsstrategien vermittelt werden, die für den konstruktiven Umgang mit Konflikten (Sensibilisierung für Konfliktsituationen, Verhandeln lernen) und für die Wahrnehmung eigener Emotionen (insbesondere Wut und Ärger) förderlich sind. Das Training kann (bevorzugt von Lehrkräften) von der 1. bis zur 4. Klasse im Klassenverband eingesetzt werden. Trainierte Dritt- und Viertklässler berichteten eine Zunahme an prosozialem Verhalten. Außerdem gaben Jungen an, weniger häufig Opfer von Aggression geworden zu sein. Lehrkräfte berichteten eine Zunahme der sozialen Kompetenz bei den trainierten Kindern.

11.3.2 Prävention und Abbau von sozialer Unsicherheit

Neuere Ansätze zur Prävention und zum Abbau von sozialer Unsicherheit sind in der Regel multimodal und richten sich auf den Erwerb von Verhaltensfertigkeiten und auf die Veränderung kognitiver und emotionaler Prozesse. *Mutig werden mit Til Tiger* (Ahrens-Eipper, Leplow & Nelius, 2010) hat sozial unsichere, ängstliche und schüchterne Kinder im Alter von fünf bis zehn Jahren als Zielgruppe. Mit Hilfe von Entspannungsübungen, Modell-Lernen, Rollenspielen und In-vivo-Übungen sollen die Kinder in zwei Einzel- und neun Gruppensitzungen lernen, vorhandene Kompetenzen zu nutzen, Vermeidungstendenzen abzubauen und neue Handlungsstrategien zu erwerben, um sich in sozial herausfordernden Situationen (z. B. berechtigte Bedürfnisse vertreten) selbstsicher und sozial-kompetent verhalten zu können. Effekte unmittelbar nach dem Training konnten im Selbsturteil der Kinder (Abnahme sozialer Unsicherheit und sozialer Ängste, Zunahme des Selbstwertgefühls) und im Elternurteil (Abnahme somatischer Beschwerden) nachgewiesen werden.

11.4 Empfehlungen

In den letzten Jahren ist eine Vielzahl von Programmen entwickelt worden, die für den schulischen Kontext geeignet sind. Zum Teil sind die Programme als Fördermaßnahme konzipiert, die außerhalb des Unterrichts durchgeführt wird, zum Teil werden die Interventionen in den Unterricht integriert. Auch bei unterrichtsintegrierten Interventionen kann schulpsychologische Expertise genutzt werden, indem Lehrkräfte in einschlägigen Programmen fortgebildet, bei der Durchführung beraten und bei der Evaluation einer Intervention unterstützt werden.

Nicht alle schulischen Förderprogramme, die auf dem freien Markt angeboten werden, sind für den Einsatz wirklich zu empfehlen. Förderangebote können wirkungslos und im Extremfall sogar schädlich sein. Ein verantwortungsbewusster Umgang mit Interventionsprogrammen berücksichtigt Qualitätskriterien, die erfüllt sein sollten, wenn ein Programm eingesetzt wird. Zu den Qualitätskriterien zählt, dass das Programm theoretisch fundiert ist, dass es nachgewiesenermaßen bereichsspezifisch wirksam ist und dass die Wirksamkeit nachhaltig ist (Langfeldt, 2008). Die Wirksamkeit sollte in einer oder mehreren empirischen Evaluationsstudien nachgewiesen sein. Die in kontrollierten Studien dokumentierte Wirksamkeit garantiert allerdings noch nicht, dass ein Verfahren im schulischen Kontext mit Gewinn umgesetzt wird. Neben der sorgfältigen Auswahl einer Intervention ist von Bedeutung, dass die Intervention gut vorbereitet und auf die jeweiligen schulischen Kontextbedingungen abgestimmt wird. Bei einigen Verfahren hat sich zudem gezeigt, dass die Nachhaltigkeit von Effekten gesteigert werden kann, wenn einige Zeit nach Beendigung der Intervention Auffrischungssitzungen durchgeführt werden. Vor diesem Hintergrund empfiehlt es sich, in regelmäßigen Abständen auf die Inhalte eines Trainings zurückzukommen und sie im Unterricht oder in außerunterrichtlichen Sitzungen erneut zu thematisieren.

Weiterführende Hinweise

Hasselhorn, M. & Schneider, W. (Hrsg.). (2016). *Förderprogramme für Vor- und Grundschule*. Göttingen: Hogrefe.

Lohaus, A. & Domsch, H. (Hrsg.). (2021). *Psychologische Förder- und Interventionsprogramme für das Kindes- und Jugendalter* (2. Aufl.). Berlin: Springer.

Literatur

Ahrens-Eipper, S., Leplow, B. & Nelius, K. (2010). *Mutig werden mit Til Tiger* (2. Aufl.). Göttingen: Hogrefe.

Baddeley, A. D. (2007). *Working memory, thought and action.* Oxford: Oxford University Press.

Cierpka & Schick, (2014). *FAUSTLOS – Grundschule. Ein Curriculum zur Förderung sozial-emotionaler Kompetenzen und zur Gewaltprävention* (3. Aufl.). Göttingen: Hogrefe.

Forster, M. & Martschinke, S. (2019). *Leichter lesen und schreiben lernen mit der Hexe Susi* (12. Aufl.). Donauwörth: Auer.

Frank, A., Kirschhock, E.-M. & Martschinke, S. (2019). *Rundgang durch Hörhausen* (10. Aufl.). Donauwörth: Auer.

Fritz, A., Ehlert, A., Ricken, G. & Balzer, L. (2017). *MARKO-D1+ Mathematik- und Rechenkonzepte bei Kindern der ersten Klassenstufe – Diagnose*. Göttingen: Hogrefe.

Gasteiger-Klicpera, B. & Klein, G. (2016). *Das Friedensstifter-Training. Grundschulprogramm zur Gewaltprävention* (3. Aufl.). München: Reinhardt.

Gerlach, M., Fritz, A. & Leutner, D. (2013). *MARKO-T*. Göttingen: Hogrefe.

Günther, M. (2020). *Gewalt an Schulen – Prävention. Erprobte Programme, Positionen und Praxis-Projekte*. Wiesbaden: Springer.

Hillenbrand, C., Hennemann, T., Hens, S. & Hövel, D. (2018). *»Lubo aus dem All« – 1. und 2. Klasse* (4. Aufl.). München: Reinhardt.

Huemer, S. M., Pointner, A., Schöfl, M. & Landerl, K. (2019). *Evidenzbasierte LRS-Förderung*. Zugriff am 29.06.2021 unter https://www.schulpsychologie.at/fileadmin/user_upload/190731_Broschu__re_Evidenzbasierte_LRS-Fo__rderung_A4-BF.pdf

Kargl, R. (2021). *MORPHEUS-TB. Förderdiagnostik Rechtschreibung – Testbatterie*. Göttingen: Hogrefe.

Kargl, R. & Purgstaller, C. (2010). *MORPHEUS – Morphemunterstütztes Grundwortschatz-Segmentierungstraining*. Göttingen: Hogrefe.

Klatte, M., Steinbrink, C., Bergström, K. & Lachmann, T. (2017). *Lautarium. Ein computerbasiertes Trainingsprogramm für Grundschulkinder mit Lese- Rechtschreibschwierigkeiten*. Göttingen: Hogrefe.

Klauer, K. J. (2014). Training des induktiven Denkens – Fortschreibung der Metaanalyse von 2008. *Zeitschrift für Pädagogische Psychologie, 28*, 5–19.

Krajewski, K., Nieding, G. & Schneider, W. (2013). *Mengen, zählen, Zahlen. Die Welt der Mathematik verstehen*. Göttingen: Hogrefe.

Langfeldt, H.-P. (2008). Über den Umgang mit Trainingsprogrammen. In H.-P. Langfeldt & G. Büttner (Hrsg.), *Trainingsprogramme zur Förderung von Kindern und Jugendlichen: Kompendium für die Praxis* (2. Aufl., S. 2–15). Weinheim: Beltz.

Lenhard, A., Lenhard, W. & Klauer, K.-J. (2020). *Denkspiele mit Elfe und Mathis* (2. Aufl.). Dettelbach: Psychometrica.

Lenhard, W., Baier, H., Lenhard, A., Hofmann, J. & Schneider, W. (2020). *conText – Förderung des Leseverständnisses durch das Arbeiten mit Texten* (2., überarbeitete Aufl.). Dettelbach: Psychometrica.

Lenhard, W. & Lenhard, A. (2010). *Rechenspiele mit Elfe und Mathis I*. Dettelbach: Psychometrica.

Lenhard, W., Lenhard, A. & Lingel, K. (2010). *Rechenspiele mit Elfe und Mathis II*. Dettelbach: Psychometrica.

Müller, B., Richter, T. & Otterbein-Gutsche, G. (2020). *Lesen lernen mit Willy Wortbär*. Ein silbenbasiertes Training zur Förderung der Worterkennung beim Lesen. Göttingen: Hogrefe.

Schubarth, W. (2020). *Gewalt und Mobbing an Schulen: Möglichkeiten der Prävention und Intervention*. Stuttgart: Kohlhammer.

Studer, B., Kodzshabashev, S., Hogrefe, A., Mayr, P. & Stalder, F. (2010). *BrainTwister2. Aufgabensammlung für kognitives Training*. Bern: Institut für Psychologie, Universität Bern. Zugriff am 29.06.2021 unter https://www.synapsoflg.unibe.ch/unsere_produkte/gedaechtnistrainings_programme_braintwister_amp_ihirn/braintwister2/index_ger.html

Tiedemann, J., Billmann-Mahecha, E., Kölbl, C. & Kollenrott, A.I. (2008). *KOLIBRI. Kognitive Förderung in der Grundschule*. Münster: Waxmann.

12 Bewertungs- und Prüfungsängste in der Schule bewältigen

Marcus Eckert und Bernhard Sieland

12.1 Einleitung

Die Schule ist ein sozialer Ort, in dem vielfältige Motive, z. B. der Wunsch nach Leistung, Wertschätzung, Sicherheit, Kontakt und Macht befriedigt, bedroht oder frustriert werden. Das geschieht meist unter den Augen einer schulbezogenen Öffentlichkeit und ist schon aufgrund der Anwesenheitspflicht nicht ohne Weiteres zu vermeiden. Alle Beteiligten (= Schülerinnen und Schüler, Lehrpersonen und Eltern) erleben in der Schule und durch die Schule mehr oder weniger (un-)angenehmen Stress als Erregungsanstieg. Die Art ihrer Stressverarbeitung führt zu Leid und Ängsten, aber auch zu Freude, der Erfahrung von Selbstwirksamkeit und zu Anerkennung. Niemand ist dabei nur »Opfer«, sondern jeder ist zugleich Bedingung und Auslöser für derartige Gefühle bei seinen Interaktionspartnern und -partnerinnen. Damit herrscht laufende und wechselseitige »Ansteckungs- und Trainingsgefahr« im Guten wie im Bösen. Die Ausprägung dieses Erregungserlebens variiert von Person zu Person.

Besonders relevant im Setting Schule ist die Auseinandersetzung mit Bewertungs- und Prüfungsängsten als Ausprägungen eines stressbedingten Erregungserlebens. Sie beeinträchtigen die Gesundheit, das Wohlbefinden und die Leistung der Betroffenen gleichermaßen. Bewertungsängste beziehen sich nicht nur auf die Angst vor der Bewertung schulischer Leistungen, sondern vor allem auch auf die Befürchtung, als Person von den Mitmenschen negativ bewertet zu werden. Diese Ängste belasten häufig das Klassen- bzw. Sozialklima. Deswegen werden in diesem Kapitel die Emotion Angst und deren Varianten Bewertungs- und Prüfungsangst skizziert. Zudem werden für die Schule praxistaugliche Präventions- und Interventionsmaßnahmen vorgestellt. Strategien zum Umgang mit klinischen Störungen im Rahmen der Klassenführung fallen in den Bereich »Klinisches Classroom Management« (Eckert, 2021).

12.2 Die Emotion Angst

Angst wird ausgelöst, wenn schädigende Ereignisse erwartet werden, denen man ohnmächtig ausgeliefert zu sein glaubt. Phobien sind unangenehme Erregungsschübe, die zu Flucht- und Vermeidungsreaktionen führen. Ängste sind Bedrohungsreaktionen, für die man sich keine wirksamen Bewältigungsformen zutraut (Schwarzer & Warner, 2015). Physiologisch wird in beiden Fällen eine Bereitschaft zu Kampf- oder Fluchtreaktionen vorbereitet. Dabei steigen i. d. R. der Blutdruck und die Herzfrequenz, die Muskelanspannung nimmt zu, und die Bronchien erweitern sich, um größere Mengen Sauerstoff aufzunehmen (physiologische Stressreaktion). Gleichzeitig nimmt die Aufmerksamkeit für Gefahren bzw. Bedrohungen zu. Die Aktivität des Neokortex wird reduziert, wodurch die Fähigkeit zur Kreativität und zum analytischen Denken abnehmen. Dafür löst Angst auf der Verhaltensebene die Handlungsimpulse Vermeidung und/oder Flucht aus. Studien konnten zeigen, dass mit dem Auslösen von Angst ein Anstieg des Neurotransmitters Noradrenalin einhergeht und dass dieser die Neuverknüpfung von neuronalen Verbindungen begünstigt (Antov, Melicherová & Stockhorst, 2015). Das bedeutet, dass das Gehirn unter Stress und Angst sehr gut lernt – leider auch problematische Verarbeitungsmuster (► Tab. 12.1).

Tab. 12.1: Habituelle Stressverarbeitung nach Janke & Erdmann (1997)

Strategien der Stressverarbeitung	
1. Bagatellisierung	11. Soziales Unterstützungsbedürfnis
2. Herunterspielen	12. Vermeidung
3. Schuldabwehr	13. Flucht
4. Ablenkung	14. Soziale Abkapselung
5. Ersatzbefriedigung	15. Gedankliche Weiterbeschäftigung
6. Selbstbestätigung	16. Resignation
7. Entspannung	17. Selbstmitleid
8. Situationskontrolle	18. Selbstbeschuldigung
9. Reaktionskontrolle	19. Aggression
10. Positive Selbstinstruktion	20. Pharmaka-Einnahme

Ähnlich wie bei der Habituierung von Stressbewältigungsstilen wächst mit jeder Angstverarbeitung die Persistenz und Generalisierung dieser mehr oder weniger erfolgreichen Muster.

Wie jede Emotion ist auch die Emotion Angst ein – aus Perspektive der Evolution betrachtet – hocheffektives Programm, das das Überleben unserer Spezies sichergestellt hat: Für Kampf- oder Fluchtreaktionen stand dadurch die benötigte Energie zur Verfügung, potenzielle Bedrohungen wurden schneller wahrgenommen, und es standen adaptive Verhaltenstendenzen wie Flucht oder Vermeidung bereit, über die nicht lange nachgedacht werden musste. Durch die verstärkte Lernbereitschaft des Gehirns konnten gefährliche Reize bei wiederholter Präsentation schnell identifiziert und entsprechend reagiert werden. All diese Vorteile können im Setting Schule zu folgenreichen Nachteilen werden.

12.3 Wenn Ängste pathologisch werden

Pathologisch werden Ängste, »wenn sie ohne angemessenen Grund auftreten, übertrieben stark oder anhaltend sind, mit starken Leiden oder Beeinträchtigungen einhergehen und nicht mehr kontrolliert werden können« (Margraf & Schneider, 2003, S. 13). Dabei ist es dem Betroffenen oft nicht möglich, seine Angst rational zu erklären, zu reduzieren oder mit eigener Kraft zu bewältigen.

Manche Versuche der Angstbewältigung können die zu bewältigenden Ängste aufrechterhalten (vgl. Janke & Erdmann, 1997). So führt die Vermeidung von angstauslösenden Stimuli i. d. R. über eine negative Verstärkung zu einer erhöhten Wahrscheinlichkeit, das Vermeidungsverhalten häufiger zu zeigen. Dies stabilisiert die Angst, da keine korrektiven Erfahrungen gemacht und die Erwartungsängste geschürt werden.

Pathologisch können auch die Versuche wirken, die Angst z. B. durch Alkohol- oder Tablettenmissbrauch zu reduzieren oder zwanghafte Rituale als Sicherheitsmaßnahme einzuführen (obsessives Verhalten). Angst wirkt dadurch oft selbst- und auch fremdschädigend und beeinträchtigt eigene Handlungsspielräume bzw. die Lebensqualität der Interaktionspartner bzw. -partnerinnen.

Es gibt viele Formen der Angststörungen (z. B. Panikstörungen, Agoraphobie, spezifische Phobien, soziale Phobie, Zwangsstörungen, generalisierte Angststörung etc.). Im Folgenden werden die Bewertungs-, Leistungs- und Prüfungsangst beleuchtet. Dabei wird nicht zwischen pathologischen und subpathologischen Ausprägungen unterschieden.

12.4 Leistungs- und Prüfungsangst im System Schule

Angst in der Schule kann viele Ursachen haben. Hier konzentrieren wir uns zunächst auf Leistungsangst. Angst wird ausgelöst, wenn schädigende Ereignisse erwartet werden, denen man ohnmächtig ausgeliefert zu sein glaubt. Dabei bedarf es nicht unbedingt einschlägiger Erfahrungen. Auch wenn eine Person z. B. immer gute Prüfungen abgelegt hat, kann sie enorm unter Prüfungsangst leiden.

Leistungs- bzw. Prüfungsangst kann verstanden werden als Folge von Erwartungen, selbst- und fremdgesetzten Leistungsansprüchen nicht gerecht zu werden. Sie äußert sich z. B. als Angst vor Klassenarbeiten, Abfragen und Prüfungen, Hemmungen in der mündlichen Mitarbeit usf. bis hin zur Leistungs- und Schulverweigerung, um Versagenserlebnissen und Aggression unter Schülerinnen und Schülern aus dem Weg zu gehen (vgl. Michaelsen-Gärtner et al., 2007). Dabei kommt es nicht auf das tatsächliche Leistungsniveau an, sondern darauf, ob bestimmte selbst- oder fremdgesetzte Kriterien (Noten, Lob, Anerkennung, Vergleich mit anderen Schülerinnen und Schülern etc.) erreicht werden.

Angst ist ähnlich wie Schmerz zunächst ein wichtiges funktionales Signal. Sie bereitet – vergleichbar mit den physiologischen Stressreaktionen – die Person auf eine subjektiv bedrohliche Lage vor und aktiviert diese, sich proaktiv damit auseinanderzusetzen. Zugleich erinnert sie an die Grenzen der eigenen Leistungs- und Leidensfähigkeit und bietet dadurch die Möglichkeit, diese Grenzen zu erweitern.

Angst kann sowohl die Folge als auch die Quelle von Hilflosigkeitserfahrungen sein. Im Zustand der Angst konzentriert sich die Person auf ihre Körperempfindungen (z. B. den Kloß im Hals). Das aktiviert einen Teufelskreis. Es steigert sowohl die *Aufregung* (Erregungsschub) als auch die *Besorgnis* durch Gedanken und Phantasien über die zu erwartende Schädigung. Die potenziell positive Signalwirkung kann sich in zwei Richtungen fehlentwickeln: in pathologische, realitätsferne Ängste einerseits oder in das Ausbleiben von Angstreaktionen andererseits.

Eingegrenzt auf Leistungsangst werden erwartete Misserfolge und ihre Konsequenzen aus eigener Perspektive und aus der Sicht von Bezugspersonen reflektiert. Beides fixiert die Aufmerksamkeit auf leistungshinderliche Faktoren und steigert die Besorgnis so sehr, dass die Person ihre unter günstigeren Umständen verfügbare Leistungs- und Problemlösefähigkeit nicht einsetzen kann.

Hinsichtlich der Verbreitung und Folgen von Schulangst (vgl. Seiffge-Krenke, 2008) berichten Pixner und Kaufmann (2013) über ihre Untersuchung von jeweils rund 360 Schülern der 3. und 6. Klasse. Bei 8–16 % der Schülerinnen und Schüler fanden sie ausgeprägte Prüfungsangst, doppelt so viele in der 6. Klassenstufe wie in der 3. Klasse. Manifeste Angst fand sich mit 18–20 % in beiden Teilstichproben gleichverteilt, ebenso mit 20–25 % die Schulunlust als Vorstufe von Angst. In beiden Stichproben findet sich ein signifikanter Zusammenhang mit den Rechenleistungen, in der 3. Klasse darüber hinaus auch mit den Lese- und Rechtschreibleistungen.

Für gezielte Fördermaßnahmen muss man Risikogruppen für Schulangst ermitteln. Hier ist das Differenzielle Leistungsangst Inventar (DAI) von Rost und Schermer (2007) besonders geeignet. Es erfasst unterschiedliche Ausprägungsgrade in den Bereichen: Angstauslösung, Angsterscheinungsweisen, Angstverarbeitung, Angststabilisierung. Diese sind für schulpsychologische Zwecke und passgenaue Interventionen sehr hilfreich.

Wie bei akutem Stress stehen die Betroffenen bei Angst vor einer Doppelaufgabe: Sie müssen ihre Erregung regulieren und das anstehende Sachproblem lösen. Beide Ziele blockieren sich oft gegenseitig und führen zu einem innerpsychischen kognitiv-emotionalen Teufelskreis (▸ Abb. 12.1), wobei die Aufmerksamkeit beliebig zwischen den Aktivitäten hin und her springt oder an einem Punkt hängen bleibt.

Kurzfristige Effekte akuter Angst

Hier sind zunächst alle Effekte zu nennen, wie sie auch bei akutem Stress auftreten (s. o.). Der positive Aspekt: Die Person wird z. B. vorsichtig und achtet auf Gefahrenreize. Riskant wird es allerdings, wenn die Wahrnehmung der Person so eingeengt ist (»Tunnelblick«), dass andere relevante Reize der Situation ignoriert werden. Darunter leidet der Zugriff auf die eigentlich verfügbaren Ressourcen, z. B. das Wissen im Arbeitsspeicher, Problemlösekompetenzen, Planungsfähigkeit, Situationsanalyse, die Unterdrückung von Störimpulsen und die kognitive Flexibilität (vgl. Pixner & Kaufmann, 2013). Auch Empathie, Interaktionen und Handlungsalternativen werden emotionsspezifisch gefiltert und beeinträchtigt. Die Folgen sind irrationale Gedanken, einseitige Deutungen und Attributionen, aber auch die

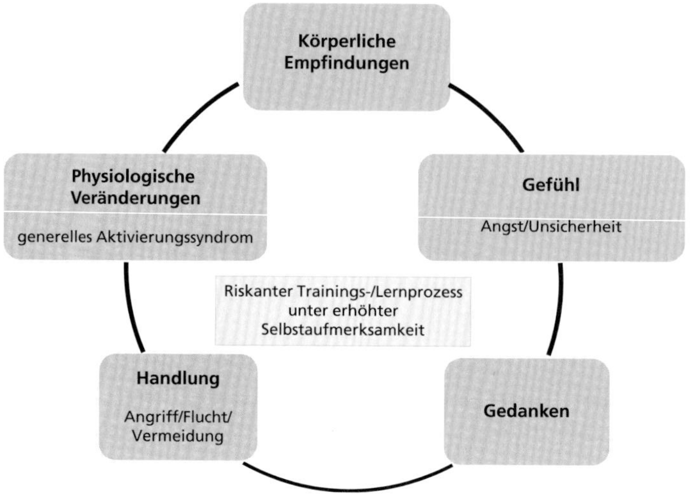

Abb. 12.1: Teufelskreismodell der Angst modifiziert nach Margraf und Schneider (2018, S. 15)

Verlockung, auf nebenwirkungsreiche Verdrängungsmuster (Alkohol, Tabletten, Medien etc.) auszuweichen.

Langfristige Effekte chronischer Angst

Bei immer wieder auftretender Angst wird an den fünf Stationen des Teufelskreises (▶ Abb. 12.1) besonders nachhaltig gelernt. Das kann gravierende mittel- und langfristige Folgen haben: Angst induzierende Gedanken verselbständigen sich und werden mit unangenehmen Körperempfindungen, einseitigen Wahrnehmungsreaktionen und eingeengten Verhaltensmustern verknüpft. Daraus können subjektive irrationale Überzeugungen resultieren (z. B. »Ich darf keine Fehler machen.«, »Ich schaffe das sowieso nicht.«), begleitet von Hilflosigkeitsgefühlen oder sogar dem Abbau von Bewältigungskompetenzen infolge von Flucht- und Vermeidungsverhalten. Dies kann langfristig zu einer Abwärtsspirale führen, an deren Ende klinische Syndrome wie Depressionen, Mediensucht oder Medikamentenmissbrauch stehen können (vgl. Margraf & Schneider, 2018).

Ängste von Schülerinnen und Schülern, die von Lehrkräften oder Eltern nicht erkannt und bearbeitet werden, bedrohen zunächst die kurzfristige Interaktions- und Leistungsqualität. Mittelfristig gefährden sie den Bildungserfolg und können langfristig durch internalisierte, leistungshemmende Lebensmaximen und daraus entstehende pathologische Fehlentwicklungen (z. B. Depressionen) den Berufserfolg und die Berufsfähigkeit in Mitleidenschaft ziehen. Dies belegen empirische Untersuchungsergebnisse, z. B. von Rost und Schermer (2006), wonach hochängstliche Schülerinnen und Schüler auffallen durch

- eine geringe schulbezogene Selbstwirksamkeit,
- ungünstiges Arbeitsverhalten, Lernstile und Lernstrategien,
- gesteigerte Hilflosigkeit, Unsicherheit, geringeres Selbstwertgefühl,
- reduzierte Leistungen und schlechtere Zensuren in mehreren Fächern sowie bei Testverfahren,
- sie sind öfter sozial isoliert und werden von den Peers weniger geschätzt,
- attribuieren Leistungserfolge external und Misserfolge internal und leiden daher mehr unter Misserfolgen und negativen Rückmeldungen,
- fehlen häufiger und sind häufiger krank,

- werden von den Eltern und Lehrkräften als problematisch wahrgenommen und in ihrer Leistungsfähigkeit unterschätzt.

Es bleibt festzuhalten: Von Schulstress und Leistungsangst betroffene Schülerinnen und Schüler sind äußerst gefährdet. Sie erleben und trainieren Angst-Stress-Reaktionen oft dreifach im Tagesrhythmus: Als Erwartungsstress am Morgen, als Erlebnisstress im Tagesverlauf und als Erinnerungsstress am Abend. Die Folgen einer Chronifizierung sind sowohl für die Bildungs- und Berufschancen wie für die Gesundheit und Leistungsfähigkeit und den Sozialkontakt der Betroffenen gravierend.

12.5 Prävention und Intervention bei Schulstress und Leistungsangst

Angesichts der Komplexität und Bedeutung von Stress und Schulangst für die Zukunftsfähigkeit der Schülerinnen und Schüler bedarf es eines abgestimmten Vorgehens von Erzieherinnen und Erziehern, Lehrerinnen, Lehrern und Eltern, ergänzt durch Maßnahmen auf der örtlichen Systemebene der Schule.

12.5.1 Individuelle Maßnahmen zur Verhaltensprävention

Maßnahmen zur Prävention von Schulstress und Leistungsangst beginnen idealerweise lange vor der Schule – im familiären Umfeld und im Kindergarten. Sie beinhalten eine ermutigende, wertschätzende Erziehungshaltung, in der Fehler und »Unglücke« als Lernchancen verstanden und nicht als Anlass für Erniedrigung und Demütigung genutzt werden. Es gilt, die Selbstwertschätzung und die Selbstwirksamkeitserfahrungen zu stärken und die Kinder bei einer erfolgreichen Stress- und Angstbewältigung zu unterstützen sowie wachstums- und gesundheitsfreundliche Lern- und Arbeitsbedingungen zu arrangieren. Damit werden gute und unverzichtbare Grundlagen für eine belastungsfähige Selbststeuerung und eine für alle Beteiligten befriedigende Interaktionskultur gelegt.

Voraussetzung dafür sind bestimmte Kompetenzen von Erzieherinnen und Erziehern, Lehrkräften und Eltern in Bezug auf Verhaltensmodifikation und auf den Umgang mit eigener Angst und Stressbelastung (vgl. Hillert et al., 2019; Berking, 2014). Möglichkeiten, derartige Kompetenzen zu erlernen und immer wieder aufzufrischen, bieten einerseits professionelle Aus- und Fortbildungen, kollegiale Beratung und Supervision, andererseits kooperative Lernformen wie zum Beispiel KESS, das Lernarrangement für »Kooperative Entwicklungsarbeit zur Stärkung der Selbststeuerung« (Sieland & Heyse, 2010).

Online-Trainings für Lehrpersonen und Schülerinnen und Schüler

Inzwischen gibt es hervorragend evaluierte Online-Trainings, z. B. https://hellobetter.de/ von Lehr et al. (2014) sowie Ergebnisse von Wiencke et al. (2014), Nobis et al. (2018) und Heckendorf et al. (2019).

- Im Stress-Training werden aktives Problemlösen, der Umgang mit unlösbaren Problemanteilen, der Aufbau kraftgebender Aktivitäten, Entspannungstechniken, Selbstwirksamkeit durch ein Kurztagebuch sowie effektive Selbstunterstützung trainiert.
- Im Problemlösetraining für Lehrkräfte geht es um die Unterscheidung zwischen

wichtigen und unwichtigen, lösbaren und nicht lösbaren Problemen, um systematisches Problemlösen, um den Umgang mit Grübeln sowie den Aufbau von Ressourcen.

- Im Regenerationstraining geht es um erholsamen Schlaf, gedankliche Distanzierung beim Umgang mit Grübeln und um Erholungsverhalten.
- Im Dankbarkeitstraining sollen Sorgen und Grübel-Gedanken durch gezielte Aufmerksamkeit auf die schönen Momente im Alltag kompensiert werden.

Eckert und Tarnowski (2017) konnten zeigen, dass das Programm »Stark im Stress« in der Präsenzversion wie auch als Online-Training zu mehr Gelassenheit und Selbstwirksamkeitserleben sowie zu weniger Stress und Sorgen bei Lehrerinnen und Lehrern führt.

Auf Seiten der Kinder und Jugendlichen kommt es darauf an, gesundheitsförderliche Bewältigungsstrategien bei Angst, Stress und Belastungen durch gezielte Trainings zu entwickeln.

Stärkung der Erregungsregulation
Hier kommen Entspannungsmaßnahmen sowie Achtsamkeitsübungen für Kinder und Erwachsene in Betracht, die den Teufelskreis von Aufregung und Besorgnis (s. o.) wirksam blockieren. Sie müssen allerdings nicht nur vermittelt, sondern auch regelmäßig trainiert werden (Greco & Hayes, 2011; Kaltwasser, 2013; Schmid & Sieberer, 2014; Rupprecht, 2014). Exemplarisch skizzieren wir zwei Achtsamkeitsübungen. Sie können und sollten regelmäßig in den Unterricht eingebaut werden. Für das Gelingen dieser Übungen ist es wichtig, zunächst die Akzeptanz für solche Übungen zu fördern.

- Achtsamkeitsübung für die Grundschule
  Für die Grundschule hat es sich bewährt, wenn die Kinder regelmäßig für einige Minuten achtsam durch den Raum gehen. Sie werden dabei angeleitet, zunächst nur darauf zu achten, wie die Füße den Boden berühren. Danach sollen Sie darauf achten, wie sie ihren Rücken halten. Im Anschluss achten sie für einige Schritte auf ihre Atmung und schließlich werden sie aufgefordert, genau darauf zu achten, was sie spüren, wenn ihnen eine Mitschülerin oder ein Mitschüler begegnet.
- Achtsamkeitsübung in der Sekundarstufe
  Die Schülerinnen und Schüler werden eingeladen, zu Beginn (möglichst) jeder Unterrichtsstunde sich eine Minute lang auf die Körperempfindung ihres Atems zu konzentrieren. Immer, wenn sie durch Gedanken oder andere innere wie äußere Reize abgelenkt werden, sollen sie ihre Aufmerksamkeit wieder zurück auf den Atem lenken. Kern der Übung ist das Bemerken der Ablenkung und das geduldige Zurückholen der Aufmerksamkeit.

Stärkung der Emotionsregulation
Besondere Bedeutung kommt einem sehr frühen Training im Umgang Emotionen zu (Nieskens et al., 2011; Petermann & Wiedebusch, 2016; Bender & Dunkel, 2019). Allerdings liegen auch ermutigende Ergebnisse für Trainings zum Umgang mit Emotionen für den Grundschulbereich und für den Sekundarbereich vor. So bewirkte beispielsweise das Programm »Stark im Stress für Kinder und Jugendliche« an Schulen, dass Selbstwirksamkeitserwartungen gestärkt und Grübel-Tendenzen reduziert wurden (Eckert, Tarnowski & Merten, 2019).

Mutproben
In dem Präventionsprogramm »Cool mit Nic Panda: Training für Kinder mit Schul- und Prüfungsangst« werden Mutproben empfohlen. Die Schülerinnen und Schüler werden eingeladen, sich für sie bewältigbaren Angstsituationen zu stellen und ihre Angst zu überwinden (Muth-Seidel & Seidel, 2006). Durch das regelmäßige Überwinden von Angst mittlerer Stärke wird die Selbstwirksamkeitserwartung gefördert und gleichzei-

tig ein günstiger Umgang mit Erwartungsängsten trainiert.

Embodimenttechniken
Es gibt inzwischen hinreichend Evidenz dafür, dass die Körperhaltung über neuronale Feedbackprozesse einen Einfluss auf das Erleben von Emotionen hat. So konnte z. B. Stepper (1992) zeigen, dass Personen, die gerade und aufrecht saßen (assoziiert mit der Emotion Stolz), ein Lob wirksamer annehmen konnten, als Personen, die vornübergebeugt saßen (assoziiert mit Scham/Angst).

Werden Schülerinnen und Schüler aufgefordert, damit zu experimentieren, welche Körperhaltung bei einer Präsentation eher Unsicherheit und Angst begünstigt und welche eher zu Souveränität und Mut führt, dann bekommen diese ein Instrument an die Hand, dass ihnen einen wirksamen Einfluss (Kontrollerleben) auf ihre Befindlichkeit gibt. Gleichzeitig kann der frühe Einsatz von Embodimenttechniken ungünstigen Verknüpfungen von öffentlichem Reden und Angst vorbeugen. Die eignen sich auch, um in Interventionen neue und korrigierende Lernerfahrungen zu ermöglichen.

Stärkung des Lern- und Leistungsverhaltens
Unverzichtbar im Rahmen von Prävention und Intervention sind rechtzeitige Fördermaßnahmen zur Verbesserung des Lern- und Leistungsverhaltens, um Misserfolgs- und Versagenserlebnisse möglichst gering zu halten und die damit oft verbundene soziale Ächtung zu vermeiden. Allerdings darf nicht aus den Augen verloren werden, dass Hochleistung ebenfalls zu interaktionalen Problemen führen kann. Auch hier gilt es, Kinder und Jugendliche auf Umfeld-Reaktionen vorzubereiten und konstruktive Bewältigungsstrategien einzuüben.

12.5.2 Systemische Maßnahmen zur Verhältnisprävention

Parallel zu den präventiven Bemühungen auf individueller Ebene müssen zwingend Maßnahmen auf innerschulischer Ebene erfolgen – auf Lehrerseite, durch institutionelle Regelungen und auf Seiten der Mitschülerinnen und Mitschüler. Zur Wahl stehen verschiedene Strategien: Einige stärken vor allem Ressourcen, z. B. durch ein entspanntes Lern- und Arbeitsklima, differenzierte Förderung, schülerorientierte Lernformen, außerunterrichtliche Angebote.

Rost und Schermer (2006) haben Bedingungsfaktoren für die Optimierung des Umfeldes zusammengestellt (► Tab. 12.2).

Tab. 12.2: Bedingungsfaktoren zur Prävention von Leistungsangst (in Anlehnung an Rost & Schermer, 2006)

Bedingungsfaktoren	Risikofaktoren entschärfen
Lehrpersonen und Schule / Lehrerverhalten	z. B. autoritäres, dirigistisches Verhalten, Zuwendungsentzug, Tadel, Herabsetzung, Strafarbeiten (vgl. Schmitz et al., 2006)
Inhalt und Vermittlung des Lehrstoffes	z. B. unverständliche Informationsvermittlung, verwirrende sach- und lernpsychologische Strukturierung, unklare Lehrziele, mangelhaftes Feedback und fehlende Individualisierung
Schulleistungsbewertung	z. B. strenge Zensuren, ausschließlich soziale Bezugsnormorientierung, Intransparenz/Inkonsequenz von Leistungskriterien, Abwertung der Person statt Bewertung des Leistungsniveaus
Gestaltung von Prüfungssituationen	z. B. unklare Prüfungsanforderungen, fremde Arbeitsumgebung, hoher Zeitdruck, unfaire Aufgaben

Tab. 12.2: Bedingungsfaktoren zur Prävention von Leistungsangst (in Anlehnung an Rost & Schermer, 2006) – Fortsetzung

Bedingungsfaktoren	Risikofaktoren entschärfen
Schüler-Schüler-Verhältnis	z. B. Rivalität und Konkurrenz, kein kooperatives Lernen, Spott, emotional destruktives Schul- oder Klassenklima
Verhalten und Einstellung der Eltern	z. B. an Leistungserfüllung gekoppelte Zuwendung, emotionale Kälte, inkonsistentes Erziehungsverhalten, Strenge und Strafintensität, überhöhte Anforderungen, elterliches Desinteresse an Schule und Unterricht bzw. die Ablehnung von Lehrerinnen und Lehrern, Fächern oder Unterrichtsstoff

12.5.3 Interventionen

Für das Erkennen, für die Beratung, Prävention bzw. Behandlung von Schulstress und Leistungsangst bedarf es einer sorgfältigen Diagnostik, um den vielfältigen Bedingungszusammenhängen gerecht zu werden. Diese fällt in das Aufgabengebiet der Schulpsychologie und besonders geschulter Beratungslehrkräfte. In der Regel wird es sich um eine systemische Beratung handeln, in die Lehrkräfte, Eltern und die schulischen Lebensbedingungen einbezogen werden müssen.

Die an dem Veränderungsprozess Beteiligten benötigen nicht nur zielorientierte Handlungsunterstützung, sondern müssen auch ihre eigene Unsicherheit und den damit verbundenen Stress im Griff haben, um sich nicht weiter gegenseitig damit »anzustecken«. Ohne ausreichende Selbstfürsorge auf allen Seiten ist nachhaltige Hilfe für die Betroffenen nicht möglich. Darüber hinaus gilt: Wer an seiner eigenen Stressbewältigung arbeitet, bringt mehr Geduld für den Entwicklungsprozess seiner Interaktionspartner und -partnerinnen auf.

Notfallhilfe
Bei akuten Verschlechterungen, Panikattacken, Suizidgefahr oder eskalierenden Konflikten in der Familie stehen nicht nur die professionellen Helferinnen und Helfer wie Klassen- und Beratungslehrkräfte oder Schulsozialarbeiterinnen und -arbeiter in der Verantwortung. Auch Vertrauenspersonen wie Freundinnen und Freunde, Eltern sowie Personen aus dem übrigen Umfeld sollten sensibel und ansprechbar sein und wissen, wo sie Beratung und Hilfe holen können. In den meisten Bundesländern bietet die Schulpsychologie für Eltern, Lehrkräfte und Schülerinnen und Schüler eine akute Krisenintervention und Beratung an. Darüber hinaus sollten die potenziell Betroffenen oder Beteiligten hin und wieder die aktuellen Online-Angebote der Schulpsychologie oder der Nummer gegen Kummer zur Kenntnis nehmen bzw. über deren Möglichkeiten informiert werden. Erst wenn man diese Ressourcen und deren Chancen kennt, steigt die Bereitschaft, sie im Ernstfall auch zu nutzen. Bei akuter Suizidgefahr steht auch die Ambulanz und Notaufnahme der zuständigen Kinder- und Jugendpsychiatrischen Klinik zur Verfügung.

12.6 Fazit

Stress und Schulangst sind in der Regel unvermeidliche Erfahrungen für Schülerinnen und Schüler, Lehrkräfte und Eltern. Sie sollten nicht pathologisiert, sondern als bewältigbare Herausforderungen gezielt trainiert werden. Es sollte zum Bildungsprogramm aller Kitas und Schulen gehören, Lebenskompetenzen wie Selbstwirksamkeit, Dankbarkeit und Emotionsregulation zu trainieren. Darüber hinaus müssen alle drei Gruppen über typische Anzeichen sowie riskante und hilfreiche Bewältigungsformen niedrigschwellig und altersgerecht z. B. über entsprechende Links (z. B. www.nummergegenkummer.de/) und Dialogforen informiert werden. Nur so können sie sich selbst und sich gegenseitig unterstützen.

Für Risikogruppen sind trainierte Erzieherinnen und Erzieher, Schulsozialarbeiterinnen und Schulsozialarbeiter sowie (Beratungs-)Lehrpersonen erforderlich. Sie sind die entscheidende Schnittstelle zu den Betroffenen und ihrem Umfeld und zugleich das pädagogische »Frühwarnsystem«, das bei Verdacht multiprofessionelle Hilfe aktivieren sollte, um diagnosegeleitete und fachgerechte Interventionen zu ermöglichen. Stress und Schulangst bedrohen ja nicht nur aktuelle Lern-, Interaktions- und Leistungsprozesse, sondern haben das Potenzial – sofern nicht erkannt und behandelt –, alle Lebensbereiche und Lebensalter zu belasten. Spontanheilungen auf diesem Gebiet sind kaum zu erwarten, wohl aber Verschlechterungen, wenn nichts unternommen wird.

Hier muss sich daher die Schulpsychologie breit engagieren: durch Impulse für die präventive (Früh-)Förderung von Lebenskompetenzen und durch die Beratung sowie Aus- und Weiterbildung von Eltern, Erzieherinnen und Erziehern, Schulsozialarbeiterinnen und -arbeitern sowie Lehrpersonen, und zuletzt durch die Mitwirkung in multiprofessionellen Teams.

Literatur

Antov, M. I., Melicherová, U. & Stockhorst, U. (2015). Cold pressor test improves fear extinction in healthy men. *Psychoneuroendocrinology, 54*, 54–59.

Bender, K. & Dunkel, L. (2019). *Magic Circle. Das Konzept.* (Hrsg.) Westfälische Provinzial Versicherung Münster. Zugriff am 27.05.2021 unter https://www.miteinandern.de/index.php?id=13

Berking, M. (2014). *Training Emotionaler Kompetenzen* (3. Aufl.). Heidelberg: Springer.

Eckert, M. & Tarnowski, T. (2017). *Stress- und Emotionsregulation: Trainingsmanual zum Programm Stark im Stress.* Weinheim: Beltz.

Eckert, M., Tarnowski, T. & Merten, L. (2019). *Stress-und Emotionsregulation für Jugendliche: Trainingsmanual zum Programm Stark im Stress.* Weinheim: Beltz.

Eckert, M. (2021). *Informationen zum Klinischen Classroom-Management.* Zugriff unter https://www.apollon-hochschule.de/schulpsychologie/

Greco, L. & Hayes, St. (2011). *Akzeptanz und Achtsamkeit in der Kinder- und Jugendlichenpsychotherapie.* Weinheim: Beltz Verlag.

Heckendorf, H., Lehr, D., Ebert, D. D. & Freund, H.(2019). Efficacy of an internet and app-based gratitude intervention in reducing repetitive negative thinking and mechanisms of change in the intervention's effect on anxiety and depression: Results from a randomized controlled trial. *Behaviour Research and Therapy, 119*, 103415.

Hillert, A., Lehr, D., Koch, S., Bracht, M. M., Ueing, S., Sosnowsky-Waschek, N. & Lüdtke, K. (2019). *AGIL – Arbeit und Gesundheit im Lehrerberuf: Das persönliche Arbeitsbuch.* Stuttgart: Schattauer Verlag.

Janke, W. & Erdmann, G. (1997). *Der Stressverarbeitungsfragebogen (SVF 120). Kurzbeschreibung und grundlegende Kennwerte*. Göttingen: Hogrefe.

Kaltwasser (2013). *Achtsamkeit in der Schule. Stille-Inseln im Unterricht: Entspannung und Konzentration.* Weinheim: Beltz Verlag.

Lehr, D., Eckert, M., Baum, K., Thiart, H., Heber, E., Berking, M., Sieland, B. & Ebert, D. (2014). Online-Trainings zur Stressbewältigung-eine neue Chance zur Gesundheitsförderung im Lehrerberuf? *Lehrerbildung auf dem Prüfstand, 7* (2), 190–212.

Margraf, J. & Schneider, S. (2003). Angst und Angststörungen. In J. Hoyer & J. Margraf (Hrsg.), *Angstdiagnostik. Grundlagen und Testverfahren* (S. 3–30). Berlin: Springer.

Margraf, J. & Schneider, S. (2018). Panikstörung und Agoraphobie. In J. Margraf & S. Schneider (Hrsg.), *Lehrbuch der Verhaltenstherapie. Band 2: Störungen im Erwachsenenalter – Spezielle Indikationen – Glossar* (4., überarbeitete u. aktualisierte Aufl., S. 3–28). Berlin: Springer.

Michaelsen-Gärtner, B., Franze, M. & Paulus, P. (2007). *Mobbing? Nicht an unserer Schule. Prävention und Handlungsstrategien*. Lüneburg: MindMatters Programmzentrum.

Muth-Seidel, D. & Seidel D. (2006). *Cool mit Nic Panda. Training für Kinder mit Schul- und Prüfungsangst*. Dortmund: verlag modernes lernen.

Nieskens, B., Heinold, F. & Paulus, P. (2011). *Gemeinsam(es) Lernen mit Gefühl. Eine Ressource zur Förderung sozial-emotionaler Kompetenzen in der Primarstufe*. Lüneburg: MindMatters Programmzentrum.

Nobis, M., Heber, E. & Lehr, D. (2018). E-Mental Health im Betrieblichem Gesundheitsmanagement – das Potenzial von Online-Gesundheitstrainings am Beispiel von GET.ON Stress. In D. Matusiewicz & L. Kaiser (Hrsg.), *Digitales Betriebliches Gesundheitsmanagement – Theorie und Praxis* (S. 475–490). Wiesbaden: Gabler Verlag.

Petermann, F. & Wiedebusch, S. (2016). *Emotionale Kompetenz bei Kindern*. Göttingen: Hogrefe.

Pixner, S. & Kaufmann, L. (2013). Prüfungsangst, Schulleistung und Lebensqualität. *Lernen und Lernstörungen, 2*(2), S. 111–124.

Rost, D. H. & Schermer, F. J. (2006). Leistungsängstlichkeit. In D. H. Rost (Hrsg.), *Handwörterbuch Pädagogische Psychologie* (3., überarbeitete u. erweiterte Aufl., S. 404–416). Weinheim: Beltz.

Rost, D. H. & Schermer, F. J. (2007). *DAI. Differentielles Leistungsangst Inventar*. Pearson Pearson Assessment.

Rupprecht, S. (2014). *Achtsamkeit macht Schule. Wie Achtsamkeit im Schulalltag helfen kann*. Wiesbaden: Universum Verlag GmbH.

Schmid & Sieberer (2013). *Entspannung, Achtsamkeit und Auflockerungsübungen für Kinder und Jugendliche in der Schule*. Zugriff am 27.05.2021 unter www.noegkk.at

Schwarzer, R. & Warner, L. M. (2015). *Stress, Angst und Handlungsregulation* (5. Aufl.). Stuttgart: Kohlhammer.

Seiffge-Krenke, I. (2008). Schulstress in Deutschland: Ursachen, Häufigkeiten und internationale Verortung. *Praxis der Kinderpsychologie und Kinderpsychiatrie, 57*(1), 3–19.

Sieland, B. & Heyse, H. (2010). *Verhalten ändern – im Team geht's besser*. Göttingen: Vandenhoeck und Ruprecht.

Stepper, S. (1992). *Der Einfluss der Körperhaltung auf die Emotion »Stolz«* (Doctoral dissertation). Universität Mannheim.

Wiencke, C., Lehr, D., Ebert, D. D., Sieland, B., Riper, H., Berking, M. (2014). Internet-basierte Ansätze in der Prävention und Behandlung von depressiven Beschwerden bei Jugendlichen und jungen Erwachsenen. *Praxis der Kinderpsychologie und Kinderpsychiatrie, 63*, 395–414.

13 Mobbing unter Schülerinnen und Schülern

Anne A. Huber

13.1 Einleitung

Mobbing kommt in allen Schulen vor. Präventive Maßnahmen können für Mobbing sensibilisieren und es reduzieren. Je früher professionell in ein Mobbinggeschehen eingegriffen wird, desto leichter kann man es beenden und mögliche Folgen mildern. In diesem Beitrag wird ein Überblick gegeben über Ursachen und Folgen von Mobbing sowie Möglichkeiten der Prävention und Intervention durch geeignete Anti-Mobbing-Strategien (Huber, 2011). Auch auf die Rolle von Schulpsychologie wird eingegangen.

13.2 Definition und Häufigkeit von Mobbing in Schulklassen

Nach Olweus (2006) liegt Mobbing dann vor, wenn eine Schülerin oder ein Schüler von einem oder mehreren anderen wiederholt und über längere Zeit negativen Handlungen ausgesetzt und dabei unterlegen ist. Das bedeutet, dass man nicht von Mobbing spricht, wenn gleich starke Schülerinnen oder Schüler aneinandergeraten oder wenn Aggressionen gegen eine Person nur einmalig auftreten. Smith und Sharp (1994) definieren Mobbing als Machtmissbrauch, der systematisch, wiederholt und vorsätzlich stattfindet. Kindler

(2020) betont als wichtige Merkmale von Mobbing, das Erleben von Hilflosigkeit beim Opfer aufgrund der schädigenden Gewaltformen und die sich verändernden Normen im Umgang mit dem Opfer in der Gruppe.

Während im nordeuropäischen Raum der Begriff Mobbing verwendet wird, ist es im angloeuropäischen Raum der Begriff Bullying (Schäfer, 2007). Von Cyber-Mobbing spricht man nach Pieschl und Porsch (2012) dann, wenn andere Personen mithilfe moderner Informations- und Kommunikationsmittel schikaniert, verunglimpft, betrogen, verraten oder ausgegrenzt werden und sich durch diese Aktionen hilflos, ausgeliefert oder belastet fühlen bzw. fühlen würden, wenn sie davon wüssten.

Die Häufigkeit von Mobbing und Cyber-Mobbing wird in der Regel über Selbst- und Fremdeinschätzungen zu verschiedenen Mobbing-Handlungen erhoben. Je nach Studie kommt man auf einen Prozentsatz von 5–35 % Mobbing-Opfer (Schäfer, 2007). In Grundschulen ist der Prozentsatz höher, die Stabilität der Rolle jedoch geringer. Der Prozentsatz von Täterinnen und Tätern liegt bei 7–12 %. In der Praxis sind es in der Regel einzelne Opfer, die von mehreren Tätern bzw. Täterinnen gemobbt werden. Mehrere Opfer gleichzeitig in einer Klasse sind eher selten (Kindler, 2020).

Pieschl und Porsch (2012) haben deutsche Befragungen zum Cyber-Mobbing in Schulen gesichtet. Dabei berichteten zwischen 4 % und 36 % der Schülerinnen und Schüler, dass sie Opfer von Cyber-Mobbing waren, und zwischen 15 % und 55 %, dass sie Täter bzw. Täterinnen waren. Pieschl und Porsch (2012) gehen davon aus, dass es eine große Schnittmenge von Schülerinnen und Schülern gibt, die sowohl von Mobbing als auch von Cyber-Mobbing betroffen sind.

13.3 Zum Phänomen des Mobbing

Nach Schäfer (2008) kann sich Mobbing physisch, z. B. durch Schläge, verbal, z. B. durch Hänseln, oder relational, z. B. durch Ausgrenzen und Isolieren zeigen. Grüner und Hilt (2011) teilen die Angriffe gegen Mobbing-Betroffene in Angriffe gegen die Seele, den Körper oder das Eigentum ein. Die Besonderheit des Cyber-Mobbings (klicksafe.de, 2017) liegt darin, dass das Cyber-Mobbing eine viel größere Öffentlichkeit erfährt, Inhalte nur sehr schwer wieder aus dem Netz zu entfernen sind und sich extrem schnell verbreiten können. Dadurch verschwinden Schutzräume vor dem Mobbing. Hinzu kommt, dass Täterinnen und Täter auch anonym auftreten oder die Identität des Opfers stehlen können.

Nach Smith und Sharp (1994) kommt Mobbing in vielen Kontexten vor, ist aber besonders wahrscheinlich, wenn in einer sozialen Gruppe klare Machtverhältnisse und geringe Supervision vorherrschen und die Gruppe nicht einfach verlassen werden kann, wie in der Armee, in Gefängnissen oder in Schulen. Besonders häufig tritt Mobbing im Klassenzimmer auf, wenn keine Lehrpersonen anwesend sind, oder in den Pausenhöfen. Je länger Mobbing anhält, desto eher tritt es auch während des Unterrichts auf.

Nach Schäfer und Korn (2004) handelt es sich bei Mobbing um einen gruppendynamischen Prozess, bei dem das Opfer immer weniger Chancen hat, sich selbst zu befreien. Je länger die Schikane andauert, desto mehr werden die Aktionen des Täters gegenüber dem Opfer auch von den Mitschülern und -schülerinnen für gerechtfertigt gehalten (Schäfer, 2007). Für das Opfer wird ein Ausbrechen aus der Opferrolle immer schwieriger. Der eigene Handlungsspielraum wird immer enger. Ohne Unterstützung von außen kann die eigene Situation kaum noch verändert werden. Mit zunehmender Manifestation der Opferrolle wird auch eine Intervention von außen immer anspruchsvoller, da mit immer weniger Unterstützung aus der Klasse gerechnet werden kann.

Salmivalli et al. (1996) unterscheiden verschiedene Rollen im Mobbingprozess. Neben Opfern und Täterinnen und Tätern sind es Assistentinnen und Assistenten, Verstärkerinnen und Verstärker, Verteidigerinnen und Verteidiger sowie Außenstehende. Neun von zehn Kindern können ganz klare Rollen im Mobbingprozess zugeschrieben werden.

13.4 Warum gemobbt wird

Schülerinnen und Schüler streben wie alle Menschen nach Anerkennung und häufig auch nach Macht. Sie suchen ein Entlastungsventil für ihre Aggressionen, ihren Neid, ihre Missgunst und ihre Langeweile. Kindler (2020) geht davon aus, dass es zwei Motive für Mobbing gibt: Zum einen das Mobbing zur Selbstaufwertung und Unterhaltung und zum anderen Mobbing, um unliebsame Konkurrentinnen und Konkurrenten auszuschalten. Dabei wird versucht, das Opfer in der Leistungsfähigkeit einzuschränken und zu diskreditieren.

Ob in einer Klasse Mobbing auftritt oder nicht, hängt stark von den sozialen Normen ab. Sie bestimmen, was an Verhalten akzeptabel ist. Gilt in einer Klasse aggressives Verhalten als akzeptabel, bzw. führt ein solches Verhalten sogar zum Erfolg, weil von Lehrenden nichts dagegen unternommen wird, dann stabilisiert sich ein aggressiver Umgang miteinander an diesem Erfolg (Schäfer & Kulis, 2005).

13.5 Folgen von Mobbing für Opfer und Täter/Täterinnen

Mobbing wirkt sich schädigend auf Opfer und Täterinnen und Täter aus (Kindler, 2020). Mobbing-Opfer müssen mit psychischen, körperlichen und leistungsmäßigen Beeinträchtigungen als Folge des Mobbings rechnen. Neben psychosomatischen Beschwerden ohne körperlichen Befund wie Kopf- oder Bauchweh sind die Angst, in die Schule zu gehen, und ein Leistungsabfall typische Folgen. Langfristig ist das Risiko für Depressionen erhöht. Es können vermehrt Selbstmordgedanken auftreten bis hin zu einem tatsächlichen Suizid. Opfer von Mobbing entwickeln häufig ein negatives Selbst- und Fremdbild und einen ängstlichen Beziehungsstil (Schäfer, 2007).

Auch bei Mobbing-Täterinnen und -Tätern finden sich negative Folgen des Mobbings. Nach Olweus (2006) werden sie als junge Erwachsene viermal häufiger nach offizieller Kriminalitätsstatistik wegen relativ schwerer Wiederholungsstraftaten bestraft. Nach Copeland, Wolke und Angold (2013) findet man außerdem ein höheres Risiko, eine antisoziale Persönlichkeitsstörung zu entwickeln.

13.6 Merkmale von Mobbing-Opfern und Täterinnen und Tätern

Jede und jeder kann zum Mobbing-Opfer werden. Nicht ein bestimmtes Merkmal ist ausschlaggebend, sondern die Position im sozialen Gefüge einer Klasse (Schäfer, 2007). Es werden Opfer ausgesucht, von denen wenig Gegenwehr zu erwarten ist und die mit wenig Unterstützung durch andere rechnen können, oder man versucht, einen ungeliebten Konkurrenten bzw. eine Konkurrentin auszuschalten (Kindler, 2020).

Olweus (2006) unterscheidet passive und provozierende Opfer. Passive Opfer reagieren auf Angriffe mit Weinen, Rückzug und mangelndem Selbstwertgefühl. Sie haben eine negative Einstellung zu sich selbst und verfügen in der Regel über keine Freundschaften in der Klasse. Sie bringen eine negative Einstellung gegen Gewalt mit und haben gelernt, dass man nicht zurückschlagen darf. Häufig sind sie körperlich eher schwächer als die Täterinnen oder Täter. Provozierende Opfer hingegen zeigen in ihrer Umgebung ein Verhalten, das Ärger und Spannungen verursacht. Sie haben oft Konzentrationsprobleme und sind manchmal auch hyperaktiv.

Der typische Täter bzw. die typische Täterin ist nach Olweus (2006) aggressiv gegenüber Gleichaltrigen. Er bzw. sie ist impulsiv und hat ein starkes Bedürfnis, Macht über andere auszuüben. Sie bzw. er zeigt wenig Mitgefühl mit den Opfern. Wenn es sich um einen Jungen handelt, ist er in der Regel körperlich den anderen überlegen. Olweus (2006) geht davon aus, dass aggressive Reaktionsmuster schon früh im Elternhaus entwickelt werden. Mangelnde Wärme und Anteilnahme der primären Bezugsperson, die Anwendung machtbetonter Erziehungsmethoden und die billigende Haltung gegenüber aggressivem Verhalten des Kindes begünstigen späteres Täterverhalten. Täterinnen und Täter sind nicht ängstlicher oder unsicherer als andere Kinder. Sie haben auch kein geringes Selbstwertgefühl. Sie sind durchschnittlich oder etwas unterdurchschnittlich beliebt. In der Regel werden sie in der Klasse mehr gemocht als ihre Opfer.

Nach Olweus (2006) gehören Jungen viel häufiger zu den Tätern und sind etwas häufiger Opfer. Während Jungen mehr unmittelbare Gewalt zeigen, greifen Mädchen mehr zu indirekter Gewalt wie Verleumdung, Gerüchteverbreiten, Gruppenausschluss oder Manipulation von Freundschaftsbeziehungen. Kindler (2020) bezweifelt, dass Jungen häufiger Opfer oder Täter sind; vielmehr geht er davon aus, dass hier Mobbing eher als solches erkannt wird.

13.7 Mobbing und seine Vorboten erkennen

Es dauert oft lange, bis Mobbing-Opfer sich jemandem mitteilen, unter anderem weil sie die Schuld bei sich selbst suchen oder sich schämen. Häufig versuchen sie herauszufinden, was sie anders machen können, damit Täterinnen und Täter sie in Ruhe lassen. Auch Angst davor, als Petze dazustehen und die Situation zu verschlimmern, kann Opfer davon abhalten, sich mitzuteilen. Lehrkräfte bekommen zu Beginn das Mobbing häufig nicht mit, da es nicht in ihrer Anwesenheit stattfindet. Es kann auch sein, dass Hänseleien im Unterricht nicht ernst genommen oder einfach übersehen werden. Nach Olweus (1996) berichten Schülerinnen und Schüler, dass Lehrkräfte bei Mobbing häufig nicht eingreifen. Wenn Lehrkräfte Mobbing-Aktionen ignorieren, dann wird dies wahrgenommen und prägt das Interaktionsgefüge in einer Klasse (Schäfer, 2007). Damit wird signalisiert, dass Mobbing in Ordnung ist. Mitschülerinnen und -schüler sagen nichts, weil sie entweder am Mobbing beteiligt sind oder aber Angst haben, selbst zum Opfer zu werden. Eltern bemerken vielleicht, dass ihr Kind nur noch ungerne zur Schule geht, immer wieder Bauchweh oder Kopfweh hat, in seinen Leistungen abfällt oder evtl. immer wieder Sachen verschwinden. Nach Schäfer (2007) berichten nur 50 % der Opfer ihren Eltern vom Mobbing. Entscheidender Grund dabei ist das mangelnde Vertrauen in die Veränderbarkeit der Situation.

13.8 Handlungsmöglichkeiten bei Mobbing für Schülerinnen und Schüler und ihre Eltern

Ein erster Schritt, Mobbing zu begegnen ist es, sich jemandem anzuvertrauen. Eltern sollten ihrem Kind glauben und nicht versuchen, die Schuld bei dem Kind zu suchen. Wenn es an einer Schule ganz klare Wege gibt, wie bei Mobbing vorgegangen wird, dann kann man diese beschreiten. Ansonsten gibt es immer die Möglichkeit, sich zunächst an unabhängige Beratungsinstanzen zu wenden, wie z. B. schulpsychologische Beratungsstellen, Beratungslehrkräfte oder die Schulsozialarbeit. Entschließt man sich, das Problem in der Klasse anzugehen, dann ist die Klassenlehrkraft in der Regel die erste Ansprechperson.

Es muss davon abgeraten werden, sich als Eltern direkt an die Eltern von Täterinnen oder Tätern oder an diese selbst zu wenden, da dies zu einer Eskalation der Situation führen kann. Eltern von Täterinnen und Tätern wollen in der Regel ihre Kinder schützen. Nach den Erfahrungen eines Mobbing-Telefon-Projekts (2002) verschlechterte sich die Situation der Mobbing-Opfer in allen Fällen, in denen Eltern der Täterinnen und Täter direkt kontaktiert wurden.

Ein Schulwechsel sollte in Betracht gezogen werden, wenn die Belastung für das Opfer zu groß wird, weil die Schule unangemessen reagiert oder eingeleitete Maßnahmen nicht erfolgreich sind, und es das Opfer nicht mehr länger aushält. Bei einem geplanten Schulwechsel ist eine Unterstützung des Opfers sinnvoll, um ihm oder ihr zu helfen, die gemachten Erfahrungen zu verarbeiten und in einer neuen Klassengemeinschaft Fuß zu fassen.

13.9 Prävention von Mobbing in der Schule

Durch die allgemeine Schulpflicht können es sich Schülerinnen und Schüler nicht aussuchen, ob sie in die Schule gehen. Von daher haben Schulen eine ganz klare Verantwortung, Mobbing vorzubeugen und dagegen vorzugehen. Prävention und Intervention von Mobbing sollte nicht als Zusatzaufgabe, sondern als integraler Bestandteil der eigenen Arbeit betrachtet werden.

Ein nachhaltiges Präventionskonzept setzt dabei nach Olweus (1996) auf drei Ebenen an: (1) der Schulebene, (2) der Klassenebene und (3) der individuellen Ebene. Im Folgenden werden diese drei Ebenen näher charakterisiert und ausgeführt.

1. Kennzeichnend für Prävention auf *Schulebene* ist, dass die Schule an einem Konzept zur Vorbeugung und Intervention bei Mobbing arbeitet und dass alle Konzeptbausteine im Rahmen eines Schulentwicklungsprozesses abgestimmt und von der Schulgemeinschaft systematisch umgesetzt werden. Sinnvoll für ein solches Präventionskonzept ist es, sich folgende Fragen zu stellen:
   - Wie wird ein positives Schulklima gepflegt?
   - Wie wird für Mobbing sensibilisiert?
   - Wie gehen Lehrkräfte vor, wenn sie einen Hinweis auf Mobbing haben?
   - An wen können sich Schülerinnen und Schüler sowie Eltern bei Mobbing wenden und was passiert dann?
   - Welche Unterstützungssysteme stehen zur Verfügung und wie sind diese miteinander vernetzt?
   - Welche Personalressourcen stehen an der Schule zur Verfügung und wie werden diese weiterentwickelt?
   - Wie arbeiten Schule und Elternhaus zum Wohl der Schülerinnen und Schüler zusammen?

   Beispiele für Maßnahmen auf Schulebene sind die Verabschiedung einer Anti-Mobbing-Konvention; die Einführung eines Sozialcurriculums und die Ermöglichung eines Klassenrats in allen Schulstufen; die Installation von Sozialkompetenz- und Schülerstreitschlichterprogrammen und Schülerpatenschaften; die Gestaltung von Pausen- und Umkleideräumen; die Aufsicht in Pausen, auf Schulwegen und in Umkleideräumen; Elternarbeit und Elterninformationsabende zum Thema Gewalt und Mobbing; die Einrichtung eines Kummerkastens sowie die Ankündigung und Durchsetzung von Maßnahmen bei (wiederholtem) Regelverstoß. In dem in Baden-Württemberg implementierten Präventionskonzept »stark. stärker. WIR.« (Ministerium für Kultus, Jugend und Sport Baden-Württemberg, 2013) analysieren Schulen mit Unterstützung von Präventionsbeauftragten ihre bereits vorhandenen Präventionsbausteine, machen sie allen am Schulleben Beteiligten transparent und entwickeln ihr Präventionskonzept weiter.
2. Auf der *Klassenebene* ist es sehr wichtig, dass Lehrkräfte sich ihrer zentralen Rolle bei der Prävention und Intervention von Mobbing bewusst sind. Sie müssen miteinander kooperieren. Sie sind wichtige Rollenvorbilder und können die Klassennormen entscheidend beeinflussen. Sie können Impulse für die Entwicklung eines guten Klassenklimas schaffen, indem sie gemeinsame Aktivitäten und Feste anregen, kooperative Lernformen einsetzen und (soziale) Projekte durchführen. Eine gute Klassenführung, bei der gemeinsam mit der Klasse Regeln vereinbart werden und die Einhaltung überwacht wird, stellt ebenfalls einen wichtigen Baustein dar. Im Klassenrat können gemeinsame Projekte besprochen und Konflikte gelöst werden. In Projekten zum sozialen Lernen kann für Mobbing und den Umgang mit neuen Medien sensibilisiert werden. Auch Trainings für Schülerinnen und Schüler, wie man ein Mobbing-Opfer sinnvoll unterstützen kann, können hilfreich sein. Es können Toleranz und Partizipation eingeübt und soziale Kompetenzen und Konfliktlösestrategien erweitert werden.
3. Auf *individueller Ebene* geht es darum, dass Lehrkräfte gut auf das Führen von Gesprä-

chen mit Mobbing-Opfern, Täterinnen und Tätern sowie Eltern vorbereitet sind. Es gehören Maßnahmen zur Stärkung des Selbstvertrauens von Mobbing-Opfern dazu, die von internen und externen Stellen durchgeführt werden können.

13.10 Intervention bei Mobbing: Anti-Mobbing-Strategien

Zu einer nachhaltigen und effektiven Intervention bei Mobbing gehört:

- ein aktives Hinsehen und frühzeitiges Eingreifen bei Mobbing-Aktionen;
- eine genaue Situationsanalyse anstelle von (überstürzten) Bestrafungsaktionen;
- ein konsequentes und wiederholtes Handeln; Einmalaktionen sind nicht ausreichend;
- das Vorgehen mit dem Mobbing-Betroffenen abzusprechen und rückzukoppeln;
- ein gemeinsames Konzept: alle Lehrkräfte der Klasse und die Schulleitung müssen in das gemeinsame Vorgehen einbezogen werden;
- die Überlegung, ob Täterinnen und Täter bzw. Opfer weitergehende Unterstützung benötigen, um Verhaltensänderungen zu bewirken bzw. Selbstvertrauen wieder aufzubauen;
- eine Eltern- und Schülerschaft, die über das grundlegende Vorgehen der Schule bei Mobbing Bescheid weiß, und eine Schülerschaft, die für Mobbing sensibilisiert und bereit ist, einzugreifen;
- die Überlegung weiterer präventiver Maßnahmen für die Klasse, in der Mobbing aufgetreten ist, und gegebenenfalls eine Weiterentwicklung des Präventionskonzepts der Schule;
- gegebenenfalls müssen bestimmte Aktionen abgestellt werden. Insbesondere bei Cyber-Mobbing kann es wichtig sein, dass bestimmte Inhalte nicht weiter über digitale Medien verbreitet werden. Einen Überblick darüber, welche Möglichkeiten es gibt, gegen unbekannte und bekannte Täterinnen und Täter vorzugehen, kann man z. B. bei klicksafe.de (2017) bekommen.

Im Folgenden sollen vier grundlegende Wege beschrieben werden, wie Mobbing beendet werden kann, nämlich indem (1) ausgewählte Klassenmitglieder gebeten werden, die Lehrkraft bei der Lösung eines Problems zu unterstützen; (2) Mobbing in der Klasse thematisiert wird, mit dem Ziel, die Schülerinnen und Schüler dafür zu gewinnen, das Mobbing in der Klasse zu beenden; (3) Mobbing-Täterinnen oder -Täter mit dem eigenen Verhalten konfrontiert werden, mit dem Ziel, dieses zu verändern; (4) das Mobbing-Opfer unterstützt und gestärkt wird, um selbst einen Beitrag zur Befreiung aus der Rolle leisten zu können.

(1) Ausgewählte Klassenmitglieder werden gebeten, die Lehrkraft bei der Lösung eines Problems zu unterstützen

Ein Beispiel für diese Anti-Mobbing-Strategie ist der *No-Blame-Ansatz* (Blum & Beck, 2010, 2011), der im deutschsprachigen Raum weit verbreitet ist und positiv evaluiert wurde. Zu diesem Ansatz liegen sehr praxisnahe Anleitungen für die Durchführung vor. Die Methode umfasst drei Schritte. Im ersten Schritt wird das Gespräch mit dem Mobbing-Betroffenen gesucht, um Vertrauen aufzubauen und Zuversicht zu vermitteln, dass eine Verbesserung der Situation erreicht werden kann. Außerdem gilt es, Mobbing-Akteure und -Akteurinnen und unterstützende Klassenkameraden bzw. -kameradinnen zu identifizieren. Im zweiten Schritt werden die Akteure und Akteurinnen sowie die Unterstützerinnen und Unterstützer von der Lehrkraft zu einem Gespräch eingeladen mit der Bitte, der Lehrkraft bei der Lösung eines Problems zu helfen. Gemeinsam mit beiden Gruppen werden dann Lösungsvorschläge gesammelt. Nach ein bis zwei Wochen werden im letzten Schritt Einzelgespräche mit dem oder der Mobbing-Betroffenen und den Mitgliedern der Unterstützungsgruppe geführt, um herauszufinden, ob weitere Maßnahmen notwendig sind, und um die Unterstützung zu würdigen. Grundsätzlich baut der Ansatz auf folgenden Eckpfeilern auf: einer konsequenten Lösungsfokussierung anstelle von Problemorientierung; dem Zutrauen, dass Kinder und Jugendliche alle Kompetenzen mitbringen, um zu einer Lösung beizutragen; dem Verzicht auf Schuldzuweisungen und Sanktionen; dem Glauben an die Wirkung kleiner Schritte zur Transformierung des Mobbing-Systems in der Klasse, sowie der Entscheidungsfreiheit aller Beteiligten in allen Prozessschritten.

(2) Mobbing wird in der Klasse thematisiert, mit dem Ziel, die Schülerinnen und Schüler dafür zu gewinnen, das Mobbing in der Klasse zu beenden

Die grundlegende Idee ist es, bei den Klassenkameradinnen und -kameraden ein Verständnis dafür zu erwirken, wie Mobbing funktioniert und die Bereitschaft zu gewinnen, dass sich Schülerinnen und Schüler dafür einsetzen, dass in ihrer Klasse keine Mobbing-Aktionen mehr stattfinden. Eine Sensibilisierung für das Thema Mobbing versucht man z. B. dadurch zu erreichen, dass man theaterpädagogische Elemente und Rollenspiele zum Thema einsetzt (Michels & Raude, 2011), (Literatur-)Beispiele gibt, oder die Klasse zum Umgang miteinander befragt und mit Rechtfertigungsstrategien für Mobbing-Aktionen konfrontiert (Hilt & Grüner, 2011). Danach gilt es, die Schülerinnen und Schüler dafür zu gewinnen, an einer Veränderung des Umgangs miteinander mitzuwirken. Hierfür können zum Beispiel Lösungsansätze in der Klasse gesammelt werden (Michels & Raude, 2011) oder eine Gruppe installiert werden, die sich für die Einhaltung der Grundrechte in der Klasse einsetzt (Hilt & Grüner, 2011).

(3) Mobbing-Täterinnen oder -Täter werden mit dem eigenen Verhalten konfrontiert, mit dem Ziel, dieses zu verändern

Die wohl bekannteste Methode zur Konfrontation von Tätern bzw. Täterinnen ist die *Farsta Methode* (Taglieber, 2005). Voraussetzung für ihren Einsatz ist, dass genau bekannt ist, was dem Opfer angetan wurde und von wem. Der Täter bzw. die Täterin wird dann überraschend von zwei dafür ausgebildeten Lehrkräften aus dem Unterricht geholt und mit dem eigenen Verhalten konfrontiert, mit der Idee eine Verantwortungsübernahme und Verhaltensänderung zu erreichen. Problematisch an diesem Vorgehen zur Konfrontation ist das Überraschungsmoment der Konfrontation und der zugrundeliegende Gesprächsleitfaden. Beide verkörpern keine wertschätzende Konfrontation mit dem Verhalten auf Augenhöhe, sondern stellen eher einen Machteingriff dar, mit der Gefahr, dass die Täterin oder der Täter sich nur vordergründig diesem Machteingriff beugt.

Die grundlegende Haltung bei einem konfrontativen Vorgehen sollte aber die unbedingte Wertschätzung des Täters bzw. der Täterin sein. Lediglich das Verhalten und Rechtfertigungsstrategien sollten infrage gestellt werden, nicht die Person an sich. Beispielhaft für die konsequente Umsetzung dieser Haltung ist der *Pädagogische Rat* nach Beck und Beck (2008). Der Pädagogische Rat besteht aus mindestens zwei Lehrkräften an einer

Schule, die sehr gut in wertschätzender Konfrontation von Verhalten ausgebildet sind. Er wird in allen Fällen eines schweren Regelverstoßes aktiv. Die Verhaltensweisen des Täters bzw. der Täterin und die Beteiligung müssen ganz klar benannt werden können. Dem Täter bzw. der Täterin ist freigestellt, sich dem Rat zu stellen oder als Alternative dazu Sanktionen für das eigene Verhalten zu erhalten. Der Täter bzw. die Täterin muss psychisch in der Lage sein, sich einer Konfrontation zu stellen. Konfrontiert wird das konkrete Verhalten mit dem Ziel, dass der Täter bzw. die Täterin die Verantwortung dafür übernimmt, Empathie für das Opfer entwickelt und eine Verhaltensänderung und gegebenenfalls auch eine Wiedergutmachung anbietet.

(4) Das Mobbing-Opfer wird unterstützt und gestärkt, um selbst einen Beitrag zur Befreiung aus der Rolle leisten zu können.

Beim *Aktivierenden Betroffenen-Coaching* von Christian Achnitz (2020) wird das Opfer unterstützt, sich selbst aus der Opferrolle zu befreien, indem es mit Hilfe von Rollenspielen die eigene Körpersprache, Glaubenssätze und Reaktionsmuster verändert. Eltern werden als Übungspartner bzw. -partnerin miteinbezogen, um die neuen Reaktionsmuster daheim zu stabilisieren. Immer im Blick behalten werden muss dabei, ob noch weitere Methoden (siehe Ansätze oben) zum Einsatz kommen müssen, um die Situation in der Klasse für das Opfer zu verbessern.

Fazit zu den vier Ansätzen

Wichtig für die Effektivität aller vier Ansätze ist, dass die Grundhaltung des jeweiligen Ansatzes verstanden und umgesetzt wird und dass die Schule hinter dem Vorgehen steht. Die Haltung ist viel wichtiger als das konkrete methodische Vorgehen. Wird sie nicht umgesetzt, dann ist die Intervention im besten Fall unwirksam und im schlimmsten Fall kontraproduktiv. In der Regel gehen einer Intervention Gespräche und andere Maßnahmen voraus und es folgen weitere. Letztendlich geht es bei allen Maßnahmen darum, dass die Normen in einer Klasse so transformiert werden, dass kein Mobbing mehr stattfindet.

Grundsätzlich handelt es sich bei Mobbing um ein hoch komplexes Phänomen und es ist noch viel Forschung notwendig, um sagen zu können, unter welchen Voraussetzungen welche Mechanismen und Prozesse zu einer messbaren Reduktion von Mobbing führen (Schäfer & Letsch, 2018). In der Praxis gibt es aber verschiedene Wege, die man gehen kann und die zum Erfolg führen können, wenn man nicht aufgibt.

13.11 Zur Rolle der Schulpsychologie bei Mobbing

Mobbing kann nur in der Schule selbst wirksam begegnet werden. Schulen müssen es als ihre Aufgabe ansehen, ein gemeinsames Konzept gegen Mobbing und für ein gelingendes soziales Miteinander zu entwickeln und umzusetzen. Um effizient gegen Mobbing vorgehen zu können, müssen Lehrkräfte Verantwortung übernehmen, sich dafür qualifizieren und miteinander kooperieren. Schulpsychologinnen und Schulpsychologen können Schulen dabei unterstützen.

Je nachdem, wie die Schulpsychologie institutionell verankert ist und welche anderen Unterstützungssysteme noch vorhanden sind, können Schulpsychologinnen und Schulpsychologen unterschiedliche Aufgaben im Rahmen der Prävention und der Intervention bei Mobbing in Schulklassen übernehmen:

- Beratung und Begleitung von Schulen bei der Entwicklung, Umsetzung und Evaluation eines Mobbing-Präventions- und Interventionskonzepts
- Fortbildung von Schulen und Lehrkräften in Präventions- und Interventionsansätzen bei Mobbing
- Durchführung bzw. Begleitung von Mobbing-Präventions- und Interventionsmaßnahmen an Schulen
- Beratung und Begleitung von Eltern, Schülerinnen und Schülern sowie von Lehrkräften bei konkreten Mobbing-Vorfällen

Literatur

Achnitz, C. (2020). *Die ABC-Methode. Neue Wege aus der Opferfalle. Wirksame Hilfe für von Mobbing, Ärger oder Streit betroffene Schülerinnen und Schüler.* Köln: Wolters Kluwer Deutschland GmbH.

Beck, M & Beck, W. (2008). Pädagogischer Rat. In Ministerium für Kultus, Jugendliche und Sport, Baden Württemberg (Hrsg.), *Aktiv für soziales Lernen. Gewaltprävention an beruflichen Schulen* (S. 26–28). Zugriff am 27.05.2021 unter https://km-bw.de/site/pbs-bw-km-root/get/documents_E-1086165986/KULTUS.Dachmandant/KULTUS/zentrale-objekte-multilink/pdf/Aktiv_fr_soziales_Lernen_komplett.pdf

Blum, H. & Beck. D. (2010). *No Blame Approach. Mobbing-Intervention in der Schule.* Köln: Fairend.

Blum, H. & Beck, D. (2011). No Blame Approach. In A. A. Huber (Hrsg.), *Anti-Mobbing-Strategien für die Schule* (S. 19–30). Köln: Carl Link.

Copeland, W. E., Wolke, D. & Angold, A. (2013). Adult Psychiatric Outcomes of Bullying and Being Bullied by Peers in Childhood and Adolescence. *JAMA Psychiatry, 70*(2), 419–426.

Grüner, T. & Hilt, F. (2011). Systemische Mobbingprävention und -intervention. In A. A. Huber (Hrsg.), *Anti-Mobbing-Strategien für die Schule* (S. 89–106). Köln: Carl Link.

Huber, A. A. (2011). Einführung: Anti-Mobbing-Strategien für die Schule. In A. A. Huber (Hrsg.), *Anti-Mobbing-Strategien für die Schule* (S. 1–15). Köln: Carl Link.

klicksafe.de (2017). *Cybermobbing und was man dagegen tun kann.* Zugriff am 27.05.2021 unter https://www.klicksafe.de/themen/rechtsfragen-im-netz/irights/cyber-mobbing/

Kindler, W. (2020). *Mobbing – Fehler vermeiden, gute Lösungen finden.* Weinheim: Beltz.

Ministerium für Kultus, Jugend und Sport Baden-Württemberg (2013). *stark. stärker. Wir. Prävention an Schulen in Baden-Württemberg. Eine Handreichung für Schulen.* Zugriff am 27.05.2021 unter http://praevention-in-der-schule-bw.de/site/pbs-bw-new/get/documents/KULTUS.Dachmandant/KULTUS/Dienststellen/praevention-in-der-schule-bw/pdf/Handreichung_Online.pdf

Michels, A. & Raude, A. (2011). Spotlight – Theater gegen Mobbing. Ein theaterpädagogisches Konzept zur Arbeit in Schulklassen. In A. A. Huber (Hrsg.), *Anti-Mobbing-Strategien für die Schule* (S. 107–125). Köln: Carl Link.

Mobbing-Telefon-Projekt (2002). *Abschlussbericht.* Zugriff am 27.05.2021 unter https://mobbing-in-schulen.de/media/mobbing_telefon_report.pdf

Olweus, D. (2006). Täter-Opfer-Probleme in der Schule: Erkenntnisstand und Interventionsprogramm In H. G. Holtappels, W. Heitmeyer, W. Melzer & K.-J. Tillmann (Hrsg.), *Forschung über Gewalt an Schulen. Erscheinungsformen und Ursachen, Konzepte und Prävention* (4. Aufl., S. 281–297). Weinheim: Juventa.

Olweus, D. (1996). *Gewalt in der Schule – Was Lehrer und Eltern wissen sollten und tun können.* Bern: Huber.

Pieschl, S. & Porsch, T. (2012). *Schluss mit Cybermobbing!* Weinheim: Beltz.

Salmivalli, C., Lagerspetz, K. M. J., Björgqvist, K., Östermann, K. & Kaukiainen, A. (1996). Bullying as a group process: Participant roles and their relations to social status within the group. *Aggressive Behavior, 22*, 1–15.

Smith, P. K. & Sharp, S. (1994). The problem of school bullying. In P. K. Smith & S. Sharp (Eds.), *School Bullying. Insights and Perspectives* (pp. 1–19). London: Routledge.

Schäfer, M. & Korn, S. (2004). Bullying als Gruppenphänomen. *Zeitschrift für Entwicklungspsychologie & Pädagogische Psychologie, 36*, 19–26.

Schäfer, M. (2007). Mobbing unter Schülern. Phänomenologie, Dynamik und Ansätze zur Prävention/Intervention. In Franz Petermann und W. Schneider (Hrsg.), *Enzyklopädie der angewandten Entwicklungspsychologie* (S. 521–546). Göttingen: Hogrefe.

Schäfer, M. (2008). Mobbing im Klassenzimmer. In W. Schneider & M. Hasselhorn (Hrsg.), *Handbuch der Pädagogischen Psychologie* (S. 515–526). Göttingen: Hogrefe.

Schäfer, M & Letsch, H. (2018). Mobbing im Schulkontext. In Schneider, W., Lindenberger, U., Oerter, R. & Montada, L. (Hrsg.), *Entwicklungspsychologie* (8., überarbeitete Aufl., S. 713–728). Weinheim: Beltz.

Taglieber, W. (2005). *Berliner Anti-Mobbing-Fibel. Eine Handreichung für Lehrkräfte.* Berlin, Landesinstitut für Schule und Medien. Zugriff am 27.05.2021 unter https://www.berlin.de/familie/de/asset/download/asset-1226

14 Schulabsentismus

Heinrich Ricking

14.1 Problemstellung

Ein Mindestmaß schulischer Bildung gilt als wichtige Voraussetzung für ein integriertes Leben in der heutigen Gesellschaft. Dazu hat der Staat durch Gesetze zur Schulpflicht auf Länderebene allen Kindern und Jugendlichen dauerhaft auferlegt, eine öffentliche Schule zu besuchen. Es gilt die Verpflichtung zum Schulbesuch ab dem sechsten Lebensjahr: zumeist neun oder zehn (Bremen und NRW) Jahre allgemeine Schulpflicht sowie ein bis drei Jahre Berufsschulpflicht im Rahmen einer Ausbildung (Teilzeit) oder in Vollzeit an der berufsbildenden Schule. Die Schulpflicht schafft einerseits den Anspruch für jedes Kind auf kostenfreie Bildung, diktiert andererseits allen Kindern und Jugendlichen einen regelmäßigen Schulbesuch, inklusive der Teilnahme an schulischen Aktivitäten außerhalb des Unterrichts (z. B. Praktika, Ausflüge). Die Einschränkung der freiheitlichen Grundrechte der jungen Staatsbürger und Staatsbürgerinnen ist demzufolge billigend in Kauf zu nehmen. Dass es angesichts dieser umfassenden und langandauernden Auflage, Ausnahmen von der Regel gibt, liegt auf der Hand. Krankheiten oder wichtige Ereignisse entbinden temporär vom Gebot des werktäglichen Schulbesuchs. Allerdings zeigt ein erheblicher Teil der Schülerschaft der Sekundarstufe 1 eine grundsätzliche Bereitschaft zu Schulpflichtverletzungen; die weitaus meisten Kinder und Jugendlichen gehen jedoch verantwortlich damit um und fehlen allenfalls selten oder gelegentlich ohne gültige Entschuldigung (Weiß, 2007). Wenn sich demgegenüber Schülerinnen und Schüler dafür entscheiden (oder keinen anderen Weg sehen als), nur unregelmäßig oder gar nicht mehr am Schulunterricht teilzunehmen, entstehen komplexe Problemlagen. Wer vorsätzlich oder fahrlässig der Schulpflicht nicht nachkommt – oft werden fünf bis zehn unentschuldigte Fehltage angesetzt –, handelt grundsätzlich ordnungswidrig. In Bayern und Niedersachsen sind zum Beispiel Bußgelder bei missachteter Schulpflicht bis zu insgesamt 1000,00 € möglich, in Berlin insgesamt bis zu 2500,00 €, in Bremen 35,00 € pro Fehltag (Bußgeld-Info, 2020). Überdies begeben sich diejenigen mit hohen Versäumnisraten zumeist in negative psychosoziale Entwicklungen, die von einem hohen Delinquenzrisiko, Fehlen eines Schulabschlusses und einer deutlich erschwerten beruflichen Integration gekennzeichnet sind. Schulische Desintegration bleibt insofern kein schulisches Problem – ihr folgen mittelfristig mit hoher Wahrscheinlichkeit prekäre Lebensverhältnisse in beruflicher und sozialer Hinsicht.

14.2 Formgruppen

Schulabsentismus umfasst als Oberbegriff alle Formen und Intensitäten illegitimer Schulversäumnisse. Hinsichtlich der Bedingungsfaktoren lassen sich drei Formgruppen, das Schulschwänzen, die angstbedingte Schulmeidung und das Zurückhalten, voneinander abgrenzen (► Abb. 14.1), die ihrerseits diverse Verhaltensmuster integrieren (Ricking, Schulze & Wittrock, 2009).

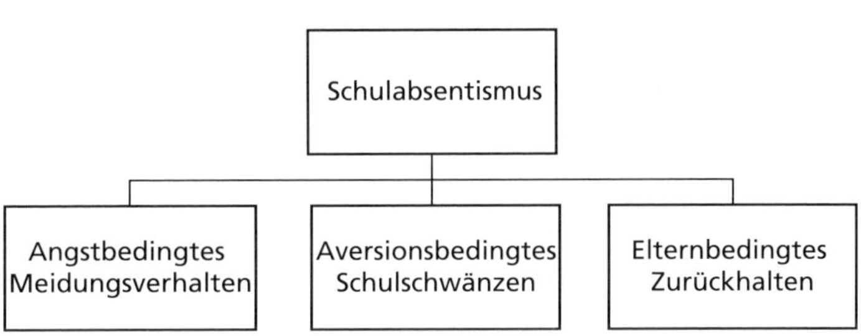

Abb. 14.1: Formen des Schulabsentismus

Daneben sind weitere Termini im Umfeld dieses Phänomens erkennbar, die nicht selten durch fachspezifische oder regionale Tradierungen geprägt sind. Auf der Ebene des Oberbegriffs Schulabsentismus ist auch von Schulbesuchsverhalten, Schulpflichtverletzung, Schulversäumnis, Schulmeidung oder auch Schuldistanz zu lesen. Im semantischen Kreise des Schulschwänzens finden Begriffe wie Schulverdrossenheit, Schulunlust oder Schulbummelei Verwendung. Schulverweigerung ist ein häufig und uneinheitlich verwandter Begriff für illegitime Schulversäumnisse, zum Beispiel im Sinne von intensivem Schulschwänzen oder angstbedingtem Schulmeidungsverhalten. In klinischen Kontexten wird Schulphobie als einschlägig betrachtet. Dropout schließlich bezeichnet quasi als Endstadium des Schulabsentismus den vorzeitigen Schulabbruch und dauerhaften Ausstieg aus dem Schulsystem (Ricking & Hagen, 2016).

Schulschwänzen

Beim Schulschwänzen handelt es sich um ein Verhaltensmuster, bei dem Schülerinnen und Schüler im Rahmen einer ablehnenden Einstellung (Aversion) die Schule als Ganzes, den Unterricht oder Lehrkräfte missbilligen und dieses regelmäßig durch Fernbleiben vom Unterricht oder Zuspätkommen deutlich machen. Dabei suchen sie während des Vormittags eine attraktivere Beschäftigung auf. Das Vermeiden der unlustgetönten schulischen Leistungssituation und das Überwechseln in befriedigendere Verhaltensweisen außerhalb der Schule unterstreicht die zugrundeliegende (Doppel-)Motivation. Als familiale Risikofaktoren gelten u. a. Armut, geringe Bildungsambitionen, eine nur gering ausgeprägte erzieherische Aufsicht und allgemein wenig Unterstützung für schulische Belange durch die Erziehungsberechtigten (Dunkake, 2007). Schulschwänzen tritt häufig mit Verhaltensmustern aus dem dissozialen Formenkreis auf (v. a. jugendliche Delinquenz, aggressive Konfliktregelung und Drogenmissbrauch), was problemverschärfend wirkt und auch im Kontext schulaversiver Cliquen zu beobachten ist (Frings, 2007). Schulisch zeigt sich der Zusammenhang zwischen Schulschwänzen und Leistungsversagen sehr prägnant, v. a. bei hohen Fehlquoten (Baier, 2012). Regelmäßige Misserfolge, die in schlechten Leistungsbewertungen oder Klassenwiederholungen Ausdruck finden, sorgen auf Dauer für mangelnde Lernmotivation, belastete pädagogische Beziehungen und Vermeidungsverhalten. Die Betroffenen fühlen sich angesichts schulischer Anforderungen frustriert und überfordert und entwickeln Verhaltenstendenzen, diesen aus dem Weg zu gehen (Oehme, 2007).

Hinsichtlich der Genese kann die Distanzierung von der Schule als langfristiger Prozess oder als Drift aufgefasst werden, der oft mit einer schulablehnenden Haltung beginnt, sich kontinuierlich aufbaut, sich später in Schulabsentismus manifestiert und in nicht wenigen Fällen im Dropout endet (Hillenbrand & Ricking, 2011; ▸ Tab. 14.1).

Tab. 14.1: Stadien der Entkopplung von Schule

Stadium	Merkmale
1. Schulaversion	• negative Emotionen gegenüber Schule • Motivationsprobleme • Lernverweigerung • Zuspätkommen • Schulversagen
2. Schulschwänzen	• in unterschiedlicher Intensität wiederkehrende Versäumnisphasen • Schulversagen • Kontakt zu schulaversiven Peers • weiteres Risiko-Verhalten (z. B. Aggressivität, Delinquenz, Drogenkonsum)
3. Dropout/Schulabbruch	• weitgehende oder völlige Entkopplung von der Schule • Abbruch des Schulbesuchs

Der Schulabbruch bildet in diesem Zusammenhang vielfach den Endpunkt einer »Abwärtsspirale« aus Leistungsversagen, Demotivation, Perspektivlosigkeit und Vermeidung.

Zurückhalten

Das Zurückhalten stellt eine Form des Schulabsentismus dar, die aus schulischer Sicht besonders schwierig zu handhaben ist, da die Initiative zum Fernbleiben der Schule nicht von Schülerinnen und Schülern, sondern von den Erziehungsberechtigten ausgeht oder zumindest mit deren Einverständnis geschieht. Die Ursachen und Begleitumstände des Zurückhaltens auf Seiten der Erziehungsberechtigten sind facettenreich (Albers & Ricking, 2018):

- Gleichgültigkeit gegenüber Schule und der schulischen Ausbildung des Kindes (oft vor dem Hintergrund eigener negativer Schulerfahrungen)
- Allgemeine schulkritische Haltung (der Schule wird bspw. eine krankmachende Wirkung zugeschrieben)
- Kulturell bedingte Kritik bzw. Ablehnung der Schulpflicht (z. B. für Mädchen mit Migrationshintergrund)

- Religiös bedingte Kritik bzw. Ablehnung curricularer Inhalte (z. B. Biologie, Sexualkunde)
- Der Schulbesuch wird nicht gefordert, weil die Schülerin bzw. der Schüler bereits substanziell arbeitet (und zum Familieneinkommen beiträgt).
- Eine physische oder psychische Erkrankung eines Elternteils schränkt die Überwachung des Schulbesuchs ein oder bedingt die Mitarbeit des Kindes Zuhause (z. B. wegen pflegerischer Tätigkeiten).
- Der Schulbesuch wird ausgesetzt, damit sichtbare Anzeichen von Kindesmissbrauch oder Verwahrlosung unerkannt bleiben (Schulze & Wittrock, 2008).

Angstbedingte Schulvermeidung
Angst kann als ein negativ empfundener emotionaler Zustand beschrieben werden, der auf eine als bedrohlich erlebte Situation zurückzuführen ist und zu Vermeidungsverhalten führen kann (Schneider, 2004). Bei der angstbedingten Schulvermeidung ist eine Differenzierung hinsichtlich des Schulbezugs geboten. Schulbezogene Ängste gehen entweder auf soziale oder auf leistungsthematische Probleme zurück. Bei letztgenanntem Aspekt verdichtet sich die Angst, in Prüfungen zu versagen oder in der Klasse etwas präsentieren zu müssen, in einem Maße, dass diese Situationen gezielt gemieden werden. Daneben können soziale Ängste ähnliche Folgen zeitigen, wie beispielsweise beim Mobbing/Bullying (Kindler, 2009). Unter den nicht schulbezogenen Ängsten ist v. a. die Trennungsangst erwähnenswert, also die Angst des (Grund-) Schulkindes, durch den Schulbesuch von der Mutter oder einer anderen Bezugsperson getrennt zu werden. Hat sich in diesem Kontext eine emotionale Störung entwickelt, ist eine diagnostische Klärung und therapeutische Intervention angezeigt (Koppe & Ranke, 2012).

14.3 Prävalenz, Verteilung und Entwicklung

Vorliegende Zahlen zu Häufigkeit und Verteilung von Schulabsentismus legen offen, dass nicht alle Schülergruppen in gleichem Ausmaß betroffen sind. Eine differenzierte Betrachtung zeigt ansteigende Fehlquoten ab Klasse 5 mit Höchstwerten zumeist in den 8. oder 9. Jahrgängen (Weiß, 2007). Dabei werden paritätische Verhältnisse zwischen den Geschlechtern oder leicht höhere Anteile für Schülerinnen verzeichnet (Rat für Kriminalitätsverhütung in Schleswig-Holstein, 2007). Massive Formen von Schulabsentismus weisen zumindest zeitweilig etwa 3–5 % eines Jahrgangs auf, in dieser Gruppe sind Jungen überrepräsentiert (Stamm, 2007). Die Schulformen unterscheiden sich in der Versäumnishäufigkeit recht markant (Weiß, 2007). Wenn auch an allen Schulen illegitime Versäumnisse vorkommen, hohe Fehlquoten geben Schulen mit eher niedrigen akademischen Anforderungen zu erkennen. Sie sind angesichts der hohen Selektivität unseres Schulsystems Sammelbecken für Schülerinnen und Schüler mit Lern- und Verhaltensschwierigkeiten. Im regionalen Vergleich liegen die Fehlquoten in den neuen Bundesländern geringer als in den alten, was mit einer höheren Kontroll- und Reaktionsdichte in den dortigen Schulen begründet wird (Baier, 2012). Das bedeutet, dass dort mehr Fehlzeiten von den Lehrkräften wahrgenommen werden (die Dunkelziffer niedriger ist) und die Schulen auch häufiger darauf reagieren und beispielsweise Kontakt mit den Erziehungsberechtigten aufnehmen.

Es kann vorausgesetzt werden, dass ca. 4 % der Schulversäumnisse auf Krankheiten oder weitere legitime Gründe zurückzuführen sind (vgl. Krankenstand in Deutschland). Folglich ist eine schulische Anwesenheitsquote von etwa 96 % anzustreben. Um die Anwesenheits- bzw. Fehlquoten zu messen und eine datenbasierte Handlungsfähigkeit in Schulen zu ermöglichen, ist eine systematische digitale Erfassung von Schulversäumnissen in Echtzeit zu gewährleisten. Von diesem notwendigen Standard sowie von einem auf Transparenz beruhenden Umgang mit Versäumniszahlen sind unsere öffentlichen Schulen noch weit entfernt. Auf Basis nationaler statistischer Erhebungen werden in England jedes Jahr Anwesenheitsfrequenzen veröffentlicht; Schulen machen dort Wochen- und Monatsstatistiken bekannt. Hierzulande vermeldet allein Berlin jährlich eine detaillierte Fehlzeitenstatistik, in der für die Jahrgangsstufen 7 bis 10 im 1. Schulhalbjahr 2019/2020 eine Gesamtfehlquote (entschuldigt plus unentschuldigt) von 6,67 % vermerkt ist.

14.4 Schulische Prävention und Intervention

Traditionell wird schulischer Absentismus als primär schulrechtliches Problem behandelt, das durch Bußgelder und andere Zwangsmaßnahmen geahndet wird. Ziel pädagogischer Prävention im Handlungsfeld Schule ist die Verstärkung und Förderung der Anwesenheit und Teilhabe an Unterricht und Schulleben sowie ein sinnvoller und nachhaltiger Umgang mit auftretenden Fehlzeiten. Es geht also nicht nur um physische Präsenz, sondern darum, möglichst alle Schülerinnen und Schüler durch Beziehungs- und Lernangebote schulisch und unterrichtlich einzubinden und auf diesem Weg Schule positiv erlebbar zu machen. Folgende Leitlinien der pädagogischen Prävention in Schulen sind dabei von Bedeutung (Hillenbrand & Ricking, 2011):

1. Prävention: Schulabsentismus ist nicht als situatives Ereignis zu verstehen, sondern Resultat einer Entwicklung, die bereits in der Primarstufe von ungünstigen Verläufen (Disziplinkonflikte, Schulversagen) geprägt ist (Hickman et al., 2008). Mit Blick auf Heranwachsende, die den Unterricht zwar (noch) regelmäßig besuchen, dabei jedoch schon innerlich abgeschaltet haben und die Zeit im Unterricht ohne Interesse oder Engagement absitzen, wird deutlich, dass frühe Maßnahmen gezielter Lernunterstützung sowie zur Stärkung sozialer Bindungen bereits in der Grundschule gefordert sind.
2. Intervention: Neben der präventiven Ausrichtung benötigen Schulen einen allgemeinen Interventionsplan bei Schulversäumnissen, der Strategien im Umgang mit gefährdeten Schülerinnen und Schülern einschließt und ein abgestimmtes Vorgehen in einer Schule ermöglicht (▶ Abschnitt 14.4.2).
3. Kooperation: Es ist von zentraler Bedeutung, dass sich Schulen vernetzen, im Sinne der erforderlichen Förderung außerschulische Kompetenzen nutzen und entsprechend in ein effektives Beratungssystem mit professionellen Hilfen eingebunden sind.

Zur Konkretisierung werden im Folgenden ausgewählte Maßnahmen der schulischen Prävention und Intervention dargestellt (siehe Ricking & Dunkake, 2017; Ricking & Albers, 2019).

14.4.1 Präventive Maßnahmen

Haltung und Gegenstandsverständnis
Die Haltung(en) in einer Schule gegenüber Schulversäumnissen sind vielfach dafür ausschlaggebend, ob Lehrkräfte Fehlzeiten überhaupt als pädagogisches Problem wahrnehmen. Aus der rechtlichen Definition der Schulpflicht erwächst nicht notwendigerweise eine pädagogische Initiative. Es ist eine offene und lösungsorientierte Einstellung gefordert, aus der hilfreiche Aktivitäten entstehen und die die Prävention von Fehlzeiten zum schulpädagogischen Aufgabenbereich rechnet. Dieses professionelle Verständnis ist auch dann einzufordern, wenn es sich um Schülerinnen und Schüler handelt, die, wenn sie im Unterricht sind, oft stören und viel Aufmerksamkeit auf sich ziehen.

Experte/Expertin im Kollegium
Der fachliche Kenntnisstand zum Schulabsentismus (z. B. über Risikofaktoren, diagnostische Optionen, schulnahe Prävention und Intervention) im Kollegium sollte hoch ausgeprägt sein. Eine Variante der Optimierung besteht darin eine Person aus dem Kollegium, die sich besonders intensiv mit dem Thema auseinandersetzt und über Beratungskompetenz verfügt, als Experten bzw. Expertin und Ansprechperson zu etablieren. Daneben ist das Thema in Aus- und Fortbildungen zu verankern.

Fehlzeiten wahrnehmen
Dass Schulversäumnisse überhaupt bemerkt werden, ist eine zwingende Voraussetzung für einen angemessenen Umgang damit. D. h., die Schüleranwesenheit muss im Fokus der Lehrkräfte sein, entsprechende Routinen in der (digitalen) Datenaufzeichnung sollten etabliert werden und so verlässliche Einschätzungen der Lage möglich machen. Insbesondere in großen Schulen mit häufigem Lehrer- und Raumwechsel ist die Dunkelziffer der Fehlzeiten als relativ hoch zu veranschlagen (Ricking & Dunkake, 2017). Auch die Schülerperspektive ist dabei zu berücksichtigen: Wagt eine Jugendliche oder ein Jugendlicher, einen Tag zu schwänzen, und stellt fest, dass es gar nicht bemerkt worden ist und insofern auch keine Reaktion der Schule zu erwarten ist, stellt diese Erfahrung einen hervorragenden Motivator dar, genauso weiter zu machen. Er oder sie muss den Eindruck gewinnen, dass es gleichgültig ist, ob er die Schule besucht oder nicht.

Einheitliche Entschuldigungsregelung
Die Aufnahme der Versäumnisse ist durch eine Entschuldigungsregelung mit den Erziehungsberechtigten schulweit zu vereinheitlichen, möglichst so, dass diese ein erkranktes Kind noch am gleichen Morgen (z. B. bis 9.30 Uhr) telefonisch in der Schule abmelden. Treffen weder Entschuldigung noch Schüler bzw. Schülerin in der Schule ein, können Lehrkräfte oder Schulsozialarbeiter und -arbeiterinnen aktiv werden und sehr zeitnah reagieren.

Gestaltung der Lehrer-Schüler-Beziehung
Die hohe Bedeutung der Lehrer-Schüler-Beziehung zur Vorbeugung schulischer Desintegration, steht außer Frage. Schülerinnen und Schüler entgleiten der Klasse und Schule, weil sie auch in persönlicher Hinsicht dort nichts mehr bindet und die soziale Entkopplung droht. Auf der Beziehungsebene wirkende Lehrerinnen und Lehrer achten auf emotionale Aufgeschlossenheit und ein freundliches, empathisches Auftreten, um eine vertrauensvolle Bindung zu ermöglichen. Die Stärkung des Klassenlehrerprinzips gilt als wesentliches Fundament der Schaffung tragfähiger pädagogischer Beziehungen (Bolz, 2017).

Auf Warnsignale achten
Die am Verhalten erkennbare Distanzierung vom Unterricht und der Schule zeigt oft eine zeitlich vorgelagerte Entsprechung in einer inneren Abwehrhaltung gegenüber schuli-

schem Handeln. Ausdruck findet sie in Lernverweigerung oder Rückzug und Gleichgültigkeit gegenüber der Schule, aber auch in wiederholtem Zuspätkommen und deutlichen Unterrichtsstörungen (evtl. als Zeichen einer inhaltlichen oder sozialen Abkopplung) oder unangemessen langen Fehlzeiten aufgrund von Bagatellkrankheiten. Nicht selten ist in diesem Kontext eine Flucht in Krankheit zu beobachten, wobei unspezifische Symptome wie Kopf- oder Bauschmerzen angeführt werden, um den Schulbesuch zu umgehen. Unkritisch nachsichtige Eltern oder wechselnde Ärzte unterstützen das Fehlen mitunter durch Entschuldigungen bzw. Atteste und verleihen dem Versäumnis eine vermeintliche Legitimität. Derartige Anzeichen und Verhaltensmuster sollten von Lehrkräften jedoch grundsätzlich als Warnsignale wahrgenommen werden, die in Schulabsentismus zu eskalieren drohen, und Klärungen bzw. Interventionen zur Folge haben (Schulze & Wittrock, 2008).

Hochwertiger Unterricht und kompetente Klassenführung
Unterricht spielt als Bedingung v. a. für das Schulschwänzen eine immens wichtige Rolle. Gute Erfahrungen, auch im Kontext von Schulaversion, konnten bisher mit einem Unterricht gemacht werden, der Lernenden erlebbare Erfolge ermöglicht, an ihrer Erfahrungswelt ansetzt, in dem sie Ideen selbst in den Unterricht einbringen können, den Lerngegenstand handelnd erfahren und produktorientiert umsetzen (z. B. Werkstattunterricht, Projekte, handlungsorientierter Unterricht, Schülerfirma) (Voigt & Ricking, 2008). Auch die Qualität der Klassenführung ist maßgeblich. Die Methode des Classroom Managements bietet in diesem Zusammenhang eine Fülle von abgesicherten Verfahren, deren Einsatz einen störungsarmen und lernintensiven Unterricht verspricht und zudem schulischer Desintegration entgegenwirkt (Hennemann, Hagen & Hillenbrand, 2010).

Angstquellen abbauen und Sicherheit gewährleisten
Schülerinnen und Schüler haben einen Anspruch darauf, sich in der Schule sicher und angenommen zu fühlen. Dabei gehört es zum alltäglichen Leben, ein gewisses Maß an Angsterleben zu akzeptieren, auch Gegenkräfte zu entwickeln und eine aktive Bewältigung zu erreichen. In der Regel ist es erforderlich, dass sich Menschen mit ihrer Angstsituation aktiv auseinandersetzen, um Verdrängung und Vermeidung zu überwinden. Vor allem schulbedingte Ängste sollten in der Schule aufgegriffen, bearbeitet und gemindert werden. Das Erkennen und Unterbinden von Mobbing verdient zur Prävention von Schulabsentismus dabei besondere Aufmerksamkeit (Kindler, 2009). Liegen die das Kind belastenden Angstfaktoren außerhalb der Schule, ist eine enge Kooperation mit den Eltern erforderlich. Zeigen sich Anzeichen einer emotionalen Störung mit Vermeidungsverhalten, ist abzuklären, ob therapeutische Hilfen angezeigt sind. Ist eine stationäre Unterbringung des Kindes vorgesehen, obliegt es den Eltern und Lehrkräften, das Kind zu begleiten, ihm zu verstehen zu geben, dass es weiterhin zur Klasse und Schule gehört. Vor diesem Hintergrund sind die Übergänge von der Schule in die Einrichtung und von der Einrichtung zurück in die Schule bedürfnisorientiert und in Abstimmung mit dem Behandlungsplan zu gestalten.

Intensive Elternkooperation
Eine enge Kooperation zwischen Eltern und Lehrkräften gilt als wirksame Grundbedingung zur Absentismusprävention und -intervention. Sie sollten Vereinbarungen treffen, die den Austausch strukturieren und so die Basis schaffen für eine gesicherte Interaktion und Verbindlichkeit. Um der Gefahr zu begegnen, in negative Kreisläufe gegenseitiger Vorwürfe abzudriften, sollten inhaltlich Entwicklungsfortschritte und Zielannäherungen thematisiert werden. Regelmäßige Kontakte mit den Eltern vermögen eine positive Basis zu

schaffen und vermeiden die kritische Beziehungsaufnahme erst im Krisenfall (Schultz, Jacobs & Schulze, 2006).

Schüler und Eltern beraten
Schülerinnen und Schüler mit unregelmäßigem Schulbesuch zeigen oft einen ausgeprägten Beratungsbedarf. Sie benötigen Informationen und Unterstützung zur Lösung ihrer Probleme, um Verhaltensalternativen (zu Flucht- oder Vermeidungshandlungen) zu entwickeln. Mit der Unterstützung durch Beratung kann die herausfordernde Situation anders interpretiert und es können neue Optionen für das eigene Verhalten aufgezeigt werden. Auch im Rahmen der Kooperation mit Eltern ist Beratung auf formeller wie informeller Ebene eine unentbehrliche Methode (Sacher, 2008).

14.4.2 Schulweites Interventionskonzept

Ein schulweites Interventionskonzept dient v. a. der Fallklärung und der abgestimmten Umsetzung einer angemessenen Intervention (Ricking & Dunkake, 2017). Abhängig von einer diagnostischen Einschätzung sollten bei Schulabsentismus hilfreiche Maßnahmen ergriffen werden, die eine baldige Reintegration ermöglichen. Das Konzept enthält daneben Festlegungen zum Umgang mit Fehlzeiten, strukturiert den Handlungsprozess und sollte als allgemeine Strategie von allen Lehrkräften schulweit umgesetzt werden. Hier werden zentrale Bestandteile skizziert:

Anwesenheitskontrolle

- Allgemeine Entschuldigungsregelung mit den Erziehungsberechtigten (► Abschnitt 14.4.1)
- Regelmäßige Kontrollen in allen Lerngruppen (verpflichtend in allen Klassen mind. zweimal pro Tag)

Dokumentation von Fehlzeiten

- Wie lange wird dieses Verhalten bereits gezeigt (ggf. Schulakte einsehen)?
- Ist ein abruptes Einsetzen feststellbar (konkrete Auslöser?) oder hat sich der Schulabsentismus im Laufe der Zeit entwickelt?
- Handelt es sich um kurzzeitige, intervallartige oder um langandauernde Fehlphasen?
- Welche Maßnahmen wurden ggf. bereits eingesetzt?
- Welche Sekundärprobleme sind im schulischen Zusammenhang aufgetreten? (z. B. Leistungsabfall, soziale Isolation)

Unterrichtsversäumnissen unverzüglich nachgehen

- Einer unerlaubten Fehlzeit folgt ohne Verzögerung eine angemessene Reaktion der Schule.
- Zeitnahe telefonische oder schriftliche Information an die Erziehungsberechtigten
- Stellungnahme der Erziehungsberechtigten anfordern
- Alle Aktivitäten auf Begleitbogen festhalten

Gespräche mit dem Kind und den Erziehungsberechtigten führen

- Gründe für die Abwesenheit eruieren
- Einstellung zum Schulbesuch ermitteln
- Beziehungen zu Mitschülerinnen und -schülern und Lehrkräften klären

Schulische Maßnahmen planen und umsetzen
Fachliche Maßnahmen sind festzulegen, die eine Annäherung an das Zielverhalten erlauben. Wenn möglich, sollte gemeinsam mit Kind und Eltern geplant werden. Im Prozess werden Risikofaktoren, Ressourcen und Verhaltensmotive in Beziehung zu Ansatzpunkten und Methoden der Intervention gesetzt. Optional ist die Kombination von Maßnahmen auf unterschiedlichen Ebenen (multimodale Intervention) zur Erhöhung der Wirksamkeit.

- Beratungsoptionen ausschöpfen
- Schulsozialarbeit einbinden
- Systematisch positive Verstärker nutzen
- Feedback-Systeme und Verhaltensverträge einsetzen
- Einschlägige Förderprogramme in Betracht ziehen, z. B. »Freunde« bei angstbedingtem Meidungsverhalten (Barrett, Webster & Turner, 2003) oder »Check & Connect« im Falle von Schulschwänzen und Dropout (Lehr, Sinclair & Christenson, 2004)

Wenn die Problematik weiterhin besteht

- Koordinierungstreffen zwischen (allen) Beteiligten: Schülerin bzw. Schüler und Eltern, Klassenlehrkraft, ggf. Fach- oder Beratungslehrer und -lehrerinnen, Sozialpädagogik an der Schule, ggf. der oder die zuständige Mitarbeiterin bzw. Mitarbeiter des Jugendamtes, Schulpsychologie, Mitglied der Schulleitung
- Ziele: Clearing des Falles, angemessene Maßnahmen organisieren (z. B. Therapie, Hilfen zur Erziehung, schulische Unterstützung) und Erarbeitung eines Handlungsplanes
- Enge Kooperation, z. B. zwischen dem Jugendamt und der Schule. Absprache von Jugendhilfemaßnahmen im Rahmen einer Schulhilfekonferenz

Rechtliche Zwangsmaßnahmen

- Ist die rechtliche Intervention in diesem Fall sinnvoll?
- Wenn ja, Schulversäumnisanzeige nach dem Schulgesetz

14.4.3 Multidisziplinäre Kooperation

In Schulen sind zunehmend unterschiedliche Berufsgruppen tätig, die u. a. schulpädagogischen, sonderpädagogischen, sozialpädagogischen, psychologischen oder medizinischen Unterstützungssystemen zugeordnet werden können. Wenn diese Fachexpertisen ihre volle Wirkung entfalten sollen, ist eine gelingende multiprofessionelle Kooperation unabdingbar (Ricking & Speck, 2020). Gute Bedingungen dafür schaffen Schulleitungen und schulische Mitarbeiter, die die Vielfalt an vorhandenen Professionen und Potenzialen kennen, wie auch die Bereitschaft zeigen, die jeweils anderen Fachleute systematisch in die pädagogische und fallbezogene Arbeit einzuschließen. Im Rahmen einer intensiveren Kooperation und Vernetzung geht es darum, multiprofessionelle Beratungs- und Unterstützungskonzepte zu entwickeln, die

- das Verständnis, die Ziele und Zielgruppen der Beratung und Unterstützung für Kinder, Eltern und Lehrkräfte in der Schule klären,
- gestufte Präventions- und Interventionsmaßnahmen (je nach Schweregrad),
- Empfehlungen an die Lehrkräfte zu Indikatoren, Verfahrensabläufen und Handlungsschritten für Präventionsmaßnahmen (z. B. Sensibilität, Monitoring, Projekte in den Klassen) und Interventionsmaßnahmen (z. B. spezifische Fallsituationen wie etwaSchulangst, oder Notfall- und Krisensituationen) enthalten sowie
- einen Überblick über die Zuständigkeiten, Kompetenzen, Kontaktdaten und Erreichbarkeiten der Kooperations- und Ansprechpartner geben (Ricking & Speck, 2020).

Problemlagen mit ausgeprägtem Absentismus, mit deren Lösung die Schule allein überfordert ist, sind keine Seltenheit. Verursachende Momente liegen dann teilweise außerhalb ihrer Reichweite; Gewöhnungsprozesse durch lange Fehlzeiten versperren den Weg zurück. Als vorteilhaft kann in solchen Fällen eine gute Vernetzung der Schule mit unterstützenden Diensten und außerschulischen Partnern eingeschätzt werden.

14.5 Fazit

Bei der Bildungsbeteiligung der Heranwachsenden handelt sich um eine Kernfrage des schulischen Bildungssystems, der Bildungspolitik und der Schulpädagogik. Schulen haben dabei die Möglichkeit, auch für schwächere und marginalisierte Schülerinnen und Schüler einen Lern- und Lebensraum zu schaffen, sodass die schulische Bildung für möglichst viele von einer positiven psychosozialen Entwicklung begleitet wird. Dabei zeigt sich klar, dass es nicht ausreicht, lediglich repressive Maßnahmen ins Auge zu fassen, um Versäumnisse zu verhindern. Schulen sind zwar kaum in der Lage Schulabsentismus mit eigenen Mitteln gänzlich zu eliminieren, doch sie haben viele Optionen das Schulbesuchsverhalten positiv zu beeinflussen und sich in der Frage der Partizipation und Anwesenheit wirksam zu positionieren. Dazu sind zunächst gut abgestimmte schulinterne Maßnahmen innerhalb einer positiven Schulkultur notwendig. Sind die Problemlagen außerschulisch bedingt und/oder von hoher Intensität, benötigen Schulen die Unterstützung durch kooperierende Dienste.

Literatur

Albers, V. & Ricking, H. (2018). Elternbedingter Schulabsentismus – Begriffe, Strukturen, Dimensionen. In H. Ricking & K. Speck (Hrsg.), *Schulabsentismus und Eltern* (S. 9–26). Berlin: Springer.

Baier, D. (2012). Die Schulumwelt als Einflussfaktor des Schulschwänzens. In H. Ricking & G. Schulze (Hrsg.), *Schulabbruch – ohne Ticket in die Zukunft?* (S. 37–62). Bad Heilbrunn: Klinkhardt.

Barrett, P., Webster, H. & Turner, C. (2003). *FREUNDE für Kinder. Trainingsprogramm zur Prävention von Angst und Depressionen*. München: Reinhardt.

Bolz, T. (2017). Ohne Beziehung keine Erziehung. Das Verhältnis zwischen Schüler und Lehrer ist vor allem bei Kindern mit Verhaltensauffälligkeiten von großer Bedeutung. *Grundschule, 1*, 14–18.

Bußgeld-Info. Zugriff am 27.05.2021 unter www.bussgeld-info.de/schulverweigerung-bussgeld/

Dunkake, I. (2007). Schulverweigerung: Eine Folge mangelnder familialer Kontrolle? In M. Wagner (Hrsg.), *Schulabsentismus. Soziologische Analysen zum Einfluss von Familie, Schule und Freundeskreis* (S. 105–138). Weinheim, München: Juventa.

Frings, R. (2007). Schulschwänzen und Delinquenz. In M. Wagner (Hrsg.), *Schulabsentismus. Soziologische Analysen zum Einfluss von Familie, Schule und Freundeskreis* (S. 201–237). Weinheim, München: Juventa.

Hennemann, T., Hagen, T. & Hillenbrand, C. (2010). Dropout aus der Schule – Empirisch abgesicherte Risikofaktoren und wirksame pädagogische Maßnahmen. *Empirische Sonderpädagogik, 3*, 26–47.

Hickman, G. P., Bartholomew, M., Mathwig, J. & Heinrich, R. S. (2008). Differential Developmental Pathways of High School Dropouts and Graduates. *The Journal of Educational Research, 102*, 3–14.

Hillenbrand, C. & Ricking, H. (2011). Schulabbruch. Ursachen – Entwicklung – Prävention. Ergebnisse us-amerikanischer und deutscher Forschungen. *Zeitschrift für Pädagogik, 2*, 153–172.

Kearney, C. A. (2007). Forms and Functions of School Refusal Behaviour in Youth. *Journal of Child Psychology and Psychiatry, 48*, 53–61.

Kindler, W. (2009). *Schnelles Eingreifen bei Mobbing*. Mülheim: Verlag an der Ruhr.

Koppe, H. & Ranke, E. (2012). Schulabsentismus in einer kinder- und jugendpsychiatrischen Praxis mit Sozialpsychiatrie-Vereinbarung. In H. Ricking & G. Schulze (Hrsg.), *Schulabbruch – ohne Ticket in die Zukunft?* (S. 258–270). Bad Heilbrunn: Klinkhardt.

Lehr, C. A., Sinclair, M. F. & Christenson, S. L. (2004). Addressing Student Engagement and Truancy Prevention during the Elementary Years. A Replication Study of the Check & Connect Model. *Journal of Education for Students Placed At Risk, 3*, 279–301.

Oehme, A. (2007). *Schulverweigerung. Subjektive Theorien von Jugendlichen zu den Bedingungen ihres Schulabsentismus*. Hamburg: Kovac.

Rat für Kriminalitätsverhütung in Schleswig-Holstein (2007). *Konzept gegen Schulabsentismus*. Kiel: Rat für Kriminalitätsverhütung.

Ricking, H. (2012). Was tun gegen Schulschwänzen? – Handlungshilfen für Lehrkräfte. *Pädagogik, 9*, 32–35.

Ricking, H. & Hagen, T. (2016). *Schulabsentismus und Schulabbruch*. Stuttgart: Kohlhammer.

Ricking, H. & Dunkake, I. (2017). *Wenn Schüler die Schule schwänzen oder meiden: Förderziele Anwesenheit und Lernen-wollen*. Hohengehren: Schneider.

Ricking, H. & Albers, V. (2019). *Schulabsentismus – Intervention und Prävention*. Heidelberg: Auer.

Ricking, H. & Rothenburg, E. (2020). Schulabsentismus – Ein komplexes Phänomen aus rechtlicher und pädagogischer Perspektive. *Recht der Jugend und des Bildungswesens, 1*, 104–118.

Ricking, H., Schulze, G. & Wittrock, M. (2009). Schulabsentismus und Dropout. Strukturen eines Forschungsfeldes. In H. Ricking, G. Schulze & M. Wittrock (Hrsg.), *Schulabsentismus und Dropout* (S. 13–48). Paderborn: Schöningh.

Ricking, H. & Speck, K. (2020). Gemeinsam ist besser – Schulangst und multiprofessionelle Kooperation. *SchulVerwaltung spezial, 3*, 125–129.

Sacher, W. (2008). *Elternarbeit. Gestaltungsmöglichkeiten und Grundlagen für alle Schularten*. Bad Heilbrunn: Klinkhardt.

Schneider, S. (2004). *Angststörungen bei Kindern und Jugendlichen. Grundlagen und Behandlung*. Berlin: Springer.

Schultz, A., Jacobs, G. & Schulze, G. (2006). Kooperation zwischen Familien und Schulen bei drohendem Schulabsentismus im Übergang Schule/Beruf. *Zeitschrift für Heilpädagogik, 9*, 332–344

Schulze, G. & Wittrock, M. (2008). Schulaversives Verhalten. In B. Gasteiger-Klicpera, H. Julius & C. Klicpera (Hrsg.), *Sonderpädagogik der sozialen und emotionalen Entwicklung* (S. 219–233). Göttingen: Hogrefe.

Stamm, M. (2007). Schulabsentismus. Eine unterschätzte pädagogische Herausforderung. *Die Deutsche Schule, 1*, 50–61.

Voigt, J. & Ricking, H. (2008). Wir gründen eine Schülerfirma. Ein pädagogisches Konzept für die schulische Berufsorientierung. *Lernchancen, 66*, 29–33.

Weiß, B. (2007). Wer schwänzt wie häufig die Schule? Eine vergleichende Sekundäranalyse auf Grundlage von 12 deutschen Studien. In M. Wagner (Hrsg.), *Schulabsentismus. Soziologische Analysen zum Einfluss von Familie, Schule und Freundeskreis* (S. 37–55). Weinheim: Juventa.

15 Mädchen und Jungen in der Schule

Ursula Kessels und Hannah Streck

15.1 Einleitung

Die wissenschaftliche Beschäftigung mit der Kategorie Geschlecht bewegt sich in einem Spannungsfeld: Sie beinhaltet nicht nur das Aufzeigen, Analysieren und Verstehen von etwaigen Unterschieden zwischen den Geschlechtern, sondern läuft auch immer Gefahr, die mit dieser Kategorie verbundenen Unterschiede zu betonen, zu verfestigen oder überhaupt erst herzustellen. Empirische Forschung zum Thema Geschlecht kann jedoch dazu beitragen, die Mechanismen zu verstehen, über die Geschlecht als individuell und gesellschaftlich relevante Kategorie wirksam wird. In diesem Sinne soll das folgende Kapitel verdeutlichen, inwiefern die Geschlechtszugehörigkeit und die Geschlechtsidentität im schulischen Kontext relevant sein können.

Voranzuschicken ist, dass immer dann, wenn im Folgenden von »Unterschieden« zwischen Mädchen und Jungen die Rede sein wird, sich dieses auf in empirischen Studien gefundene Mittelwertunterschiede zwischen den Geschlechtern bezieht. Dies impliziert nicht, dass bei jedem einzelnen männlichen Kind das betreffende Merkmal stärker (oder schwächer; je nach Richtung des Mittelwertunterschiedes) ausgeprägt ist als bei jedem einzelnen weiblichen Kind. Diese Aussagen beziehen sich immer auf den Durchschnitt zweier sich in der Regel stark überlappender Verteilungen.

15.2 Geschlechtszugehörigkeit und Geschlechterstereotype

Sofort und unwillkürlich registrieren wir, ob unser Gegenüber eine Frau oder ein Mann, ein Mädchen oder ein Junge ist. Diese erste Zuordnung eines Individuums zu einer Geschlechtergruppe ist sehr folgenreich, weil nun das bereits vorhandene, generalisierte, schematische Vorwissen über die Merkmale dieser sozialen Gruppe (z. B. »wie Jungen sind«) auf das einzelne Kind übertragen wird. Dieses aktivierte Schema leitet die weitere Informationsverarbeitung, es beeinflusst also, auf was in der Interaktion überhaupt geachtet wird, welche Verhaltensweisen erwartet werden und wie gezeigtes Verhalten interpretiert und im Gedächtnis abgespeichert wird.

Diese generalisierten kognitiven Schemata darüber, welche Eigenschaften auf »die Männer/Jungen« oder »die Frauen/Mädchen« zutreffen, nennt man Geschlechterstereotype. So gelten Männer im Allgemeinen als stärker, aktiver, dominanter, autonomer und aggressiver, Frauen als rücksichtsvoller, hilfsbedürftiger und fürsorglicher (Ellemers, 2018). Eine klassische experimentelle Studie zeigte, wie stark diese Schemata bereits unsere Wahrnehmung von kleinen Kindern beeinflussen: Versuchspersonen, die glaubten, in einer Videoaufnahme ein weibliches Kleinkind beim Interagieren mit Spielzeugen zu sehen, schrieben diesem Kind mehr ängstliche und weniger wütende Reaktionen zu als Versuchspersonen, denen mitgeteilt worden war, jenes (identische) Kleinkind im Video sei ein kleiner Junge (Condry & Condry, 1976). Geschlechterstereotype sind allerdings nicht nur *deskriptive* Annahmen darüber, wie sich männliche und weibliche Personen voneinander unterscheiden, sondern auch präskriptive, normative Erwartungen, wie sie sich unterscheiden *sollten*. So werden beispielsweise Frauen, die eine Führungsposition ausfüllen, häufig abgewertet, weil sie gegen die typische weibliche Rolle verstoßen und ihr Verhalten als unweiblich angesehen wird (Eagly & Karau, 2002).

Auch an Kinder und Jugendliche richten sich bereits geschlechtstypisierte normative Erwartungen. Die Forschung belegt, dass Jungen, die mädchentypisches Verhalten zeigen, von ihrem Umfeld stärker sanktioniert und mit höherer Wahrscheinlichkeit als ernsthaft abweichend bezeichnet werden als Mädchen, die jungentypisches Verhalten zeigen (zusammenfassend Rudman & Phelan, 2008). Jungen, die mit Puppen spielen und Kleider anziehen möchten, erfahren also deutlich negativere Reaktionen seitens der erwachsenen Bezugspersonen und seitens ihrer Peers als Mädchen, die mit Autos spielen und Hosen anziehen möchten. Dies erklärt sich zum einen daraus, dass als weiblich geltendes Verhalten bei Jungen stärker als jungenhaftes Verhalten bei Mädchen bereits als Indiz für mögliche Homosexualität angesehen wird (Rudman & Phelan, 2008). Zum anderen verweist die stärkere Sanktionierung von Jungen mit »weiblichem« Verhalten auf die unterschiedliche Bewertung der Geschlechter: Sich freiwillig auf eine niedrigere Stufe zu begeben als einem gemäß der Geschlechterhierarchie zusteht, beschädigt das eigene Ansehen – und gleichzeitig auch das Ansehen der Gruppe derjenigen, deren Vormachtstellung dadurch gefährdet wird.

15.3 Mädchen und Jungen in der Schule

In einigen für die Schule relevanten Bereichen finden sich Unterschiede zwischen Mädchen und Jungen. Jedoch ist zu betonen, dass die Ähnlichkeiten und Gemeinsamkeiten bei Weitem überwiegen. Die grundlegenden Mechanismen, wie erfolgreich gelernt wird, sind vom Geschlecht der lernenden Person unabhängig. Die Prozesse der menschlichen Informationsverarbeitung (Aufnahme, Verarbeitung, Speicherung und Abruf neuer Information) sind für Mädchen und Jungen identisch. Beispielsweise wird ein erfolgreicher späterer Abruf bei allen Menschen über »Elaboration« befördert, was bedeutet, dass über die vertiefte Auseinandersetzung mit der neuen Information diese mit den bereits vorhandenen Wissensstrukturen verknüpft wird. Für »geschlechtsspezifische« erfolgreiche Lernstrategien oder Lernmethoden gibt es keine kognitionspsychologische Evidenz.

15.3.1 Unterschiede in Schulleistungen, Selbstkonzepten und Fachwahlen

Während bis in die 1970er Jahren Mädchen in der BRD seltener das Abitur erreichten als Jungen, durchlaufen Mädchen die Schule derzeit insgesamt erfolgreicher als Jungen: Sie werden seltener bei der Einschulung zurückgestellt und wiederholen seltener eine Klasse, sie haben bessere Noten, machen häufiger das Abitur, besuchen seltener die Hauptschule und verlassen auch seltener die Schule ganz ohne Abschluss. Werden jedoch nicht die Schulabschlüsse, sondern die Fachkompetenzen betrachtet, bietet sich ein differenzierteres Bild. Für die in den PISA-Studien gemessene Lesekompetenz zeigt sich ein deutlicher Vorteil der Mädchen gegenüber den Jungen. In der Mathematik weisen dagegen die Jungen einen kleineren Vorsprung auf, in der naturwissenschaftlichen Kompetenz zeigen sich in Deutschland keine Geschlechtsunterschiede (zusammenfassend Kessels & Heyder, 2018).

Deutlichere Unterschiede zwischen den Geschlechtern finden sich jedoch in den subjektiven Einschätzungen eigener Fähigkeiten (Kessels & Heyder, 2018). Untersuchungen zum generellen akademischen Selbstkonzept zeigen, dass Mädchen und Frauen eine negativere Einschätzung der eigenen Fähigkeiten aufweisen als Jungen und Männer. Besonders ausgeprägt zeigt sich die niedrigere Selbsteinschätzung der Mädchen im Bereich der Mathematik. Mädchen haben ein deutlich niedrigeres mathematikbezogenes Selbstkonzept als Jungen, wobei diese Unterschiede im Selbstkonzept größer sind als die Unterschiede in den Mathematikkompetenzen. Das fähigkeitsbezogene Selbstkonzept ist von großer Wichtigkeit, weil es sich als zentrale Determinante von Leistungen und Kurswahlen erwiesen hat (Möller & Köller, 2004). Wer zuversichtlich ist, den Stoff eines Faches grundsätzlich bewältigen und entsprechend gute Noten erreichen zu können, wählt dieses Fach wahrscheinlicher als Leistungsfach als jemand mit einem negativen fachbezogenen Selbstkonzept. In den Wahlen von Leistungskursen finden sich entsprechend erhebliche Unterschiede zwischen den Geschlechtern. Mädchen wählen häufiger Deutsch, eine Fremdsprache oder Kunst als Leistungskurs und seltener Mathematik, Physik und Chemie als Jungen (Kessels & Heyder, 2018).

Zusammengefasst bedeutet dies, dass Jungen und Mädchen das Lernangebot der Schule sehr unterschiedlich nutzen. Durch die stark geschlechtstypisierten Fachwahlen werden schon in einem frühen Alter die Weichen für spätere Studienfach- und Ausbildungswahlen gestellt und das Spektrum späterer Berufe eingeschränkt. Bei diesen Wahlen scheinen die Geschlechterstereotypen eine erhebliche Rolle zu spielen. Die Ursachen dieser geschlechtstypisierten Bildungsverläufe werden in Abschnitt 15.4 erneut aufgegriffen.

15.3.2 Unterschiede im Lernverhalten und Sozialverhalten

Neben den Unterschieden in fachspezifischen Leistungen und Interessen zeigen sich auch in allgemein schulrelevanten Verhaltensweisen Unterschiede zwischen den Geschlechtern. Als Beispiel folgen fiktive Schilderungen zweier Kinder:

X hat immer die Hausarbeiten dabei, beteiligt sich am Unterricht, ist ruhig und konzentriert, passt auf, ist rücksichtsvoll, freundlich und kooperativ zu den anderen Kindern.

Y ist hibbelig, stört den Unterricht, ist laut, frech und unruhig, löst Konflikte mit anderen Kindern auch gerne mal mit Körpereinsatz und vergisst chronisch die Hausaufgaben.

Welches Geschlecht würde man diesen fiktiven Kindern wohl zuschreiben? Und welches Kind würden Lehrkräfte wohl lieber unterrichten? Diese holzschnittartigen Beschreibungen bilden nicht die durchschnittlichen Verhaltensprofile von Mädchen und Jungen in der Schule ab. Sie sind überzeichnet und bilden damit ebenfalls Stereotype ab: das Klischee vom braven, angepassten Mädchen und vom wilden, unangepassten Jungen.

Lernverhalten

Jenseits der Klischees belegen allerdings viele Untersuchungen, dass Jungen weniger für die Schule tun und sich dort auch weniger diszipliniert verhalten als Mädchen (Kessels & Heyder, 2018). Jungen geben in Befragungen an, weniger Zeit mit *Hausaufgaben* zu verbringen als Mädchen, sich dabei zudem weniger anzustrengen bzw. diese öfter gar nicht zu erledigen. Nach ihren eigenen Aussagen neigen sie bei schulischen Aufgaben stärker zur *Arbeitsvermeidung* als Mädchen (Steinmayr & Spinath, 2008). Auch in der Einschätzung ihrer Eltern ist die *Lernbereitschaft* von Jungen niedriger als die von Mädchen (Neugebauer, 2011). Dies macht sich auch konkret im Unterricht bemerkbar: Jungen *stören* den vorbereiteten und geplanten Ablauf des Unterrichts stärker als Mädchen, sie zeigen weniger Konzentration und Aufmerksamkeit bei der Bearbeitung von Aufgaben und verhalten sich im Mittel weniger angepasst (Kessels & Heyder, 2018). Um schulische Ziele zu erreichen, ist es zudem erforderlich, dass Kinder und Jugendliche ihr Lernverhalten selbst regulieren können, d. h. dass sie in der Lage sein müssen, sich selbst Ziele zu setzen, einen Handlungsplan zu entwickeln, bei dem sie angemessene Strategien zum Erreichen des jeweiligen Ziels auswählen und einsetzen, und vor allem auch die Durchführung ihres Plans selbst zu überwachen und sich nicht ablenken zu lassen. In besonderem Maße gilt dies für die sogenannten offenen Unterrichtsformen. Es ist empirisch gut belegt, dass sich Mädchen schon im Vorschulalter durch größere *Selbstregulationsfähigkeiten* auszeichnen, das heißt, sie können sich im Mittel besser konzentrieren und können insgesamt ihre Impulse besser kontrollieren als Jungen (Kessels & Heyder, 2018). Dieser Vorteil der Mädchen vergrößert sich im Laufe der Grundschulzeit zudem. Diese Merkmale im Lernverhalten korrelieren mit dem Erreichen von guten Schulnoten und können den besseren Schulerfolg und die häufigeren Gymnasialempfehlungen von Mädchen erklären. Entsprechend resümieren Hannover und Kessels (2011, S. 96): »Schüler/innen, die fleißig, zuverlässig, gut organisiert, verantwortungsbewusst und diszipliniert sind, legen ein dem Schulerfolg zuträgliches Arbeitsverhalten an den Tag und erreichen entsprechend bessere Noten.« Allerdings sollte in der Schulpsychologie auch bedacht werden, dass das insgesamt leistungsförderliche Lernverhalten von Mädchen nicht nur mit positiven Konsequenzen verbunden ist: Neuere Untersuchungen zeigen, dass Mädchen stärker als Jungen an *schulischem Burnout* leiden, was damit zusammenhängt, dass Mädchen ihren eigenen Selbstwert stärker als Jungen an das Erreichen guter Noten koppeln (Herrmann, Koeppen & Kessels, 2019).

Sozialverhalten

Die Fähigkeit zur Selbstregulation und Impulskontrolle spielt nicht nur beim Lernverhalten, sondern auch beim Sozialverhalten eine entscheidende Rolle. Erhöhte Impulsivität und eine geringe Fähigkeit, Emotionen zu kontrollieren, stehen mit aggressivem Verhalten in Zusammenhang (Robson, Allen & Howard, 2020). Geschlechtsunterschiede in aggressivem Verhalten zeigen sich besonders ausgeprägt bei direkter, physischer Aggression, die ihrerseits stärker mit Impulsivität korreliert ist als die indirekte, relationale Aggression, welche von Jungen und Mädchen gleichermaßen ausgeübt wird (unter relationaler Aggression wird z. B. rufschädigendes Verhalten wie Verleumdung und Ausgrenzung gefasst). Auch wenn für die höhere impulsgesteuerte Aggression von Jungen auch neurobiologische Erklärungen von der Forschung vorgebracht werden (Lück, Strüber & Roth, 2005), sind keinesfalls nur solche Ursachen belegt und plausibel. So zeigen Untersuchungen, dass Männer und Frauen über unterschiedliche soziale Repräsentationen von Aggression verfügen. Bei Männern findet sich häufiger eine instrumentelle Repräsentation von Aggression, was bedeutet, dass sie diese als Mittel zur Zielerreichung legitim finden und entsprechend eher offen ausleben. Frauen hingegen haben häufiger eine expressive Repräsentation von Aggression und empfinden offen gezeigte Aggression als Kontrollverlust, begleitet von starken Schuldgefühlen (zusammenfassend Lück et al., 2005). Diese Geschlechtsunterschiede in der Repräsentation aggressiver Handlungen werden als Ergebnis eines Lernprozesses gesehen, in dem Kinder die jeweils geltenden Geschlechterrollen übernehmen (Lück et al., 2005). Entsprechend den in Abschnitt 15.2 beschriebenen Geschlechterstereotypen werde bei Jungen aggressives Verhalten tendenziell gefördert, weil von Jungen geradezu erwartet werde, dass sie sich durchsetzen oder sich wehren, wie Lück und Kollegen (2005) betonen. Zum weiblichen Stereotyp passe jedoch aggressives Verhalten gar nicht und werde bei Mädchen deshalb weniger toleriert.

15.4 Ein psychologisches Modell zur Erklärung von Geschlechtsunterschieden in der Schule

Geschlechtsunterschiede in schulischen Interessen und Fachwahlen, aber auch im fachunspezifischen Engagement und Lernverhalten insgesamt können mit dem *Interests as Identity Regulation Model* (Kessels, Heyder, Latsch & Hannover, 2014) gut erklärt werden. In diesem Modell wird Schule als ein zentraler Raum für die Identitätsentwicklung von Jugendlichen verstanden. Ein wichtiger Aspekt der Identität bezieht sich auf die eigene Geschlechtszugehörigkeit. Grundlegende Annahme des Modells ist, dass Jugendliche sich durch die Art ihres schulischen Engagements nicht nur Wissen aneignen, sondern auch ihre eigene Identität formen und nach außen hin demonstrieren. Da unterschiedlichen Schulfächern unterschiedliche soziale Bedeutungen zukommen, hat der Schüler oder die Schülerin auch diese soziale Bedeutung in das eigene Selbst zu integrieren, wenn er sich in einem Fach besonders engagiert. So gilt das Fach Physik z. B. als »Jungenfach« und dem typischen Repräsentanten des Faches Physik wird von Jugendlichen besonders wenig Femininität zugeschrieben, wie verschiedene Studien zeigten. Dies bedeutet, dass Mädchen damit rechnen müssen, als unweiblich wahrgenommen zu werden, wenn sie viel Interesse an Physik zeigen. Andersherum können sie demonstrieren, dass sie ein ganz typisches, sehr feminines Mädchen sind, wenn sie sich explizit nicht für Physik interessieren. Dies impliziert, dass zur Schau gestelltes Desinteresse an Physik für Mädchen psychologisch funktional sein kann. Aber nicht nur die verschiedenen Fachdomänen werden geschlechtstypisiert wahrgenommen, sondern auch schulisches Engagement insgesamt (► Abschnitt 15.3.2). So sind fehlende Mitarbeit und Störverhalten funktional für Jungen, da sie durch dieses maskulin stereotypisierte Verhalten sich als besonders männlich darstellen und ihr Ansehen in der Peergruppe steigern können (Heyder & Kessels, 2017; Kessels & Heyder, 2020).

15.5 Maßnahmen zur Förderung einer geschlechtergerechten Schule

Schulische und pädagogische Arbeit bewegt sich im Spannungsverhältnis, der Kategorie Geschlecht die nötige Aufmerksamkeit zukommen zu lassen, ohne durch eine permanente (Über-)Betonung dieser Kategorie Differenzen zwischen Jungen und Mädchen zu verstärken oder sogar erst zu erzeugen. Dabei ist der erste und wichtigste Schritt, alle am pädagogischen Prozess Beteiligten dafür zu sensibilisieren, auf welche Weise die Kategorie Geschlecht wahrnehmungs- und handlungswirksam wird. Hierzu gehören eine kritische Auseinandersetzung mit den unterschiedlichen Rollen, die den Geschlechtern in der Gesellschaft zugewiesen werden, und Aufklärung über die Entstehung und Funktionsweise von Geschlechterstereotypen (► Abschnitt 15.2). Dabei sollen nicht nur die Kinder und Jugendlichen, sondern auch die Lehrkräfte ihre eigenen Vorstellungen und Vorurteile über »die Jungen« und »die Mädchen« überdenken, um alle Schülerinnen und Schüler unabhängig von ihrer Geschlechtszugehörigkeit zu fördern und die optimale Entfaltung des je individuellen Potentials zu ermöglichen. Gleichzeitig ist die Schule die zentrale staatliche Sozialisationsinstanz, die den Kindern die Gleichberechtigung der Geschlechter als eine der tragenden Maximen unserer Gesellschaft und als in der Verfassung verbrieftes Grundrecht zu vermitteln hat. Im Folgenden werden kurz einige übergreifende und einige fachdidaktische Konzepte zur geschlechtergerechten Bildung vorgestellt.

15.5.1 Allgemeine pädagogische Konzepte für geschlechtergerechte Bildung

Konzeptionen für geschlechtergerechte (oder geschlechterbewusste) Schulentwicklung umfassen in der Regel die drei Säulen der Personalentwicklung, der Unterrichtsentwicklung und der Organisationsentwicklung (Biermann, 2013; Heinzel, Henze & Klomfaß, 2007; Koch-Priewe, 2009). *Personalentwicklung* zielt in diesem Kontext auf die Haltung und die Kompetenzen der Lehrkräfte. Die Reflexion der eigenen Rolle als Frau oder Mann sowie als Lehrer oder Lehrerin und der eigenen Erziehungsziele für Schülerinnen und Schüler ist hierbei zentral. Einige Schulen haben zudem auch Schülerinnen und Schüler geschult und beauftragt, die Rolle von »Genderbeauftragten« oder »Gleichstellungsbeauftragten« einzunehmen und – ähnlich wie beim Peer-Mentoring oder -Tutoring – dieses Thema auf Klassen- und Schulebene zu vertreten (Schulze & Westphal, 2011).

Maßnahmen der *Unterrichtsentwicklung* beziehen sich darauf, den Unterricht insgesamt geschlechtergerecht zu gestalten. Hierzu zählen beispielsweise eine ausgewogene Beteiligung von Mädchen und Jungen am Unterricht, die Verwendung geschlechtergerechter Sprache, die Gestaltung von Unterrichtsmaterialien, die für beide Geschlechter Anknüpfungspunkte bieten und Stereotypisierungen vermeiden, sowie insgesamt die Stärkung eines guten und gleichberechtigten Miteinanders (Heinzel et. Al., 2007). In Abschnitt 15.5.2 werden fachdidaktische Überlegungen vorgestellt, die diese Maßnahmen für die verschiedenen Unterrichtsfächer spezifizieren. Darüber hinaus wird betont, dass diese Maßnahmen eine Institutionalisierung benötigen. Hierbei hat sich die Schule insgesamt als eine *Organisation* zu verstehen, die Geschlechtergerechtigkeit auf allen Ebenen beachtet und realisiert (Biermann, 2013; Koch-Priewe, 2009). Dazu gehören die Umsetzung von Geschlechtergerechtigkeit nicht nur auf der Ebene des Unterrichts und in Bezug auf die Schülerinnen und Schüler, sondern auch innerhalb der Leitungs- und Teamstrukturen der Schule, sowie die Verankerung dieses übergreifenden Ziels im Schulprogramm. Auch in der Elternarbeit sollte das Thema geschlechtergerechte Erziehung zur Sprache kommen (Heinzel et al., 2007). Handreichungen wie von Heinzel und Kolleginnen (2007) bieten eine Fülle von Anregungen und Praxisbeispielen für den eigenen Unterricht.

15.5.2 Fachdidaktische Konzepte für geschlechtergerechte Bildung

Aus den Fachdidaktiken heraus wurden viele Ansätze entwickelt, wie in den verschiedenen Unterrichtsfächern Mädchen und Jungen gleichermaßen motiviert und gefördert werden können bzw., wenn es sich inhaltlich anbietet, auch das Thema Geschlecht und Geschlechterrollen als Unterrichtsstoff behandelt werden kann. Einen umfassenden Überblick bietet das von Kampshoff und Wiepcke (2012) herausgegebene Handbuch. Je nach Unterrichtsfach werden ganz unterschiedliche Perspektiven eingenommen, die an dieser Stelle nur exemplarisch benannt werden können.

So ist in der *Deutschdidaktik* der deutliche Leistungsnachteil der Jungen und ihre geringe Lesemotivation ein bedeutsames Thema (zusammenfassend Tholen & Stachowiak, 2012). Vorschläge zur gezielten motivationalen Förderung der Jungen beinhalten die Ausrichtung der Inhalte bzw. Textgenres an typischen Jungeninteressen und einen Einbezug auch von anderen Medien als Texten. Gleichzeitig wird die Gefahr diskutiert, durch eine stark geschlechtstypisierende inhaltliche Kontrastierung (»Jungenbücher« über Ritter und Action, »Mädchenbücher« über Katzen und Gefühle) Geschlechterstereotype eher noch zu verstärken. In der *Physikdidaktik* richten sich die Bemühungen auf eine stärkere Einbeziehung von Mädchen (zusammenfassend z. B. Wodzinski, 2010). Hier wird angeregt, sowohl die Auswahl fachlicher Inhalte als auch der Methoden und Interaktionsformen daraufhin zu reflektieren, ob sie die Teilhabe von Mädchen und Jungen gleichermaßen wahrscheinlich machen. In der *Biologiedidaktik* (z. B. Huch, 2018; Palm, 2012) werden Ansätze diskutiert, wie eine »gendertheoretisch informierte« Didaktik die verwendeten Lehrmaterialien überarbeiten sollte, damit diese mit den Annahmen der »Gender Studies« besser in Einklang zu bringen seien. In der *Geschichtsdidaktik* (z. B. Lücke, 2012, 2019) wurden Konzepte entworfen, die die Historizität der Relation von männlich–weiblich thematisieren und die aktive Rolle von Frauen in allen geschichtlichen Kontexten fokussieren.

15.6 Beratung von Mädchen und Jungen

Die in diesem Kapitel beschriebenen mittleren Unterschiede zwischen Mädchen und Jungen legen nahe, dass sich sowohl die Beratungsanlässe als auch die Inanspruchnahme von Beratung zwischen den Geschlechtern unterscheiden. Externalisierende Verhaltensweisen, welche deutlich häufiger von Jungen gezeigt werden, sind auffälliger und münden damit wahrscheinlicher in die Empfehlung einer schulpsychologischen Beratung. Faktisch ist der größere Anteil der Klientel der Schulpsychologie männlich (Senatsverwaltung für Bildung, Jugend und Wissenschaft, 2015). Dennoch darf nicht übersehen werden, dass auch die weniger auffälligen Mädchen einen Unterstützungsbedarf haben können. So zeigen beispielsweise Mädchen mit AD(H)S oftmals im Unterricht kein störendes Verhalten, sind im Gegenteil »schüchtern, überangepasst und zurückhaltend« (Maxton, 2018, S. 47), haben aber trotzdem gravierende Schwierigkeiten beim Lernen und psychische Probleme.

Auch gibt es Kinder und Jugendliche, die Hilfe benötigen, schulpsychologische Beratung aber aus verschiedenen Gründen nicht in Anspruch nehmen. Dazu gehören begrenztes Wissen über vorhandene Dienste, Unsicherheit über die Vertraulichkeit der Sitzungen sowie das Stigma, das mit der Inanspruchnahme solcher Hilfe verbunden wird. Gerade der letzte Punkt ist bei männlichen Jugendlichen besonders ausgeprägt (Radez et al., 2020). Traditionelle Männlichkeitsnormen, nach denen ein Mann stark, unabhängig und gesund zu sein hat, verhindern schon im Schulalter, dass sich Jungen benötigte Hilfe suchen (Kessels & Steinmayr, 2013). Entsprechend sollten im Schulalltag das Thema psychische Belastungen und ihre Bewältigung sowie Hilfsangebote thematisiert und »normalisiert« werden (Radez et al., 2020).

Für die Schaffung eines optimalen Zugangs zur schulpsychologischen Beratung ist die Frage relevant, ob Jugendliche bevorzugen, von Fachkräften des eigenen Geschlechts beraten zu werden. Hier zeigen vorliegende Untersuchungen, dass dies zum Teil so ist, aber vor allem auf Mädchen zutrifft. In einer Studie von Quinn und Chan (2009) gaben fast 40 % der Jugendlichen an, dass sie sich gleichermaßen von weiblichen wie männlichen Fachkräften beraten ließen. Allerdings äußerten 68 % der Mädchen, lieber von einer Frau beraten zu werden, während nur 10 % der Jungen einen Mann bevorzugten. Nur 4 % der Mädchen wollten von einem Mann beraten werden, aber immerhin 37 % der Jungen lieber von einer Frau als von einem Mann. Um den Bedürfnissen der Jugendlichen zu entsprechen, wäre es also sinnvoll, hier Wahlmöglichkeiten anzubieten.

Literatur

Biermann, C. (2013). Nachhaltige Schulentwicklung – das Beispiel »Geschlechterbewusste Pädagogik an der Laborschule Bielefeld«. In D.-T. Chwalek, M. Diaz, U. Graff & S. Fegter (Hrsg.), *Jungen – Pädagogik* (S. 119–129). Wiesbaden: Springer VS.

Condry, J. & Condry, S. (1976). Sex differences: A study of the eye of the beholder. *Child Development, 47*, 812–819.

Eagly, A. H. & Karau, S. J. (2002). Role congruity theory of prejudice toward female leaders. *Psychological Review, 109*, 573–598.

Ellemers, N. (2018). Gender stereotypes. *Annual Review of Psychology, 69*, 275–298.

Hannover, B. & Kessels, U. (2011). Sind Jungen die neuen Bildungsverlierer? Empirische Evidenz für Geschlechterdisparitäten zuungunsten von Jungen und Erklärungsansätze. *Zeitschrift für Pädagogische Psychologie, 25*, 89–103.

Heinzel, F., Henze, R. & Klomfaß, S. (2007). *Eine Schule für Jungen und Mädchen. Praxishilfe mit Unterrichtsentwürfen für eine geschlechtergerechte Bildung* (Studie im Auftrag der Max-Traeger-Stiftung). Zugriff am 27.05.2021 unter www.schulentwicklung.nrw.de/q/upload/Gender/Eine_Schule_fuer_Maedchen_und_Jungen_Praxishilfe.pdf

Herrmann, J., Koeppen, K. & Kessels, U. (2019). Do girls take school too seriously? Investigating gender differences in school burnout from a self-worth perspective. *Learning and Individual Differences, 69*, 150–161.

Heyder, A. & Kessels, U. (2017). Boys don't work? On the psychological benefits of showing low effort in high school. *Sex Roles, 77*, 72–85.

Huch, S. (2018). Zur Relevanz von »Geschlecht« im biologiedidaktischen Kontext: Theoretische Konzepte und praktische Implikationen. In M. Koreuber & B. Aßmann (Hrsg.), *Das Geschlecht in der Biologie. Aufforderung zu einem Perspektivwechsel* (S. 299–326). Baden-Baden: Nomos-Verlag.

Kampshoff, M. & Wiepcke, C. (Hrsg.). (2012). *Handbuch Geschlechterforschung und Fachdidaktik.* Wiesbaden: VS Verlag.

Kessels, U. & Heyder, A. (2018). Geschlechtsunterschiede. In D. Rost, J. Sparfeldt & S. Buch (Hrsg.), *Handwörterbuch Pädagogische Psychologie* (5. Aufl., S. 209–217). Weinheim: Beltz.

Kessels, U. & Heyder, A. (2020). Not stupid, but lazy? Psychological benefits of disruptive classroom behavior from an attributional perspective. *Social Psychology of Education, 23*, 583–613.

Kessels, U., Heyder, A., Latsch, M. & Hannover, B. (2014). How gender differences in academic engagement relate to students' gender identity. *Educational Research, 56*, 219–228.

Kessels U. & Steinmayr, R. (2013). Macho-Man in school: Toward the role of gender role orientation and help-seeking in school performance. *Learning and Individual Differences, 23*, 234–240.

Koch-Priewe, B. (2009). Geschlechterdemokratie als Perspektive der Schulentwicklung. In D. Bosse & P. Posch (Hrsg.), *Schule 2020 aus Expertensicht* (S. 341–346). Wiesbaden: VS-Verlag.

Lück, M., Strüber, D. & Roth, G. (Hrsg.). (2005). *Psychobiologische Grundlagen aggressiven und gewalttätigen Verhaltens*. Oldenburg: BIS-Verlag.

Lücke, M. (2012). Didaktik der Geschichte – Geschlechterkonstruktionen historisch erzählen. In M. Kampshoff & C. Wiepcke (Hrsg.), *Handbuch Geschlechterforschung und Fachdidaktik* (S. 185–197). Wiesbaden: VS Verlag.

Lücke, M. (2019). Gender – Geschichte lernen in einer männlichen Disziplin. In S. Barsch, B. Degner, C. Kühberger & M. Lücke (Hrsg.), *Handbuch Diversität im Geschichtsunterricht: Inklusive Geschichtsdidaktik* (S. 159–167). Berlin: Wochenschau Verlag.

Maxton, C. (2018). Die Symptome sind bei Mädchen subtiler. *Pädiatrie, 30*, 46–50.

Möller, J. & Köller, O. (2004). Die Genese akademischer Selbstkonzepte: Effekte dimensionaler und sozialer Vergleiche. *Psychologische Rundschau, 55*, 19–27.

Neugebauer, M. (2011). Werden Jungen von Lehrerinnen bei den Übergangsempfehlungen für das Gymnasium benachteiligt? Eine Analyse auf Basis der IGLU-Daten. In A. Hadjar (Hrsg.), *Geschlechtsspezifische Bildungsungleichheiten* (S. 235–260). Wiesbaden: VS Verlag.

Palm, K. (2012). Grundlagen und Visionen einer genderreflexiven Biologiedidaktik. In M. Kampshoff & C. Wiepcke (Hrsg.), *Handbuch Geschlechterforschung und Fachdidaktik* (S. 69–82). Wiesbaden: VS Verlag.

Quinn, P. & Chan, S. (2009). Secondary school students' preferences for location, format of counselling and gender of counsellor: A replication study based in Northern Ireland. *Counselling and Psychotherapy Research, 9*, 204–209.

Radez, J., Reardon, T., Creswell, C., Lawrence, P. J., Evdoka-Burton, G. & Waite, P. (2020). Why do children and adolescents (not) seek and access professional help for their mental health problems? A systematic review of quantitative and qualitative studies. *European Child and Adoles-*

II Fokus Schülerinnen und Schüler

cent Psychiatry. Online Vorveröffentlichung. Zugriff am 27.05.2021 unter https://doi.org/10.1007/s00787-019-01469-4

Robson, D. A., Allen, M. S. & Howard, S. J. (2020). Self-regulation in childhood as a predictor of future outcomes: A meta-analytic review. *Psychological Bulletin, 146*, 324–354.

Rudman, L. A. & Phelan, J. E. (2008). Backlash effects for disconfirming gender stereotypes in organizations. In A. P. Brief & B. M. Staw (Eds.), *Research in organizational behavior, Vol. 4*. (pp. 61–79). New York: Elsevier.

Schulze, N & Westphal, M. (2011). Schüler und Schülerinnen als Genderbeauftragte an Schulen: Ein Modellprojekt. In D. Krüger (Hrsg.), *Genderkompetenz und Schulwelten* (S. 207–228). Wiesbaden: VS Verlag.

Senatsverwaltung für Bildung, Jugend und Wissenschaft. (2015). *Jahresbericht des Schulpsychologischen Dienstes in Berlin zum Schuljahr 2014/15: Zusammenfassende Ergebnisse*. Zugriff am 27.05.2021 unter www.berlin.de/sen/bildung/unterstuetzung/schulpsychologie/jahresbericht-schulpsychologie_2014_15.pdf

Steinmayr, R. & Spinath, B. (2008). Sex differences in school achievement: What are the roles of personality and achievement motivation? *European Journal of Personality, 22*, 185–209.

Tholen, T. & Stachowiak, K. (2012). Didaktik des Deutschunterrichts: Literaturdidaktik und Geschlechterforschung. In M. Kampshoff & C. Wiepcke (Hrsg.), *Handbuch Geschlechterforschung und Fachdidaktik* (S. 99–112). Wiesbaden: VS Verlag.

Wodzinski, R. (2010) Mädchen im Physikunterricht. In E. Kircher, R. Girwidz & P. Häußler (Hrsg.), *Physikdidaktik: Theorie und Praxis* (S. 583–604). Berlin/Heidelberg: Springer.

16 Schulpsychologische Beratung im interkulturellen Kontext

Meltem Avci-Werning

16.1 Einleitung

Naturgemäß kommen auch Kinder und Jugendliche mit Migrationsbiographie, deren Eltern oder Lehrkräfte in die schulpsychologische Beratung. Sie haben – wie Lernende ohne Migrationsbiographie auch – individuelle Probleme und Schwierigkeiten in der Schule, darüber hinaus berichten sie teilweise auch über vielfältige Bedingungskonstellationen, die aus der Zugehörigkeit zu einer anderen ethnischen Gruppe oder aufgrund ihrer Migrationsbiographie entstanden sein könnten. In einer professionellen schulpsychologischen Beratungsarbeit im Kontext von Migration sind für die Arbeit des Schulpsychologen und der Schulpsychologin sowohl die kontextuelle Einbettung der Problemsituation als auch die individuellen Voraussetzungen der einzelnen Person bedeutsam, um hilfreiche Prozesse anbahnen können. Wichtig ist in erster Linie zu beachten, dass die Probleme der Kinder und Jugendlichen mit Migrationserfahrung nicht nur aufgrund deren Herkunft entstanden sein müssen.

Obwohl die Individualität der Ratsuchenden und die Kontextbedingungen in der Beratung immer relevant sind, bestehen im Rahmen von Migration Lebenswirklichkeiten, deren Besonderheiten in diesem Beitrag beleuchtet werden. Um eine professionelle Beratungsarbeit im multi-kulturellen Kontext Schule zu gestalten und ebenso die Wahrnehmung für die besondere Situation von Personen mit Migrationsbiographie zu schärfen, werden die Voraussetzungen fokussiert, die Beratende schaffen müssen.

Migrationsgeschichten der Klientel stellen die schulpsychologisch Beratenden vor Herausforderungen, die nicht nur aufgrund sprachlicher Probleme, sondern auch durch Unverständnis oder »Zuviel«-Verständnis der Werte und Normen anderer kultureller Gruppen entstehen können. Methodische Kenntnisse sind daher von besonderer Bedeutung, sie gewährleisten die Grundlage für kompetentes und professionelles Vorgehen. Zunächst werden die Besonderheiten von Migrationsbiographie beleuchtet und die Bedeutung interkultureller Kompetenz fokussiert. Methodische Ansätze und Perspektiven des Umgangs mit kultureller und ethnischer Heterogenität in der psychologischen Beratung werden ferner beschrieben.

16.2 Migrationsbiographie?

16.2.1 Daten

Seit 2005 wurde der Themenkomplex Migration neu in das Erhebungsprogramm des Mikrozensus aufgenommen. Hierdurch ist es möglich, zwischen Bevölkerungsteilen mit und ohne Migrationsbiographie zu unterscheiden und nicht mehr allein auf die Kategorie »Deutsche« und »Ausländer« zurückzugreifen. So wird der Blick nicht nur auf die Zuwanderer selbst, sondern auch auf die in Deutschland geborenen Nachkommen gerichtet. Laut statistischem Bundesamt haben alle in Deutschland lebenden Menschen Migrationsstatus, die nach 1949 in das heutige Gebiet der Bundesrepublik Deutschland gezogen sind, alle in Deutschland geborenen Ausländer und alle in Deutschland mit deutscher Staatsangehörigkeit Geborene mit zumindest einem zugezogenen oder als Ausländer in Deutschland geborenen Elternteil. Der Migrationsstatus wird somit sowohl aus den persönlichen Merkmalen wie Zuzug, Einbürgerung und Staatsangehörigkeit als auch aus den entsprechenden Merkmalen der Eltern abgeleitet. Man spricht daher auch von der 1. bis 3. Migranten- bzw. Migrantinnengeneration (das heißt Zuwandererinnen und Zuwanderer, Kinder von Zuwanderern und Enkel von Zuwanderern). Im Jahr 2019 lebten nach den Angaben des statistischen Bundesamtes in Deutschland 21,2 Millionen Menschen mit Migrationsbiographie, die somit 26 % Prozent der Bevölkerung in Deutschland ausmachten (Statistisches Bundesamt, 2013). Einer Sonderauswertung der Pisa-Daten von 2015 zufolge kommen die Autorinnen und Autoren zu dem Schluss, dass ca. ein Viertel aller 15-Jährigen Lernenden aus OECD- und EU-Ländern entweder im Ausland geboren sind oder mindestens einen im Ausland geborenen Elternteil haben (OECD, 2018).

Ebenso wird konstatiert, dass viele dieser Schülerinnen und Schüler schlechtere Schulabschlüsse haben als inländische Gleichaltrige, besonders gilt dies für Kinder von Eingewanderten der ersten Generation. Durchschnittlich erreicht nur etwa jeder zweite Eingewanderte der ersten Generation die Erwartungen an Grundkompetenzen in Lesen, Mathematik und Naturwissenschaften, während bei Lernenden ohne Migrationshintergrund etwa drei Viertel diesen Anforderungen genügen.

16.2.2 Biographische Erfahrungen

In der Literatur zu Migrationsprozessen werden häufig Formen und Phasen der Migration erläutert (z. B. von Schlippe et al., 2004). Mit diesem Zugang werden unterschiedliche zeitliche Abschnitte fokussiert. Die Beschreibung von Formen der Migration soll hier Aufschluss über mögliche biographische Hintergründe geben. Kategorisierungen haben sich im Kontext von Beratung und Therapie als wenig hilfreich herausgestellt und sind nur zum besseren Verständnis der Gesamtsituation für den Beratenden nützlich. Für die Beratungsarbeit ist es zudem wichtig, diesen Aspekt im Fokus zu haben, da natürlich auch Menschen mit Migrationsbiographie heterogen in ihren Geschichten, Bedürfnissen und Erklärungen sind. Wie jeder Mensch haben sie eine eigene besondere Biographie, die im Kontext der Beratung individuell betrachtet werden muss. Gleichzeitig kann es biographische Gemeinsamkeiten geben. In erster Linie ist es wichtig, für mögliche kulturelle Besonderheiten und Unterschiede sensibel zu sein und sich bewusst zu machen, dass offensichtlich erscheinende Selbstverständlichkeiten auch Vorannahmen oder Stereotype des Beratenden selbst sein können.

Von Schlippe et al. (2004) sprechen von einem Spannungszustand, der bei Personen mit Migrationsbiographie beobachtet werden kann. Dieser Zustand wird mal mehr, mal weniger vom Einzelnen erlebt. Die individuellen Erfahrungen sind unterschiedlich, es kommt dabei darauf an, wie gravierend die Personen die Diskrepanz der konkreten Erfahrungen und kulturellen Prägungen zwischen dem Gastland und ihrem Herkunftsland erleben (von Schlippe et al, 2004, S. 37). Die Prägung von Migrationserfahrungen kann aber auch durch Eltern und Großeltern vermittelt stattfinden und zwischen den verschiedenen Migrantengruppen unterschiedlich sein.

In der schulpsychologischen Beratung werden immer häufiger auch Personen mit Fluchterfahrungen angemeldet, die von Beratenden in besonderer Weise wahrgenommen werden. Generell hat natürlicherweise dieser Personenkreis nicht selten sehr belastende und traumatisierende Erfahrungen gemacht. Nicht zu unterschätzen ist dabei die Betroffenheit bei den Lehrkräften und Beratenden aufgrund erheblicher Traumatisierungen und dramatischen Erzählungen durch die Betroffenen. Menschen, die auf der Flucht traumatische Erfahrungen gemacht haben oder in Familien aufwachsen, in denen Fluchterfahrungen eine Rolle spielen, haben häufig einen anderen Zugang zur neuen Umgebung, sind nicht selten ängstlicher und haben eine andere Beziehungsgestaltung.

Kinder und Jugendliche aus unterschiedlichen Nationalgruppen berichten von unterschiedlichen Erfahrungen, wenn es z. B. um Aussehen, Religion und Sprache geht, wobei rassistische Anfeindungen aufgrund von »ausländischem Aussehen« kein Einzelfall sind. Gleichzeitig kann eine Stigmatisierung der schulischen Außenwelt durch die Voranname entstehen, dass sie im Elternhaus gering unterstützt werden. Dies erfahren auch junge Menschen ohne Migrationsbiographie, was nicht selten zur Übernahme dieser Einschätzung durch die Schülerinnen und Schüler selbst führt und somit zu einer »selbsterfüllenden Prophezeiung« wird (Sluzki, 2001).

In Phasenmodellen von Migration werden unterschiedliche Entwicklungsaspekte und auch kritische Phasen beschrieben. Sluzki (2001) spricht z. B. von »Dekompensation«, wenn in der Entwicklung von Jugendlichen, z. B. in der Pubertät, generationenübergreifende Anpassungsprozesse stattfinden. Er beschreibt ein Spannungsfeld von Idealisierung bis Abwertung oder Verleumdung, dass sich im familiären »Belief-System« manifestieren kann. Hier wird entweder die Herkunftsgesellschaft oder die Aufnahmegesellschaft verleugnet bzw. idealisiert (Sluzki, 2001, S. 111). Berry (2002) beschreibt Anpassungskrisen, in denen Konflikte, Symptome und Probleme dadurch entstehen, dass Individuen Regeln und Werte, die sich in ihrem Herkunftsland als nützlich erwiesen hatten, in ihrer neuen Situation nicht sinnvoll erscheinen oder Probleme durch ursprüngliche Sichtweisen entstehen. Viele Publikationen befassen sich mit defizitären Folgen von Migration, was z. B. von Schmitz (2001) kritisiert wird. Von möglichen, aber nicht zwangsläufigen negativen Folgen eines Akkulturationsstresses spricht Schmitz, der betont, dass Migrationserfahrungen nicht nur zu psychischen Problemen führen müssen, sondern auch soziale Kompetenzen verbessern, die Wahrnehmung eigener Leistungsfähigkeit steigern und dadurch das Wohlbefinden positiv beeinflussen können.

16.3 Kultur und Identität

Der Begriff »Kultur« dient als Konzept zur Erklärung von Unterschieden zwischen Gruppen, wobei nicht nur ethnische oder Herkunftsgruppen herangezogen werden. Thomas (1996) beschreibt Kultur als ein »Orientierungssystem«, das sich über die Vermittlung von sogenannten »Kulturstandards« aktualisiert, und fasst mit der sehr kurzen Definition »Culture is bias« Kultur als Wertungsdimension zusammen. Die Kulturstandards werden von den Mitgliedern der Kultur in der jeweiligen Gemeinschaft gelebt und durch gültige Normen, Bezugssysteme und Verhaltensregeln moderiert bzw. weitervermittelt. Diese Vermittlung von Werten ist ein Sozialisationsziel, welches z. B. als eine Antwort auf die einfache Frage angesehen werden kann: »Wie soll sich ein Mensch als gut entwickelter Erwachsener verhalten?« Die Antwort auf diese Frage wird je nach kultureller Zugehörigkeit variieren, wobei – wie oben bereits erwähnt – nicht nur ethnische Gruppenzugehörigkeit allein eine Rolle dabei spielen muss. Jeder Mensch gehört unterschiedlichen Gruppen an und lernt, sich dort regelkonform zu verhalten. Welchen Gruppen man zugehört, spielt eine entscheidende Rolle in Bezug auf die Entwicklung der eigenen Identität (Avci-Werning, 2004). Kinder und Jugendliche mit ausländischen Wurzeln erleben häufig Unterschiede zwischen den Regeln und Normen und erleben nicht selten Situationen, die für sie eine Zerreißprobe bedeuten können. Unterschiedliche Glaubenssysteme und Verhaltenserwartungen kollidieren miteinander. Als Reaktion darauf werden zur Kompensation manchmal dysfunktionale Verhaltensmuster mit Konfliktpotential entwickelt (von Schlippe et al., 2004).

16.3.1 Wichtige Besonderheiten in der Beratung

Mit dem Begriff der »Sphärendifferenz« beschreibt El-Mafaalani (2014), dass z. B. Kinder und Jugendliche mit türkischer Migrationsbiographie zwischen zwei »Logiken« irritiert werden. Die Logik der »inneren Sphäre« des familiären Kontextes, in der traditionelle Formen des Zusammenlebens und kollektivistische Ideale im Vordergrund stehen, und die der »äußeren Sphäre« (die der Mehrheitsgesellschaft), in der individuelle Anerkennung, soziale Bindung in Freundschaftsgruppen und implizite Normen eine größere Rolle spielen, lassen eine Innen-Außen-Differenz entstehen, die für sie schwierig werden kann. Diese Innen-Außen-Differenz erzeugt einerseits Loyalitätskonflikte gegenüber beiden Gruppen und andererseits die Wahrnehmung, diskriminiert zu werden, verbunden mit einem mangelnden Gefühl von Zugehörigkeit zur Mehrheitsgesellschaft. Das Wechselspiel der mühsamen Encodierung der impliziten Normen, auf die sie in der Familie nicht vorbereitet werden, mit der wahrgenommenen Fremdheit bis hin zu Diskriminierungsgefühlen bewirken dieses mangelnde Zugehörigkeitsgefühl. Weitere Studien haben ergeben, dass diese erlebte Sphärendifferenz auch bei vietnamesischen Jugendlichen nachgewiesen werden konnte, sodass vorsichtig daraus geschlossen werden kann, dass nicht eine kulturelle Spezifität der türkischen Kultur beschrieben wird, sondern migrationsbedingte Prozesse (El-Mafaalani, 2014). El-Mafalaani (2014) beschreibt vier Typen, die unterschiedliche Umgangsformen aus der Problemstellung »mangelndes Zugehörigkeitsgefühl« herausgebildet haben.

Sphärendifferenz (El-Mafalaani, 2014, S. 103 f)

Typus 1: Dominanz der inneren Sphäre bei gleichzeitiger Abwertung der moralischen Vorstellungen in der äußeren Sphäre. Bei diesen, meist benachteiligten Jugendlichen zeigt sich eine einseitige Form der Zugehörigkeit und Orientierung.

Beispiel: »In die Schule zu gehen, zu den Deutschen, das war 'ne Pflichtveranstaltung. Wo ich mich wohlgefühlt habe, das war immer bei meinen Schwarzköpfen in meiner Straße.«

Typus 2: Dominanz der inneren Sphäre, wobei diese Jugendlichen die äußere Sphäre nicht abwerten, sondern ihr gegenüber Toleranz zeigen.

Beispiel: »Was ist daran so schlimm, wenn ich nicht sagen kann, dass ich Deutsche bin? Wir sind nicht wie die Deutschen. Ich bin Türkin aus dem Ruhrgebiet. (...) Und sonst in Deutschland fühle ich mich nicht zuhause!«

Typus 3: Die Jugendlichen fühlen eine Kongruenz gegenüber beiden Sphären. Sie leben mit der Dualität beider Welten und identifizieren sich mit beiden.

Beispiel: »Ich bin türkisch und ich bin Deutscher, aber nicht wie die Menschen in der Türkei oder die Deutschen ... Das verstehen nur Leute wie ich. Sogar meine Eltern kommen da nicht mit.«

Typus 4: Die Jugendlichen distanzieren sich von beiden Sphären, was mit einer umfassenden Kritik einhergeht. Die Unvereinbarkeit beider Sphären wird beschrieben, es wird gewissermaßen eine dritte Sphäre konstruiert.

Beispiel: »Ich bin kein Bio-Deutscher, aber trotzdem bin ich Deutscher, aber wie soll das gehen, wenn man das nicht sagen kann? Wenn ich sage, ›Ich bin Deutscher‹, dann kommt die Frage: ›Und wo kommst du wirklich her?‹ (...) Es ist besser zu sagen: ›Ich bin Türke‹ (...). Wenn ich sage, ›Ich bin Deutscher‹, das finden die türkischen Leute nicht gut (...).«

In einer Studie von Lorenz et al. (2014) wurden Besonderheiten in der psychotherapeutischen Arbeit mit Kindern und Jugendlichen mit Migrationsbiographie detailliert untersucht. Es konnte gezeigt werden, dass Patientenmerkmale, familiäre und kulturelle Besonderheiten und Sprachbarrieren eine besondere Rolle spielen. Die Autorinnen und Autoren empfehlen einen kultursensiblen Umgang beim psychotherapeutischen Prozess und beschreiben migrationsspezifische Merkmale für die therapeutische Arbeit. So konnte z. B. in den Interviews mit den Psychotherapeutinnen und -therapeuten herausgefunden werden, dass es für viele Eltern mit Migrationsbiographie noch schwieriger ist als für deutsche Eltern, die Diagnose einer psychischen Erkrankung zu akzeptieren. Außer bei Familien mit sehr belastenden Migrationserfahrungen, z. B. bei traumatischen Fluchterlebnissen, konnten die meisten Fachleute keine Unterschiede in der Schwere der Störungsbilder feststellen.

Bei diesen Kindern und Jugendlichen kamen häufiger posttraumatische Belastungsstörungen, Angststörungen und Depressionen vor, während z. B. Essstörungen in dieser Gruppe seltener vorkamen. Sie betonen, dass es bei der Arbeit mit muslimischen Familien nützlich sein kann, andere Familienmitglieder in den therapeutischen Prozess einzubeziehen, um komplexe Familienstrukturen zu berücksichtigen. Weil eine psychische Erkrankung das Fremdheitsgefühl verstärken kann – so die Autorinnen und Autoren –, ist neben Vertrauensaufbau eine ausführliche Psychoedukation und Aufklärung über den Beratungsprozess von zentraler Bedeutung. Ferner empfehlen die befragten Fachleute, vorhandenes Verständnis von Krankheit und Heilung nicht als »irrational oder abergläubisch« zu ignorieren, sondern die Ansichten ernst zu nehmen und in den Prozess einzubeziehen (Lorenz et al., 2014).

16.3.2 Kultursensibler Umgang und interkulturelle Kompetenz

In der Beratungsarbeit generell können Situationen entstehen, in denen die Einschätzungen des Beratenden zur Situation nicht mit denen der Klientel übereinstimmen. In der Arbeit mit Menschen aus anderen Kulturkreisen bzw. mit anderen kulturellen Werten können unüberwindbare Grenzen wahrgenommen werden, die manchmal sogar bei den Beratenden Ärger auslösen. Dass diese Gefühle in der Beratung nicht hilfreich sind, ist in psychosozialen Arbeitsfeldern hinreichend bekannt. Diese können (und sollten) in der Supervision bearbeitet werden. An dieser Stelle seien drei Aspekte genannt, die für den Umgang mit befremdlichen Situationen hilfreich sind:

- Wahrnehmung und Umgang mit der eigenen Betroffenheit (Haltung, Ethik etc.)
- Balance zwischen den Bedürfnissen »anders sein» und »wie alle sein«
- Akzeptanz und Anerkennung

Um Klarheit über die Befremdung oder Verärgerung zu erreichen, ist es wichtig, die eigenen Gedanken und Gefühle mithilfe der drei Aspekte zu reflektieren, um sich dem Klienten oder der Klientin wieder professionell zuzuwenden.

Laut Deardorff (2006) ist »interkulturelle Kompetenz« die Fähigkeit, in interkulturellen Situationen effektiv and angemessen zu reagieren; sie wird durch bestimmte Einstellungen, emotionale Aspekte, (inter)kulturelles Wissen, spezielle Fähigkeiten und Fertigkeiten sowie allgemeine Reflexionskompetenz befördert. Mit dieser Definition soll eine Anwendung auf unterschiedliche Handlungsfelder z. B. Schule ermöglicht werden. In einem Arbeitspapier der Bertelsmann Stiftung (2008) werden Thesen formuliert, die im Kontext eines sich im Wandel befindlichen Kulturbegriffs in einer heterogenen Gesellschaft einen vorläufigen Zugang bereitstellen. Besonders im Kontext der Schule kann beobachtet werden, wie schnell der kulturelle Wandel stattfindet und wie flexibel mit dem Begriff der interkulturellen Kompetenz auf Veränderungen reagiert werden muss. Insbesondere Beratungsprozesse sind davon betroffen und erfahren zunehmend eine dynamische Entwicklung des Begriffs »Kultur« und somit auch der »interkulturellen Kompetenz«. Umso schlüssiger wird, dass interkulturelle Kompetenz sich nicht auf Wissen über kulturelle Inhalte allein fokussieren kann, sondern vielmehr auf Prozess, Struktur und Erlebensfaktoren eingehen muss. Es lassen sich vier Dimensionen interkultureller Kompetenz differenzieren, wobei eine grundsätzlich positive Einstellung und Bereitschaft eine wesentliche Grundlage für die Entwicklung von interkultureller Kompetenz sind. Zentrale Perspektiven, die im Beratungskontext relevant sind, sind Handlungskompetenz, Haltungen und Einstellungen, Reflexionskompetenz und die Bereitschaft zur konstruktiven Interaktion.

Schlüsselkompetenz: Interkulturelle Kompetenz (angelehnt an Bertelsmann Stiftung, 2008)

- **Handlungskompetenz**
  - Umfassendes kulturelles Wissen
  - Kommunikationsfähigkeiten
  - Konfliktlösungsfähigkeit
- **Haltungen und Einstellungen**
  - Wertschätzung von Vielfalt
  - Ambiguitätstoleranz
- **Interne Wirkung: Reflexionsfähigkeit**
  - Relativierung von Referenzrahmen
  - Empathiefähigkeit
- **Externe Wirkung: Konstruktive Interaktion**
  - Vermeidung von Regelverletzungen
  - Zielerreichung

16.4 Methodischer Zugang

Im Folgenden soll ein methodischer Zugang – speziell systemische Modelle (z. B. Schwing & Fryszer, 2013) – für die Arbeit mit Menschen mit Migrationsbiographie vorgestellt werden. Zentral für einen gelingenden Beziehungsaufbau ist ein sensibler Umgang mit dieser Klientel, möglicherweise die eigentliche Aufgabe des Beratenden. Es werden beispielhaft einige wichtige methodische Möglichkeiten vorgestellt. Viele der folgenden Fragen und Ideen sind in eigenen Beratungsgesprächen entstanden, viele weitere wertvolle Ideen für diese Arbeit sind von Schlippe et al. (2004) entnommen. Da es in diesem Aufsatz in erster Linie um die Arbeit mit Kindern und Jugendlichen geht, wird für die Beispielfragen die »Du-Form« gewählt. Erwachsene und Jugendliche über 18 werden immer mit »Sie« angesprochen, auch wenn manche Klienten und Klientinnen die »Du-Form« bevorzugen.

16.4.1 Das Beratungssystem vorbereiten

Um dem Arbeitsschwerpunkt »Beratung im interkulturellen Kontext« fachgerecht begegnen zu können, sind Vorbereitungen hilfreich. Generell kann gesagt werden, dass spezielle Fachkenntnisse vorhanden sein müssen und die Arbeit nicht allein auf Kulturähnlichkeit zwischen Ratsuchenden und Beratenden bzw. Sprachkenntnisse reduziert werden kann. Kenntnisse über länderspezifische Gewohnheiten und Ähnlichkeiten im Beratungssetting können zwar helfen, sind aber nicht ausschlaggebend für den Erfolg einer professionellen Beratung. Die Beratungseinrichtung strukturell vorzubereiten, die Prozesse zu definieren bzw. zu evaluieren und Ergebnisse zu sichern, sind somit wesentliche Voraussetzungen. Als erster Schritt kann auf der Strukturebene ein Arbeitskonzept zur Umsetzung professioneller interkultureller Beratung in einem Leitbild etabliert und verankert werden. Vernetzung mit Institutionen und Einrichtungen zu schaffen und aufrechtzuerhalten, die sich in der Arbeit für Migrierte und Geflüchtete als besonders hilfreich erwiesen haben, sind eine wichtige Erweiterung der eigenen Kompetenzbereiche. Für die Etablierung hilfreicher Prozesse beginnend mit der Anmeldung im Sekretariat über eine mögliche Weitervermittlung an andere Fachleute bis hin zur Evaluation können im Vorfeld einzelne Prozessabläufe fixiert, im Team etabliert und fortlaufend evaluiert werden. Für folgende Aspekte sind Prozessabläufe sinnvoll: Anmeldung im Sekretariat, Einstiegssetting/Erstgespräch, Beratung und Methoden, Diagnostik, weitere Angebote der Schulpsychologie, Kooperationsgespräche mit Lehrkräften oder Schulleitung, interne Förderangebote, Prävention in der Schule, Vernetzung und Kooperation mit externen Einrichtungen (siehe auch https://bke.de/content/application/explorer/public/bke-fortbildung/checklistezurinterkulturellen ausrichtung-.pdf).

16.4.2 Selbstreflexion und Erstkontakt

Es ist hilfreich, bei der Vorbereitung eines Beratungsgesprächs Hypothesen über die Besonderheiten der Fragestellung zu bilden, die immer als vorübergehend anzusehen und gegebenenfalls auch zu verwerfen sind. Ebenso kann es nützlich sein, über eigene Hypothesen mit Ratsuchenden zu reflektieren, um nicht in eine »falsche« Richtung zu steuern und eigene Ziele statt die der Klienten zu verfolgen.

Vorbereitung und Selbstreflexion

- Wie anders würde ich mich vorbereiten und hätte ich andere Hypothesen, wenn die Klienten deutscher Herkunft wären? Wenn ja, was wäre anders? Ich vergleiche und reflektiere meine Vorannahmen.
- Erlebe ich bei der Fragestellung Fremdheitsgefühle oder -gedanken? Ich denke über sie nach und versuche zu erkennen bzw. zu reflektieren, worin sie genau begründet liegen.
- Kann ich selber schon ein Reframing mit meiner eigenen Befremdung vornehmen und die Situation positiv konnotieren? Wie kann ich sie im Sinne der Ratsuchenden umdeuten?

Bereits das richtige Aussprechen des Namens bzw. die richtige Aussprache zu erfragen, kann ein Türöffner im Erstkontakt sein. Im ersten Gespräch (Joining) kann ein weiterer Pluspunkt sein, Migrantenfamilien nach ihrer genauen Herkunft zu fragen, sich vielleicht sogar auf einer Karte zeigen zu lassen, woher sie kommen und welche Sprache sie in ihrer Familie sprechen. Wertschätzende Bemerkungen sind wie in jeder anderen Beratung ebenso wichtig, wie auch die Frage, wie gut sie sich in der deutschen Sprache verständigen können.

In der Arbeit mit Menschen ohne Migrationsbiographie in Deutschland ist es durchaus üblich, recht schnell auf die Kernsache des Beratungsanlasses zu kommen. Für manche Menschen mit Migrationsbiographie ist es allerdings nicht einfach, sofort ihr Problem anzusprechen, weil es möglicherweise mit Scham oder Furcht besetzt ist. Manche machen sich Sorgen, nunmehr als »verrückt« zu gelten. Es kann im ersten Gespräch hilfreich sein, solche Gedanken abzumildern, indem dem Joining die erforderliche Zeit eingeräumt wird und beispielsweise über etwas Alltägliches geredet wird.

Fragen beim Erstkontakt

- Kannst du mir etwas Schönes aus deinem Land nennen, von dem du mir empfehlen würdest, dass ich es unbedingt besuchen soll?
- Magst du mir von einer Geschichte aus deinem Land erzählen, an die du dich gerne erinnerst?

16.4.3 Genogrammarbeit

Gerade bei der Beratung im interkulturellen Kontext kann im Verlauf der ersten Gespräche ein Genogramm Aufschluss über die familiären Zusammenhänge geben, in dem nicht nur nach Personen, sondern z. B. auch nach einzelnen Migrationsdaten gefragt werden kann. Bei vielen Familien mit Migrationsbiographie sind die einzelnen Familienmitglieder zu unterschiedlichen Zeiten nach Deutschland eingewandert, manche von ihnen sind mehrfach hin- und hergereist. So ist es für das Verständnis der Familiengeschichte immer auch interessant, diese Fragen mit zu erheben. Es ist bedeutsam, die Genogrammarbeit gut vorzubereiten und nicht »einfach so« damit anzufangen, da manche Ratsuchende es nicht gewohnt sind, über Familienangelegenheiten offen zu sprechen. Hilfreich sind hier Fragen, die eine andere fiktive Person als Beispiel vorgeben. Ein Kontrakt zu einer intensiven Arbeit über die Familiensituation wird an dieser Stelle natürlich vorausgesetzt.

Fragen zur Genogrammarbeit

- Ich hatte schon mal einen Klienten / Ich kenne eine andere Jugendliche, die nicht so offen über diese Fragen sprechen wollte. Ist es dir lieber, dass ich dich frage, oder möchtest du lieber allein anfangen zu erzählen?
- Ich habe viel Respekt davor, dass du noch andere wichtige Dinge ansprechen möchtest, bevor wir diese Frage besprechen. Mir ist es jedoch sehr wichtig, deine Meinung dazu zu hören.

16.4.4 Reframing

Als eine der kraftvollsten Methoden in der systemischen Arbeit eignet sich Reframing gerade in der Arbeit mit verschiedenen kulturellen Perspektiven, da es der Klientel ermöglicht, gleichberechtigt und ohne Wertung eine andere Sicht auf die Dinge zu erarbeiten. Erfahrungen in verschiedenen Kulturen zu haben, kann als Makel oder Hindernis angesehen werden, es kann allerdings auch Chancen und besondere Kompetenzen beinhalten, je nachdem aus welcher Perspektive wir auf die Dinge blicken. Mit Ratsuchenden zu erarbeiten, wie sie einem Geschehen einen anderen Sinn geben können, ist die Herausforderung in der Arbeit mit dieser Methode.

Häufig ist es erst möglich, eine positive Sicht auf die Dinge zu bekommen, wenn der Beratende die »Erlaubnis« dazu gibt. Ebenso häufig ist eine positive Betrachtung für Ratsuchende nicht erkennbar, da sie sich mit ihrer Rolle als »Bösewicht«, »Versager«, »hilflose Person«, »unbeliebte/r Mitschüler/in« etc. abgefunden haben oder diese Rolle internalisiert haben. Immer wieder kann beobachtet werden, dass auch stereotype Ansichten von Kindern und Jugendlichen mit Migrationsbiographie selbst übernommen werden. So kann z. B. die Einschätzung: »Ich als Türke habe sowieso keine Chance in der Schule«, als Anlass genommen werden, darüber nachzudenken, was wäre, wenn ich gerade als Türke Chancen in der Schule hätte.

Ideen zum Reframing während der Beratungssituation

- Hier können wir die Dinge mal ganz anders betrachten. Wenn du als Türke mehr Chancen hättest, warum wäre das so?
- Manchmal gibt es unterschiedliche Sichtweisen, wir können uns hier verschiedene Sichtweisen ausdenken und darüber nachdenken.
- Für manche Klienten und Klientinnen ist es hilfreich, wenn der oder die Beratende selbst ein Reframing vorschlägt, damit sie verstehen, worauf wir hinauswollen.
- Wenn ich dich so erzählen höre, merke ich, wie besonders ich es finde, wie du mit der Situation klarkommst. Wie schaffst du es, mit der Situation so gut klarzukommen?

16.5 Abschlussbemerkung

Es ist sehr wahrscheinlich, dass die Variation der Probleme zwischen Gruppen genauso groß (oder klein) ist wie innerhalb von Gruppen. Die Beratungsarbeit mit Menschen mit Migrationsbiographie ist zwar an manchen Stellen anders als mit Menschen ausschließlich deutscher Herkunft. Mit einer Haltung von Respekt gegenüber dem Anderssein, besonderer Vorsicht bei Verletzungen, einer angemessenen Nähe-Distanz-Regulation bei eigener Betroffenheit und ausreichend kultureller Sensibilität ist es möglich, viele neue Anregungen anzubahnen und hilfreich für unsere Klientel zu sein. Migrationsgeschichte ist keine Krankheit mit besonderen Symptomen. Trotz der Besonderheiten, die eine Migrationsbiographie mit sich bringt, hat jede Person natürlich neben den Migrationserfahrungen mit ihrer individuellen Biographie eine Persönlichkeit ausgebildet. Dass schulpsychologische Beratung sich konzeptuell auf Beratung im interkulturellen Kontext einstellen muss und die eigenen Strukturen explizit auch auf diese besondere Gruppe ausrichten muss, erscheint vor dem Hintergrund der großen Zahl von Menschen mit Migrationsbiographie in Deutschland als Selbstverständlichkeit.

Auch in der schulpsychologischen Beratungsarbeit ist eine gute Balance zwischen »dazugehören« – »ich selbst sein« – »einzigartig sein« eine zentrale Aufgabe, was aus meiner Sicht nicht nur in der Arbeit mit Menschen mit Migrationsbiographie von Bedeutung ist. Ich als Psychologin türkischer Herkunft erlebe meine Migrationsgeschichte als Chance und Herausforderung zugleich und musste ebenfalls lernen, diese beiden Pole professionell zu integrieren.

Literatur

Avci-Werning, M. (2004). *Prävention ethnischer Konflikte in der Schule – Ein Unterrichtsprogramm zur Verbesserung interkultureller Beziehungen*. Münster/New York: Waxmann.

Berry, J. W. (2005). Acculturation: Living successfully in two cultures. *International Journal of Intercultural Relations, 29*, 697–712.

Bertelsmann Stiftung (2008). *Interkulturelle Kompetenz – Die Schlüsselkompetenz im 21. Jahrhundert?* Zugriff am 29.06.2021 unter https://www.bertelsmann-stiftung.de/fileadmin/files/BSt/Presse/imported/downloads/xcms_bst_dms_18319_18320_2.pdf

Deardorff, D. K.(2006). The identification and assessment of intercultural competence as a student outcome of internationalization at institutions of higher education in the United States. *Journal of Studies in International Education, 10*(3), 241–266.

El-Mafaalani, A. (2014). Migrations- und Ungleichheitssensibilität in psychosozialen Handlungsfeldern. *Zeitschrift für systemische Therapie und Beratung, 32*(3), 100–105.

Lorenz, S., Wild, S. & Jungbauer, J. (2014). Psychotherapeutische Versorgung von Kindern und Jugendlichen mit Migrationshintergrund. Ergebnisse einer Expertenbefragung. *Psychotherapeutenjournal, 13*, 257–264.

Maaz, K., Baumert, J. & Trautwein, U. (2009). Genese sozialer Ungleichheit im institutionellen Kontext der Schule: Wo entsteht und vergrößert sich soziale Ungleichheit? In H.-H. Krüger, U. Rabe-Kleberg, R.-T. Kramer & J. Budde (Hrsg.), *Bildungsungleichheit revisited. Bildung und soziale Ungleichheit vom Kindergarten bis zur Hochschule*. Wiesbaden: VS Verlag für Sozialwissenschaften.

OECD (2018). *Schülerinnen und Schüler mit Migrationshintergrund brauchen mehr Unterstützung, um in Schule und Gesellschaft erfolgreich zu sein.* Zugriff am 27.05.2021 unter https://www.oecd.org/berlin/presse/schuelerinnen-und-schueler-mit-migrationshintergrund-brauchen-mehr-unterstuetzung-umerfolgreich-zu-sein-19032018.htm

Schmitz, P. (2001). Akkulturation und Gesundheit. In P. Marschalck & K. H. Wiedl (Hrsg.), *Migration – Krankheit und Gesundheit. Aspekte von Mental Health in der Versorgung von Migranten. IMIS-Schriften 10* (S. 123–144). Osnabrück: Rasch.

Schwing, R. & Fryszer, A. (2013). *Systemisches Handwerk, Werkzeug für die Praxis.* Göttingen: Vandenhoeck & Ruprecht.

Sluzki, C. (2001). Psychologische Phasen der Migration und ihre Auswirkungen. In T. Hegemann & R. Salman (Hrsg.), *Transkulturelle Psychiatrie. Konzepte für die Arbeit mit Menschen aus anderen Kulturen* (S. 101–115). Bonn: Psychiatrie-Verlag.

Statistisches Bundesamt (2013). *Fachserie 1, Reihe 2.2 Bevölkerung und Erwerbstätigkeit, Bevölkerung mit Migrationsgeschichte. Textteil: Methodische Bemerkungen mit Übersicht über die Ergebnisse.* Wiesbaden: Statistisches Bundesamt.

Statistisches Bundesamt (2014). *Migrationshintergrund.* Wiesbaden: Statistisches Bundesamt. Zugriff am 27.05.2021 unter www.destatis.de/DE/ZahlenFakten/GesellschaftStaat/Bevoelkerung/MigrationIntegration/Migrationshintergrund/Migrationshintergrund.html

Thomas, A. (1996). *Psychologie interkulturellen Handelns*. Hogrefe: Göttingen.

Trautwein, U. (Hrsg.). (2009). Bildungsentscheidungen. *Zeitschrift für Erziehungswissenschaft, Sonderheft 12/2009.*

von Schlippe, A., El Hachimi, M. & Jürgens, G. (2004). *Multikulturelle systemische Praxis. Ein Reiseführer für Beratung, Therapie und Supervision.* Heidelberg: Carl-Auer.

Teil III Fokus Lehrkräfte und System Schule

1 Die inklusive Schule – ein Aufgabenfeld der Schulpsychologie

Klaus Seifried

1.1 Einleitung

Die Diskussion um das Thema Inklusion hat sich in den letzten Jahren deutlich beruhigt. Das gegliederte Schulsystem besteht noch immer und wird in keinem der Bundesländer in Frage gestellt. Überhöhte Erwartungen an eine inklusive Schule sind durch realistische, pragmatische Überlegungen abgelöst worden. Rund 40 % der Schülerinnen und Schüler mit sonderpädagogischen Förderbedarfen besuchen mittlerweile allgemeinbildende Schulen in Deutschland. In den Förderbereichen »Lernen« und »Emotionale und soziale Entwicklung« sind es über 50 %. Die Inklusionsquote hat sich in den letzten zehn Jahren fast verdoppelt (▸ Kap. II-9). Diese Entwicklung stellt für viele Schulen große pädagogische Herausforderungen dar und ist somit auch ein zentrales Thema der Schulpsychologie.

Schulpsychologische Beratung ist traditionell auf die Stabilisierung und Integration von Schülerinnen und Schülern in der Schule ausgerichtet. Insofern unterstützen die schülerzentrierte Beratung und die Systemberatung auch die Ziele des gemeinsamen Unterrichts und die inklusive Bildung. Schulpsychologische Beratung kann ein wesentlicher Unterstützungsfaktor auf dem Weg zur inklusiven Schule sein. Für viele Fragestellungen liegen bereits umfangreiches Fachwissen und Erfahrungen in der Schulpsychologie aus den Bereichen Supervision, Organisationsentwicklung, Leitungscoaching, Beratung in multiprofessionellen Settings, Frühförderung oder Lernpsychologie vor.

Neu in der Diskussion sind zwei Aspekte: Da ist zum einen die Zielgruppe der Schülerinnen und Schüler mit sonderpädagogischen Förderbedarfen und die enge Kooperation mit der Sonderpädagogik bis hin zu einem gemeinsamen Beratungszentrum (Beispiele: ReBUZ Bremen, ReBBZ Hamburg und SIBUZ Berlin[1]). In den zurückliegenden Jahrzehnten und in den meisten Bundesländern gab und gibt es trotz vieler Überschneidungen bei Schülerinnen und Schülern mit Schulversagen oder Verhaltensauffälligkeiten noch eine klare Arbeitsteilung mit der Sonderpädagogik.

Zum anderen besteht die Notwendigkeit, entwicklungsdiagnostische Testverfahren zu entwickeln und in die pädagogische Praxis der Schulen zu integrieren. Vorliegende psychologische Testverfahren in der Intelligenz- und Leistungsdiagnostik, die traditionell eine Statusdiagnostik sind, müssen weiterentwickelt werden zu einer Lernverlaufsdiagnostik, die eine frühzeitige, präventive Förderung ermöglicht. Psychologische Diagnostik stellt hier eine wesentliche Ergänzung zur sonderpädagogischen Diagnostik dar.

Die Psychologie, die Psychotherapie, die Medizin und die Sonderpädagogik sind traditionell in ihrer Diagnostik an Störungen, an Defiziten, an Erkrankungen oder Behinderungen orientiert. Eine *inklusive Schulpsychologie* benötigt aber eine Diagnostik, die auf Ressourcen, Stärken, Kompetenzstufen und Entwicklungspotentiale ausgerichtet ist (Klauer, 2014).

Die pädagogische und bildungspolitische Diskussion zur Inklusion in Schulen ist zurzeit noch zu sehr auf den Bereich der Schülerinnen und Schüler mit sonderpädagogischen Förderbedarfen ausgerichtet. Die Aufgabe von Schulpsychologinnen und Schulpsychologen kann es hierbei sein, in der inklusiven Schule auch den Blick auf Schülerinnen und Schüler mit besonderen Begabungen, mit Aufmerksamkeitsstörungen oder mit Lese-Rechtschreib- oder Rechenschwächen zu richten. Eine inklusive Schule muss auch Schülerinnen und Schüler aus sozial benachteiligten Familien, mit Migrationshintergrund und Sprachdefiziten, mit Schuldistanz und Schulversagen oder mit psychischen Erkrankungen angemessene Lernbedingungen bieten. All dies sind zentrale Aufgaben der inklusiven Schule *und* der Schulpsychologie.

Grundsätzlich gibt es *drei Ebenen der schulpsychologischen Beratung in inklusiven Schulen* (► Kap. I-4):

- *Beratung im Einzelfall*
  - Beratung der Lehrkräfte
  - Fallberatung, Teamsupervision
- *Beratung des Systems Schule*
  - Unterstützung von innerschulischen Entwicklungsprozessen
  - Fortbildung, Supervision für Lehrkräfte und Erzieherinnen
  - Beratung von Schulleitungen
- *Beratung des Schulträgers, der Schulaufsicht, Fortbildungen für Schulleiterinnen und Schulleiter*

Schulpsychologinnen und Schulpsychologen können als neutrale, externe Beraterinnen und Moderatoren die Schulen auf ihrem Weg zur inklusiven Schule begleiten und unterstützen. Die folgenden Abschnitte beschreiben idealtypisch die Voraussetzungen und Gelingensbedingungen der inklusiven Schule.

1 Senatorin für Kinder und Bildung Bremen (o. J.); Behörde für Schule und Berufsbildung (o. J.); Senatsverwaltung für Bildung, Jugend und Familie Berlin (2019).

1.2 Prävention und Lernverlaufsdiagnostik

In dem Maße, wie (sonderpädagogische) Statusdiagnostik in der inklusiven Schule entfällt, wächst die Bedeutung von Prävention. Je früher eine inklusionspädagogische oder schulpsychologische Intervention erfolgt, umso erfolgreicher ist sie. Die pädagogische Praxis in vielen Schulen ist allerdings eine »Wait to fail«-Haltung (Mahlau et al., 2014): Eine pädagogische Reaktion erfolgt erst, wenn ein Lern- oder Verhaltensproblem offensichtlich wird und die Belastungsgrenze der Lehrkraft überschreitet (▶ Abb. 1.1). Wenn pädagogische Interventionen früher erfolgen, kann der Verlauf der Verhaltenskrise oder Lernproblematik abgeschwächt werden. Die Belastungen für alle Beteiligten sind geringer, die Schülerinnen und Schüler erleben das individuelle Scheitern nicht oder weniger stark.

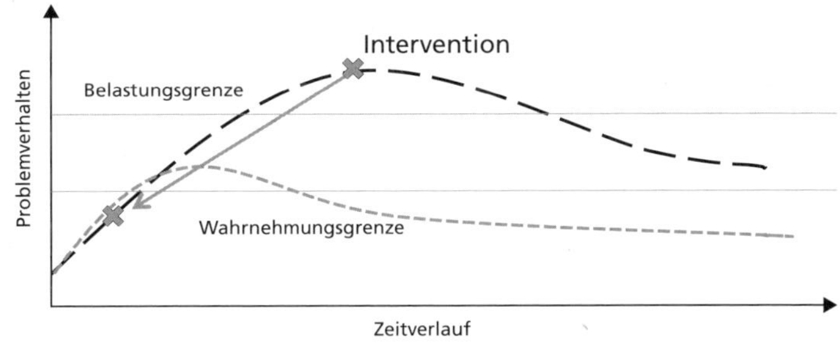

Abb. 1.1:
Von der Reaktion zur Prävention

Das Rügener Inklusionsmodell (RIM) war das erste Praxismodell in Deutschland, das das aus den USA adaptierte RTI-Konzept umsetzte (▶ Abb. 1.2). Es bietet ein mehrstufiges Präventions- und Inklusionskonzept für Schülerinnen und Schüler mit Beeinträchtigungen im Lernen und Verhalten (Voß, 2016; Diehl et al., 2012; Mahlau et al., 2014).

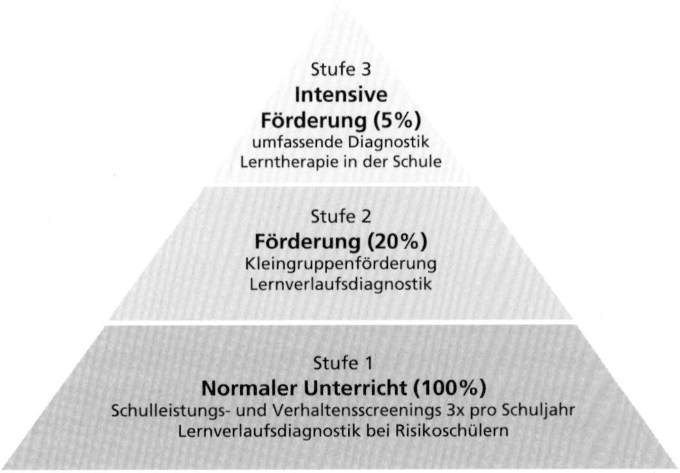

Abb. 1.2:
Die drei Stufen des RTI-Modells nach Huber und Grosche (2012, S. 314)

Dieses Modell ist für alle Formen der pädagogischen Förderung in der Schule geeignet, für Schülerinnen und Schüler mit besonderen Begabungen, mit sonderpädagogischen Förderbedarfen oder mit Teilleistungsstörungen (Jimerson et al., 2016).

- In der Förderstufe 1 ist es die Aufgabe der Lehrkräfte, im Klassenunterricht durch Binnendifferenzierung und evaluierte Lehr- und Lernformen möglichst 80 % der Schülerinnen und Schüler einen Lernzuwachs zu ermöglichen. Parallelisierte Kurztests und Screeningverfahren überprüfen die Lernentwicklung dreimal pro Schuljahr. Schulpsychologinnen und Schulpsychologen können in Zusammenarbeit mit Sonderpädagogen und Sonderpädagoginnen Lehrkräfte beraten und bei Bedarf in basalen diagnostischen Verfahren fortbilden.
- Die Förderstufe 2 bietet rund 20 % der Schülerinnen und Schüler spezielle Förderkonzepte in Kleingruppen. Der wöchentliche Einsatz von Kurztests wird empfohlen. In pädagogischen Konferenzen können Lehrkräfte im Rahmen einer kollegialen Beratung einzelne Schülerinnen und Schüler vorstellen. Schulpsychologinnen und Schulpsychologen moderieren die kollegiale Fallberatung in Kooperation mit Sonderpädagoginnen und Sonderpädagogen.
- In der Förderstufe 3 schließlich sind begleitend zum Regelunterricht spezielle temporäre Lerngruppen für Schülerinnen und Schüler mit massiven Beeinträchtigungen im Lernen oder Verhalten (5 %) erforderlich (▸ Kap. II-9). Voraussetzung sind eine spezielle sonderpädagogische oder schulpsychologische Diagnostik und eine entsprechende Förderplanung. Auch begleitende Jugendhilfemaßnahmen, Lerntherapien, Psychotherapien oder medizinische Behandlungen werden eingeleitet. Lerntherapien, Ergotherapien u. a. können in den Tagesablauf der Ganztagsschulen integriert werden. Schulpsychologinnen und Schulpsychologen können Schulhilfekonferenzen moderieren, Gutachten für das Jugendamt erstellen, Therapieberichte oder Arztbriefe anfordern und so die begleitenden Unterstützungsmaßnahmen integrieren.

Kritisch ist hier anzumerken, dass parallelisierte wöchentliche Kurztests in Stufe 2 die schulische Alltagspraxis, d. h. die Zeit und Kompetenz von Lehrkräften überfordern können, speziell wenn sie wissenschaftlichen Gütekriterien genügen sollen. Hier bedarf es konkreter Dienstleistungen für Lehrkräfte und Schulen wie internetbasierter Lernverlaufsdiagnostik (Souvignier et al., 2014; May et al., 2014; ▸ Kap. II-3). Souvignier (2014, S. 241) nennt drei Kriterien für den Einsatz von Lernverlaufsdiagnostik im Regelunterricht:

- Form
  - Zeitökonomie
  - automatische Auswertung
  - unmittelbare Ergebnisrückmeldung an die Schülerinnen und Schüler
  - automatische Dokumentation
- Inhalt
  - Anschlussfähigkeit der Tests für die individuelle Förderplanung
  - breite Schwierigkeitsstreuung
- Güte
  - klassische Anforderungen an Objektivität, Reliabilität, Validität
  - Parallelität der Einzeltests
  - Sensitivität der Einzeltests für Leistungsveränderungen

Auf der Förderstufe 3 ist die Kooperation mit schulischen und außerschulischen Unterstützungssystemen unerlässlich. Manchmal ist es schwierig, in der Zusammenarbeit zwischen Schule, Jugendhilfe, Schulpsychologie, Sonderpädagogik, Psychotherapie oder Medizin eine gemeinsame Sprache und ein gemeinsames Fallverständnis zu finden. Hier bietet sich die »Internationale Klassifikation der Funktionsfähigkeit, Behinderung und Gesundheit für Kinder und Jugendliche« (ICF-CY) an.

Anhand verschiedener Skalen können alle Professionen mit einem gemeinsamen Diagnostikinstrument arbeiten (Hollenweger & Kraus de Camargo, 2017).

Die ICF stellt ein mehrdimensionales, »bio-psycho-soziales Verständnis« der Teilhabeeinschränkung dar, das eine neutrale Beschreibung der Kompetenzen, Ressourcen und Problemdimensionen zulässt sowie soziale Umweltfaktoren und persönliche Faktoren einbezieht.

Diagnosen von psychischen Erkrankungen nach der ICD-10 bleiben die Grundlage von Therapie- und Behandlungsplänen. Die ICD-10 gibt aber keine Informationen über die Teilhabeeinschränkungen der Kinder und Jugendlichen und über ihre Ressourcen im sozialen Umfeld. Die ICF ergänzt somit die ICD-10 und liefert eine international anerkannte, multiprofessionelle Sprache, die alle Helfer gleichermaßen benutzen können (▸ Abb. 1.3).

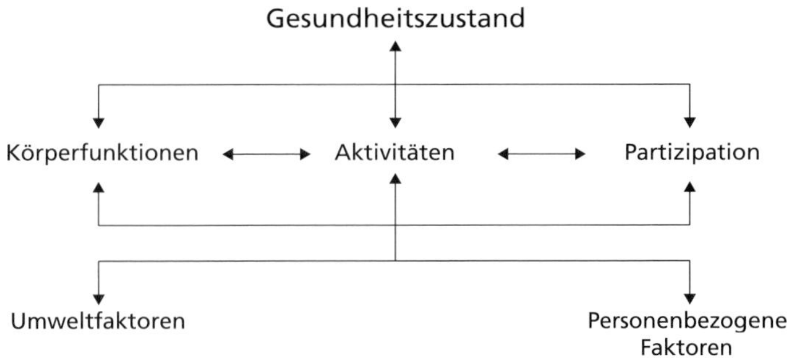

Abb. 1.3: Modell der ICF (WHO/DIMDI, 2005, S. 23)

Der Wegfall von schulischen Verfahren zur Feststellung des sonderpädagogischen Förderbedarfs wird zu einem deutlichen Bedarf an Lernverlaufs- und Lernentwicklungsdiagnostik in den Schulen führen. Kindertagesstätten und Schulen benötigen für immer mehr Kinder ein immer differenzierteres förderdiagnostisches Wissen. Hier werden in den nächsten Jahren Frühförderstellen, Kindertagesstätten, Schulärzte und -ärztinnen, Schulen, Jugendhilfe, Schulsozialarbeit und psychologische Beratungseinrichtungen ihre Konzepte weiter zusammenführen und vernetzen müssen.

1.3 Klassenführung

Der Unterricht in heterogenen Klassen setzt höhere Anforderungen an die Leitung und Führung einer Klasse sowie an einen strukturierten und differenzierenden Unterricht. Dazu ist eine proaktive Klassenführung erforderlich, die Lehrkräfte erlernen und sich aneignen müssen (Eichhorn, 2018; Claßen, 2013; Haag, 2020; ▸ Kap. III-6; auch ▸ Kap. III-5). Schulpsychologinnen und Schulpsychologen können Klassenlehrerinnen und Klassenlehrer beraten und unterstützen, diese komplexe Aufgabe leichter zu bewältigen.

Daneben sind die Konzepte des kooperativen Lernens für die Entwicklung eines inklusiven Unterrichts besonders hilfreich. Das gemeinsame Lernen in heterogenen Schulklassen sowie die Umsetzung von kooperativen Lernformen fördert die Inklusion und die soziale Integration (Lanphen, 2011; Avci-Werning & Lanphen, 2013; Borsch 2018). Untersuchungen zeigen, dass gerade Schülerinnen und Schüler mit dem Förderbedarf Lernen von inklusivem Unterricht profitieren und signifikant höhere Kompetenzwerte im Lesen, Zuhören und in Mathematik aufweisen als vergleichbare Schülerinnen und Schüler an Förderschulen (Kocaj et al., 2014; Haeberlin, 2012; ▶ Kap. II-9).

Der Besuch einer inklusiven Schule führt aber nicht von selbst zu einer guten sozialen Integration von Schülerinnen und Schülern mit Beeinträchtigungen. Internationale Forschungsergebnisse weisen im Gegenteil darauf hin, dass die Gefahr der sozialen Ausgrenzung erhöht ist (Lanphen & Drewes, 2013). Insbesondere bei Schülerinnen und Schülern mit Auffälligkeiten im Sozialverhalten kann der inklusive Unterricht ohne stützende Maßnahmen Vorurteile eher bestätigen, statt diese abzubauen (Stein & Müller, 2017). Die Ergebnisse einer Studie von Huber (2009) zeigen, dass die soziale Integration von Schülerinnen und Schülern mit Beeinträchtigungen in integrativen Klassen erschwert sein kann. Hier gilt es, frühzeitig Maßnahmen zur sozialen Integration in den Klassen durchzuführen (▶ Kap. III-5).

Auf die Gruppenprozesse in inklusiven Klassen ist deshalb eine besondere Aufmerksamkeit zu richten. Schulen und Lehrkräfte sind gefordert, durch gezielte identitätsstiftende Maßnahmen und den Einsatz von Konzepten des Classroom-Managements die soziale Integration zu unterstützen. Auch sind Trainingsprogramme zum sozialen Lernen und die Unterstützung von Kindern mit Beeinträchtigungen beim Aufbau sozialer Beziehungen notwendig.

Unsere Klasse ist so unruhig und aggressiv!

Die Klassenlehrerin einer 8. Klasse wendet sich an den Schulpsychologen. Sie klagt über ständige Unterrichtsstörungen und einen ruppigen und aggressiven Umgangston der Schülerinnen und Schüler untereinander. Besonders zwei Schüler mit sonderpädagogischem Förderbedarf würden immer wieder geärgert und provoziert. Zwischen Jungen und Mädchen herrsche ein aggressiver, sexualisierter Umgangston.

In einer Unterrichtshospitation beobachtet der Schulpsychologe das Verhalten der Schülerinnen und Schüler sowie der Lehrkräfte. Es fällt schnell auf, dass das Erziehungsverhalten der Lehrkräfte sehr unterschiedlich ist. Eine Klassenordnung, ein Katalog mit Verhaltensregeln hängt zwar an der Wand, wird aber von einigen Fachlehrerinnen und -lehrern nicht beachtet. In einer pädagogischen Konferenz unter Leitung der Mittelstufenleiterin erarbeitet der Schulpsychologe mit den Lehrkräften eine Liste von wünschenswerten Verhaltensweisen und Erziehungsregeln.

An zwei Projekttagen werden in Übungen zum sozialen Lernen störende Umgangsformen und Konflikte in der Klasse reflektiert und alternative Verhaltensweisen mit den Schülerinnen und Schülern trainiert.

1.4 Positives Lernklima

Bei der Entwicklung einer inklusiven Schule muss aus psychologischer Sicht die bestmögliche Förderung und Entwicklung des einzelnen Kindes auf der Grundlage der eigenen Begabungen und Ressourcen im Mittelpunkt stehen. Dies beinhaltet sowohl die psychische als auch die soziale und kognitive Entwicklung des Kindes. Für die Entwicklung von Kindern und Jugendlichen ist das Erleben von Erfolgen und Selbstwirksamkeit im schulischen Umfeld unverzichtbar. Diese fördern die Lernmotivation und die Entwicklung der Persönlichkeit (▶ Kap. III-5).

Positive personale Bindungen zu Lehrkräften und Mitschülerinnen und Mitschülern sind ein wesentlicher Faktor für den Lernerfolg. Gerade Schülerinnen und Schüler mit Beeinträchtigungen suchen Halt in persönlichen Beziehungen. Erfolge und die soziale Integration in die Klassengemeinschaft sind die wichtigsten Gelingensbedingungen der Inklusion (▶ Abb. 1.4; ▶ Abb. 1.5).

Nach Breuninger & Schley (2014) gibt es vier Ansatzpunkte (»Kommunikationsbrücken«) für Lehrkräfte, um die Entwicklung von Schülerinnen und Schülern zu beeinflussen:

- Die Beziehung gestalten
- Das Verhalten der Schülerinnen und Schüler reflektieren
- Den Lernprozess gestalten
- Die Lernentwicklung reflektieren

»Lehrerinnen und Lehrer sollten Kinder und nicht Fächer unterrichten«. Dieser provokative Satz weist auf die Bedeutung von Beziehungsarbeit in der Schule hin. *Intus*[3] bietet Trainingsprogramme zum Beziehungslernen für Lehrerinnen und Lehrer an (Breuninger & Schley, 2019).

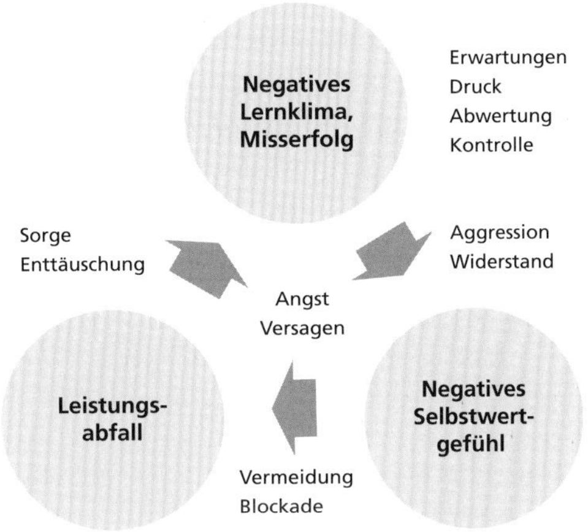

Abb. 1.4: Teufelskreis Lern- und Verhaltensstörungen (nach Betz & Breuninger, 1998; Breuninger & Schley, 2014)

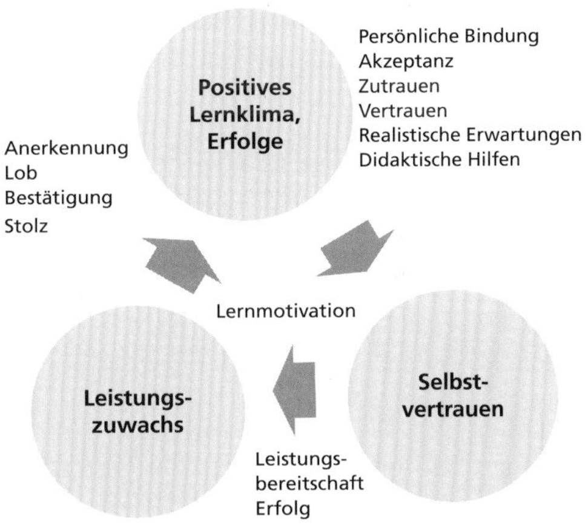

Abb. 1.5: Positiver Lernkreislauf (nach Betz & Breuninger, 1998; Breuninger & Schley, 2014)

Schulpsychologinnen und Schulpsychologen können Lehrkräfte dabei unterstützen, die Interaktionsbeziehungen in der Klasse zu reflektieren und durch ein gezieltes Training das soziale Klima in der Klasse und das

Verhalten der Lehrkräfte zu verbessern. Sie können eine Moderatorenfunktion in Fallbesprechungen und Teamsupervisionen übernehmen und helfen, Übertragungs- und Gegenübertragungsprozesse zu erkennen.

1.5 Einstellung und Haltung der Lehrkräfte

Eine zentrale Bedeutung in der inklusiven Bildung kommt der Persönlichkeit der Lehrkräfte und der Unterrichtsgestaltung zu. Ohne eine inklusive Haltung gegenüber Kindern und Jugendlichen mit Benachteiligungen kann Inklusion nicht gelingen. Durch jahrzehntelange Berufserfahrungen im gegliederten Schulsystem besteht bei manchen Lehrkräften der Wunsch nach homogenen Lerngruppen, die durch Aussonderung immer wieder neu gebildet und stabilisiert werden sollen. Pädagogische und didaktische Erfahrungen mit Heterogenität fehlen noch an vielen Schulen.

Der Aufbau einer inklusiven pädagogischen Haltung bei Lehrkräften, Erzieherinnen und Erziehern und der Schulleitung, aber auch bei den Mitschülerinnen und Mitschülern und ihren Eltern (Lienhard-Tuggener et al., 2015) im Sinne der Entwicklung »einer inklusiven Kultur der Schule« ist hierbei von großer Bedeutung (vgl. Deutsche UNESCO-Kommission, 2010).

Lehrkräfte, Erzieherinnen und Erzieher benötigen deshalb eine umfangreiche Unterstützung durch Beratung, Supervision und Fortbildung sowie Maßnahmen zur emotionalen Entlastung und zum Erhalt der Gesundheit. Hier liegen bereits umfangreiche schulpsychologische Konzepte vor (Mietz & Kunigkeit, 2009; Heyse, 2011, 2016; ▸ Kap. III-11). Dies kann ein wichtiges Aufgabenfeld der Schulpsychologie sein.

»Hilfe, wir haben so schwierige Schüler«

Der Schulleiter einer Oberschule ruft die zuständige Schulpsychologin an, weil es massive Konflikte und Probleme mit verhaltensschwierigen und lernschwachen Schülerinnen und Schülern gibt. Diese waren in einer Verteilerkonferenz als »I-Schüler«, d. h. mit sonderpädagogischem Förderbedarf der Schule zugewiesen worden.

Das Beratungszentrum bietet den Lehrkräften dieses Jahrgangs regelmäßige Termine zur kollegialen Fallbesprechung und Teamsupervision an. Schrittweise gelingt es, die pädagogischen Erfolge der Lehrkräfte im Umgang mit schwierigen Schülerinnen und Schülern in den Vordergrund zu stellen.

Mit den Lehrkräften werden realistische Entwicklungsziele für die Jugendlichen entwickelt. Dies ermöglicht den Blick auf pädagogische Erfolge. Erstaunlich für die Lehrkräfte ist es, dass sich die Schülerinnen und Schüler in verschiedenen Fächern und bei verschiedenen Lehrkräften unterschiedlich verhalten. Die Teambesprechungen können eine Spaltung des Teams verhindern und helfen zu reflektieren, unter welchen Bedingungen, in welchen Fächern und bei welchen Lehrkräften einzelne Schülerinnen und Schüler Leistungsbereitschaft und angepasstes Verhalten zeigen. Konkrete Förderpläne können besprochen und flankierende Jugendhilfemaßnahmen eingeleitet werden.

1.6 Teamarbeit

Inklusive Pädagogik ist nur in Teamarbeit möglich. Dies bedeutet, dass das klassische Verständnis als »einzelkämpfende« Lehrkraft überwunden werden sollte. Das Mehrpädagogenprinzip im Unterricht ist hierbei ebenso von Bedeutung, wie die Integration von Unterricht und Freizeit in einem rhythmisierten Ganztag (Deutsche Kinder- und Jugendstiftung, 2012). Eine inklusive Schule muss systematisch Teamstrukturen aufbauen und die Kooperation der Lehrkräfte fördern (Boban & Hinz, 2016).

Besonders Kinder und Jugendliche mit auffälligem Verhalten neigen dazu, die Bezugspersonen zu spalten, indem sie sich bei ausgewählten Bezugspersonen angepasst und erwartungskonform verhalten (Becker & Prengel, 2010). Die Dynamik der Störung überträgt sich auf das Pädagogen- oder Helferteam. Häufig nehmen Eltern ihre Kinder in Schutz und »kämpfen« gegen einzelne Pädagoginnen und Pädagogen, was zu zusätzlichen Konflikten führt. In regelmäßigen Fallberatungen oder Supervisionsgruppen können Übertragungs- und Gegenübertragungsprozesse reflektiert, emotionale Belastungen durch Provokationen und Konflikte abgebaut und die Lehrkräfte in ihrer pädagogischen Arbeit gestärkt werden – ein Aufgabenfeld für Schulpsychologinnen und Schulpsychologen.

1.7 Temporäre Lerngruppen

Zusätzlich zu individualisierten, differenzierenden Unterrichtsformen in der Stammklasse benötigen viele Schülerinnen und Schüler mit Lern- oder Verhaltensproblemen flexible Angebote für temporäre Kleingruppenbetreuungen (► Abschnitt 1.2). Parallel zum regulären Unterricht können sie auf ihrem Entwicklungsniveau gezielte Schritte im Lernverhalten oder Sozialverhalten gehen und positive Lernerfolge sammeln, die ihnen helfen, sich in den Klassenverband zu integrieren. Ohne differenzierende temporäre Kleingruppenangebote in einem täglichen Förderband scheitern diese Schülerinnen und Schüler häufig im Klassenverband (Becker, 2019; Becker & Prengel, 2010). Auch lerntherapeutische Angebote durch externe Lerntherapeuten sind effektiv und erfolgreich in den Ganztag der Schulen integrierbar (Huck & Schulz, 2017). An vielen Grundschulen wird dies bereits in der Praxis erprobt (Legastheniezentrum Berlin, o. J.).Schulpsychologinnen und Schulpsychologen können Schulleitungen bei der Einrichtung temporärer Lerngruppen konzeptionell beraten und diese begleiten.

1.8 Elternberatung

Für Eltern ist es oft schwierig, Lern- und Verhaltensprobleme oder Beeinträchtigungen ihrer Kinder zu akzeptieren. In einer gezielten psychologischen Elternberatung gilt es bereits in der Frühförderung, den Alltag mit den Kindern zu reflektieren, um ihn leichter zu bewältigen. Zumeist versuchen Eltern selbst, durch zusätzliche Förderung und ergänzende Therapien das Kind in seiner Entwicklung zu unterstützen. Wichtig ist für die Eltern aber vor allem, das Kind in seiner Entwicklung akzeptieren zu lernen. Eltern erleben die Beeinträchtigung ihres Kindes häufig als Kränkung oder Schuld und brauchen eine intensive psychologische Beratung. Besonders an den Übergängen zur Kindertagesstätte, der Einschulung, dem Besuch der weiterführenden Schule oder dem Übergang in den Beruf besteht ein erhöhter psychologischer Beratungsbedarf, um Familien bei der Anpassung an das neue Lern- und Lebensumfeld zu begleiten. Daher ist eine intensive (schulpsychologische) Elternberatung ein wichtiger Faktor für das Gelingen von Inklusion in der Schule.

Eltern von Kindern mit unauffälligen Entwicklungsverläufen hingegen sehen häufig in der inklusiven Schule eine Beeinträchtigung der Lern- und Fördermöglichkeiten ihres eigenen Kindes. Hier kann die schulpsychologische Beratung der Eltern die Akzeptanz von Heterogenität im Alltag verbessern. Durch Informationsveranstaltungen, Fachvorträge oder Konfliktmoderation zwischen Eltern und Schule kann die Schulpsychologie Schulen unterstützen.

1.9 Schulentwicklung als Aufgabe der Schulleitung

Inklusion kann nicht die Aufgabe einzelner Lehrkräfte sein, sondern muss Bestandteil eines Schulprogramms werden. Es ist die Aufgabe der Schulleitung, diese Schulentwicklungsprozesse anzustoßen und für einen inklusiven Wandel einzutreten. Positive Haltungen und Einstellungen zur Inklusion können sich nur entwickeln, wenn dies auch von der Schulleitung vertreten wird.

Eine inklusive Schule muss gut vernetzt und offen für vielfältige Kooperationen sein. Inklusion bedeutet auch einen erhöhten Zeitaufwand für Teambesprechungen und Supervisionen. Dafür müssen in der Schule Zeitfenster eingeplant werden.

Der Prozess einer Entwicklung zur inklusiven Schule kann durch Schulpsychologinnen und Schulpsychologen als externe Berater sinnvoll unterstützt werden. Durch die fachliche Beratung bei der Organisationsentwicklung, die Moderation interner Diskussionsprozesse sowie die Evaluation des Veränderungsprozesses können Schritte zu einer inklusiven Haltung und zur Konzeptionsentwicklung eingeleitet und angestoßen werden. Als spezifisches Material bietet sich hier der Index für Inklusion an (Boban & Hinz, 2015, 2016).

1.10 Multiprofessionelle Beratungs- und Unterstützungssysteme

Kinder und Jugendliche mit fachbereichsübergreifendem komplexem Hilfebedarf benötigen abgestimmte und gleichzeitige Hilfen von verschiedenen Professionen und Unterstützungssystemen. Insbesondere die inklusive Schule braucht daher ein multiprofessionelles, inklusives Beratungs- und Unterstützungssystem. Sowohl interne als auch externe Expertinnen und Experten müssen als Unterstützungssystem genutzt werden.

In gemeinsamen Fallbesprechungen werden die unterschiedlichen Diagnosen und Empfehlungen der verschiedenen Unterstützungs- und Helfersysteme zusammengetragen. Hilfen erfolgen nicht parallel oder additiv, sondern abgestimmt und mit einem gemeinsamen Fallmanagement.

Familien können dazu neigen, Verantwortung zu delegieren oder Helfer gegeneinander auszuspielen. Institutionen folgen gerne ihren eigenen Regeln und Verfahren. Deshalb sind gemeinsame Helferkonferenzen oder multiprofessionelle Teams im Sinne der Welfare-Teams in Finnland notwendig (Laaksonen et al., 2007; nach Huber, 2012). Schulpsychologinnen und Schulpsychologen können hierbei eine wichtige Brücken- und Vermittlungsinstanz zwischen der Schule und den externen Unterstützungssystemen darstellen.

1.11 Fazit

Die inklusive Schule stellt hohe pädagogische Anforderungen an alle Beteiligten. Ausreichende finanzielle, räumliche und personelle Voraussetzungen sind die Basis für ein Gelingen. Entscheidend wird aber auch sein, inwieweit die inklusive Schule durch ein kooperatives Miteinander der Schulpsychologie, der Sonderpädagogik, der Jugendhilfe (SGB VIII), der Behindertenhilfe (SGB XII) und des Gesundheitssystems (SGB V) unterstützt wird. Die inklusive Schule braucht ein inklusives Beratungs- und Unterstützungssystem. Therapeutische Hilfen aller Art sollten in den rhythmisierten Tagesablauf der Ganztagsschule integriert werden.

Literatur

Avci-Werning, M. & Lanphen, J. (2013). Inklusion und kooperatives Lernen. In Werning, R. & Arndt, A. (Hrsg.), *Inklusion: Kooperation und Unterricht entwickeln.* Bad Heilbrunn: Klinkhardt.

Becker, U. (2019). Jakob gehört jetzt dazu. Schwierige Schüler erfolgreich unterrichten: Das Projekt Übergang. *Schule inklusiv, 2/2019*, 10–14.

Becker, U. & Prengel, A. (2010). Kindern institutionell Halt geben – Strukturen für schwierige Kinder in inklusiven Grundschulen. In F. Heinzel (Hrsg.), *Kinder in Gesellschaft. Beiträge zur Reform der Grundschule.* Frankfurt a. M.: Grundschulverband.

III Fokus Lehrkräfte und System Schule

Behörde für Schule und Berufsbildung Hamburg. (o. J.). *Regionale Bildungs- und Beratungszentren (ReBBZ).* Zugriff am 31.05.2021 unter https://www.hamburg.de/contentblob/9882008/e859f715fdd7aa318540add7648b4d82/data/rebbz-flyer-2017.pdf; www.hamburg.de/rebbz-info

Betz, D. & Breuninger, H. (1998). *Teufelskreis Lernstörungen* (5. Aufl.). Weinheim: Beltz.

Boban, I. & Hinz, A. (Hrsg.). (2015). *Erfahrungen mit dem Index für Inklusion: Kindertageseinrichtungen und Grundschulen auf dem Weg.* Bad Heilbrunn: Klinkhardt.

Boban, I. & Hinz, A. (Hrsg.). (2016). *Arbeit mit dem Index für Inklusion: Entwicklungen in weiterführenden Schulen und in der Lehrerbildung.* Bad Heilbrunn: Klinkhardt.

Borsch, F. (2018). *Kooperatives Lernen: Theorie – Anwendung – Wirksamkeit* (Lehren und Lernen). Stuttgart: Kohlhammer.

Breuninger, H. & Schley, W. (2014). Pädagogische Führung als dialogische Intervention. In *Lernen und Lernstörungen, 3*(4), 292–301.

Breuninger, H. & Schley, W. (2019). *Beziehung und Leistung.* Zugriff am 31.05.2021 unter https://www.intushochdrei.de/uploads/printdocs/Booklet_Beziehungen_Leistungen_Okt2019

Claßen, A. (2013). *Classroom-Management im inklusiven Klassenzimmer.* Mülheim: Verlag an der Ruhr.

Deutsche Kinder- und Jugendstiftung. (Hrsg.) (2012). *Auf zur guten gesunden Ganztagsschule. Eine Handreichung aus dem Projekt »Mit psychischer Gesundheit Ganztagsschule entwickeln«.* Zugriff am 31.05.2021 unter https://www.ganztaegig-lernen.de/sites/default/files/Dokumentation_07.pdf

Deutsche UNESCO-Kommission (2010). *Inklusion: Leitlinien für die Bildungspolitik.* Bonn: UNESCO.

Diehl, K., Mahlau, K., Voß, S. & Hartke, B. (2012). *Das Rügener Inklusionsmodell (RIM). Konzeption einer präventiven und inklusiven Grundschule nach dem Response to Intervention-Ansatz (RTI).* Rostock: Universität Rostock.

Eichhorn, C. (2018). *Classroom-Management. Wie Lehrer, Eltern und Schüler guten Unterricht gestalten.* Stuttgart: Klett-Cotta.

Erdsiek-Rave, U. (2010). Zwischen Inklusion und Integration: Die Situation in Deutschland. In R. Wernstedt & M. John-Ohnesorg (Hrsg.), *Inklusive Bildung. Die UN-Konvention und ihre Folgen.* Berlin: Friedrich-Ebert-Stiftung.

Eckhart, M., Haeberlin, U., Sahli Lozano, C. & Blanc, P. (2011). *Langzeitwirkungen der schulischen Integration. Eine empirische Studie zur Bedeutung von Integrationserfahrungen in der Schulzeit für die soziale und berufliche Situation im jungen Erwachsenenalter.* Bern: Haupt Verlag.

Heyse, H. (2011). *Herausforderung Lehrergesundheit.* Berlin: Kallmeyer.

Heyse, H. (2016). *Was Lehrerinnen und Lehrer stark macht.* Bern: Hep-Verlag.

Hollenweger, J. & Kraus de Camargo, O. (Hrsg.). (2017). *Internationale Klassifikation der Funktionsfähigkeit, Behinderung und Gesundheit für Kinder und Jugendliche (ICF-CY).* Bern: Huber.

Huck, L. & Schulz, A. (Hrsg.). (2017). *Lerntherapie und inklusive Schule.* Berlin: Dudenverlag

Huber, C. (2009). Gemeinsam einsam? Empirische Befunde und praxisrelevante Ableitungen zur sozialen Integration von Schülern mit sonderpädagogischem Förderbedarf. *Zeitschrift für Heilpädagogik, 60*, 242–248.

Huber, C. (2012). Inklusive Schulpsychologie?! *Psychologie in Erziehung und Unterricht, 59*, 227–237.

Huber, C. & Grosche, M. (2012). Das response-to-intervention-Modell als Grundlage für einen inklusiven Paradigmenwechsel in der Sonderpädagogik. *Zeitschrift für Heilpädagogik, 8*, 312–322.

Jimerson, S. R., Burns, M. K. & VanDerHeyden, A. M. (Hrsg.). (2016). *Handbook of Response to Intervention: The Science and Practice of Multi-Tiered Systems of Support.* Berlin: Springer.

Kocaj, A., Kuhl, P., Kroth, A. J., Pant, H. A. & Stanat, P. (2014). Wo lernen Kinder mit sonderpädagogischem Förderbedarf besser? Ein Vergleich schulischer Kompetenzen zwischen Regel- und Förderschulen in der Primarstufe. *Kölner Zeitschrift für Soziologie und Sozialpsychologie, 66*, 165–191.

Klauer, K.-J. (2014). Formative Leistungsdiagnostik: Historischer Hintergrund und Weiterentwicklung zur Lernverlaufsdiagnostik. In M. Hasselhorn, W. Schneider & U. Trautwein (Hrsg.), *Lernverlaufsdiagnostik.* Göttingen: Hogrefe.

Kunigkeit, H. (2004). Von der Belastungsanalyse zur Entlastungsplanung. Schulpsychologische Unterstützung von Kollegien bei der Weiterentwicklung individueller, kollegialer und institutioneller Entlastungsstrategien. *SchulVerwaltung. Spezial, 1*, 37–40.

Lanphen, J. (2011). *Kooperatives Lernen und Integrationsförderung. Eine theoriegeleitete Intervention in ethnisch heterogenen Schulklassen.* Münster: Waxmann.

Lanphen, J. & Drewes, S. (2013). Ausgrenzung oder Eingliederung? Gruppenprozesse in inklusiven Schulen. *Lernchancen, 93/94*, 8–11.

Legastheniezentrum Berlin. *Lerntherapie in der Schule.* Zugriff am 31.05.2021 unter https://www.legasthenie-zentrum-berlin.de/lerntherapie-psychotherapie-praevention-in-schule-und-kita-diagnostik/praevention-in-schule-und-kita/lerntherapie-in-schule/

Lienhard-Tuggener, P., Joller-Graf, K. & Mettauer Szaday, B. (2015). *Rezeptbuch schulische Integration. Auf dem Weg zu einer inklusiven Schule.* Bern: Haupt Verlag.

Mahlau, K., Blumenthal, Y., Diehl, K., Schöning, A., Sikora, S., Voß, S. & Hartke, B. (2014). Das Rügener Inklusionsmodell (RIM) – RTI in der Praxis. In M. Hasselhorn, W. Schneider & U. Trautwein (Hrsg.), *Lernverlaufsdiagnostik.* Göttingen: Hogrefe.

May, P., Bennöhr, J. & Berger, C. (2014). Lernentwicklungsmonitoring mit Keks. In M. Hasselhorn, W. Schneider & U. Trautwein (Hrsg.), *Lernverlaufsdiagnostik.* Göttingen: Hogrefe.

Mietz, J. & Kunigkeit, H. (2013). Supervision und Organisationsentwicklung in der Institution Schule zwischen Eigenverantwortung und Fremdorganisation. In H. Pühl (Hrsg.), *Handbuch Supervision und Organisationsentwicklung* (3. Aufl.). Berlin: Springer VS.

Schuntermann, M. (2009). *Einführung in die ICF.* Heidelberg: Ecomed.

Sekretariat der ständigen Konferenz der Kultusminister (2011). *Inklusive Bildung von Kindern und Jugendlichen mit Behinderungen in Schulen.* Zugriff am 24.06.2021 unter https://www.kmk.org/fileadmin/Dateien/veroeffentlichungen_beschluesse/2011/2011_10_20-Inklusive-Bildung.pdf

Sektion Schulpsychologie im Berufsverband Deutscher Psychologinnen und Psychologen (Hrsg.). (2014). *Schulpsychologie in Deutschland. Berufsprofil. Anlage 1: Inklusion in der Schule.* Zugriff am 24.06.2021 unter https://bdp-schulpsychologie.de/aktuell/2018/180912_inklusion.pdf

Senatorin für Kinder und Bildung (Hrsg.). (o. J.). *ReBUZ Bremen. Regionale Beratungs- und Unterstützungszentren.* Zugriff am 31.05.2021 unter https://www.rebuz.bremen.de/detail.php?gsid=bremen308.c.9815.de

Senatsverwaltung für Bildung, Jugend und Familie Berlin (Hrsg.). (2019). *Qualtitäts- und Handlungsrahmen der SIBUZ – Schulpsychologische und Inklusionspädagogische Beratungs- und Unterstützungszentren (SIBUZ).* Zugriff am 24.06.2021 unter https://www.berlin.de/sen/bildung/unterstuetzung/beratungszentren-sibuz/sibuz_handreichung.pdf

Souvignier, E., Förster, N. & Salaschek, M. (2014). quop: ein Ansatz internet-basierter Lernverlaufsdiagnostik und Testkonzepte für Mathematik und Lesen. In M. Hasselhorn, W. Schneider & U. Trautwein (Hrsg.), *Lernverlaufsdiagnostik* (Tests und Trends N.F. Bd. 12) (S. 239–256). Göttingen: Hogrefe.

Stein, R. & Müller, T. (Hrsg.). (2017). *Inklusion im Förderschwerpunkt emotionale und soziale Entwicklung.* Stuttgart: Kohlhammer.

Voß, S., Blumenthal, Y., Mahlau, K., Marten, K., Diehl, K., et al. (2016). *Der Response-to-Intervention-Ansatz in der Praxis: Evaluationsergebnisse zum Rügener Inklusionsmodell.* Münster: Waxmann.

WHO/DIMDI (2005). *Internationale Klassifikation der Funktionsfähigkeit, Behinderung und Gesundheit (ICF) der Weltgesundheitsorganisation (WHO), deutschsprachige Fassung* (International Classification of Functioning, Disability and Health, 2001). Genf: World Health Organization.

2 Unterrichtsqualität aus Sicht der Forschung

Katrin Rakoczy

2.1 Einleitung

Unterricht stellt das Zentrum schulischen Lebens dar und Unterrichten, d. h. die »Gestaltung von Lernumgebungen mit dem Ziel, optimale Gelegenheiten für die effektive Ausführung von Lernaktivitäten der Schüler bereitzustellen« (Seidel & Reiss, 2014, S. 254), ist die zentrale Aufgabe von Lehrkräften. Unterricht ist von zentraler Bedeutung für den Erwerb von Wissen und Kompetenzen (Lipowsky, 2006) und das Anliegen der empirischen Unterrichtsforschung ist es zu untersuchen, wie Lehren und Lernen gestaltet sein sollten, damit Unterricht zu möglichst positiven Wirkungen führen kann.

In diesem Kapitel wird zunächst auf die Angebots-Nutzungsperspektive als aktuelle Modellvorstellung über das Zustandekommen unterrichtlicher Wirkungen eingegangen, bevor Befunde der Unterrichtsqualitätsforschung zur Beschreibung und Wirkung von Unterrichtsqualität zusammengefasst werden.

2.2 Die Angebots-Nutzungsperspektive unterrichtlicher Wirkungen

Die in der empirischen Unterrichtsforschung weit verbreitete Angebots-Nutzungskonzeption unterrichtlicher Wirkungen setzt sich mit der Analyse und Darstellung von Voraussetzungen, Prozessen und Ergebnissen des Lehrens und Lernens auseinander. Die Konzeption (z. B. Helmke, 2003) geht vor allem auf die Arbeiten von Fend (1981) zurück und bildet das komplexe Zusammenspiel vieler Faktoren auf verschiedenen Ebenen beim Lehren und Lernen ab. Mittlerweile ist eine Vielzahl an Weiterentwicklungen formuliert worden (u. a. Klieme et al., 2006; Kunter & Trautwein, 2013).

Ein zentrales Element, welches sich in der Namensgebung des Angebots-Nutzungsmodells wiederfindet und in neueren Modellen zunehmend ausdifferenziert wurde, ist die im Konstruktivismus verankerte Vorstellung, dass Lernende aktive (Ko-)Konstrukteure ihres eigenen Lernfortschritts sind. Die Wirksamkeit von Unterricht hängt deshalb nicht nur davon ab, welche Lerngelegenheiten sich in der Schule bieten, sondern auch davon, ob und wie diese genutzt werden (Vieluf et al., 2020). Entsprechend wird Unterricht »als Lern-Umgebung verstanden, (…), in der Lernen, Verstehen, Kompetenzerwerb und letztlich Bildung potenziell möglich werden.« (Klieme, 2018, S. 2). Darin liegt eine doppelte Konditionalität: Unterricht muss bestimmte Bedingungen erfüllen und die Lernenden müssen ihr Verständnis der Gegenstände selbst »konstruieren« (Klieme, 2018). Eine weitere zentrale Annahme von Angebots-Nutzungsmodellen ist, dass Merkmale der individuellen Akteure (Lehrende und Lernende) sowie der verschiedenen Ebenen des Bildungskontexts (z. B. Bildungssystem, Einzelschule, Schulklasse) die Nutzung und Erträge von Bildungsangeboten mitbestimmen. Inwieweit Lernen erfolgreich ist, Kompetenzen erworben werden, Bildung stattfindet, entscheidet sich in der Wechselwirkung zwischen den Lehrenden, der Gruppe und den einzelnen Lernenden mit ihren je individuellen Voraussetzungen (Klieme, 2018).

Ein aktuelles Angebots-Nutzungsmodell, welches aufgrund der vergleichenden Diskussion verschiedener Angebots-Nutzungsmodelle entwickelt wurde, stellt das in Abbildung 2.1 dargestellte Modell von Vieluf et al. (2020) dar (▶ Abb. 2.1).

Unterricht wird in dem Modell in Anlehnung an die bereits im didaktischen Dreieck formulierte Konzeption von Unterricht als Interaktion von Lehrenden, Lernenden und einem fachlichen Inhalt im Klassenraum gesehen. Es wird davon ausgegangen, dass es nicht nur die Lehrenden sind, die das Lernangebot gestalten, sondern Unterricht wird als fachspezifische Ko-Konstruktion betrachtet, in der eine reziproke Beziehung zwischen dem Lernangebot und dessen Nutzung durch die Lernenden besteht. Die vielfältigen im Unterricht stattfindenden Handlungen und Prozesse können auf verschiedenen Ebenen betrachtet werden, wobei sich eine Unterscheidung zwischen Sicht- und Tiefenstrukturen bewährt hat (Klieme et al., 2006; Kunter & Trautwein, 2013). Sichtstrukturen sind leicht erschließbare Merkmale des Unterrichts, die sich auf übergeordnete Strukturierungen und Settings beziehen (Kunter & Ewald, 2016). Sie beinhalten Organisationsformen des Unterrichts (z. B. Unterricht in Klassen oder speziell zusammengestellten Lerngruppen), Sozialformen (z. B. Klassengespräch oder Einzelarbeit), sowie spezifische didaktische Methoden oder Unterrichtsarrangements (Klieme, 2018). Tiefenstrukturen beschreiben die Qualität der Auseinandersetzung der Lehrenden und Lernenden miteinander sowie mit den Lerninhalten hingegen unabhängig von der übergeordneten Organisation der Lernsituation (Kunter & Trautwein, 2013; Kunter & Ewald, 2016). Die Merkmale der Tiefenstruktur, d. h. die Unterrichtsqualität, können unabhängig von der übergeordneten Organisationsform variieren, d. h. durch verschiedene Methoden wie Direkte Instruktion oder Entdeckendes Lernen erreicht werden (Kunter & Ewald, 2016).

Anhand der beiden außenstehenden Kreise »Nutzung des Angebots durch Lehrende/ Schüler*innen« in Abbildung 2.1 wird deutlich, dass im Modell von Vieluf et al. (2020) davon ausgegangen wird, dass die Wirkung des Angebots sowohl von der Wahrnehmung, Interpretation und Nutzung durch die Lernenden als auch durch die Lehrenden vermittelt wird. Nutzung wird dabei als komplexer Prozess verstanden, in dem sich Kognitionen, emotionales und motivationales Erleben ständig gegenseitig beeinflussen. Auch individuelle Voraussetzungen der Lehrenden und Lernenden beeinflussen das Angebot und seine Nutzung durch die Lernenden und schließlich ihre mehrdimensionalen Bildungswirkungen.

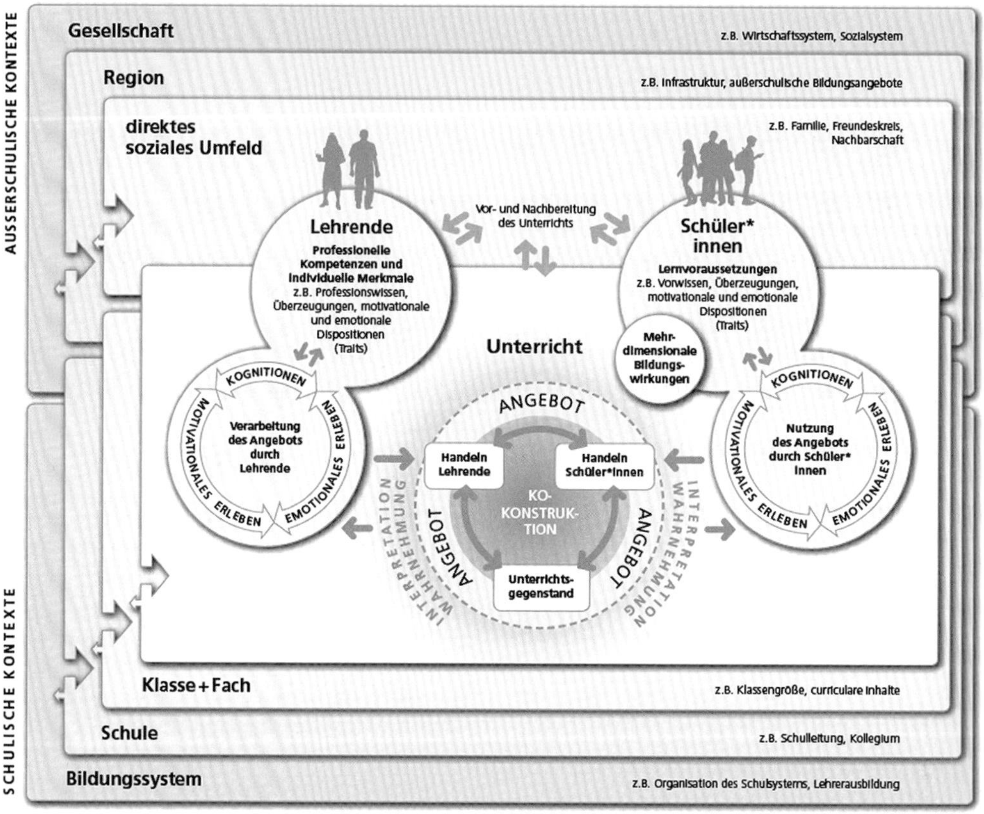

Abb. 2.1: Angebots-Nutzungsmodell (Quelle: Vieluf et al., 2020, S. 76)

Gerahmt wird Unterricht durch Kontexte auf verschiedenen Ebenen: die individuellen Lebenskontexte der Lernenden und Lehrenden, den Kontext der Klasse und des Faches, den Kontext der Schule und den Kontext des Bildungssystems.

2.3 Erkenntnisse der Unterrichtsqualitätsforschung

Das Ziel von Modellen der Unterrichtsqualität ist es, die vielfältigen auf Ebene der Tiefenstrukturen ablaufenden Prozesse zu bündeln und übergreifende Dimensionen zu definieren, die die Interaktionen im Klassenzimmer beschreiben. Im Folgenden wird zunächst dargestellt, welche Dimensionen dabei häufig unterschieden werden, bevor auf Befunde zu ihrer Wirksamkeit vor dem Hintergrund der oben dargestellten Angebots-Nutzungskonzeption eingegangen wird.

2.3.1 Dimensionen der Unterrichtsqualität

Von verschiedenen Arbeitsgruppen wurden mit relativ großer Übereinstimmung drei verschiedene Dimensionen von Unterrichtsqualität definiert (z. B. Klieme et al., 2006; Pianta & Hamre, 2009). Obgleich von unterschiedlichen Autorinnen und Autoren zum Teil unterschiedlich benannt, bilden die Dimensionen im Kern die Aspekte *effiziente Klassenführung*, *kognitive Aktivierung* und *unterstützendes Unterrichtsklima* ab, welche dem im deutschsprachigen Raum entwickelten und weit verbreiteten Modell der drei Basisdimensionen von Unterrichtsqualität (Praetorius et al., 2018) zugrunde liegen. Der Inhalt der drei Basisdimensionen ist im Folgenden kompakt zusammengefasst. Detailliertere Beschreibungen der Unterrichtsqualitätsdimensionen und ihrer konzeptuellen Wurzeln finden sich z. B. bei Lipowsky et al. (2009) oder Klieme (2018).

Effiziente *Klassenführung* oder Classroom Management stellt einen entscheidenden Aspekt der Unterrichtsqualität dar (Klieme et al., 2006; Kunter & Trautwein, 2013). In effizient geführtem Unterricht treten möglichst wenig Störungen auf und es sind möglichst alle Schülerinnen und Schüler beim Lernen beteiligt. Es steht also möglichst viel Zeit zum Lernen zur Verfügung. Erreicht werden kann das z. B. durch frühe Einführung von Regeln und Routinen (z. B. zu Übergängen zwischen Unterrichtsphasen) und einen konsequenten Umgang mit Störungen. Durch effektives Classroom Management werden Lerngelegenheiten ohne Störungen und Unterbrechungen angeboten und die zur Verfügung stehende Lernzeit kann aktiv genutzt werden. Eine effiziente Klassenführung hat sich als wichtige Voraussetzung für tiefergehendes Lernen erwiesen (z. B. Klieme et al., 2006). Nur wenn ein bestimmtes Maß an Ordnung und Ruhe in der Klasse vorhanden ist, können andere Unterrichtsqualitätsmerkmale wie konstruktive Unterstützung und kognitive Aktivierung ihre positive Wirkung entfalten (Lipowsky et al., 2009; Rakoczy, 2008).

Unter *kognitiv aktivierendem Unterricht* wird ein fachlich anspruchsvoller Unterricht verstanden, der Schülerinnen und Schüler zum vertieften Nachdenken und zu einer elaborierten Auseinandersetzung mit dem Unterrichtsgegenstand anregt (Klieme & Rakoczy, 2008). Schülerinnen und Schüler werden ermutigt, eigene Gedanken, Konzepte und Lösungswege darzulegen, zu begründen und zu vergleichen. Sie werden mit herausfordernden Aufgaben, kognitiven Konflikten, Unterschieden in Ideen, Positionen, Interpretationen und Lösungen konfrontiert, sodass es zu einem fachlich anspruchsvollen Diskurs und zu einer Verknüpfung mit dem Vorwissen der Schülerinnen und Schüler kommt (Lipowsky, 2006; Lipowsky et al., 2009).

Konstruktiv unterstützendes Unterrichtsklima umfasst Merkmale, die die soziale Interaktion zwischen der Lehrkraft und den Lernenden beschreiben (Klieme & Rakoczy, 2008). Die sozialen Beziehungen in konstruktiv unterstützendem Unterricht sind durch Wertschätzung und Respekt geprägt und die Lernenden und die Lehrkraft einer Klasse sehen sich als Lerngemeinschaft. Lehrkräfte zeigen einen konstruktiven Umgang mit Fehlern, d. h. sie sehen Fehler als Lerngelegenheiten, die sie nutzen können. Darüber hinaus beinhaltet dieser Bereich, dass Lernende in ihrem Bestreben nach Autonomie unterstützt werden, indem ihnen z. B. Wahlmöglichkeiten gegeben werden (Rakoczy, 2008).

Die drei Basisdimensionen wurden ursprünglich von Klieme, Schümer und Knoll (2001) als generische Dimensionen definiert, die über Schulfächer, Jahrgangsstufen und potenziell auch über Länder und Grenzen hinweg angewandt werden können (Praetorius et al., 2018). Psychologische Prozesse, die der Wirkung der Basisdimensionen zugrunde liegen, wurden erst später im Zuge der Verbindung der Basisdimensionen der Unterrichtsqualität mit der Angebots-Nutzungskonzeption von Unterricht hinzugefügt

(z. B. Klieme et al., 2006; Klieme & Rakoczy, 2008; Lipowsky, 2006). Auch die Fachspezifität der Basisdimensionen gewann zunehmend an Bedeutung (Klieme & Rakoczy, 2008). Wenn Unterricht als fachspezifische Ko-Konstruktion verstanden wird, sind die Basisdimensionen unter Einbezug des jeweiligen fachdidaktischen Wissens fach- und inhaltsspezifisch zu definieren und unterschiedliche Schwerpunkte bei der Umsetzung der Basisdimensionen notwendig. Insbesondere die Bedeutung und Realisierung der kognitiven Aktivierung im Unterricht kann stark zwischen verschiedenen Fächern bzw. Inhalten variieren (siehe z. B. Lipowsky et al., 2018, für Mathematik; oder Rakoczy et al., im Druck, für Kunst).

Die faktorielle Struktur der Basisdimensionen wurde in mehreren Studien empirisch überprüft und belegt (z. B. Lipowsky et al., 2009; Pianta & Hamre, 2009; Rakoczy, 2008). Dabei wird jedoch deutlich, dass die Anzahl der identifizierten Faktoren bzw. Basisdimensionen variieren kann. Sie hängt von der Breite und vom Auflösungsgrad der erfassten Bereiche ab (vgl. Taut & Rakoczy, 2016). Außerdem wird sowohl aus Sicht verschiedener Fachdidaktiken als auch in der allgemeinen Unterrichtsforschung diskutiert, ob die drei Dimensionen die Interaktionen im Unterricht erschöpfend abbilden oder ob noch weitere Dimensionen definiert werden sollten (Praetorius et al., 2018).

Eine entsprechende Erweiterung wurde z. B. mit Schwerpunkt auf das Fach Mathematik auf Basis einer Synthese aus zwölf international verbreiteten Frameworks zur Unterrichtsqualität vorgelegt (Praetorius & Charalambous, 2018). Darin werden sieben Dimensionen unterschieden: 1) Auswahl und Thematisierung von Inhalten, 2) Kognitive Aktivierung, 3) Unterstützung des Übens, 4) formatives Assessment, 5) Unterstützung des Lernens aller Schülerinnen und Schüler, 6) sozio-emotionale Unterstützung, 7) Klassenführung. Der Abgleich mit den drei Basisdimensionen zeigt zwar, dass die oben beschriebenen drei Basisdimensionen bereits große Teile der sieben Dimensionen von Praetorius und Charalambous abdecken. Die Merkmale sind jedoch in dem Syntheseframework anders gebündelt und nehmen dadurch neue Schwerpunktsetzungen vor. Beispielsweise gilt der Umgang mit Heterogenität bei Praetorius und Charalambous als eigenständige Dimension (Unterstützung des Lernens aller Schülerinnen und Schüler), während er in den drei Basisdimensionen jeweils implizit enthalten ist. Sie ist dort als Anforderung zu verstehen, die quer zu den drei Dimensionen liegt und durch diese umgesetzt werden soll (z. B. durch Aufgaben mit unterschiedlichem Anforderungsniveau im Bereich der kognitiven Aktivierung). Es werden jedoch auch zusätzliche Inhalte bei Praetorius und Charalambous abgebildet, die in den drei Basisdimensionen nicht explizit benannt sind, z. B. die Dimension »Unterstützen des Übens«.

Zur Umsetzung der Qualitätsdimensionen in die unterrichtliche Praxis der verschiedenen Fächer ist Expertise aus der allgemeinen Unterrichtsforschung und den jeweiligen Fachdidaktiken notwendig. Ein Abgleich der Dimensionen des Syntheseframeworks mit Ansätzen einzelner Fachdidaktiken wurde bereits vorgenommen (Praetorius et al., 2020) und wird Gegenstand weiterer Arbeiten sein müssen, um die Erkenntnisse aus der Unterrichtsqualitätsforschung für die Unterrichtspraxis in verschiedenen Fächern nutzen zu können.

2.3.2 Zusammenhänge von Unterrichtsqualität und Lernerfolg

Praetorius et al. (2018) haben ein systematisches Review erstellt, um Befunde zur Wirksamkeit der drei Basisdimensionen der Unterrichtsqualität hinsichtlich Leistung und Motivation zu bündeln. Ausgehend von den bei Klieme et al. (2001) formulierten Erwartungen, dass für die Leistungsentwicklung Classroom Management und kognitive Aktivierung förderlich sind, während für die Motivationsentwicklung neben dem Classroom Management das unterstützende Klima eine wichtige Rolle spielt, fassten sie die Befunde aus 13 empirischen Studien zusammen, die alle drei Unterrichtsqualitätsdimensionen untersuchten. Die Ergebnisse zeigten kein eindeutiges Bild. Sowohl mit Leistung als auch motivationalen Merkmalen zeigten alle drei Basisdimensionen z. T. signifikante Zusammenhänge, jedoch konnten in einigen Studien auch keine Zusammenhänge nachgewiesen werden. Praetorius et al. (2018) folgern, dass die Hypothese, dass kognitive Aktivierung nur für die Leistungsentwicklung und konstruktive Unterstützung nur für die Motivationsentwicklung bedeutsam ist, so nicht haltbar ist. Damit liefert die Übersichtsarbeit wertvolle Erkenntnisse über direkte Effekte der klassischen drei Basisdimensionen der Unterrichtsqualität auf Lernerfolg.

Anknüpfend an die in Abschnitt 2.2 beschriebene Angebots-Nutzungskonzeption ist darüber hinaus von besonderem Interesse, welche Wirkungen die Dimensionen der Unterrichtsqualität vermittelt über die Wahrnehmung und Nutzung des Unterrichtsangebots auf den Lernerfolg zeigen. Trotz der breiten Zustimmung der oben formulierten Konzeption liegen relativ wenige empirische Studien vor, die indirekte Effekte der Unterrichtsqualität, d. h. Effekte, die über die Wahrnehmung, Verarbeitung oder Nutzung durch die Lernenden vermittelt werden, untersuchen. Im Folgenden werden Befunde zu solchen indirekten Wirkungen der klassischen drei Basisdimensionen zusammengetragen. Sie werden ergänzt durch ausgewählte Befunde zur Wirksamkeit der im Syntheseframework von Praetorius und Charalambous (2018) zusätzlich formulierten Dimensionen (formatives Assessment, Thematisierung des Inhalts, Unterstützung des Lernens aller Schülerinnen und Schüler und Unterstützung des Übens).

Im Bereich der *Klassenführung* konnten Campbell et al. (2004) zeigen, dass neben der beobachteten Klassenführung auch das von Lehrkräften und Lernenden eingeschätzte Aufmerksamkeitsverhalten (als Indikator für die aktive Nutzung der Lernzeit) dazu beiträgt, die Mathematikleistung von Lernenden vorherzusagen. Ebenso fanden sie positive Effekte der Klassenführung auf Einstellungen zum Lernen, welche wiederum in engem Zusammenhang mit der Leistung standen. Sie untersuchten allerdings nicht, ob das Aufmerksamkeitsverhalten und die Einstellungen den Zusammenhang zwischen Klassenführung und Leistung im Sinne einer Mediation erklärten. Rakoczy et al. (2007) analysierten, inwiefern die kognitive Aktivität und das emotionale Erleben der Lernenden die Bedeutung der beobachteten Klassenführung für Motivation und Leistung erklären. Sie konnten vermittelnde Effekte beider per Fragebogen erfassten Verarbeitungsprozesse für die Motivation, nicht jedoch für die Leistung nachweisen.

Für den Bereich *kognitive Aktivierung* identifizierte Kunter (2005) die subjektiv erlebte Herausforderung als wesentliche vermittelnde Variable für die Wirkung des Unterrichts. Rakoczy et al. (2007) prüften, ob per Fragebogen erhobene kognitive Aktivitäten der Lernenden (nachvollziehende Elaboration) den Effekt von beobachteter kognitiver Strukturierung als einer möglichen Form der kognitiven Aktivierung auf die Leistung erklären können. Sie fanden zwar einen positiven Effekt der kognitiven Aktivierung auf die kognitiven Lernaktivitäten, welche wiederum mit der Leistung in Zusammenhang standen. Ein mediierender Effekt im statistischen Sinne, konnte jedoch nicht nachgewiesen werden. Darauf aufbauend zeigt sich bei Rakoczy et al. (2010), dass vertiefende kognitive Aktivität durch inhaltlich strukturierten Unterricht nur bei jenen (tendenziell) gefördert wird, die über niedrigeres Vorwissen verfügen, während sie ihrerseits nur dann die Leistungsentwicklung verbessert, wenn größeres Vorwissen eingebracht werden kann. Das lässt vermuten, dass sich die kognitive

Aktivität qualitativ zwischen leistungsstarken und -schwachen Lernenden unterscheidet, was durch die eingesetzten Skalen zur Erfassung der kognitiven Aktivitäten jedoch nicht überprüft werden konnte. Die Erfassung (qualitativ unterschiedlicher) kognitiver Aktivitäten stellt eine besondere Herausforderung für die Unterrichtsforschung dar.

Um die Wirkungsweise von *konstruktiver Unterstützung* besser zu verstehen, analysierten Buff et al. (2011), ob die beobachtete Bereitstellung von Freiräumen im Unterricht die Leistung durch positives emotionales Erleben und verstärkte kognitive Aktivitäten fördert. Sie konnten jedoch keinen entsprechenden vermittelnden Effekt nachweisen. Reyes et al. (2012) fanden, dass der Einfluss des beobachteten emotionalen Klimas auf die Leistung über das selbst berichtete Engagement der Lernenden vermittelt wird.

Formatives Assessment – bestehend aus Leistungsdiagnose und lernförderlicher Rückmeldung – wurde als einer der bedeutendsten Einflussfaktoren schulischen Lernens identifiziert (Hattie, 2009) und gilt als wichtige Ergänzung der generischen Unterrichtsqualitätsdimensionen (Taut & Rakoczy, 2016). Formatives Assessment verfolgt zwei Ziele, nämlich (1) Lehrkräften Informationen über den Lernstand ihrer Lernenden bereit zu stellen, damit sie ihren Unterricht entsprechend anpassen können, und (2) Lernenden Rückmeldung über ihren Lernfortschritt zu geben, um ihnen zu helfen, die Lücke zwischen ihrer aktuellen Leistung und dem angestrebten Lernziel zu verringern. Vor dem Hintergrund einer Angebots-Nutzungskonzeption ist davon auszugehen, dass auch möglichst lernförderlich gestaltetes formatives Assessment nicht automatisch positiv und nicht immer gleichermaßen stark wirkt, sondern dass seine Wirkung von der Wahrnehmung und der Verarbeitung durch die Lernenden abhängt. Als wichtige vermittelnde Prozesse wurden beispielsweise die wahrgenommene Nützlichkeit, die wahrgenommene Kompetenzunterstützung und die Selbstwirksamkeit der Lernenden identifiziert. Damit Lernende aufgrund der Rückmeldung im formativen Assessment aktiv werden, d. h. damit sie ihre Fehler korrigieren und darin möglichst erfolgreich sind, muss diese also von der oder dem jeweiligen Lernenden als relevant und nützlich erachtet werden und er oder sie muss sich in der Lage fühlen, die Rückmeldung umzusetzen (vgl. zusammenfassend Rakoczy & Schütze, 2019).

Ein Ausschnitt der Dimension »*Auswahl und Thematisierung von Inhalten*« wurde bereits in früheren Studien z. B. unter dem Begriff »inhaltliche Relevanz« als ergänzendes Kriterium qualitätsvollen Mathematikunterrichts herausgearbeitet (z. B. Rakoczy, 2008). Aus Beobachtungsperspektive erfasst, zeigt die inhaltliche Relevanz zwar keinen Zusammenhang mit der Motivation von Lernenden. Befragt man Lernende selbst nach der Bedeutsamkeit des Inhalts, zeigen sich jedoch enge Zusammenhänge mit der selbstbestimmten Motivation. Ziel weiterer Forschungsbemühungen sollte es somit sein, herauszufinden, durch welche Gestaltungsmerkmale die subjektiv erlebte Relevanz möglichst vieler Lernender gefördert werden kann.

Die Dimension »*Unterstützung des Lernens aller Schüler*innen*« verweist auf die Notwendigkeit des produktiven Umgangs mit heterogenen Lernvoraussetzungen. Obgleich mehrere Heterogenitätskategorien unterschieden werden können, ist meistens Heterogenität im Vorwissen bzw. in der Schulleistung gemeint (Decristan & Jude, 2017). Die bei Decristan und Jude dargestellte Befundlage deutet darauf hin, dass Lernende in leistungshomogenen Gruppen nicht besser lernen, d. h. nicht mehr Lernzuwachs zeigen, als in heterogenen Gruppen. Bei differenzierterer Betrachtung wird deutlich, dass leistungsschwächere Lernende eher von großen Unterschieden profitieren, während sich bei leistungsstärkeren kein Unterschied zeigt. Auch unterscheiden sich die Studien recht stark darin, ob es einen Effekt gibt oder nicht (was sich über alle Studien hinweg ausgleicht).

Decristan und Jude (2017) folgern daraus, dass das pädagogische Handeln entscheidend dafür ist, mit welchen Konsequenzen heterogene Voraussetzungen in der Klasse verbunden sind. Ob es sich bei adaptivem Unterrichtshandeln, welches mit positiven Konsequenzen für die Lernenden verbunden ist, um ein separates Qualitätsmerkmal handelt oder die übrigen Qualitätsmerkmale den Umgang mit heterogenen Voraussetzungen implizit beinhalten (formatives Assessment wird beispielsweise als eine Variante gesehen, um heterogene individuelle Voraussetzungen im Unterricht zu berücksichtigen, vgl. Dumont, 2018), muss in weiterführenden Überlegungen und empirischen Untersuchungen vertiefend betrachtet werden. Festzuhalten ist jedoch, dass sich Lehrkräfte im Umgang mit Heterogenität oftmals überfordert fühlen und einen großen Bedarf an Unterstützung in diesem Bereich erleben (Decristan & Jude, 2017).

Zur Dimension »*Unterstützung des Übens*« mit ihrem Fokus auf der Konsolidierung von Lerninhalten finden sich vereinzelt Studien, die sich auf Übungssituationen als Aspekte der kognitiven Aktivierung (z. B. intelligentes Üben) beziehen. Eine systematische Abdeckung von Maßnahmen zur Wissenskonsolidierung liegt in diesen Studien jedoch nicht vor (Praetorius et al., 2020). Aufgrund der sehr unterschiedlichen Bedeutung, die dem Üben in verschiedenen Fächern zukommt, werden Befunde aus den einzelnen Fachdidaktiken hier nicht referiert.

2.4 Fazit

In Forschung und Praxis hat es sich als hilfreich erwiesen, Unterrichtsqualität anhand von übergeordneten Dimensionen zu beschreiben. Während ursprünglich drei Basisdimensionen, nämlich Klassenführung, kognitive Aktivierung und konstruktive Unterstützung, angenommen wurden, werden in neueren Modellen zusätzliche Dimensionen ergänzt. So postulieren Praetorius und Charalambous (2018) für den Bereich Mathematik darüber hinaus formatives Assessment, die Auswahl und Thematisierung von Inhalten, die Unterstützung des Lernens aller Schülerinnen und Schüler und die Unterstützung des Übens als separate Qualitätsdimensionen, die in unterschiedlich starker Weise bereits in den drei Basisdimensionen thematisiert wurden.

Die in Abschnitt 2.2 dargestellte Angebots-Nutzungskonzeption unterrichtlicher Wirkungen besagt, dass auch Unterricht, der nach den genannten Dimensionen qualitätsvoll gestaltet ist, nicht »automatisch« mit Lernerfolg verbunden ist. Ob und wie Unterrichtsqualitätsmerkmale wirken, hängt vielmehr davon ab, wie die Gestaltungsmerkmale individuell wahrgenommen und verarbeitet werden. Daraus ergibt sich als wichtiger Ansatzpunkt für die schulpsychologische Arbeit die Sensibilisierung von Lehrkräften, dass unterrichtliches Handeln häufig nicht (nur) auf direktem Weg zu mehr Interesse oder besseren Leistungen führt, sondern zunächst kognitive, motivationale und emotionale Prozesse angestoßen werden, die dann auf indirektem Weg zu größerem Lernerfolg führen können. Gleichzeitig gilt es, Lernende für die positive Wahrnehmung und Nutzung der ihnen angebotenen Lerngelegenheiten zu motivieren.

Literatur

Buff, A., Reusser, K. Rakoczy, K. & Pauli, C. (2011). Activating positive affective experiences in the classroom. »Nice to have« or something more? *Learning and Instruction, 21*, 452–466.

Campbell, J., Kyriakides, L., Muijs, D. & Robinson, W. (2004). *Assessing teacher effectiveness. Developing a differentiated model.* London: Routledge Falmer.

Dumont, H. (2019). Neuer Schlauch für alten Wein? Eine konzeptionelle Betrachtung von individueller Förderung im Unterricht. *Zeitschrift für Erziehungswissenschaft, 22*(2), 249–277.

Fend, H. (1981). *Theorie der Schule.* München: Urban & Schwarzenberg.

Hattie, J. (2009). *Lernen sichtbar machen.* Hohengehren: Schneider.

Helmke, A. (2003). *Unterrichtsqualität: Erfassen, Bewerten, Verbessern.* Seelze: Kallmeyersche Verlagsbuchhandlung.

Decristan, J. & Jude, N. (2017). Heterogenitätskategorie Schulleistung/Leistung von Schülerinnen und Schülern. In Bohl, T., Budde, J. & Rieger-Ladich, M. (Hrsg.), Studienbuch *Umgang mit Heterogenität in Schule und Unterricht* (S. 109–122). Stuttgart: UTB.

Klieme, E. (2018). Unterrichtsqualität. In M. Harring, C. Rohifs & M. Gläser-Zikuda (Hrsg.), *Handbuch Schulpädagogik* (S. 393–408). Münster: Waxmann.

Klieme, E. & Rakoczy, K. (2008). Empirische Unterrichtsforschung und Fachdidaktik. *Zeitschrift für Pädagogik, 54*, 222–237.

Klieme, E., Lipowsky, F., Rakoczy, K. & Ratzka, N. (2006). Qualitätsdimensionen und Wirksamkeit von Mathematikunterricht. Theoretische Grundlagen und ausgewählte Ergebnisse des Projekts »Pythagoras«. In M. Prenzel & L. Allolio-Näcke (Hrsg.), *Untersuchungen zur Bildungsqualität von Schule. Abschlussbericht des DFG-Schwerpunktprogramms* (S. 127–146). Münster: Waxmann.

Klieme, E., Schümer, G. & Knoll, S. (2001). Mathematikunterricht in der Sekundarstufe I: »Aufgabenkultur« und Unterrichtsgestaltung. In E. Klieme & J. Baumert (Hrsg.), *TIMSS-Impulse für Schule und Unterricht. Forschungsbefunde, Reforminitiativen, Praxisberichte und Video-Dokumente* (S. 43–57). Bonn: Bundesministerium für Bildung und Forschung.

Kunter, M. & Ewald, S. (2016). Bedingungen und Effekte von Unterricht: Aktuelle Forschungsperspektiven aus der pädagogischen Psychologie. In N. McElvany, W. Bos, H. G. Holtappels, M. M. Gebauer & F. Schwabe (Hrsg.), *Bedingungen und Effekte guten Unterrichts* (S. 9–31). Münster: Waxmann.

Kunter, M. & Trautwein, U. (2013). *Psychologie des Unterrichts.* Paderborn: Schöningh.

Kunter, M. (2005). *Multiple Ziele im Mathematikunterricht.* Münster: Waxmann.

Lipowsky, F. (2006). Auf den Lehrer kommt es an. Empirische Evidenzen für Zusammenhänge zwischen Lehrerkompetenzen, Lehrerhandeln und dem Lernen der Schüler. In C. Allemann-Ghionda & E. Terhart (Hrsg.), Kompetenz und Kompetenzentwicklung von Lehrerinnen und Lehrern (Beiheft), *Zeitschrift für Pädagogik, 51*, 47–70.

Lipowsky, F., Drollinger-Vetter, B., Klieme, E., Pauli, C. & Reusser, K. (2018). Generische und fachdidaktische Dimensionen von Unterrichtsqualität – Zwei Seiten einer Medaille? In M. Martens, K. Rabenstein, K. Bräu, M. Fetzer, H. Gresch, I. Hardy & C. Schelle (Hrsg.), *Konstruktionen von Fachlichkeit: Ansätze, Erträge und Diskussionen in der empirischen Unterrichtsforschung* (S. 183–202). Bad Heilbrunn: Klinkhardt.

Lipowsky, F., Rakoczy, K., Pauli, C., Drollinger-Vetter, B., Klieme, E. & Reusser, K. (2009). Quality of geometry instruction and its short-term impact on students' understanding of Pythagorean Theorem. *Learning and Instruction, 19*, 527–537.

Pianta, R. C. & Hamre, B. K. (2009). Conceptualization, measurement, and improvement of classroom processes: Standardized observation can leverage capacity. *Educational Researcher, 38*, 109–119.

Praetorius, A.-K. & Charalambous, C. Y. (2018). Classroom observation frameworks for studying instructional quality: looking back and looking forward. *ZDM, 50*(3), 535–553.

Praetorius, A.-K., Klieme, E., Herbert, B. & Pinger, P. (2018). Generic dimensions of teaching quality: the German framework of Three Basic Dimensions. *ZDM Mathematics Education, 50*, 407–426.

Praetorius, A., Herrmann, C., Gerlach, E., Zülsdorf-Kersting, M., Heinitz, B. & Nehring, A. (2020). Unterrichtsqualität in den Fachdidaktiken im deutschsprachigen Raum – zwischen Generik und Fachspezifik. *Unterrichtswissenschaft, 48*, 409–446.

Rakoczy, K. & Schütze, B. (2019). Feedback im Unterricht. In E. Kiel, B. Herzig, U. Maier &

U. Sandfuchs (Hrsg.), *Handbuch für Unterrichten in allgemeinbildenden Schulen* (S. 237–249). Bad Heilbrunn: Klinkhardt (UTB).

Rakoczy, K., Klieme, E., Lipowsky, F. & Drollinger-Vetter, B. (2010). Strukturierung, kognitive Aktivität und Leistungsentwicklung im Mathematikunterricht. *Unterrichtswissenschaft, 38*, 29–46.

Rakoczy, K, Frick., U., Weiß, S., Tallon, M. & Wagner, E. (im Druck). Unterrichtsqualität im Kunstunterricht – wie wird sie von Lernenden wahrgenommen und wie hängt sie mit ihrer Motivation zusammen? *Sonderheft der Zeitschrift für Erziehungswissenschaft zum Thema »Kulturelle Bildung«*.

Rakoczy, K. (2008). *Motivationsunterstützung im Mathematikunterricht: Unterricht aus der Perspektive von Lernenden und Beobachtern.* Münster: Waxmann.

Rakoczy, K., Klieme, E., Drollinger-Vetter, B., Lipowsky, F., Pauli, C. & Reusser, K. (2007). Structure as a Quality Feature in Mathematics Instruction: Cognitive and Motivational Effects of a Structured Organisation of the Learning Environment vs. a Structured Presentation of Learning Content. In M. Prenzel (Ed.), *Studies on the educational quality of schools. The final report on the DFG Priority Program.* (pp. 102–121). Münster: Waxmann.

Reyes, M. R., Brackett, M. A., Rivers, S. E., White, M. & Salovey, P. (2012). Classroom Emotional Climate, Student Engagement, and Academic Achievement. *Journal of Educational Psychology, 104*, 700–712.

Seidel, T. & Reiss, K. (2014). Lerngelegenheiten im Unterricht. In T. Seidel & A. Krapp (Hrsg.), *Pädagogische Psychologie* (S. 253–276). Weinheim: Beltz.

Taut, S. & Rakoczy, K. (2016). Observing instructional quality in the context of school evaluation. *Learning and Instruction, 46*, 45–60.

Vieluf, S., Praetorius, A.-P., Rakoczy, K., Kleinknecht, M. & Pietsch, M. (2020). Angebots-Nutzungs-Modelle der Wirkweise des Unterrichts: eine kritische Auseinandersetzung mit ihrer theoretischen Konzeption. In E. Klieme, A.-P. Praetorius & J. Grünkorn (Hrsg.), *66. Beiheft der Zeitschrift für Pädagogik: Empirische Forschung zu Unterrichtsqualität. Theoretische Grundfragen und quantitative Modellierungen* (S. 63–80). Weinheim: Beltz Juventa.

III Fokus Lehrkräfte und System Schule

3 Individuelle Förderung und Differenzierung im Unterricht

Jasmin Decristan und Hanna Dumont

3.1 Individuelle Förderung: ein aktuelles, aber kein neues Thema

Im Zuge der Debatte um den adäquaten Umgang mit Heterogenität in Schule und Unterricht wird in jüngerer Zeit zunehmend die individuelle Förderung von Schülerinnen und Schülern gefordert. So ist individuelle Förderung inzwischen ein zentrales Kriterium für Schulentwicklung und Schulevaluation, gilt als Voraussetzung für inklusive Bildung, taucht in den Schulgesetzen aller Bundesländer auf und wurde von der Kultusministerkonferenz bereits als grundlegend für ein erfolgreiches Bildungssystem bezeichnet. Darin spiegelt sich ein Paradigmenwechsel in Bildungspolitik und Bildungspraxis wider, weg vom Leitbild der homogenen Lerngruppe, hin zu einem Unterricht in heterogenen Lerngruppen. Traditionell ist das deutsche Schulsystem durch Maßnahmen zur Homogenisierung von Lerngruppen, wie der Einrichtung von unterschiedlichen Sekundarschulformen oder der separaten Beschulung von Kindern mit sonderpädagogischen Förderbedarf, gekennzeichnet. Nicht zuletzt durch empirische Befunde zur Entstehung von sozialen Ungleichheiten im gegliederten Schulsystem, durch demographische Veränderungen der Schülerschaft sowie durch die Ratifizierung der UN-Behindertenrechtskonvention hat sich jedoch die Erkenntnis durchgesetzt, Heterogenität von Schülerinnen und Schülern nicht länger als Problem, das es zu reduzieren gilt, sondern als Chance, Bereicherung und Ressource für das schulische Lernen zu betrachten (Dumont, 2019). Entsprechend sind in den vergangenen Jahren schulstrukturelle Veränderungen, wie das Zusammenlegen von Schulformen, die Einrichtung von Gemeinschaftsschulen sowie die Abschaffung von Förderschulen, zu beobachten. Diese Veränderungen führen unweigerlich zu der Frage, wie individuell fördernder Unterricht in heterogenen Lerngruppen in der Schulpraxis unter den gegebenen Ressourcen und Rahmenbedingungen gestaltet werden kann. Im Vordergrund steht dabei die Anpassung des Unterrichtsangebots an die individuellen Bedürfnisse und Lernvoraussetzungen der einzelnen Schülerinnen und Schüler – eine Zielsetzung die aus wissenschaftlicher Sicht keinesfalls neu ist, sondern sich bereits seit

Beginn des 20. Jahrhunderts in der psychologischen und reformpädagogischen Literatur findet. Vor diesem Hintergrund gibt das vorliegende Kapitel einen Überblick, wie individuelle Förderung im Unterricht gelingen kann und welche Rolle Schulpsychologinnen und Schulpsychologen dabei spielen können.

3.2 Begriffsklärungen zu individueller Förderung und Differenzierung

Wenngleich der Gedanke, den Unterricht an die individuellen Lernvoraussetzungen der Schülerinnen und Schüler anzupassen, eine lange wissenschaftliche Tradition hat, handelt es sich bei »individueller Förderung« in erster Linie um einen bildungspolitisch geprägten Begriff. So taucht er erstmal im Strukturplan des Deutschen Bildungsrates im Jahr 1970 auf und erfährt nach Veröffentlichung der ersten PISA-Ergebnisse im Jahr 2001 durch das von Bund und Ländern getragene Forum Bildung auch in der öffentlichen Debatte größere Prominenz. Seitdem hat sich individuelle Förderung »zu einer bildungspolitischen Steuerungsstrategie ersten Ranges entwickelt« (Trautmann & Wischer, 2011, S. 144). Leitmotiv ist dabei die »Potenzialentfaltung aller Kinder« (Fischer, 2014, S. 34).

Nimmt man die Verwendung des Begriffs jedoch genauer unter die Lupe, ist leicht festzustellen, dass selten konkretisiert wird, was im Einzelnen damit gemeint ist. Zudem scheint es sehr unterschiedliche Vorstellungen davon zu geben, wie individuelle Förderung in der Schulpraxis umgesetzt werden sollte. Dies zeigt sich besonders in den Schulgesetzen der Bundesländer. Grob lassen sich die Bundesländer dahingehend unterscheiden, ob sie individuelle Förderung in erster Linie als Förderung von Kindern mit sonderpädagogischem Förderbedarf im (meist inklusiven) Unterricht verstehen (wie beispielsweise Bremen oder Bayern) oder individuelle Förderung als allgemeines Unterrichtsprinzip und damit als Aufgabe jeder Schulform definieren (wie beispielsweise Thüringen oder Nordrhein-Westfalen). Darüber hinaus gibt es aber auch spezifische Vorstellungen, wie beispielsweise in Brandenburg, wo individuelle Förderung durch die Einrichtung von Leistungs- und Begabungsklassen erfolgen kann – was im Gegensatz zum Unterrichten in heterogenen Lerngruppen steht.

Die zuvor angeführten Beispiele verdeutlichen grundsätzlich unterschiedliche Verständnisse von individueller Förderung. Vor allem in der Schulpraxis findet sich oft eine Fokussierung auf Schülerinnen und Schüler mit sonderpädagogischen Förderbedarfen oder mit Schwierigkeiten in einzelnen schulischen Bereichen, wie Lesen, Schreiben oder Rechnen. Aus einer wissenschaftlichen Perspektive greift diese Einschränkung mit einem Fokus auf bestimmte Defizite jedoch zu kurz. Vielmehr geht es grundsätzlich um die Förderung jedes Individuums mit seinen individuellen Besonderheiten (Fischer, 2014; Klieme & Warwas, 2011).

Durch seine mangelnde Schärfe wird der Begriff »individuelle Förderung« im wissenschaftlichen Diskurs durchaus kritisch gesehen (siehe z. B. Hasselhorn, Decristan & Klieme, 2018) und wurde bereits als »programmatische Nebelbombe« (Wischer, 2012, S. 65) bezeichnet. Vor diesem Hintergrund hat Dumont (2019) den Begriff auf Basis wissenschaftlicher Konzepte und empirischer Befunde für den Unterrichtskontext konkretisiert. Sie schlägt vor, individuelle Förderung als eine Gesamtunterrichtsstrategie zu verstehen, die sämtliche Unterrichtsaktivitäten einschließt und sich nicht auf einzelne Fördermaßnahmen beschränkt (wenngleich kompensatorische Förderangebote selbstverständlich Teil einer solchen Gesamtunterrichtsstrategie sein können). Dabei sollte das Ziel sein, das Unterrichtsangebot kontinuierlich an die individuellen Lernvoraussetzungen der Schülerinnen und Schüler anzupassen – was in der pädagogischen Psychologie auch als *adaptiver Unterricht* bezeichnet wird (Corno, 2008). Dazu müssen die Kompetenzen und Lernstände der Schülerinnen und Schüler regelmäßig begleitend zum Unterricht diagnostiziert werden. Diese *lernbegleitende Diagnostik* wird auch als Formatives Assessment (Schütze, Souvignier & Hasselhorn, 2018; ▶ Kap. II-3) bezeichnet. Auch spielt die Förderung selbstregulativer Fähigkeiten von Schülerinnen und Schülern eine besondere Rolle, da hierdurch die Lernenden befähigt werden, die unterschiedlichen Unterrichtsangebote nutzen zu können, und für die Lehrkräfte Freiraum entsteht, um sich einzelnen Schülerinnen und Schülern intensiver zu widmen.

Die Anpassung des Unterrichtsangebots bzw. die konkrete Umsetzung von individueller Förderung im Unterricht lässt sich durch den Einsatz von Methoden der *Differenzierung* und *Individualisierung* erreichen.[1] Das Konzept der Differenzierung hat seine historischen Wurzeln in der Reformpädagogik, wobei nach Klafki und Stöcker (1976) üblicherweise zwischen äußerer und innerer Differenzierung unterschieden wird. Äußere Differenzierung meint das räumlich oder zeitlich voneinander getrennte Unterrichten verschiedener Schülerinnen und Schüler, die vorab nach bestimmten Kriterien (z. B. Wissensstand, Interessen) gruppiert wurden. Innere Differenzierung, bzw. der synonym verwendete Begriff Binnendifferenzierung, bezieht sich auf die Variation des Unterrichtsangebots innerhalb einer Klasse oder Lerngruppe. Wenngleich auch flexible Formen der äußeren Differenzierungen in einem individuell fördernden Unterricht zum Tragen kommen können, stehen Maßnahmen der inneren Differenzierung im Fokus von individueller Förderung im Unterricht. Innere Differenzierung kann dabei in quantitativer, methodischer, medialer, qualitativer und inhaltlicher Hinsicht erfolgen. Wenn jeder Schüler bzw. jede Schülerin ein unterschiedliches Unterrichtsangebot erhält, spricht man von Individualisierung (Bohl, Batzel & Richey, 2011). Schließlich erfordert die konsequente Umsetzung von Maßnahmen der inneren Differenzierung und Individualisierung eine *Öffnung des Unterrichts* (Brüning & Saum, 2010), das heißt eine Flexibilisierung von Raum, Zeit und Sozialform für Lehren und Lernen.

1 Die im internationalen Raum verwendeten Begriffe, die eine inhaltliche Nähe zu Differenzierung und Individualisierung suggerieren, unterscheiden sich konzeptuell grundsätzlich von den genannten deutschen Begriffen. So verbirgt sich beispielsweise hinter »individualized instruction« meist ein Maßnahmenbündel aus der selbständigen Bearbeitung von kleineren Lernsequenzen durch die Schülerinnen und Schüler, die dann enden, wenn ein gesetztes Lernziel erreicht wurde. Auch »differentiated instruction« bezieht sich auf ein Bündel aus lernbegleitenden Erhebungen und instruktionalen Anpassungen und ist nicht mit dem deutschsprachigen Begriff »Differenzierung« gleichzusetzen.

3.3 Empirische Befunde zu individueller Förderung und Differenzierung

Grundsätzlich ist zunächst anzumerken, dass eine konsequente Umsetzung von Maßnahmen der individuellen Förderung und inneren Differenzierung im Sinne eines fortwährenden Unterrichtsprinzips bislang vergleichsweise selten Einzug in die Schulpraxis gehalten hat. Studien mit Befragungsdaten (z. B. Bos et al., 2008) oder (Video-)Beobachtungen (Jennek, Gronostaj & Vock, 2019) zeigen allenfalls quantitative Differenzierungen mit Blick auf Lernzeit oder Aufgabenumfang. Differenzierungen in der Aufgabenschwierigkeit finden vergleichsweise selten statt. Vor allem in der Sekundarstufe wird innere Differenzierung allenfalls punktuell umgesetzt. Im Deutschunterricht der Sekundarstufe findet innere Differenzierung am häufigsten in Gesamtschulen und am wenigsten im Gymnasium statt (Hertel et al., 2010). In der pädagogischen Literatur gibt es eine intensive Debatte dazu, was unter den gegebenen Ressourcen und Rahmenbedingungen (Klassengröße, Vorbereitungszeit etc.) an innerer Differenzierung im Unterricht überhaupt leistbar ist. Als wesentliches Hindernis werden oftmals unzureichend konkrete Spezifikationen für deren Umsetzung im Schulalltag angeführt.

Eine in der Schulpraxis prominente und empirisch gut erforschte Variante innerer Differenzierung stellt das Bilden von Kleingruppen innerhalb des Klassenverbunds dar (»small group instruction« oder »within-class ability grouping«). Insgesamt lässt sich dieser Zugang als vielversprechend erachten: In Meta-Analysen hat sich Unterricht mit Kleingruppen als lernförderlicher erwiesen als Unterricht ohne Kleingruppen (z. B. Lou et al., 1996). An diesen Befund schließt sich die Frage nach der leistungsbezogenen Zusammensetzung der Kleingruppen an. Studien zeigen, dass die leistungshomogene oder -heterogene Zusammensetzung von Kleingruppen an sich für eine fachliche Förderung im Mittel keine besondere Rolle spielt (z. B. Deunk et al., 2018; Lou et al., 1996). Für leistungsschwache Lernende ist eine leistungshomogene Zusammensetzung von Kleingruppen dagegen von Nachteil, da ihnen der Anregungsgehalt von leistungsstärkeren Schülerinnen und Schülern zu fehlen scheint (z. B. Deunk et al., 2018; Lou et al., 1996).

Die Frage nach der leistungshomogenen oder -heterogenen Zusammensetzung von Lerngruppen ist ein Thema, das auch den Kern der Ausgestaltung von Bildungssystemen berührt und Gegenstand jahrzehntelanger Diskussion ist. Konzeptionell handelt es sich dabei um äußere Differenzierungsmaßnahmen. In Deutschland fanden traditionell Homogenisierungsbemühungen von Lerngruppen statt, bspw. durch die gegliederte Sekundarstufe oder vergleichsweise hohe Klassenwiederholungsquoten. Gegenwärtig gibt es aber auch gegenläufige Entwicklungen, etwa im Kontext von Gesamtschulen und einer inklusiven Beschulung. Für leistungshomogene Gruppen wird bspw. argumentiert, dass in diesen Schülerinnen und Schüler passend zu ihren Lernständen gefördert werden könnten, dass leistungsschwächere Lernende nicht demotiviert und Leistungsstärkere nicht gelangweilt werden würden und dass auch für Lehrkräfte der Aufwand geringer sei. Für leistungsheterogene Gruppen wird wiederum angeführt, dass, kognitivistischen Theorien zufolge, Lernen immer ein individueller Prozess sei und es somit auch bei ähnlichen Lernständen ganz unterschiedliche Unterstützungsbedarfe und Lernwege gäbe, und dass Schülerinnen und Schüler sowohl in ihren fachlichen Leistungen als auch in ihren sozialen Kompetenzen voneinander profitieren könnten. Empirisch zeigt sich jedoch, dass die leistungsheterogene oder -homogene Zusammensetzung von Klassen oder Schulen keine Bedeutung für spätere Lernleistungen hat (z. B. Decristan et al., 2017). Entscheidend für den Lernerfolg ist vielmehr die Qualität des Unterrichts.

Wie oben angeführt, setzt eine konsequente Umsetzung von innerer Differenzierung eine Öffnung des Unterrichts voraus. Vor allem im Grundschulbereich hat in den letzten Jahren eine stärkere Schülerorientierung mit einer zunehmenden Öffnung des Unterrichts Einzug gehalten. Ein Beispiel hierfür ist die Arbeit am Wochenplan, bei der Schülerinnen und Schüler in der wöchentlich hierfür zur Verfügung gestellten Zeit das von der Lehrkraft erstellte Paket aus (Wahl- und Pflicht-)Aufgaben bearbeiten (z. B. Sehr, 2007). Empirische Forschung zur Wochenplanarbeit ist jedoch rar, da die vielfältigen Ausgestaltungsmöglichkeiten des Wochenplans übergeordnete Aussagen zu den Wirkungen der Methode erschweren. Grundsätzlich kann aber gesagt werden, dass, je offener ein Unterrichtsangebot gestaltet ist, also je mehr Freiheitsgrade die Schülerinnen und Schüler bspw. hinsichtlich Aufgabenwahl und Zeiteinteilung haben, desto größer sind die Anforderungen nicht nur an die Fähigkeiten der Lernenden, ihren Lernprozess selbständig zu steuern (siehe nächster Abschnitt), sondern auch an die Kompetenz der Lehrenden, die parallelen Lernprozesse zu begleiten. Breidenstein und Rademacher (2017) konnten mit Hilfe teilnehmender Beobachtungen an Schulen mit individualisierten Unterrichtsangeboten aufzeigen, dass die Gefahr besteht, dass das Material die Steuerung der Lernprozesse übernimmt und es an kognitiv aktivierenden Impulsen durch den Unterrichtsdiskurs mangelt.

Empirische Studien liefern Hinweise dazu, dass Unterricht mit geringer Unterstützung und Strukturierung durch die Lehrkraft im Vergleich zu lehrergesteuertem Unterricht weniger lernförderlich ist (Alfieri et al., 2011) und insbesondere leistungsschwächere Schülerinnen und Schüler benachteiligt sind (Hartke, 2002). Das eigenständige Explorieren und Lernen von Lerninhalten ohne hinreichendes Vorwissen stellt gerade für leistungsschwächere Schülerinnen und Schüler eine kognitive Überforderung dar (Kirschner, Sweller & Clark, 2006), nicht zuletzt, weil es ihnen oft auch an selbstregulatorischen Kompetenzen mangelt. Wenn Lehrkräfte im Rahmen einer Öffnung des Unterrichts jedoch strukturierend unterstützen, zeigen sich wiederum Vorteile gegenüber lehrkraftgelenktem Unterricht (Alfieri et al., 2011). Dieses »Scaffolding« als Unterstützung durch die Lehrkraft während der Lernprozesse hat sich als vielversprechend für das Lernen erwiesen (van de Pol, Volman & Beishuizen, 2010). Mit Scaffolding geht einher, dass Lehrkräfte die Lernstände der Schülerinnen und Schüler während der Unterstützungsangebote kontinuierlich erfassen und ihre Unterstützung entsprechend anpassen. Ergänzend zu diesem »on the fly assessment« wurden in den letzten Jahren zunehmend diagnostische Testverfahren entwickelt, mit denen Lern- und Leistungsstände von Schülerinnen und Schülern fortlaufend und unter Berücksichtigung der Gütekriterien quantitativer Forschung erfasst und Lehrkräfte diese Informationen für die Anpassung des Unterrichts sowie für individuelle Rückmeldungen an die Lernenden nutzen können (Hasselhorn, Schneider & Trautwein, 2014). Dafür werden zunehmend auch digitale Programme entwickelt, mit denen Lernstände online erfasst und ausgewertet werden können. Eine testbasierte lernbegleitende Diagnostik mit individueller Rückmeldung hat sich empirisch als besonders vielversprechend für das Kompetenzerleben und das Lernen der Schülerinnen und Schüler erwiesen (Schütze et al., 2018) und kann auch mit Unterstützung der Schulpsychologie in der Praxis realisiert werden.

Zusammengenommen sind die Befunde zu individueller Förderung und Differenzierung anschlussfähig an eine grundsätzliche Unterscheidung zwischen Oberflächen- und

Tiefenmerkmalen von Unterricht (Decristan et al., 2020). Tiefenmerkmale werden im Vergleich zu Oberflächenmerkmalen als entscheidender für die Förderung von Motivation und Leistungen angesehen. Oberflächenmerkmale stellen für Außenstehende leicht erschließbare verhaltensnahe Merkmale des Unterrichts dar. Das Bilden von Kleingruppen oder die Arbeit am Wochenplan lassen sich den Oberflächenmerkmalen zuordnen. Tiefenmerkmale beziehen sich auf die Lehr-Lernprozesse und Interaktionen im Unterricht sowie den konkreten Umgang mit den Oberflächenmerkmalen. Als Tiefenmerkmale werden in der pädagogisch-psychologischen Lehr-Lernforschung Unterrichtsqualitätsdimensionen angeführt. Qualitativ hochwertiger Unterricht zeichnet sich durch kognitive Anregungen und vertiefte Auseinandersetzungen mit den Lerninhalten, durch effektive Zeitnutzung sowie durch ein wertschätzend-respektvolles Miteinander aus (z. B. Klieme, 2018; ▸ Kap. III-2). Bei der Umsetzung von innerer Differenzierung sollte somit stets darauf geachtet werden, dass die Inhalte kognitiv aktivierend sind, ein gutes Classroom Management vorliegt und Lehrkräfte die Lernenden konstruktiv unterstützen. Auch im Zuge der gegenwärtigen Debatten zur Digitalisierung von Unterricht sollten die Tiefenmerkmale sehr viel stärker in den Blick genommen werden, statt sich in einer Diskussion zu den richtigen Medien zu verlieren (vgl. Voss & Wittwer, 2020).

3.4 Unterstützung von individueller Förderung und Differenzierung durch die Schulpsychologie

Der Schulpsychologie kommt für die Unterstützung von individueller Förderung und Differenzierung in vielen Bundesländern eine Doppelfunktion zu, nämlich die Beratung und Diagnostik im Einzelfall sowie die Beratung und Professionalisierung von Fachkräften an Schulen.

3.4.1 Individuelle Beratung und Diagnostik

Eine zentrale Aufgabe der Schulpsychologie ist die individuelle Beratung sowie die Diagnostik von Schülerinnen und Schülern. In diesem Zusammenhang begleiten und beraten Schulpsychologinnen und Schulpsychologen Lehrkräfte und Eltern im Umgang mit Schülerinnen und Schülern, die schulische Schwierigkeiten oder auch besondere Potenziale haben (▸ Kap. I-5). Eine in diesem Zuge immer wieder aufkommende Frage bezieht sich auf die Umsetzung von individueller Förderung und Differenzierung im Kontext einer an curricularen Standards orientierten Leistungsbewertung. Begreift man individuelle Förderung als eine Gesamtunterrichtsstrategie, sollten die Maßnahmen jede Schülerin und jeden Schüler fördern und zur Zielerreichung aller beitragen. Werden entsprechende Maßnahmen jedoch vorrangig im Zuge von (Lern-)Schwierigkeiten eingesetzt und somit auf nur einen kleineren Teil der Lernenden in einer Klasse bezogen, zeigt sich ein pädagogisches Dilemma. In diesem Fall können Schulpsychologinnen und Schulpsychologen bei der Ausgestaltung von Nachteilsausgleichen helfen. Nicht zuletzt in diesem Kontext haben auch die zuvor angesprochene lernbegleitende Diagnostik und lernförderliches und motivierendes Feedback (Schütze et al., 2018) eine besondere Relevanz.

Für eine lernbegleitende Diagnostik bedarf es Instrumente, anhand derer Lernstände reliabel und valide über verschiedene Zeitpunkte erfasst werden können und die gleichzeitig veränderungssensitiv und auch zeitökonomisch sind (für einen Überblick vgl. Hasselhorn et al., 2014). Die Schulpsychologie kann bei der Auswahl, Anwendung und Auswertung entsprechender Verfahren unterstützen. Um die erhobenen diagnostischen Informationen zielführend für das weitere Lernen von Schülerinnen und Schülern zu nutzen, hat sich zeitnahes und informativ-motivierendes Feedback als besonders wichtig erwiesen. Hierin enthalten sind Informationen zum aktuellen Lernstand, zum jeweiligen Lernziel und zu den nächsten Lernschritten (Schütze et al., 2018). Lernbegleitende Diagnostik und Feedback stellen eine wesentliche Grundlage für individuelle Lernentwicklungs- und Förderpläne dar. Sie können ebenso als Grundlage für die Unterrichtsplanung und den Austausch mit anderen Fachkräften dienen sowie bei der Beratung mit den Erziehungsberechtigten unterstützen und eine höhere Transparenz von pädagogischen Entscheidungen ermöglichen.

3.4.2 Beratungs- und Qualifizierungsangebot für Lehrkräfte und Schulen

Zusätzlich zur Einzelfallberatung und -diagnostik übernimmt die Schulpsychologie in vielen Bundesländern auch Beratungs- und Qualifizierungsmaßnahmen für pädagogische Fachkräfte an Schulen. Die Angebote sind breit gefächert und können sich auf spezifische Themen wie Gesundheitsförderung oder Gewaltprävention beziehen, oder allgemeiner als Supervisions- und Coaching-Angebote verstanden werden und sich dann auf konkrete Fragen, wie die nach der spezifischen Umsetzung von individueller Förderung und Differenzierung an einer Schule, beziehen. Als wesentliche Barrieren einer Umsetzung von individueller Förderung und Differenzierung werden, neben mangelnden Ressourcen und unzureichender Unterstützung durch Schulleitung und Kollegium, unzureichendes Wissen über die Möglichkeiten zur differenzierten Ausgestaltung von Curricula und zu methodisch-didaktischen Maßnahmen zum Umgang mit Heterogenität sowie ablehnende Einstellungen zu Unterricht in heterogenen Lerngruppen und zu Differenzierung genannt (Gebauer & McElvany, 2017). Damit sind die Kernelemente professioneller Kompetenz von Lehrkräften angesprochen (vgl. Baumert & Kunter, 2006; ▶ Kap. III-10), die als wichtige Ansatzpunkte für eine Lehreraus- und -weiterbildung gelten und sich nachweislich auf den Unterricht und hierüber auf das Lernen und die Motivation von Schülerinnen und Schülern auswirken. Obgleich die Fort- und Weiterbildung von Lehrkräften nicht zentrale Aufgabe von Schulpsychologinnen und Schulpsychologen ist, kann die Schulpsychologie mit dazu beitragen, hierfür zu motivieren. Denn im Kern geht es nicht um das Erlernen völlig neuer Unterrichtskonzepte, sondern um das Anknüpfen an bestehende Elemente der Lehreraus- und -weiterbildung und deren Anpassung an die jeweilige Lerngruppe. Durch Supervision und Hospitation im Unterricht können Lehrkräfte sich bisheriger Verhaltensweisen und Interaktionsmuster bewusst werden, diese reflektieren und gemeinsam mit der Schulpsychologie an Konzepten der individuellen Förderung und Differenzierung arbeiten. Darüber hinaus kann die Schulpsychologie Möglichkeiten unterstützen, mit denen das Potenzial multiprofessioneller Teams, bspw. für die gemeinsame Vorbereitung und/oder Durchführung von innerer Differenzierung im Unterricht genutzt wird. Die Meta-Analyse von Scruggs, Mastropieri und McDuffie (2007) zeigt nämlich, dass die Umsetzung von Team-Teaching in der Regel als »one teaches, one assists« erfolgt und zusätzlicher Personaleinsatz oft nicht als hilfreich wahrgenommen wird. Entsprechend besteht hier besonderer Beratungsbedarf des Kollegiums, bspw. zu Teamentwicklung oder kooperativen Problemlösestrategien, um multiprofessionelle Teams gewinnbringend zu nutzen.

Literatur

Alfieri, L., Brooks, P. J., Aldrich, N. J. & Tenenbaum, H. (2011). Does discovery-based instruction enhance learning? *Journal of Educational Psychology, 103*, 1–18.

Baumert, J. & Kunter, M. (2006). Stichwort: Professionelle Kompetenz von Lehrkräften. *Zeitschrift für Erziehungswissenschaft, 9*, 469–520.

Bohl, T., Batzel, A. & Richey, P. (2011). Öffnung – Differenzierung – Individualisierung – Adaptivität: Charakteristika, didaktische Implikationen und Forschungsbefunde verwandter Unterrichtskonzepte zum Umgang mit Heterogenität. *Schulpädagogik Heute, 2*, 40–69.

Bos, W., Hornberg, S., Bonsen, M. & Buddeberg, I. (2008). Herausforderungen und Perspektiven für die Grundschule im Kontext von IGLU, KESS und LAU. In P. Hanke (Hrsg.), *Grundschule in Entwicklung* (S. 17–41). Münster: Waxmann.

Breidenstein, G. & Rademacher, S. (2017). *Individualisierung und Kontrolle. Empirische Studien zum geöffneten Unterricht in der Grundschule.* Wiesbaden: Springer VS.

Brüning, L. & Saum, T. (2010). Individualisierung und Differenzierung – aber wie? Kooperatives Lernen erschließt neue Zugänge. *Pädagogik, 62*, 12–15.

Corno, L. (2008). On teaching adaptively. *Educational Psychologist, 43*, 161–173.

Decristan, J., Fauth, B., Kunter, M., Büttner, G. & Klieme, E. (2017). The interplay between class heterogeneity and teaching quality in primary school. *International Journal of Educational Research, 86*, 109–121.

Decristan, J., Hess, M., Holzberger, D. & Praetorius, A.-K. (2020). Oberflächen- und Tiefenstrukturen – eine Reflexion zweier prominenter Begriffe der Unterrichtsforschung. *Zeitschrift für Pädagogik, 66*, 102–116.

Deunk, M. I., Smale-Jacobse, A. E., de Boer, H., Doolaard, S. & Bosker, R. J. (2018). Effective differentiation practices: A systematic review and meta-analysis of studies on the cognitive effects of differentiation practices in primary education. *Educational Research Review, 24*, 31–54.

Dumont, H. (2019). Neuer Schlauch für alten Wein? Eine konzeptuelle Betrachtung von individueller Förderung im Unterricht. *Zeitschrift für Erziehungswissenschaft, 22*, 249–277.

Fischer, C. (2014). *Individuelle Förderung als schulische Herausforderung.* Berlin: Friedrich-Ebert-Stiftung.

Gebauer, M. M. & McElvany, N. (2017). Zur Bedeutsamkeit unterrichtsbezogener heterogenitätsspezifischer Einstellungen angehender Lehrkräfte für zukünftiges Unterrichtsverhalten. *Psychologie in Erziehung und Unterricht, 64*, 163–180.

Hartke, B. (2002). Offener Unterricht – ein überbewertetes Konzept?. *Sonderpädagogik, 32*, 127–139.

Hasselhorn, M., Decristan, J. & Klieme, E. (2018). Individuelle Förderung. In O. Köller et al. (Hrsg.), *Das Bildungswesen in Deutschland. Bestand und Potenziale* (S. 375–402). Bad Heilbrunn: Klinkhardt.

Hasselhorn, M., Schneider, W. & Trautwein, U. (2014). *Lernverlaufsdiagnostik.* Göttingen: Hogrefe.

Hertel, S., Hochweber, J., Steinert, B. & Klieme, E. (2010). Schulische Rahmenbedingungen und Lerngelegenheiten im Deutschunterricht. In E. Klieme et al. (Hrsg.), *PISA 2009. Bilanz nach einem Jahrzehnt* (S. 113–152). Münster: Waxmann.

Jennek, J., Gronostaj, A. & **Vock, M.** (2019). Wie Lehrkräfte im Englischunterricht differenzieren. Eine Re-Analyse der DESI-Videos. *Unterrichtswissenschaft, 47*, 99–116.

Kirschner, P. A., Sweller, J. & Clark, R. E. (2006). Why minimal guidance during instruction does not work: an analysis of the failure of constructivist, discovery, problem-based, experiential, and inquiry-based teaching. *Educational Psychologist, 41*, 75–86.

Klafki, W. & Stöcker, H. (1976). Innere Differenzierung des Unterrichts. *Zeitschrift für Pädagogik, 2*, 497–523.

Klieme, E. & Warwas, J. (2011). Konzepte der individuellen Förderung. *Zeitschrift für Pädagogik, 57*, 805–818.

Klieme, E. (2018). Unterrichtsqualität. In M. Harring, C. Rohlfs & M. Gläser-Zikuda (Hrsg.), *Handbuch Schulpädagogik* (S. 393–408). Münster: Waxmann.

Lou, Y., Abrami, P. C., Spence, J. C., Poulsen, C., Charnbers, B. & d'Apollonia, S. (1996). Within-class grouping: A meta-analysis. *Review of Educational Research, 66*, 423–458.

Schütze, B., Souvignier, E. & Hasselhorn, M. (2018). Stichwort – Formatives Assessment. *Zeitschrift für Erziehungswissenschaft, 21*, 697–715.

Scruggs, T. E., Mastropieri, M. A. & McDuffie, K. A. (2007). Co-teaching in inclusive classrooms: A metasynthesis of qualitative research. *Exceptional Children, 73*, 392–416.

Sehr, A. (2007). *Potentiale selbstgesteuerten Lernens im Rahmen von Wochenplanarbeit in der Grundschule*. Dissertation, Ludwig-Maximilians-Universität München. Zugriff am 31.05.2021 unter https://edoc.ub.uni-muenchen.de/7401/1/Sehr_Angelika.pdf

Trautmann, M. & Wischer, B. (2011). *Heterogenität in der Schule. Eine kritische Einführung.* Wiesbaden: VS.

van de Pol, J., Volman, M. & Beishuizen, J. (2010). Scaffolding in teacher-student interaction: A decade of research. *Educational Psychology Review, 22*, 271–296.

Voss, T. & Wittwer, J. (2020). Unterricht in Zeiten von Corona: Ein Blick auf die Herausforderungen aus der Sicht von Unterrichts- und Instruktionsforschung. *Unterrichtswissenschaft, 48*, 601–627.

Wischer, B. (2012). Individuelle Förderung als Herausforderung für Schulentwicklung – Schultheoretische Perspektiven zu Konzepten und Fallstricken. In C. Solzbacher, S. Müller-Using & I. Doll (Hrsg.), *Ressourcen stärken! Individuelle Förderung als Herausforderung für die Grundschule* (S. 55–67). Köln: Link.

4 Lehren und Lernen mit digitalen Medien

Katharina Scheiter, Emely Hoch und Stefan Drewes

4.1 Einführung

Spätestens mit der 2016 angekündigten Strategie der Bundesregierung zur Bildung in einer digitalen Welt (KMK, 2016) hat die Frage der Nutzung digitaler Medien im Unterricht einen rasanten Bedeutungszuwachs erfahren. Dabei werden vor allem zwei Gründe angeführt, warum Kinder und Jugendliche mit digitalen Medien im Unterricht agieren sollten: Zum einen sind digitale Anwendungen aus unserem privaten und beruflichen Alltag nicht mehr wegzudenken. Der Umgang mit diesen Anwendungen muss erlernt werden, um selbstbestimmt und kompetent in dieser Umwelt handeln zu können. Die Schule hat daher die Aufgabe, Schülerinnen und Schüler auf diese digital geprägte Umwelt vorzubereiten und ihnen die notwendigen digitalisierungsbezogenen Kompetenzen zu vermitteln, die sie z. B. auch für eine spätere Berufstätigkeit benötigen. Vor diesem Hintergrund wird das Verstehen von und der kompetente Umgang mit digitalen Medien als eigenständiges Bildungsziel und Kulturtechnik des 21. Jahrhunderts betrachtet. Zum anderen ist mit der Nutzung digitaler Medien im Unterricht die Erwartung verknüpft, dass diese einen Mehrwert für das Erreichen fachlicher Bildungsziele bieten können. Hier dient die Auseinandersetzung weniger dem Selbstzweck, sondern hat einen funktionalen Charakter für den inhaltsbezogenen Wissenserwerb. Um diese zweite Sichtweise auf digitale Medien sowie die Folgerungen für die schulpsychologische Praxis wird es in diesem Beitrag vornehmlich gehen.

Wenn man sich mit dem Mehrwert digitaler Medien für Wissenserwerbsprozesse auseinandersetzt, trifft man häufig auf die Frage, ob Computer, Tablet & Co. lernwirksamer sind als herkömmlicher (analoger) Unterricht. Diese Frage ist problematisch, da sie zu unspezifisch ist und außerdem nahelegt, dass es um ein Ersetzen analoger durch digitaler Unterrichtspraktiken geht. Die im vorliegenden Beitrag vertretende Auffassung lässt sich am besten durch zwei Analogien verdeutlichen: Nach der ersten Analogie handelt es sich bei digitalen Medien um Werkzeuge mit bestimmten Funktionen. Danach gibt es ein vielfältiges Medienangebot, die einzelnen Angebote unterscheiden sich in ihren Medieneigenschaften (z. B. Multimedialität, Interaktivität) und bieten entsprechend unterschiedliche Funktionen für das Erreichen fachlicher Lernziele. Erfolgreiches Lehren und Lernen mit digitalen Medien bedeutet daher, je nach Ziel das richtige Werkzeug mit den passenden Funktionalitäten zu nutzen – und nicht zu versuchen, die Schraube mit dem Hammer in die Wand zu bekommen. Hieraus leitet sich das oft zitierte Primat der Pädagogik ab, wonach digitale Medien nicht um ihrer selbst willen zum Einsatz kommen sollten, sondern zielgerichtet in Abhängigkeit von pädagogischen Erwägungen.

Die zweite Analogie betont die Rolle digitaler Medien in der Gesamtheit aller Lehr- und Lernpraktiken. Hier kann man sich digitale Medien als ein Instrument in einem großen Sinfonieorchester vorstellen, welches nur dann zur Geltung kommt, wenn es in Harmonie mit anderen Instrumenten (analogen Lehr- und Lernpraktiken) gespielt wird. Für das Unterrichten mit digitalen Medien spielt daher die Lehrperson als Dirigent des Orchesters eine entscheidende Rolle, da sie dafür Sorge tragen muss, dass die richtigen Instrumente ausgewählt werden und im Einklang miteinander spielen. Es kommt also auf die richtige Orchestrierung des Unterrichts an (Dillenbourg, 2013).

Für Lehrpersonen entscheidend und oftmals Hauptgegenstand der öffentlichen Diskussion ist die Verfügbarkeit einer sinnvollen und funktionstüchtigen technologischen Ausstattung an den Schulen. Dieses Thema wird im vorliegenden Beitrag nicht behandelt, obwohl es eine notwendige Voraussetzung für digital gestützten Unterricht darstellt. Gleichzeitig ist es keine hinreichende Voraussetzung. Cuban (2001) weist in seinem Buch »Oversold and Underused« darauf hin, dass die Verfügbarkeit von Technologie keine Nutzung im Unterricht garantiert. Umgekehrt zeigen Daten aus den PISA-Erhebungen (OECD, 2015), dass auch Länder mit spärlicher technischer Ausstattung intensiv im Rahmen ihrer Möglichkeiten mit digitalen Medien unterrichten. Vor diesem Hintergrund adressieren wir in diesem Beitrag vor allem die pädagogisch-psychologischen Randbedingungen für erfolgreiches Lehren und Lernen mit digitalen Medien.

4.2 Potenziale digitaler Medien für den Unterricht

Digitale Medien weisen diverse allgemeine Potenziale für die Wissensvermittlung auf, die einen Mehrwert im Unterricht jenseits fachspezifischer Überlegungen bieten können (vgl. Scheiter, 2017).

Erstens erlauben sie eine *Anreicherung des Unterrichts* durch die Bereitstellung multiperspektivischer und multimedial aufbereiteter Inhalte. Das Internet bietet ein reichhaltiges Angebot von unterschiedlichsten Informationsquellen (z. B. erläuternde Texte, Blogs, Videos, Simulationen), Genres (z. B. Zeitzeugenberichte, Lehrtexte, Edutainment) und Quellen (z. B. Angebote außerschulischer Lernorte wie Museen und Science Center, Zeitungen, kommerzielle Anbieter), das eine Behandlung von Themen im Unterricht aus – im Vergleich zu Schulbüchern – vielfältigen Perspektiven ermöglicht. Die Heranziehung solcher Materialien kann zum Aufbau einer flexibleren Wissensrepräsentation beitragen, die unterschiedliche Sichtweisen auf ein Thema beinhaltet. Multimedial aufbereitete Inhalte (d. h. gesprochene oder geschriebene Erklärungen, die durch Bilder, Diagramme, Videos oder Animationen illustriert werden) können Lernende dabei unterstützen, ein tiefergehendes Verständnis eines Wissensgegenstandes aufzubauen.

Zweitens erleichtern digitale Medien die Umsetzung *adaptiven Unterrichts* (Corno, 2008), in dem Lehrinhalte und -methoden an den Wissenstands der Schülerinnen und Schüler angepasst werden können. Es existieren zahlreiche digitale Werkzeuge für Online-Umfragen im Unterricht, mit deren Hilfe das aktuelle Verständnis einfach und effizient im Sinne eines sogenannten formativen Assessments festgestellt werden kann. In Abhängigkeit der Ergebnisse kann dann der Unterricht für die ganze Klasse angepasst werden oder die Ergebnisse können für eine Binnendifferenzierung unterschiedlicher Lernstandniveaus genutzt werden, indem differenzierende Unterrichtsangebote gemacht werden. Alternativ können sogenannte intelligente tutorielle Systeme zum Selbststudium eingesetzt werden (Koedinger & Corbett, 2016). Diese erlauben eine kontinuierliche Erfassung des Fertigkeitsniveaus der Lernenden und können aus auftretenden Fehlern bei der Aufgabenbearbeitung Rückschlüsse über zugrundeliegende Fehlvorstellungen ziehen. Auf dieser Basis bieten diese Systeme an den Wissensstand des Lernenden adaptierte Zusatzerklärungen.

Drittens erleichtern digitale Medien die Umsetzung *selbstregulierter Lernformen.* Beispielsweise können über Lernmanagementsysteme unterschiedliche Materialien zur Verfügung gestellt werden, die im Selbststudium bearbeitet werden sollen. Diese Selbststudiumsphasen können in einen Flipped Classroom-Ansatz integriert werden, in dem sich an das Selbststudium der Inhalte ein Unterrichtsgespräch zur Klärung von Fragen und Themenvertiefungen anschließt (Cheng, Ritzhaupt & Antonenko, 2019). Während des Selbststudiums können Schülerinnen und Schüler Lerngeschwindigkeit und -ressourcen an ihre eigenen Bedürfnisse anpassen.

4.3 Lernwirksame Gestaltung digitaler Medien

Die empirische Lehr-Lernforschung beschäftigt sich seit mehreren Jahrzehnten mit der Frage, wie digitale Lernmaterialien gestaltet sein sollten, um Lernprozesse optimal zu unterstützen. Insbesondere drei Ansätze sind hier prominent: Die Cognitive Load Theory (CLT; Sweller, van Merriënboer & Paas, 1998), die Cognitive Theory of Multimedia Learning (CTML; Mayer, 2009) und das ICAP-Rahmenmodell (Chi & Wylie, 2014). Diese Modelle basieren auf kognitionspsychologischen Erkenntnissen zur Struktur und Funktionsweise des menschlichen Gedächtnisses. Vor dem Hintergrund begrenzter Gedächtnisressourcen sollte sich die Gestaltung digitaler Medien zum einen daran orientieren, dass keine kognitiven Ressourcen auf unnötige oder sogar lernhinderliche Verarbeitungsprozesse verwendet werden müssen. Für die Vermeidung dieses so genannten *extraneous cognitive load* existieren zahlreiche, empirisch validierte Gestaltungsempfehlungen. Zum Beispiel sollten inhaltlich aufeinander bezogene Textabschnitte und Bilder räumlich nah beieinander präsentiert werden, um Suchprozesse und Aufmerksamkeitswechsel zu minimieren (räumliches Kontiguitätsprinzip; Ginns, 2006). Mit dem gleichen Ziel der Unterstützung der Integration von Text- und Bildinformation sollten korrespondierende Elemente in beiden Repräsentationen z. B. durch farbliche Hervorhebungen gekennzeichnet werden (Signaling-Prinzip; Richter, Scheiter & Eitel, 2016). Zum anderen sollten zur Verfügung stehende kognitive Ressourcen gezielt auf lernförderliche kognitive Prozesse ausgerichtet werden, indem vor allem eine aktive Verarbeitung des Lernmaterials angeregt wird (*germane cognitive load*; Chi & Wylie, 2014; Fiorella & Mayer, 2016). Dabei muss Verhaltensaktivität von kognitiver Aktivität unterschieden werden (Mayer, 2009). In vielen digitalen Lernanwendungen finden sich interaktive Bedienelemente zur Steuerung der Präsentation des Materials (z. B. zum Anhalten von Videos und Animationen, Drehen dreidimensionaler Objekte). Ob die Nutzung dieser Bedienelemente durch kognitive Aktivität begleitet wird und damit lernförderlich ist, bleibt offen. Vielfach zeigt die Forschung, dass interaktive Elemente gar nicht, nicht sinnvoll oder übermäßig genutzt werden und so keine oder sogar negative Auswirkungen auf den Lernerfolg haben. Vor diesem Hintergrund geht die Forschung eher davon aus, dass digitale Medien konstruktive Aktivitäten unterstützen sollten. Hier werden Lernende angeregt, über die gegebenen Informationen hinauszugehen und eigene Erklärungen und Darstellungen wie z. B. Zeichnungen oder Mindmaps zu generieren, in denen ihre Schlussfolgerungen zu dem gelernten Inhalt zum Ausdruck kommen (Fiorella & Mayer, 2016).

4.4 Erfolgreiches Unterrichten mit digitalen Medien

Die bisherige, vor allem laborexperimentelle Forschung zum Wissenserwerb mit digitalen Medien hat sich primär auf die Auswirkungen bestimmter Medien(design)merkmale auf den Lernerfolg konzentriert. Dabei wurde vernachlässigt, dass im Unterrichtskontext nicht nur das digitale Lernmedium selbst, sondern vor allem dessen Einbettung in das komplexe Unterrichtsgeschehen, welches sowohl durch digitale als auch analoge Unterrichtsangebote gekennzeichnet ist, entscheidend ist (vgl. Orchestrierung). Aussagekräftige Forschung zur Frage der Effekte digitaler Medien auf Unterricht und Lernerfolg der Schülerinnen und Schüler gibt es daher vergleichsweise wenig. Stattdessen orientieren sich viele Befunde an der Sichtstruktur des Unterrichts, indem beispielsweise der Zusammenhang zwischen der Häufigkeit der Computernutzung und dem Lernergebnis untersucht wird (OECD, 2015). Im Folgenden werden daher Modelle zum Medieneinsatz beschrieben, die sich stärker an der Tiefenstruktur des Unterrichts orientieren und Aussagen zu den qualitativen Veränderungen von Unterricht machen, die durch den Einsatz digitaler Medien erreicht werden können.

4.4.1 Modelle zum Medieneinsatz im Unterricht

Es existieren in der Literatur verschiedene Stufenmodelle zu Formen des Medieneinsatzes und ihren positiven Auswirkungen auf den Unterricht. Sowohl das RAT-Modell (Hughes, Thomas & Scharber, 2006) als auch das SAMR-Modell (Puentedura, 2006) postulieren, dass ein bloßes Ersetzen (*replacement/substitution*) analoger Unterrichtsangebote durch digitale Medien keine oder möglicherweise sogar negative Auswirkungen auf den Unterricht hat. In dieser Weise kann man z. B. Befunde interpretieren, in denen sinnstiftendes Lesen am Computer zu schlechteren Verstehensleistungen führt als das Lesen der Texte auf Papier (Delgado et al., 2018). Auf der nächsten Stufe (*augmentation/amplification*) bringt der Medieneinsatz zwar Verbesserungen auf funktionaler Ebene (z. B. Zeitersparnisse bei der Organisation von Arbeitsaufträgen), hat aber keine Implikationen auf die Qualität des Unterrichts. Erst auf den obersten Ebenen bewirken Medien eine Neudefinition des Unterrichts, indem bislang nur schwer erreichbare oder neu definierte Lernziele adressiert werden können (*modification/redefinition*). Hier findet also eine Transformation bestehenden Unterrichts statt. Diese Modelle sind intuitiv eingängig, spezifizieren aber nicht, wie eine transformative Nutzung digitaler Medien erreicht werden kann und an welchen Merkmalen sie sich festmachen lässt.

Lachner, Stürmer und Scheiter (2020) nutzen daher das Angebots-Nutzungs-Modell von Helmke (2012), um Mediennutzung im Unterricht zu beschreiben. Danach lassen sich die Auswirkungen einer gelungenen Mediennutzung als Verbesserung der Prozessqualität des Unterrichts beschreiben (vgl. Kunter & Trautwein, 2013). Ein Mehrwert digitaler Medien ergibt sich dann, wenn diese zu einem reibungsloseren Ablauf des Unterrichts (Klassenführung), zu einem verstärkten Einsatz kognitiv aktivierender Aufgaben (kognitive Aktivierung) sowie zu einem Unterrichtsklima, in denen sich Lernende optimal unterstützt und aufgehoben fühlen (unterstützendes Klima), führen. Beispielsweise sollte sich der oben beschriebene adaptive Unterricht mit digitalen Medien hinsichtlich aller drei Prozessmerkmale dahingehend auswirken, dass es zu weniger Störungen durch – unter- oder überforderte – Schülerinnen und Schüler kommt, da diese Aufgaben erhalten, die optimal auf ihren Wissensstand abgestimmt sind, und da sie im Falle von Schwierigkeiten individuelles Feedback und zusätzliche Anleitung erhalten.

Die Orientierung am Angebots-Nutzungs-Modell (Helmke, 2012) birgt mehrere Vorteile. Erstens werden so Indikatoren spezifiziert, anhand derer die Auswirkungen des Medieneinsatzes im Unterricht festgemacht werden können (Prozessqualität). Zweitens adressiert das Angebots-Nutzung-Modell wesentliche Einfluss- und vermittelnde Faktoren für guten Unterricht. Hierzu zählen zum einen professionelle Kompetenzen von Lehrpersonen, die für die gelingende Integration der Medien verantwortlich sind. Zum anderen betont das Angebots-Nutzungs-Modell, dass die Lernwirksamkeit des Unterrichts wesentlich davon abhängt, wie Schülerinnen und Schüler das Unterrichtsangebot nutzen. Diese Nutzung wird im Falle mediengestützten Unterrichts maßgeblich von digitalisierungsbezogenen Kompetenzen der Schülerinnen und Schüler mitbestimmt.

4.4.2 Professionelle Kompetenzen von Lehrpersonen

Generell umfassen professionelle Kompetenzen von Lehrpersonen nach Baumert und Kunter (2006) kognitive Aspekte (Wissen und Fertigkeiten), motivationale Aspekte, Selbstregulation und Einstellungen. Diese Kompetenzdimensionen werden auch in der Forschung zum Unterrichten mit digitalen Medien adressiert, allerdings meistens unabhängig voneinander.

Für die Beschreibung kognitiver Aspekte hat sich das so genannte TPACK-Modell von Mishra und Koehler (2006) auf der Basis von Baumert und Kunter (2006) etabliert. Danach benötigen Lehrerpersonen sowohl fachliches Wissen (content knowledge, CK), pädagogisch-didaktisches Wissen (pedagogical knowledge, PK) sowie technologisches Wissen (technological knowledge, TK). Aus der Schnittmenge dieser Wissensbestände resultiert TPACK, technologisch-pädagogisches Inhaltswissen, welches es Lehrenden ermöglicht, digitale Medien didaktisch sinnvoll für die Erreichung fachlicher Ziele in Abhängigkeit vom jeweiligen Unterrichtskontext einzusetzen. Für die Erfassung von TPACK existieren diverse Fragebogeninstrumente, in denen Lehrende eine Selbsteinschätzung der bei ihnen vorhandenen einzelnen oder der integrierten Wissensbestände abgeben sollen. Leider weisen die vorhandenen Instrumente diverse methodische und konzeptuelle Probleme auf (vgl. Seufert, Guggemos & Sailer, 2021). Insbesondere werden anhand der Selbsteinschätzungen vermutlich eher Selbstwirksamkeitsüberzeugungen als tatsächlich vorhandenes Wissen erfasst. Daher gibt es gerade im deutschsprachigen Raum in jüngster Zeit Bemühungen, Kompetenztests zu entwickeln, die das tatsächlich vorhandene Wissen zum Lehren und Lernen mit digitalen Medien erfassen (Baier & Kunter, 2020; Lachner, Backfisch & Stürmer, 2019). Diese adressieren technologisch-pädagogisches Wissen (TPK) unabhängig vom fachlichen Kontext. Sowohl für TPACK-Fragebögen als auch für TPK-Kompetenztests ist bislang weitestgehend offen, inwieweit diese neben der Quantität vor allem auch die Qualität der Nutzung digitaler Medien im Unterricht valide vorhersagen (vgl. Seufert et al., 2021).

Über diese wissensbezogenen Aspekte hinausgehend, zeigt die Forschung, dass Motivation und Einstellungen eine wesentliche Rolle für das professionelle Handeln von Lehrkräften spielen (Knezek & Christensen, 2016). Lehrpersonen, die von der Nützlichkeit digitaler Medien für ihren Unterricht überzeugt sind und die sich selbst gute Fertigkeiten für den Medieneinsatz zuschreiben (hohe Selbstwirksamkeit), setzen digitale Medien häufiger und didaktisch sinnvoller im Unterricht ein (vgl. Backfisch et al., 2020). Umgekehrt führen geringe Motivation und Selbstwirksamkeit dazu, dass es selbst bei guter technischer Ausstattung von Schulen nur zu einer geringen Mediennutzung kommt. Hier besteht eine wesentliche Aufgabe in der Lehrerbildung darin, (angehenden) Lehrpersonen durch good-practice-Beispiele erfolgversprechende Möglichkeiten des Medieneinsatzes zu illustrieren, die sie zum einen selbst befähigen, entsprechenden Unterricht zu planen und durchzuführen, und die auch die Nützlichkeit digitaler Medien aufzeigen.

4.4.3 Digitalisierungsbezogene Kompetenzen von Schülerinnen und Schülern

In der Öffentlichkeit weit verbreitet ist die Auffassung, dass es sich bei Kindern und Jugendlichen aufgrund der hohen Verfügbarkeit digitaler Medien in ihrem Alltag um *digital natives* handelt, die problemlos mit einer Vielzahl digitaler Tools interagieren und kommunizieren. Tatsächlich ist die Verbreitung digitaler Medien unter Kindern und Jugendlichen hoch. Dies sagt allerdings wenig über den kompetenten Umgang mit diesen Medien für Lernzwecke aus.

Ein kompetenter Umgang mit digitalen Medien wird häufig unter dem Begriff der Medienkompetenz verhandelt als die Fähigkeit, digitale Medien und deren Inhalte sinnvoll, kreativ und verantwortungsbewusst entsprechend eigener Ziele und Bedürfnisse nutzen zu können. Beim Lernen ist Medienkompetenz als Randbedingung zu verstehen, um digitale Medien adäquat nutzen und von ihrem Mehrwert profitieren zu können (Hoch & Fütterer, 2021). Die Bildungspolitik hat zur Beschreibung digitalisierungsbezogener Kompetenzen einen Rahmen mit sechs Kompetenzbereichen abgesteckt (KMK, 2016): Schülerinnen und Schüler sollten (1) digital bereitgestellte Informationen suchen, kritisch bewerten und speichern können, (2) mithilfe digitaler Werkzeuge kommunizieren, Informationen teilen und zusammenarbeiten können sowie die entsprechenden Umgangsregeln dafür kennen, (3) digitale Produkte erstellen und weiterverarbeiten können sowie diesbezügliche rechtliche Vorgaben kennen, (4) persönliche Daten schützen und sicher im digitalen Raum agieren, (5) technische Probleme identifizieren, algorithmische Strukturen verstehen und digitale Werkzeuge zur Problemlösung einsetzen können, (6) Wirkungen und die Bedeutung digitaler Medienangebote analysieren und kritisch bewerten können.

Ein wesentlicher Aspekt von Medienkompetenz ist die sogenannte informations- und computerbezogene Kompetenz, wie sie beispielsweise in den ICIL-Studien 2013 und 2018 für Schülerinnen und Schüler der achten Klassen in Deutschland und einer Reihe europäischer und außereuropäischer Länder erhoben wurde (Eickelmann et al., 2019). In ICILS umfasst dieses Konstrukt Wissen zur Computernutzung, Fertigkeiten zum Sammeln und Organisieren von Informationen, zum Erzeugen von Informationen sowie zur digitalen Kommunikation. Auf einer fünfstufigen Kompetenzskala weisen Schülerinnen und Schüler in Deutschland hier Kompetenzen im mittleren Bereich (Stufe 3) auf. Deutschland liegt im Ländervergleich im Mittelfeld, allerdings deutlich hinter den »Leuchtturmländern« Dänemark, Finnland und Südkorea und nur knapp über dem europäischen Durchschnitt. Ein kritisch-reflektierter Umgang mit medialen Informationsangeboten, in dem diese sicher bezüglich ihrer Qualität beurteilt werden können, entspricht der Kompetenzstufe 5, von der Deutschland, aber auch die Leuchtturmländer deutlich entfernt sind. Berücksichtigt man, dass die Informationsrecherche eine der wesentlichen Einsatzszenarien für digitale Medien im Unterricht darstellt, dann ist das Fehlen von Bewertungskompetenzen als besonders problematisch zu beurteilen.

Mit der Nutzung digitaler Medien im Unterricht ist häufig die Erwartung verbunden, dass damit ein Wechsel zu stärker selbstregulierten Lernszenarien einhergeht, in denen Schülerinnen und Schüler eigenständig Lernziele setzen und ihren Lernverlauf im Hinblick auf diese Lernziele selbst organisieren. Allerdings zeigt die Forschung zum selbstregulierten Lernen, dass damit eine Reihe von Herausforderungen verbunden sind. Lernende können in der Regel ihren eigenen Lernfortschritt nicht akkurat einzuschätzen und treffen daher Fehlentscheidungen bei der Regulation ihres Lernprozesses, indem sie ungeeignete Lernressourcen auswählen oder den Lernprozess frühzeitig abbrechen (Bjork, Dunlosky & Kornell, 2013). Die Forschung zum Lernen in vernetzten Informationsumgebungen (Hypertext- oder Hypermedia-Umgebungen) zeigt, dass Lernende sich oftmals nur schlecht im Informationsraum orientieren können, sich durch das reichhaltige Informationsangebot von ihrem eigentlichen Lernziel ablenken lassen und durch die Vielzahl zu treffender Entscheidungen kognitiv überlastet sind (Scheiter, 2021). Diese Herausforderungen können in der Regel nur dann bewältigt werden, wenn Lernende bereits über ein hohes Ausmaß an inhaltlichem Vorwissen verfügen und wenn sie instruktional angeleitet werden.

4.5 Die Rolle digitaler Medien für die schulpsychologische Praxis

Die Nutzung digitaler Medien im Unterricht führt in der schulpsychologischen Einzelfallarbeit zu neuen Möglichkeiten, aber auch zu neuen Formen und Inhalten in der Diagnostik. Dies betrifft nicht nur neue digitale Testformen, sondern auch neue Aspekte bei der Überprüfung von Gründen für Lernschwierigkeiten oder Auffälligkeiten im Verhalten.

Digitale Lernformen im Unterricht können einerseits durch multimediale Lernformen bei Lernschwierigkeiten hilfreich sein, andererseits aber auch durch höhere Selbstregulationsanforderungen Lernfortschritte bei einzelnen Schülerinnen und Schülern behindern. Eine genaue schulpsychologische Analyse der Unterrichtssituation oder möglicher Lernbeeinträchtigungen unter diesen Aspekten ist erforderlich, insbesondere bei der einzelbezogenen Lehrkräfteberatung durch Fachkräfte der Schulpsychologie.

In der schulpsychologischen Lehrkräfteberatung, Supervision oder Systemberatung werden zudem Überforderungserlebnisse und Abwehrreaktionen bei der Konfrontation mit digitaler Technik verstärkt thematisiert. Hier muss die Schulpsychologie ihre eigene Haltung zu digitaler Technik in Schulen reflektieren und die Chancen der Digitalisierung annehmen. Bisher werden in der Schulpsychologie stärker die Gefahren der Digitalisierung beispielsweise im Zusammenhang mit Cybermobbing oder anderen Fehlentwicklungen von Mediennutzung thematisiert.

Nicht zuletzt wird die Digitalisierung auch organisatorische Aspekte der Schulpsychologie stärker durchdringen. Die Jugendlichen oder die Eltern mit Tablet in der Schultasche oder Handy in der Hand erwarten neue Kommunikationsformen und Empfehlungen zu digitalen Möglichkeiten beim therapeutischen Umgang mit Lernschwierigkeiten.

Literatur

Backfisch, I., Lachner, A., Hische, C., Loose, F. & Scheiter, K. (2020). Professional knowledge or motivation? Investigating the role of teachers' expertise on the quality of technology-enhanced lesson plans. *Learning and Instruction*, *66*, 101300.

Baier, F. & Kunter, M. (2020). Construction and validation of a test to assess (pre-service) teachers' technological pedagogical knowledge (TPK). *Studies in Educational Evaluation*, *67*, 100936.

Baumert, J. & Kunter, M. (2006). Stichwort: Professionelle Kompetenz von Lehrkräften. *Zeitschrift Für Erziehungswissenschaft*, *9*(4), 469–520.

Bjork, R. A., Dunlosky, J. & Kornell, N. (2013). Self-regulated learning: beliefs, techniques, and illusions. *Annual Review of Psychology*, *64*(1), 417–444.

Cheng, L., Ritzhaupt, A. D. & Antonenko, P. (2019). Effects of the flipped classroom instructional strategy on students' learning outcomes: a meta-analysis. *Educational Technology Research and Development*, *67*, 793–824.

Chi, M. T. H. & Wylie, R. (2014). The ICAP framework: linking cognitive engagement to active learning outcomes. *Educational Psychologist*, *49*(4), 219–243.

Corno, L. (2008). On teaching adaptively. *Educational Psychologist*, *43*(3), 161–173.

Cuban, L. (2001). *Oversold and underused: Computers in the classroom.* Cambridge, MA: Harvard University Press.

Delgado, P., Vargas, C., Ackerman, R., & Salmerón, L. (2018). Don't throw away your printed books: A meta-analysis on the effects of reading media on reading comprehension. *Educational Research Review*, *25*, 23–38.

Dillenbourg, P. (2013). Design for classroom orchestration. *Computers and Education*, *69*, 485–492.

Eickelmann, B., Bos, W., Gerick, J., Goldhammer, F., Schaumburg, H., Schwippert, K., Senkbeil, M. & Vahrenhold, J. (Hrsg.). (2019). *ICILS 2018 #Deutschland – Computer- und informationsbezogene Kompetenzen von Schülerinnen und Schülern im zweiten internationalen Vergleich und Kompetenzen im Bereich Computational Thinking.* Münster: Waxmann.

Fiorella, L. & Mayer, R. E. (2016). Eight Ways to Promote Generative Learning. *Educational Psychology Review*, *28*(4), 717–741.

Ginns, P. (2006). Integrating information: A meta-analysis of the spatial contiguity and temporal contiguity effects. *Learning and Instruction*, *16*, 511–525.

Helmke, A. (2012). *Unterrichtsqualität und Lehrerprofessionalität. Diagnose, Evaluation und Verbesserung des Unterrichts* (4. Aufl.). Seelze: Klett-Kallmeyer.

Hoch, E. & Fütterer, T. (2021). *Kompetenzen für das Lernen mit digitalen Medien: eine konzeptuelle Analyse* (Manuskript zur Veröffentlichung eingereicht). Leibniz-Institut für Wissensmedien, Tübingen.

Hughes, J., Thomas, R. & Scharber, C. (2006). Assessing Technology Integration: The RAT – Replacement, Amplification, and Transformation – Framework. In C. Crawford, R. Carlsen, K. McFerrin, J. Price, R. Weber & D. Willis (Eds.), *Proceedings of SITE 2006–Society for Information Technology & Teacher Education International Conference* (pp. 1616–1620). Orlando, Florida, USA: Association for the Advancement of Computing in Education (AACE).

KMK (Kultusministerkonferenz) (2016). *Strategie der Kultusministerkonferenz »Bildung in der digitalen Welt«*. Zugriff am 30.06.2021 unter https://www.kmk.org/aktuelles/artikelansicht/strategie-bildung-in-der-digitalen-welt.html

Koedinger, K. R. & Corbett, A. (2006). Cognitive Tutors: Technology bringing learning science to the classroom. In K. Sawyer (Ed.), *The Cambridge Handbook of the Learning Sciences* (pp. 61–78). Cambridge University Press.

Knezek, G. & Christensen, R. (2016). Extending the will, skill, tool model of technology integration: adding pedagogy as a new model construct. *Journal of Computing in Higher Education*, *28*(3), 307–325.

Lachner, A., Backfisch, I. & Stürmer, K. (2019). A test-based approach of modeling and measuring Technological Pedagogical Knowledge. *Computers & Education, 142*, 103645.

Lachner, A., Scheiter, K. & Stürmer, K. (2020). Digitalisierung und Lernen mit digitalen Medien als Gegenstand der Lehrerbildung. In C. Cramer, M. Drahmann, J. König, M. Rothland & S. Blömeke (Hrsg.), *Handbuch Lehrerbildung* (S. 67–75). Bad Heilbrunn/Stuttgart: Klinkhardt/UTB.

Mayer, R. E. (2009). *The Cognitive Theory of Multimedia Learning* (2nd ed.). Cambridge, MA: Cambridge University Press.

Mishra, P., & Koehler, M. J. (2006). Technological pedagogical content knowledge: a framework for teacher knowledge. *Teachers College Record, 108*(6), 1017–1054.

OECD (2015). *Students, computers and learning: Making the connection*. Paris: OECD Publishing.

Puentedura, R. (2006). *Transformation, technology, and education* (Blog post). Zugriff am 31.05.2021 unter http://hippasus.com/resources/tte/

Richter, J., Scheiter, K. & Eitel, A. (2016). Signaling text-picture relations in multimedia learning: A comprehensive meta-analysis. *Educational Research Review, 17*, 19–36.

Seufert, S., Guggemos, J. & Sailer, M. (2021). Technology-related knowledge, skills, and attitudes of pre- and in-service teachers: The current situation and emerging trends. *Computers in Human Behavior, 115*, 106552.

Scheiter, K. (2017). Lernen mit digitalen Medien - Potenziale und Herausforderungen aus Sicht der Lehr- Lernforschung. In K. Scheiter & T. Riecke-Baulecke (Hrsg.), *Lehren und Lernen mit digitalen Medien* (Handbuch Schulmanagement 164, S. 33–53). München: Oldenbourg.

Scheiter, K. (2021). The learner control principle in multimedia learning. In R. E. Mayer (Ed.), *The Cambridge Handbook of Multimedia Learning* (3rd ed.). New York: Cambridge University Press.

Sweller, J., van Merriënboer, J. J. G. & Paas, F. G. W. C. (1998). Cognitive architecture and instructional design. *Educational Psychology Review, 10*(3), 251–296.

5 Schul- und Klassenklima

Norbert Grewe

5.1 Einleitung

Aus der Perspektive von Schülerinnen und Schülern belegen zahlreiche Untersuchungen die Zusammenhänge zwischen den sozialen Aspekten schulischen Zusammenlebens und relevanten Faktoren des Lernens, des Verhaltens und der Persönlichkeitsentwicklung. Gerade unter Beachtung dieser Bedeutung müssen die Ergebnisse von Längsschnittuntersuchungen nachdenklich stimmen, die eine deutliche Klimaverschlechterung von der Grundschule bis zur Sekundarstufe II aus Sicht der Schülerinnen und Schüler feststellen.

Ebenso unbefriedigend ist die Situation aus der Perspektive von Lehrkräften. Einerseits stellen viele Untersuchungen die Bedeutung der Lehrer-Schüler-Beziehung als Belastungs-, aber auch als Entlastungsfaktor für berufliches »Burnout« heraus, andererseits verfügen aber nur wenige Lehrkräfte (lt. Selbst- und Fremdeinschätzung) über die Kompetenz soziale Beziehungen in ihrer Klasse aktiv und positiv zu gestalten.

Neben diesen Zusammenhängen enthalten einige Ergebnisse und erste Interventionsstudien auch Hinweise, mit welchen Maßnahmen das soziale Miteinander in einer Schulklasse positiv beeinflusst werden kann.

Auch die aktuelle Diskussion zur Klassenführung (Classroom Management) berücksichtigt inzwischen die Aufgabe der Förderung der sozial-emotionalen Entwicklung als Teil der Klassenführung.

Da in allen schulischen Situationen neben fachlichem immer auch soziales Lernen stattfindet, argumentieren neuere Konzepte wie die »Schülerzentrierte Klassenführung« (Kiel, Frey & Weiss, 2013; Eichhorn, 2014) oder das »Soziale Klassenmanagement« nach Thomas, Grewe und Connemann (2018, S. 20 ff.), dass Lehrkräfte parallel fachliche und soziale Lernziele bei der Unterrichtsplanung definieren und bei der Klassenführung umsetzen sollten.

Im Folgenden werden zunächst die wichtigsten Ergebnisse der Klassenklimaforschung kurz dargestellt, bevor dann im zweiten Teil Konsequenzen und Einflussmöglichkeiten behandelt werden.

5.2 Stand der Forschung zum Klassenklima und Definition

Frühe Versuche, eindeutige und objektivierbare äußere Faktoren wie Raumverhältnisse, Licht, Farbgestaltung usw. als ausschlaggebend für das soziale Klima verantwortlich zu machen, haben nicht zu den gewünschten Zusammenhängen geführt (vgl. Fend, 1997, S. 64).

Die Mehrzahl der Autoren definiert Klassenklima deshalb inzwischen konsequent als rein subjektives Phänomen. »Klima lässt sich als die von den Betroffenen wahrgenommene Konfiguration bedeutsamer Merkmale innerhalb der jeweiligen Umwelt umschreiben.« (Eder, 2018, S. 696)

Die am häufigsten gewählte Operationalisierung des Klassenklimas in Befragungen orientiert sich an der Einteilung in drei konstituierende Bereiche, die z. B. von von Saldern und Littig (1996) mittels LASSO (Landauer Skalen zum Sozialklima) oder auch von Eder und Mayr (2000) mittels LSFK (Linzer Fragebogen zum Schul- und Klassenklima) vorgenommen wurde:

- Lehrer-Schüler-Verhältnis
- Schüler-Schüler-Verhältnis
- Merkmale des Unterrichts und der Schule

Meistens werden diese Themen als Selbstbericht von Schülerinnen und Schülern erfragt, in manchen Untersuchungen werden aber auch Lehrkräfte parallel befragt, um die Sichtweisen miteinander zu vergleichen (vgl. Grewe 2003, S. 16).

In den o. g. Fragebögen werden unterschiedliche Perspektiven miteinander kombiniert, um differenziertere Auswertungen zu ermöglichen:

- Beobachtbare Tatsachenfeststellungen (»In unserer Schule kommen die Lehrkräfte meistens pünktlich zum Unterricht.«)
- Einschätzungen aus Sicht der Mehrheit (»Die meisten in der Klasse sind mit unseren Lehrern und Lehrerinnen zufrieden.«)
- Bewertungen aus individueller Sicht (»Ich bin gern in dieser Klasse.«)
- Aussagen zum eigenen Verhalten (»Ich störe häufig den Unterricht.«)

Auf dieser Datenbasis können die Klimawahrnehmungen einzelner Schülerinnen und Schüler einer Klasse (*individuelles Klima*), Untergruppen in einer Klasse (*aggregiertes Klima*) oder Mittelwerte verschiedener Schulklassen (*kollektives Klima*) miteinander verglichen werden.

Der Begriff Schulklima umfasst dagegen thematisch andere Bereiche wie die Schulleitung oder Formen der Lehrerkooperation. Als hierarchisch höhere Organisationsform bezieht sie sich nicht unmittelbar auf den Lernkontext einer Klasse. Das Klassenklima besitzt dagegen eine eigenständige Qualität und kann nicht als bloßer Ausschnitt des Schulklimas betrachtet werden. Im Folgenden wird der Fokus vor allem auf das Klassenklima gelegt.

5.3 Bedeutung des Klassenklimas

5.3.1 Bedeutung des Klimas aus Schülersicht

In den letzten drei Jahrzehnten wurden zahlreiche Untersuchungen durchgeführt, die sich mit der Bedeutung des Klassenklimas, dem Entwicklungsverlauf und verschiedenen Einflussfaktoren auf das Klassenklima beschäftigen.

Übereinstimmend wird dabei die besondere Bedeutung des Klassenklimas herausgestellt. Nach Durchsicht einschlägiger Untersuchungen stellt Eder (2018) fest, dass Schüler und Schülerinnen in einer Klasse mit positivem Klassenklima

- eine höhere Leistungsbereitschaft und bessere Leistungen zeigen,
- mehr Schulzufriedenheit äußern,
- weniger abweichendes Verhalten zeigen,
- mehr Toleranz gegenüber ihren Mitschülern und Mitschülerinnen entwickeln,
- ein positiveres Selbstkonzept ausbilden und
- weniger psychovegetative Beschwerden und Schulangst entwickeln (vgl. Eder, 2018, S. 699 ff.; Bilz, 2013, S. 283 ff.).

Angesichts dieser festgestellten Bedeutung müssen die Ergebnisse von Langzeitstudien, die eine kontinuierliche Verschlechterung des Klassenklimas im Laufe der Schulzeit feststellen, besonders nachdenklich stimmen. So zeigen die Ergebnisse, dass Schülerinnen und Schüler mit steigender Schulerfahrung im Durchschnitt

- das Verhältnis zu ihren Lehrkräften zunehmend negativer beurteilen,
- das methodische Können und den Erziehungsstil der Lehrkräfte negativer beurteilen,
- mehr Konkurrenz in der Klasse wahrnehmen und
- weniger gern zur Schule gehen (vgl. Grewe, 2003, S. 100 ff.; Eder, 1996, S. 155).

Dass diese kontinuierliche Verschlechterung des Klassenklimas nicht ausschließlich entwicklungspsychologisch erklärbar ist, zeigen die großen Unterschiede in diesen Untersuchungen zwischen einzelnen Schulen und Klassen. Auch internationale Vergleiche u. a. mit Ländern wie Finnland, der Schweiz und den USA verweisen auf schulische Faktoren. In kaum einem anderen untersuchten Land sehen die Schülerinnen und Schüler das Klima in den Klassen so negativ und die Unterstützung durch Lehrkräfte so gering wie in Deutschland (OECD, 2004; Fend, 1997).

5.3.2 Bedeutung des Klassenklimas aus Lehrersicht

Aber auch Untersuchungen aus der Lehrerperspektive kennzeichnen sowohl die Bedeutung als auch die defizitäre Situation.

Untersuchungen zur Berufszufriedenheit von Lehrkräften stellen übereinstimmend fest, dass das Verhältnis zu den Schülerinnen und Schülern von den meisten Befragten als einer der Hauptfaktoren für die Belastung und Entlastung im Schulalltag gesehen wird (oder sogar die Rangliste anführt, z. B. bei Terhart et al., 1994, S. 124; vgl. auch Ulich, 1996, S. 109).

Defizite bei den Lehrkräften bestehen vor allem in der korrekten Einschätzung des aktuellen Lehrer-Schüler- und Schüler-Schüler-Verhältnisses und der Kompetenz, die sozialen Prozesse in der Klasse aktiv zu beeinflussen.

Im direkten Vergleich zwischen Lehrer- und Schülereinschätzungen bewerten Lehrkräfte viele Aspekte des Klassenklimas, insbesondere das Lehrer-Schüler und das Schüler-

Schüler-Verhältnis in ihrer Klasse deutlich positiver als die Schüler (von Saldern 1991, S. 129 f.).

Das Wissen der Lehrkräfte über das konkrete Sozialleben der Klasse ist dabei wenig differenziert. Petillon (1991, S. 196 f.) stellte in einer Grundschullängsschnittuntersuchung fest, dass die Lehrkräfte vorwiegend störendes oder besonders unterstützendes Unterrichtsverhalten wahrnehmen, aber wenig Aussagen über das Sozialleben innerhalb der Schülergruppe machen können.

Zudem wurde in dieser Untersuchung kein Wissenszuwachs über das Sozialverhalten der Schülerinnen und Schüler bei der zweiten Befragung nach einem Jahr festgestellt.

5.3.3 Bedeutung des Klassenklimas für die Arbeit in Inklusionsklassen

Bereits bei der wissenschaftlichen Begleitung der ersten Modellversuche in den1990er Jahren zur gemeinsamen Beschulung von Kindern mit sonderpädagogischem Förderbedarf (SFB) in Regelschulen wurden neben der Leistungsentwicklung auch Fragen der sozialen Integration untersucht.

Maikowski und Podlesch (2009, S. 232 ff.). fassen dazu einige empirische Ergebnisse aus den damaligen Begleituntersuchungen der Modellversuche zusammen:

- Kinder aus Integrationsklassen gehen häufiger gern zur Schule als Kinder aus nichtintegrativen Klassen, dabei geben die Förderkinder die positivsten Urteile von allen ab.
- Die Werte zur sozialen Distanz liegen in allen Fällen in den nichtintegrativen Klassen höher als in den Integrationsklassen. Integrative Erfahrung führt also zu größerer Akzeptanz von Kindern mit Behinderung.
- Die höchsten Distanzwerte gegenüber behinderten und ausländischen Kindern fanden sich bei Schülern und Schülerinnen an Sonderschulen, die geringsten bei Integrationsschülern und -schülerinnen.
- Auch die nichtbehinderten Schülerinnen und Schüler in Integrationsklassen beschreiben ein sehr viel positiveres Klassenklima als diejenigen in Regelklassen.

Die Autoren führen diese positiven Ergebnisse aus heutiger Sicht allerdings vorwiegend auf die besonderen Rahmenbedingungen der Modellversuche zurück. Die Lehrkräfte hatten sich auf die Heterogenität in ihren Klassen besonders eingestellt, unterrichteten in selbstgewählten Tandems und praktizierten offenere Unterrichtsformen, wie z. B. Gruppenarbeit und Wochenplanarbeit.

In der Zwischenzeit ist die Aufgabe der Inklusion im Schulalltag angekommen. In der Folge der überwiegend positiv bewerteten Modellversuche wurden in der Zwischenzeit in allen Bundesländern Inklusionsklassen gebildet, die sich in ihren Rahmenbedingungen deutlich von den Modellversuchen unterscheiden.

Aus Bundesländern, die bereits in größerem Ausmaß Inklusionsklassen gebildet haben, liegen inzwischen auch empirische Untersuchungen vor. Bedauerlicherweise zeigt sich dabei, dass die soziale Integration von Kindern mit SFB deutlich negativer verläuft als erwünscht. Unter dem provokanten Titel »Gemeinsam einsam« veröffentlichte Huber (2009) eine Studie an 650 Grundschulkindern aus heterogen zusammengesetzten Schulklassen in Nordrhein-Westfalen, die zu dem Ergebnis kommt, dass Kinder mit SFB in Regelklassen ein dreimal so hohes Risiko haben, zum Außenseiter zu werden, wie Kinder ohne Förderbedarf.

47,7 % der Kinder mit SFB wurden im soziometrischen Test von den Mitschülerinnen und Mitschülern abgelehnt gegenüber 16 % der Kinder ohne SFB. Nur 15 % der Kinder mit SFB gehörten zu den Beliebten. In einer späteren Untersuchung in Grundschulinklusionsklassen, ausgewertet mit der Methode der Mehrebenenanalyse, konnten Huber und Wilbert (2012) diese Ergebnisse bestätigen:

> »So werden 53 % der Schüler mit hohem Förderbedarf in den untersuchten Schulklassen abgelehnt, während dies für Schüler mit geringem und mittlerem Förderbedarf nur in 22 % bzw. 32 % der Fälle der Fall ist. Dies entspricht einem um 2,4- bzw. 1,7-fach erhöhten Ausgrenzungsrisiko für Schüler mit erhöhtem Förderbedarf in der schulischen Integration. Analog hierzu sind Schüler mit hohem Förderbedarf deutlich weniger beliebt (17 % vs. 41 % bei geringem Förderbedarf bzw. 29 % bei mittlerem Förderbedarf).« (S. 156)

In der gleichen Studie ergab sich auch, dass sich viele Grundschulkinder mit SFB nicht nur von ihren Klassenkameraden ausgegrenzt, sondern sich auch »nur in einem geringem Maß von der Lehrkraft angenommen« fühlen (Hubert & Wilbert, 2012, S. 162).

Aus Unterrichtsbeobachtungen und der Befragung der Lehrkräfte zu ihrer Unterrichtspraxis formulieren Gasteiger-Klicpera und Klicpera (2008) einige Hypothesen über die Ursachen der mangelnden sozialen Integration:

- Die Schülerinnen und Schüler werden sehr häufig getrennt beschäftigt.
- Die Hilfen für Schülerinnen und Schüler mit SFB werden in den meisten Fällen spontan und unsystematisch ausgewählt.
- Kooperative Lernformen und Peer-Tutoring werden nur sehr selten eingesetzt. Die Lehrkräfte gaben dazu an, für diese Unterrichtsformen nicht genügend ausgebildet zu sein.
- Bis auf gelegentliche Appelle an die Schüler und Schülerinnen, Mitschüler und -schülerinnen mit SFB in die Pausenaktivitäten einzubeziehen, werden Freizeit- und Pausenkontakte nicht systematisch gefördert.

Wenn sich diese Ergebnisse, die unter Alltagsbdingungen inklusiver Schulpraxis gewonnen wurden, bestätigen, ist für viele Kinder mit SFB mit wenig förderlichen Lernbedingungen zu rechnen.

5.4 Wirkfaktoren und Bedingungen für eine effektive Einflussnahme

Neben den vorliegenden Untersuchungen zur Bedeutung des Klassenklimas gibt es inzwischen auch einige Studien, die versuchen, einzelne Wirkfaktoren und Zusammenhänge zu bestimmen. Insbesondere für die Entwicklung von Interventionskonzepten zur Beeinflussung des Klassenklimas sind diese Untersuchungen von besonderer Bedeutung. Danach wäre es sinnvoll in folgenden Bereichen anzusetzen.

5.4.1 Einfluss der Lehrkraft auf das Klassenklima

Einfluss der Lehrkraft auf die soziale Hierachie der Klasse

Frühere Ansätze, die sich mit den Ursachen sozialer Ausgrenzung beschäftigten, versuchten vorwiegend individuelle Eigenschaften auf Seiten der »Opfer« zu finden, die andere Kinder bewegen, diese sozial auszugrenzen. Die Ergebnisse dieser Studien sind aber nicht konsistent.

Erfolgversprechender scheint eine Erklärung auf der Grundlage der »Sozialen Referenztheorie« zu sein. Diese Theorie besagt, dass Menschen, die mit einer neuen Situation konfrontiert werden, sich an Modellen orientieren, die Autorität besitzen und die Verhaltensnormen bestimmen können. Übertragen auf die Zusammensetzung einer neuen Grundschulklasse würden die Kinder dann das Verhalten der Lehrkraft genau beobachten, um daraus Schlüsse über die Attraktivität ihrer Mitschülerinnen und Mitschüler zu ziehen.

Kinder, die besonders häufig positive Rückmeldungen und Zuwendung von der Lehrkraft bekommen, hätten danach gute Chancen, einen hohen Status in der Gruppe zu erlangen und umgekehrt.

Petillon (1993) beschreibt eine Reihe von Untersuchungen, die die zentrale Rolle der Lehrkraft bei der Auswahl von Außenseitern belegen. Überspitzt ließe sich danach formulieren, dass die Klasse fast ausschließlich Mitschüler bzw. Mitschülerinnen als Außenseiter auswählt, die auch von der Lehrkraft wenig geschätzt werden. Unmittelbare, kaum bewußt steuerbare nonverbale und paraverbale Reaktionen der Lehrkraft spielen dabei eine bedeutsame Rolle.

Wenn leistungsschwache Kinder und Kinder mit Verhaltensauffälligkeiten nicht den Erwartungen der meisten Lehrkräfte entsprechen, ist zu erwarten, dass die Klasse diese Bewertung übernimmt und Mitschülerinnen und Mitschülern mit Beeinträchtigungen oder anderen Normabweichungen eine niedrige Rangposition zuweisen mit den entsprechenden Folgen für deren weitere Entwicklung (vgl. Huber, 2009).

Einfluss der Lehrkraft auf sozial abweichendes Verhalten

Weitere hohe Zusammenhänge ergeben sich nach den bisherigen Ergebnissen bei weiteren allgemeinen Faktoren des Lehrerverhaltens. Im Einzelnen handelt es sich dabei um folgende Zusammenhänge:

- *Akzeptanz und Wertschätzung* (Zshg. mit Schülergewalt, vgl. Tillmann et al., 2007)
- *Lehrerunterstützung und individuelle Zuwendung* (Zshg. mit Alkoholkonsum, vgl. Jerusalem & Mittag, 1997)
- *Ansprechbarkeit bei Problemen* (Zshg. mit Schülerbelastung, vgl. Projektgruppe Belastung, 1998)
- *Vermeidung restriktiver Regelanwendung* (Zshg. mit Schülergewalt, vgl. Tillmann et al., 2007)
- *Vermeidung von Diskriminierung und ungerechter Behandlung* (Zshg. mit Schülerbelastung, vgl. Freitag, 1998)
- *Individuelle bzw. kriterienorientierte statt sozialer Bezugsnormorientierung und Leistungsdruck* (Zshg. mit Konkurrenz und Aggression, vgl. Eder, 1996)

Einfluss der Zusammenarbeit im Kollegium

Während Studien zum Klassenklima geringe Unterschiede zwischen Schultypen und -formen ergeben haben, zeigen sich häufig bedeutsame Unterschiede zwischen einzelnen Schulen. Organisationskultur und Leitungsstil, die den Umgang mit Schülerinnen und Schülern, die Förderangebote und pädagogisches Engagement beeinflussen, wirken sich deutlich auf die Situation in den Klassen aus. Das Klima im Lehrkörper gilt als ein guter Prädiktor für das Klima in den Klassen. Ebenso korrespondieren die Arbeitshaltung und -disziplin der Lehrkräfte einer Schule mit dem Verhalten der Schülerinnen und Schüler (vgl. Eder, 2011, S. 123).

5.4.2 Zeitfenster für Interventionsmaßnahmen

Einige Langzeituntersuchungen enthalten Hinweise, zu welchem Zeitpunkt Maßnahmen zur Verbesserung des Klassenklimas besonders erfolgversprechend sind (vgl. Jerusalem, 1983):

- Beim Schuljahresbeginn mit der Zusammensetzung einer neuen Klasse besteht ein günstigeres Klima als zu späteren Zeitpunkten. Stabilisierende und präventive Maßnahmen sollten deshalb bereits zu diesem Zeitpunkt eingeführt werden.
- Insbesondere vor und nach Zeugnisterminen entstehen Krisen im Verlauf des sozialen Klimas. Speziell abgestimmte Projekte sollten deshalb in diesen Phasen eingesetzt werden.

5.5 Maßnahmen zur aktiven Gestaltung des Klassenklimas

Neben den o. g. Untersuchungen, die vor allem über Vergleiche zwischen klimapositiven und klimanegativen Klassen Ansatzpunkte für Interventionsmaßnahmen herausgearbeitet haben, gibt es aber auch einige Studien, die noch einen Schritt weiter gehen und bereits konkrete Interventionen in Schulklassen erprobt und empirisch überprüft haben.

Bisher konnten dabei in folgenden Bereichen positive Einwirkungsmöglichkeiten nachgewiesen werden.

5.5.1 Sorgfältige Gestaltung der Anfangsphase in einer neuen Klasse

Als besonders bedeutsames Zeitfenster für die Entstehung und Festschreibung der sozialen Beziehungen sowohl zwischen Lehrkräften und Schülerinnen und Schülern als auch zwischen den Schülerinnen und Schülern, hat sich die Eingangsphase in einer neuen Klasse erwiesen. Bereits nach wenigen Tagen stehen Vorlieben und Abneigungen fest und werden nur noch selten korrigiert. Eine mehrtägige Orientierungsphase des gemeinsamen Kennenlernens der Gruppe, der Lehrkräfte und der neuen Umgebung führt laut der Untersuchung von Grewe (2003) zu einem besseren Klassenklima. Verglichen wurden in dieser Untersuchung fünfte Klassen verschiedener Schulformen mit und ohne eine mehrtägige Orientierungsphase.

5.5.2 Systematische Begleitung der Phasen der Gruppenentwicklung

Der Anfang oder besser die Orientierungsphase bildet nur die erste Phase der Gruppenentwicklung in einer neuen Klasse. Wie z. B. Stanford (2002) beschreibt, folgen darauf aufbauend die Phase der Normbildung und die Phase der Austragung von Konflikten, bevor die Gruppe (bei günstigem Verlauf) in der Phase der Produktivität ihr Leistungsmaximum erreicht.

Ohne gezielten Einfluss auf die Gestaltung dieser Phasen neigen Gruppen dazu, insbesondere die ersten beiden Phasen sehr schnell zu durchlaufen, um Verhaltenssicherheit zu gewinnen. Dies geschieht dann in der Regel durch schnelle Cliquenbildung und Rollenverteilung. Die Normenbildung, auf deren Grundlage sich dann die soziale Hierachie bildet, erfolgt dabei meistens implizit und orientiert sich an den einflussreichsten Kindern und der Lehrkraft. Konfliktträchtige Konstellationen, die sich durch unbefriedigende Rollenzuweisungen oder konfligierende Cliquen ergeben führen dann häufig dazu, dass die Gruppe in der nächsten Phase des Konflikts verbleibt und nicht mehr die Phase produktiver Zusammenarbeit erreicht.

Auch wenn die Lehrkraft keinen Einfluss auf diese sozialen Prozesse nehmen will, ist sie Teil dieser Entwicklung und trägt zu ihren Ergebnissen bei, die sich dann in verdeckten Gruppenprozessen einstellen.

Ausführliche Anleitungen und Praxisbeispiele zur konstruktiven Gestaltung dieses Prozesses finden sich bei Thomas, Grewe und Connemann (2018). Sie schlagen u. a. eine längere Orientierungsphase vor, in der die Schülerinnen und Schüler sich und die neue Schule ausführlich kennenlernen können. In der Normenphase sollten gemeinsam Regeln erarbeitet, evaluiert und verändert werden. Für die Konfliktphase sollte eine Kultur der Konfliktbearbeitung eingeführt werden, z. B. mit einem Klassenrat, in dem positive und problematische Ereignisse besprochen und Lösungen erarbeitet werden können. Zur Stabilisierung produktiver Arbeitsweisen sollten begleitend Formen des kooperativen Lernens eingesetzt werden.

Die Wirkung dieser fördernden Maßnahmen wurde von Grewe (2003) im Rahmen einer Langzeitfortbildung untersucht, die die Universität Hildesheim gemeinsam mit Niedersächsischen Schulpsychologen und -psychologinnen durchführte und evaluierte. 200 Lehrkräfte der Sekundarstufe I nahmen an der eineinhalbjährigen Fortbildung teil und führten in ihren Schulklassen Projekte durch, um den Gruppenentwicklungsprozess positiv zu beeinflussen. Die Intervention bestand aus einer mehrtägigen Eingangsphase, einer Unterstützung und Bewusstmachung der Normbildung durch die gemeinsame Erarbeitung sozialer Regeln und der Durchführung eines sozialen Trainings zum Umgang mit Konflikten. Die Einführung eines Klassenrats als ständigem Gremium zur Bearbeitung und Thematisierung von aktuellen Problemen rundete die Intervention ab.

Die Effekte auf die sozialen Beziehungen und das Klassenklima wurden in einer Vorher-Nachher-Untersuchung erhoben und mit einer gleichgroßen Kontrollgruppe verglichen.

Im Ergebnis zeigte sich, dass die Teilnehmerklassen gegenüber den Vergleichsklassen ein deutlich besseres Lehrer-Schüler-Verhältnis, weniger Konkurrenz unter den Schülerinnen und Schülern und eine höhere Schulfreude aufwiesen (vgl. Grewe, 2003).

5.5.3 Feedback und Schülerbeteiligung

Mehrere Untersuchungen zeigen, dass die Beteiligung von Schülerinnen und Schülern an der Bestandsaufnahme und der Planung von Veränderungen sehr schnell das Klassenklima verbessern kann.

In der Untersuchung von Dutka und Markgraf (1987) wurden Lehrkräfte zunächst in die Durchführung eines anonymen Verfahrens zur Erhebung von Schülersichtweisen und die anschließende Moderation der gemeinsamen Auswertung eingeführt.

Die Erhebung des Klassenklimas vor und nach der Umsetzung in den Klassen ergab deutliche Verbesserungen des Schüler-Schüler- und des Lehrer-Schüler-Verhältnisses (Dutka & Markgraf, 1987, S. 301 f.).

Ein ähnliches Verfahren beschreibt Redlich (2015) in seinem Konzept der »Kooperativen Verhaltensmodifikation«.

5.5.4 Kooperatives Lernen und andere soziale Lernformen

Während die o. g. Interventionsstudien direkt beim Sozialverhalten ansetzen, schlagen andere Autoren und Autorinnen vor, auch den Fachunterricht selbst so zu organisieren, dass prosoziales Verhalten gelernt und praktisch angewendet werden kann. Sie gehen davon aus, dass die Förderung der Zusammenarbeit und gegenseitiger Unterstützung nur dann dauerhaft gelingen kann, wenn nicht gleichzeitig im Fachunterricht durch die Wahl der Lernmethode weiterhin Konkurrenz und Fremdbewertung im Vordergrund stehen.

Für die Arbeit in Gruppen haben Johnson und Johnson (1989) in einer Metaanalyse einige Bedingungen herausgearbeitet, die für den Lernerfolg, die Motivation und das Soziale Lernen von besonderer Bedeutung sind:

- *Positive Abhängigkeit:* Damit ist gemeint, dass mittels einer vorgegebenen Rollenverteilung dafür Sorge getragen werden muss, dass jedes Gruppenmitglied für den Erfolg der Arbeit wichtig ist, einen eigenen unverzichtbaren Beitrag leistet und damit persönliche Verantwortung für die Gruppe übernimmt. Dies kann z. B. über die Aufteilung von Informationen oder die Zuweisung formeller Rollen geschehen, um das Phänomen des »Trittbrettfahrens« zu vermeiden und alle Gruppenmitglieder produktiv in die Arbeit einzubinden.
- *Interesse am Lernerfolg der anderen Gruppenmitglieder:* Schüler und Schülerinnen, die schon etwas verstanden haben, sollen motiviert werden, ihre Erkenntnisse weiterzugeben. Dazu werden Regeln vorgegeben, die gewährleisten, dass die Bewertung der Gruppenleistung auch von den Leistungen schwächerer Gruppenmitglieder abhängig ist.
- *Feedbackrituale:* Die kooperative Arbeit in Gruppen erfordert einen längeren Lernprozess. Insbesondere bei Schwierigkeiten und Konflikten erfolgt zwischen den Mitgliedern oftmals ein unkontrolliertes Feedback, dass häufig zu einer Verschlechterung des Arbeitsklimas führt. Wichtig ist deshalb die Einführung eines Feedbackrituals nach der Gruppenarbeit, dass nach festgelegten Regeln erfolgt.

In dritten und vierten Grundschulklassen des Maryland school districts führten Stevens und Slavin (1995) an 1012 Schülern und Schülerinnen nach diesen Prinzipien ein Lernprogramm durch und erhoben vorher und nachher Daten zur Leistung und zum Klassenklima. Eine vergleichbare Schülerzahl aus anderen Grundschulen diente als Kontrollgruppe.

Im Ergebnis zeigten sich nach zwei Jahren in den Experimentalklassen signifikant bessere Leistungen und engere soziale Beziehungen zwischen den Schülern und Schülerinnen. Erstaunlicherweise zeigten dabei sowohl Schüler und Schülerinnen mit besonderem Förderbedarf als auch Hochbegabte in den Experimentalklassen bessere Leistungen und waren sozial besser eingebunden als vergleichbare Schülerinnen und Schüler in den Kontrollklassen.

5.5.5 Einrichtung eines innerschulischen Unterstützungssystems

Neben den Wirkfaktoren, die die Lehrkraft oder die gesamte Klasse betreffen, gibt es auch Einflussfaktoren, die eher auf aktuelle individuelle Probleme einzelner Schülerinnen und Schüler zurückzuführen sind. Ein Abfall der Leistungen in einzelnen Fächern, der Eindruck momentan unbeliebt bei Mitschülern bzw. -schülerinnen oder Lehrkräften zu sein, aber auch außerschulische Belastungen können dazu führen, dass einzelne Schülerinnen und Schüler das Klassenklima zeitweise negativer wahrnehmen als ihre Mitschüler und Mitschülerinnen. Neben der Einzelfallberatung durch Schulpsychologie und Beratungslehrkräfte hat sich in einigen Schulen auch die präventive Einrichtung sozialer Netzwerke bewährt. Lernpartnerschaften, bei der Paare mit Schülerinnen und Schülern höherer Klassen gebildet werden, die dann die Rolle von Tutoren z. B. im parallel gelegten Fachunterricht übernehmen, fördern bei beiden Partnern die fachliche und soziale Kompetenz (Tipps zur Umsetzung und Praxisbeispiele siehe Thomas, Grewe & Connemann, 2018, S. 184 ff.).

5.5.6 Aufgaben der Schulpsychologie

Die Unterstützung der Lehrkräfte bei der aktiven Gestaltung der sozial-emotionalen Entwicklung der Schülerinnen und Schüler ist eine genuine Aufgabe der Schulpsychologie. Fortbildung, Supervision und Coaching in diesem Bereich sind besonders notwendig, da im Lehramtsstudium diese Themen häufig nur eine untergeordnete Rolle spielen. Eine gelungene Umsetzung dieser Aufgabe ist die Langzeitfortbildung für Klassenlehrkräfte (KIK: Kommunikation-Interaktion-Kooperation), die von der Schulpsychologie der Bundesländer Niedersachsen und Sachsen-Anhalt zusammen mit der Universität Hildesheim entwickelt und evaluiert wurde und seit mehreren Jahren kontinuierlich in beiden Bundesländern angeboten wird. Parallel zur Fortbildung in festen Gruppen erproben die teilnehmenden Lehrkräfte präventive und interventive Projekte in ihren Klassen zur aktiven Gestaltung des Klassenklimas, erhalten Supervision, beobachten sich gegenseitig im Unterricht und dokumentieren ihre Erfahrungen. (Näheres zu den Inhalten und der Organisation dieses Projekts bei Thomas, Grewe & Connemann, 2018.)

Literatur

Bilz, L. (2013). Die Bedeutung des Klassenklimas für internalisierende Auffälligkeiten von 11- bis 15-Jährigen. *Psychologie in Erziehung und Unterricht, 60*, 282–294.

Dutka, W. & Markgraf, C. (1987). Wahrnehmung und Rückkopplung des Lehrerverhaltens durch Schüler. *Psychologie in Erziehung und Unterricht, 34*, 298–305.

Eder, F. (1996). *Schul- und Klassenklima. Ausprägung, Determinanten und Wirkungen des Klimas an höheren Schulen*. Innsbruck-Wien: Studien Verlag.

Eder, F. (2011). Klassenklima. In E. Kiel & K. Zierer (Hrsg.), *Unterrichtsgestaltung als Gegenstand der Wissenschaft* (S. 113–127). Hohengehren: Schneider.

Eder, F. (2018). Schul- und Klassenklima. In Rost, D., Sparfeldt, J. & Buch, S. (Hrsg.), *Handwörterbuch Pädagogische Psychologie*. Weinheim: Beltz.

Eder, F. & Mayr, J. (2000). *Linzer Fragebogen zum Schul- und Klassenklima (LFSK)*. Göttingen: Hogrefe.

Eichhorn, Ch. (2014). *Die Klassenregeln. Guter Unterricht mit Classroom-Management.* Stuttgart: Klett-Cotta.

Fend, H. (1997). *Der Umgang mit Schule in der Adoleszenz*. Bern: Huber.

Freitag, M. (1998). *Was ist eine gesunde Schule? Einflüsse des Schulklimas auf Schüler- und Lehrergesundheit.* Weinheim: Juventa.

Gasteiger-Klicpera, B. & Klicpera, C. (2008). Förderung der sozialen Inklusion. In H. Eberwein & J. Mand (Hrsg.), *Integration konkret* (S. 137–153). Heilbrunn: Klinkhardt.

Grewe, N. (2003). *Aktive Gestaltung des Klassenklimas.* Münster: LIT-Verlag

Grewe, N. (2019). Kooperatives Lernen. *Pädagogische Führung, 2/2019*, 67–70.

Grewe, N. & Thomas, L. (2019). Gruppenentwicklung als Grundlage des Sozialen Klassenmanagements. *Pädagogische Führung, 2/2019*, 59–62.

Huber, C. (2009). Gemeinsam einsam? – Soziale Integration von Schülern mit Sonderpädagogischem Förderbedarf im Gemeinsamen Unterricht. *Zeitschrift für Heilpädagogik, 60*, 242–248.

Huber, C. & Wilbert, J. (2012). Soziale Ausgrenzung von Schülern mit sonderpädagogischem Förderbedarf und niedrigen Schulleistungen im gemeinsamen Unterricht. *Empirische Sonderpädagogik, 4*(2), 147–165.

Jerusalem, M. (1983). *Selbstbezogene Kognitionen in schulischen Bezugsgruppen. Eine Längsschnittstudie*. Berlin: Freie Universität.

Jerusalem, M. & Mittag, W. (1997). Schulische Gesundheitsförderung: Differentielle Wirkungen eines Interventionsprogramms. *Unterrichtswissenschaft, 25*(2), 133–149.

Johnson, D.W., Johnson, R. & Holubec, E. (1993). *Cooperation in the classroom.* Edina.

III Fokus Lehrkräfte und System Schule

Kiel, E., Frey, A. & Weiss, S. (2013). *Trainingshandbuch Klassenführung*. Bad Heilbrunn: Klinkhardt.

Maikowski, R. & Podlesch, W. (2009). Zur Sozialentwicklung von Kindern mit und ohne Behinderung. In H. Eberwein & S. Knauer (Hrsg.), *Handbuch Integrationspädagogik* (S. 226–238). Weinheim/Basel: Beltz.

Organisation for Economic Cooperation and Development (OECD). (2004). *Lernen für die Welt von morgen. Erste Ergebnisse von PISA 2003*. Paris: OECD.

Petillon, H. (1991). Soziale Erfahrungen in der Schulanfangszeit. In K. A. Schneewind (Hrsg.), *Schule und Persönlichkeitsentwicklung*. (S. 183–200). Stuttgart: Enke.

Petillon, H. (1993). *Soziales Lernen in der Grundschule*. Frankfurt: Diesterweg.

Projektgruppe Belastung. (1998). *Belastung in der Schule? Eine Untersuchung an Hauptschulen, Realschulen und Gymnasien Baden-Württembergs*. Weinheim: Deutscher Studien Verlag.

Redlich, A. (2015). Schulklassenbezogene Beratung. In N. Grewe (Hrsg.), *Praxishandbuch: Beratung in der Schule*. (S. 171–184). Köln: Carl Link.

Saldern, M. v. (1991). Die Lernumwelt aus der Sicht von Lehrern und Schülern. *Psychologie in Erziehung und Unterricht, 38*, 190–198.

Saldern, M.v. & Littig, K. E. (1996). *Landauer Skalen zum Sozialklima 4.–13. Klassen*. Weinheim: Beltz.

Stanford, G. (2002). *Gruppenentwicklung im Klassenraum und anderswo*. Aachen: Hahn.

Stevens, R. J., Slavin, R. E., (1995). The cooperative elementary school: Effects on students' achievement, attitudes, and social relations. *American Educational Research Journal, 32*, 321–351.

Terhart, E., Czerwenka, K., Ehrich, K., Jordan, F. & Schmidt. H. (1994). *Berufsbiographien von Lehrern und Lehrerinnen*. Frankfurt a. M.: Lang.

Thomas, L., Grewe, N. & Connemann, R. (2018). Klasse Klima - *Konzepte und Praxisbeispiele für eine Soziale Klassenführung*. Köln: Carl Link.

Tillmann, K.-J., Holler-Nowitzki, B., Holtappels, H. G., Meier, U. & Popp, U. (2007). *Schülergewalt als Schulproblem*. Weinheim: Beltz Juventa.

Ulich, K. (1996). *Beruf Lehrer/in*. Weinheim: Beltz.

6 Klassenführung

Robin Junker und Manfred Holodynski

6.1 Einleitung

An den schulpsychologischen Dienst wenden sich Lehrkräfte oftmals mit zwei Problembereichen, die auch die Klassenführung der Lehrkräfte betreffen: Es gibt massive Probleme mit einzelnen Schülerinnen und Schülern ihrer Klassen dergestalt, dass sie in ihren Leistungen beträchtlich abfallen und/oder so stark stören, dass der Unterricht auch für andere Lernende leidet. Es gibt massive Probleme mit der Mitarbeit der Klasse insgesamt, sodass eine geordnete Vermittlung von Lernstoff stark beeinträchtigt ist. Für viele Lehrkräfte scheinen diese Probleme zunächst entweder ein Problem der einzelnen Schülerin bzw. des einzelnen Schülers oder aber der ganzen Klasse zu sein, sodass sie eine Lösung in der individuellen Behandlung der Problemschülerin bzw. des Problemschülers außerhalb des Klassenverbandes bzw. in der Veränderung der Klassenzusammensetzung suchen. Eine Vielzahl an Studien zum Interaktionsgeschehen in Klassen (Ophardt & Thiel, 2013; Thiel, 2016) gibt jedoch Hinweise darauf, dass auch das Interaktionsverhalten der Lehrkraft gegenüber den Problemschülerinnen und -schülern bzw. der Klasse einen Anteil an der Problemzuspitzung haben kann. So gibt es empirisch validierte Kriterien für ein effizientes Interaktionsverhalten im Unterricht, durch das Mitarbeit gefördert und Störungen möglichst schon präventiv begegnet werden kann, und welches vor allem die Klassenführung der Lehrkraft betrifft. Dabei wird Klassenführung verstanden als die geschickte Auswahl und reibungslose Steuerung von Unterrichtsaktivitäten, die den Schülerinnen und Schülern einen regelgeleiteten Rahmen für ihre Lernaktivitäten im Klassenverband geben und ihre effektive Lernzeit im Unterricht maximieren soll (Doyle, 1986).

Daher gehen wir im Folgenden von der Schüler- und Lehrersicht auf Mitarbeits- und Störverhalten aus. Wir thematisieren dann die Anforderungen an Lehrkräfte im Unterricht und gehen schließlich darauf ein, wie ihre Klassenführung eine notwendige Grundlage für eine produktive Mitarbeit der Schülerinnen und Schüler sowie zur präventiven Vermeidung und zum effektiven Unterbinden von Unterrichtsstörungen schaffen kann. Damit ist das Erlernen und Praktizieren einer effektiven Klassenführung eine wesentliche Kompetenz für das Minimieren von Unterrichtsstörungen und das Maximieren von Mitarbeit. Inwiefern das schulpsychologische Personal dazu beitragen kann, wird zum Abschluss thematisiert.

6.2 Mitarbeit und Unterrichtsstörungen aus Schüler- und Lehrersicht

Aktive Mitarbeit am Unterricht ist eine notwendige Voraussetzung für den Lernerfolg von Schülerinnen und Schülern. Aus ihrer Perspektive gibt es jedoch viele Gründe, nicht mitzuarbeiten (Eichhorn, 2018; Ophardt & Thiel, 2013): Das Unterrichtsthema interessiert nicht oder das Anforderungsniveau und die Lernunterstützung der Lehrkraft ist nicht auf das individuelle Verständnis- und Motivationsniveau angepasst, sodass das Verständnis und die Motivation verloren gehen. Manche Schülerinnen und Schüler beginnen dann, sich »interessanteren« Nebenbeschäftigungen zu widmen oder sich von Mitschülerinnen oder Mitschülern ablenken zu lassen.

In Klassen der Sekundarstufe kommt noch ein weiterer Grund hinzu, die Imagepflege. Jede Äußerungsgelegenheit von Schülerinnen und Schülern im Unterricht ist zugleich eine öffentliche Präsentation der eigenen Kompetenz und Motivation gegenüber der Lehrkraft und den Mitschülern und -schülerinnen. Sie soll einem selbst gewählten Image gerecht werden und zieht auch entsprechende Reaktionen der Klasse nach sich. So sind es wichtige Ziele der Imagepflege in vielen Klassen, den Eindruck von »Strebertum« vor der Klasse zu vermeiden und den Selbstwert vor Beschämung aufgrund mangelnder Leistungen zu schützen (Thiel, 2016). Insbesondere »cooles« und zuweilen »präventiv« provokatives oder massiv störendes Schülerverhalten kann auf Imagepflege zurückgeführt werden. Darauf sollte eine Lehrkraft vorbereitet sein.

Aus Lehrerperspektive erscheinen mangelnde Mitarbeit und Unterrichtsstörungen eher als Schüler- oder Klassenmerkmale, da sich die Lernenden einer Klasse und auch Klassen untereinander darin deutlich unterscheiden. Auch bekommen es Lehrkräfte wegen mangelndem Teamteaching häufig nicht mit, dass dieselbe »unaufmerksame« Klasse bei einer anderen Lehrkraft durchaus sehr gut mitarbeiten kann.

6.3 Anforderungen an Lehrkräfte im Unterricht mit Klassen

Lehrkräfte haben im Unterricht zwei zentrale Anforderungen zu meistern: Zum einen existiert die Anforderung, den Schülerinnen und Schülern aktivierende Lerngelegenheiten zur Verfügung zu stellen, um sich den Lernstoff anzueignen, und sie darin auch durch eine individuelle persönliche Ansprache zu unterstützen (Lipowsky & Bleck, 2019). Das gelingt umso effektiver, je besser die individuelle Passung zwischen dem Verständnis- und Motivationsniveau der einzelnen Schülerinnen und Schüler und den Lernangeboten ist. Allerdings ist es umso schwieriger und aufwändiger, eine solche Passung zu realisieren, je heterogener die Schülerschaft ist und je weniger von diesen fähig und willens sind, ihr Lernverhalten im Klassenverband selbständig zu regulieren.

Damit ist bereits die zweite Anforderung der Lehrkraft angesprochen, welche durch das zeitliche Managen von 20 bis 30 Lernenden gekennzeichnet ist.

Hier kommt die Klassenführung ins Spiel als Organisation der Interaktionen zwischen Lehrkraft und Lernenden sowie zwischen den Lernenden in Form von regelgeleiteten Unterrichtsaktivitäten (Doyle, 1986) wie z. B. Unterrichtsgespräch, Lehrerdemonstration, Einzelarbeit, Schülerdemonstration, Stationsarbeit, Wochenplanarbeit sowie deren effiziente Ablaufsteuerung. Eine Unterrichtsaktivität gibt einen regelgeleiteten Rahmen vor, wie sich sowohl die Lehrkraft als auch die Lernenden in Bezug auf den Lernstoff und das Lernmaterial zu verhalten haben. Beim Unterrichtsgespräch z. B. sollen alle Lernenden versuchen, einen Beitrag zu einer lernrelevanten Fragestellung zu leisten. Um einen geregelten Ablauf zu garantieren, melden sie sich, die Lehrkraft moderiert das Gespräch durch den Aufruf der Lernenden und ggf. durch weiterführende Fragen und Erklärungen. Dabei sollen sich die Schülerbeiträge auch aufeinander beziehen. Auf diese Weise soll der Lernstoff im gemeinsamen Gespräch erarbeitet werden. Je besser nun die Lernenden die Regeln dieser Unterrichtsaktivitäten kennen und auch von sich aus befolgen, desto stärker wird eine Lehrkraft von der reinen Ablaufsteuerung des Unterrichtsgesprächs entlastet und kann sich der kognitiven Aktivierung und Lernunterstützung einzelner Schüler und Schülerinnen widmen.

Auf diese Weise schafft eine effektive Klassenführung erst die notwendigen Voraussetzungen, um einen kognitiv anregenden Unterricht durchführen zu können. So zeigte sich z. B. in der TIMS-Studie (Klieme & Baumert, 2001) an über 80 Mathematikklassen der achten Jahrgangsstufe, dass ein kognitiv aktivierender Unterricht nur in Klassen mit einer guten Klassenführung zu beobachten war, nicht aber in Klassen mit unzureichender Klassenführung. Allerdings gab es auch Klassen mit guter Klassenführung, aber wenig kognitiv aktivierendem Unterricht. Demzufolge ist eine gute Klassenführung zwar notwendig, aber allein nicht hinreichend für eine kognitive Aktivierung von Lernenden. Klassenführung bezeichnet demnach die Art und Weise, wie eine Lehrkraft Unterrichtsaktivitäten einvernehmlich mit den Schülerinnen und Schülern etabliert und ihren störungsfreien und reibungslosen Ablauf während des Unterrichts gewährleistet, mit dem Ziel, die individuelle Lernzeit für jeden Einzelnen zu maximieren (Doyle, 1986; Ophardt & Thiel, 2013).

6.4 Klassenführung als effiziente Ablaufsteuerung von Unterricht

Klassenführung ist neben der kognitiven Aktivierung und der konstruktiven Lernunterstützung von Schülerinnen und Schülern eine der wesentlichen Dimensionen guten Unterrichts (Lipowsky & Bleck, 2019). Klassenführung zielt durch die Etablierung einer effizienten Ablaufsteuerung von regelgeleiteten Unterrichtsaktivitäten einerseits darauf ab, die effektive Lernzeit der Schülerschaft zu maximieren (Doyle, 1986). Andererseits zielt sie durch die Etablierung einer positiven Klassen- und Lernatmosphäre darauf ab, ein lernförderliches Arbeitsbündnis mit den Lernenden zu schaffen (Ophardt & Thiel, 2013). Dadurch sollen unproduktive Unterrichtsepisoden sowie Unterrichtsstörungen möglichst minimiert werden (Gold & Holodynski, 2011).

In videobasierten Unterrichtsbeobachtungen konnten eine Reihe von Unterrichtsmaßnahmen der Klassenführung identifiziert werden, die drei Hauptfacetten zugeordnet werden können, nämlich Monitoring, prozessuale Strukturierung und Etablierung von Regeln und Routinen (Holodynski et al., 2016). Die Maßnahmen können größtenteils als proaktive Maßnahmen verstanden werden (Oliver et al., 2011), um eine Lernumgebung zu schaffen, welche effektive Lernzeit sicherstellt und zum Aufbau einer positiven Klassen- und Lernatmosphäre beiträgt.

Monitoring
Zu den Maßnahmen des Monitorings gehören (Kounin, 2006): (1) Allgegenwärtigkeit, also stets einen Überblick über die Mitarbeit der Lernenden zu behalten und sie dies auch durch gezielte Ansprache wissen zu lassen; (2) Überlappung, wozu das parallele Managen mehrerer Vorgänge in der Klasse zählt, um einen kontinuierlichen Unterrichtsschwung zu gewährleisten (Kounin, 2006); sowie (3) Positive Präsenz, die durch eine wertschätzende Kommunikation sowie konstruktive, verhaltens- bzw. ergebnisnahe Rückmeldungen an die Schülerinnen und Schüler gekennzeichnet ist, um ein lernförderliches Arbeitsbündnis zu etablieren (Evertson & Emmer, 2012).

Prozessuale Strukturierung
Hierzu gehören Maßnahmen zur Aufrechterhaltung eines steten Lernflusses innerhalb der Unterrichtsaktivitäten (Kounin, 2006): (1) Schwungvoller Unterricht durch die Realisierung eines angemessenen Lerntempos und Anforderungsniveaus, (2) Wahrung des Gruppenfokus durch Maßnahmen der Gruppenmobilisierung (z. B. Erzeugen von Spannung), und (3) Einholen von Rechenschaft und Geben von Feedback durch die Lehrkraft bzgl. des Lernens der Schülerschaft (Codding & Smyth, 2008). Des Weiteren ist eine gelungene prozessuale Strukturierung auch dadurch charakterisiert, dass die Lehrkraft die Übergänge zwischen verschiedenen Unterrichtsaktivitäten möglichst reibungslos gestaltet (Kounin, 2006).

Etablierung von Regeln und Routinen
Als dritte wesentliche Facette von Klassenführung gilt die Etablierung von lernförderlichen Regeln und Routinen. Dabei müssen Lehrkräfte nicht nur für deren adäquate Einführung, sondern ebenso für deren kontinuierliche Durchsetzung Sorge tragen (Evertson & Emmer, 2012). Regeln sollten grundsätzlich positiv, prägnant und konkret formuliert sein, sodass sie eine klare Verhaltensorientierung geben und die Lehrkraft eindeutig beobachten kann, inwiefern die Schülerinnen und Schüler sie einhalten. Die Einhaltung von Regeln sollte wertgeschätzt und ihr Missachten prompt und unspektakulär unterbunden werden. Voraussetzungen dafür sind wiederum die Allgegenwärtigkeit der Lehrkraft sowie ein breites Interventionsrepertoire vom Fingerzeig bei kurzfristiger Unaufmerksamkeit bis zur Sanktionierung bei wiederholter und vorsätzlicher Verletzung von Regeln (Gold & Holodynski, 2011; Ophardt & Thiel, 2013).

Routinen, die ebenfalls explizit eingeübt und unter Umständen durchgesetzt werden müssen, beziehen sich auf die Automatisierung wiederkehrender lernförderlicher Handlungsabläufe. Zur Reduktion der Anforderungen an das Monitoring der Lehrkraft haben sich vor allem Routinen für den Beginn einer Unterrichtsstunde (z. B. das

Pausenbrot wird weggepackt, die Lernmaterialien werden herausgeholt), den Ablauf verschiedener Unterrichtsaktivitäten oder Übergänge (z. B. die Tischgruppen kommen nach einer bestimmten Reihenfolge in den Sitzkreis), die Lehrer-Schüler-Interaktion (z. B. LK: Initiation, SuS: Reaktion, LK/SuS: Evaluation), oder das Beenden einer Unterrichtsstunde (z. B. Notieren von Hausaufgaben) bewährt. Bei der Einführung von Regeln und Routinen wird ein gemeinsamer, aktiver Aushandlungsprozess mit den Schülerinnen und Schülern sowie die Anfertigung einer eingängigen, nachhaltigen Visualisierung empfohlen, um eine höhere Akzeptanz zu bewirken.

Die aus den drei genannten Facetten bestehende Klassenführung ist auch oder noch stärker in Zeiten inklusiven und offenen Unterrichts ein wichtiges Merkmal guten Unterrichts. Denn durch die zunehmende Nutzung selbstregulierter und kooperativer Lernformen hat auch die Anzahl und Komplexität der Regeln und Routinen, die gleichzeitig eingeführt und von Lehrkraft und Schüler bzw. Schülerin beachtet werden müssen, zugenommen (Liebsch & Patzer, 2020).

6.5 Aktueller Forschungsstand: Bedeutung von Klassenführung

Die Art und Weise, in der eine Lehrkraft ihre Klassenführung umsetzt, beeinflusst eine Reihe von unterrichtsrelevanten Aspekten.

Zuallererst beeinflusst Klassenführung das Ausmaß, in dem die anderen Qualitätsdimensionen von Unterricht, die kognitive Aktivierung und individuelle Lernunterstützung umgesetzt werden können. Sind beispielsweise nicht ausreichende oder unpassende Klassenführungsmaßnahmen gewählt worden, wirkt sich dies negativ auf die Umsetzung kognitiv aktivierender Maßnahmen aus (Schiepe-Tiska et al., 2016). Klassenführung stellt also eine notwendige Voraussetzung für die Umsetzung kognitiver Aktivierung dar.

Auf Seiten der Schülerinnen und Schüler geht eine gelungene Klassenführung mit einer erhöhten Lernmotivation einher (Oliver et al., 2011). Gleichzeitig haben sie den Eindruck, selbstständiger handeln und mehr Verantwortung übernehmen zu können (Elias & Schwab, 2006). Zudem verbessern sich bei gelungener Klassenführung Disziplin, Fairness und die Lehrer-Schüler-Beziehung (Mitchell & Bradshaw, 2013). Darüber hinaus zeigte sich auch ein positiver Effekt von gelungener Klassenführung auf die Lernleistung der Schülerinnen und Schüler (Hattie, 2009). Dieser Effekt gilt insbesondere für Schülerinnen und Schüler mit Migrationshintergrund (Seiz et al., 2016).

Auf Seiten der Lehrkräfte geht eine gelungene Klassenführung mit besserer psychischer Gesundheit (Friedman, 2006) sowie mit beruflichem Wohlbefinden einher (Dicke et al., 2015). Studien legen nahe, dass eine ineffektive Klassenführung maßgeblich zur Entwicklung von Burnout sowie zum Aufgeben des Lehrerberufs beitragen (Friedman, 2006).

6.6 Klassenführung in der schulpsychologischen Arbeit

In der schulpsychologischen Arbeit ist das Thema »Klassenführung« primär in zwei Kontexten relevant, nämlich in Fortbildungen für Lehrkräfte zum Thema Klassenführung und in individuellen Beratungsgesprächen mit Lehrkräften.

Viele schulpsychologische Beratungsstellen bieten Fortbildungen zum Thema Klassenführung an. Damit soll praktizierenden Lehrkräften proaktiv, also bevor es zu intensivem Belastungserleben kommt, die Möglichkeit gegeben werden, ihre Kenntnisse und Fähigkeiten im Bereich der Klassenführung zu professionalisieren. Dass solche präventiven Fortbildungen angezeigt sind, zeigen Studien, die darauf verweisen, dass in etwa einem Drittel aller Klassen von mittleren bis schweren Abweichungen des Schülerverhaltens von lernförderlichen Regeln und Routinen auszugehen ist (z. B. Pas et al., 2015).

Vor allem zu Beginn ihres Berufslebens haben viele Lehrkräfte einen erhöhten Bedarf, anwendungsrelevante Kenntnisse (Poznanski et al., 2018) und klare Verhaltensstrategien in der Klassenführung (Dicke et al., 2015) zu erwerben. Doch auch im fortgeschrittenen Berufsleben tauchen durchaus noch Klassenführungsprobleme auf, die nicht selten mit manifesten Konflikten im Arbeitsbündnis zwischen Schüler bzw. Schülerin und Lehrkraft verbunden sind.

6.6.1 Förderschwerpunkte der Klassenführung

Bezüglich der Förderung von Klassenführungskompetenzen existieren drei mögliche Förderschwerpunkte (Blömeke et al., 2015):

1. **Wissen über Klassenführung.** Lehrkräfte lassen sich anwendungsrelevantes Wissen über Klassenführung vermitteln. Dazu zählen, die wesentlichen Facetten und Maßnahmen von Klassenführung im Detail kennenzulernen sowie Kenntnisse, wie und wann man sie im Unterricht einsetzt (Eichhorn, 2018; Ophardt & Thiel, 2013).
2. **Selbstwirksamkeitsüberzeugungen.** Lehrkräfte reflektieren in Beratungsgesprächen über ihren Einsatz von Klassenführungsmaßnahmen. Sie lassen sich von bereits erfolgreich praktizierten Maßnahmen leiten und in ihren Selbstwirksamkeitsüberzeugungen stärken, problematische Unterrichtssituationen handhaben zu können. Studien zeigen, dass die Selbstwirksamkeitsüberzeugungen von Lehrkräften zu ihrer Klassenführung recht hoch mit ihrem tatsächlichen Klassenführungsverhalten (Zee & Koomen, 2016) und der Anzahl von Störungen in ihrem Unterricht (Dicke et al., 2014) korrelieren.
3. **Unterrichtswahrnehmung und Performanz.** Lehrkräfte schulen in Beratungsgesprächen oder Trainingskursen zunächst ihre Unterrichtswahrnehmung, um die problembehafteten wie erfolgreichen Interaktionen im Unterricht professioneller erkennen, interpretieren und bewerten zu können. Auf dieser Basis können sie dann zu effektiven Entscheidungen bzgl. ihrer Unterrichtshandlungen kommen und entsprechende Änderungen im eigenen Unterricht vornehmen (Junker et al., 2020; Sherin, 2002). Dazu eignen sich insbesondere Videoaufnahmen vom eigenen Unterricht oder dem anderer Lehrkräfte.

6.6.2 Trainingsmethoden zum Erwerb von Klassenführungskompetenzen

Hinsichtlich der Frage, wie diese drei Kompetenzbereiche der Klassenführung (Wissen, Selbstwirksamkeitsüberzeugungen, professionelle Unterrichtswahrnehmung) trainiert werden können, wurde in bisherigen Trainings eine Mischung aus vier unterschiedlichen Schulungselementen verwendet (z. B. Hutchings et al., 2013; Piwowar et al., 2016):

1) Wissensvermittlung
Hier werden die Facetten von Klassenführungsmaßnahmen sowie ihre konkrete Anwendung anhand von anschaulichen und überblicksartigen Präsentationen an die Lehrkräfte vermittelt. Gleichzeitig können auch spezifische Interventionen, die ebenfalls einen positiven Einfluss auf die Maximierung der Lernzeit und die Verminderung von störendem Schülerverhalten haben können, thematisiert werden. Dazu gehören z. B. Interventionen wie Token Economies, Good Behavior Games, Group Contingencies (Little & Akin-Little, 2019) oder Achtsamkeitstrainings (Long et al., 2018).

2) Unterrichtsanalyse von Videos fremder Lehrkräfte
Mit Hilfe von Unterrichtsvideos anderer Lehrkräfte können die Facetten von Klassenführung im Rahmen eines Beobachtungstrainings konkret und situationsspezifisch veranschaulicht und das Erkennen und angemessene Interpretieren klassenführungsrelevanter Unterrichtsereignisse trainiert werden. Unterrichtsvideos zur Förderung der Klassenführung finden sich zum Teil begleitet von spezifischen Impulsfragen oder ganzen Lehrmodulbeschreibungen auf den Videoportalen ViU:EarlyScience (https://www.uni-muenster.de/Koviu/), ProVision (https://www.uni-muenster.de/ProVision/) und FOCUS (https://tetfolio.fu-berlin.de/tet/focus). Der Zugang ist für den lehrkräftebezogenen Aus-, Fort- und Weiterbildungssektor nach kostenfreier Registrierung möglich. Bei der Analyse von Fremdvideos hat sich die Verwendung eines Kodiermanuals zur Klassenführung bewährt, in dem die einzelnen Klassenführungsmaßnahmen und relevanten Unterrichtssituationen konkret beschrieben und für die Unterrichtsanalyse aufbereitet sind (Beispiel für ein solches Kodiermanual: http://go.wwu.de/4bxe2). Gleichzeitig ist eine unprofessionelle Analyse von Unterrichtsvideos fehleranfällig, da es zu vorschnellen Interpretationen und Bewertungen kommen kann. Daher werden eine Segmentierung der Videoanalyse in die Schritte Beschreiben, Interpretieren, Bewerten und Modellieren von Handlungsalternativen (Junker et al., 2020) sowie eine Anleitung der Unterrichtsanalyse durch geschulte Experten und Expertinnen empfohlen.

3) Selbstvideographie
Als weiteres Element können Lehrkräfte ihren eigenen Unterricht videographieren und im Rahmen eines angeleiteten kollegialen Videozirkels von Lehrkräften oder in Einzel-Coachings mit professionellen Coaches anhand klassenführungsrelevanter Facetten analysieren und bzgl. möglicher Handlungsalternativen reflektieren (Sherin, 2002). Obgleich der Produktionsaufwand solcher Videos höher ist, vermitteln Videos im Gegensatz zu inszenierten Rollenspielen einen noch authentischeren Eindruck des tatsächlichen Kontextes. Zudem kann die Lehrkraft ihr Handeln selber als außenstehende Person wahrnehmen und Feedback entsprechend schneller nachvollziehen.

4) Rollenspiele und Microteaching
In Rollenspielen von kritischen Unterrichtssituationen können Lehrkräfte ihre Kenntnisse und Fähigkeiten im konkreten Einsatz von Klassenführungsmaßnahmen erproben und ihren Erfolg reflektieren. Die Situationen können sowohl vorgegeben als auch anhand der Erfahrungen der teilnehmenden Lehrkräfte kreiert werden. Nach dem Rollenspiel erhalten die Lehrkräfte konstruktives Feedback vom Schulungspersonal und/oder von den Kolleginnen und Kollegen. Rollenspiele haben den Vorteil, dass sie mit geringem Aufwand inszeniert und so strukturiert werden können, dass ausschlaggebende Aspekte des Lehrkräfte- und Schülerverhaltens deutlich hervortreten und bearbeitet werden können (Havers, 1998). Konkrete Hinweise zur

Umsetzung von Rollenspielen zum Thema Klassenführung finden sich beispielsweise im Rahmen des Münchener Lehrertrainings (https://www.muenchner-lehrertraining.de/).

Neben Fortbildungen gehören auch intervenierende Beratungsgespräche zu den schulpsychologischen Kontexten, in denen das Thema »Klassenführung« relevant sein kann. Hierbei berichten Lehrkräfte beispielsweise von wiederholtem und massivem Störverhalten bei Schülerinnen und Schülern. Den Lehrkräften fehlt es hier häufig an adäquaten Handlungsoptionen im Umgang mit den störenden Schülerinnen und Schülern. Das erfordert zunächst eine vorurteilsfreie Analyse der Unterrichtsinteraktionen, um gezielte und konsequente Maßnahmen der Klassenführung auswählen und einsetzen zu können. Ein erster Schritt für diese vorurteilsfreie Analyse kann durch die Reflexion eigener Anteile, interaktionaler Prozesse oder kontextueller Elemente ermöglicht werden. Ähnlich wie bei Fortbildungen können hierbei Rollenspiele, wie beispielsweise durch die Methode des »Stuhlwechsels«, oder die etwas aufwändigere, aber sehr gewinnbringende Methode der Selbstvideographie/Video-Supervision verwendet werden, um eigene, interaktionale oder kontextuelle Elemente der Problemstruktur erkennen und verändern zu können.

Fazit

Insgesamt scheinen Beratungen und Trainings am besten zu funktionieren, wenn die Möglichkeit besteht, am Ende einer jeweiligen Sitzung mit konkreten Handlungsimpulsen und Zielen zurück in die berufliche Praxis zu gehen und sich nach einer Erprobungszeit von zwei bis vier Wochen wieder zu treffen und die entsprechenden Erfahrungen hinsichtlich der Implementierung und Wirksamkeit der diskutierten Handlungsoptionen gemeinsam zu evaluieren. Bei der Videoanalyse des eigenen Unterrichts sollten die gleichen Unterstützungstools (Kodiermanual, Vierschrittanalyse) wie in der Fremdanalyse verwendet werden. Dabei sind die spezifischen Regelungen der Bundesländer zur Aufzeichnung von Videos im Unterricht sowie die Vorgaben der DSGVO (https://dsgvo-gesetz.de/) zu berücksichtigen. Nach unseren Erfahrungen mit Selbstvideographie im Praxissemester sowie im Vorbereitungsdienst lohnt sich dieser einmalige Aufwand aufgrund des hohen Potentials der Selbstvideographie.

6.7 Empfehlungen und weiterführende Hinweise

Beispiele für Klassenführungs-Trainingsprogramme

- KODEK – Kompetenzen des Klassenmanagements (FU Berlin): https://www.ewi-psy.fu-berlin.de/einrichtungen/arbeitsbereiche/schulentwicklungsforschung/downloads/Abschlussbericht-KODEK.pdf
- Münchener Lehrertraining (LMU München): https://www.muenchner-lehrertraining.de/
- Incredible Years Teacher Classroom Management Program: http://www.incredibleyears.com/programs/teacher/classroom-mgt-curriculum/

Videoportale zur Verwendung von Videos zur Schulung der Klassenführungskompetenz

- ViU: Early Science (WWU Münster) – Authentische Unterrichtsvideos, Primarstufe, Sachunterricht: https://www.uni-muenster.de/Koviu/

- ProVision (WWU Münster) – Authentische Unterrichtsvideos, Primarstufe, Mathematikunterricht:
https://www.uni-muenster.de/ProVision/
- FOCUS (FU Berlin) – Geskriptete Unterrichtsvideos, Sekundarstufe, Mathematikunterricht:
https://tetfolio.fu-berlin.de/tet/focus

Detaillierte Maßnahmen zur Klassenführung

- Kodiermanual zur Kodierung klassenführungsrelevanter Unterrichtsereignisse (WWU Münster):
http://go.wwu.de/4bxe2

Literatur

Blömeke, S., Gustafsson, J.-E. & Shavelson, J. (2015). Beyond dichotomies: Competence viewed as a continuum. *Zeitschrift für Psychologie, 223*, 3–13.

Codding, R. S. & Smyth, C. A. (2008). Using performance feedback to decrease classroom transition time and examine collateral effects on academic engagement. *Journal of Educational and Psychological Consultation, 18*(4), 325–345.

Dicke, T., Elling, J., Schmeck, A. & Leutner, D. (2015). Reducing reality shock: The effects of classroom management skills training on beginning teachers. *Teaching and Teacher Education, 48*, 1–12.

Dicke, T., Parker, P. D., Marsh, H., Kunter, M., Schmeck, A. & Leutner, D. (2014). Self-efficacy in classroom management, classroom disturbances, and emotional exhaustion: A moderated mediation analysis of teacher candidates. *Journal of Educational Psychology, 106*(2), 569–583.

Doyle, W. (1986). Classroom organization and management. In M. C. Wittrock (Ed.), *Handbook of research on teaching* (3rd ed., pp. 392–431). Macmillan.

Eichhorn, C. (2018). *Classroom-Management Basiswissen Kompakt Stören*. CreateSpace Independent Publishing Platform.

Elias, M. J. & Schwaab, Y. (2006). From compliance to responsibility: Social and emotional learning and classroom management. In C. M. Evertson, & C. S. Weinstein (Eds.), *Handbook of classroom management: Research, practice, and contemporary issues* (pp. 309–342). Erlbaum.

Evertson, C. M. & Emmer, E. T. (2012). *Classroom management for elementary teachers* (9th ed.). Addison Wesley.

Friedman, I. A. (2006). Classroom management and teacher stress and burnout. In C. M. Evertson, & C. S. Weinstein (Eds.), *Handbook of classroom management: Research, practice, and contemporary issues* (pp. 925–944). Lawrence Erlbaum Associates.

Gold, B. & Holodynski, M. (2011). Klassenführunghrung. Kiel, E. & Zierer, K. (Hrsg.). *Basiswissen Unterrichtsgestaltung, Band 3: Unterrichtsgestaltung als Gegenstand der Praxis* (S. 133–151). Hohengehren: Schneider Verlag.

Hattie, J.A.C. (2009). *Visible learning: A synthesis of over 800 meta-analyses relating to achievement.* Routledge.

Havers, N. (1998). Disziplinschwierigkeiten im Unterricht. Ein Trainingsseminar im Lehrerstudium. *Die Deutsche Schule, 90*(3), 189–198.

Holodynski, M., Steffensky, M., Gold, B., Hellermann, C., Sunder, C. … & Möller, K. (2016). Lernrelevante Situationen im Unterricht beschreiben und interpretieren. Videobasierte Erfassung professioneller Wahrnehmung von Klassenführung und Lernunterstützung im naturwissenschaftlichen Grundschulunterricht. Entwicklung von Professionalität pädagogischen Personals. In C. Gräsel & K. Trempler (Hrsg.), *Entwicklung von Professionalität pädagogischen Personals* (S. 283–302). Wiesbaden: Springer VS.

Hutchings, J., Martin-Forbes, P., Daley, D. & Williams, M. E. (2013). A randomized controlled trial of the impact of a teacher classroom management program on the classroom behavior of children with and without behavior problems. *Journal of School Psychology, 51*(5), 571–585.

Junker, R., Rauterberg, T., Möller, K. & Holodynski, M. (2020). Videobasierte Lehrmodule zur Förderung der professionellen Wahrnehmung von heterogenitätssensiblem Unterricht. *HLZ, 3* (1), 236–255.

Kounin, J. S. (1970). *Discipline and group management in classrooms.* New York: Holt, Rinehart, & Winston.

III Fokus Lehrkräfte und System Schule

Liebsch, A.-C. & Patzer, Y. (2020). Der Baustein Adaptive Klassenführungskompetenz: effektive Klassenführung als Basis für den inklusiven Unterricht. In E. Brodesser, J. Frohn, N. Welskop, A.-C. Liebsch, V. Moser & D. Pech (Hrsg.), *Inklusionsorientierte Lehr-Lern-Bausteine für die Hochschullehre. Ein Konzept zur Professionalisierung zukünftiger Lehrkräfte* (S. 88–98). Bad Heilbrunn: Verlag Julius Klinkhardt.

Lipowsky, F. & Bleck, V. (2019). Was wissen wir über guten Unterricht? Ein Update. In U. Steffens & R. Messner (Hrsg.), *Unterrichtsqualität. Konzepte und Bilanzen gelingenden Lehrens und Lernens* (S. 219–249). Münster: Waxmann.

Little, S. G. & Akin-Little, A. (2019). Introduction. In S. G. Little & A. Akin-Little (Eds.), *Behavioral interventions in schools: Evidence-based positive strategies* (2nd ed., pp. 3–12). American Psychological Association.

Long, A. C. J., Renshaw, T. L. & Camarota, D. (2018). Classroom management in an urban, alternative school: A comparison of mindfulness and behavioral pproaches. *Contemporary School Psychology, 22*(3), 233–248.

Mitchell, M. M. & Bradshaw, C. P. (2013). Examining classroom influences on student perceptions of school climate: The role of classroom management and exclusionary discipline strategies. *Journal of School Psychology, 51*(5), 599–610.

Oliver, R. M., Wehby, J. H. & Reschly, D. J. (2011). Teacher classroom management practices: Effects on disruptive or aggressive student behavior. *Campbell Systematic Reviews, 4*, 1–55.

Ophardt, D. & Thiel, F. (2013). *Klassenmanagement.* Stuttgart: Kohlhammer.

Pas, E. T., Cash, A. H., O'Brennan, L., Debnam, K. J. & Bradshaw, C. P. (2015). Profiles of classroom behavior in high schools: Associations with teacher behavior management strategies and classroom composition. *Journal of School Psychology, 53*(2), 137–148.

Piwowar, V., Ophardt, D. & Thiel, F. (2016). Wie können Referendare ihr Klassenmanagement verbessern? Multikriteriale Evaluation eines Trainings im Rahmen der Berliner Referendarausbildung. *Unterrichtswissenschaft, 44*(16), 89–104.

Poznanski, B., Hart, K. C. & Cramer, E. (2018). Are teachers ready? Preservice teacher knowledge of classroom management and ADHD. *School Mental Health: A Multidisciplinary Research and Practice Journal, 10*(3), 301–313.

Schiepe-Tiska, A., Heine, J.-H., Lüdtke, O., Seidel, T. & Prenzel, M. (2016). Mehrdimensionale Bildungsziele im Mathematikunterricht und ihr Zusammenhang mit Basisdimensionen der Unterrichtsqualität. *Unterrichtswissenschaft, 44*, 211–225.

Seiz, J., Decristan, J., Kunter, M. & Baumert, J. (2016). Differenzielle Effekte von Klassenführung und Unterstützung für Schülerinnen und Schüler mit Migrationshintergrund. *Zeitschrift Für Pädagogische Psychologie, 30*(4), 237–249.

van Es, E. A. & Sherin, M. G. (2002). Learning to notice: Scaffolding new teachers' interpretations of classroom interactions. *Journal of Technology and Teacher Education, 10*(4), 571–596.

Thiel, F. (2016). *Interaktion im Unterricht.* Opladen: Budrich.

Zee, M. & Koomen, H. M. Y. (2016). Teacher self-efficacy and its effects on classroom processes, Student academic adjustment, and teacher well-being. *Review of Educational Research, 86*(4), 981–1015.

7 Soziale Integration und Kooperation in inklusiven Klassen

Judith Lanphen und Gunnar Wiedenbauer

7.1 Einleitung

Eine heterogene Schülerschaft stellt Lehrkräfte vor große Herausforderungen. Durch die Beschulung in inklusiven Klassen nimmt die Vielfalt weiter zu. Kinder und Jugendliche mit und ohne Behinderungen, mit unterschiedlichen Lern- und Leistungsvoraussetzungen, mit unterschiedlichen sozialen Kompetenzen, aus Familien mit und ohne Zuwanderungsgeschichte und mit unterschiedlichem sozioökonomischem Hintergrund lernen gemeinsam.

Manchmal wird davon ausgegangen, dass sich in inklusiven Klassen durch diese Heterogenität automatisch eine gute soziale Integration einstellt, d. h. dass alle Schülerinnen und Schüler in der Gemeinschaft anerkannt und akzeptiert sind und an sozialen Aktivitäten teilhaben. Andererseits wird die Befürchtung geäußert, dass Schülerinnen und Schüler mit Besonderheiten ausgegrenzt werden. Der Blick auf empirische Ergebnisse zeigt, dass diese Sorgen nicht unbegründet sind. Gezielte Maßnahmen im Schulalltag sind nötig, um das Zusammengehörigkeitsgefühl aller Lernenden zu stärken und einen kooperativen Umgang mit gegenseitigem Respekt zu fördern.

7.2 Risiko von Ausgrenzung in heterogenen Gruppen

Die soziale Integration von Schülerinnen und Schülern in heterogenen Schulklassen ist Gegenstand vieler Forschungsarbeiten. Bezogen auf inklusive Beschulung wurden insbesondere die Akzeptanz und der soziale Status von Mitschülerinnen und Mitschülern mit Behinderung untersucht. Zwar liegen auch wenige positive Befunde vor, die keinen Unterschied in der sozialen Integration von Kindern mit und ohne Behinderung in inklusiven Schulklassen fanden (z. B. Avramidis, 2010), in vielen Studien zeigt sich jedoch ein anderes Bild. So fanden Pijl et al. (2008), dass Kinder mit besonderem Unterstützungsbedarf weniger beliebt waren und weniger Freundschaften hatten. Darüber hinaus gibt es Hinweise darauf, dass Schülerinnen und Schüler mit besonderem Unterstützungsbedarf vermehrt Opfer von Bullying sind (Farmer et al., 2012).

Internationale Übersichtsartikel machen deutlich, dass von sozialer Ausgrenzung im inklusiven Klassensetting Schülerinnen und Schüler mit verschiedensten Beeinträchtigungen betroffen sind, z. B. mit körperlichen Behinderungen (Edwards et al., 2019), mit chronischen Erkrankungen (Pinquart, 2017) sowie Kinder und Jugendliche mit Autismus-Spektrum-Störungen (Park et al., 2020).

In heterogenen Schulklassen sollten jedoch nicht nur Gruppenprozesse bezüglich Schulkindern mit Behinderungen besonders beachtet werden. Ein erhöhtes Risiko, soziale Ausgrenzung zu erfahren, zeigt sich auch für Kinder und Jugendliche aus Familien mit niedrigem sozioökonomischem Status und aus Familien mit Zuwanderungsgeschichte, für übergewichtige Kinder, für ängstliche und wenig selbstbewusste Kinder sowie für trans* Jugendliche (z. B. Domínguez-Martínez & Robles, 2019; Olweus, 2008; Strohmeier et al., 2011; Veland et al., 2009).

Zusammenfassend machen diese Befunde deutlich, dass inklusive Beschulung nicht automatisch zu einer hohen Akzeptanz und Wertschätzung aller Lernenden führt. Bei der Gestaltung inklusiver Schulentwicklungsprozesse sind daher Maßnahmen zur Förderung der sozialen Integration und der Kooperation erforderlich. Für gezielte Prävention ist dabei ein Verständnis der zugrunde liegenden Prozesse und Ursachen hilfreich.

7.3 Theoretischer Hintergrund: Gruppenprozesse aus Sicht der Sozialpsychologie

Erklärungsansätze, warum Menschen andere Personen abwerten oder ausgrenzen und unter welchen Bedingungen dies weniger der Fall ist, bietet die Sozialpsychologie. Aus empirisch gestützten Theorien zu (Inter-)Gruppenprozessen und zur Entstehung von Vorurteilen und Diskriminierung lassen sich Maßnahmen für den Schulalltag ableiten, mit denen die soziale Integration aller Schülerinnen und Schüler in die Klassengemeinschaft und ein kooperatives Miteinander gefördert werden können.

7.3.1 Theorie sozialer Identität und soziale Kategorisierungsprozesse

Die Theorie sozialer Identität (Tajfel & Turner, 1979) erklärt die Entstehung von Vorurteilen, also der Tendenz, andere abzuwerten und auszugrenzen. Die Theorie sozialer Identität geht von drei Grundannahmen aus:

1. Alle Menschen streben eine positive Selbsteinschätzung an.
2. Ein Teil der Selbsteinschätzung, die »soziale Identität«, wird aus der Zugehörigkeit zu verschiedenen Gruppen (z. B. Kin-

der ohne Behinderungen, Deutsche, Jungen) abgeleitet und daraus, wie diese Gruppen bewertet werden. Die Bewertung einer Gruppe ergibt sich aus dem Vergleich mit anderen Gruppen (z. B. Kinder mit Behinderungen, »Ausländer«, Mädchen).

3. Durch die Abwertung oder Ausgrenzung der Angehörigen anderer Gruppen wird im Vergleich dazu die eigene Gruppe (und damit das eigene Selbstwertgefühl) aufgewertet.

Der beschriebene Prozess der Abwertung anderer findet jedoch nur statt, wenn man sich mit der eigenen Gruppe identifiziert und wenn die verschiedenen Gruppenzugehörigkeiten salient sind, d. h. bewusst wahrgenommen werden. An dieser Stelle lässt sich in der Schule präventiv ansetzen: Zum Abbau gegenseitiger Voreingenommenheiten und negativer Stereotype ist jeder Verzicht auf Kategorien, wie z. B. »Förderschüler« oder »LRS-Kinder«, hilfreich. Je mehr der Fokus im Schulalltag auf individuellen Merkmalen der Schülerinnen und Schüler liegt (»Dekategorisierung«), umso weniger homogen und stereotyp wirken Gruppen und umso weniger Ausgrenzung und Vorurteile sind zu erwarten (Brewer & Miller, 1984). Noch effektiver ist nach Gonzales und Brown (2003) die Stärkung der Wahrnehmung einer gemeinsamen übergeordneten oder »inklusiven« Kategorie, die alle Schülerinnen und Schüler umfasst, wie z. B. »unsere Klasse«, »unsere Schule«.

7.3.2 Theorie sozialer Interdependenz

Die Beziehungsqualität der Schülerinnen und Schüler untereinander hängt auch davon ab, ob diese ihre Schule als eine eher kooperative oder kompetitive Umgebung erleben. Dies besagt die Theorie sozialer Interdependenz (Johnson & Johnson, 2005). Im Gegensatz zu einseitiger Abhängigkeit (Dependenz) oder Unabhängigkeit (Independenz) bezeichnet soziale Interdependenz eine Situation, in der Individuen wechselseitig voneinander abhängig sind. Im Falle positiver Interdependenz korreliert die Erreichung angestrebter Ziele von Individuen untereinander positiv, wie etwa bei den Mitgliedern einer Fußballmannschaft. Diese erreichen ihr Ziel (siegreich zu sein) nur gemeinsam und sind entsprechend kooperativ miteinander verbunden: Handlungen von gegenseitiger Unterstützung und Zusammenarbeit innerhalb der Mannschaft zahlen sich aus.

Bei negativer Interdependenz besteht dagegen ein negativer Zusammenhang zwischen der Zielerreichung von Individuen, beispielsweise zwischen zwei Fußballmannschaften. Beide Mannschaften nehmen in diesem Fall wahr, dass sie ihr Ziel (den Sieg) nur dann erreichen, wenn die andere Mannschaft (mit der sie in Konkurrenz stehen) ihr Ziel nicht erreicht. In dieser Situation ist es lohnenswerter, sich gegenseitig zu stören oder zu behindern.

Johnson und Johnson (2005) zeigen im Rahmen umfangreicher Forschung zur Theorie sozialer Interdependenz, dass sich soziale Beziehungen unter kooperativen Bedingungen freundschaftlicher, unterstützender und konstruktiver gestalten als unter wettbewerbsorientierten Bedingungen. Für den Alltag in inklusiven Schulen bedeutet dies, dass sich durch einen Verzicht auf Wettbewerb zugunsten einer Wertschätzung von gegenseitigen Hilfestellungen und Kooperation die Häufigkeit von Ausgrenzung und Abwertung reduzieren lässt.

Allerdings erleben sich Schülerinnen und Schüler im Schulalltag (noch) häufig in Konkurrenz zueinander, etwa durch soziale Vergleichsprozesse oder den Wettbewerb um Anerkennung und gute Noten. Oft unbeabsichtigt sind viele Unterrichtssituationen so gestaltet, dass der Erfolg von Klassenkameradinnen oder Klassenkameraden die eigenen Chancen auf Erfolg reduziert (z. B. bei Lernspielen wie dem »Eckenrechnen«, bei der

Auslobung nur einer »Gewinner«-Gruppe im Rahmen des Trainings sozialer Kompetenzen oder auch im lehrerzentrierten Unterricht, bei dem immer nur ein Kind die richtige Antwort nennen kann).

Wenn der Unterricht dagegen so gestaltet ist, dass alle Lernenden Erfolg haben können und noch dazu davon profitieren, wenn sie ihr Wissen und ihre Ideen mit anderen teilen, werden gegenseitige Hilfestellungen wahrscheinlicher. Dies wirkt sich wiederum positiv auf die sozialen Beziehungen aus. Die Schaffung entsprechender Unterrichtssituationen kann mit Hilfe kooperativer Lernmethoden gelingen, die weiter unten beschrieben werden. Hierzu gehört auch, Aufgaben so zu stellen, dass Erfolg nicht so sehr über den Vergleich zu anderen definiert wird, sondern anhand eines intraindividuellen Vergleichs (individuelle Bezugsnorm).

7.3.3 Kontakttheorie

Die Bedeutsamkeit positiver Interdependenz für ein vorurteilsfreies Miteinander in heterogenen Gemeinschaften stellt auch die Kontakttheorie heraus (Pettigrew & Tropp, 2006). Diese Theorie formuliert auf der Basis zahlreicher Untersuchungen, wie es zu einem Abbau von Ausgrenzung und Vorurteilen z. B. gegenüber Menschen mit Behinderung oder anderen ethnischen Gruppen kommen kann. Eine wesentliche Annahme ist dabei, dass Abneigung gegenüber anderen häufig aus Unkenntnis und Ängsten heraus entsteht. Durch persönlichen Kontakt zwischen Angehörigen unterschiedlicher Gruppen (z. B. in der Schule) können diese abgebaut werden. Besonders wirksam ist Kontakt unter vier Bedingungen:

1. *Gemeinsame Ziele:* Anstelle von Einzelkämpfertum sind Ziele förderlich, die die Schülerinnen und Schüler gemeinsam anstreben, z. B. ein Klassenprojekt oder eine gute Klassengemeinschaft.
2. *Positive Interdependenz:* Die Lernenden sollten kooperativ miteinander verbunden sein und nicht in Konkurrenz zueinander stehen (s. oben).
3. *Gleicher Status:* In der Schule sollten Begegnungen auf Augenhöhe, d. h. mit gleichem Status ermöglicht werden. Dies gilt auch und gerade, wenn auf gesellschaftlicher Ebene deutliche Statusunterschiede wahrgenommen werden (z. B. zwischen begabten Lernern und solchen mit einer Lernbeeinträchtigung oder zwischen Kindern aus Familien mit unterschiedlichem sozialem und kulturellem Hintergrund). Wahrgenommene Statusunterschiede lassen sich in inklusiven Schulen vermeiden, indem verschiedenste Aufgaben und Tätigkeiten betont werden, bei denen nicht nur intellektuelle oder sprachliche Fähigkeiten gefordert sind, sondern alle Lernenden einen Beitrag leisten und ihre individuellen Stärken zeigen können.
4. *Norm der Toleranz:* Vorurteilsfreier Kontakt sollte durch Autoritäten explizit positiv wertgeschätzt werden, z. B. indem die pädagogischen Fachkräfte als entsprechende Modelle fungieren und Ausgrenzung ausdrücklich ablehnen.

Mit Blick auf die Kontakttheorie kann ein inklusives Schulsystem Wesentliches zum Abbau von Vorurteilen und Berührungsängsten beitragen, indem es einen intensiven, persönlichen Kontakt unter den genannten förderlichen Rahmenbedingungen ermöglicht.

7.4 Maßnahmen zur Förderung sozialer Integration und Kooperation in inklusiven Klassen

Aus den geschilderten Theorien ergeben sich verschiedene Ansätze für Maßnahmen, mit denen im Schulalltag Kooperation und soziale Integration gefördert werden können. Im Sinne evidenzbasierter Praxis werden dabei insbesondere Präventionsmaßnahmen empfohlen, deren tatsächliche Wirksamkeit in empirischen Evaluationsstudien gezeigt werden konnte.

7.4.1 Stärkung des Gemeinschaftsgefühls

Sowohl aus der Forschung zu Kategorisierungsprozessen als auch aus der Kontakttheorie lässt sich die große Bedeutung einer guten Klassen- bzw. Schulgemeinschaft ableiten. Die Stärkung eines »Wir-Gefühls« lässt Gruppengrenzen innerhalb der Schulgemeinde verschwinden und beugt damit der Entstehung von Vorurteilen und Ausgrenzung vor. Durch die Betonung gemeinsamer übergeordneter Kategorien wird das Miteinander gestärkt und gemeinsame Ziele treten in den Vordergrund.

Die Förderung eines »Wir-Gefühls« kann durch Partizipation der Schülerinnen und Schüler an Entscheidungen und durch die Übergabe von (Mit-)Verantwortung für die Regelung des Zusammenlebens und -arbeitens erfolgen. Hierzu eignet sich z. B. die Etablierung eines Klassenrates, in dem aktuelle Bedürfnisse der Kinder besprochen und Konflikte geklärt werden können. Zur Stärkung der Klassengemeinschaft bieten sich außerdem gezielte Trainingsprogramme an, wie z. B. »Lubo aus dem All!« (Hillenbrand et al., 2018) zur Förderung sozialer-emotionaler Kompetenzen und zum Aufbau eines positiven Gruppengefühls.

7.4.2 Kooperatives Lernen als Unterrichtsform und Grundhaltung

Die Forschungsergebnisse zu den Auswirkungen positiver und negativer sozialer Interdependenz weisen Methoden des kooperativen Lernens eine besondere Rolle bei der Gestaltung inklusiver Schulen zu. Hierbei geht es darum, Unterrichtsarrangements zu schaffen, mit denen Schülerinnen und Schüler mit unterschiedlichsten Lernvoraussetzungen systematisch an gemeinsames Lernen und gegenseitige Unterstützung herangeführt werden. Eine heterogene Zusammensetzung von Arbeitsgruppen (nach ethnischer Zugehörigkeit, Leistungsvermögen u. Ä.) bringt dabei Lernende zusammen, die sonst wenig Kontakt haben, und wirkt somit der Bildung homogener Cliquen entgegen. Um den Problemen relativ unorganisierter Gruppenarbeit entgegenzuwirken (z. B. Lautstärke, »soziales Faulenzen« oder Ausgrenzung einzelner Gruppenmitglieder), wird kooperativer Gruppenunterricht durch die Umsetzung von fünf Elementen sorgfältig strukturiert (Johnson & Johnson, 2005):

1. Eine wesentliche Voraussetzung für effektiven kooperativen Unterricht ist die Schaffung positiver Interdependenz in der Partner- oder Gruppenarbeitssituation (s. oben), so dass sich ein Gefühl der Verpflichtung nicht nur für den eigenen Erfolg, sondern auch für den Erfolg der Gruppenmitglieder ergibt. Dies lässt sich beispielsweise dadurch realisieren, dass der Erfolg der Gruppe daran gemessen wird, ob alle Gruppenmitglieder die richtige Lösung in ihrem Heft stehen haben oder erklären können. Erst in diesem Fall wird

III Fokus Lehrkräfte und System Schule

es für die leistungsstärkeren Schülerinnen und Schüler relevant, sich auch um das Verständnis der anderen Gruppenmitglieder zu kümmern.

2. Damit sich niemand aus der gemeinsamen Arbeit heraushalten kann, hat es sich als sinnvoll erwiesen, Aufgaben so zu stellen, dass die Beteiligung und Aktivierung aller Schülerinnen und Schüler erforderlich ist (individuelle Verantwortlichkeit). Beispiele hierfür sind eine Verteilung von Aufgaben auf die Gruppenmitglieder oder die Ankündigung, dass ein Gruppenmitglied per Zufall zur Präsentation der Gruppenergebnisse gebeten werden wird.
3. Gemeinsames Arbeiten ist dann effektiv, wenn eine direkte Interaktion der Lernenden untereinander angeregt wird, z. B. durch Aufgabenstellungen, die eine Diskussion von Meinungen notwendig machen. Dabei sind auch räumliche Bedingungen zu berücksichtigen, damit jedes Gruppenmitglied mit jedem anderen gut kommunizieren kann – und nicht etwa ein Kind im Rollstuhl schon allein durch eine Sitzposition am Rand der Gruppe ausgeschlossen ist.
4. Um Misserfolge und Frustration zu vermeiden, ist ein gezieltes Einüben der sozialen Kompetenzen wichtig, die für eine konstruktive Zusammenarbeit nötig sind. Kooperatives Lernen umfasst immer auch eine Anleitung der Schülerinnen und Schüler dazu, respektvoll und unterstützend mit den jeweiligen Stärken und Schwächen umzugehen und sich gegenseitig in die gemeinsame Arbeit einzubeziehen.
5. Kooperatives Lernen bedeutet, den Schülerinnen und Schülern Verantwortung für den eigenen Umgang miteinander zu geben. Phasen der Gruppenreflexion sollen die Lernenden dazu befähigen, ihre Interaktion in der Gruppe zu analysieren, und zu entscheiden, was gut funktioniert hat und was künftig verbessert werden sollte.

Im Gegensatz zu lehrerzentriertem Unterricht oder individuellen Arbeitsphasen schafft kooperativer Gruppenunterricht vielfältige Gelegenheiten für einen intensiven, persönlichen Kontakt zwischen ganz unterschiedlichen Lernenden. Durch die sorgfältige Strukturierung werden dabei auch die günstigen Bedingungen für Begegnungen im Sinne der Kontakttheorie geschaffen.

Kooperatives Lernen ist aber nicht nur eine Unterrichtsmethode, die situativ angewandt wird, sondern ist auch als eine Grundhaltung bei der Entwicklung eines inklusiven Schulleitbildes anzusehen. Dabei wird Heterogenität ausdrücklich wertgeschätzt, auf Wettbewerb sowie interindividuelle Vergleiche möglichst verzichtet und gegenseitige Unterstützung gefördert.

Den Einsatz und die Effekte kooperativen Lernens in inklusiven Schulen legen Avci-Werning und Lanphen (2013) ausführlich dar. Neben förderlichen Auswirkungen auf den Lernerfolg allgemein (Roseth et al., 2008) und insbesondere für Kinder mit Migrationshintergrund (Slavin, 1995) oder sonderpädagogischem Unterstützungsbedarf (McMaster & Fuchs, 2002), erleben Schülerinnen und Schüler unter kooperativen Lernbedingungen größere gegenseitige Akzeptanz (Roseth et al., 2008) und mehr Unterstützung durch Mitschülerinnen und Mitschüler (Johnson & Johnson, 1989). Die Einstellungen gegenüber verschiedenen Schülergruppen, wie z. B. Kindern mit Migrationshintergrund oder Behinderungen, sind bei kooperativen Lernsettings positiver als in wettbewerbsorientierten oder individuellen Lernsituationen und die entsprechenden Kinder werden weniger ausgegrenzt (vgl. Lanphen, 2011).

7.4.3 Vermeidung von Stigmatisierung und gutes »inklusives« Classroom-Management

Das Verhalten von Lehrkräften kann unterschiedliche Kategorien in einer Klasse mehr oder weniger salient machen, was im Sinne der Theorie sozialer Identität die Entstehung von Stereotypisierungen und Stigmatisierungen wesentlich beeinflusst. Der Verzicht auf Kategorisierungen und eine positive Betonung der Vielfalt von Schülermerkmalen kann dem positiv entgegenwirken. Darüber hinaus hilft es Kindern mit Beeinträchtigungen, wenn ihre individuellen Stärken herausgestellt werden. Anderenfalls kann der verengte, defizitorientierte Blick auf einzelne prägnante Merkmale dazu führen, dass Statusunterschiede verfestigt werden (z. B. zwischen schnellen und langsamen Lernenden, zwischen Muttersprachlern und Kindern mit Sprachschwierigkeiten) und Ausgrenzung Vorschub leisten (Cohen, 2004).

Huber (2019) geht in einem integrierten Rahmenmodell zur Förderung der sozialen Integration auf die besondere Situation von Schülerinnen und Schülern mit sonderpädagogischem Förderbedarf im Bereich der sozialen-emotionalen Entwicklung ein und verweist u. a. auf fehlende soziale Kompetenzen als eine mögliche Ursache für soziale Ausgrenzung. Neben Ansätzen auf Basis sozialer Kompetenztrainings und Maßnahmen im Sinne der Kontakttheorie (s. oben) stellt er in diesem Zusammenhang die Rolle der Lehrenden als soziale Referenz-Modelle heraus. Mit einem Überblick über empirische Befunde verweist er auf die Wirkung, welche die Art der Verhaltensrückmeldungen durch Lehrkräfte auf die soziale Integration haben kann.

Negatives Lehrerverhalten gegenüber einem Schüler oder einer Schülerin (z. B. häufige Ermahnungen oder der Ausdruck von »genervt sein«) erhöhen das Risiko, dass er von seinen Klassenkameradinnen und Klassenkameraden abgelehnt wird. Möchte man als Lehrkraft also nicht als Modell für Ausgrenzung fungieren, sollte – berechtigte bzw. notwendige – Kritik wegen problematischer Verhaltensweisen möglichst diskret und nicht öffentlich vor der Klasse erfolgen. Nur wenn Kinder eine positive Haltung gegenüber individuellen Besonderheiten und einen verständnisvollen, unaufgeregten Umgang mit besonderen Bedürfnissen vorgelebt bekommen, werden diese eine akzeptierende und »inklusive« Einstellung entwickeln.

Hierzu zählt auch ein gutes »inklusives« Classroom Management, das insbesondere die Bedürfnisse von Kindern mit sonderpädagogischem Unterstützungsbedarf berücksichtigt. Der Unterricht sollte derart gestaltet werden, dass er allen Schülerinnen und Schülern mit ihren verschiedenen kognitiven Voraussetzungen und ihrem unterschiedlichen Temperament möglichst gerecht wird und so die Entstehung von Störungen – und die Notwendigkeit von negativem Feedback – verhindert. Daneben bedeutet wirksames Classroom Management einen effektiven Umgang mit Störungen: Hierzu zählen klare Absprachen und Konsequenzen, Hilfestellungen in schwierigen Situationen für einzelne Lernende, eine Steuerung problematischer Verhaltensweisen in einer Weise, dass sie weniger negative Konsequenzen haben, sowie Hilfestellungen beim Erlernen erwünschten Verhaltens.

7.4.4 Eine klare Schulnorm und konsequentes pädagogisches Handeln

Einen wichtigen Einfluss auf die Einstellungen gegenüber Mitschülerinnen und Mitschülern, die »anders« sind, hat eine explizite und klare Schulnorm: Wenn Schulleitung und Lehrkräfte eindeutig ihre Erwartung äußern, dass Angehörige anderer Gruppen respektvoll behandelt werden, führt dies zu positiveren Einstellungen gegenüber diesen, als wenn dies nicht ausdrücklich kommuniziert wird (Nesdale & Lawson, 2011). Dies deckt sich mit den Annahmen der Kontakttheorie zur Wichtigkeit einer Norm der Toleranz.

Ähnliche Empfehlungen lassen sich auch aus der Forschung zur Prävention von Gewalt und Bullying ableiten (▶ Kap. III-8): Zur Prävention von aggressivem Verhalten und Ausgrenzung haben sich klare Regeln gegen entsprechende Verhaltensweisen und für ein prosoziales Verhalten, also die Unterstützung und soziale Integration möglicher Opfer von Ausgrenzung, als wirksam erwiesen (Olweus, 2008).

Ein konsequentes und fürsorgliches Vorgehen bedeutet eine frühzeitige Intervention bei Ausgrenzungstendenzen (z. B. bei Hänseleien oder systematischer Ablehnung von gemeinsamen Aktivitäten). Hierzu gehört eine grundlegende Verständigung der pädagogischen Fachkräfte einer Schule darüber, dass von Seiten der Schule bei allen Vorfällen von Ausgrenzung, also auch bei zunächst weniger bedeutsam erscheinenden Fällen, reagiert wird. Durch konsequentes Reagieren wird immer wieder ein klares Signal gesetzt, dass Ausgrenzungen und Anfeindungen in keiner Form und unter keinen Umständen toleriert werden.

Bei ersten Anzeichen von Ausgrenzung können Gespräche mit den fraglichen Schülerinnen und Schülern und ggf. deren Eltern die Haltung der Schule verdeutlichen. Die Opfer von Ausgrenzung wiederum sollten behutsame Unterstützung erfahren, z. B. durch Absprachen zum Umgang mit entsprechenden Situationen und beim Aufbau sozialer Beziehungen. Kinder (und ihre Eltern) müssen darauf vertrauen können, dass sie vor Anfeindungen anderer geschützt werden.

7.4.5 Kombination von Maßnahmen im Sinne eines Mehrebenenansatzes

Grundsätzlich ist zu beachten, dass sich Präventionskonzepte in der Evaluationsforschung häufig nur dann als nachhaltig wirksam herausgestellt haben, wenn sie nicht auf einzelnen Maßnahmen beruhen, sondern an verschiedenen Punkten parallel ansetzen. Idealerweise greifen dabei Maßnahmen auf unterschiedlichen Ebenen ineinander (Ebene der Schule, der Klasse, der einzelnen Schülerinnen und Schüler und der Eltern).

Ein kombiniertes Konzept zur Förderung der sozialen Integration von Schülerinnen und Schülern mit ADHS in inklusiven Lerngruppen haben Mikami et al. (2013) in den USA evaluiert: In diesem Programm ließen sich die Lehrkräfte auf die konsequente Umsetzung dreier Maßnahmen ein, zu denen sie im Vorfeld geschult worden waren. Die Lehrerinnen und Lehrer vermieden negatives Feedback für die Kinder mit ADHS in der Klassenöffentlichkeit, sie forderten die Einhaltung klarer Regeln gegen Ausgrenzung ein und sorgten dafür, dass positive Merkmale aller Lernenden aufgezeigt wurden. Die soziale Integration der Schülerinnen und Schüler mit ADHS ließ sich hierdurch nachweislich verbessern.

7.5 Unterstützende Bedingungen für eine erfolgreiche Förderung sozialer Integration und Kooperation

Der aktuelle Forschungsstand zu den Ursachen von Diskriminierung und möglichen Schutzfaktoren zeigt auf, wie die Akzeptanz und Teilhabe aller Schülerinnen und Schüler in der Schule gefördert werden können. Bei vielen der geschilderten Ansätze wird deutlich, dass soziale Integration und ein kooperatives Miteinander in der Schule nur gelingen können, wenn die entsprechenden Maßnahmen einheitlich vom gesamten Kollegium mitgetragen und umgesetzt werden. Um dies zu erreichen, sind nach wissenschaftlichen Erkenntnissen die Entwicklung einer »gemeinsamen Vision« hinsichtlich des angestrebten Ziels und eine Einbeziehung aller Beteiligten bei der Planung möglicher Maßnahmen förderlich (z. B. Durlak & DuPre, 2008). Eine Verankerung der Ziele und Maßnahmen zur Förderung sozialer Integration und Kooperation im Schulkonzept trägt darüber hinaus zu einer größeren Verbindlichkeit bei.

Welche konkreten Maßnahmen für eine Schule die geeigneten sind, ist von den individuellen Bedingungen und Bedürfnissen vor Ort abhängig. Als Grundlage kann eine Selbstevaluation der Schule sinnvoll sein, z. B. mit Hilfe des Index für Inklusion (Achermann et al., 2019). Idealerweise werden Schulen bei der Entwicklung einer »gemeinsamen Vision« und der Umsetzung von Maßnahmen unterstützt. Diese Rolle können Schulpsychologinnen und Schulpsychologen übernehmen.

Darüber hinaus kann schulpsychologische Beratung bei der Auswahl geeigneter Unterstützungsmaßnahmen für einzelne Schülerinnen und Schüler helfen. Einige Maßnahmen zur Förderung sozialer Integration stellen einen großen Anspruch an die Lehrkräfte. So sind etwa ein wertschätzender Umgang und die Beibehaltung einer positiven und unterstützenden Interaktion bei schwierigem Schülerverhalten nicht immer leicht. Supervisionsangebote können Lehrkräfte dabei unterstützen, sich eine offene Sicht auf die Situation und ein breites Handlungsrepertoire zu erhalten und dabei die eigenen Bedürfnisse nicht aus dem Blick zu verlieren.

Literatur

Achermann, B., Amirpur, D., Braunsteiner, M.-L., Demo, H., Plate, E. & Platte, A. (Hrsg.). (2019). *Index für Inklusion. Ein Leitfaden für Schulentwicklung* (dt. Übersetzung und Adaptation). Weinheim: Beltz.

Avci-Werning, M. & Lanphen, J. (2013). Inklusion und kooperatives Lernen. In R. Werning & A.-K. Arndt (Hrsg.), *Inklusion: Kooperation und Unterricht entwickeln* (S. 150–175). Bad Heilbrunn: Klinkhardt.

Avramidis, E. (2010). Social relationships of pupils with special educational needs in the mainstream primary class: Peer group membership and peer-assessed social behaviour. *European Journal of Special Needs Education, 25*(4), 413–429.

Brewer, M. B. & Miller, N. (1984). Beyond the contact hypothesis: Theoretical perspectives on desegregation. In N. Miller & M. B. Brewer (Eds.), *Groups in contact: The psychology of desegregation* (pp. 281–302). New York, NY: Academic Press.

Cohen, E. G. (2004). Producing equal-status interaction amidst classroom diversity. In W. G. Stephan & W. P. Vogt (Eds.), *Education programs for improving intergroup relations. Theory, research, and practice* (pp. 37–54). New York, NY: Teachers College Press.

Domínguez-Martínez, T. & Robles, R. (2019). Preventing transphobic bullying and promoting inclusive educational environments: Literature review and implementing recommendations. *Archives of Medical Research, 50*(8), 543–555.

Durlak, J. A. & DuPre, E. P. (2008). Implementation matters: A review of research on the influence of implementation on program outcomes and the factors affecting implementation. *American Journal of Community Psychology, 41*(3–4), 327–350.

Edwards, B. M., Cameron D., King G. & McPherson A. C. (2019). How students with special needs perceive social inclusion of children with physical impairments in mainstream schools: A scoping review. *International Journal of Disability, Development and Education, 66*(3), 298–324.

Farmer, T. W., Petrin, R., Brooks, D. S., Hamm, J. V., Lambert, K. & Gravelle, M. (2012). Bullying involvement and the school adjustment of rural students with and without disabilities. *Journal of Emotional and Behavioral Disorders, 20* (1), 19–37.

Gonzales, R. & Brown, R. (2003). Generalization of positive attitude as a function of subgroup and superordinate group identifications in intergroup contact. *European Journal of Social Psychology, 33*(2), 195–214.

Hillenbrand, C., Hennemann, T., Hens, S. & Hövel, D. (2018). *»Lubo aus dem All!« – 1. und 2. Klasse. Programm zur Förderung sozial-emotionaler Kompetenzen* (4. Aufl.). München: Reinhardt.

Huber, C. (2019). Ein integriertes Rahmenmodell zur Förderung sozialer Integration im inklusiven Unterricht. Sozialpsychologische Grundlagen, empirische Befunde und schulpraktische Ableitungen. *Vierteljahresschrift für Heilpädagogik und ihre Nachbargebiete, 88*(1), 27–43.

Janssen I., Craig, W. M., Boyce, W. F. & Pickett, W. (2004). Associations between overweight and obesity with bullying behaviors in school-aged children. *Pediatrics, 113*(5), 1187–1194.

Johnson, D. W. & Johnson, R. T. (1989). *Cooperation and competition: Theory and research.* Edina, MN: Interaction Book Company.

Johnson, D. W. & Johnson, R. T. (2005). New developments in Social Interdependence Theory. *Genetic, Social and General Psychology Monographs, 131*(4), 285–358.

Lanphen, J. (2011). *Kooperatives Lernen und Integrationsförderung. Eine theoriegeleitete Intervention in ethnisch heterogenen Schulklassen.* Münster: Waxmann.

McMaster, K. N. & Fuchs, D. (2002). Effects of cooperative learning on the academic achievement of students with learning disabilities: An update of Tateyama-Sniezek's review. *Learning Disabilities Research & Practice, 17*(2), 107–117.

Mikami, A. Y., Griggs, M. S., Lerner, M. D., Emeh, C. C., Reuland, M. M., Jack, A. & Anthony, M. R. (2013). A randomized trial of a classroom intervention to increase peers' social inclusion of children with attention-deficit/hyperactivity disorder. *Journal of Consulting and Clinical Psychology, 81*(1), 100–112.

Nesdale, D. & Lawson, M. J. (2011). Social groups and children's intergroup attitudes: Can school norms moderate the effects of social group norms? *Child Development, 82*(5), 1594–1606.

Olweus, D. (2008). *Gewalt in der Schule* (4. Aufl.). Bern: Huber.

Park, I., Gong, J., Lyons, G. L., Hirota, T., Takahashi, M., Kim, B., Lee, S., Kim, Y. S., Lee, J. & Leventhal, B. L. (2020). Prevalence of and factors associated with school bullying in students with autism spectrum disorder: A cross-cultural meta-analysis. *Yonsei Medical Journal, 61* (11), 909–922.

Pettigrew, T. F. & Tropp, L. R. (2006). A meta-analytic test of intergroup contact theory. *Journal of Personality and Social Psychology, 90*(5), 751–783.

Pijl, S. J., Frostad, P. & Flem, A. (2008). The social position of pupils with special needs in regular schools. *Scandinavian Journal of Educational Research, 52*(4), 387–405.

Pinquart, M. (2017). Systematic review: Bullying involvement of children with and without chronic physical illness and/or physical/sensory disability – a meta-analytic comparison with healthy/nondisabled peers. *Journal of Pediatric Psychology, 42*(3), 245–259.

Roseth, C. J., Johnson, D. W. & Johnson, R. T. (2008). Promoting early adolescents' achievement and peer relationships: The effects of cooperative, competitive, and individualistic goal structures. *Psychological Bulletin, 134*(2), 223–246.

Slavin, R. E. (1995). *Cooperative learning.* Boston, MA: Allyn and Bacon.

Strohmeier, D., Kärnä, A. & Salmivalli, C. (2011). Intrapersonal and interpersonal risk factors for peer victimization in immigrant youth in Finland. *Developmental Psychology, 47*, 248–258.

Tajfel, H. & Turner, J. C. (1979). An integrative theory of intergroup conflict. In W. G. Austin & S. Worchel (Eds.), *The social psychology of intergroup relations* (pp. 33–47). Monterey, CA: Brooks & Cole.

Veland, J., Midthassel, U. V. & Idsoe, T. (2009). Perceived socio-economic status and social inclusion in school: Interactions of disadvantages. *Scandinavian Journal of Educational Research, 53* (6), 515–531.

Wiener, J. & Tardif, C. Y. (2004). Social and emotional functioning of children with learning disabilities: Does special education placement make a difference? *Learning Disabilities Research & Practice, 19*(1), 20–32.

8 Gewaltprävention in Schulen

Christian Böhm und Peer Kaeding

8.1 Einführung

Eine Gewalttat sollte von allen in der Schule arbeitenden Fachkräften als gemeinsam zu lösendes Problem und als Anlass zur Analyse der Ursachen angesehen werden. Wenn nur die Einzeltat bearbeitet wird, aber präventive Maßnahmen und strukturelle Probleme im System nicht betrachtet werden, können sich solche Taten schnell wiederholen. Prinzipiell sollte jede Gewalttat differenziert betrachtet und individuell sanktioniert werden. Gleichzeitig muss gemeinsam in der Schule überlegt werden, welchen Einfluss eine Schule darauf hat, zukünftige Vergehen zu unterbinden bzw. Opfer zu stärken. Nach wie vor berichten ein Drittel der Schülerinnen und Schüler, dass sie sich unsicher in der Schule fühlen (Andresen, Wilmes & Möller, 2019).

Damit gewaltpräventive Ansätze an Schulen langfristig erfolgreich sind und zu einer Reduzierung von Gewaltvorfällen sowie zu einer Kompetenzsteigerung der schulischen Akteure und Akteurinnen im Umgang mit Konflikten und somit zu einer friedfertigen, demokratischen Schulkultur beitragen, sind Ansätze auf allen Ebenen erforderlich:

- Präventionsprogramme in Schulklassen bzw. schulübergreifende Präventionsprojekte
- Qualifizierung des schulischen Personals
- Steuerung durch die Schulleitung
- Externe Fachexpertise zur Planung und Begleitung der Maßnahmen
- Bereitstellung von Netzwerken und Qualitätsstandards durch die Schuladministration

Empirische Studien zeigen, dass ein junges Einstiegsalter in die Kriminalität die Wiederholung und das Andauern kriminellen Verhaltens erhöht. Für die Praxis bedeutet das, dass Maßnahmen gegen Gewalthandeln umso effektiver wirken, je früher sie im Lebensalter der Kinder ansetzen. Deshalb ist die Ausrichtung schulischer Maßnahmen zur Gewaltprävention an entwicklungspsycholo-

III Fokus Lehrkräfte und System Schule

gischen Konzepten zielführend und weiter zu entwickeln. Schulische Gewaltprävention benötigt aber eine Doppelstrategie: universelle Präventionsmaßnahmen für alle Kinder bereits in der Kita und der Grundschule sowie problemorientierte Maßnahmen mit spezifischer Ausrichtung auf altersangemessene Inhalte für Jugendliche in höheren Jahrgängen (vgl. Böhm & Kaeding, 2014). Die in mehreren deutschen Städten, darunter auch Hamburg, durchgeführten Dunkelfeldstudien sowie die polizeiliche Kriminalitätsstatistik ergeben zwar, dass die Gewalt unter Jugendlichen, auch in der Schule, zurückgeht (vgl. Brettfeld & Wetzels, 2012; Baier & Kliem, 2019), aber die Implementierung gewaltpräventiver Konzepte in Schulen aller Schulformen wird auch zukünftig eine Aufgabe bleiben. Wirtschaft und Betriebe fordern neben fachlichen inzwischen auch die Sozialkompetenzen der Jugendlichen und bevorzugen Schülerinnen und Schüler, die ihren Bewerbungsunterlagen entsprechende Nachweise beifügen.

Auch die beste Prävention kann Gewalttaten in Schulen nicht grundsätzlich verhindern und nicht alle Konzepte sind passgenau für sämtliche Schulen oder erfassen alle Arbeitsbereiche und Ebenen einer Schule (Olweus, 1996).

Bei der Suche nach geeigneten gewaltpräventiven Programmen für eine Schule ist neben der Recherche der Standortbedingungen und der Ausgangslage auch eine präzisere Definition des Gewaltbegriffs notwendig, um langwierige Diskussionen um wissenschaftliche Disziplinen und unterschiedliche Aggressions- bzw. Gewalttheorien bei der Umsetzung von unterstützenden Maßnahmen im Kollegium zu vermeiden. Eine weithin akzeptierte Definition von Gewalt lautet: Interpersonale Gewalt umfasst die spezifische, zielgerichtete physische und/oder psychische, beabsichtigte Schädigung einer oder mehrerer Personen durch eine oder mehrere andere Person(en), die über eine ausreichende körperliche und/oder soziale Stärke oder Macht verfügt bzw. verfügen (vgl. Scheithauer, 2012).

Aktuelle Ansätze in der Präventionsforschung wählen eine Unterscheidung, die sich an Zielgruppen orientiert: Universelle Ansätze beziehen sich auf die gesamte Schülerschaft einer Klasse oder Schule, selektive Konzepte fokussieren sich auf Gruppen mit Risikofaktoren (Tatverdächtige wie Opfer), indizierte Programme beziehen sich auf Kinder und Jugendliche, die erhebliche Risikofaktoren in sich tragen und wiederholt gewalttätig gewesen sind (vgl. Scheithauer, 2012; Beelmann et al., 2013; Melzer, Hermann, Sandfuchs et al., 2014).

8.2 Präventionsansätze

Schulische Präventionsmaßnahmen richten sich sinnvollerweise an einem alters- oder schulformbezogenen Raster aus (vgl. Böhm & Kaeding, 2014). In den folgenden Übersichtstabellen wird explizit auf die Nennung einzelner Programme verzichtet, um die grundsätzlichen Aspekte der gewaltpräventiven Angebote zu thematisieren (► Tab. 8.1; ► Tab. 8.2).

Als wirksame Präventionsansätze haben sich kindbezogene soziale Trainingsprogramme, Elterntrainingsprogramme, familienorientierte Frühinterventionen sowie schulbezogene Maßnahmen erwiesen. Die vielfältig verfügbaren Programme (regionale Anbieter, bundesweite Programme) sind aber nicht alle umfassend und systematisch evaluiert. Entsprechende Überblicke zu einzelnen Programmen gibt im deutschen Sprachraum zum Beispiel die Grüne Liste Prävention (www.gruene-liste-praevention.de). Weitere Hinweise, insbesondere zum Thema Mobbing finden sich in Wachs et al. (2016).

Tab. 8.1: Schulische Präventionsmaßnahmen unter Bezug auf Klassenstufen

Klassenstufen	Ziele (Auswahl)	Gewaltpräventive Maßnahmen (Auswahl)
Kita & Vorschule und Grundschule	• Stärkung der Selbstwirksamkeitserfahrungen • Erarbeitung der Konzepte »Täterinnen« und »Täter«, »Opfer«, »Beschützererinnen« und »Beschützer«	• Soziale Kompetenztrainings • Streitschlichterprogramme • Stopp-Regeln auf dem Schulhof • Elterntrainings zur Unterstützung der Sozialkompetenzen bei Kindern
Klassenstufe 5/6	• Stärkung der Gruppenkohärenz durch Erarbeitung gemeinsamer Klassenregeln • Kennenlernen gruppenbezogener Konfliktbearbeitungskompetenzen • Kennenlernen von Opfervermeidungsstrategien	• Klassenregeln • Soziale Trainingsprogramme • Etagenparlamente • Anti-Mobbing-Programme • Programme gegen Cyber-Mobbing
Klassenstufe 7/8	• Kennenlernen rechtlicher und fachlicher Grundlagen zu lebensweltrelevanten Themen • Einüben gruppenbezogener und individueller Konfliktbearbeitungskompetenzen • Sekundärpräventive Arbeit mit leicht auffälligen Jugendlichen	• Projekttage/-wochen zu Straftaten (Raub, Körperverletzung), sexueller Gewalt, Rechtsextremismus • Präventionsunterricht durch Polizeibeamte und -beamtinnen in Schulen • Curriculare Unterrichtsprogramme und Zivilcourage-Trainings • Coolnesstrainings in der Gruppe oder Einzeltrainings in Kooperation mit der Jugendhilfe
Klassenstufe 9/10	• Verantwortungsübernahme in schulischen und außerschulischen Bereichen • Kompetenzerwerb in den Bereichen Mediation und Gruppenbetreuung	• Programme zur Übernahme von Verantwortung für das soziale Miteinander an der Schule (Streitschlichtung, Patenschaften und jahrgangsübergreifende Konzepte, Service Learning)
alle Klassenstufen	• regelmäßige Klärung von Konflikten mit klaren Regeln • Hilfe für Opfer – Ächtung von Gewalt	• Klassenrat • Opferschutzmaßnahmen • Klassen- und Schulregeln gemeinsam entwickeln

Tab. 8.2: Wirksame Präventionsansätze mit Kurzbeschreibungen (Beelmann et al., 2013, S. 30)

Präventionsansatz	Kurzbeschreibung
Soziale Trainingsprogramme	Programme, die der Förderung sozialer Kompetenzen von Kindern und Jugendlichen dienen. Gefördert werden z. B. soziale Problemlösefertigkeiten, Emotionsregulation, Sozialverhalten.
Elterntrainingsprogramme	Programme, die an der Erziehungskompetenz der Eltern, insbesondere im Hinblick auf das Umsetzen eines konsistenten Erziehungsstils ausgerichtet sind. Gefördert werden z. B. Formen der nicht-aggressiven Grenzsetzung und positives Elternverhalten (Unterstützung, Supervision).
Familienorientierte Frühinterventionen	Zumeist Maßnahmen, die unterschiedliche Zielsetzungen (z. B. allgemeine Entwicklungsförderung der Kinder, elterliche Erziehungsberatung, Hilfe bei Bildungsübergängen) verfolgen und über längere Phasen der vorschulischen Entwicklung vor allem bei Risikofamilien angeboten werden.

Tab. 8.2: Wirksame Präventionsansätze mit Kurzbeschreibungen (Beelmann et al., 2013, S. 30) – Fortsetzung

Präventionsansatz	Kurzbeschreibung
Schulbezogene Maßnahmen	Maßnahme, die sich auf das soziale Lernen im schulischen Kontext beziehen und neben individuellen Förderelementen auch strukturelle Maßnahmen im Klassen- und Schulkontext beinhalten (z. B. Etablierung von Schulregeln gegen Gewalt).

8.3 Interventive Handlungsketten

Neben der Prävention sollten in Schulen auch abgestimmte Reaktionen und Sanktionen auf Gewalthandlungen verabredet werden. Maßnahmen zur Bearbeitung von Gewaltvorfällen an Schulen sind immer situativ abhängig von der Schwere der Tat selbst, der körperlichen und seelischen Betroffenheit der Beteiligten (inkl. der biografischen Vorbelastung), der Kompetenz des pädagogischen Personals, den Besonderheiten des Schulstandorts und den Reaktionen der Eltern und der Öffentlichkeit. Intervention und Prävention sollten sich ergänzen und das Kollegium sollte Schwerpunkte setzen: ausgerichtet am identifizierten »Gewaltproblem« des Schulstandortes. Dabei sollten die Kompetenzen der Handelnden über Fortbildungen erweitert und Eltern- wie Schülerschaft partizipativ bei der Implementierung eingezogen werden (▸ Abb. 8.1).

Abb. 8.1: Systemischer Ansatz der Gewaltprävention (Dreieck)

Eine Basis für interventive Handlungsketten sind gute Schulregelwerke, die sich dadurch auszeichnen, dass sie im Alltag selbstverständlich von allen Beteiligten anerkannt und wertgeschätzt und in der Folge konsequent angewandt werden. Die vereinbarten gemeinsamen pädagogischen Handlungsweisen bei Regelverstößen und klaren Zuständigkeiten einzelner Fachpersonen bieten der einzelnen Fachkraft Handlungssicherheit und Rückhalt gleichermaßen. Durch das gemeinsam vertretene pädagogische Handeln tritt eine Beruhigung des Sozialklimas ein, wenn das Schulpersonal Regeln und Konsequenzen einheitlich anwendet und umsetzt. Den Schülerinnen und Schülern sind die Grenzen bewusst und die große Mehrheit wird sich daran halten.

Eine unabdingbare Gelingensbedingung ist, dass das Gesamtkollegium aus eigenem Wunsch (oder eigenem Leidensdruck) heraus die interventive Handlungskette als solche akzeptiert. Es muss aber im System jemanden geben, der die Schritte des Arbeitsprozesses koordiniert und den Ablauf der Sitzungen gestaltet. Hier bietet sich eine externe Fachperson an, z. B. das regionale Fachpersonal der Schulpsychologie.

Das gesamte Kollegium muss von Anfang an über den gesamten Verlauf des Prozesses informiert sein, damit die zum Beschluss vorgelegten Produkte nicht als fremdbestimmt wahrgenommen werden. Zudem ist es von Vorteil, den Prozess in einem überschaubaren Zeitraum mit einem vorher vereinbarten Endtermin durchzuführen. Die Wichtigkeit des Prozesses in der Wahrnehmung der Schulgemeinde nimmt erfahrungsgemäß ab, je länger er dauert.

In der Arbeitsgruppe, die die Vorlagen für die Gesamtkonferenz erarbeitet, müssen alle Meinungstrends des Kollegiums abgebildet sein, es sollen also auch ausdrücklich Kolleginnen und Kollegen dort vertreten sein, die dem Arbeitsprozess abwartend gegenüber stehen. Ihre Bedenken sind wichtig und müssen in die Produktentwicklung einfließen können, um etwas wirklich im Alltag Tragfähiges vorlegen zu können. Ebenso muss berücksichtigt werden, dass die verschiedenen Berufsgruppen angemessen vertreten sind.

Bei der Regelentwicklung müssen nach Möglichkeit alle in einer Schule Tätigen beteiligt werden, das heißt auch die Schülerinnen und Schüler sowie das nichtpädagogische Personal. Das nichtpädagogische Personal sollte, ebenso wie der Elternrat und der Schülerrat, bei der Gesamtkonferenz vertreten sein. Kooperiert die Schule eng mit einem Jugendhilfeträger in der Nachmittagsbetreuung, sind diese Fachkräfte ebenso einzubeziehen.

Eine möglichst hohe Akzeptanz in der Schülerschaft wird durch die Thematisierung und Diskussion von Problemfeldern der Schüler und Schülerinnen und Ideen für Schulregeln im Klassenrat und den Nachmittagsgruppen erzeugt.

Die Akzeptanz in der Elternschaft wird durch die Beteiligung des Elternrates gewährleistet, in einer Elternratssitzung wird das Thema durch die Schulleitung vorgestellt und analog zu den Klassenräten bearbeitet.

Jede Fachkraft in der Schule sollte hinter dem Ergebnis stehen und es umsetzen. Die nachhaltige Umsetzungswahrscheinlichkeit steigt, wenn bis zu 95 % Zustimmung vorhanden sind (bei offener Abstimmung). Das ist eine sehr hohe Hürde, die aber erfahrungsgemäß auch in großen Schulen genommen wird. Wenn es Widerstände gegen einzelne Regeln gibt, muss beharrlich nach einer Lösung gesucht werden, die alle mittragen können. Möglicherweise muss man sich auf den kleinsten gemeinsamen Nenner reduzieren, das ist aber besser, als das Quorum herunter zu setzen und gegebenenfalls mit einer einfachen Mehrheit Dinge zu beschließen. Das würde den Wert der einzelnen Regel reduzieren und die Möglichkeit eröffnen, im Alltag der konsequenten Umsetzung des Regelwerks auszuweichen.

Nur mit dieser faktischen Einstimmigkeit werden ein Regelwerk und eine Handlungskette im Alltag ankommen und in der Anwendung zu einer Verbesserung des Schulklimas führen. Sich gemeinsam zu positionieren und gut vorbereitete, koordinierende Arbeitshilfen in Anspruch zu nehmen, bringt das gesamte Schulpersonal voran.

8.4 Verzahnung der Maßnahmen

Die Etablierung einzelner gewaltpräventiver Maßnahmen ist die Basis gelingender Präventionsarbeit. Die Verzahnung verschiedener Programme und die Entwicklung eines Gesamtkonzeptes ist die Kür. Nicht fünf Steuergruppen für fünf Projekte, sondern eine Projektgruppe für den Schulentwicklungsprozess hin zu einer »Kultur des Hinschauen und der Fürsorge« über alle Klassenstufen und Zielgruppen einer Schule sind das Ziel eines übergreifenden Ansatzes.

Die folgende Schrittfolge für die Einführung eines integrierten Gewaltpräventionskonzepts ist das Ergebnis von mehrjährigen Erfahrungen in der Beratung und Begleitung von Schulen im Umgang mit Gewaltvorfällen, im Rahmen von Präventionsprojekten und Fortbildungen (Scheithauer, 2012; Beelmann et al., 2013; Böhm & Kaeding, 2014).

Schritt 1: Entscheidung der Leitung für ein Gesamtkonzept zur Gewaltprävention
Diskussion und Informationsaustausch über die Notwendigkeit eines Gesamtkonzeptes im Leitungsteam, im Kollegium, mit den Eltern und den Schülerinnen und Schülern sowie kommunalen Einrichtungen. Beteiligte für das Thema sensibilisieren.

Schritt 2: Projektgruppe einrichten
Klare Auftragseinsetzung mit Ressourcenzuweisungen. Projektgruppe steuert das Verfahren eigenständig im Rahmen des Auftrags, kommuniziert nach innen und außen, führt Veranstaltungen durch, lädt Experten und Expertinnen ein, dokumentiert den Prozess. Partizipationsmöglichkeiten von Eltern und Schülern und Schülerinnen erörtern. Fragen, Kritik, Vorschläge, Ideen sammeln. Entscheidung für eine externe Moderation.

Schritt 3: Problemfeld eingrenzen (z. B. Schüler- bzw. Lehrerumfrage; Elterngruppe; aktueller Anlass)
Datenerhebung und -auswertung zur Eingrenzung des Problemfeldes. Zum Beispiel: Wie sicher fühlen sich die Schülerinnen und Schüler? Unterschiede Mädchen und Jungen? Sicht der Eltern? Sicht des Kollegiums? Was wird bereits getan? Was fehlt uns zur besseren Bearbeitung von Vorfällen? Aufbereitung der Ergebnisse und Präsentation in den schulischen Gremien.

Schritt 4: Gewaltpräventionsprogramme auswählen und schulklassenbezogen planen
Sammlung aller vorhandenen Gewaltpräventionsprogramme und Sortierung nach Schulklassen. Identifizierung von Lücken bzw. Fehlsteuerungen. Planung ausgewählter neuer Programme, wenn sinnvoll. (► Abb. 8.1)

Schritt 5: Interventionsschritte bei Gewalttaten erarbeiten
Zuständigkeiten und genaue Handlungsschritte für den Gewaltvorfall erarbeiten und veröffentlichen (Checklisten, Interventionsketten), die Mitarbeiterinnen und Mitarbeiter entsprechend qualifizieren und Verfahren bei zukünftigen Vorfällen verbindlich umsetzen.

Schritt 6: Maßnahmen umsetzen
Schulöffentliche »Startschuss«-Veranstaltung bei der Bausteine, Akteure und Zeitplan des Gesamtkonzepts benannt werden. Werbung und Motivation zur Unterstützung des Projekts. Benennung der Kooperationspartner.

Schritt 7: Gesamtkonzept evaluieren
Regelmäßige kleine Abfragen und Datensammlung sowie jährliche Umfragen. Die Evaluation sollte für die Projektgruppe handhabbar bleiben. Am besten bereits vor Start des Gesamtkonzepts ein Evaluationskonzept entwickeln.

Die schulstandortbezogene Zusammenführung von Präventionsprogrammen und Interventionskonzepten ist eine Schulentwicklungsaufgabe und liegt zunächst in der Verantwortung der Schulleitung. Für die Prüfung geeigneter Programme, die Einführung und langfristige Umsetzung eines integrierten Gewaltpräventionskonzepts in Schulen werden Zeit, Ressourcen und möglichst eine externe Beratung durch schulpsychologische Fachkräfte oder fachkundiges Personal anderer Institutionen (z. B. Lehrerfortbildungsinstitute, freie Jugendhilfeträger) benötigt. Die Erfahrungswerte aus anderen Schulen können einbezogen, innovative Methoden und Projektideen aufgegriffen und Kompetenzen anderer Institutionen genutzt werden.

Die Kooperation von Schule und Jugendhilfe wird zukünftig eine immer stärkere Rolle spielen. Dabei sind unterschiedliche Haltungen, »Sprachen« und Arbeitsansätze konstruktiv und ergebnisorientiert in Verbindung zu bringen.

In den letzten Jahren wird auch immer relevanter, wie solche Präventionsprogramme in Schulen finanziert werden können. Folgende Unterstützungsmöglichkeiten gibt es:

- Regionale Kooperationspartner über sozialräumliche Angebote (z. B. Jugendämter)
- Spezielle Mittel für Schulen in sozialen Brennpunkten (je nach Region über den Landkreis, die Region, den Bezirk oder die Ministerien abrufbar)
- Regional und überregional tätige Stiftungen
- Die regional zuständigen Landesunfallkassen
- Organisationen, die sich speziellen Zielgruppen widmen (Opferschutz, sexueller Missbrauch)
- Programme der Bundesregierung oder der Europäischen Union

Des Weiteren ist das Präventionsgesetz zu nennen: Viele Krankenkassen befördern inzwischen mit den sogenannten Setting-Ansätzen auch Maßnahmen und Programme in Schulen.

8.5 Rolle der Schulpsychologie

Die Schulpsychologie kann hier als feld- und fachkompetente Beratungsinstanz eine wichtige Rolle einnehmen. Sie kann sich sowohl bei individuellen als auch bei strukturellen Problemlagen einbringen, kann aufgrund von vorhandenen Qualitätskriterien die eingesetzten gewaltpräventiven Programme und Maßnahmen hinterfragen, kann bei der Implementierung und der nachhaltigen Verankerung der Ansätze im Schulalltag steuernd und unterstützend tätig werden.

Die Fachkräfte der Schulpsychologie können Schulen bei der Implementierung und nachhaltigen Verankerung gewaltpräventiver Programme unterstützen. Mit den Veränderungen der schulischen Strukturen (z. B. Ganztagsbetreuung, Inklusion, Integration von Flüchtlingskindern) müssen Kollegien ihre präventiven Konzepte regelmäßig bilanzieren und deren Akzeptanz und Wirksamkeit überprüfen. Externe Berater und Beraterinnen mit einem systemischen Blick können hilfreich sein, sich diesen Fragen wiederholt zu stellen und nicht mit veralteten und wirkungslosen Methoden die begrenzten finanziellen und personellen Ressourcen von Schulen zu beanspruchen.

8.6 Externe Moderation und Begleitung bei der Einführung gewaltpräventiver Programme

Spätestens an dem Punkt der Implementierung klassenübergreifender gewaltpräventiver Programme sind die externe Beratung und Moderation eines Kollegiums angemessen und hilfreich. Jemand sollte sich trauen, unangenehme Fragen zu stellen. Passen die vorgeschlagenen Maßnahmen wirklich zum Schulstandort oder sind sie ausgewählt worden, weil sie modern sind und die konkurrierende Nachbarschule das Konzept umsetzt? Wie beschreibt und erfasst eine Schule das vorliegende »Gewaltproblem« – werden Befragungen umgesetzt oder Konfliktlandkarten ausgewertet? Sind die handelnden Fachkräfte kompetent genug oder benötigen sie weitere Fortbildungen? Wer unterstützt und begleitet den Implementierungsprozess, tauscht sich mit den beteiligten Fachkräften aus, vermittelt bei Problemen zwischen den Beteiligten oder bei Ressourcenfragen an die Schulleitung? Wer sichert Teilergebnisse und initiiert die Bilanzierung eines Pilotprojektes, um Fehlentwicklungen rechtzeitig korrigieren zu können?

Externe Berater und Beraterinnen können wirksam werden durch:

- Beratung der Schulleitung
- Moderation von Veranstaltungen mit dem Kollegium und Aufbereitung der Ergebnisse
- Vernetzung mit Fachstellen, Jugendamt, Polizei uvm.
- Fortbildung bzw. Kontakt zu Fortbildungseinrichtungen herstellen
- Evaluation einfordern und begleiten

8.7 Sicherstellen von Qualitätskriterien

Wenn die zielgruppen- oder schulstufenorientierte Auswahl des Konzeptes begonnen hat, sind zusätzlich weitere Kriterien und Aspekte bei der Implementierung und Verankerung zu berücksichtigen. Aus den allgemeinen Grundsätzen werden Qualitätskriterien in Form von Checklisten oder Kriterienkatalogen abgeleitet, die sowohl bei der Entwicklung von Präventionsprogrammen und Maßnahmen sowie bei der Entscheidung für bestimmte Konzepte und deren Durchführungsmodalitäten als auch bei der Implementation im Rahmen der Prozessevaluation sowie als begleitende Qualitätssicherungsmaßnahmen zu berücksichtigen sind, wenn man das bestmögliche Ergebnis erzielen möchte.

Diese Kriterien können auf sämtliche Konzepte angewendet werden und beziehen sich auf die folgenden Bereiche:

- Analyse der Ausgangslage und der Problemstellung
- Zielklärung
- Zielgruppe und weitere Beteiligte
- Theoretische Grundlagen
- Maßnahmenbeschreibung und Implementationsqualität
- Kompetenzen der Personen, die die Maßnahme durchführen
- Nachhaltigkeitskonzept
- Evaluation und Qualitätssicherung
- Projektstruktur und Effizienz
- Dokumentation, Implementation und Dissemination

(siehe auch https://www.kriminalpraevention.de/files/DFK/dfk-publikationen/2013_dfk_kriterien.pdf)

Darüber hinaus können externe Berater und Beraterinnen den Schulen Hinweise zu Handlungsfeldern geben, die je nach Standort und Erfahrungen eine vertiefte Expertise erfordern. Hierzu gehören rechtsextremistische Einstellungen und Straftaten, religiöser Extremismus in der Schule oder Clan-Kriminalität und Verbrechen. Auch psychische Erkrankungen können eine Ursache für Gewalthandeln sein. Bei schweren Verläufen sind häufig gute Kontakte zu Kliniken und Fachpraxen sowie fachliche Expertise erforderlich, um die betroffen Kinder bzw. Jugendlichen im Sinne eines Case-Managements längerfristig zu begleiten und ihre Reintegration in die Schule zu unterstützen.

Ebenso sind Kultusministerien und Lehrerfortbildungsinstitute wichtige Akteure, indem sie Informationsmaterialien und Richtlinien bereitstellen, Fortbildungsangebote organisieren und Schulen bei der Evaluation der Maßnahmen begleiten (siehe auch https://www.bildungsserver.de/Gewaltpraevention-Materialien-Projekte-und-Handreichungen-1251-de.html).

Literatur

Andresen, S., Wilmes, J. & Möller, R. (2019). *Children's Worlds+. Eine Studie zu Bedarfen von Kindern und Jugendlichen in Deutschland*. Gütersloh: Bertelsmann-Stiftung.

Baier, D. & Kliem, S. (2019). Entwicklungstrends der Jugendgewalt in Deutschland im Hell- und Dunkelfeld. *ZJJ, 2/2019*, 104–113.

Beelmann, A., Bannenberg, B., Böhm, C., Görgen, T., Heinrichs, N., Lösel, F. et al. (2013). *Entwicklungsförderung und Gewaltprävention für junge Menschen – Impulse des DFK-Sachverständigenrates für die Auswahl & Durchführung wirksamer Programme. Ein Leitfaden für die Praxis.* Bonn, Stiftung Deutsches Forum für Kriminalprävention. Zugriff am 01.06.2021 unter https://www.kriminalpraevention.de/files/DFK/dfk-publikationen/2013_dfk_entwicklungsfoerderung.pdf

Böhm, C. & Kaeding, P. (2014). Prävention und Intervention bei Gewalt an Schulen. In M. Schäfer, U. Sandfuchs, P. Daschner & W. Schubarth (Hrsg.): *Handbuch Aggression, Gewalt und Kriminalität bei Kindern und Jugendlichen* (S. 404–410). Bad Heilbrunn: Verlag Julius Klinkhardt.

Brettfeld, K. & Wetzels, P. (2012). *Durchführung, Methode und Rücklauf der Wiederholungsbefragung von Schülerinnen und Schülern der Klassenstufen 7 und 9 in Hamburg 2011.* Institut für Kriminologie, Fachbereich Strafrecht und Kriminologie Fakultät für Rechtwissenschaft, Universität Hamburg.

Melzer, W., Hermann, D., Sandfuchs, H., Schäfer, M., Schubarth, W. & Daschner, P. (2014). *Handbuch Aggression, Gewalt und Kriminalität bei Kindern und Jugendlichen*. Bad Heilbrunn: Verlag Julius Klinkhardt.

Olweus, D. (1996). *Gewalt in der Schule: Was Lehrer und Eltern wissen sollten- und tun können.* Bern: Huber-Verlag.

Scheithauer, H. (2012). *Gelingensbedingungen für die Prävention von interpersonaler Gewalt im Kindes- und Jugendalter.* Bonn: Stiftung Deutsches Forum für Kriminalprävention.

Wachs, S., Hess, M., Scheithauer, H., Schubarth, W. & Grewe, N. (2016). *Mobbing an Schulen: Erkennen – Handeln – Vorbeugen*. Stuttgart: Kohlhammer.

9 Krisenmanagement in Schulen

Claudia Schedlich, Marion Müller-Staske und Stefan Drewes

9.1 Einleitung

Ausgelöst durch die Krisen- und Gewaltereignisse an deutschen Schulen wurden in allen Bundesländern umfassende Konzepte zur Krisenbewältigung und zum Schulpsychologischen Krisenmanagement in Schulen entwickelt (vgl. Drewes & Seifried, 2012). Diese wurden verknüpft mit Konzepten der Notfallpsychologie sowie der Psychosozialen Notfallversorgung und auf die Situation in Schulen übertragen (Helmerichs, Karutz & Schedlich, 2012).

All diese Maßnahmen werden allgemein unter der Bezeichnung »Krisenmanagement in Schulen« zusammengefasst. Es wird davon ausgegangen, dass Krisenereignisse jederzeit jede Schule betreffen und eine unüberschaubare Dynamik auslösen können.

Unter Krise wird eine vorübergehende, der Stütze bedürfende massive Instabilität eines Individuums oder sozialen Systems verstanden (Stein, 1996, zit. nach Englbrecht & Storath, 2002). Schulische Krisen betreffen entweder einen Teil des Systems Schule (z.B. Klassen, Stufen, einzelne Schüler oder Schülerinnen, Lehrkräfte, Verwaltungskräfte, Schulsozialarbeit) oder auch die gesamte Schulgemeinschaft.

Der frühzeitige Aufbau eines professionellen Krisenmanagements in Schulen kann die Bewältigung solcher Ereignisse deutlich erleichtern. Die Schulpsychologie unterstützt Schulen beim Aufbau eines solchen Krisenmanagements und bei der Bewältigung von Krisenereignissen als Teil eines umfassenden psychosozialen Krisenmanagements.

Die zentralen Punkte beim Aufbau des Krisenmanagements an Schulen sind die Entwicklung von Notfallplänen für Schulen und Leitlinien zum psychosozialen Krisenmanagement, die Bildung schulinterner Krisenteams und die Entwicklung von Strukturen zur Bewältigung und zur Nachsorge von Krisenereignissen.

9.2 Notfallpläne für Schulen

Notfallpläne (oder Krisenpläne u. a.) für Schulen in den Bundesländern sind unterschiedlich aufgebaut. Gemeinsam ist allen, dass sie umfassende und konkrete Handlungsanweisungen für Notfälle in Schulen bieten, sodass deren Kenntnis die Handlungssicherheit im Ernstfall erhöht. Die Notfallpläne konkretisieren die Handlungsschritte und Maßnahmen für unterschiedliche schulische Krisensituationen, die sich nach Gefährdungsgrad und Komplexität unterscheiden. So erfordern z. B. Ereigniskonstellationen des höchsten Gefährdungsgrades, wie Amoklagen oder schwere Gewalt, die sofortige Alarmierung der Polizei bzw. der Feuerwehr und des Rettungsdienstes und die Alarmierung der Schulgemeinschaft. Orientiert am zeitlichen Verlauf während und nach einer schulischen Krisensituation sind die Maßnahmen der Soforthilfen (Medizinische Erste Hilfe, Psychische Erste Hilfe, Psychosoziale Akuthilfe) und die Maßnahmen der frühzeitigen, mittel- und langfristigen psychosozialen Versorgung differenziert dargestellt. Nahezu in allen Bundesländern wurden Notfallpläne, zum Teil unter direkter Beteiligung der Schulpsychologie, entwickelt.

Neben der Konkretisierung der Handlungsschritte enthalten die Notfallpläne ausführliche ergänzende Informationen, die Schulleitungen, den schulinternen Krisenteams, Lehrkräften und Fachkräften der Schulsozialarbeit Grundlagenwissen und Arbeitsmaterialien zu unterschiedlichen Sachverhalten vermitteln. Dies können Informationen zu gesetzlichen Grundlagen, Strukturen des Krisenmanagements, Kooperationspartnern und deren Aufgaben, Psychotraumatologie, Umgang mit Tod und Trauer, Kindeswohlgefährdung, Gewaltprävention, Umgang mit Medien, Nutzung sozialer Medien und Musterbriefe oder Dokumentationsbögen sein.

Im Notfallordner, der an einer zentralen, zugänglichen und bekannten Stelle in der Schule deponiert sein soll, müssen alle relevanten Zuständigkeiten und Erreichbarkeiten (schulintern und schulextern) von der Schule selbst regelmäßig aktualisiert werden, um im akuten Krisenfall schnell und zielführend handeln zu können. Es obliegt der Schulleitung, die fortlaufende Aktualisierung des Notfallordners klar zu delegieren und regelmäßig zu überprüfen.

Überwiegend werden die Notfallpläne durch die Ministerien der Bundesländer nur schulintern zur Verfügung gestellt, u. a. damit die teilweise enthaltenen Maßnahmen zum Bedrohungsmanagement potentiellen Täterinnen und Tätern nicht einsehbar und Maßnahmen des Krisenmanagements nicht antizipierbar sind.

Die Einbeziehung von Schulpsychologischen Kriseninterventionsteams ist in den Notfallplänen für Schulen fest etabliert und deren Aufgabenbereiche sind im schulischen Krisenmanagement detailliert beschrieben. Schulpsychologinnen und Schulpsychologen sind üblicherweise bei der Implementierung der Notfallpläne in den Schulen durch Informations- und Fortbildungsmaßnahmen beteiligt.

9.3 Schulinterne Krisenteams

Zur Optimierung des psychosozialen Krisenmanagements bei Krisensituationen einzelner Schülerinnen und Schüler sowie bei komplexen Gefahren- und Schadenslagen in Schulen wird die Etablierung schulinterner Krisenteams in Schulen empfohlen (Schedlich & Hagenhoff, 2013; Drewes & Hagenhoff, 2013; Großmann & Glatzer, 2011). Der Vorteil schulinterner Krisenteams besteht darin, dass diese im Vorfeld in der Schule Strukturen zum Krisenmanagement einführen und im Krisenfall schnell vorab vereinbarte Aufgaben übernehmen können. Außerdem bauen sie bereits früh Netzwerke zu den unterschiedlichen Hilfs- und Versorgungsstrukturen auf, die im Krisenfall schnell aktiviert werden können. Sie sind vertraut mit den schulinternen Strukturen, den existierenden Notfallplänen sowie den Angebotsstrukturen der akuten, mittel- und längerfristigen Psychosozialen Notfallversorgung.

Die Aufgaben eines schulinternen Krisenteams beinhalten:

1. Prävention von Notfällen, z. B. im Rahmen von Programmen zur Gewaltprävention oder zur Verbesserung des Schulklimas
2. Strukturelle und inhaltliche Vorbereitung auf einen Unglücks- oder Krisenfall
3. Wahrnehmung von Problemlagen und potentiellen Krisensituationen oder das Fallmanagement bei auffälligen Schülerinnen und Schülern und bei Hinweisen auf eine Gewalttat
4. Beteiligung beim Gebäudemanagement und der Vermittlung von Sicherheit in der akuten Krise
5. Herstellen und Pflege des Kontaktes zur Einsatzleitung in der akuten Krise
6. Koordination medizinischer Hilfen und die Psychische Erste Hilfe für Schülerschaft, Schulpersonal und Eltern
7. Administration und Kontakt zur Presse
8. Begleitung und Unterstützung der Schulgemeinschaft bei der Rückkehr in den Schulalltag

Die Vorbereitung auf einen Notfall beinhaltet u. a. die fundierte Kenntnis der Notfallpläne, die regelmäßige Aktualisierung des Notfallordners, die Auseinandersetzung mit der technischen Sicherheit der Schule, die Vorstellung der Notfallpläne im Kollegium, den Kontakt zu den örtlichen Einsatzleitungen von Polizei, Feuerwehr und Rettungsdiensten oder das Erstellen einer Liste von Hilfs- und Unterstützungsangeboten und Kontaktadressen.

Während einer Krisensituation sind die Mitglieder des schulinternen Krisenteams befasst mit der Betreuung von betroffenen Personen oder Angehörigen, bei komplexen Krisenereignissen mit der Alarmierung externer Unterstützungssysteme und der Weitergabe von Informationen, der Unterstützung der Einsatzkräfte an der Schule, der Organisation der Schulgemeinschaft, der räumlichen Organisation in der Schule, der Psychischen Ersten Hilfe für Schülerinnen und Schüler, Schulpersonal und Eltern und ggf. dem Kontakt zur Presse.

In der mittel- und längerfristigen Psychosozialen Notfallversorgung stehen die Begleitung der Schulgemeinschaft sowie die Normalisierung und der Übergang zum gewohnten Schulalltag im Vordergrund. Hilfreiche Maßnahmen sind hier u. a. ein umfassendes Informationsmanagement, die Organisation von notfallbezogenen Sonderveranstaltungen in der Schule, die Verfügbarkeit als Ansprechpersonen für Schülerinnen und Schüler, Kollegium und Eltern, die Koordination weiterführender Hilfen sowie die Evaluation des Einsatzes.

Je nach Größe der Schule und des Kollegiums sollte ein schulinternes Krisenteam aus mindestens vier Personen bestehen. Neben der Schulleitung sind Beratungslehrkräfte, Kräfte der Schulseelsorge und der Schulsozialarbeit sinnvoll einzubinden. Unbedingt notwendig ist, dass das Sekretariat und die Hausmeisterin oder der Hausmeister Teil des schulinternen Krisenteams sind. Zu empfehlen ist weiterhin, in komplexen Gefahren- und Schadenslagen eine IT-Fachkraft hinzuzuziehen und eine Person, die die Aktivitäten in den sozialen Medien beobachten und beurteilen als auch darüber Informationen vermitteln kann.

Die Aufgabenbereiche im schulischen Krisenmanagement müssen einzelnen Mitgliedern des schulinternen Krisenteams konkret zugeordnet werden. Dies ist vor allem im Einsatzfall unerlässlich, um eine koordinierte und möglichst reibungslose Einsatzabwicklung aller Akteure zu erleichtern und die verfügbaren personellen Ressourcen optimal zu nutzen. Die Leitung des schulinternen Krisenteams obliegt in der Regel der Schulleitung oder der stellvertretenden Schulleitung.

Im Krisenfall wird das schulinterne Krisenteam in enger Kooperation mit dem Schulpsychologischen Kriseninterventionsteam die notwendigen psychosozialen Versorgungsmaßnahmen abstimmen, koordinieren und durchführen.

Um der Komplexität der Aufgaben in Krisensituationen gerecht werden zu können, ist es notwendig, die in ein Krisenteam einbezogenen Lehrkräfte, Fachkräfte der Schulsozialarbeit, Sekretariatskräfte, Hausmeister u. a. in entsprechenden Fortbildungen zu qualifizieren. Die Fortbildung von schulinternen Krisenteams wird üblicherweise von Schulpsychologinnen und Schulpsychologen mit dem Aufgabenbereich Krisenmanagement geleistet, aber auch externe Anbieter führen Fortbildungen durch.

Die Fortbildungen schulinterner Krisenteams haben auch zum Ziel, schulinterne Multiplikatoren zu qualifizieren, die ihr Wissen an die Kolleginnen und Kollegen in der Schule weitergeben können. So soll gewährleistet werden, dass schulinterne Krisenteams auch bei oft hoher Fluktuation im Kollegium fortlaufend ausreichend besetzt werden können.

Die Verbindlichkeit der Implementierung eines schulinternen Krisenteams ist in den Bundesländern unterschiedlich geregelt und reicht von einer einfachen Empfehlung über einen Erlass bis hin zur gesetzlichen Vorgabe. Da die Einrichtung eines schulinternen Krisenteams ein essentieller Bestandteil einer adäquaten Vorbereitung auf schulische Notfälle und ein gut organisiertes Krisenmanagement sind, ist eine hohe Verbindlichkeit in jedem Fall anzustreben.

9.4 Krisenmanagement bei einem schulischen Krisenereignis

9.4.1 Psychosoziales Krisenmanagement und Psychosoziale Notfallversorgung

Das Psychosoziale Krisenmanagement (PsychKM) ist

> »Bestandteil des Krisenmanagements im Rahmen des Bevölkerungsschutzes und der Katastrophenhilfe. Es integriert wissenschaftliche Erkenntnisse aus Psychologie, Soziologie und weiteren geisteswissenschaftlichen Disziplinen in die Maßnahmen zur Vermeidung von, Vorbereitung auf, Erkennung und Bewältigung sowie der Nachbereitung von Krisen.« (BBK, 2018, S. 44)

Die Psychosoziale Notfallversorgung (PSNV) in komplexen Gefahren- und Schadenslagen und Individualnotfällen als Bestandteil des PsychKM umfasst sowohl die Gesamtstruktur als auch die Maßnahmen der Prävention sowie der kurz-, mittel- und langfristigen Versorgung im Kontext belastender Notfall- bzw. Einsatzsituationen. Übergreifende Ziele der PSNV sind die »Prävention« und »Früherkennung von psychosozialen Belastungsfolgen«, »die Bereitstellung von adäquater Unterstützung für Betroffene zur Erfahrungsverarbeitung sowie die angemessene Behandlung von Traumafolgestörungen« (BBK, 2012, S. 20).

Die PSNV basiert auf der Grundannahme, dass zur Bewältigung außergewöhnlich belastender Ereignisse zunächst immer die personalen und sozialen Ressourcen der Betroffenen zu aktivieren sind. Maßnahmen der Psychosozialen Notfallversorgung wirken ggf. lediglich ergänzend oder ausgleichend, wenn diese Ressourcen fehlen oder für die Bewältigung des Erlebten nicht ausreichend sind. Für viele Betroffene kann die Unterstützung im eigenen sozialen Umfeld somit völlig ausreichend sein (BBK, 2012).

Eine solche Betrachtungsweise entspricht dem Leitgedanken der Salutogenese und ist insbesondere bei der Begleitung von Kindern und Jugendlichen nach Notfallsituationen relevant. Neben den Gefahren durch eine Unterversorgung kann durchaus auch ein übertriebenes Hilfeverhalten ungünstige Bewältigungsverläufe induzieren, etwa indem Kinder vorschnell pathologisiert und ihnen durch aufgedrängte Betreuungsmaßnahmen eigene Ressourcen erst genommen werden (van Wissen & Korittko, 2002; Lackner, 2004; Helmerichs, Karutz & Schedlich, 2013).

In den Handlungsempfehlungen des Projektes »Kind und Katastrophe (KIKAT)«, gefördert vom Bundesministerium des Inneren und dem Bundesamt für Bevölkerungsschutz und Katastrophenhilfe (2016–2020), wird gefordert, in einer »zielgruppen- und altersspezifisch differenzierte(n) PSNV zukünftig einem systemischen Ansatz (zu) folgen. Die Fokussierung von Hilfsangeboten allein und ausschließlich auf betroffene Kinder und Jugendliche ist unzureichend; ihre Familien, aber auch Kindergärten, Schulen, Vereine und das weitere soziale Umfeld müssen ebenfalls in den Blick genommen werden.« (Karutz, Fegert & Blank-Gorki, 2020)

Bei Krisen und Notfällen in Schulen kommt der Schulgemeinschaft als stützendem sozialem Umfeld somit eine zentrale Rolle in der Bewältigung belastender Erfahrungen zu, und es gilt vorrangig, diese zu stabilisieren und zu stärken. Neben den Schülerinnen und Schülern müssen, auch die Schulleitung, die Lehrkräfte, die Kräfte der Schulsozialarbeit, der Verwaltung und des Gebäudemanagements in ihren psychosozialen Bedarfen Beachtung und finden, um den Kindern und Jugendlichen als psychosoziale Ressource während und nach einer Krise zur Verfügung stehen zu können.

Die Maßnahmen der PSNV im Einzelnen untergliedern sich in Psychische Erste Hilfe, Psychosoziale Akuthilfe, mittel- und längerfristige psychosoziale Hilfen und (Früh-)Interventionen (▶ Abb. 9.1).

Die Psychische Erste Hilfe bezeichnet originär eine psychosoziale Basiskompetenz zum Umgang mit Betroffenen, die Einsatzkräften in ihrer Grundausbildung vermittelt wird.

Zur Psychischen Ersten Hilfe bei Kindern und Jugendlichen liegen inzwischen auch altersspezifisch differenzierte Konzepte vor (Karutz, 2010, 2014; Karutz, Fegert & Blank-Gorki, 2020). In schulischen Notfällen können die Mitglieder des schulinternen Krisenteams die Prinzipien der Psychischen Ersten Hilfe sinnvoll umsetzen und sollten entsprechend qualifiziert sein. Auch Schulpsychologinnen und Schulpsychologen sollten über diese Grundkompetenz verfügen.

Die Psychosoziale Akuthilfe umfasst ein breiteres Spektrum von Unterstützungsangeboten und setzt eine deutlich fundiertere Schulung voraus. Sie wird in Deutschland fast flächendeckend ehrenamtlich von Kräften der Notfallseelsorge und Kriseninterventionsteams (KIT) geleistet (Müller-Lange, 2006; Zehentner, 2011), die direkt über die Einsatzleitstellen alarmiert werden. Ein wesentlicher inhaltlicher Aspekt der Psychosozialen Akuthilfe ist die Bedürfnis- und Bedarfserhebung sowie die Vermittlung von Betroffenen in das soziale Netzwerk (Familie, Freunde usw.) oder in weiterführende psychosoziale Hilfen (Beerlage et al., 2010). Die Psychosoziale Akuthilfe beginnt in der Notfallsituation und kann, je nach Lage, über einige Stunden andauern, selten über mehrere Tage.

In schulischen Notfällen sind im Zeitfenster der Psychosozialen Akuthilfe verschiedene Akteure aktiv: die Mitglieder des schulinternen Krisenteams, die Schulpsychologischen Kriseninterventionsteams, wenn sie von der Schule zeitnah angefordert werden, und in komplexen Gefahren- und Schadenslagen die externen Fachkräfte der PSNV. Je mehr Akteure aus unterschiedlichen Bereichen in einer Notfallsituation zum Einsatz kommen, umso notwendiger ist eine enge Kooperation und zentrale Koordinierung der Fachkräfte.

Mittel- und längerfristige psychosoziale Hilfen werden über einen Zeitraum von mehreren Wochen oder Monaten nach einem Notfallereignis angeboten. Je nach Bedarf können z. B. psychosoziale Beratungsstellen, Sozial-, Jugend-, Gesundheits- und Versorgungsämter, Jugendhilfeeinrichtungen, Selbsthilfegruppen, die gemeindliche Seelsorge und die Schulpsychologie hier unterstützend tätig werden. Gerade im Zeitfenster der mittelfristigen psychosozialen Versorgung kommt der Schulpsychologischen Krisenintervention eine zentrale Rolle zu. Psychosoziale und traumazentrierte Beratungsangebote für Klassen, Lehrkräfte, Schülerschaft und Eltern sowohl in der Schule als auch in den Schulpsychologischen Beratungsstellen gehören zu den originären Aufgaben.

Als (Früh-)Interventionen werden schließlich alle Maßnahmen zur Feststellung, Linderung und Behandlung von psychischen Belastungsfolgen mit Krankheitswert bezeichnet, die mit speziell heilkundlicher Qualifikation und Approbation von Ärztinnen und Ärzten aus den Bereichen Psychosomatik, Psychiatrie und Psychotherapie sowie Psychologischen Psychotherapeuten und -therapeutinnen bzw. Kinder- und Jugendlichenpsychotherapeuten und -therapeutinnen mit dem Schwerpunkt Psychotraumatologie durchgeführt werden (BBK, 2012). Die Unfallkassen als Kostenträger koordinieren in der Regel die erforderlichen Heilverfahren und Rehabilitationsmaßnahmen bei traumatisierten Schülerinnen, Schülern und angestelltem Schulpersonal.

Um in schulischen Notfällen zeitnah und geordnet reagieren zu können, ist es sinnvoll, entsprechende schulinterne Strukturen und eine gute Kooperation mit außerschulischen Anbietern schon im Vorfeld einer Krise zu etablieren.

9.4.2 Schulpsychologisches Krisenmanagement in Schulen

Durch die Erfahrungen mit Krisenereignissen und außergewöhnlichen Gewaltereignissen haben sich in den Bundesländern Strukturen und Ablaufschemata zum Schulpsychologischen Krisenmanagement entwickelt. Die Sektion Schulpsychologie im Berufsverband Deutscher Psychologinnen und Psychologen (BDP) hat dazu Qualifizierungsmerkmale zur Fortbildung von Schulpsychologen und -psychologinnen im Krisenmanagement formuliert (BDP Sektion Schulpsychologie, 2011).

Bei Notfällen in Schulen mit einem hohen Gefährdungsgrad (z. B. Amoklage, Tötungsdelikte) oder mittleren Gefährdungsgrad (z. B. Gewaltandrohungen oder ausgeübte Gewalt), aber auch z. B. bei Todesfällen in der Schüler- oder Lehrerschaft oder angedrohten oder vollzogenen Suiziden sind Schulpsychologische Kriseninterventionsteams eine unverzichtbare Ergänzung im schulischen Krisenmanagement und somit so früh wie möglich vor Ort einzusetzen. Schulpsychologische Kriseninterventionsteams übernehmen im Krisenfall in Schulen sowohl koordinierende und strukturierende als auch unmittelbar betreuende Aufgaben (siehe Kasten). Über welchen Zeitraum und mit welcher personellen Stärke Schulpsychologische Kriseninterventionsteams in einer Schule zum Einsatz kommen, hängt von der Komplexität der jeweiligen Notfallsituation und der Anzahl betroffener Personen in der Schulgemeinschaft ab.

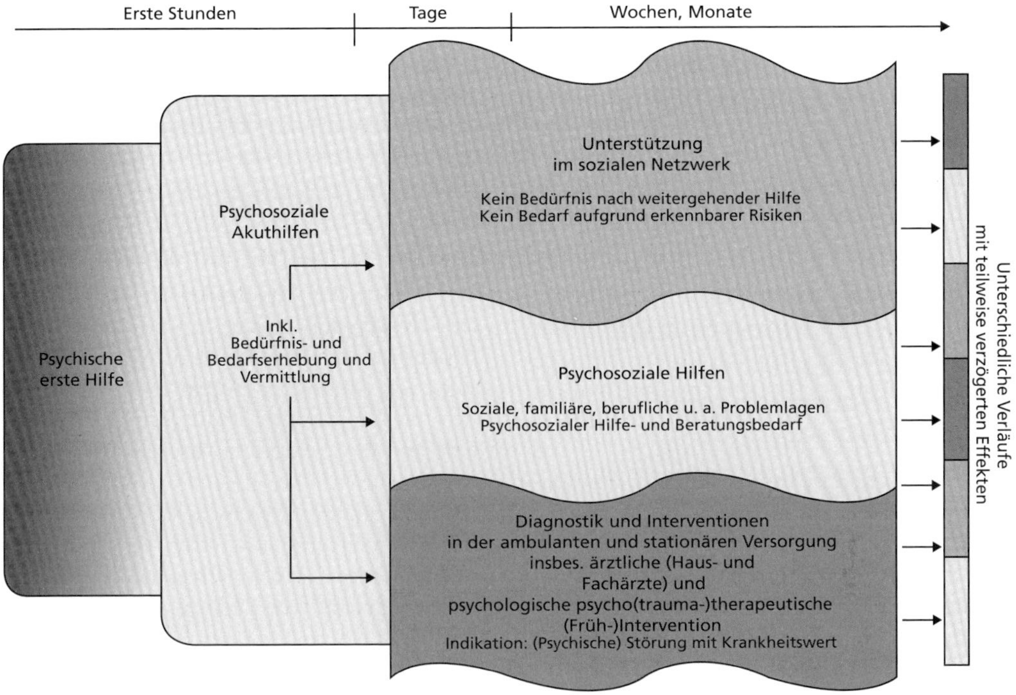

© Bundesamt für Bevölkerungsschutz und Katastrophenhilfe: Konsensus-Konferenz 2008 (modifiziert 2010)

Abb. 9.1: Maßnahmen der Psychosozialen Notfallversorgung (PSNV) für Überlebende, Angehörige, Hinterbliebene, Zeugen und/oder Vermissende nach Art und im zeitlichen Verlauf (BBK, 2012, S. 21)

Aufgaben der Schulpsychologischen Kriseninterventionsteams

- Beratung der Schulleitung über akute und mittelfristig einzuleitende Maßnahmen (z. B. das Einrichten einer schulinternen telefonischen Erreichbarkeit bzw. Hotline, Information der Schulgemeinde, Organisation gemeinsamer Veranstaltungen, Koordination der verfügbaren Kräfte der Psychosozialen Hilfen)
- Analyse und Prognose der Versorgungsbedarfe und die Koordination und Anpassung der personellen Ausstattung
- Unterstützung der Schulleitung in der Krisenkommunikation und dem Informationsmanagement, auch unter Einbeziehung sozialer Medien
- Beratung der Schulleitung über den Umgang mit den Medien und ggf. die Vorbereitung einer Pressekonferenz
- Erarbeitung individueller Betreuungsangebote für betroffene Schulklassen oder das Lehrerkollegium
- Koordinierung schulinterner Betreuungsangebote
- Beratung von Lehrkräften zum Umgang mit belasteten Schülerinnen und Schülern
- Individualberatung von Schülerinnen und Schülern, Lehrkräften, Schulleitung, Eltern und anderen Angehörigen

- Mitorganisation und Begleitung von Informations- und Gedenkveranstaltungen in der Schule
- Bei ungünstigen Verläufen oder schlechter Prognose die frühzeitige Weiterleitung in ambulante oder stationäre Psychotraumatherapien in enger Kooperation und Absprache mit den Kostenträgern, wie z. B. den Unfallkassen der Bundesländer
- Unterstützung bei der Rückkehr in den Schulalltag

9.4.3 Aufgaben der Schulleitung und der Schulaufsicht im Krisenmanagement

Es ist die Aufgabe der Schulleitung, Strukturen zu schaffen, die im Notfall ein möglichst geordnetes Krisenmanagement in der Schule ermöglichen. Auf Krisenereignisse vorbereitet zu sein, fördert nicht nur ein positives Image der Schule, es stärkt auch die Schulgemeinschaft und ermöglicht Handlungssicherheit in schwierigen Situationen.

Im Krisenfall unterstützt die Schulaufsicht die Schule bei der Krisenbewältigung (Drewes & Blasberg-Bense, 2013). Sie überprüft die Dienstfähigkeit der Schulleitung und der Lehrkräfte, spricht gegebenenfalls Dienstbzw. Arbeitsbefreiung aus und ersetzt bei vorübergehender Dienstunfähigkeit die Schulleitung (vgl. Bläsi & Niedermeier, 2012). Sie kooperiert mit der Schulpsychologischen Krisenintervention, die die Schulleitung berät zum Umgang mit Lehrkräften, Schülerinnen und Schülern, Erziehungsberechtigten, Polizei, externen Kräften der Psychosozialen Akuthilfe, dem Schulträger und der Presse. Sie stimmt die Pressemitteilungen mit der Pressestelle der Bezirksregierung und dem Ministerium ab, nimmt an Sitzungen des Krisenstabs teil und entscheidet gegebenenfalls gemeinsam mit der Schulleitung sowie den regional zuständigen schulfachlichen Dezernentinnen und Dezernenten über eine vorübergehende Auslagerung des Schulbetriebes.

Der Schulleitung kommt bei der Bewältigung eines Krisenfalls in ihrer Schule eine zentrale Bedeutung zu. Die Schulleitung trägt – wie sonst im schulischen Alltag auch – die Verantwortung für getroffene Entscheidungen und für das gesamte schulische Krisenmanagement.

In der akuten Krisensituation übernimmt die Schulleitung eine koordinierende Leitungsfunktion und ist Entscheidungsträger. Wie in jeder anderen Einsatzsituation auch, ist die klare Übernahme der Leitungsfunktion wesentlich, um der Schulgemeinschaft in einer Situation, die von Gefühlen der Erschütterung, Hilflosigkeit und Angst geprägt ist, ein Gefühl der relativen Sicherheit und Handlungsfähigkeit zu vermitteln (Drewes & Esser, 2013).

Die Leitungsfunktion bedeutet, dass die Schulleitung selbst nur wenige Einzelaufgaben übernimmt, sondern diese klar an Mitglieder des schulinternen Krisenteams und andere Mitarbeiterinnen und Mitarbeiter der Schule oder externe Unterstützungssysteme wie z. B. die Schulpsychologischen Kriseninterventionsteams delegieren muss.

Eine zentrale Aufgabe der Schulpsychologischen Kriseninterventionsteams liegt in der Beratung der Schulleitung in Bezug auf Verfahrensabläufe, Planung und Koordination des schulischen psychosozialen Krisenmanagements. Als Orientierungshilfe stehen Schulen die Notfallpläne zur Verfügung, in denen notwendige Handlungsschritte dezidiert aufgeführt sind.

9.5 Krisenmanagement bei komplexen Gefahren- und Schadenslagen in Schulen

Komplexe Gefahren- und Schadenslagen in Schulen, z. B. Amoktaten oder andere schwere Gewalttaten, stellen aufgrund der Komplexität des Ereignisses, der Vielzahl potentiell betroffener Personen der Schulgemeinschaft und der möglicherweise länger andauernden psychosozialen Versorgungsnotwendigkeit eine besondere Herausforderung dar.

Häufig sind zunächst viele unterschiedliche Akteure der polizeilichen und nichtpolizeilichen Gefahrenabwehr (Polizei, Feuerwehr und Rettungsdienst) sowie externe Kräfte der Psychosozialen Akuthilfe (Notfallseelsorge und Kriseninterventionsteams) im Einsatz. Die unterschiedlichen Aufgaben der Psychosozialen Notfallversorgung, die große Anzahl multidisziplinärer schulexterner und schulinterner Fachkräfte und deren Einsatz an verschiedenen Orten in der Schule, bedingen bei komplexen Gefahren- und Schadenslagen einen hohen Koordinationsaufwand, weshalb geeignete und entsprechend qualifizierte PSNV-Führungskräfte eingesetzt werden sollen (BBK, 2012; Helmerichs, Karutz & Schedlich, 2012). PSNV-Führungskräfte koordinieren die verfügbaren Kräfte, weisen Einsatzabschnitte zu und organisieren die Ressourcenplanung. Die Führungsstrategien orientieren sich dabei an den Führungsstrukturen des Einsatzwesens mit einer vorgegebenen, hierarchisch aufgebauten Regel- und Weisungsstruktur.

Bei vergangenen Einsätzen in komplexen Gefahren- und Schadenslagen an Schulen kam es wiederholt zu Koordinationsproblemen zwischen den Kräften der Psychosozialen Akuthilfe (NFS und KIT) und den Schulpsychologischen Kriseninterventionsteams, auch bedingt durch Unklarheiten bezüglich der Übernahme der PSNV-Einsatzleitung. Möglicherweise sind NFS oder KIT infolge der unmittelbaren Alarmierung durch die Leitstellen schneller an der Schule als die Schulpsychologischen Kriseninterventionsteams und übernehmen eine koordinierende Funktion.

Zu empfehlen ist, dass die PSNV-Führungskräfte bei Eintreffen der schulpsychologischen Krisenintervention die PSNV-Einsatzleitung an diese übergeben oder diese die Einsatzleitung bei frühem Eintreffen direkt übernehmen. Sinnvoll ist dies, da die Kräfte der schulpsychologischen Krisenintervention mit dem System Schule vertraut sind, dem Schulpersonal häufig bekannt sind, in der psychosozialen Versorgung von Kindern und Jugendlichen besonders geschult sind und sie auch die Koordination und Durchführung der mittel- und längerfristigen psychosozialen Versorgung der Schule verantworten.

Voraussetzung dafür ist allerdings, dass die Kräfte der schulpsychologischen Krisenintervention, die eine PSNV-Führungsfunktion übernehmen, eine entsprechende Qualifizierung durchlaufen haben, die über die Qualifizierung für die Mitarbeit hinausgeht und vor allem Aspekte des Krisenmanagements fokussiert.

In der Vorbereitung auf komplexe Gefahren- und Schadenslagen an Schulen muss die Frage der PSNV-Einsatzleitung mit den internen und externen Akteuren im Vorfeld geklärt sein, um Reibungsverluste in einer akuten Krise zu vermeiden.

Während eines Einsatzes müssen sich alle externen und internen Kräfte der PSNV, Notfallseelsorge oder Kriseninterventionsteams als auch schulinterne Krisenteams und Schulpsychologische Kriseninterventionsteams, in die bestehenden Strukturen einfügen, auch wenn dies der eigenen beruflichen Sozialisation oder dem individuellen Rollenverständnis zunächst nicht entspricht. Entscheidungen müssen meist sehr zeitnah getroffen und eine klare hierarchische Struktur umgesetzt werden. Kritische Anmerkungen zu Handlungsvorgaben werden ausschließlich in der Auswertung diskutiert, niemals in einem laufenden Einsatzgeschehen (Helmerichs, 2005, 2011).

Schulpsychologische Kriseninterventionsteams sind schon in der Akutphase ein fester Bestandteil der psychosozialen Akuthilfe und so früh wie möglich einzusetzen. Der Schwerpunkt der Arbeit der Schulpsychologischen Kriseninterventionsteams liegt zu diesem Zeitpunkt vor allem darin, die Schulleitung in Fragen des Krisenmanagements zu beraten, Koordinations- und Betreuungsaufgaben zu übernehmen und den Übergang von der akuten in die mittelfristige psychosoziale Versorgung in Absprache mit der Schulleitung und dem schulinternen Krisenteam zu planen. Eine differenzierte Bedarfsanalyse und Ressourcenplanung sowie der Aufbau und die Aufrechterhaltung geeigneter psychosozialer Versorgungsangebote stehen hierbei im Vordergrund.

Auch nach der Akutphase übernehmen Schulpsychologische Kriseninterventionsteams an Schulen sowohl koordinierende und beratende als auch betreuende Funktionen. Sie koordinieren die verfügbaren schulinternen (schulinternes Krisenteam, Schulsozialarbeit, Beratungslehrkräfte, Schulseelsorge) und schulexternen Kräfte der psychosozialen Versorgung sowie der Schulpsychologie, sie beraten weiterhin die Schulleitung und sie sind in die Betreuung von Schülerinnen und Schülern als auch Lehrkräften und Eltern eingebunden, beispielsweise durch Einzel- und Gruppengespräche sowie die Begleitung von Klassengesprächen, Elternabenden und Gedenkveranstaltungen.

Der Einsatzort der Schulpsychologischen Kriseninterventionsteams ist zunächst in der Schule. Im mittel- und längerfristigen Verlauf können psychosoziale Versorgungsangebote in der Schulpsychologischen Beratungsstelle oder auch in einer anlassbezogenen Koordinierungsstelle durchgeführt werden, falls diese eingerichtet worden ist (vgl. Helmerichs, Karutz & Schedlich, 2012).

9.6 Organisationsformen des Schulpsychologischen Krisenmanagements in den Bundesländern

In den Bundesländern haben sich unterschiedliche Formen der Organisation und Qualifikation von Schulpsychologinnen und Schulpsychologen für den Aufgabenbereich Krisenbewältigung entwickelt.

Das Führen von Einzel-, Gruppen- oder Klassengesprächen nach einem Krisenereignis ist in der Regel allen Schulpsychologinnen und Schulpsychologen aufgrund ihrer Qualifikation möglich. Die Aufgaben des Krisenmanagements in Schulen erfordern besondere zusätzliche Qualifikationen, die in Form von Schulungen und Fortbildungen in den Bundesländern zum Teil mit Unterstützung der Unfallkassen erfolgen. Die im Schulpsychologischen Krisenmanagement qualifizierten Fachkräfte sind beispielsweise in Bayern oder Hessen in überregionalen Einsatzteams, die bei Bedarf alarmiert werden, oder in NRW in Form von Netzwerken mit Ansprechpersonen in jeder kommunalen Einrichtung organisiert. Vereinzelt sind auch eigenständige Teams von Schulpsychologinnen und Schulpsychologen für die Aufgaben Gewaltprävention und Krisenintervention etabliert, wie z. B. in Berlin.

9.7 Fazit

Schulpsychologisches Krisenmanagement ist ein unverzichtbarer Bestandteil schulpsychologischer Aufgaben und hat sich zu einem professionellen System der Unterstützung von Schulen entwickelt. Neben der Fort- und Ausbildung von schulinternen Krisenteams sind die Beratung der Schule bei der Bewältigung eines Krisenereignisses, die Koordination und Planung der akuten, mittel- und langfristigen psychosozialen Versorgung und auch die direkte Beratung von mittelbar und unmittelbar Betroffenen wesentliche Aufgaben. Der Einsatz in einem schulpsychologischen Krisenteam erfordert zwingend entsprechende Qualifizierungsmaßnahmen, die neben Kenntnissen zu Maßnahmen der PSNV auch Wissen zu Einsatzstrukturen und -abläufen vermitteln müssen. Die Kräfte, die eine PSNV-Führungsfunktion in komplexen schulischen Lagen übernehmen, sind darüber hinaus im Krisenmanagement und im Psychosozialen Krisenmanagement fortzubilden.

Literatur

Beerlage, I., Helmerichs, J., Waterstraat, F. & Bellinger, M. (2010). Management der Psychosozialen Notfallversorgung in Großschadens- und Katastrophenlagen. In Schutzkommission beim Bundesminister des Innern (Hrsg.), *Katastrophenmedizin* (S. 30–42). Bonn.

BDP Sektion Schulpsychologie (2011). *Empfehlungen der Sektion Schulpsychologie im BDP zur Qualifizierung »Schulpsychologische Krisenprävention und -intervention in Schulen«*. Berlin: Berufsverband Deutscher Psychologinnen und Psychologen. Zugriff am 01.06.2021 unter www.bdp-schulpsychologie.de/backstage2/sps/documentpool/2011/110225_empfehlung.pdf

Bläsi, B. & Niedermaier, A. (2012). Aufgaben und Vorgehensweisen eines Schulpsychologischen Krisenteams am Beispiel Winnenden. In S. Drewes & K. Seifried (Hrsg.), *Krisen im Schulalltag* (S. 64–73). Stuttgart: Kohlhammer.

BBK (Bundesamt für Bevölkerungsschutz und Katastrophenhilfe) (Hrsg.). (2012). *Psychosoziale Notfallversorgung: Qualitätsstandards und Leitlinien, Teil I und II* (Praxis im Bevölkerungsschutz Bd. 7, 3. Aufl.). Bonn: Bundesamt für Bevölkerungsschutz und Katastrophenhilfe.

BBK (Bundesamt für Bevölkerungsschutz und Katastrophenhilfe) (Hrsg.). (2018). *BBK-Glossar. Ausgewählte zentrale Begriffe des Bevölkerungsschutzes* (Praxis im Bevölkerungsschutz Bd. 8, 2., überarbeitete Aufl.). Bonn: Bundesamt für Bevölkerungsschutz und Katastrophenhilfe.

Drewes, S. & Esser, B. (2014). Krisen und Belastungen professionell managen – Stressbewältigung für die Schulleitung. *Schulverwaltung NRW, 5*, 142–144.

Drewes, S. & Seifried, K. (Hrsg.). (2012). *Krisen im Schulalltag.* Stuttgart: Kohlhammer.

Drewes, S. & Schedlich C. (2013). Krisen im Schulalltag. Schulen besonnen auf schwierige Situationen vorbereiten. *Schulverwaltung NRW, 7–8*, 206–208.

Drewes, S. & Hagenhoff, B. (2013). Schulinterne Krisenteams. Ein Baustein zur Prävention und zur Bewältigung von Krisen im Schulalltag. *Schulverwaltung NRW, 9*, 231–233.

Drewes, S. & Schedlich C. (2013). Traumapädagogik in der Schule. Folgerungen für die Schulsozialarbeit. *Jugendhilfe, 51*(4), 275–281.

Drewes, S. & Blasberg-Bense, S. (2013). Bewältigung von Krisen im schulischen Umfeld. Rolle und Aufgaben der Schulaufsicht. *Schulverwaltung NRW, 11*, 292–294.

Englbrecht, A. & Storath, R. (2002). Krisenmanagement in der Schule. Schritte zur Krisenbewältigung. In *Handbuch Sicher durch den Schulalltag.* Stuttgart: Raabe Verlag.

Großmann, N. & Glatzer, D. (2011). *Kriseneinsatz Schule. Ein schulpsychologisches Handbuch.* Kohlhammer: Stuttgart.

Helmerichs, J. (2005). Psychosoziale Notfallversorgung bei Großveranstaltungen. In H. Peter & K. Maurer (Hrsg.), *Gefahrenabwehr bei Großver-*

III Fokus Lehrkräfte und System Schule

anstaltungen (S. 167–185). Edewecht: Stumpf & Kossendey.

Helmerichs, J. (2011). Psychosoziale Notfallversorgung im Großschadensfall und bei Katastrophen. In F. Lasogga & B. Gasch (Hrsg.), *Notfallpsychologie* (2. Aufl., S. 371–387). Heidelberg: Springer.

Helmerichs, J., Karutz, H. & Schedlich, C. (2013). Psychosoziale Notfallversorgung in komplexen Gefahren- und Schadenslagen in Schulen. In S. Drewes & K. Seifried (Hrsg.), *Krisen im Schulalltag* (S. 138–156). Stuttgart: Kohlhammer.

Karutz, H. (2010). *Notfälle in Schulen.* Edewecht: Stumpf & Kossendey.

Karutz, H. (2014). Besonderheiten bei Kindern und Jugendlichen in Großschadenslagen. In H. A. Adams, C. Krettek, C. Lange & C. Unger (Hrsg.), *Patientenversorgung beim Großschadensereignis und im Katastrophenfall* (S. 669–678). Köln: Deutscher Ärzteverlag.

Karutz, H., Fegert, A.-K. & Blank-Gorki, V. (2020). *Kind und Katastrophe: Psychosoziale Notfallversorgung für Kinder und Jugendliche in komplexen Gefahren- und Schadenslagen. Faktenblatt zu Handlungsempfehlungen.* MSH Medical School Hamburg. Zugriff am 01.06.2021 unter https://www.medicalschool-hamburg.de/fileadmin/Daten/MSH/Menuepunkt_Forschung/KIKAT/KiKat_Faktenblatt_5.pdf

Lackner R. (2004). *Wie Pippa wieder lachen lernte. Fachliche Hilfen für traumatisierte Kinder.* Wien: Springer.

Lasogga, F. & Gasch, B. (Hrsg.). (1997). *Psychische Erste Hilfe bei Unfällen.* Edewecht: Stumpf & Kossendey.

Müller-Lange, J. (2006). *Handbuch Notfallseelsorge* (2. Aufl.). Edewecht: Stumpf & Kossendey.

Schedlich, C. & Hagenhoff, B. & (2012). Schulinterne Krisenteams. Schulpsychologische Fortbildungskonzepte – Erfahrungen und curriculare Empfehlungen. In S. Drewes & K. Seifried (Hrsg.), *Krisen im Schulalltag* (S. 100–110). Stuttgart: Kohlhammer.

Winther, A. & Kommnick, K. (2012). Von Blau bis Rot – Notfallpläne für Schulen. In S. Drewes & K. Seifried (Hrsg.), *Krisen im Schulalltag* (S. 38–53). Stuttgart: Kohlhammer.

Zehentner, P. (2011). Das Kriseninterventionsteam (KIT) München. In F. Lasogga & B. Gasch (Hrsg.), *Notfallpsychologie.* Heidelberg: Springer.

10 Lehrerpersönlichkeit und professionelle Kompetenz von Lehrkräften

Olga Kunina-Habenicht, Anna-Theresia Decker und Mareike Kunter

10.1 Einleitung

Lehrkräfte verfügen über Expertise für das Lernen und Lehren und haben einen entscheidenden Einfluss auf die Leistungen von Schülerinnen und Schüler. Ihre primäre Aufgabe besteht in der Gestaltung von anregenden Lerngelegenheiten im Unterricht und der Förderung der Entwicklung von Schülerinnen und Schülern. Neben der eigentlichen Unterrichtstätigkeit übernehmen Lehrkräfte zahlreiche andere Aufgaben wie z. B. Unterrichtsvorbereitung und -nachbereitung, Korrektur von Arbeiten, Beratung von Familien, Teilnahme an Weiterbildungen.

Hierbei stellt sich die Frage, warum manche Lehrkräfte ihren Beruf erfolgreich ausüben, während andere die beruflichen Anforderungen nur begrenzt bewältigen. In der Literatur finden sich typischerweise zwei Herangehensweisen an diese Frage, nämlich der so genannte Persönlichkeitsansatz, der davon ausgeht, dass erfolgreiches Unterrichten vor allem eine Folge stabiler Eigenschaften und Talente ist, und der Kompetenzansatz, der annimmt, dass erfolgreiches Unterrichten eine Folge kumulativer Lernprozesse ist. Beide Ansätze werden im Folgenden zunächst vorgestellt und anschließend in ein gemeinsames Modell integriert. Danach werden die Bedeutung und Gestaltung von Lehrkräftefortbildungen thematisiert und praktische Implikationen für die Arbeit von Schulpsychologinnen und -psychologen diskutiert.

10.2 Der Persönlichkeitsansatz

In Alltagsdiskussionen wird der Lehrerberuf oft als Berufung verstanden und der Persönlichkeit von Lehrkräften entsprechend eine große Bedeutung zugeschrieben. Dabei werden häufig fachunspezifische Merkmale hervorgehoben, von denen man annimmt, dass sie das Handeln einer Lehrkraft bestimmen, wie hohes Engagement oder Humor. Im wissenschaftlichen Kontext versteht man unter Persönlichkeitseigenschaften ein »Ensemble relativ stabiler Dispositionen, die für das Handeln, den Erfolg und das Befinden im Lehrerberuf bedeutsam sind« (Mayr & Neuweg, 2006, S. 183).

Die zentrale Annahme des Persönlichkeitsansatzes ist die des »geborenen Lehrers«, also die Vermutung, dass Lehrkräfte bestimmte schwer erlernbare Eigenschaften im Sinne von »Talenten« mitbringen müssen, um im Beruf erfolgreich bestehen zu können (Mayr, 2011). Auf der Basis dieser Vermutung hat sich die Forschung speziell mit zwei Fragestellungen beschäftigt: erstens der Frage, ob Personen, die Lehrkraft werden, diese Eigenschaften mitbringen, und zweitens, ob innerhalb der Gruppe der Lehrkräfte bestimmte Persönlichkeitsprofile besonders vorteilhaft für erfolgreiche Berufsausübung sind.

In Bezug auf die erste Frage begegnen (angehende) Lehrkräfte im Alltag oft dem Vorurteil, dass Personen, die sich für den Lehrerberuf entscheiden, angeblich ungünstigere kognitive Merkmale (bspw. schlechtere Schulleistungen, geringere Intelligenz) oder ungünstigere motivationale Voraussetzungen (bspw. Wahl des Lehrerberufs nur wegen der guten Vereinbarkeit zwischen Familie und Beruf und langer Ferienzeiten) aufweisen als Studierende anderer Fächer (Klusmann et al., 2009). Entgegen dieser These zeigen Studien, dass Lehramtsstudierende vergleichbare kognitive Leistungen und Abiturnoten aufweisen wie Studierende anderer Fachrichtungen (Klusmann et al., 2009). Bezüglich motivationaler Merkmale lassen sich ebenfalls keine Defizite im Vergleich zu anderen Studierenden finden. Im Gegenteil: Bei der Entscheidung für ein Lehramtsstudium scheint speziell ein hohes pädagogisches Interesse eine wichtige Rolle zu spielen (Klusmann et al., 2009). Auch die These, dass ein Großteil der angehenden Lehrkräfte den Beruf als Verlegenheitslösung oder aufgrund der vermeintlich angenehmen Arbeitsbedingungen wählt, kann empirisch nicht bestätigt werden (Richardson & Watt, 2014).

Bezüglich der zweiten Annahme, dass bestimmte Persönlichkeitsmerkmale notwendig sind, um als Lehrkraft (besonders) erfolgreich zu sein, ist die Befundlage widersprüchlich: Einerseits berichten einige Studien systematische, wenn zum Teil auch niedrige, Zusammenhänge zwischen den Persönlichkeitseigenschaften wie Extraversion, emotionale Stabilität und Gewissenhaftigkeit mit engagiertem Studierverhalten, guten Studienleistungen und einigen (meist selbsteingeschätzten) unterrichtsbezogenen Verhaltensskalen (für eine Übersicht siehe Mayr, 2011). Andererseits finden andere Studien, dass sich keine eindeutigen Persönlichkeitstypen identifizieren lassen, die besonders erfolgreiche Lehrkräfte auszeichnen (Rushton, Morgan & Richard, 2007).

10.3 Der kompetenzorientierte Ansatz

Gegen den Persönlichkeitsansatz wird die grundlegende Kritik hervorgebracht, dass sich die Persönlichkeitseigenschaften – verstanden als relativ stabile Disposition – nur schwer verändern lassen. Das ist ein schwerwiegendes Problem, wenn man bedenkt, dass das Ziel der Lehrerbildung darin besteht, kompetente und erfolgreiche Lehrkräfte auszubilden. Aus diesem Grund wird in der Forschung derzeit ein stärkerer Fokus auf die veränderbaren Fähigkeiten gelegt, die im Rahmen des universitären Lehramtsstudiums, im Vorbereitungsdienst und im Beruf erlernt und kontinuierlich verbessert werden können.

Zur Beschreibung solcher erlernbaren Fähigkeiten hat sich im deutschsprachigen Raum der Begriff »Kompetenz« etabliert. Darunter versteht man »die bei Individuen verfügbaren oder durch sie erlernbaren kognitiven Fähigkeiten und Fertigkeiten, um bestimmte Probleme zu lösen, sowie die damit verbundenen motivationalen, volitionalen und sozialen Bereitschaften und Fähigkeiten, um die Problemlösungen in variablen Situationen erfolgreich und verantwortungsvoll nutzen zu können« (Weinert, 2001, S. 27).

In der COACTIV-Studie wurde das etablierte Modell der professionellen Kompetenz von Lehrkräften vorgeschlagen (Baumert & Kunter, 2006), in dem folgende vier Kompetenzaspekte unterschieden werden: Wissen, Überzeugungen, Motivation und berufliche Selbstregulation. Diese Kompetenzaspekte beeinflussen sich gegenseitig (Kunter et al., 2013) und können Unterschiede im beruflichen Erfolg von Lehrkräften erklären.

Wissen

Zur Beschreibung des Wissens, welches spezifisch für die Mitglieder einer Berufsgruppe ist, innerhalb der Berufsausbildung vermittelt und durch die Berufsausübung vertieft werden kann, hat sich der Begriff des Professionswissens durchgesetzt. Bezogen auf den Lehrerberuf werden häufig folgende drei Arten des Wissens unterschieden (Shulman, 1986):

- Fachwissen: Vertieftes fachliches Hintergrundwissen.
- Fachdidaktisches Wissen: Wissen darüber, wie fachliche Inhalte im Unterricht vermittelt werden können. Dieses beinhaltet unter anderem Wissen über typische Verständnisschwierigkeiten von Schülerinnen und Schülern und Kenntnisse über unterschiedliche Erklärungsmöglichkeiten.
- Allgemeines pädagogisches Wissen: »Wissen über Schaffung und Optimierung von Lehr-Lern-Situationen sowie entwicklungspsychologisches und pädagogisch-psychologisches Grundwissen« (Kunter, Pohlmann & Decker, 2020, S. 273). Es beinhaltet beispielsweise Wissen über effektive Klassenführung, Unterrichtsmethoden, Leistungsbeurteilung, individuelle Lernprozesse sowie individuelle Besonderheiten von Schülerinnen und Schülern (König & Blömeke, 2010).

Welche Bedeutung haben die drei genannten Wissensaspekte für das Unterrichten und die Entwicklung von Schülerinnen und Schülern? Für das fachdidaktische Wissen in Mathematik und im naturwissenschaftlichen Sachunterricht in der Grundschule konnte gezeigt werden, dass höheres fachdidaktisches Wissen mit besseren Schülerleistungen einhergeht (Baumert et al., 2010). Genauer genommen scheint höheres fachdidaktisches Wissen zu einer höheren Unterrichtsqualität zu führen, welche wiederum zu besseren Schülerleistungen führt – auch unter Berücksichtigung der relevanten individuellen Schülermerkmale (Vorwissen, kognitive Fähigkeiten etc.) (z. B. in Mathematik, Baumert, et al., 2010). Bezogen auf das Fach Mathematik ist auch das Fachwissen der Lehrkräfte bedeutsam für die Schülerleistungen, jedoch scheint der Einfluss des

Fachwissens geringer zu sein als der Einfluss des fachdidaktischen Wissens (Baumert et al., 2010). Für andere Fächer stehen empirische Belege zum Zusammenhang zwischen fachbezogenem Wissen der Lehrkraft und ihrem Unterrichtserfolg noch aus.

Zudem zeigte sich, dass der Unterricht der Lehrkräfte mit höherem pädagogisch-psychologischem Wissen mit weniger Störungen und stärkerer konstruktiver Unterstützung einhergeht (Voss et al., 2014). Aktuelle Forschungsarbeiten untersuchen die Struktur und die Bedeutung des allgemeineren, fachunspezifischen sogenannten bildungswissenschaftlichen Wissens – welches über das pädagogisch-psychologische Wissen hinaus auch unterrichtsfernere Kenntnisse beispielsweise über das Bildungssystem, den Lehrerberuf oder bildungstheoretische Hintergründe beinhaltet (Kunina-Habenicht et al., 2020; Kunter et al., 2017; für eine Übersicht siehe Voss et al., 2015).

In den letzten Jahren findet vermehrt das Wissen über Leistungsbeurteilung und die Fähigkeit zur akkuraten Beurteilung von Schülerleistungen (auch »diagnostische Kompetenz« genannt) Aufmerksamkeit. Dieses Wissen beinhaltet sowohl Elemente des fachdidaktischen als auch des pädagogisch-psychologischen Wissens und ist zentral, da Leistungsbeurteilung neben dem Unterrichten zu den wichtigsten Aufgaben von Lehrkräften gehört. Bittet man Lehrkräfte, Leistungen ihrer Schülerinnen und Schüler in standardisierten Leistungstests einzuschätzen, zeigt sich im Mittel, dass Lehrkräfte dazu tendieren, das Leistungsniveau leicht zu überschätzen, während sie die Rangordnung der Schülerleistungen relativ genau einschätzen können. Dabei zeigt sich jedoch eine erhebliche Varianz zwischen den Urteilen einzelner Lehrkräfte (Südkamp & Praetorius, 2017).

Überzeugungen

Überzeugungen beinhalten individuelle Vorstellungen und Annahmen von Lehrkräften mit einer bewertenden Komponente. Überzeugungen von Lehrkräften können sich auf verschiedene Aspekte ihres Berufs beziehen (Kunter et al., 2020), auf das Selbst der Lehrkraft (z. B. Überzeugungen über eigene Fähigkeiten), auf den Lehr-Lern-Kontext (z. B. Überzeugungen über Unterrichtsansätze, spezifische Unterrichtsmethoden oder einzelne Schülerinnen und Schüler), auf das Bildungssystem (z. B. Überzeugungen zu konkreten Reformen, Überzeugungen zu Bildungsstandards) oder auf die Gesellschaft (z. B. kulturelle Normen und Werte, die sich auf Bildung und Schule beziehen).

Von diesen Überzeugungen wird angenommen, dass sie als Filter wirken und so beeinflussen, wie Lehrkräfte Informationen und Situationen wahrnehmen und deuten (Pajares, 1992). Auf diese Weise können Überzeugungen die Lehrkräfte darin beeinflussen, wie sie ihren Schülerinnen und Schülern sowie den Kolleginnen und Kollegen begegnen und ihren Unterricht planen und durchführen (Kleickmann, Vehmeyer & Möller, 2010). Die Überzeugungen von Lehrkräften über einzelne Schülerinnen und Schüler können darüber hinaus positiv oder negativ beeinflussen, wie sich Schülerinnen und Schüler verhalten, bzw. welche Leistungen sie zeigen (Ludwig, 2010). Negative Erwartungseffekte scheinen besonders häufig bei Schülerinnen und Schülern mit geringem sozioökonomischen Status oder aus ethnischen Minderheiten aufzutreten (Jussim & Harber, 2005).

Da Überzeugungen eine hohe Stabilität aufweisen und sich selten von sich aus verändern, sind maßgeschneiderte Fortbildungen notwendig, damit Lehrkräfte ihre Überzeugungen weiterentwickeln (Pajares, 1992). Bisher ist allerdings noch offen, in welche Richtung Überzeugungen durch eine Fortbildung verändert werden sollen und ob man normativ auf Basis von wissenschaftlichen Erkenntnissen vorgeben kann, welche Inhalte Überzeugungen aufweisen sollen. Jedoch besteht Konsens darüber, dass die Reflexion der eigenen Überzeugungen als zentral für die Aus- und Weiterbildung von Lehrkräften angesehen wird (Decker, Kunter & Voss, 2014).

Motivation
Während im Persönlichkeitsansatz davon ausgegangen wird, dass es vor allem die stabilen Motive sind, die das Handeln von Lehrkräften bestimmen, sieht man Motivation im Rahmen des Kompetenzansatzes als mehrdimensional und veränderbar an. So können Lehrkräfte zum Beispiel ganz unterschiedliche Ausprägungen im Hinblick auf ihre Selbstwirksamkeit, ihre intrinsische Motivation oder Zielorientierungen aufweisen. Diese motivationalen Unterschiede führen zu Unterschieden in der Unterrichtsqualität, dem Beanspruchungserleben oder dem Engagement in Fortbildungen (Richardson, Karabenick & Watt, 2014). Die neuere Forschung zur Motivation von Lehrkräften geht davon aus, dass sich motivationale Merkmale während des Berufslebens verändern können. So zeigen Studien beispielsweise, dass sich die eigenen Erfolge bzw. Misserfolge im Unterricht auf die Selbstwirksamkeit auswirken und dass Merkmale der Schulumgebung wie die dort zugestandene Autonomie die intrinsische Motivation positiv beeinflussen (Holzberger, Philipp & Kunter, 2013).

Berufliche Selbstregulation
Lehrkräfte werden oft als Risikogruppe für das Erleben von Stress, Beanspruchung und Burnout dargestellt (▶ Kap. III-11; Rothland, 2013). Dabei versteht man unter Belastungen »berufsbezogene Umweltfaktoren, die auf die Person einwirken und zu positiven oder negativen Reaktionen führen können« (Kunter et al., 2020, S. 281). Mit Beanspruchung hingegen sind »individuelle Reaktionen auf Belastungen« gemeint (Kunter et al., 2020, S. 281). Als wesentliche institutionelle Belastungsfaktoren werden genannt: hohe Arbeitsbelastung, große Klassen und hoher Lärmpegel (Krause & Dorsemagen, 2007). Obwohl die genannten Faktoren zunächst für alle Lehrkräfte gelten, scheinen manche Lehrkräfte mit den Belastungen effektiver umzugehen als andere. Aktuelle Forschung zeigt, dass der Unterricht von Lehrkräften mit ungünstigen Bewältigungsmustern und erhöhtem Beanspruchungserleben eine geringere Unterrichtsqualität aufweist als bei weniger belasteten Lehrkräften. Die geringere Unterrichtsqualität geht wiederum mit ungünstigen motivationalen Ausprägungen bei den Schülerinnen und Schülern einher (Klusmann et al., 2008). Zudem wiesen Klassen, die von höher belasteten Lehrkräften unterrichtet werden, niedrigere Mathematik- und Leseleistungen auf – auch unter Kontrolle relevanter Schülermerkmale (Klusmann & Richter, 2014).

10.4 Förderung und Unterstützung von Lehrkräften – Eine Integration beider Ansätze

Je nachdem, ob man die Position des Persönlichkeitsansatzes oder des kompetenzorientierten Ansatzes einnimmt, ergeben sich daraus unterschiedliche Konsequenzen und Zielsetzungen für das Bildungssystem. Verfolgt man konsequent den Persönlichkeitsansatz, steht hier die Selektion geeigneter Personen im Vordergrund. Konkret würde das bedeuten, dass angestrebt wird, möglichst viele geeignete Personen für den Lehrerberuf zu gewinnen und gleichzeitig bereits im Lehramtsstudium die Anzahl nicht geeigneter Bewerberinnen und Bewerber zu reduzieren. Bei der Zulassung zum Lehramtsstudium werden gegenwärtig an einigen Universitäten diagnostische Verfahren als Self-Assessments eingesetzt (Rothland & Tirre, 2011). Angesichts der widersprüchlichen Befunde zu Persönlichkeitsmerkmalen erscheint eine frühe Selektion der Lehramtsstudierenden bei der Studienzulassung als bindende, rechtssichere juristische Praxis derzeit jedoch nicht denkbar. Verfolgt man hingegen den kompetenzorientierten Ansatz, so steht die Schaffung geeigneter Lerngelegenheiten an der Universität, im Vorbereitungsdienst und im Beruf im Vordergrund. Das im Folgenden dargestellte Modell von Kunter et al. (2011; ▸ Abb. 10.1) verbindet beide Ansätze, indem es sowohl erlernbare Kompetenzaspekte als auch eher stabile individuelle kognitive und motivationale Voraussetzungen der (angehenden) Lehrkräfte berücksichtigt.

Das Modell geht davon aus, dass professionelle Kompetenz durch explizite und implizite Lernprozesse aufgebaut und vertieft werden kann (Kunter et al., 2011). Diese Lernprozesse können einerseits durch verschiedene Lernangebote im Lehramtsstudium, Vorbereitungsdienst und in Fortbildungen im Beruf angeregt werden und anderseits z. B. durch den Austausch mit Kolleginnen und Kollegen.

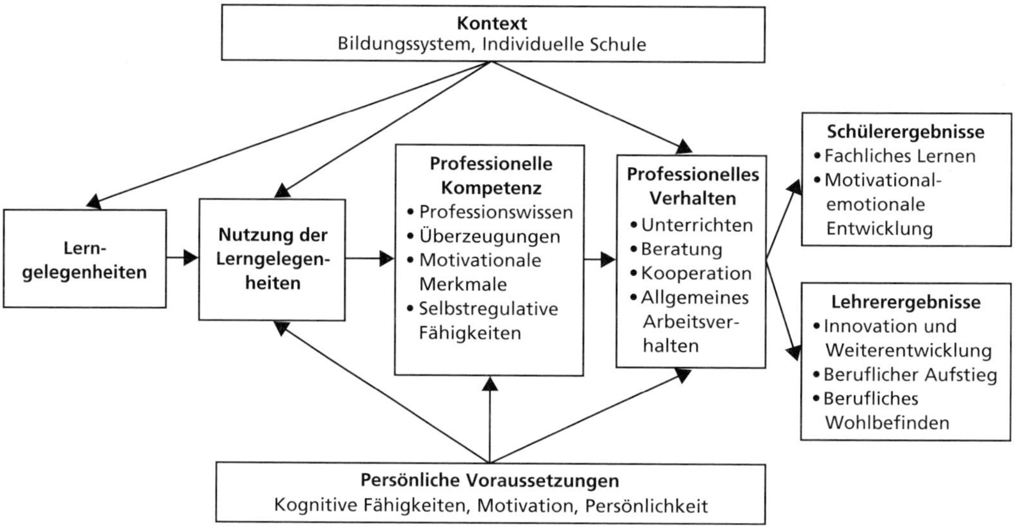

Abb. 10.1: Modell der Determinanten und Konsequenzen der professionellen Kompetenz von Lehrkräften (aus Kunter et al., 2011, S. 59)

In diesem Modell wird die aktive Rolle der Lehrkräfte betont. Es wird angenommen, dass Lernerfolge von der individuellen Nutzung der Lerngelegenheit abhängen, d. h. davon, welche Lernsituationen Lehrkräfte aufsuchen oder wie intensiv sie sich mit den Inhalten auseinandersetzen. Diese individuell variierende Nutzung wird zum einen durch kontextuelle Faktoren (z. B. Merkmale der jeweiligen Schule) beeinflusst, zum anderen – und hier ist der Bezug zum Persönlichkeitsansatz zu erkennen – durch persönliche Voraussetzungen der Lehrkräfte (z. B. kognitive Fähigkeiten oder Motivation). Da Lehrkräftefortbildungen wichtige Lerngelegenheiten für den kontinuierlichen Aufbau der professionellen Kompetenz im Beruf darstellen, wird im nächsten Abschnitt die Gestaltung von Fortbildungen thematisiert.

10.5 Lehrkräftefortbildungen als wichtige Lerngelegenheiten im Beruf

Das Ziel von Lehrerfortbildungen besteht meist darin, Wissen zu vermitteln bzw. aufbauen. Darüber hinaus sind Fortbildungen oft mit der Hoffnung verbunden, dass Lehrkräfte ihre Überzeugungen verändern. Neben diesen kognitiven Aspekten wird in Fortbildungen auch häufig der Bereich der beruflichen Selbstregulation angesprochen, bei dem es z. B. um den Umgang mit Stress geht.

Wie in dem Modell zur Entwicklung der Kompetenz dargestellt, können Lehrkräfte als Lernende verstanden werden, die individuelle Fähigkeiten und Vorwissen mitbringen. Daher sind Fortbildungen für Lehrkräfte besonders dann wirksam, wenn sie das vorhandene Wissen und die Vorstellungen der Lehrkräfte aufgreifen und die Lehrkräfte darin unterstützen, vorhandenes und neues Wissen zu verknüpfen (Muijs et al., 2014). Dabei sollten nicht nur Informationen an die Lehrkräfte weitergegeben werden, sondern auch aktives Lernen und vertiefte Verarbeitungsprozesse angeregt werden, z. B. durch intensive Diskussionen unter den Lehrkräften, Reflexionsphasen oder das Arbeiten mit Fallbeispielen oder Unterrichtsbeobachtungen (Lipowsky, 2014). Dafür ist es hilfreich, wenn die Fortbildungssituation durch Vertrauen und Herausforderung gekennzeichnet ist und emotionale Aspekte berücksichtigt. Lehrkräfte sollten keine Angst davor haben, bloßgestellt zu werden. Da Lehrkräfte ein Teil der größeren Organisation »Schule« sind, sollte der Kontext der Lehrkräfte in der Fortbildung berücksichtigt werden und eine Integration der theoretischen Inhalte und der tatsächlichen Praxis der Lehrkräfte stattfinden, z. B. unterstützt durch Schulpsychologie und Schulleitungen. Da bestehende Handlungsroutinen der Lehrkräfte nicht durch punktuelle Interventionen verändert werden können, sollten Lehrkräftefortbildungen längerfristig angelegt sein und beim Transfer der Fortbildungsinhalte in die Praxis Hilfestellungen anbieten (Lipowsky, 2014).

10.6 Implikationen für die Arbeit von Schulpsychologinnen und Schulpsychologen

Da die Kompetenzentwicklung von Lehrkräften nicht mit dem Berufseinstieg abgeschlossen ist, brauchen Lehrkräfte qualitativ hochwertige Fortbildungen und möglicherweise auch individuelle Beratung, durch die sie ihre Fähigkeiten und Kenntnisse in den verschiedenen Bereichen weiter vertiefen können (Kunter et al., 2011; Richter et al., 2013). Schulpsychologinnen und -psychologen können Lehrkräfte bei diesem Prozess unterstützen.

Hinsichtlich der Kompetenzaspekte Wissen und Überzeugungen können Schulpsychologinnen und -psychologen Wissen über psychologische Prozesse im Schulkontext bereitstellen und Lehrkräfte in verschiedenen Bereichen weiterbilden. Sie können beispielsweise Fortbildungen zu diagnostischen Themen durchführen, auf der einen Seite z. B. zu Diagnostik von Hochbegabung, Teilleistungsstörungen oder psychischen Störungen im Kindes- und Jugendalter, auf der anderen Seite zu Lernstandserhebungen und deren Bedeutung für den eigenen Unterricht und die Leistungsbeurteilungspraxis.

Neben diesen Themen besteht eine wichtige Aufgabe der Schulpsychologie darin, Lehrkräfte bei der Elternberatung und bei der Verbesserung ihrer Gesprächsführungskompetenz zu unterstützen. Zudem können Lehrkräfte in Hinblick auf die selbstregulativen Fähigkeiten unterstützt werden, verantwortungsvoll mit ihren eigenen Ressourcen umzugehen. Dazu sind Fortbildungen zur Gesundheitsprävention und zum Umgang mit Stress und Belastungen ebenso geeignet wie die Beratung von Lehrkräften und Schulen beim Umgang mit psychischen Störungen, wie z. B. Depressionen.

Insgesamt knüpft die Arbeit der Schulpsychologie an verschiedene Aspekte der professionellen Kompetenz von Lehrkräften an. Durch Lerngelegenheiten für Lehrkräfte lässt sich die Entwicklung der professionellen Kompetenz unterstützen und die Möglichkeit für qualitativ hochwertigen Unterricht schaffen.

Weiterführende Literaturhinweise

Kunter, M., Baumert, J., Blum, W., Klusmann, U., Krauss, S. & Neubrand, M. (Hrsg.). (2011). *Professionelle Kompetenz von Lehrkräften: Ergebnisse des Forschungsprogramms COACTIV.* Münster: Waxmann.

Richardson, P. W., Karabenick, S. A. & Watt, H. M. G. (Eds.). (2014). *Teacher motivation: Theory and practice.* New York: Routledge.

Terhart, E., Bennewitz, H. & Rothland, M. (Hrsg.). (2014). *Handbuch der Forschung zum Lehrerberuf* (2. Aufl.). Münster: Waxmann.

Literatur

Baumert, J. & Kunter, M. (2006). Stichwort: Professionelle Kompetenz von Lehrkräften. *Zeitschrift für Erziehungswissenschaft, 9*(4), 469–520.

Baumert, J., Kunter, M., Blum, W., Brunner, M., Voss, T., Jordan, A., Klusmann, U., Krauss, S., Neubrand, M. & Tsai, Y.-M. (2010). Teachers' mathematical knowledge, cognitive activation in the classroom, and student progress. *American Educational Research Journal, 47*, 133–180.

Decker, A.-T., Kunter, M. & Voss, T. (2014). The relationship between quality of discourse during teacher induction classes and beginning teachers' beliefs. *European Journal of Psychology of Education, 30*(1), 41–61.

Holzberger, D., Philipp, A. & Kunter, M. (2013). How Teachers' Self-Efficacy is Related to Instructional Quality: A Cross-Lagged Panel Analysis. *Journal of Educational Psychology, 105*(3), 774–786.

Jussim, L. & Harber, K. D. (2005). Teacher Expectations and Self-Fulfilling Prophecies: Knowns and Unknows, Resolved and Unresolved Controversies. *Personality and Social Psychology Review, 9*(2), 131–155.

Kleickmann, T., Vehmeyer, J. & Möller, K. (2010). Zusammenhänge zwischen Lehrervorstellungen und kognitivem Strukturieren im Unterricht am Beispiel von Scaffolding-Maßnahmen. *Unterrichtswissenschaft, 38*(3), 210–228.

Klusmann, U., Kunter, M., Trautwein, U., Ludtke, O. & Baumert, J. (2008). Teachers' occupational well-being and quality of instruction: The important role of self-regulatory patterns. *Journal of Educational Psychology, 100*(3), 702–715.

Klusmann, U. & Richter, D. (2014). Beanspruchungserleben von Lehrkräften und Schülerleistung. Eine Analyse des IQB-Ländervergleichs in der Primarstufe. *Zeitschrift für Pädagogik, 2*, 202–224.

Klusmann, U., Trautwein, U., Lüdtke, O., Kunter, M. & Baumert, J. (2009). Eingangsvoraussetzungen beim Studienbeginn. *Zeitschrift für Pädagogische Psychologie, 23*(3), 265–278.

König, J. & Blömeke, S. (2010). *Pädagogisches Unterrichtswissen (PUW). Dokumentation der Kurzfassung des TEDS-M-Testinstruments zur Kompetenzmessung in der ersten Phase der Lehrerausbildung.* Berlin: Humboldt-Universität.

Krause, A. & Dorsemagen, C. (2007). Ergebnisse der Lehrerbelastungsforschung: Orientierung im Forschungsdschungel. In M. Rothland (Hrsg.), *Belastung und Beanspruchung im Lehrerberuf* (S. 52–80). Wiesbaden: VS Verlag für Sozialwissenschaften.

Kunina-Habenicht, O., Maurer, C., Wolf, K., Holzberger, D., Schmidt, M., Dicke, T., Teuber, Z., Koc-Januchta, M., Lohse-Bossenz, H., Leutner, D., Seidel, T. & Kunter, M. (2020). Der BilWiss-2.0-Test: Ein revidierter Test zur Erfassung des bildungswissenschaftlichen Wissens von (angehenden) Lehrkräften. *Diagnostica, 66*(2), 80–92.

Kunter, M., Kleickmann, T., Klusmann, U. & Richter, D. (2011). Die Entwicklung professioneller Kompetenz von Lehrkräften. In M. Kunter, J. Baumert, W. Blum, U. Klusmann, S. Krauss & M. Neubrand (Hrsg.), *Professionelle Kompetenz von Lehrkräften – Ergebnisse des Forschungsprogramms COACTIV* (S. 56–68). Münster: Waxmann.

Kunter, M., Klusmann, U., Baumert, J., Richter, D., Voss, T. & Hachfeld, A. (2013). Professional Competence of Teachers: Effects on Instructional Quality and Student Development. *Journal of Educational Psychology, 105*(3), 805–820.

Kunter, M., Kunina-Habenicht, O., Dicke, T., Holzberger, D., Lohse-Bossenz, H., Leutner, D., Schulze-Stocker, F. & Terhart, E. (2017). Bildungswissenschaftliches Wissen und professionelle Kompetenz in der Lehramtsausbildung – Ergebnisse des Projekts BilWiss. In C. Gräsel & K. Trempler (Hrsg.), *Entwicklung von Professionalität pädagogischen Personals. Interdisziplinäre Betrachtungen, Befunde und Perspektiven* (S. 37–54). Springer Online.

Kunter, M., Pohlmann, B. & Decker, A.-T. (2020). Lehrkräfte. In E. Wild & J. Möller (Hrsg.), *Einführung in die Pädagogische Psychologie* (S. 269–288). Heidelberg: Springer.

Lipowsky, F. (2014). Theoretische Perspektiven und empirische Befunde zur Wirksamkeit von Lehrerfort- und -weiterbildung. In E. Terhart, H. Bennewitz & M. Rothland (Hrsg.), *Handbuch der Forschung zum Lehrerberuf* (S. 511–541). Münster: Waxmann.

Ludwig, P. H. (2010). Erwartungseffekt. In D. H. Rost (Hrsg.), *Handwörterbuch Pädagogische Psychologie* (S. 144–150). Weinheim: Beltz.

Mayr, J. (2011). Der Persönlichkeitsansatz in der Forschung zum Lehrerberuf. Konzepte, Befunde und Folgerungen. In E. Terhart, H. Bennewitz & M. Rothland (Hrsg.), *Handbuch der Forschung zum Lehrerberuf* (S. 189–215). Münster: Waxmann.

Mayr, J. & Neuweg, G. H. (2006). Der Persönlichkeitsansatz in der Lehrer/innen/forschung. In M. Heinrich & U. Greiner (Hrsg.), *Schauen, was 'rauskommt. Kompetenzförderung, Evaluation und Systemsteuerung im Bildungswesen* (S. 183–206). Wien: LIT Verlag.

Muijs, D., Kyriakides, L., van der Werf, G., Creemers, B., Timperley, H. & Earl, L. (2014). State of the art – teacher effectiveness and professional learning. *School Effectiveness and School Improvement, 25(2),* 231–256.

Pajares, M. F. (1992). Teachers' beliefs and educational research: Cleaning up a messy construct. *Review of Educational Research, 62*(3), 307–332.

Richardson, P. W., Karabenick, S. A. & Watt, H. M. G. (Eds.). (2014). *Teacher motivation: Theory and practice.* New York: Routledge.

Richardson, P. W. & Watt, H. M. G. (2014). Why people choose teaching as a career: An expectancy-value approach to understanding teacher motivation. In P. W. Richardson, H. M. G. Watt & S. A. Karabenick (Eds.), *Teacher motivation: Theory and practice* (pp. 3–19). New York: Routledge.

Richter, D., Engelbert, M., Weirich, S. & Pant, H. A. (2013). Differentielle Teilnahme an Lehrerfortbildungen und deren Zusammenhang mit professionsbezogenen Merkmalen von Lehrkräften. *Zeitschrift für Pädagogische Psychologie, 27* (3), 193–207.

Rothland, M. (Hrsg.). (2013). *Belastung und Beanspruchung im Lehrerberuf* (2. Aufl.). Wiesbaden: VS Verlag für Sozialwissenschaften.

Rothland, M. & Tirre, S. (2011). Selbsterkundung für angehende Lehrkräfte. Was erfassen ausgewählte Verfahren der Eignungsabklärung? *Zeitschrift für Pädagogik, 57*(5), 655–673.

Rushton, S., Morgan, J. & Richard, M. (2007). Teacher's Myers-Briggs personality profiles: Identifying effective teacher personality traits. *Teaching and Teacher Education, 23*(4), 432–441.

Shulman, L. S. (1986). Those who understand: Knowledge growth in teaching. *Educational Researcher, 15*(2), 4–21.

Südkamp, A. & Praetorius, A.-K. (Hrsg.) (2017). *Diagnostische Kompetenz von Lehrkräften – Theoretische und methodische Weiterentwicklungen.* Münster: Waxmann.

Voss, T., Kunina-Habenicht, O., Hoehne, V., & Kunter, M. (2015). Stichwort Pädagogisches

Wissen von Lehrkräften: Empirische Zugänge und Befunde. *Zeitschrift für Erziehungswissenschaft, 18*(2), 187–223.

Voss, T., Kunter, M., Seiz, J., Hoehne, V. & Baumert, J. (2014). Die Bedeutung des pädagogisch-psychologischen Wissens von angehenden Lehrkräften für die Unterrichtsqualität. *Zeitschrift für Pädagogik, 60*(2), 184–201.

Weinert, F. E. (Hrsg.). (2001). *Leistungsmessungen in Schulen.* Weinheim: Beltz.

11 Psychische Gesundheit von Lehrerinnen und Lehrern – eine Vergleichsstudie

Andreas W. Fischer und Uwe Schaarschmidt

11.1 Einführung

Seit zwei Jahrzehnten führen wir unsere Forschungen zur Beanspruchung von Lehrerinnen und Lehrern durch (Schaarschmidt, 2005; Schaarschmidt & Kieschke, 2007; Schaarschmidt & Fischer, 2013). Sie belegten wiederholt deren besondere Belastungssituation. Auch viele weitere Autoren und Autorinnen weisen auf die schwierigen Anforderungen dieses Berufs und auf daraus resultierende Belastungsrisiken hin (vgl. u. a. Rothland, 2013; Blossfeld u. a., 2014; Kieschke & Krumrey, 2019). Hervorzuheben sind dabei vor allem die psychischen Belastungen. Demzufolge muss auch der psychischen Gesundheit in diesem Beruf besondere Aufmerksamkeit gelten. Sie zu erhalten und zu fördern ist nicht nur im Interesse der Lebensqualität der Lehrerinnen und Lehrer erforderlich, sondern auch im Interesse der Erfüllung ihrer pädagogischen Aufgaben. Mehr noch als in anderen Berufen ist hier die psychische Gesundheit eine Basisvoraussetzung für die erfolgreiche Berufsausübung. Schließlich sollen Lehrerinnen und Lehrer motiviert und engagiert den Unterrichtsstoff vermitteln, durch das eigene Vorbild Lust am Lernen wecken und auch über das Lehren hinaus jungen Menschen Orientierung geben. Dafür ist psychische Kraft erforderlich. Wer den Anforderungen des Lehreralltags ohne Freude gegenübertritt, sich überfordert, kraftlos und ausgelaugt fühlt und in seiner täglichen Arbeit wenig Sinn erlebt, kann das nicht leisten.

In den letzten Jahren haben wir unsere Arbeiten sowohl unter dem Aspekt der Situationsanalyse als auch unter dem der daraus abzuleitenden Unterstützungsangebote weitergeführt. Auf beide Aspekte wird hier eingegangen:

Zum Zwecke der *Situationsanalyse* führen wir mehrere Vergleiche durch. Zuerst werden unsere Befunde zum Beanspruchungserleben, die wir in größerem zeitlichen Abstand erhoben haben, miteinander verglichen, um auf die inzwischen erfolgten Veränderungen zu schließen. Anschließend werden Ergebnisse eines länderübergreifenden Vergleichs dargestellt, der sich auf die deutschsprachigen Länder konzentriert. Und schließlich gehen wir auf die Befunde eines Berufsgruppenvergleichs aus dem Arbeitsfeld Schule ein. Es wird gefragt, inwieweit Vergleichbarkeit im Beanspruchungserleben von Lehrerinnen und Lehrern und den anderen Beschäftigtengruppen an den Schulen besteht.

Was den zweiten Aspekt, die *Unterstützungsangebote*, betrifft, so skizzieren wir kurz das Programm *Denkanstöße*, das wir in den letzten Jahren für die Schulen entwickelt haben und das wir den Leitungen und Kollegien als ein Instrument für eine wirksame Gesundheitsförderung zur Verfügung stellen.

11.2 Situationsanalyse

11.2.1 Die Verfahren der Situationsanalyse: AVEM, BESL und ABC-L

1. AVEM[1] (*Arbeitsbezogenes Verhaltens- und Erlebensmuster*; Schaarschmidt & Fischer, 2008a, 2013) ist das grundlegende diagnostische Instrument, auf das sich die hier vorgestellten Arbeiten stützen. In ihm schlägt sich unser Verständnis psychischer Gesundheit in Bezug auf Arbeit und Beruf nieder. Mittels AVEM werden Selbsteinschätzungen zu drei Kernbereichen des persönlichen Umgangs mit den Arbeitsanforderungen eingeholt: dem *Engagement*, mit dem die Arbeit in Angriff genommen wird, der *Widerstandskraft* gegenüber den auftretenden Belastungen und den *Emotionen*, die die Auseinandersetzung mit den Anforderungen begleiten. Aus der Beschaffenheit dieser drei Bereiche und ihrem Zueinander lassen sich im Weiteren vier Muster arbeitsbezogenen Verhaltens und Erlebens ableiten, die wir als die *Muster G*, *S*, *A* und *B* bezeichnen. Je nachdem, welches Muster im Vordergrund steht und wie stark es ausgeprägt ist, kann einerseits auf Gesundheitsressourcen und andererseits auf Gesundheitsrisiken geschlossen werden.

Im Groben lassen sich die vier Muster wie folgt beschreiben:

Das *Muster G* ist Ausdruck von *G̲esundheit* und Hinweis auf ein gesundheitsförderliches Verhältnis gegenüber der Arbeit. Wir finden hier ein deutliches, doch nicht exzessives Arbeitsengagement, gute Widerstandskraft gegenüber Belastungen, berufliches Erfolgserleben und ein positives Lebensgefühl vor. Es überrascht nicht, dass Menschen mit diesem Bewältigungsmuster bereit und in der Lage sind, sich den beruflichen und auch den darüberhinausgehenden Lebensanforderungen mit Zuversicht, Elan und Freude zu stellen. So gesehen handelt es sich um das vorteilhafteste Muster arbeitsbezogenen Verhaltens und Erlebens.

Beim *Muster S* ist das Verhältnis gegenüber der Arbeit durch eine *S̲chonungs-* oder auch *S̲chutzhaltung* charakterisiert. Kennzeichnend sind eine relativ gute Widerstandsfähigkeit und ein eher positives Lebensgefühl, aber Zurückhaltung im beruflichen Engagement. Im Vordergrund steht die Bewahrung der eigenen Ressourcen. Oftmals liegt hier das Erleben defizitärer Arbeitsbedingungen, eines belastenden Arbeitsklimas oder auch unzureichender beruflicher Herausforderungen zugrunde. Nicht selten sind es auch erhöhte Anforderungen im privaten Bereich, die zur beruflichen Zurücknahme führen. Was für alle Muster gilt, trifft bei S in besonderem Maße zu: Es besteht eine starke Abhängigkeit

1 AVEM ist ein inzwischen weit bekanntes und in vielen Arbeitsbereichen eingesetztes Verfahren. Es kann deshalb auf eine ausführlichere Darstellung verzichtet werden. Für weiterführende Informationen zu den inhaltlichen und statistischen Grundlagen siehe die oben angeführte Literatur.

von den jeweiligen Arbeits- und Lebensbedingungen.

Unter dem Gesundheitsaspekt und insbesondere mit Sicht auf die Prävention verdienen die beiden weiteren Muster besondere Aufmerksamkeit. Sie sind als *Risikomuster* zu verstehen, da in beiden Fällen arbeitsbezogene Verhaltens- und Erlebensweisen auszumachen sind, die auf Gefährdungen und Beeinträchtigungen hinweisen:

Das *Risikomuster A* ist durch überhöhtes Engagement und die Neigung zur Perfektion und Selbstüberforderung bis hin zur schonungslosen Selbstausbeutung gekennzeichnet. Zur Problematik dieses Musters gehört im Weiteren das Erleben, dass die übermäßige berufliche *Anstrengung* nicht mit der erwarteten Anerkennung und Wertschätzung einhergeht, also ein Ungleichgewicht zwischen Geben und Empfangen besteht. Es ist vor allem die daraus resultierende Unzufriedenheit, die die starke Verausgabung zu einem deutlichen Gesundheitsrisiko werden lässt, das sich häufig in körperlich-funktionellen Beeinträchtigungen niederschlägt. Auch liegt hier eine mögliche Quelle für die Herausbildung des Burnout-Syndroms (s. Muster B).

Das *Risikomuster B* ist zweifellos das problematischste Muster. Es ist gekennzeichnet durch stark verminderte Widerstandskraft, eingeschränktes Engagement, massives Überforderungserleben, Resignation und Verzweiflung. Solche Erscheinungen zählen zum Kern des *Burnout*-Syndroms. Doch setzen wir Muster B und Burnout nicht unbedingt gleich. Nicht jede Person, die die Charakteristika des Risikomusters B zeigt, muss eine Burnout-Entwicklung hinter sich haben. Eine solche Entwicklung liegt vor allem dann vor, wenn der Weg zum Muster B über das Muster A verlief. Klar ist, dass ein ausgeprägtes Muster B gerade in Berufen, die aktives und eigenverantwortliches Handeln erfordern, ein starkes Handicap bedeutet.

2. BESL (*Beschwerdenliste*; Schaarschmidt & Fischer, 2008b) ergänzt die Aussagen des AVEM, indem zusätzlich körperliche und psychische Belastungssymptome erfasst werden. Berücksichtigt sind die fünf Beschwerdenbereiche *Herz-Kreislauf- und vegetative Beschwerden*, *Emotionale Beeinträchtigungen*, *Schlafstörungen*, *Gedächtnis- und Konzentrationsstörungen*, *Erschöpfungszustände* sowie ein *Gesamtwert* aller Beschwerden.

3. ABC-L (*Arbeitsbewertungscheck für Lehrkräfte*; Schaarschmidt, Kieschke & Fischer, 2012) ist ein Verfahren der subjektiven Arbeitsanalyse. Die Lehrerinnen und Lehrer schätzen mittels ABC-L ihre eigenen Arbeitsbedingungen ein. Die Einschätzungen geben darüber Aufschluss, welche Faktoren besondere Aufmerksamkeit verdienen, welche Stärken und welche Schwächen die Befragten in ihrer Schule sehen. Vor allem letztere gilt es zu identifizieren, um auf Veränderungsbedarf zu schließen. Gegenstand der Bewertung sind die im beruflichen Alltag vorkommenden pädagogischen Anforderungen, die damit verbundenen sozialen Faktoren sowie die organisatorischen und sachbezogenen Arbeitsbedingungen. Nicht berücksichtigt werden solche Bedingungen, die in der Regel durch zentrale Vorgaben gesetzt sind, wie z. B. das Stundendeputat und die Arbeitszeitregelung. Konkret werden die folgenden nach den Bereichen A–D zusammengefassten Merkmale eingeschätzt:

- A = *Arbeit mit Schülern und Eltern*: *Unterrichten*, *Außerunterrichtliche Arbeit mit Schülern*, *Verhalten der Schüler*, *Verhalten der Eltern*, *Gespräche mit Eltern*
- B = *Organisation und Kooperation*: *Verhalten der Schulleitung*, *Offizielle Zusammenkünfte im Kollegium*, *Klima im Kollegium*, *Arbeitsorganisation in der Schule*, *Schulkultur*, *Möglichkeiten der Fort- und Weiterbildung*
- C = *Äußere Arbeitsbedingungen*: *Räumliche Bedingungen*, *Arbeitshygienische Bedingungen*, *Bereitstellung von Arbeitsmitteln*

- D = *Schulbezogene Arbeit zu Hause*[2]

Es liegen inzwischen mehrere Versionen des Instruments vor, die unterschiedlichen Schulformen und auch verschiedenen Berufsgruppen (in der Schule und darüber hinaus) Rechnung tragen.

11.2.2 Veränderung des Beanspruchungserlebens über die Zeit

Gestützt auf die vier Muster arbeitsbezogenen Verhaltens und Erlebens lässt sich die im Abstand von ein bis zwei Jahrzehnten vorgefundene Beanspruchungssituation vergleichen und damit eine Aussage zur Veränderung des Beanspruchungserlebens über die Zeit treffen (▶ Abb. 11.1). Aus der linken Säule der Abbildung geht die in den zurückliegenden acht Jahren gefundene Verteilung der Muster hervor. Untersucht wurden 8 830 Lehrerinnen und Lehrer aus verschiedenen Regionen Deutschlands. Die rechte Säule stellt einen Befund aus den Anfängen der Potsdamer Lehrerstudie (1995–2000) dar. Einbezogen war eine Stichprobe von 7 693 Lehrerinnen und Lehrern (nach Regionen, Geschlecht, Alter und Schulformen ähnlich zusammengesetzt wie die neuere Stichprobe). In der früheren Erhebung hatte sich eine äußerst bedenkliche Musterkonstellation gezeigt. Auf der einen Seite war der Anteil des wünschenswerten *G-Musters* sehr gering (17,0 %), auf der anderen traten die *Risikomuster A* und *B* außerordentlich häufig auf (mit 30,5 % bzw. 29,0 %). Dieses Bild hat sich mit den neueren Untersuchungen verändert. Es stellt sich günstiger dar, gibt aber noch keinen Anlass zur Entwarnung. Wünschenswert wäre ein Überwiegen des *Musters G* und ein noch geringerer Prozentsatz für die Risikomuster, insbesondere das problematischste *Muster B*. Man darf sich nicht damit abfinden, wenn fast ein Viertel der Lehrerinnen und Lehrer eine vorherrschende Tendenz zu diesem Muster, also dem Erleben von Überforderung, Erschöpfung und Resignation, erkennen lässt. Und schließlich sollte auch die markante Zunahme des *Musters S* nicht übersehen werden, drückt sich darin doch eine verstärkte Distanzierung gegenüber den Berufs- und Arbeitsbelangen aus. Auch dieses letztgenannte Ergebnis fordert dazu auf, sich weiter und verstärkt mit den Arbeitsverhältnissen der Lehrerinnen und Lehrer zu befassen (mehr zum Muster S folgt unter ▶ Abschnitt 11.2.3.).

11.2.3 Beanspruchungserleben der Lehrerinnen und Lehrer im Ländervergleich

Schon in den früheren Untersuchungen hatten wir Hinweise auf teils größere länderspezifische Unterschiede in den Musterverteilungen gefunden (Schaarschmidt, 2005). In den Erhebungen der letzten Jahre ergab sich die Möglichkeit für einen systematischeren Vergleich mit anderen deutschsprachigen Ländern, von dem wir mehr Aussagekraft erwarten können. Es wurden größere Stichproben aus Österreich (n = 1 336) und der Schweiz (n = 1 692) einbezogen. Darüber hinaus konnten wir – der Größe des Landes angemessen – auf eine kleine Stichprobe (n = 140) aus Liechtenstein zurückgreifen. Die Ergebnisse dieser Stichprobe sind wegen der geringen Zahl natürlich zurückhaltender zu interpretieren.

Aus Abbildung 11.2 geht die Gegenüberstellung der Musterkonstellationen hervor. Es zeigen sich recht deutliche Unterschiede (▶ Abb. 11.2). In Relation zu den anderen Ländern ergibt sich für die deutschen Lehrerinnen und Lehrer das ungünstigste Bild. Es

2 Hier wird erfasst, inwieweit die zu Hause zu leistende Arbeit als gut bewältigbar und vereinbar mit den Belangen der Familie erlebt wird.

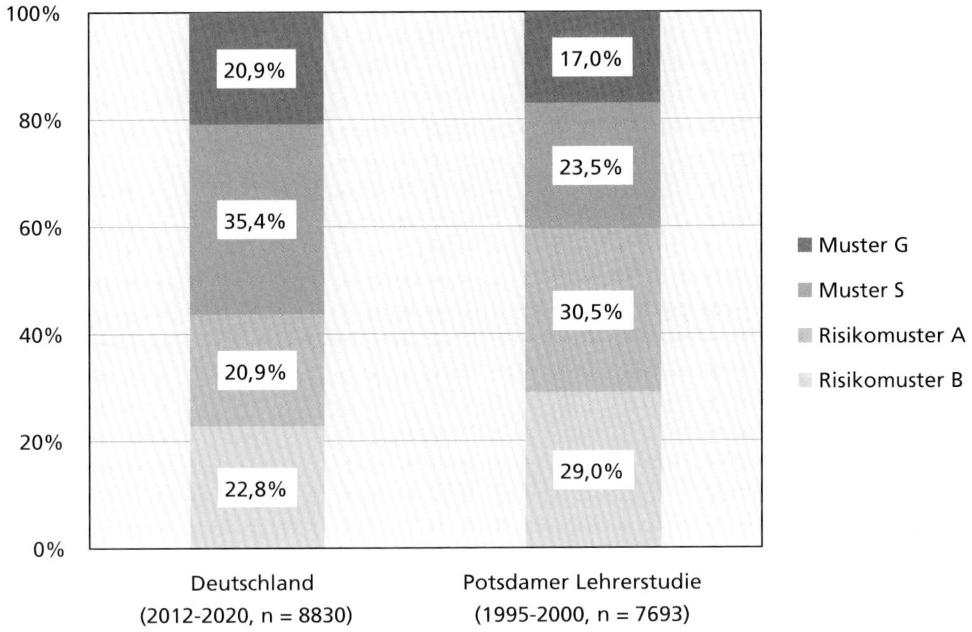

Abb. 11.1: Gegenüberstellung der Musterverteilungen der Lehrerinnen und Lehrer aus den Erhebungen der Jahre 2012–2020 (links) und 1995–2000 (rechts)

liegen der geringste Prozentsatz für das *Muster G* und die höchsten Anteile für die *Risikomuster A* und *B* vor.

Ein Wort sei hier noch zum *Muster S* gesagt: Es fällt auf, dass dieses auf mehr berufliche Distanzierung und Ressourcenschonung ausgerichtete Muster in allen vier Gruppen stark vertreten ist. Das fordert natürlich überall zum Nachdenken über motivationsfördernde Arbeitsgestaltung auf. Es liegt aber auch der Schluss nahe, dass es hier nicht allein um den Verantwortungsbereich der jeweiligen Schulen geht. Zu Entwicklungen im Sinne des Musters S trägt u. E. auch bei, dass die Schule vielerorts zum Reparaturbetrieb für ungelöste gesellschaftliche Probleme geworden ist, was Lehrerinnen und Lehrer z. T. überfordert und Rückzugstendenzen begünstigt. Und ein weiterer Aspekt ist zu bedenken: Es dürfte sich hier nicht zuletzt auch ein übergreifender gesellschaftlicher Wertewandel niederschlagen, in dessen Folge andere Werte als Arbeit und Beruf, wie etwa Familie und Freizeit, einen höheren Stellenwert erlangen. Für einen solchen generellen Wandel spricht insbesondere, dass wir eine deutliche Zunahme des S-Musters in den jüngeren Altersgruppen verzeichnen.

Die Differenzen zu Ungunsten der deutschen Population bestätigen sich auch auf der Ebene der (mittels BESL erfassten) psychischen und körperlichen Beschwerden (► Abb. 11.3). Es lässt sich die gleiche Reihenfolge auffinden, wie sie für die Musterkonstellation galt. Für die deutschen Lehrerinnen und Lehrer liegen über alle Beschwerdenbereiche hinweg die höchsten Ausprägungen vor. Die stärksten Diskrepanzen gegenüber den anderen Gruppen ergeben sich im Merkmal *Erschöpfungserleben*.

Schließlich sind die personenbezogenen Einschätzungen noch durch die Bewertung der Arbeitsbedingungen (mittels ABC-L) zu ergänzen. Aus Abbildung 11.4 gehen diese Ergebnisse hervor (► Abb. 11.4). Es fällt auf, dass sich die Urteile aus Österreich, der

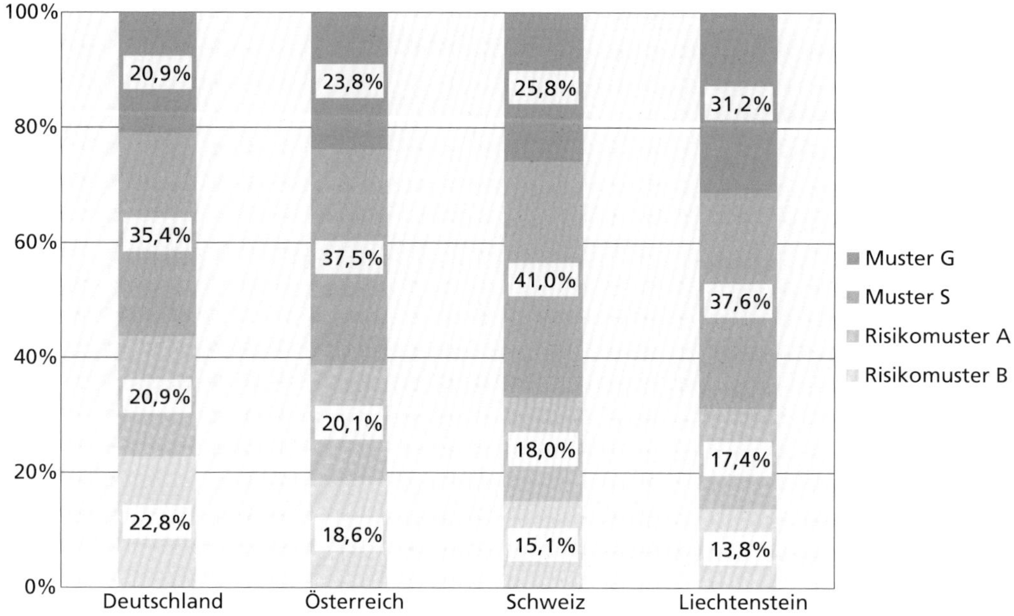

Abb. 11.2: Vergleich der Musterverteilungen von Lehrerinnen und Lehrern aus Deutschland, Österreich, der Schweiz und Liechtenstein

Schweiz und Liechtenstein, die ihrerseits (abgesehen von den extrem positiven Einschätzungen der *äußeren Arbeitsbedingungen* in Liechtenstein) weitgehend übereinstimmen, sehr deutlich von denen aus Deutschland unterscheiden. Durchgehend schätzen die deutschen Lehrerinnen und Lehrer ihre Arbeitsbedingungen kritischer ein. Dabei sind alle Bereiche betroffen. Die größte Diskrepanz zeigt sich bei den *äußeren Arbeitsbedingungen*, insbesondere in Bezug auf die *räumlichen Bedingungen* und die *Bereitstellung von Arbeitsmitteln*. Auch die *schulbezogene Arbeit zu Hause* wird von den deutschen Lehrerinnen und Lehrern deutlich kritischer gesehen.

11.2.4 Vergleich der Beschäftigungsgruppen innerhalb der Schule

Es kam uns im Weiteren auch darauf an, die Gruppe der (deutschen) Lehrerinnen und Lehrer hinsichtlich ihres Beanspruchungserlebens in Relation zu den anderen Beschäftigten an der Schule zu betrachten. Es wurden zu diesem Zweck Erzieherinnen und Erzieher (n = 1 172) sowie Personal aus dem Verwaltungs- und technischen Dienstleistungsbereich (n = 491) mit in die Untersuchungen einbezogen. Auch für sie ermittelten wir die Musterverteilungen, die Ausprägungen der Belastungssymptome und die Einschätzungen in den Arbeitsbedingungen (mittels eines angepassten Arbeitsbewertungschecks). Aus Platzgründen können die Abbildungen nicht dargestellt werden. Festzuhalten ist aber Folgendes:

- *Erstens:* Es zeigt sich, dass für die Gruppen der Lehrerinnen und Lehrer sowie Erzieherinnen und Erzieher recht ähnliche Musterkonstellationen vorliegen. Für letztere Gruppe ergibt sich ein geringfügiger Vorteil mit etwas weniger (2–3 %) Anteilen an den *Risikomustern A* und *B*. Dafür

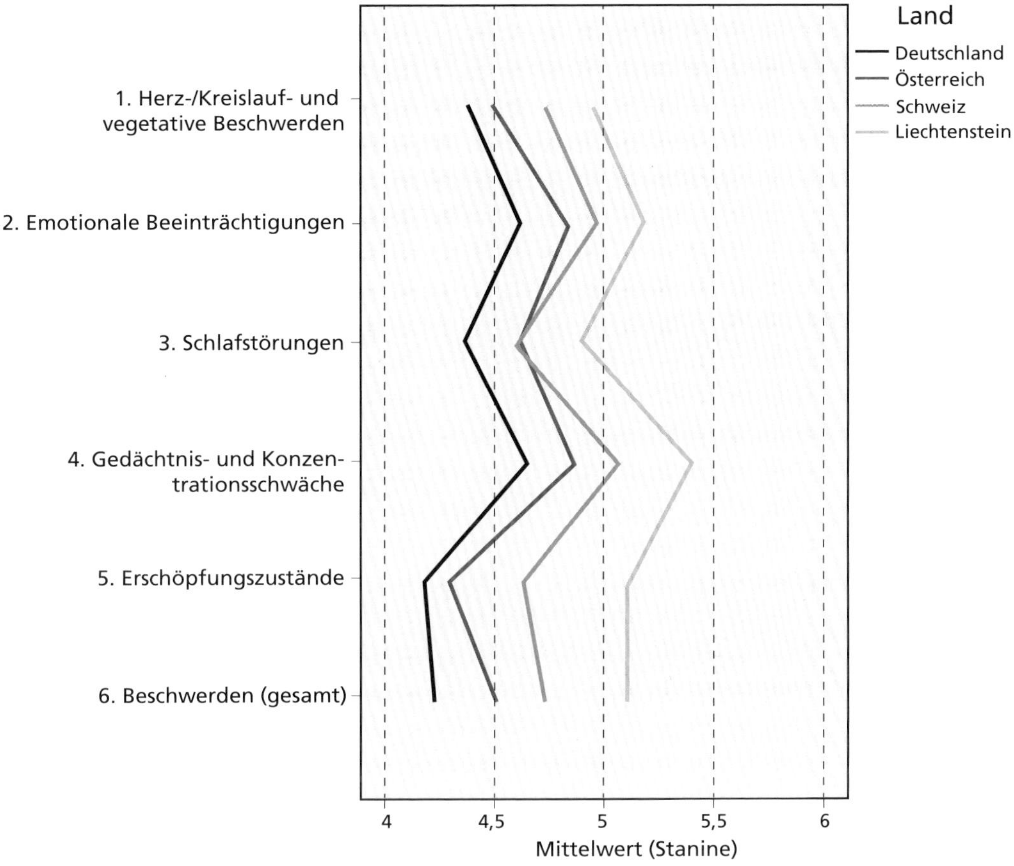

Abb. 11.3: Vergleich zwischen den Ländern Deutschland, Österreich, Schweiz und Liechtenstein nach der Ausprägung erlebter Beschwerden und Beeinträchtigungen. Es liegt eine neunstufige Skala zugrunde. Je höher die Werte sind, desto stärker ist die Ausprägung der jeweiligen Belastungssymptome.

spielt hier das *Muster S* eine noch größere Rolle. Für die Gruppe des verwaltenden und technischen Personals besteht das relativ günstigste Bild, da hier das *G-Muster* deutlich stärker und das *B-Muster* signifikant geringer vertreten ist. Allerdings liegt in dieser Gruppe der relativ höchste Anteil des *Risikomusters A* (mit 26 %) vor.

- *Zweitens:* Die Ausprägungen in der Beschwerdenliste gehen mit dem AVEM-Ergebnis konform. Auch hier finden sich für die Lehrerinnen und Lehrer die ungünstigeren Ausprägungen. Insbesondere betrifft das die Merkmale *Gedächtnis- und Konzentrationsstörungen*, *Erschöpfungszustände* sowie *Emotionale Beeinträchtigungen*. Festzuhalten ist darüber hinaus, dass für das verwaltende und technische Personal die überwiegend geringsten Beeinträchtigungen vorliegen, im Merkmal *Herz-Kreislauf- und vegetative Beschwerden* aber die höchste Ausprägung besteht, was auch der Charakteristik des in dieser Gruppe stärker vertretenen *Risikomusters A* entspricht.

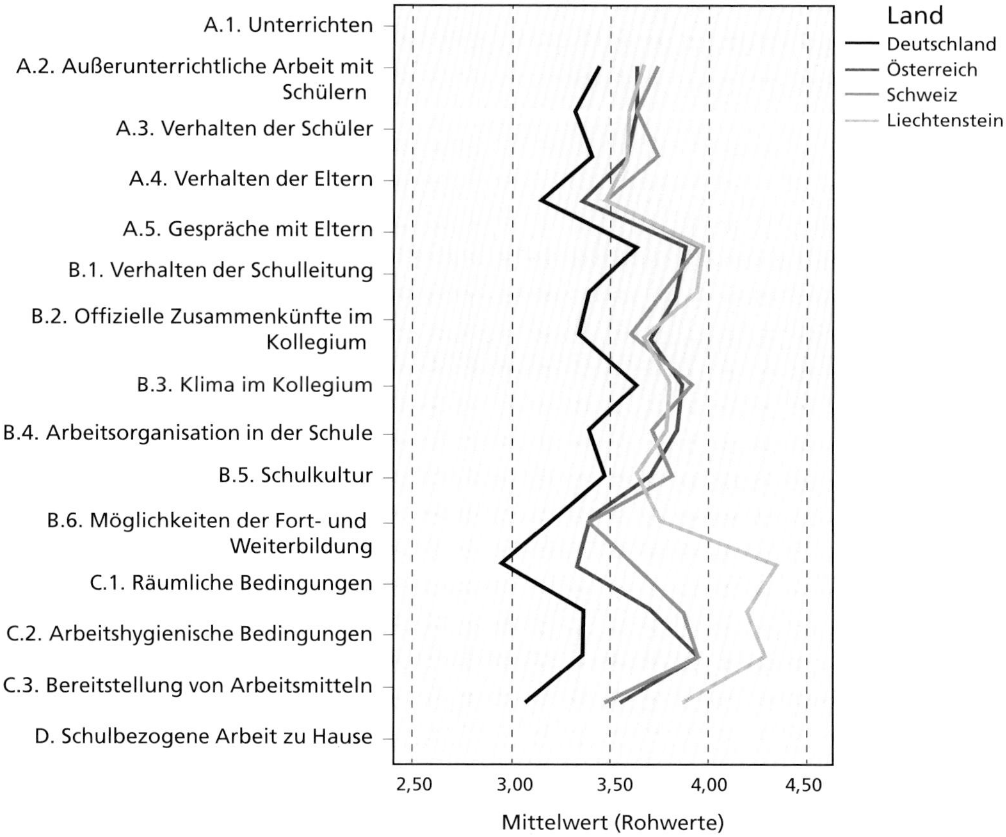

Abb. 11.4: Die Einschätzung der Arbeitsbedingungen im Vergleich der Länder. Jedes der aufgeführten Merkmale wird durch mehrere Items untersetzt. Alle Einschätzungen waren auf einer fünfstufigen Skala vorzunehmen, wobei der Wert 5 die jeweils günstigste Ausprägung anzeigt.

- *Drittens:* Bei der Einschätzung der Arbeitsbedingungen finden sich für die Gruppen der Lehrerinnen und Lehrer sowie Erzieherinnen und Erzieher im Bereich A (*Arbeit mit den Schülern und Eltern*) ähnliche, jeweils im mittleren Bereich liegende Ausprägungen. In den weiteren Bereichen B, C und D schätzen die Lehrerinnen und Lehrer ihre Bedingungen kritischer ein. Besonders gilt dies für die Merkmale *Verhalten der Schulleitung*, *Offizielle Zusammenkünfte im Kollegium*, *Möglichkeiten der Fort- und Weiterbildung*, *Räumliche Bedingungen* sowie *Schulbezogene Arbeit zu Hause*. Die Gruppe des verwaltenden und technischen Personals hatte den Arbeitsbewertungscheck in einer modifizierten Version bearbeitet. Dort, wo Vergleichbarkeit mit den beiden anderen Gruppen besteht, finden wir positivere Urteile zu den Arbeitsbedingungen. Insbesondere heben sie sich durch die höchsten Werte in der Einschätzung der *äußeren Arbeitsbedingungen* ab. Das betrifft alle drei Merkmale dieses Bereichs (C): *Räumliche Bedingungen*, *Arbeitshygienische Bedingungen* und *Bereitstellung von Arbeitsmitteln*.

11.2.5 Zusammenfassende Betrachtung zur Situationsanalyse

Die Beanspruchungssituation der Lehrerinnen und Lehrer in Deutschland stellt sich nach rund 20 Jahren als nicht mehr ganz so bedenklich dar. Das machen wir vor allem an dem weniger häufigen Auftreten der Risikomuster im Verfahren AVEM fest. Allerdings ist die Situation keineswegs rosig. Noch immer ist der Anteil vor allem des problematischsten Risikomusters B recht hoch und der des wünschenswerten Musters G gering. Der Vergleich mit dem Lehrpersonal anderer deutschsprachiger Länder macht deutlich, dass für die deutschen Lehrerinnen und Lehrer die kritischeren Beanspruchungsverhältnisse vorliegen. Das drückt sich in den Musterverteilungen aus und bestätigt sich auch bei zusätzlicher Einbeziehung körperlicher und psychischer Belastungssymptome. Es korrespondieren damit auch die negativeren Einschätzungen der Arbeitsbedingungen. Die Aussagen erhärten sich durch den Vergleich mit den anderen an deutschen Schulen tätigen Berufsgruppen (Erzieherinnen und Erzieher sowie verwaltendes und technisches Personal). Auch hier ergibt sich für die Lehrerschaft das ungünstigere Bild, wobei allerdings die beiden anderen Gruppen auch nicht frei von gesundheitlichen Risiken sind.

Wenn wir nach wie vor Bedenken bezüglich der psychischen Gesundheit unserer Lehrerinnen und Lehrer haben, so darf nicht unberücksichtigt bleiben, dass gerade jetzt, in Zeiten der Corona-Pandemie[3], mit einer erneuten Verschlechterung des Bildes zu rechnen ist. Das Hin und Her in den bildungspolitischen Entscheidungen, das Chaos in der Organisation des Schulbetriebes, die Unzulänglichkeiten in der Ausstattung mit den notwendigen Arbeitsmitteln (vor allem den digitalen Unterricht betreffend), die Sorgen um die zurückbleibenden Schüler und Schülerinnen und nicht zuletzt auch die Ängste um die eigene Gesundheit in einer stärker gefährdenden Arbeitsumwelt stellen gewichtige Belastungsfaktoren dar. Sie sind dazu angetan, die Tendenzen zu den Risikomustern zu verstärken, sowohl in Richtung der Selbstüberforderung (A), als auch der Erschöpfung und Resignation (B). Und natürlich ist auch vermehrt mit Rückzugstendenzen im Sinne des Musters S zu rechnen, da es vielen Betroffenen um den Schutz der eigenen Ressourcen gehen wird.

Angesichts dieser Situation ist es umso wichtiger, auf die gezielte Unterstützung der Lehrerinnen und Lehrer hinzuwirken. Ohne Frage muss es dabei, wie die Corona-Erfahrungen unterstreichen, um bildungspolitische Reformen und eine Reihe von Veränderungen in den Rahmenbedingungen der schulischen Arbeit gehen. Aber es gilt im Weiteren auch, sich intensiver mit den Veränderungsmöglichkeiten zu befassen, die die Schulen selbst haben und deren Umsetzung sie in Angriff nehmen sollten, sobald sie wieder mehr zur Ruhe gekommen sind. Und dass die Schulen vieles aus eigener Kraft verändern können, besagen all unsere bisher gewonnenen Erfahrungen. Um ihnen dabei unter die Arme zu greifen, entwickelten wir das Unterstützungsprogramm *Denkanstöße!*, auf das abschließend in der hier gebotenen Kürze eingegangen werden soll.

3 Der Artikel wurde ein Jahr nach deren Ausbruch verfasst.

11.3 Das Unterstützungsangebot *Denkanstöße!*

Das Programm *Denkanstöße!* (www.ichundmeineschule.eu) ist ein Angebot, das sich an die Leitung und alle Beschäftigten in der Schule richtet. Die Lehrerinnen und Lehrer sind die wichtigste Zielgruppe; es ist aber auch für Erzieherinnen und Erzieher sowie Verwaltungs- und technisches Personal im Arbeitsfeld Schule gedacht. Es bietet die Möglichkeit, in gemeinsamer Verantwortung von Leitung und Kollegium eine Standortbestimmung bezüglich der schulischen Arbeitsverhältnisse vorzunehmen, Veränderungsbedarf herauszuarbeiten und für notwendig erachtete Veränderungen auf den Weg zu bringen. Darüber hinaus kann es jede einzelne Person nutzen, um ihre persönliche Arbeits- und Beanspruchungssituation näher zu beleuchten und daraus Schlussfolgerungen für sich selbst abzuleiten. Für die Schulleitungen sollte es eine wirksame Unterstützung bei der Entwicklung einer auf Kooperation und Partizipation ausgerichteten Führungsarbeit sein. Dazu haben die Führungskräfte auch die Möglichkeit, ihr Führungsverhalten unter dem Gesichtspunkt der Mitarbeiterorientierung einzuschätzen und dazu Rückmeldung aus dem Kollegium zu erhalten.

Das Programm beginnt mit der Analyse, die mittels des Online-Instruments *IEGL*[4] erfolgt. Hier sind die Verfahren enthalten, die oben bereits dargestellt wurden. Hinzu kommt ein *Kurzcheck zum Führungsverhalten* (vgl. Schaarschmidt & Fischer, 2013). Mittels IEGL ist demnach sowohl eine personen- als auch eine bedingungsbezogene Analyse möglich. Die Ergebnisse werden für Einzelpersonen aufbereitet (persönliche Rückmeldung) wie auch für die Schule als Ganzes (Ergebnisbericht für Schulleitung und Kollegium).

Aus der Zusammenschau aller Ergebnisse ist im Weiteren über angemessene Maßnahmen der Intervention zu entscheiden (Näheres zur Auswertung der Ergebnisse und der Ableitung von Interventionsmaßnahmen vgl. Schaarschmidt & Fischer, 2013). Grundsätzlich sind *zwei Wege* der gesundheitsfördernden Intervention möglich: 1. die Einflussnahme auf die Arbeitsbedingungen, die als veränderungsbedürftig erkannt wurden, sowie 2. die direkte Unterstützung von Kolleginnen und Kollegen bei der Bewältigung ihrer persönlichen Beanspruchungssituation.

Den *ersten Weg* sollen Leitung und Kollegium vor allem aus eigener Kraft in Angriff nehmen. Auf der Basis des für die Schule vorliegenden Analyseergebnisses gilt es sich gemeinsam darüber zu verständigen, was gut läuft und was auf welchem Wege zu verändern ist. Erfahrungsgemäß wird damit ein Prozess in Gang gesetzt, der schon für sich allein zu wichtigen Effekten führen kann: zur intensiveren Kommunikation im Kollegium und mit der Leitung, zum Erkennen von gemeinsamer Verantwortung und zu stärkerer Identifikation mit den Belangen der Schule.

Der *zweite Weg*, die Realisierung personenbezogener Maßnahmen, bedarf der externen Unterstützung. Im Vordergrund steht hier das Beratungsangebot für Einzelpersonen. Bevorzugt wird es von Personen mit den Risikomustern A und B in Anspruch genommen. Die Beratung folgt einem lösungsorientierten Ansatz (i. S. v. Bamberger, 2005). Es gilt die Betroffenen in der Weise zu unterstützen, dass sie sich von bestehenden Schwierigkeiten und Problemen nicht voll einnehmen lassen, sondern sich stattdessen ihrer eigenen Möglichkeiten bewusst werden. Sie sollen erkennen, dass eine aktive Veränderung der aktuell erlebten Situation möglich ist und immer auch Lösungswege existieren. Ein weiteres Angebot der personenbezogenen Intervention ist ein für Gruppen konzipiertes Training.

4 IEGL: Inventar zur Erfassung von Gesundheitsressourcen im Lehrerberuf

Mehr als das in der Beratungssituation der Fall sein kann, geht es im Training um Fähigkeits- und Fertigkeitserwerb. Es ist auf die Weiterentwicklung von Kompetenzen ausgerichtet, die für den Umgang mit sich selbst (Selbstmanagement) und mit anderen (Kommunikation im Schulalltag) ausgerichtet sind (vgl. Schaarschmidt, Kieschke & Fischer, 2017).

Mit den Ausführungen zur Intervention sollte vor allem auch eines unterstrichen werden: Schulische Gesundheitsförderung darf sich nicht, wie das noch allzu oft verstanden wird, in gemeinsamen Unternehmungen und/oder diversen Angeboten für Sport, Entspannung, gesunde Ernährung und dgl. erschöpfen. Das alles können flankierende Maßnahmen sein. Doch entscheidend ist, dass die personellen und strukturellen Voraussetzungen und Bedingungen für qualitativ gute und gesunderhaltende Arbeit angegangen werden.

Zum Abschluss sei noch ein uns wichtiges Anliegen formuliert: Die Umsetzung des Programms *Denkanstöße!* erfordert die Mitarbeit von Moderatorinnen und Moderatoren, die die Schulen bei allen Schritten begleiten. In Moderatorenschulungen werden sie umfassend auf ihre Aufgaben vorbereitet. Es kommt uns hier natürlich auch auf die verstärkte Einbeziehung von Schulpsychologinnen und -psychologen an. Sie bringen in mehrfacher Hinsicht günstige Voraussetzungen für diese Aufgabe mit, so u. a. den nötigen Einblick in die Anforderungen schulischer Arbeit und die erforderlichen methodischen und diagnostischen Kenntnisse, um mit den IEGL-Ergebnissen sachgerecht umgehen zu können. Allerdings reicht das nicht aus. Es wären weitere Voraussetzungen zu schaffen: 1. ein Rollenverständnis, dem zufolge nicht allein die schülerzentrierte Beratung, sondern auch die Orientierung auf die in der Schule tätigen Berufsgruppen (vorrangig die Lehrerinnen und Lehrer) zum Aufgabenspektrum gehören, 2. die Erweiterung des Berufsprofils durch Systemberatung und Organisationspsychologie, 3. die Unabhängigkeit von schulischen Behörden und der Hierarchie der Schul- und Bildungsverwaltung, und nicht zuletzt 4. die Schaffung der personellen und zeitlichen Kapazitäten, die für diese erweiterten Aufgaben erforderlich sind.

Literatur

Bamberger, G. (2005). *Lösungsorientierte Beratung.* Weinheim: Beltz.

Blossfeld, H. P., Bos, W., Daniel, H. D., Hannover, B., Lenzen, D., Prenzel, M. et al. (2014). *Psychische Belastungen und Burnout beim Bildungspersonal. Empfehlungen zur Kompetenz- und Organisationsentwicklung.* Gutachten des Aktionsrates Bildung e. V. Münster: Waxmann.

Kieschke, U. & Krumrey, F. (2019). *Gesundheit und Gesundheitsförderung im Lehrberuf.* Stuttgart: Kohlhammer.

Rothland, M. (Hrsg.). (2013). *Belastung und Beanspruchung im Lehrerberuf. Modelle, Befunde, Interventionen.* Wiesbaden: Verlag für Sozialwissenschaften.

Schaarschmidt, U. (Hrsg.). (2005). *Halbtagsjobber? Psychische Gesundheit im Lehrerberuf. Analyse eines veränderungsbedürftigen Zustandes* (2. Aufl.). Weinheim: Beltz.

Schaarschmidt, U. & Kieschke, U. (Hrsg.). (2007). *Gerüstet für den Schulalltag. Psychologische Unterstützungsangebote für Lehrerinnen und Lehrer.* Weinheim: Beltz.

Schaarschmidt, U. & Fischer, A. W. (2008a). *AVEM – Arbeitsbezogenes Verhaltens- und Erlebensmuster* (3., erweit. Aufl.). London: Pearson. Computerversion im Rahmen des Wiener Testsystems. Mödling: Schuhfried.

Schaarschmidt, U. & Fischer, A. W. (2008b). *Beschwerdenliste BESL* (unveröffentlichter Fragebogen im Rahmen des online-Instruments IEGL), Wampersdorf: Coping.

Schaarschmidt, U., Kieschke, U. & Fischer, A. W. (2012). *Arbeitsbewertungscheck ABC-L* (unveröffentlichte überarbeitete Fassung für das online-Instrument IEGL). Wampersdorf: Coping.

Schaarschmidt, U. & Fischer, A. W. (2013). *Lehrergesundheit fördern – Schulen stärken. Ein Unterstützungsprogramm für Kollegium und Leitung.* Weinheim/Basel: Beltz.

Schaarschmidt, U., Kieschke, U. & Fischer, A. W. (2017). *Lehrereignung. Voraussetzungen erkennen, Kompetenzen fördern, Bedingungen gestalten.* Stuttgart: Kohlhammer.

12 Supervision und Coaching in der Schule

Klaus Seifried

12.1 Einleitung

Lehrkräfte, Erzieherinnen und Erzieher sowie Schulleitungen sind täglich mit einer Vielzahl von Interaktionen und Konflikten konfrontiert. Häufig kommen sie dabei an ihre emotionalen Grenzen. Sie erleben Widerstand, Desinteresse, Aggressionen oder Provokationen der Schülerinnen und Schüler, Kritik von Eltern, Kolleginnen und Kollegen oder der Schulleitung. Doch auch im normalen Alltag wirkt die Vielzahl von sozialen Kontakten, Gesprächen und Interaktionen häufig als Überforderung.

Wenn Menschen mit Menschen arbeiten, sollte Supervision ein professioneller Qualitätsstandard der Arbeit sein. Dies ist auch bei Sozialpädagoginnen und -pädagogen im Jugendamt der Fall, ebenso bei Psychologinnen und Psychologen, Psychotherapeutinnen und -therapeuten. Bei Lehrkräften und Erzieherinnen in der Schule ist Supervision aber noch immer die Ausnahme.

Supervision kann helfen,

- das eigene Handeln zu reflektieren und
- dadurch die Wirkung auf andere zu optimieren,
- die Berufszufriedenheit zu erhöhen,
- emotionale Belastungen abzubauen und dadurch
- die Gesundheit zu fördern.

12.2 Supervision und Coaching als Angebote der Schulpsychologie

Supervision und Coaching für Lehrkräfte, Erzieherinnen, Erzieher und Schulleitungen sollte zum festen Angebot einer schulpsychologischen Beratungsstelle gehören. Allerdings erfordern Supervision und Coaching eine gewisse Berufs- und Lebenserfahrung und eine zusätzliche Weiterbildung.

Ein kompetentes Supervisions- und Coachingangebot der Schulpsychologie ist häufig der Schlüssel zu einer vertrauensvollen Zusammenarbeit mit den Schulen und ermöglicht den Zugang zu anderen Feldern der Schulentwicklung. Eine Ausweitung der Supervisionsangebote der Schulpsychologie kann die pädagogischen Kompetenzen von Lehrkräften und Erzieherinnen stärken und dadurch die Anmeldung von »schwierigen« Schülerinnen und Schülern reduzieren helfen.

12.3 Was ist Supervision?

Supervision ist eine zeitlich begrenzte, wissenschaftlich begründete berufliche Praxisberatung von ausgebildeten Supervisorinnen und Supervisoren für Fachleute. Die Deutsche Gesellschaft für Supervision (DGSv) definiert Supervision als »Beratung von Personen in ihren beruflichen Rollen und Positionen«.

Man unterscheidet Einzelsupervision, Gruppen- und Teamsupervision, Fallsupervision oder Leitungssupervision.

Anlässe für Supervision können berufliche Rollenkonflikte, Wünsche, Interessen, Ängste, der Umgang mit Konflikten und Widerstand oder organisatorische Probleme am Arbeitsplatz sein. Auch Teamkonflikte sind ein häufiger Anlass. Wichtig ist, bei der Auftragsklärung zu reflektieren, was das Anliegen und die Ziele sind. In der Fallsupervision kann das eigene Handeln, können Übertragungs- und Gegenübertragungsprozesse reflektiert, dadurch emotionale Entlastungen ermöglicht und neue Handlungsoptionen erarbeitet werden.

> »Supervision ist gelungen, wenn ein neuer Blickwinkel entstanden ist; Erkenntnisgewinn erreicht wurde; sich gute gemeinsame Lösungen abzeichnen; sich neue Wege und Perspektiven auftun. Die Qualität von Supervision kann man spüren. Sie zeigt sich bei den Mitarbeitenden/Supervisanden z. B. an gewachsener Konfliktstärke, einer wertschätzenden Grundhaltung, stärkerer Reflexion und Veränderungsfähigkeit, neu gewonnener Souveränität.« (Blümel, 2017, S. 13)

Allerdings wurde die Wirkung von Supervision bisher nur durch Befragungen der Supervisanden im Anschluss der Supervision ermittelt (Schigl, 2020).

12.4 Formen und Methoden der Supervision

Für eine gute Supervision ist die Erfahrung, die Beratungskompetenz, die Feldkenntnis und die Reflexivität des Supervisors entscheidend. Dies ist wichtiger als spezielle Methoden und Verfahren (Belardi, 2015). *»Die* Theorie der Supervision gibt es nicht (...)« (Belardi, 2015, S. 133). Es existiert ein Pluralismus von historisch entstandenen und in ständiger Veränderung begriffenen Verfahren und Methoden (Neumann-Wirsig, 2009). Hamburger und Mertens (2017) unterscheiden psychoanalytisch, systemisch und verhaltenstherapeutisch orientierte Supervisionskonzepte. Diese Liste sollte um systemische Supervisionsmethoden ergänzt werden. Ein methodenintegratives Vorgehen der Supervisorin ermöglicht es, flexibler auf die Fragestellungen und Probleme der Supervisanden einzugehen. Die Methoden und Impulse müssen zur Persönlichkeit des Supervisors und zu den Fragestellungen der Supervisandinnen passen. Eine Supervisorin sollte über Methodenkompetenz verfügen, um auf unterschiedliche Fragestellungen und emotionale Befindlichkeiten flexibel und angemessen reagieren zu können.

Die Methoden der supervisorischen Arbeit sind vielfältig: Falldarstellung, Gespräch, Interview, Tagebuch, Hausaufgaben, Spiegeln, Reflexion, Rollenspiele mit Videofeedback, Rollentausch oder Aufstellungen.

Wichtig dabei ist, dass der Supervisor sich neutral und ergebnisoffen verhält, aber auch eine kritische Loyalität zeigt, d. h. mit Impulsen konfrontiert und zum Nachdenken anregt. Vertrauensvolle, stützende Impulse sind die Bedingungen für die Selbstreflexion. All dies eröffnet für die Supervisandinnen ein Lern- und Entwicklungsfeld.

Supervisanden sollten eine Eigenmotivation mitbringen. Verordnete Supervisionen sind nur eingeschränkt erfolgreich (Belardi, 2015). Die Supervisanden bleiben die Experten für die Inhalte und entscheiden selbst, welche Wege sie gehen wollen und für welche Handlungsoptionen sie sich entscheiden.

Die Inhalte und Ergebnisse der Supervision unterliegen der Verschwiegenheit. Psychologinnen und Psychotherapeuten haben gemäß § 203 StGB eine Schweigepflicht.

12.5 Dimensionen der Supervision

Grundsätzlich kann man drei Dimensionen supervisorischer Arbeit unterscheiden (▸ Abb. 12.1):

- *Die Fallarbeit*: Die Lernsituation oder das Verhalten eines Schülers oder einer Schülerin wird besprochen. Eine konkrete Konfliktsituation im Unterricht oder dem Freizeitbereich und das Verhalten der Pädagogin werden reflektiert. Ursachen und Verhaltensoptionen werden erarbeitet.
- *Die Selbstreflexion*: Die eigene Person, das eigene Handeln, die eigenen emotionalen Belastungen und Verstrickungen, das eigene Verhalten gegenüber Schülern und Schülerinnen, Kolleginnen und Kollegen, die Übertragungs- und Gegenübertragungsprozesse werden analysiert und Veränderungsmöglichkeiten erarbeitet.
- *Die Institutionsanalyse*: Wie sind die Arbeitsbedingungen und der organisatorische Ablauf? Können bestimmte Arbeits-

abläufe verbessert werden? Welche Belastungsfaktoren sind veränderbar? Welche sind nicht veränderbar und müssen akzeptiert werden?

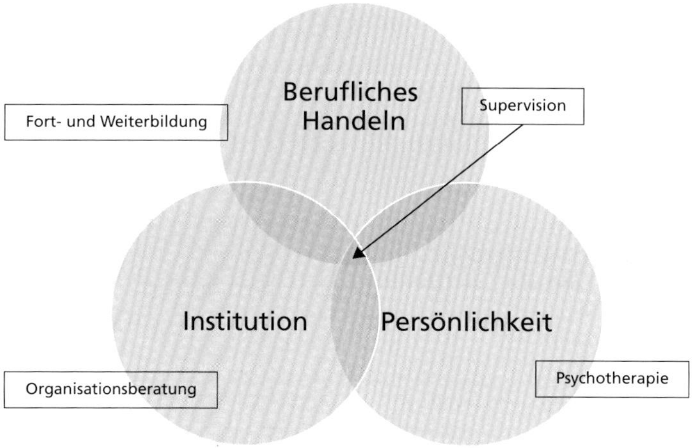

Abb. 12.1: Fokus der Supervision (in Anlehnung an Neumann-Wirsig, 2017, S. 13)

Supervision kann berufliche Ziele unterstützen, persönliche Ressourcen aktivieren, die persönliche Entwicklung fördern, die Selbstwirksamkeit stärken, die Selbst- und Fremdwahrnehmung schärfen, die Kommunikations- und Beziehungsfähigkeit sowie die Selbstorganisation fördern oder die Handlungs- und Sozialkompetenz erweitern. Supervision ist ziel- und lösungsorientiert. Sie ist ein wichtiges Instrument der Qualitätssicherung im beruflichen Alltag.

Supervision findet auf einer geschützten *Metaebene* statt und soll zugleich die Handlungskompetenz des Supervisanden in realen Situationen stärken. Die Supervisorin gibt keine Ratschläge oder Lösungen vor, sondern unterstützt den Supervisanden, eigene Ziele zu formulieren sowie eigene Wege und Lösungen zu finden, die in seine Arbeits- und Lebenssituation passen. D. h. der Supervisand muss einen Transfer zwischen der Supervision und seinem beruflichen Handeln herstellen. Er muss einerseits Fragestellungen aus der beruflichen Praxis in die Supervision einbringen und andrerseits die gefundenen Lösungswege im Berufsalltag umsetzen.

12.6 Einzelsupervision

In der *Einzelsupervision* geht es um die berufliche Rolle der Supervisandin. Häufig ist die Einzelsupervision Bestandteil einer Ausbildung. In der Schule bietet sich Einzelsupervision an, wenn Lehrkräfte oder Erzieherinnen Berufsanfänger sind und sie ihre berufliche Rolle, z. B. als Autoritätsperson, finden müssen und wenn es ihnen schwerfällt, eine professionelle Distanz zu ihren Schülerinnen und Schülern herzustellen oder notwendige Grenzen zu setzen.

Andere Anlässe für Einzelsupervision sind aktuelle Konflikte und Krisen, die eine schnelle Stabilisierung und Problemlösung erfordern. Wenn Supervisandinnen aufgrund einer persönlichen Krise, einer Erschöpfungsdepression, aufgrund von Ängsten oder Mobbingerfahrungen eine Supervision wünschen, ist es besonders wichtig, die Möglichkeiten der Supervision zu benennen und die Grenze zur Psychotherapie nicht zu überschreiten. Gegebenenfalls sollte der Supervisand für eine psychotherapeutische Behandlung motiviert werden.

Der Vorteil der Einzelsupervision ist, dass dieses Zweiersetting eine besondere Anonymität und einen Schutzraum bietet.

12.7 Coaching

Coaching ist eine Form der Einzelberatung von Menschen in Führungspositionen. Häufig sind Schulleiterinnen und Schulleiter in ihrer Rolle einsam oder haben Rivalinnen und Rivalen im Kollegium, die Koalitionen bilden und Widerstand erzeugen. Berufsanfänger brauchen Unterstützung beim Finden und Annehmen ihrer Führungsrolle. Für Schulleitungen ist Coaching sinnvoll, wenn sie bei Entscheidungsprozessen, einer Konfliktbewältigung oder in Krisensituationen Unterstützung benötigen. Coaching versucht Leitungspersonen zu befähigen, besser zu leiten. Das kann auch bedeuten, dass die Beziehungs- und Kommunikationsfähigkeit der Schulleitung thematisiert wird (▸ Kap. III-13). Die Grenzen zwischen einer Einzelsupervision und Coaching sind fließend. Der Begriff Coaching wird teilweise inflationär gebraucht, als Synonym für Training, Seminar, Beratung, Betreuung, Begleitung oder Aktivierung von Menschen. Die Bezeichnungen *Supervisor* und *Coach* sind im Gegensatz zu den Titeln Psychologin oder Psychotherapeut nicht gesetzlich geschützt. Daher bieten verschiedene Ausbildungsinstitute und Berufsverbände Zertifikate an (Deutsche Gesellschaft für Supervision, www.dgsv.de/).

Frau Meier, Leiterin einer Gesamtschule

Frau Meier ist neu im Amt. Die Schule hatte über zwei Jahre nur eine kommissarische Schulleitung. Frau Meier war Lehrerin an dieser Schule und wurde motiviert, sich um die Leitung zu bewerben. Nach kurzer Zeit im Amt gibt es bereits Konflikte mit den Kolleginnen und Kollegen. »Ach, machst du jetzt einen auf Chefin?!« Frau Meier ist unsicher, wie sie auf solche Sprüche reagieren soll. Einerseits fühlt sie sich noch als Kollegin, andrerseits muss sie Entscheidungen treffen.

Sie bittet die zuständige Schulpsychologin um ein Coaching. Wie soll sie sich dem Kollegium gegenüber verhalten? Wie kann sie ihre Autorität als Schulleiterin stärken? Wie soll sie Gesamtkonferenzen und andere Gremiensitzungen leiten? Was sind die zentralen Ziele und Aufgaben für das erste Jahr als Schulleiterin?

Herr Müller, Leiter einer Grundschule

Herr Müller berichtet über massive Konflikte mit einem Vater. Die Tochter besucht die 4. Klasse, ist eine durchschnittliche Schülerin, still und angepasst. Der Vater, Herr Kraft, hingegen tritt gegenüber der Klassenlehrerin und dem Schulleiter sehr fordernd und provozierend auf. Fast täglich schreibt Herr Kraft Mails und beschwert sich über scheinbar unkorrekte Mitteilungen, Zensuren oder die ungerechte Behandlung und das Mobbing seiner Tochter. Die Mails werden stets in cc an die Schulaufsicht und die Beschwerdestelle des Kultusministeriums geschickt. Auch die Elternvertretung der Klasse wird attackiert, weil sie sich nach Meinung von Herrn Kraft nicht für die Interessen der Schülerinnen und Schüler einsetzt. Nach einer Dienstaufsichtsbeschwerde gegen die Klassenlehrerin von Herrn Kraft meldet sich diese krank und weigert sich, weiter in der Klasse zu unterrichten. Eine Dienstaufsichtsbeschwerde gegen den Schulleiter folgt, weil es ihm schwerfällt, eine Nachfolge für die Klassenlehrerin zu finden. Der Schulleiter bittet den zuständigen Schulpsychologen um ein Coaching. Er ist durch die Auseinandersetzungen und Konflikte zeitlich und emotional stark belastet. Wie soll sich Herr Müller dem Vater gegenüber verhalten? Wie kann der Konflikt deeskaliert werden?

12.8 Gruppensupervision

Als *Gruppensupervision* bezeichnet man ein Beratungsangebot von mehreren Personen aus verschiedenen Arbeitszusammenhängen. Die Idealgröße liegt bei 6–8 Personen. Der einzelne Supervisand hat mehr Freiheiten in der Selbstdarstellung, weil ein höherer Grad an Anonymität gegeben ist. Die Offenlegung von Fehlern und Schwächen hat keine unmittelbaren Folgen am Arbeitsplatz.

Man kann folgende Formen der Gruppensupervision unterscheiden:

- Gruppensupervision für Lernende als Praxisreflexion oder Ausbildungssupervision
- Gruppensupervision für Berufstätige als Praxisreflexion oder Weiterbildungssupervision

12.9 Kollegiale Beratung und Intervision

Kollegiale Beratung (Intervision) ist eine Gruppensupervision ohne externe Supervisorin.

Die kollegiale Beratung (Intervision) gewann in den letzten Jahren zunehmend an Bedeutung. Sie ist in der psychosozialen Beratung, in Schulen und bei Psychotherapeuten sehr beliebt und verbreitet (Schlee, 2019). Die Intervision ist eine kollegiale Praxisberatung mit konkreten Fragestellungen aus dem Berufsalltag. Sie hat sich als Gruppenberatung für Schulleitungen, Konrektorinnen und Lehrkräfte bewährt. Die Intervision sollte monoprofessionell organisiert und in einer festen Gruppe mit einem verbindlichen Zeitrahmen nach vorgegebenen Arbeitsschritten durchgeführt werden (Seifried, 2020). Die ideale Gruppengröße beträgt 6–8 Personen. Intervision ist eine Lernpartnerschaft zwischen Kolleginnen und Kollegen. Die Teilnehmerinnen und Teilnehmer wechseln sich in den Rollen des Moderators, der Fallgeberin oder der Berater ab. Voraussetzung sind Vertraulichkeit, gegenseitige Akzeptanz und Wertschätzung sowie die Kompetenz, sich einfühlen und aktiv zuhören zu können.

Bereits die Information und Vorstellung eines Problems kann für den Fallgeber entlastend wirken. Es folgt eine Frage an die Gruppe. Diese Frage ist der Schlüssel für eine erfolgreiche Arbeit. Die Frage muss präzise die Problematik erfassen und realistische, machbare Lösungsvorschläge provozieren. An dieser Stelle ist häufig der Eingriff der Moderatorin notwendig, weil die Fallgeber emotional belastet und verstrickt sind, sich in ihrer Verantwortung nicht abgrenzen können, die Ziele unklar sind oder sie sich selbst zu hohe Ziele setzen. Die Frage sollte für den Fallgeber wichtig und in seiner Sprache formuliert sein.

Die gemeinsame Suche nach Problemlösungen schließlich ist eine positive Erfahrung für die Fallgeberin: »Die anderen machen sich Gedanken über meine Probleme«. Die Lösungsvorschläge der Gruppe sollten realistisch und machbar sein, erste Schritte und erwünschtes, positives Verhalten beschreiben. Die Lösungsvorschläge sollten konkret und überprüfbar sein.

Es bleibt zum Abschluss die Prüfung und Auswertung: Die Fallgeberin entscheidet selbstständig und ohne weitere Diskussion, welche Lösungsvorschläge sie annehmen will und welche in den Papierkorb wandern. Die Fallgeber berichten im folgenden Treffen, ob und welche Lösungsvorschläge sie umsetzen konnten. Dieser Schritt der Berichterstattung in der Gruppe verdeutlicht die Wirksamkeit der gemeinsamen Arbeit.

Die kollegiale Beratung ist sehr beliebt und verbreitet, weil sie selbst organisiert durchgeführt werden kann und keine zusätzlichen Kosten für einen externen Supervisor verursacht. Erfahrungen haben aber gezeigt, dass auf Dauer kollegiale Beratungen strukturierter und effektiver sind, wenn sie von externen Moderatorinnen geleitet werden (Seifried, 2020).

Kollegiale Beratung in einer Grundschule

Eine Gruppe von jungen Kolleginnen sucht nach Unterstützung und Beratung. Der Schulleiter empfiehlt, sich an den zuständigen Schulpsychologen zu wenden. Dieser bietet eine Intervisionsgruppe an. Die Gruppe trifft sich monatlich zu einer festen Zeit mit verbindlicher Teilnahme. Die meisten Lehrerinnen sind erst wenige Jahre im Beruf. Nur zwei haben schon mehr als 5 Jahre Berufserfahrung. Nach einer Begrüßungs- und Aufwärmphase berichten zwei Lehrerinnen nacheinander über ihre Fragestellung.

Frau K. erzählt, dass eine bestimmte Klasse, in der sie Sport unterrichtet, sehr unruhig sei und es ihr schwerfalle, die Kinder an Regeln zu gewöhnen. Frau K. stellt folgende Frage an die Gruppe: »Was kann ich tun, damit die Klasse zu Beginn des Unterrichts ruhig wird?«

Nachdem Frau K. berichtet hat, kann die Gruppe Nachfragen stellen. Es folgt eine Reflexionsphase über ausgelöste Gedanken, Gefühle und Ursachen. Danach schreibt die Gruppe Lösungsvorschläge auf Karten. Frau K. liest diese laut vor und überlegt, welche Lösungsvorschläge für sie hilfreich sind. Was kann und will sie davon ausprobieren?

Als zweite Fallgeberin in dieser Intervision von 90 Minuten berichtet Frau S., dass in ihrer Klasse ein Kind den Förderbedarf emotionale und soziale Entwicklung habe. Der Junge sei sehr unruhig, würde im Unterricht aufstehen, andere Kinder ärgern, ihnen Sachen wegnehmen und könne sich nur über kurze Zeitspannen konzentrieren. In den Pausen wäre er fast täglich in Prügeleien verwickelt. Auch hierfür werden Lösungsvorschläge formuliert, die Frau S. ausprobieren will.

In der nächsten Sitzung werden Frau K. und Frau S. berichten, was sie umsetzen konnten und was für sie erfolgreich war.

12.10 Teamsupervision

Bei der *Teamsupervision* kennen sich alle Mitglieder durch einen gemeinsamen Arbeitszusammenhang. Der Begriff Team ist alltagssprachlich unklar. Im Schulbereich können monoprofessionelle Teams (Lehrkräfte, Erzieherinnen und Erzieher, Schulleitung) oder multiprofessionelle Teams (Klassenteam, Jahrgangsteam = Lehrkräfte *und* Erzieherinnen) gebildet werden. Multiprofessionelle Teamsupervision hat den Vorteil, dass Konflikte zwischen den Berufsgruppen abgebaut und pädagogische Ziele und Methoden gemeinsam reflektiert und dadurch vereinheitlicht werden können.

Zu Beginn ist es wichtig, sowohl mit der Auftraggeberin (Leitung) als auch mit den verschiedenen Mitgliedern des Teams den Auftrag der Supervision zu klären (Weigand, 2017).

Schwierigkeiten entstehen in der Teamsupervision, wenn pseudo-egalitäre Strukturen bestehen und klare Strukturen und Regeln fehlen: »Jeder ist für alles zuständig«. Dann können Schonhaltung, Aggressionen oder interne Machtkämpfe die Folge sein.

Starre hierarchische Systeme, die dem einzelnen Mitarbeiter, der Mitarbeiterin keinen Freiraum für Initiativen und Engagement lassen, erzeugen wiederum andere Probleme. Enge, autoritäre Leitungsstrukturen können einen individuellen Rückzug oder latenten Widerstand erzeugen. Beides erschwert Reflexionsprozesse.

In Teamsupervisionen besteht manchmal eine Scheu, Konflikte anzusprechen. Dahinter steht die Vorstellung, dass Teamarbeit harmonisch und konfliktfrei ablaufen müsse. Dann herrscht Schweigen über die eigentlichen Probleme. Die Aufgabe des Supervisors ist es, die eigentliche Fragestellung zu erkennen und behutsam zu thematisieren.

Andere Teams wiederum konfrontieren die Supervisorin mit emotionalisierten Beziehungskonflikten ohne die Motivation, die eigenen Anteile an den Konflikten zu reflektieren. Gegenseitige Schuldzuweisungen machen es für die Supervisorin schwierig, eine vertrauensvolle Arbeitsbeziehung zu allen Teammitgliedern herzustellen.

Ziel der Teamsupervision ist es, das Vertrauen und Zusammengehörigkeitsgefühl des Teams zu stärken, Rollen zu klären, Arbeitsabläufe zu verbessern, Überlastungen abzubauen, emotionale Entlastung zu schaffen, Erfolge sichtbar zu machen, Bestätigung und Verstärkung zu geben und damit die pädagogische Arbeit mit den Schülerinnen und Schülern zu verbessern. Eine Gefahr besteht darin, das persönliche Wohlbefinden im Team in den Vordergrund zu stellen und eine Schonhaltung zu erzeugen, wodurch der eigentliche Arbeitsauftrag in den Hintergrund rückt.

Eine andere Gefahr ist, dass durch das Ansprechen von Konflikten zwischen einzelnen Teammitgliedern diese emotional aufgeladen und noch verstärkt werden. »Wahrscheinlich stellt die Teamsupervision die höchsten Anforderungen an die Berater (…)« (Belardi, 2015, S. 125).

Das Erzieherinnenteam einer Grundschule

Im Team der Erzieherinnen und Erzieher einer Ganztagsschule gibt es Konflikte. Die Teamleitung bittet die Schulleitung um Unterstützung. Die Schulleiterin fragt die zuständige Schulpsychologin um Rat. Diese bietet eine Teamsupervision an. Schnell stellt sich heraus, dass im Team sehr unterschiedliche Vorstellungen über die Arbeit mit den Schülerinnen und Schülern bestehen. Ein Teil ist hoch engagiert, aber enttäuscht, weil andere im Team sich häufig krankmelden und auch sonst wenig Initiative und Interesse an der Arbeit zeigen. Die

Teamleitung vermeidet Konflikte und möchte sich mit allen »gut« stellen. Es fehlen klare Absprachen und Organisationstrukturen. Einige möchten gerne im Unterricht mitarbeiten, andere wollen sich auf die Freizeitangebote und den Hortbetrieb beschränken.

Die Schulpsychologin sammelt mit dem Team die Erfolge im letzten Schuljahr. In Partnerinterviews werden nach dem Konsensprinzip zentrale Ziele für die Arbeit an dieser Schule gesammelt. Als nächster Schritt formuliert das Team den Wunsch nach klareren Regeln und Absprachen.

Die Schulpsychologin bietet drei Supervisionstermine und einen Teilstudientag für das Team an.

12.11 Fazit

Supervision und Coaching hat sich als Qualitätssicherung bewährt. Wichtig ist eine präzise Auftragsklärung. Welche ausgesprochenen und unausgesprochenen Wünsche und Ziele bestehen?

Im Verlauf der Supervision sollte darauf geachtet werden, dass nicht nur das persönliche Wohlergehen im Vordergrund steht (Selbstzweck), sondern der Arbeitsauftrag der Schule und die Bedürfnisse der Schülerinnen und Schüler.

Ziel des Supervisors, der Supervisorin muss es schließlich sein, sich schrittweise entbehrlich zu machen. Die Anzahl der Sitzungen sollte beschränkt werden. Die Hauptaufgabe ist es, die Supervisandinnen und Supervisanden zu aktivieren, um selbst Lösungswege zu finden.

Für Schulpsychologinnen und Schulpsychologen ist das Angebot von Supervision und Coaching ein wichtiger Schritt in Richtung Systemberatung und eine wesentliche Unterstützung beim Abbau von Konflikten in der Schule.

Literatur

Amecke, M. (2020). *Basiswissen Systemisches Coaching: Grundlagen der Systemtheorie und Methodenkoffer*. Eigenverlag.

Bauer, J., Unterbrink, T. & Zimmermann, L. (2007). *Lange Lehren – Gesundheitsprophylaxe für Lehrkräfte. Manual für Lehrer-Coachinggruppen nach dem Freiburger Modell.* Dresden: Selbstverlag der Technischen Universität Dresden.

Belardi, N. (2015). *Supervision für helfende Berufe* (3. Aufl.). Freiburg i. Br.: Lambertus.

Belardi, N. (2018). *Supervision und Coaching: Grundlagen, Techniken, Perspektiven.* München: Beck'sche Reihe.

Bergfelder, M. (2020). *Kurzzeit Coaching: Lösungen im Fokus*. Hamburg: Tredition.

Blümel, H. (2017). Was müssen Supervisor/innen und Coaches wissen und können? 10 Thesen zur Qualität von Coaching und Supervision. *Journal Supervision, 3/2017*, 12–13.

Ebbecke-Nohlen, A. (2020). *Einführung in die systemische Supervision.* Heidelberg: Carl-Auer Compact.

Hamburger, A. & Mertens, W. (Hrsg.). (2017). *Supervision – Konzepte und Anwendungen, Bd. 1: Supervision in der Praxis.* Stuttgart: Kohlhammer.

Judy, M. & Knopf, W. (Hrsg.). (2015). *ECVision. Supervision and Coaching in Europe: Concepts and Competences.* Zugriff am 01.06.2021 unter https://anse.at/wp-content/uploads/2020/11/ECvision_e_book.pdf

König, E. & Volmer, G. (2019). *Handbuch Systemisches Coaching: Für Coaches und Führungskräfte, Berater und Trainer.* Weinheim: Beltz.

Lippmann, E. (2013). Intervision. Kollegiales Coaching professionell gestalten. Berlin: Springer.

Meißner, S., Roth, S., Semper, I. & Berkemeyer, N. (2019). *Praxisbox Kollegiale Fallberatung: Herausforderungen in der Schule gemeinsam bewältigen*. Weinheim: Beltz.

Mende, M. (2019). *Soziale Konflikte am Arbeitsplatz. Wie Persönlichkeitseigenschaften das Konfliktverhalten beeinflussen - Implikationen für Konfliktklärung*. Hamburg: Diplomica Verlag.

Migge, B. (2018). *Handbuch Coaching und Beratung: Wirkungsvolle Modelle, kommentierte Falldarstellungen, zahlreiche Übungen.* Weinheim: Beltz.

Mutzek, W. & Schlee, J. (2008). *Kollegiale Unterstützungssysteme für Lehrer: Gemeinsam den Schulalltag bewältigen*. Stuttgart: Kohlhammer.

Neumann-Wirsig, H. (Hrsg.). (2009). *Supervisions-Tools. Die Methodenvielfalt der Supervision in 55 Beiträgen.* Hamburg: managerSeminare.

Neumann-Wirsig, H. (Hrsg.). (2017). *Lösungsorientierte Supervisions-Tools: Renommierte Supervisorinnen und Supervisoren beschreiben 50 lösungsorientierte, systemische und hypnosystemische Tools für die Supervision* (2. Aufl.). Hamburg: managerSeminare.

Oberhoff, B. (2009). *Übertragung und Gegenübertragung in der Supervision: Theorie und Praxis.* Münster: Daedalus.

Patrzek, A. & Scholer, S. (2018). *Systemisches Fragen in der kollegialen Beratung.* Weinheim: Beltz.

Pühl, H. (Hrsg.). (2017). *Das aktuelle Handbuch der Supervision: Grundlagen – Praxis – Perspektiven.* Gießen: Psychosozial Verlag.

Schigl, B. (2020). Empirische Forschung zu Supervision – Expeditionen in vielfältige Soziotope. *Positionen 3/2020.* Zugriff am 01.06.2021 unter https://www.dgsv.de/wp-content/uploads/2020/12/Positionen_3_2020.pdf

Schlee, J. (2019). *Kollegiale Beratung und Supervision für pädagogische Berufe: Hilfe zur Selbsthilfe. Ein Arbeitsbuch.* Stuttgart: Kohlhammer.

Schmid, B., Veith, T. & Weidner, I. (2019). *Einführung in die kollegiale Beratung.* Heidelberg: Carl-Auer Compact.

Schreyögg, A. (2010). *Supervision: Ein integratives Modell.* Wiesbaden: VS Verlag.

Schreyögg, A. (2011). *Konfliktcoaching: Anleitung für den Coach* (2. Aufl.). Franfurt a. M.: Campus Verlag.

Schreyögg, A. (2012). *Coaching: Eine Einführung für Praxis und Ausbildung.* Frankfurt a. M.: Campus Verlag.

Seifried, K. (2020). *Kollegiale Beratung. Konzept und Arbeitsschritte*. Zugriff am 01.06.2021 unter http://www.klausseifried.de/Home/Veroeffentlichungen

Tietze, K.-O. & Schulz von Thun, F. (2003). *Kollegiale Beratung: Problemlösungen gemeinsam entwickeln.* Hamburg: Rororo.

Weigand, W. (2017). Teamsupervision. In A. Hamburger & W. Mertens (Hrsg), *Supervision – Konzepte und Anwendungen, Bd. 1: Supervision in der Praxis.* Stuttgart: Kohlhammer.

Zeiler, R. (2012). *Kollegiale Fallberatung in der Schule: Warum, wann und wie?* Mülheim an der Ruhr: Verlag an der Ruhr.

13 Kommunikation als Führungsaufgabe in der Schule

Helen Hertzsch

13.1 Einleitung

Im Rahmen nationaler und internationaler Reformdiskussionen der letzten Jahre gewinnt die Position der Schulleitung als Schlüsselfaktor für die Qualität schulischer Arbeit zunehmend an Bedeutung (Schratz et al., 2016). Bildungspolitische Maßnahmen wie die Erweiterung der Eigenverantwortung von Schule und die datengestützte Schulentwicklung erhöhen die Anforderungen an die Kompetenzen, die eine Schulleitung mitbringen muss, um allen Handlungsfeldern gerecht zu werden (Drewes & Esser, 2014). Dass sich die Schulverwaltung und auch die Schulleitungsforschung in den letzten Jahren mit Kompetenzen von Schulleitungen auseinandersetzen, ist dem Wandel im Bildungssystem zu verdanken, der Veränderungen in den Leitungsaufgaben und im Berufsbild vom primus inter pares zur Führungsperson mit sich gebracht hat (Huber, 2019). In den Anforderungsbeschreibungen für pädagogisches Führungspersonal in den einzelnen Bundesländern wird Kommunikationskompetenz inzwischen meist explizit benannt und ihre Bedeutung für erfolgreiches Führungsverhalten herausgestellt, auch wenn eine länderübergreifende, einheitliche Systematik weiterhin fehlt.

Schulleitungen sind in ungefähr 70 % ihrer Arbeitszeit in Kommunikationsprozesse involviert (Baumert & Leschinsky, 1986). Unmittelbare Ansprechperson nach innen und außen zu sein, gehört explizit zum Aufgabenspektrum einer Schulleitung. Sie muss mit dem Schulträger verhandeln, Konflikte lösen, Öffentlichkeitsarbeit betreiben, die Schule nach außen vertreten. Die Lehrkräfte stellen jedoch die Hauptinteraktionspartner dar, mit ihnen führt sie Rückmeldegespräche, leitet Gesamtkonferenzen und plant Schulentwicklungsmaßnahmen. So haben z. B. die Anzahl der Gesprächspartner sowie der zeitliche Umfang der Gespräche erheblich zugenommen. Folgerichtig wird eine Professionalisierung notwendiger (Huber, 2019), was unter anderem auch die Ausbildung von Führungs- und Kommunikationskompetenz einschließt.

13.2 Schulleitungen als Führungskräfte

13.2.1 Leitung – Führung – Management

Versucht man, sich dem Führungsbegriff im Schulkontext zu nähern, wird für eine Präzisierung die Unterscheidung der Begriffe Leitung, Führung und Management nötig. Während Leitung sich in erster Linie auf die hierarchische Position einer Person innerhalb einer Organisation bezieht, die sich durch formale Macht auszeichnet (Wunderer & Grunwald, 1980), fokussiert Führung im engeren Sinne auf Interaktionsprozesse zwischen Personen, die innerhalb einer Organisation verschiedene Rollen innehaben (Kansteiner-Schänzlin, 2002). Mit Blick auf das gewandelte Aufgabenspektrum von Schulleitungen wird der Leitungsbegriff allein der Tätigkeit nicht mehr gerecht. Neben der Repräsentation nach außen gehört heute verstärkt auch der Umgang mit den Mitarbeitenden sowie die inhaltliche Weiterentwicklung der Schule zu den Aufgaben (Schratz et al., 2016). Somit sollte besser von Schulführung gesprochen werden.

Management und Leadership stehen häufig in einer engen Beziehung und weisen Überschneidungen auf (Bonsen, Gaethen et al., 2002). Leadership wird unter anderem durch proaktive Handlungen wie aktives Problemlösen, die Entwicklung gemeinsamer Handlungsstrategien und die Inspiration der Mitarbeitenden beschrieben. Management umfasst die Planung, Systematisierung und Kontrolle von Arbeitsabläufen und stellt sicher, dass initiierte Neuerungen in die Abläufe integriert werden. Eine erfolgreiche Schule benötigt sowohl Leadership als auch Management und Verwaltung und diese Aspekte sind in der Praxis nahezu untrennbar miteinander verwoben (Huber, 2019). Allerdings fehlen Schulleitungen wichtige Befugnisse wie z. B. Entscheidungen bezüglich Baumaßnahmen sowie Personal, sodass der Managementbegriff als Ganzes für ihre Situation bislang nicht passend erscheint. Aktuelle politische Bestrebungen, Schulen einen größeren Handlungs- und Entscheidungsspielraum in Bezug auf ihr Budget und Profil zuzubilligen, zeigen, dass sich zunehmend alle drei Funktionen unter dem Begriff Schulleitung wiederfinden werden. In diesem Kapitel geht es ausschließlich um Aspekte personalisierter Führung. Im Folgenden wird für schulisches Leitungshandeln daher der Begriff Führung verwendet.

13.2.2 Schulisches Führungshandeln

Forschung zum schulischen Führungshandeln bewegt sich im Spannungsfeld Management versus Führung (Wissinger & Huber, 2002). Die Schulleitung hat eine herausragende Bedeutung für die Entwicklung und Sicherung der Qualität einer Schule (Huber, 2019). Indem Schulleitungen auf die Schulkultur und das Selbstverständnis der Lehrkräfte einwirken, beeinflussen sie indirekt auch die Unterrichtspraxis (Scheerens, 2012). Der empirische Fokus auf die Unterrichtspraxis beeinflusst dabei die Auswahl der Führungskonzeption, die lange Zeit entsprechend stark pädagogisch orientiert war und als Instructional Leadership bezeichnet wurde. Mit dem Wandel des Tätigkeitsprofils von Schulleitungen werden zunehmend auch psychologische Führungsansätze diskutiert; der pädagogische Fokus erweitert sich von den Belangen der Schüler auf die Entwicklungsbedürfnisse der Lehrkräfte (Huber, 2019).

Für den schulischen Kontext lässt sich aus der Theorie der Führungsdyaden (Graen & Uhl-Bien, 1995) ableiten, dass die Qualität der Austauschbeziehung einen Einfluss auf die Unterrichtspraxis der Lehrkraft hat. Eine vertrauens- und respektvolle Beziehung zur Schulleitung führt bei der Lehrkraft mit höherer Wahrscheinlichkeit zur Akzeptanz und

Umsetzung von Feedback aus Unterrichtsbesuchen und trägt indirekt zur Qualitätssicherung im Unterricht bei. Vergleichbares gilt für das Gelingen von Schulentwicklungsmaßnahmen: Loyalität und Fachlicher Respekt führen dazu, dass auch Maßnahmen mitgetragen werden, die zunächst Mehrarbeit bedeuten oder deren Nutzen nicht unmittelbar einsichtig ist. Die dyadische Kommunikation spielt bei diesen Prozessen eine entscheidende Rolle. Zentral ist dabei die, empirisch vielfach bestätigte Annahme, dass es kein einheitliches, über alle Mitarbeitenden generalisierbares Führungsverhalten gibt (Gerstner & Day, 1997).

13.3 Kommunikationskompetenz

13.3.1 Definitionen und Konzepte

Wie jedes Verhalten und Handeln kann auch Kommunikation mehr oder weniger gut gelingen. Maßgeblichen Einfluss haben hierbei die relevanten Kompetenzen, über die ein Individuum verfügt (Six & Gimmler, 2007). Kommunikationskompetenz zeigt sich auf verschiedenen Ebenen (▸ Abb. 13.1). Darüber hinaus muss das Kommunikationsverhalten sozial und situativ angemessen sein, um als kompetent wahrgenommen zu werden. Die Wahrnehmung der Interaktionspartner spielt bei der Beurteilung ebenso eine entscheidende Rolle wie der Kontext, der z. B. durch die Kommunikationskultur (Normen, Regeln) und das Setting (informell, formell) bestimmt wird (Spitzberg & Cupach, 2011).

Der kompetente Kommunikator lässt sich auf den drei Dimensionen Wissen, Fähigkeiten und Motivation beschreiben (ausführlich siehe Hertzsch, 2012):

Auch wenn in der Praxis Fähigkeiten nicht ohne Wissen und Motivation produziert werden können, ist es u. a. für die Erfassung von Veränderungspotenzialen hilfreich, zwischen Motivation, Wissen und Fähigkeiten zu unterscheiden und diese Faktoren wiederum von der Bewertung der Qualität des gezeigten Verhaltens zu trennen.

Zur Erfassung von Kommunikationskompetenz im Schulkontext wurde das Kommunikationskompetenz-Inventar für Schulleitungen (KKI-SL; Hertzsch, 2017) entwickelt, das auf der hier zugrunde gelegten Kompetenzdefinition basiert und z. B. im Rahmen von Fortbildungs- oder Coachingmaßnahmen eingesetzt werden kann. Idealerweise werden sowohl Selbst- als auch Fremdbilder erhoben und abgeglichen. Für Supervisions- und Coachingprozesse bieten diese Informationen wichtige Anstöße zur Reflexion und Veränderung.

13.3.2 Ein Rahmenmodell

Um in der großen Variationsbreite der Konzepte für Kommunikationskompetenz und Führung eine Orientierung zu bieten, wie Kommunikationskompetenz von schulischen Führungskräften verstanden, erfasst und optimiert werden kann, wird im Folgenden ein Rahmenmodell vorgestellt und anhand eines Praxisbeispiels erläutert. Das Modell spannt einen großen Erklärungsrahmen auf, der über den Aspekt der Kommunikationskompetenz der Führungskraft hinausgeht und die Erforschung weiterer Wirkzusammenhänge ermöglichen soll. Auch für eine Anwendung auf Interaktionen zwischen Lehrkraft und Eltern sowie Schülern und Schülerinnen ist das Modell geeignet (siehe Hertzsch & Schneider, 2018; ▸ Abb. 13.2).

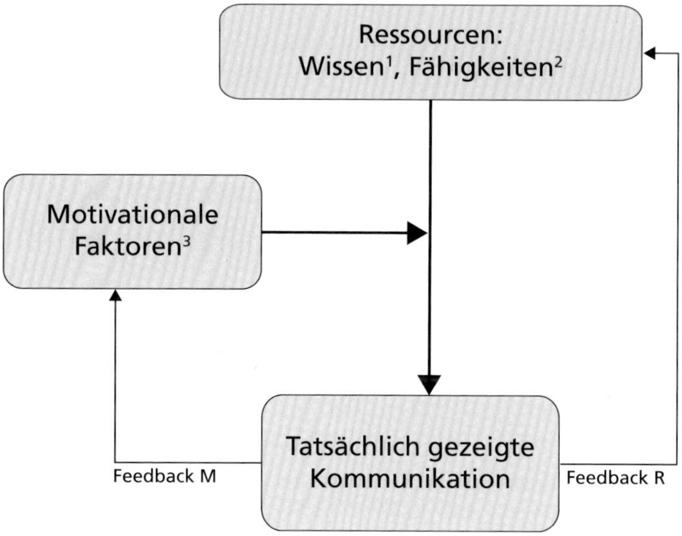

Abb. 13.1:
Ein ressourcenorientiertes Kommunikationskompetenz-Konzept in Anlehnung an Jablin und Sias (2001, S. 834)
[1] *Wissen:* Prozedurales und strukturelles Wissen u. a. über soziale Rituale, die zu einer Schulkultur gehören (z. B. Begrüßung von Kollegium und Schülerschaft zum Schuljahresbeginn in der Aula).
[2] *Fähigkeiten:* Um Wissen in angemessene Verhaltensweisen umzusetzen (u. a. Empathie, Beziehungen wahrnehmen, Themenlenkung, Selbstkontrolle).
[3] *Motivation:* Um vorhandenes Wissen und Fähigkeiten in einer konkreten Situation anzuwenden (positiv: offenes Zugehen auf Eltern, negativ: Vermeiden von Konfliktgesprächen). Motivationale Faktoren sind das verbindende Element zwischen Wissen und Fähigkeiten und dem gezeigten Kommunikationsverhalten.

Im Folgenden wird das Rahmenmodell (► Abb. 13.2) anhand einer Interaktionssituation zwischen Schulleitung und Lehrkraft erläutert. Die Ziffern in Klammern verweisen auf die entsprechend nummerierten Teile im Modell.

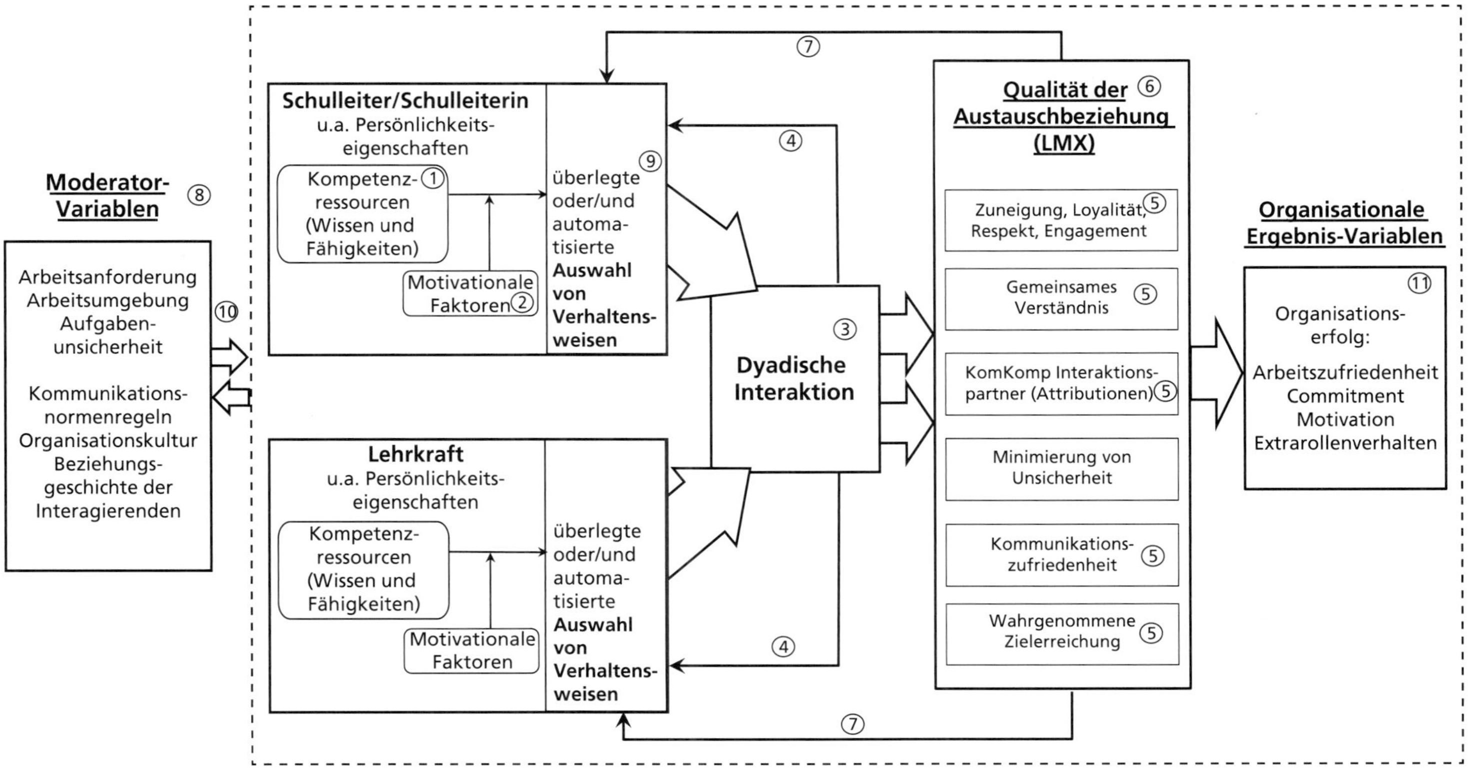

Abb. 13.2: Integratives Rahmenmodell der Kommunikationskompetenz von schulischen Führungskräften (Hertzsch, 2012, S. 70, in Anlehnung an Jablin et al., 1994)

Eine klassische Interaktionssituation

In einem mittelgroßen städtischen Gymnasium führt die Schulleiterin jedes Frühjahr Mitarbeitergespräche und klärt dabei u. a. die Einsatzwünsche und -möglichkeiten für das folgende Schuljahr. Ihr Aktuelles Ziel ist es, eine Lehrkraft für den Geographieunterricht in einer heterogenen 8. Klasse zu gewinnen, für die sie dringend Fachlehrkräfte benötigt. Im Gegenzug möchte sie ihm das Amt des Klassenlehrers in einer der neuen 5. Klassen anbieten. Sie weiß, dass diese Aufgabe für den Lehrer attraktiv ist. Die Schulleiterin verfügt über ihren individuellen Pool an Kommunikationskompetenz-Ressourcen (1), wie die Fähigkeit, ihre Gedanken klar und präzise darzustellen. Sie hat Informationen über die beruflichen Wünsche und die Stärken des Lehrers sowie Argumente, mit denen sie auf seine Fragen reagieren kann. Außerdem kennt sie Strategien, wie sie ihre Argumente vorbringen kann, ohne für die Lehrkraft bedrohlich zu wirken. Mitbestimmt wird das Gespräch durch motivationale Faktoren (2) wie soziale Unsicherheit und die aktuelle Kommunikationsbereitschaft der Schulleiterin. Gab es z. B. vor kurzem einen Konflikt zwischen ihr und der Lehrkraft, so fühlt sie sich eventuell unsicher und würde das Gespräch gern vermeiden. Diese Unsicherheit kann bewirken, dass die Schulleiterin mehr als sonst damit beschäftigt ist, ihr eigenes Gesprächsverhalten zu beobachten, anstatt sich auf die Sichtweise des Lehrers einzulassen. Die Erfahrungen, die beide Seiten in dieser dyadischen Interaktion (3) machen, wirken (4) zurück auf ihre Motivation für zukünftige Gespräche sowie für die Verbesserung der eigenen Kommunikationskompetenz. Darüber hinaus werden im Gespräch Wissen und Fähigkeiten erworben, die als Ressourcen für zukünftige Gespräche zur Verfügung stehen. Als Ergebnis der Interaktion kommt es im Idealfall zu einem gemeinsamen Verständnis der besprochenen Situation, die Lehrkraft sieht den Bedarf der Schulleiterin und das Entgegenkommen in Bezug auf ihren Wunsch, eine 5. Klasse zu übernehmen. Die Schulleiterin hat ihr Ziel erreicht, und beide Seiten sind zufrieden mit dem Gesprächsverlauf. Bei der Lehrkraft wird durch den positiven Gesprächsverlauf der Respekt vor dem Wissen und der fachlichen Kompetenz der Vorgesetzten gefördert. Gleichzeitig führt er dazu, dass dem Gesprächspartner Kommunikationskompetenz zugeschrieben wird (5). Insgesamt trägt so der Gesprächsverlauf zu einer qualitativ hochwertigen Arbeitsbeziehung bei (6). Auch das eigene Gesprächsverhalten wird beurteilt und führt zu Attributionen über Kompetenz bzw. Inkompetenz (7). Diese Rückkopplungsschleifen ermöglichen Lern- und Adaptationsprozesse. Beispielsweise kann die Schulleiterin aus den Reaktionen des Lehrers schließen, wie er ihren Vorschlägen gegenübersteht und ihr Kommunikationsverhalten entsprechend anpassen. Wahrgenommene Defizite im Kommunikationsverhalten können die Intention fördern, sich weiterzubilden. Der gesamte Kommunikationsprozess wird durch verschiedene Kontextvariablen moderiert (8). So beeinflussen die Arbeitsanforderung und die Beziehungsgeschichte der Gesprächspartner, ob es zu einer automatisierten oder überlegten Auswahl von Verhaltensweisen kommt (9). Ist die Arbeitsbeziehung stabil und unbelastet, wird die Schulleiterin eher auf automatisierte Handlungsmuster zurückgreifen als bei konflikthaften Themen. Auch der auf beiden Seiten ablaufende Attributionsprozess wird moderiert durch Beziehungsfaktoren wie wahrgenommene Ähnlichkeit und Sympathie. Werte und Normen können als Teil der Organisationskultur die Entwicklung der Qualität der Austauschbeziehung beeinflussen. Die Beeinflussung findet wechselseitig statt (10), Schulleiterin und Lehrer gestalten den Kontext aktiv mit, indem sich ihre Arbeitsbeziehung durch die Interaktion kontinuierlich verändert oder indem sie ihren Teil zur Schulkultur beitragen. Die Kontextvariablen haben entscheidenden Einfluss darauf, welches Verhalten in einer Interaktionssituation als angemessen wahrgenommen wird. Die Qualität der Interaktion zwischen Schulleiterin und Lehrer wirkt sich schließlich auch auf die Arbeitszufriedenheit, die Bindung an die Organisation (Commitment), die Motivation und Extrarollenverhalten aus, die zum Organisationserfolg beitragen (11). Gelingt es der Schulleiterin, ihre Lehrkraft von der Notwendigkeit ihrer Planung sowie den Vorteilen für sie selbst zu überzeugen, kann das die Arbeitszufriedenheit und das Leistungsverhalten der Lehrkraft positiv beeinflussen, weil sie die Sinnhaftigkeit des Kompromisses nachvollziehen kann und zudem ihre Wünsche berücksichtigt findet. Die Schulleiterin hat damit erfolgreiches Führungshandeln gezeigt.

13.3.3 Empirische Erkenntnisse über den Zusammenhang zwischen Führungskommunikation und Erfolg der Organisation Schule

Bislang liegen nur wenige Erkenntnisse darüber vor, wie die Kommunikationskompetenz von Führungskräften sich auf den Erfolg einer Organisation auswirkt. Einzelne Studien zeigen, dass

- Mitarbeitende in qualitativ hochwertigen Führungsdyaden ihre Führungskraft auch als hoch kommunikationskompetent einstufen (Flauto, 1999);
- Kommunikationskompetenz bis zu zwei Drittel der Unterschiede im Führungsverhalten erklären kann (Macik-Frey, 2007);
- es bedeutsame Zusammenhänge zwischen der Kommunikationskompetenz von Schulleitungen und der Arbeitszufriedenheit ihrer Lehrkräfte sowie ihrer emotionalen Bindung (affektives Commitment) an die Schule gibt (Hertzsch, 2012; Madlock, 2008).

Schulleitungen, die in dieser Hinsicht erfolgreich sind, verwenden einen Großteil ihrer Arbeitszeit auf Routinekommunikation (z. B. Informationsaustausch) und Personalführung (z. B. Konfliktbewältigung). Diese Führungskräfte werden auch als Leistungsmanager bezeichnet (Luthans & Rosenkrantz, 1995). Demgegenüber verwenden sogenannte Erfolgsmanager, also solche, die schnell befördert wurden und einen hohen Gehaltsanstieg hatten, knapp die Hälfte ihrer Arbeitszeit auf die Vernetzung mit Externen und Mikropolitik und kaum auf Routinekommunikation. Folgerichtig zeigt sich empirisch kein Zusammenhang zwischen der Kommunikationskompetenz von Schulleitungen und deren Karrieregeschwindigkeit (Hertzsch, 2012). Auch wenn keine abschließenden Aussagen über die tatsächliche Einflussrichtung möglich sind, belegen die Studien die Nähe zwischen Kommunikationskompetenz und Führung sowie die Zusammenhänge mit Organisationserfolg.

13.4 Ansätze zur Förderung von Kommunikationskompetenz bei Schulleitungen

Vor dem Hintergrund der oben ausgeführten empirischen Erkenntnisse und der Anforderungen an Schulleitungen, stellt sich die Frage, auf welche Unterstützungsmaßnahmen Schulleitungen zurückgreifen können. Die Ansätze, die eigene Kommunikationskompetenz zu verändern, lassen sich grob in drei Säulen unterteilen: (1) Selbststudium anhand von Ratgebermedien, (2) Aus- und Weiterbildungen mit Trainingscharakter, (3) individuumzentrierte Unterstützungsmaßnahmen (Supervision, Coaching).

13.4.1 Ratgebermedien

Im unüberschaubaren Markt der Ratgebermedien zum Thema Führungskommunikation richtet sich der größere Teil der Literatur an Führungskräfte aus der Wirtschaft, darunter z. B. auch Trainingsbücher, die Anleitungen für Übungen zum Selbststudium enthalten sowie DVDs mit Rollenspielen zu bestimmten Gesprächstypen (z. B. Kritikgespräch) als Anschauungsmaterial. Für schulische Führungskräfte sind von einigen Kultusministerien und Landesinstituten offizielle Handlungshilfen (z. B. zum Führen von Personalentwicklungsgesprächen) über das Internet frei verfügbar. Auf dem freien Markt gibt es eine Reihe von Praxishandbüchern und Sammelwerken zum Thema Leiten und Führen in der Schule, die Kommunikation als Teilbereich mit abhandeln. Sie enthalten Checklisten und Leitfäden für spezifische Gesprächsanlässe wie Konflikt- oder Beurteilungsgespräche, behandeln Moderationsmethoden oder zeigen auf wie die Leitung von Konferenzen gelingen kann. Daneben finden sich in Fachzeitschriften immer wieder Abhandlungen über Führungskommunikation. So z. B. in der Zeitschrift *SchulVerwaltung* die Reihe »Schulleitung und Kommunikation« (u. a. Bartz, 2006), die mit Beiträgen zu Gesprächshaltung, Gesprächsmethoden und einem Phasenmodell für gelingende Mitarbeitergespräche das Ziel verfolgte, Schulleitungen Anstöße zur Reflexion ihrer eigenen Gesprächspraxis, zu Zielorientierung und Rollenklarheit zu geben. Ein weiterer Schwerpunkt liegt auf der Verbesserung der Rhetorik und erfolgreichen Reden. Mit Blick auf das Rahmenmodell wird unmittelbar deutlich, dass über Ratgebermedien nur Teilaspekte der Kommunikationskompetenz beeinflusst werden können, in erster Linie fachliches Wissen über Führungskommunikation im Allgemeinen und im Kontext Schule. Der zentrale Aspekt des Ausprobierens und Erlernens von Kommunikationsstrategien in der Interaktion sowie das Lernen aus der Reflexion über gut oder weniger gut gelungene Gespräche benötigt jedoch andere Maßnahmen, die es ermöglichen, das erworbene Wissen in Verhalten umzusetzen und zu erproben.

13.4.2 Trainings

Trainings bieten grundsätzlich einen geeigneten Rahmen, um Schulleitungen den Ausbau der eigenen Kommunikationskompetenz zu ermöglichen. Voraussetzung ist, dass die Trainingsinhalte möglichst dezidiert auf den Bedarf der Teilnehmenden abgestimmt werden, indem Vorkenntnisse und Randbedigungen mit einbezogen werden (siehe Rahmenmodell in ▸Abschnitt 13.3.2). Sowohl in der Forschung als auch in der Praxis zeigt sich häufig eine Diskrepanz zwischen der selbst eingeschätzten Kompetenzausprägung und der Einschätzung durch die Trainer in Richtung einer systematischen Überschätzung der eigenen Kompetenz. Die Defizite auf der Ebene der Fähigkeiten und Fertigkeiten bzw. der Motivation werden in der Regel erst in der praktischen Anwendung deutlich, da bei den Teilnehmenden häufig fachliches Wissen über grundlegende Kommunikationsmodelle wie das Kommunikationsquadrat (Schulz von Thun, 2011) oder Gesprächsführungstechniken wie das Aktive Zuhören (Rogers & Nosbüsch, 2007) vorhanden ist. Der Fehlschluss vom Wissen auf die sichere Anwendung in einer Kommunikationssituation führt häufig zu Widerstand gegenüber systematischen Übungen von Gesprächsführungstechniken und Rollenspielen mit Feedback, der vom Trainer antizipiert und überwunden werden muss. Wer will, kann für die Konzeption von Kommunikationstrainings sogar auf fertige Pakete für Fortbildner und Fortbildnerinnen zurückgreifen, die vom detaillierten Ablaufplan samt Anleitungsheft für den Trainer oder die Trainerin über PowerPoint-Präsentationen bis hin zu ausformulierten Übungen alles bieten, allerdings eher Managerinnen und Manager aus der freien Wirtschaft als Zielgruppe ansprechen. Veröffentlichte Kommunikationstrainings für Schulleitungen, auf die Schulpsychologinnen und -psychologen zurückgreifen könnten, gibt es bislang meines Wissens nicht.

Mit Blick auf das oben beschriebene Rahmenmodell empfiehlt es sich, Trainings inhaltlich und methodisch jeweils spezifisch auf die Teilnehmenden zuzuschneiden. Zu diesem Zweck sowie als Grundvoraussetzung für die Evaluation der Wirksamkeit eines Trainings sollte im Vorfeld die Kommunikationskompetenz der Teilnehmenden erhoben werden (z. B. über KKI-SL; Hertzsch, 2017), ergänzt durch Nachhermessungen zur Erhebung von Kurz- und Langzeiteffekten.

Inzwischen bieten die meisten Bundesländer eigene Qualifizierungsprogramme für ihre schulischen Führungskräfte an. Diese in Modulen organisierten, teils verpflichtenden, teils freiwilligen Curricula haben in der Regel drei Zielgruppen: Lehrkräfte, die sich für Leitungsaufgaben interessieren, neu ernannte Schulleitungen und Schulleitungen in den ersten fünf Berufsjahren. Der Anteil der Inhalte zur Förderung von Kommunikationskompetenz ist dabei unterschiedlich hoch, und auch die Inhalte unterscheiden sich deutlich. Das Spektrum reicht von Curricula, die über alle Module hinweg ein sehr differenziertes Angebot haben, das von allgemeinen Grundlagen der Kommunikation und Kommunikationstheorien über interkulturelle Kommunikation bis hin zur Entwicklung einer Kommunikationskultur an der Schule reicht, bis hin zu vereinzelten Wahlpflichtseminaren mit dem expliziten Thema Führungskommunikation. Darüber hinaus gewinnt das Thema Gesundheit und salutogene Führung in der Fortbildung von Schulleitungen zunehmend an Bedeutung. Auch dort spielt die Gestaltung von gesundheitsförderlichen Kommunikationsprozessen eine wichtige Rolle. Als Beispiel sei an dieser Stelle die zweijährige Fortbildungsreihe »Gesund, kreativ und leistungsstark. Ihre Schule in die Zukunft führen.« des Landes Baden-Württemberg genannt. Die anbietenden Akademien evaluieren ihre Qualifizierungsprogramme meist über Teilnehmerbefragungen im Nachhinein und stellen ggf. noch die Ergebnisse mehrerer Jahre gegenüber.

Die systeminterne Qualifikation wird ergänzt durch berufsbegleitende Masterstudiengänge, die inzwischen von vielen Universitäten in Deutschland als Präsenz- oder Fernstudiengänge angeboten werden und sich u. a. auch an Schulleitungen bzw. interessierte Lehrkräfte richten (z. B. Pädagogische Hochschule Ludwigsburg: »Bildungsmanagement«). Die Curricula enthalten in der Regel auch ein Modul, das sich explizit professioneller Führungskommunikation widmet und meist auch praktische Übungsanteile enthält. Darüber hinaus streifen implizit auch andere Module, z. B. zur Personalführung, kommunikationsrelevante Bereiche wie Mitarbeiter- und Konfliktgespräche. Eine Übersicht bestehender Studiengänge bietet www.bildungsserver.de.

13.4.3 Supervision und Coaching

Schulpsychologinnen und -psychologen sind aufgrund ihrer Ausbildung und ihrer neutralen Position innerhalb des Schulsystems ein wichtiges Unterstützungssystem für Schulleitungen. Im Verlauf von Supervisions- und Coachingprozessen werden zwangsläufig auch Aspekte der Führungskommunikation tangiert, z. B. wenn die eigene Position im Zusammenhang mit Konflikten im Kollegium beleuchtet wird. Viele gängige Methoden (► Kap. III-12) tragen so indirekt oder direkt auch zur Reflexion und Veränderung der

Kommunikationskompetenz der Klientinnen und Klienten bei. Mit Blick auf das Rahmenmodell erscheint das Setting von Supervision und Coaching von den hier beschriebenen Maßnahmen am geeignetsten, um die eigene Kommunikationskompetenz nachhaltig zu verändern, da intensiv mit der Einzelperson gearbeitet werden kann und ihr Bedarf unmittelbar im Fokus steht. Auch das Rahmenmodell kann als Hilfsmittel genutzt werden, um konkrete Interaktionen differenziert zu analysieren. Es ermöglicht die Aufstellung von Hypothesen, an welcher Stelle im Kommunikationsprozess Störungen aufgetreten sind. Erkenntnisse über die Ursachen von Kommunikationsstörungen, aber auch von erfolgreichen Gesprächsverläufen ermöglichen die Ableitung von konkreten Veränderungsmaßnahmen, die im Rahmen von Coaching- und Supervisionsprozessen geplant, durchgeführt und reflektiert werden können.

13.5 Ausblick

Viele Fragen in Bezug auf kompetente Führungskommunikation in der Schule sind noch ungeklärt. Wie entwickelt sich die Kommunikationskompetenz einer Führungskraft über die Zeit? Welche Bedeutung haben Moderatorvariablen wie der Gesprächsinhalt, die Dauer der Zusammenarbeit oder eine bestehende Kommunikationskultur auf die Auswahl von Kompetenzressourcen in der konkreten Gesprächssituation und auf die Bewertung der Kommunikationskompetenz? Welchen Anteil hat die Kommunikationskompetenz der Lehrkraft am Gelingen des Gesprächs?

Die schulpsychologische Forschung sollte sich der systematischen Untersuchung dieser Fragen annehmen. Kommunikationskompetenz spielt auch auf der Ebene von Abteilungen und der Gesamtorganisation Schule eine Rolle in der Interaktion und für den Organisationserfolg (Jablin & Sias, 2001). Vermutlich sind dabei aber andere Kompetenz-Ressourcen gefragt (z. B. in Bezug auf schriftliche Ausdrucksfähigkeit, Change-Kommunikation). Das hier vorgeschlagene Rahmenmodell ist prinzipiell dafür geeignet, Fragestellungen auf verschiedenen Organisationsebenen abzuleiten, da die einzelnen Elemente hinreichend allgemein gehalten wurden. Die schulpsychologische Forschung ist für die Untersuchung dieser Fragen auf die Mitarbeit der schulpsychologischen Praxis und der zugehörigen administrativen Ebenen angewiesen. Sie benötigt Zugang zu Schulleitungen und deren Kollegien als Probandinnen und Probanden sowie zu Schulpsychologen und -psychologinnen, die mit Schulleitungen in Trainings, Coaching- und Supervisionsprozessen arbeiten und bereit sind, ihre Angebote evaluieren zu lassen. Im Zusammenspiel von Forschung und Praxis kann so ein breiteres Angebot an evidenzbasierten Maßnahmen für die Verbesserung der Kommunikationskompetenz von Schulleitungen entstehen, das in der Folge zu einer erfolgreichen Schule im oben beschriebenen Sinne beiträgt und der Organisation Schule auf allen Ebenen nützt.

Literatur

Bartz, A. (2006). Schulleitung und Kommunikation. *Schulverwaltung. Nordrhein-Westfalen, 17* (12), 331–333.

Baumert, J. & Leschinsky, A. (1986). Berufliches Selbstverständnis und Einflussmöglichkeiten von Schulleitern. *Zeitschrift für Pädagogik, 32* (2), 247–266.

Bonsen, M., Gaethen, J. von der, Iglhaut, C. & Pfeiffer, H. (2002). *Die Wirksamkeit von Schulleitung.* Weinheim: Juventa.

Drewes, S. & Esser, B. (2014). Krisen und Belastungen professionell managen. Stressbewältigung für die Schulleitung. *Schulverwaltung. Nordrhein-Westfalen, 5*, 144–146.

Gerstner, C. R. & Day, D. V. (1997). Meta-analytic review of leader–member exchange theory: correlates and construct issues. *Journal of Applied Psychology, 82*(6), 827–844.

Graen, G. B. & Uhl-Bien, M. (1995). Relationship-based approach to leadership: development of leader–member exchange (LMX) theory of leadership over 25 years: Applying a multi-level multi-domain perspective. *Leadership Quarterly, 6*(2), 219–247.

Hertzsch, H. (2012). *Zur Kommunikationskompetenz von schulischen Führungskräften. Konzeptuelle Fundierung, Entwicklung und Validierung eines Messinstruments.* Dissertation, Universität Koblenz-Landau. Zugriff am 01.06.2021 unter http://kola.opus.hbz-nrw.de/volltexte/2012/841

Hertzsch, H. (2017). Das Kommunikationskompetenz-Inventar für Schulleitungen (KKI-SL): Entwicklung und Validierung. *Diagnostica, 63*, 179–192.

Hertzsch, H. & Schneider, F. M. (2018). Kommunikationskompetenz von Lehrkräften an Schulen. In I. Vogel (Hrsg.), *Kommunikation in der Schule* (2., aktualisierte Aufl., S. 74–97). Bad Heilbrunn: Klinkhardt UTB.

Huber, S.G. (2019). Führung und Management von Schulen: Anforderungen, Aufgaben und Kompetenzen von Schulleitung. In U. Steffens & P. Posch (Hrsg.), *Lehrerprofessionalität und Schulqualität. Grundlagen der Qualität von Schule 4* (S. 373–394). Münster: Waxmann.

Jablin, F. M., Cude, R. L., House, A., Lee, J. & Roth, N. L. (1994). Communication competence in organizations: Conceptualization and comparison across multiple level of analysis. In L. O. Thayer (Ed.), *Organization-communication: emerging perspectives* (pp. 114–140). Norwood, NJ: Ablex.

Jablin, F. M. & Sias, P. M. (2001). Communication competence. In F. M. Jablin & L. L. Putnam (Eds.), *The new handbook of organizational communication. Advances in theory, research, and methods* (pp. 819–865). Thousand Oaks, CA: Sage.

Kansteiner-Schänzlin, K. (2002). *Personalführung in der Schule.* Bad Heilbrunn: Klinkhardt.

Luthans, F. & Rosenkrantz, S. A. (1995). Führungstheorien – Soziale Lerntheorie. In A. Kieser, G. Reber & R. Wunderer (Hrsg.), *Handwörterbuch der Führung* (S. 1005–1021). Stuttgart: Poeschel.

Macik-Frey, M. (2007). *Communication-centered approach to leadership: The relationship of interpersonal communication competence to transformational leadership and emotional intelligence.* University of Texas. Zugriff am 01.06.2021 unter https://rc.library.uta.edu/uta-ir/handle/10106/557

Madlock, P. E. (2008). The link between leadership style, communicator competence, and employee satisfaction. *Journal of Business Communication, 45*(1), 61–78.

Rogers, C. R. & Nosbüsch, E. (2007). *Die nicht-direktive Beratung.* Frankfurt a. M.: Fischer.

Scheerens, J. (Hrsg.). (2012). *School Leadership Effects Revisited*. Dordrecht: Springer.

Schratz, M., Wiesner, C., Kemethofer, D., George, A., Rauscher, E., Krenn, S. et al. (2016). Schulleitung im Wandel: Anforderungen an eine ergebnisorientierte Führungskultur. In M. Bruneforth, F. Eder, K. Krainer, C. Schreiner, A. Seel & C. Spiel (Hrsg.), *Nationaler Bildungsbericht Österreich 2015, Band 2: Fokussierte Analysen bildungspolitischer Schwerpunktthemen* (S. 221–262). Graz: Leykam.

Schulz von Thun, F. (2011). *Miteinander reden* (49. Aufl.). Reinbek: Rowohlt.

Six, U. & Gimmler, R. (2007). Kommunikationskompetenz, Medienkompetenz und Medienpädagogik. In U. Six, U. Gleich & R. Gimmler (Hrsg.), *Kommunikationspsychologie – Medienpsychologie* (S. 271–296). Weinheim: Beltz.

Spitzberg, B. & Cupach, W. (2011). Interpersonal skills. In M. L. Knapp, J. A. Daly (Eds.), *Handbook of interpersonal communication* (4th ed., pp. 481–524), Newbury Park: Sage.

Wissinger, J. & Huber, S. G. (2002). Schulleitung als Gegenstand von Forschung und Qualifizierung – Eine Einführung. In J. Wissinger & S. G. Huber (Hrsg.), *Schulleitung – Forschung und Qualifizierung* (S. 9–18). Opladen: Leske + Budrich.

Wunderer, R. & Grunwald, W. (1980). *Grundlagen der Führung.* Berlin: De Gruyter.

Anhang

Verbände

Berufsverband Deutscher Psychologinnen und Psychologen (BDP) e. V.

Sektion Schulpsychologie (mit Kontaktpersonen für jedes Bundesland)
www.bdp-schulpsychologie.de

Landesverbände für Schulpsychologie in Deutschland

Baden-Württemberg
Landesverband der Schulpsychologen in Baden-Württemberg e. V.
www.schulpsychologie-bw.de

Bayern
Landesverband Bayerischer Schulpsychologinnen und Schulpsychologen e. V.
www.lbsp.de

Berlin
Landesverband Schulpsychologie Berlin
www.schulpsychologie-berlin.de

Brandenburg
Berufsverband der Brandenburgischen Schulpsychologen e. V.
Kontakt: Heidrun Weinert, brandenburg@bdp-schulpsychologie.de

Hessen
Berufsverband Hessischer Schulpsychologinnen und Psychologen
www.bhs-hessen.de

Niedersachsen
Verband Niedersächsischer Schulpsychologen e. V.
Kontakt: Frank Aufhammer, frank.aufhammer@gmail.com

Nordrhein-Westfalen
Landesverband Schulpsychologie NRW
www.schulpsychologie-nrw.de

Rheinland-Pfalz
www.schulpsychologie.bildung-rp.de

Sachsen
Berufsverband der Schulpsychologen Sachsens e. V.
www.schulpsychologie-sachsen.de

Sachsen-Anhalt
Verband der Schulpsychologen Sachsen- Anhalt e. V.
Kontakt: Verband@schulpsychologie-sachsen-anhalt.de

Schleswig-Holstein
Verband Schleswig-Holsteinischer Schulpsychologen (VSHS)
Kontakt: vshs-sh@web.de

Verbände für Schulpsychologie international

ISPA – International School Psychology Association
www.ispaweb.org

EFPA – European Federation of Psychologists' Associations
www.efpa.eu

EFPA Information über europäische Ausbildungsstandards
www.europsy.de

European School Psychology Centre for Training
www.espct.eu

Schulpsychologie in Österreich
https://www.schulpsychologie.at
https://portal.ibobb.at/beratung/schulpsycho logie-bildungsberatung/

Schulpsychologie in der Schweiz
www.schulpsychologie.ch

Schweizerische Vereinigung für Kinder- und Jugendpsychologie
www.skjp.ch/de/

Stichwortverzeichnis

L

M

N

O

P

Q

R

S

T

U

V

Z

Verzeichnis der Autorinnen und Autoren

Avci-Werning, Meltem, Dr.
Diplom-Psychologin, Psychologische Psychotherapeutin, Supervisorin, Schulpsychologische Dezernentin an der niedersächsischen Landesschulbehörde, Regionalabteilung Hannover
E-Mail: meltem.avci-werning@nlschb.niedersachsen.de

Becker, Ulrike, Prof. Dr.
Diplom-Pädagogin, Sonderpädagogin, apl. Prof. an der Universität Potsdam, Oberschulrätin, Referentin für Grundschulen, Senatsverwaltung für Bildung Berlin
E-Mail: ubecker@uni-potsdam.de

Böhm, Christian, Dr.
Diplom-Psychologe, Schulpsychologe und Leiter der Beratungsstelle Gewaltprävention in der Behörde für Schule und Berufsbildung (BSB), Hamburg
E-Mail: Christian.Boehm@bsb.hamburg.de

Büttner, Gerhard, Prof. Dr.
Diplom-Psychologe, Hochschullehrer, Institut für Psychologie, Goethe-Universität Frankfurt/Main
E-Mail: buettner@paed.psych.uni-frankfurt.de

Decker, Anna-Theresia, Dr.
Diplom-Psychologin, Universität Vechta, Geschäftsführerin des Zentrums für Lehrerbildung
E-Mail: anna.decker@uni-vechta.de

Decristan, Jasmin, Prof. Dr.
Diplom-Psychologin, Bergische Universität Wuppertal, Institut für Bildungsforschung in der School of Education, Professorin für Schulische Interventionsforschung bei besonderen pädagogischen Bedürfnissen
E-Mail: decristan@uni-wuppertal.de

Domsch, Holger, Prof. Dr.
Diplom-Psychologe, Fachhochschule Münster, Fachbereich Sozialwesen, Entwicklungspsychologie der Lebensspanne
E-Mail: holger.domsch@fh-muenster.de

Drewes, Stefan, Diplom-Psychologe
Leiter, LVR-Zentrum für Medien und Bildung, Medienberatung NRW, Bildungspartner NRW
E-Mail: stefan.drewes@lvr.de

Dumont, Hanna, Prof. Dr.
Universität Potsdam, Professur für Pädagogische Psychologie mit dem Schwerpunkt schulische Lehr-Lern-Prozesse
E-Mail: dumont@uni-potsdam.de

Eckert, Marcus, Prof. Dr.
Psychologe (M. Sc.), Lehrer, APOLLON Hochschule der Gesundheitswirtschaft in Bremen, Schwerpunkte: Entwicklungs- und Schulpsychologie
E-Mail: marcus.eckert@apollon-hochschule.de

Fischer, Andreas W., Dr.
Diplom-Psychologe, freiberuflich tätiger Psychologe mit dem Schwerpunkt Arbeitspsychologie am Institut COPING (www.coping.at) in Wampersdorf/Österreich
E-Mail: Andreas.W.Fischer@coping.at

Fischer, Christian, Prof. Dr.
Diplom-Psychologe, Westfälische Wilhelms-Universität Münster. Internationales Centrum für Begabungsförderung. Professor für Schulpädagogik: Begabungsforschung und individuelle Förderung
E-Mail: ch.fischer@uni-muenster.de

Fischer-Ontrup, Christiane, Dr.
Akad. Oberrätin an der Westfälischen Wilhelms-Universität Münster, Fachbereich Erziehungswissenschaft; Geschäftsführerin des Internationalen Centrums für Begabungsforschung (ICBF)
E-Mail: ch.fischer-ontrup@uni-muenster.de

Forster, Jürg, Dr. phil.
Psychologe FSP, International School Psychology Association: Past President, Leiter i.R. des Schulpsychologischen Dienstes der Stadt Zürich
E-Mail: juerg.forster@gmail.com

Förster, Natalie, Dr.
Diplom-Psychologin, wissenschaftliche Mitarbeiterin am Institut für Psychologie in Bildung und Erziehung der Westfälischen Wilhelms-Universität Münster
E-Mail: natalie.foerster@uni-muenster.de

Forthmann, Boris, PD Dr.
Diplom-Psychologe, wissenschaftlicher Mitarbeiter am Institut für Psychologie in Bildung und Erziehung der Westfälischen Wilhelms-Universität Münster
E-Mail: boris.forthmann@uni-muenster.de

Frederichs, Jan
Rechtsanwalt, Justiziar des Berufsverbandes Deutscher Psychologinnen und Psychologen, Berlin
E-Mail: j.frederichs@bdp-verband.de

Gauck, Letizia, Dr.
Diplom-Psychologin und Psychologische Psychotherapeutin, Leiterin des Zentrums für Entwicklungs- und Persönlichkeitspsychologie, Universität Basel, Schweiz
E-Mail: letizia.gauck@unibas.ch

Gawrilow, Caterina, Prof. Dr.
Diplom-Psychologin, Hochschullehrerin, Leiterin des Arbeitsbereichs Schulpsychologie am Fachbereich Psychologie der Eberhard Karls Universität in Tübingen
E-Mail: caterina.gawrilow@uni-tuebingen.de

Gold, Andreas, Prof. Dr.
Diplom-Psychologe, Hochschullehrer, Institut für Psychologie, Goethe-Universität Frankfurt/Main
E-Mail: gold@paed.psych.uni-frankfurt.de

Grewe, Norbert, apl. Prof. (i.R.) Dr.
Diplom-Psychologe, Diplom-Pädagoge, em. Hochschullehrer für Pädagogische Psychologie, Institut für Psychologie, Universität Hildesheim
E-Mail: grewe@uni-hildesheim.de

Grob, Alexander, Prof. Dr.
Diplom-Psychologe, Hochschullehrer, Abteilungsleiter Entwicklungs- und Persönlichkeitspsychologie, Universität Basel
E-Mail: alexander.grob@unibas.ch

Grube, Dietmar, Prof. Dr.
Diplom-Psychologe, Hochschullehrer für Pädagogische Psychologie an der Carl von Ossietzky Universität Oldenburg
E-Mail: dietmar.grube@uni-oldenburg.de

Hagen, Alexa von, Dr.
Goethe-Universität Frankfurt am Main, Wissenschaftliche Mitarbeiterin im Kompetenzzentrum Schulpsychologie Hessen
E-Mail: vonHagen@em.uni-frankfurt.de

Hagmann-von Arx, Priska, Dr. habil.
Diplom-Psychologin, Develop To Perform GmbH Inhaberin
E-Mail: priska.hagmann@developtoperform.ch

Hasselhorn, Marcus, Prof. Dr.
Diplom-Psychologe, Hochschullehrer, DIPF | Leibniz-Institut für Bildungsforschung und Bildungsinformation, Direktor der Abteilung Bildung und Entwicklung
E-Mail: hasselhorn@dipf.de

Hertzsch, Helen, Dr.
Diplom-Psychologin, Zentrum für Schulqualität und Lehrerbildung Baden-Württemberg, Referentin für Gesundheitsförderung bei Lehrkräften in Baden-Württemberg
E-Mail: helen.hertzsch@zsl.kv.bwl.de

Hoch, Emely, Dr.
Psychologin (M. Sc.), Leibniz-Institut für Wissensmedien, Wissenschaftliche Mitarbeiterin in der Arbeitsgruppe »Multiple Repräsentationen«
E-Mail: e.hoch@iwm-tuebingen.de

Holodynski, Manfred, Prof. Dr.
Diplom-Psychologe, Westfälische Wilhelms-Universität Münster, Professor am Institut für Psychologie in Bildung und Erziehung
E-Mail: manfred.holodynski@uni-muenster.de

Huber, Anne A., Dr.
Diplom-Psychologin, Leiterin der Schulpsychologischen Beratungsstelle Karlsruhe, ZSL Regionalstelle Karlsruhe
E-Mail: Anne.Huber@zsl-rs-ka.kv.bwl.de

Huber, Christian, Prof. Dr.
Diplom-Pädagoge, Sonderpädagoge, Hochschullehrer, Institut für Bildungsforschung | School of Education, Rehabilitationswissenschaften mit dem Förderschwerpunkt Emotional-soziale Entwicklung
E-Mail: chuber@uni-wuppertal.de

Jeck, Stephan, Dr.
Diplom-Psychologe, Referent für Schulpsychologie im Hessischen Kultusministerium
E-Mail: Stephan.Jeck@kultus.hessen.de

Junker, Robin, Dr.
Psychologe (M. Sc.), Westfälische Wilhelms-Universität Münster, Wissenschaftlicher Mitarbeiter am Institut für Psychologie in Bildung und Erziehung
E-Mail: robin.junker@uni-muenster.de

Kaeding, Peer, Diplom-Psychologe
Behörde für Arbeit, Gesundheit, Soziales, Familie und Integration Hamburg
E-Mail: peer.kaeding@soziales.hamburg.de

Kessels, Ursula, Prof. Dr.
Diplom-Psychologin, Hochschullehrerin für Bildungsforschung/Heterogenität an der Freien Universität Berlin
E-Mail: ursula.kessels@fu-berlin.de

Kunina-Habenicht, Olga, Prof. Dr.
Diplom-Psychologin, Technische Universität Dortmund, Professorin für Psychologische Diagnostik
E-Mail: olga.kunina-habenicht@tu-dortmund.de

Kunter, Mareike, Prof. Dr.
DIPF | Leibniz-Institut für Bildungsforschung und Bildungsinformation, Direktorin der Abteilung Lehr- und Lernqualität in Bildungseinrichtungen
E-Mail: Kunter@dipf.de

Lanphen, Judith, Dr.
Diplom-Psychologin, Schulpsychologin, Leiterin des Schulpsychologischen Dienstes der Stadt Mönchengladbach
E-Mail: judith.lanphen@moenchengladbach.de

Loßnitzer, Christiane, Dr.
Diplom-Psychologin, Institut für Psychoanalyse Stuttgart-Tübingen
E-Mail: christiane.lossnitzer@dpv-mail.de

Mähler, Claudia, Prof. Dr.
Diplom-Psychologin, Psychologische Psychotherapeutin, Hochschullehrerin, Leiterin der Abteilung Pädagogische Psychologie und Diagnostik und der Hochschulambulanz für Kinder und Jugendliche »KiM - Kind im Mittelpunkt« an der Universität Hildesheim
E-Mail: maehler@uni-hildesheim.de

Moschko, Tomasz, M. Sc.
Psychologe, Universität Tübingen | Fachbereich Psychologie, Wissenschaftlicher Mitarbeiter am AB Schulpsychologie
E-Mail: tomasz.moschko@uni-tuebingen.de

Müller, Bettina, Dr.
Diplom-Psychologin, Goethe-Universität Frankfurt a.M., Kompetenzzentrum Schulpsychologie Hessen und Staatliches Schulamt für den Landkreis und die Stadt Kassel
E-Mail: bettina.mueller@psych.uni-frankfurt.de

Müller-Staske, Marion, Diplom-Psychologin
Hessisches Kultusministerium, Koordination Krisenintervention und Bedrohungsmanagement
E-Mail: marion.mueller-staske@kultus.hessen.de

Niebuhr, Anja, Diplom-Psychologin
Leiterin des Zentrums für Schulpsychologie der Landeshauptstadt Düsseldorf
E-Mail: anja.niebuhr@duesseldorf.de

Rakoczy, Katrin, Prof. Dr.
Diplom-Psychologin, Professorin für Pädagogische Psychologie an der Hochschule Döpfer, Köln
E-Mail: k.rakoczy@hs-doepfer.de

Ricken, Gabi, Prof. Dr.
Diplom-Psychologin, Hochschullehrerin für Erziehungswissenschaft mit besonderer Berücksichtigung der Psychologie, Schwerpunkt Diagnostik und Förderplanung bei Behinderung und Benachteiligung, Universität Hamburg
E-Mail: gabriele.ricken@uni-hamburg.de

Ricking, Heinrich, Prof. Dr.
Förderschullehrer, Carl von Ossietzky Universität Oldenburg, Institut für Sonder- und Rehabilitationspädagogik
E-Mail: heinrich.ricking@uni-oldenburg.de

Schaarschmidt, Uwe, Prof. (i.R.) Dr.
Diplom-Psychologe, Universität Potsdam, jetzt Institut COPING in Wampersdorf bei Wien
E-Mail: uwe.schaarschmidt@coping.at

Schedlich, Claudia, Diplom-Psychologin
Psychologische Psychotherapeutin, Leiterin des Caritas Therapiezentrum für Menschen nach Folter und Flucht, Köln
E-Mail: claudia.schedlich@caritas-koeln.de

Scheiter, Katharina, Prof. Dr.
Diplom-Psychologin, Leibniz-Institut für Wissensmedien, Leiterin der Arbeitsgruppe »Multiple Repräsentationen«
E-Mail: k.scheiter@iwm-tuebingen.de

Schmid, Johanna, Dr.
Diplom-Psychologin, Wissenschaftliche Mitarbeiterin, Universitätsklinik für Psychiatrie und Psychotherapie Tübingen | Abteilung Psychiatrie, Psychosomatik und Psychotherapie im Kindesund Jugendalter
E-Mail: johanna.schmid@uni-tuebingen.de

Schuchardt, Kirsten, Dr.
Diplom-Psychologin, Psychologische Psychotherapeutin, Wissenschaftliche Mitarbeiterin am Institut für Psychologie und in der Hochschulambulanz »KiM- Kind im Mittelpunkt« an der Universität Hildesheim
E-Mail: schuchar@uni-hildesheim.de

Seifried, Klaus, Diplom-Psychologe
Lehrer, Psychologischer Psychotherapeut, Schulpsychologiedirektor i.R., Berlin, freiberuflich tätig
E-Mail: k.seifried@t-online.de; www.klausseifried.de

Sieland, Bernhard, Prof. (em.) Dr.
Diplom-Psychologe, Leuphana Universität Lüneburg, Institut für Psychologie
E-Mail: sieland@leuphana.de; https://sieland.eu/

Souvignier, Elmar, Prof. Dr.
Diplom-Psychologe, Hochschullehrer, Institut für Psychologie in Bildung und Erziehung der Westfälischen Wilhelms-Universität Münster
E-Mail: elmar.souvignier@uni-muenster.de

Streck, Hannah, M. Sc.
Psychologin (M. Sc.), Freie Universität Berlin, wissenschaftliche Mitarbeiterin Bereich Bildungsforschung/Heterogenität
E-Mail: hannah.streck@fu-berlin.de

Wiedenbauer, Gunnar, Dr.
Diplom-Psychologe, Kinder- und Jugendlichenpsychotherapeut, Zentrum für Schulpsychologie, Düsseldorf
E-Mail: gunnar.wiedenbauer@duesseldorf.de

Zeuch, Nina, Dr.
Diplom-Psychologin, wissenschaftliche Mitarbeiterin am Institut für Psychologie in Bildung und Erziehung der Westfälischen Wilhelms-Universität Münster
E-Mail: nina.zeuch@uni-muenster.de